Le nouveau cri primal

Dr Arthur Janov

Le nouveau cri primal

Revivre et vaincre sa souffrance

Traduit de l'américain
par Katia Holmes

PRESSES DE LA RENAISSANCE
37, RUE DU FOUR 75006 PARIS

Si vous souhaitez recevoir notre catalogue et être tenu régulièrement au courant de nos publications, envoyez vos nom et adresse en citant ce livre aux

Presses de la Renaissance
37, rue du Four 75006 Paris

et pour le Canada à

Édipresse
945, avenue Beaumont
Montréal H3N 1W3

Titre original : *The new primal scream*, publié par Enterprise Publishing, Inc.

ISBN 2-85616-639-3 H 60-3682-6

A France.
Pour Ellie : Je t'aimerai à jamais *.

Il y a deux façons de se tromper :
L'une est de croire ce qui n'est pas,
L'autre de refuser de croire ce qui est.

Sören KIERKEGAARD.

* En français dans le texte.

NOTE DE L'ÉDITEUR

La présente traduction du *New primal scream* comporte un certain nombre de modifications apportées par l'auteur à son texte après la sortie de l'édition américaine.

REMERCIEMENTS

Présenter un livre, c'est évoquer ceux qui vous ont aidé. Dans le cas présent, mon épouse France a passé une bonne partie de sa vie à lire et à corriger ce texte. Elle m'a soutenu sans relâche par ses encouragements et ses suggestions, et elle a été le banc d'essai permanent de mes idées.

Le Dr David Lyon, un homme d'une vaste culture, m'a également été d'une aide précieuse pour la mise en forme définitive du manuscrit qu'il m'a aidé à structurer, sachant voir où il fallait couper, ajouter, et surtout clarifier le texte par des explications plus précises.

C'est Nadine Barner qui m'a servi de secrétaire pour ce travail. Kerry et Diane Feltham ont également participé à la frappe et à la réalisation du manuscrit, et leur aide ne m'a jamais fait défaut, malgré des délais souvent très courts.

Je remercie enfin mes patients qui m'ont montré la voie, au fil des années, et qui m'en ont souvent appris plus que je ne pouvais leur en apprendre. Ils m'ont permis de mieux pénétrer le sens du comportement humain grâce à certaines intuitions que je leur dois et qui ont été ma véritable éducation en matière de psychologie.

NOTE DU TRADUCTEUR

Nous avons établi un glossaire à l'intention des lecteurs qui souhaiteraient se renseigner sur le sens de certains termes du « langage primal » ou du vocabulaire de la psychologie, afin de favoriser la bonne compréhension du texte sans trop en alourdir la lecture par une profusion de notes.

Tous les termes marqués d'un astérisque (*) dans le texte renvoient donc à une définition du glossaire.

Lorsque c'est nécessaire à la clarté de la lecture, certains termes sont brièvement définis par une note en bas de page à leur première apparition dans le texte, avec renvoi au glossaire pour plus ample explication.

INTRODUCTION

La thérapie primale, vingt ans après

« Il y a une vingtaine d'années, j'ai entendu un cri qui devait modifier le cours de ma carrière et changer la vie de mes patients : un hurlement sinistre avait jailli des entrailles d'un jeune homme étendu par terre pendant une séance de thérapie. Je ne saurais le comparer qu'au hurlement de quelqu'un qu'on assassine » (*Le cri primal,* 1970[1]).

Ce cri, que j'ai décrit il y a vingt ans, est le produit de blessures inconscientes, universelles et intangibles que, pour la plupart, nous portons en nous et qui semblent ne jamais guérir. La prophétie qu'il m'avait inspirée s'est réalisée : ce cri a bel et bien bouleversé ma vie et celle des milliers de patients que j'ai soignés. Il m'a poussé à remonter à sa source, m'entraînant jusque dans les profondeurs de l'inconscient. Il a incité des ressortissants de trente pays différents à venir me consulter, et il a élargi ma vision de l'humanité. Je crois que la découverte de la souffrance qui se cache derrière ce cri est une découverte importante pour la psychologie, car elle signifie qu'il est possible de mettre fin à la souffrance qui accable l'être humain. Cela

1. *Le cri primal (The Primal Scream)* est le premier livre du Dr Arthur Janov, paru en 1970 (1975 pour la traduction française, aux éditions Flammarion), et qui fit l'effet d'une bombe dans le monde de la psychothérapie de l'époque *(NdT).*

veut dire qu'il existe un moyen de faire cesser la souffrance dans laquelle nous croupissons, jour après jour.

Au terme de deux décennies d'exploration et de recherche, et après avoir soigné des milliers de patients atteints de tous les troubles possibles et imaginables — psychiques et physiologiques —, nous avons mis au point une méthode de thérapie précise dont les résultats sont prévisibles et qui permet de réduire considérablement la durée du traitement en éliminant les manœuvres inutiles. Les scientifiques indépendants qui, depuis plus de quinze ans, ont examiné ce système de thérapie en sont tous arrivés aux mêmes conclusions : à savoir que la thérapie primale* permet de réduire, voire d'éliminer toute sorte de troubles physiques et psychiques en un temps relativement court et de manière durable. Elle produit des individus capables d'expérimenter chaque aspect de leur être. Des personnes dont le cerveau n'est plus compartimenté de telle sorte qu'une partie d'eux-mêmes ignore toujours ce que ressent l'autre. Bref, des êtres chez qui le corps n'est plus coupé de l'esprit.

Celui qui est capable de « ressentir[1] » perçoit ce qui est en lui, et il n'a donc plus besoin de se mentir à lui-même. Or l'illusion est la condition *sine qua non* de la névrose qui implique nécessairement qu'on se dupe soi-même. « Sois fidèle à ce que tu es » n'est guère la devise qui convient au névrosé.

Loin de se borner à présenter un système de psychothérapie, ce livre traite avant tout de la condition humaine. Il explique comment détecter la névrose et à quoi reconnaître la normalité. Il parle des larmes et de l'effet qu'elles ont sur notre santé. Il parle de l'angoisse et de la dépression, et de leur véritable nature; de l'espoir et du désespoir, et de ce cri silencieux qu'on appelle « maladie ». Il parle de la nature maligne de la désespérance, de la dépression aussi meurtrière qu'une tumeur, des rêves brisés et des liens rompus. C'est de la nature de l'amour qu'il est question ici. Et de l'intelligence, la vraie. Pas de son simulacre que sont la culture, l'instruction, ou l'érudition. Il s'agit de la capacité d'amour et de don, de l'aptitude à survivre et à mener une vie intelligente — c'est-à-dire sans nuire à soi ni à autrui. Faut-il vraiment être un aigle pour comprendre qu'un enfant qui pleure a besoin qu'on le prenne dans ses bras et qu'on le console ?

Les souffrances que j'ai découvertes derrière ce cri, entendu pour la première fois il y a si longtemps déjà, sont ce que j'appelle des « *souffrances primales* * ». Elles peuvent être dues à toutes sortes de causes survenues au début de la vie : un acte chirurgical, des sévices ou, tout simplement, de la négligence. Le manque d'amour est le facteur

1. Ressentir : terme clé du langage primal, utilisé dans le sens d'expérimenter le contenu sensoriel et émotionnel de son vécu. Voir glossaire pour plus ample explication *(NdT)*.

qu'on retrouve au centre de toutes ces souffrances. L'événement qui les a provoquées contenait plus de souffrance qu'on n'était capable d'en intégrer à ce moment-là, si bien qu'on a dû en refouler une bonne partie et la mettre en mémoire pour la ressortir ultérieurement. Outre le manque d'amour, les souffrances primales trouvent aussi leur origine dans certaines scènes de l'enfance qui sont de véritables instants de révélation, où l'enfant se rend tout à coup compte qu'on ne l'aime pas, ou qu'on va cesser de l'aimer. Pendant ce bref instant — oublié —, et dans d'autres circonstances tout aussi chargées de désespoir, l'enfant est secoué : il comprend qu'il ne peut pas à la fois être lui-même et être aimé. Il va alors lutter de tout son cœur pour devenir ce que ses parents attendent de lui. Il va escamoter sa souffrance, ou plutôt cela se fera automatiquement grâce à ce miraculeux système de refoulement que nous possédons.

Le refoulement produit en fait deux « moi » en guerre l'un contre l'autre : le moi réel, avec tout son fardeau de besoins et de douleurs, et le moi factice qui a perdu le contact avec le véritable moi qui était, lui, encore capable d'assumer des rapports avec le monde extérieur. Ce moi factice a pour fonction d'empêcher le véritable moi de se montrer, et son rôle est d'assurer le fonctionnement du corps malgré la tempête qui fait rage par-dessous. Et le moi factice y parviendra d'autant mieux qu'il ignorera sa propre histoire. C'est pourquoi j'estime que les névrosés sont des êtres floués de leur histoire ; leur passé leur a été confisqué par la souffrance.

Cette souffrance a pour cause principale l'inassouvissement prolongé d'un besoin pendant la prime enfance. Il y a des moments clés de la vie où la frustration de certains besoins — besoin d'amour, d'un abri ou d'une protection — engendre une souffrance qu'il faudra ensuite refouler. Après le clivage du moi, le moi factice continuera à agir en fonction de ces besoins. C'est ce que j'appelle « le déjouement* symbolique », à travers lequel on cherche l'assouvissement par des moyens symboliques. Et c'est l'essence même de la névrose. D'anciennes souffrances refoulées sont ensuite extériorisées dans des comportements irréels et purement symboliques.

Nous avons trouvé un moyen de renverser ce processus en amenant les patients à remonter dans le temps et à revivre graduellement la scène, le sentiment ou le besoin qui les avaient accablés à l'époque, et ce jusqu'à ce qu'ils arrivent à résoudre le problème et à l'évacuer de leur système. Un patient peut ainsi renverser le processus d'évolution de la névrose et peut même modifier un passé remontant à sa naissance. Nous avons en effet constaté qu'il était possible de remonter le temps en enfourchant le véhicule du

« sentiment[1] » pour revivre les différents événements traumatiques qui ont retardé notre développement.

Lorsque quelqu'un se livre à un tel exercice, il se produit chez lui, au fil des ans, certains changements qu'on peut anticiper et mesurer : le fonctionnement du cerveau et sa structure se modifient, ainsi que la tension artérielle, le rythme cardiaque, et de nombreuses hormones. Mais le plus important est sans doute, comme l'ont révélé nos recherches récentes, les modifications du système immunitaire qui ont lieu chez ceux qui ont revécu leur souffrance. Il s'agit là d'une donnée susceptible d'avoir des répercussions intéressantes sur le traitement de certaines maladies désastreuses, comme le cancer.

La souffrance nous est maintenant bien connue, ainsi que son caractère envahissant, même chez ceux qui se refusent à croire qu'ils puissent la porter en eux. Nous en savons également plus qu'avant sur le processus du refoulement, sur son mode de fonctionnement et son champ d'application. La science a beaucoup évolué, ces vingt dernières années, et la thérapie primale aussi. Cela nous a permis de voir le lien qui pouvait exister entre nos travaux et les dernières découvertes relatives au cerveau, à l'immunologie, au traitement de la douleur, au refoulement, aux endorphines, aux pleurs et au cancer. Les anciennes hypothèses sont devenues des faits avérés, et les suppositions d'hier sont maintenant démontrables. D'une théorie assez générale, nous sommes passés à une structure cohérente et détaillée qui nous permet de gérer et de prévoir le déroulement de la thérapie de nos patients avec une assez bonne précision.

Cela signifie que, pour beaucoup, il existe un moyen de sortir de la souffrance et de la névrose, un moyen de se débarrasser des migraines, des ulcères, des colites, des phobies et, sur le plan affectif, des ruptures à répétition. Cela veut dire aussi que la névrose et son traitement sont des entités mesurables, que les progrès sont quantifiables et que la psychothérapie peut maintenant prétendre à la rigueur d'une méthode scientifique. Il ne s'agit plus d'un art : il existe des techniques capables de modifier les maladies mentales, indépendamment du thérapeute qui les applique.

Ce n'est pas le cancer ou les maladies de cœur qui tuent le plus, dans le monde contemporain, c'est le refoulement. Le véritable danger, c'est l'inconscience, et le tueur masqué, c'est le refoulement. J'en suis parfaitement convaincu, après plusieurs dizaines d'années de pratique. Le refoulement est une force cachée, furtive et intangible, qui frappe bon nombre d'entre nous, mais qui le fait en prenant tant de formes différentes — cancer, diabète, colite — que nous ne le voyons jamais à visage découvert, tel qu'il est réellement. C'est en fait sa nature même :

1. Sentiment : terme clé du langage primal : expérience du contenu sensoriel et émotionnel du vécu. Consulter le glossaire pour l'explication de toutes les acceptions du terme *(NdT).*

diabolique, complexe et obscure. Il est partout mais on le nie parce que, justement, son mécanisme consiste à occulter la vérité. Le déni * en est la conséquence inévitable.

Il n'existe pratiquement pas de maladie, mentale ou physique, qui ne découle d'un refoulement. On peut vérifier cette affirmation lorsqu'on renverse le cours de la maladie en guidant les patients vers leur souffrance et en soulevant le couvercle du refoulement. Nous verrons plus tard comment, dans le cadre de la recherche, il est possible d'enrayer bon nombre de maladies simplement en injectant aux patients des produits chimiques qui suspendent le processus du refoulement. Les effets du refoulement sont visibles, comme dans les cas d'hypertension, par exemple : lorsque nous faisons revivre d'anciennes souffrances à des patients, leur tension grimpe considérablement pour baisser ensuite de manière significative quand l'expérience est finie.

Ce sont principalement les besoins et les sentiments qui sont refoulés. Et c'est pourquoi le « revécu* » de souffrances précoces[1] permet, en atténuant le refoulement, de recouvrer la capacité de ressentir*. Cela rend un sens à la vie dont on peut enfin éprouver les joies, la beauté et les couleurs puisqu'on a retrouvé son intégrité personnelle en refaisant l'unité du moi divisé. On verra dans ce livre pourquoi il est si important d'expérimenter ses sentiments* : non seulement cela fait cesser les symptômes pathologiques, mais cela met également un terme à la quête d'un assouvissement symbolique. Lorsque le moi véritable a émergé, on n'a plus à se chercher. Or, c'est au cœur de la souffrance qu'on découvre le moi réel.

Après plus de vingt ans de pratique, les principes de la souffrance primale et de la thérapie primale sont restés les mêmes. Tout le reste a changé, en revanche. Et je crois que ce qui a le plus changé, c'est la possibilité d'anticiper les résultats du traitement. Au début, nous n'avions pas encore assez d'expérience, ou un éventail de patients suffisamment large, pour prévoir — autrement que dans les grandes lignes — ce qui se passerait quand on s'attaquerait à la souffrance. A présent, non seulement nous savons ce qui va se passer, mais nous connaissons aussi le niveau de conscience auquel opère le patient, et cela nous permet d'anticiper le déroulement des séances à venir. Il y a déjà quelques années que j'ai découvert ces « niveaux de conscience » dont l'existence a du reste été confirmée ensuite par les travaux d'un certain nombre de chercheurs scientifiques. C'est un phénomène que j'ai l'occasion de constater tout le temps : il existe trois niveaux de conscience bien distincts qui déterminent le genre de symptôme et le type de comportement qu'on peut attendre d'un individu donné. Nous évoquerons ces trois niveaux et leur mode de fonctionnement plus en détail dans le chapitre traitant de l'esprit.

1. Précoces : ici, comme dans le reste du livre, ce mot est à entendre dans le sens de « remontant au début de la vie » *(NdT)*.

Nos patients ont tendance à aller beaucoup plus profondément qu'avant dans l'inconscient, si bien que nous le connaissons mieux, avec tout ce qu'il a de dangereux et de positif. Comme nous savons reconnaître parmi les souffrances précoces * celles qu'il serait trop dangereux de *re*ssentir *, nous pouvons guider nos patients dans des zones où ils ne risquent pas de se trouver trop accablés. Les techniques qui sont les nôtres actuellement se situent en effet à des années-lumière de celles dont nous disposions il y a plusieurs décennies. On en sait maintenant beaucoup plus sur les endorphines, et cette information nouvelle m'a beaucoup aidé à mieux comprendre la souffrance, et j'espère qu'il en sera de même pour le lecteur.

A mes débuts, on m'a dit qu'il était impossible de revivre la naissance parce que le système nerveux n'était, paraît-il, pas assez mûr à ce stade-là pour avoir pu enregistrer des souvenirs réutilisables plus tard. Si bien que, pendant des années, j'ai négligé l'événement de la naissance à cause de cette information fausse. On sait cependant maintenant que le traumatisme de la naissance est bel et bien encodé et enregistré dans le système nerveux. Une véritable industrie en chambre de « praticiens du *rebirthing*[1] » a d'ailleurs proliféré depuis, dans le sillage de mes découvertes, ouvrant-la porte à toutes sortes de charlatans de la plus dangereuse espèce.

Nous en savons certes beaucoup plus long aujourd'hui sur la manière dont les événements précoces * laissent leur empreinte sur nous — j'aurai l'occasion d'y revenir en détail par la suite. En effet, notre environnement précoce et l'impact des événements qui ont marqué le début de la vie resteront toujours avec nous, gravés à jamais dans notre système. Heureusement, nous avons mis au point une méthode permettant de modifier ces « empreintes * » susceptibles de gravement perturber le fonctionnement de bon nombre de nos systèmes organiques.

Ayant observé toutes les sortes de déviations sexuelles possibles et imaginables, je suis maintenant en mesure d'examiner ce qui se cache derrière ces dysfonctions sexuelles. Nous verrons du reste que nombre de problèmes graves en matière de sexualité sont antérieurs à l'éducation — ou à la mauvaise éducation — sexuelle du sujet, et qu'on ne peut les résoudre qu'en remontant à des événements très précoces * qui n'ont en eux-mêmes rien à voir avec la sexualité. Cela ne veut pas dire qu'une mauvaise éducation sexuelle n'ait pas contribué à l'apparition de tels problèmes, mais il y a aussi d'autres forces qui jouent et qu'on n'avait encore jamais prises en compte.

Presque tous les livres qui traitent du stress le font par rapport au contexte du présent : stress dû au couple, au travail, etc. Je me propose quant à moi de parler d'un facteur de stress qui est gravé en nous, qui ne nous quitte jamais et qui exerce donc en permanence une terrible

1. *Rebirthing* : néologisme anglais signifiant littéralement « faire revivre la naissance ». Voir le glossaire *(NdT)*.

pression sur nous. On peut vivre dans l'environnement le plus calme qui soit, ce stress-là n'arrête pas de faire ses ravages et il nous tuera bien avant l'heure. D'où l'importance de comprendre de quoi il s'agit, d'autant que rares sont ceux qui sont même conscients de son existence et de son pouvoir. C'est justement l'œuvre du refoulement que de nous faire ignorer l'existence de ce véritable rouleau compresseur.

Résumons ici les quatre principes exposés dans mon premier livre :

1. La souffrance est le germe profond de la maladie, physique et mentale ; elle est due à des traumatismes et à des besoins inassouvis ;
2. Il existe trois niveaux de conscience distincts qui gèrent cette souffrance ;
3. Les traumatismes précoces laissent une empreinte * indélébile dans le système ;
4. Il est possible de revivre ces souvenirs engrammés * et de guérir la névrose et les maladies physiques.

Ce livre décrit ce qu'il est advenu de ces découvertes initiales, tantôt à travers le témoignage de mes patients, tantôt sous ma plume. Je l'ai dit souvent et je le répète : la névrose est une maladie de la sensibilité [1]. Le problème de notre époque, c'est le mal-ressentir *. Je rencontre sans cesse des gens qui sont incapables de ressentir les choses, qui ne tirent pas grand-chose de leur vie et qui trouvent que l'existence est grise et terne. Et elle l'est effectivement, à leurs yeux, car leur souffrance refoulée les pousse à chercher une recette miracle, un système d'idées capable de transformer instantanément leur vie et de lui donner un sens. La meilleure chose que je puisse leur offrir, quant à moi, c'est de devenir ce qu'ils sont. Je ne crois pas qu'on puisse attendre mieux de la vie. Il n'y a pas de meilleur moyen de guérir la maladie ou de la prévenir que d'être capable de ressentir son vécu.

Les pages qui suivent vont nous entraîner dans un voyage vers l'inconscient. Nous explorerons ces passages souterrains qui peuvent nous faire émerger des ténèbres pour nous amener au bien-être et à la santé. Je sais qu'il existe un moyen de comprendre la maladie et de la prévenir, et ma démarche se distingue radicalement de celle de la psychothérapie conventionnelle : fini l'heure de cinquante minutes. C'est l'expérience des sentiments * qui détermine la durée de la thérapie. Le pouvoir n'est plus entre les mains du médecin : un patient qui « ressent * » en sait forcément plus sur lui-même et sur les moyens thérapeutiques qui lui conviennent que son médecin. Fini le règne des intuitions de grands pontes : place à celles des patients qui « ressentent » leur vécu.

1. Sensibilité : ici comme dans le reste du livre, ce mot est à prendre au sens large : la capacité de ressentir le contenu sensoriel et émotionnel de son vécu. Voir le glossaire *(NdT)*.

Nous savons que la névrose n'est pas due à un manque d'*insights* * et que ce n'est pas en en provoquant d'autres qu'on peut la guérir. Nous ne cherchons donc pas à renforcer les défenses du sujet ou à l'inciter à se construire un « ego » ; la thérapie consiste au contraire à percer ces défenses. On a trop souvent tendance à prendre pour de la normalité ce qui n'est qu'un puissant mécanisme de défense, qui est justement le signe d'une forte névrose — bien occultée, mais néanmoins bien présente.

Le paradoxe, c'est que le névrosé fort et bien cuirassé fonctionne souvent très bien dans notre société. Il a l'air parfaitement « bien dans sa peau », jusqu'au jour où il fait une attaque coronarienne à cinquante ans. Les forces cachées de la névrose usent lentement mais sûrement. Ceux qui se sont libérés du fardeau de la souffrance précoce sont aussi des citoyens actifs et productifs, et ils travaillent du reste bien et efficacement. Mais ils ne le font plus sous l'emprise d'une force qui les y pousse. Ils ont au demeurant une attitude positive par rapport à leur travail, car ils n'en ont plus besoin comme exutoire à leur tension. Alors que, si le névrosé travaille et s'active tant, c'est pour empêcher son passé de refaire surface dans le présent. Pour être en bonne santé, il faut au contraire se plonger dans son histoire au lieu de la fuir, remonter à la source des problèmes au lieu de passer sa vie à leur chercher des palliatifs.

La thérapie primale diffère des autres formes de thérapie dans le sens où nous ne cherchons pas à renforcer le système de défense de nos patients pour les aider à fonctionner normalement. Ces défenses sont en effet une chose anormale, à nos yeux ; elles sont le signe d'une pathologie. Cela ne veut pas dire qu'elles ne servent à rien, car elles ont effectivement un rôle à jouer, et elles sont particulièrement importantes au moment où la souffrance précoce est si accablante qu'elle menace l'intégrité du système. Mais ce ne sont que des remparts érigés pour s'isoler du véritable moi. Et je tente d'aider mes patients à devenir de vraies personnes, pas en termes de préjugés qui me seraient propres, mais en fonction de la réalité qui se trouve en chacun d'eux, en chacun de nous. Ce sont les larmes qui aident à dissoudre la ligne de démarcation de l'inconscient, et c'est pourquoi je suis convaincu qu'une thérapie sans larmes n'est qu'une sorte de névrose sans sentiment, et qu'elle ne peut pas marcher.

Nous savons ce qui sommeille dans l'inconscient. L'ayant exploré de part en part, nous nous sommes rendu compte qu'il n'était pas ce qu'on imaginait : un repaire grouillant de forces du *ça*, de démons et autres mystérieux pouvoirs de l'ombre. En réalité, il n'y a rien de mystique là-dedans : l'inconscient n'est ni plus ni moins que la mémoire des traumatismes graves qui ont marqué notre vie. Et mon travail consiste à rendre l'inconscient conscient. Après quoi, il ne reste plus grand-chose à faire. Pas besoin de jargon spécialisé ou de méthodes de diagnostic ésotériques pour décrire des gens qui ont tout simplement manqué d'amour, qui n'ont pas tiré grand-chose de leur vie et qui en souffrent. Mieux vaut identifier l'origine de cette souffrance et les besoins fondamentaux à satisfaire. Ce qui m'importe avant tout, c'est d'apprendre à soulager la souffrance. Tout le reste est accessoire, en ce qui me concerne.

Il faut pas mal de temps pour guérir de la névrose. Un séminaire ou un week-end de conférences ne peuvent pas défaire d'un coup de baguette magique ce qui a mis des années à s'installer, lentement mais sûrement, couche par couche. On glisse dans la névrose sans même dire ouf et on se met à développer des symptômes qui ont l'air mystérieux. Apparemment il ne s'est rien passé, et pourtant tout à coup on tombe malade. Victimes de notre propre réalité. La souffrance est enfin devenue palpable ; la comédie qu'on se jouait à soi-même s'est avérée fatale.

La thérapie primale a changé ma vie et celle de milliers d'autres individus, et c'est pourquoi j'espère qu'elle apportera quelque chose aux lecteurs qui en prendront connaissance dans ce livre. Pendant que les scientifiques pèsent le pour et le contre pour trouver la cause ultime de telle ou telle maladie, il y a des quantités de gens qui sont en proie à de terribles et indicibles souffrances, chaque jour de leur vie. Si la recherche est une nécessité pour les scientifiques, elle est un luxe pour une humanité souffrante qui ne peut pas attendre des preuves statistiques définitives. Et pour qui le simple fait d'avoir à attendre peut s'avérer fatal. Or, on n'a pas besoin d'attendre pour ressentir* ; nous disposons d'ores et déjà des moyens d'aider les gens à devenir des êtres humains capables de ressentir leur vécu. Il y a si longtemps que nos sentiments* attendent qu'on leur donne une chance : faisons-nous donc ce cadeau-là !

Arthur Janov.

Première Partie

Pourquoi tombe-t-on malade ?

1

Les besoins fondamentaux de l'être humain

Le monde nage en pleine déprime. Les gens sont irritables, agressifs, tendus, anxieux. La névrose est en marche ; elle avance au triple galop mais, apparemment, personne ne comprend ce qui se passe ou pourquoi. Surtout, personne ne sait comment arrêter cette inexorable course à la destruction. D'année en année, il y a de plus en plus de maladies, de suicides, de violence, d'alcoolisme et de toxicomanie. Le monde craque de partout. Il ne tient plus que par un fil : le valium.

Je me propose ici d'aborder ce problème de la névrose collective pour essayer de comprendre pourquoi nous craquons, nos amis et nous ; pourquoi nous sommes malades, malheureux et déprimés ; et pourquoi la société semble si insensible et indifférente.

Je compte prouver ici qu'il existe un remède à la névrose, et pour ce faire, nous examinerons les éléments qui constituent la structure de base de la névrose. Ensuite, je vous parlerai d'Alvin, l'amibe, et de son comportement « psychologique ». J'évoquerai également les halètements de locomotive à vapeur qu'émet un homme en train de revivre l'horreur d'une privation d'oxygène à la naissance. Grâce à quoi nous pourrons beaucoup mieux comprendre ce qu'est la névrose chez l'être humain.

La recherche d'un substrat de la névrose nous ramène toujours au besoin fondamental. Nous allons suivre le besoin inassouvi à la trace : nous le verrons se frayer un chemin à travers le labyrinthe du corps, se déguiser et se transformer en souffrance d'abord, puis — sous l'effet du refoulement — en phobies, obsessions, dépression, hypertension, tension nerveuse, angoisse et même cancer — eh oui. Nous suivrons le besoin inassouvi à travers l'itinéraire de son exode, et nous le verrons se métamorphoser : ce qui n'était au départ qu'un état infantile va devenir une fonction adulte déformée, assortie de perversions, de perceptions fausses et d'idées paranoïdes. Notre quête sera méthodique, systématique et sans répit, et finalement — je l'espère — couronnée de succès. Nous n'abandonnerons pas notre filature avant d'avoir dévoilé la nature de la névrose, et — c'est le plus important — avant d'avoir compris la nature du remède. Cette poursuite du besoin de « ressentir * » les choses nous mènera inéluctablement au cimetière de la névrose où gît la souffrance de la prime enfance. Dans ce chapitre, qui constitue le premier volet de cette démarche, nous allons examiner ce que sont nos besoins fondamentaux.

On dirait que tout le monde éprouve le sentiment d'un manque, et que nous nous décarcassons tous pour essayer de compenser cette soi-disant carence. Nous voulons « plus », tout simplement. Perdus et déroutés devant le monde, nous sommes des quantités à chercher une issue. On dirait que la carence affective est un héritage qui se transmet de génération en génération. Une transmission qui semble presque plus certaine et plus inéluctable que celle de la couleur des yeux ou de la forme de la bouche.

On se demande pourquoi une génération donnée est incapable de satisfaire les besoins affectifs et physiques de sa progéniture. Pourquoi la carence dont ces géniteurs ont eux-mêmes souffert s'impose-t-elle à nouveau à leurs propres enfants, perpétuant un cycle qui remonte sans doute à une époque bien antérieure à celle de nos grands-parents ? Nés pour la plupart à la fin du siècle dernier ou au début de ce siècle, nos grands-parents ont non seulement eux-mêmes souffert d'un manque affectif, mais ils n'avaient en outre qu'une très vague notion de ce qu'étaient les besoins d'un enfant. Ce n'était pas encore une idée répandue qu'un tout-petit a besoin de beaucoup de contacts physiques et de caresses, ou que les enfants éprouvent des sentiments qu'ils ont besoin d'exprimer. On pensait que les enfants devaient se contenter d'être sages et d'obéir. Le sentiment était bien la dernière chose qu'on se fût soucié de comprendre ou de respecter.

Nos besoins et comment les satisfaire

Encore aujourd'hui, on confond les besoins et les moyens de les satisfaire. Résultat de cette confusion : on se sent malheureux, frustré, et de plus en plus pessimiste. On a trop tendance à nourrir une vision un peu désabusée des autres qui finit par faire de nous une bande de misanthropes agressifs. Nos besoins ont été négligés très tôt, pas seulement par une société indifférente où chacun ne cherchait qu'à tirer son épingle du jeu, mais par des parents qui n'avaient pas encore compris que leurs enfants avaient besoin de grandir dans de bonnes conditions. On dirait que les parents ne connaissent que la discipline et la lutte. Ils veulent des enfants qui aient du caractère mais ils produisent des névrosés. C'est la faute de personne et de tout le monde. Ça fait partie de la condition humaine, croit-on, mais ce n'est pas le cas. J'estime qu'il est nécessaire de bien mieux comprendre le besoin et la souffrance qu'il entraîne s'il demeure inassouvi.

Chacun de nous n'est qu'une somme de besoins quand il vient au monde. Les débuts de la vie humaine sont entièrement dominés par des besoins en quelque sorte « inscrits » dans le système.

Nos premiers besoins sont purement physiques : besoin de nourriture, de sécurité et de confort. Ensuite, on ressent des besoins affectifs : besoin d'affection, de compréhension et de respect de nos sentiments. Enfin apparaissent des besoins intellectuels : besoin de savoir et de comprendre. Et l'amour joue un rôle critique dans tout cela. Il est en effet le facteur essentiel de satisfaction des besoins à chaque étape du développement ; il en est l'ingrédient majeur. La satisfaction des besoins d'un être par un autre ne devrait pas être un exercice mécanique, mais un acte enraciné dans un sentiment authentique.

Le besoin d'amour est à la base de tous les besoins

Le premier besoin, le plus répandu, c'est celui d'être aimé. Lorsqu'on est enfant, chaque nouveau besoin qui se fait jour à mesure qu'on se développe doit être satisfait pour qu'on se sente aimé. L'amour n'est pas étranger à la satisfaction des besoins ; au contraire, il participe à sa réalisation. C'est ce qu'aimer veut dire pour un enfant. L'amour ne tient pas qu'à des mots ; il ne suffit pas de dire à un enfant : « Tu sais bien que nous t'aimons », alors qu'on le prive d'amour véritable en négligeant de le prendre dans ses bras. Il s'agit d'abord de comprendre ses besoins, puis de les satisfaire.

L'amour intervient très tôt dans la vie, quand on se trouve encore dans le ventre de sa mère : c'est par amour de son bébé que celle-ci va faire attention à ce qu'elle mange, veiller à réduire les stress qu'elle subit, cesser de boire et de fumer et s'efforcer de mener une vie saine. Et avant même la conception, aimer son enfant veut dire que la mère s'est préparée à la venue de son bébé, et qu'elle a vraiment désiré et attendu sa naissance qui n'a pas été un simple accident, une cause de déception. Si la mère est déçue, sa déception trouvera moyen de s'insinuer dans le système du bébé et d'y faire des ravages. Aimer, pour une mère, c'est avoir un enfant pour de bonnes raisons ; c'est considérer le bébé comme une personne qu'elle a envie d'aimer et à qui elle veut donner, et non comme un objet pouvant lui servir à rafistoler son couple, ou comme une chose qu'elle aurait « produite » pour toutes sortes de raisons aussi peu authentiques.

Aimer, c'est donner naissance dans de bonnes conditions. Une naissance sans médicaments, tant que faire se peut ; une naissance naturelle qui donnera au bébé toutes ses chances dans la vie. Connaissant les effets nocifs de l'anesthésie, une mère ne peut pas aimer son enfant et se bourrer de drogues pour rendre son accouchement plus confortable. Pas plus qu'on ne peut prétendre aimer un enfant si on ne lui donne pas la chance d'arriver à terme naturellement, à son rythme propre, et qu'on lui impose un accouchement par césarienne parce que le médecin aura décidé que c'était le moment.

Aimer, cela veut dire donner l'enfant à sa mère, juste après la naissance, et ne pas le laisser tout seul, terrifié, abandonné à lui-même. Les minutes et les heures qui suivent immédiatement la naissance sont cruciales pour le développement normal d'un enfant. Le bébé doit avoir des contacts physiques fréquents avec ses parents. C'est en effet quelque chose de très important pour lui, puisque la majeure partie de son cerveau répond au toucher. Il est inimaginable d'aimer un enfant et de le confier dès la naissance à une nurse ou à une bonne. L'enfant a besoin d'un contact physique empreint d'amour, de douceur et de tendresse, et pas du geste machinal, rude et pressé d'une personne payée pour cela. Le contact physique est crucial, aux premiers jours de la vie. Et un bébé qui n'en a pas eu assez en souffrira pour le restant de ses jours. Si la mère est tendue et qu'elle n'a pas compris toute l'étendue des besoins d'un bébé, elle va s'impatienter. Si le père se lève plusieurs fois par nuit pour le bébé et part travailler le matin, il risque de devenir irritable, ce qui le rendra souvent incapable d'être le genre de père dont le bébé a besoin. Un bébé qui ne comprend pas que son papa travaille. Un bébé qui ne comprend que ses propres besoins.

Les besoins affectifs de l'enfant pendant son développement

Un enfant qui se développe doit avoir la liberté d'être lui-même, c'est-à-dire d'évoluer à son rythme propre et pas à celui des autres. Il faut qu'il marche ou qu'il parle quand ce sera le moment pour lui, et pas quand l'un de ses parents en aura décidé, sous prétexte qu'il veut un enfant précoce et brillant. L'enfant qu'on force à être toujours en avance sur son âge n'est pas aimé.

A mesure que le temps passe, l'enfant va éprouver, outre ses besoins physiques, des besoins affectifs. Non seulement il aura toujours besoin de contact physique — comme ce sera d'ailleurs le cas pour le restant de ses jours — mais il éprouvera également le besoin d'exprimer ses sentiments : se mettre en colère, avoir une attitude négative, dire « non », et ne pas toujours obéir instantanément quand on lui donne un ordre. Et il faut respecter ces sentiments de l'enfant. Il est tout aussi important de le laisser manifester de l'affection que de lui en prodiguer : il doit pouvoir étreindre et embrasser spontanément sans se faire rabrouer. Un enfant qui a bénéficié d'une bonne naissance et qui a été entouré de beaucoup d'affection physique part avec plusieurs longueurs d'avance dans la vie : ayant évité quantité de souffrances, il aura toutes les chances de connaître la normalité plus tard.

Cela fait partie des besoins affectifs d'un enfant que de pouvoir parler de ses sentiments à ses parents sans crainte de se voir désapprouvé ou critiqué. Il ne doit pas avoir honte de dire : « J'ai peur. » Il doit pouvoir s'écrier : « Je n'aime pas l'oncle Henry », sans se faire punir. Si l'on interdit cela à un enfant, il apprendra à ne plus s'exprimer et à tout garder pour lui, jusqu'au jour où il ne saura plus ce qu'il ressent vraiment.

Le jeune enfant est très sensible à son environnement et il ne faut pas grand-chose pour altérer ses tendances naturelles. Il va apprendre à les modifier avant même de savoir parler. Il est capable de comprendre qu'il ne doit pas grimper sur les genoux de son père ou s'accrocher aux jambes de sa mère n'importe quand ; il suffira d'une ou deux sévères réprimandes pour modifier ces tendances naturelles. L'enfant va vite apprendre à renoncer à l'amour physique au profit de l'approbation de ses parents. Il va apprendre qu'il ne peut pas recevoir de l'amour quand il le voudrait, mais seulement quand ses parents auront décidé de lui en dispenser.

Il va également apprendre à ne pas demander ce qu'il voudrait. Si l'un des parents a besoin de se sentir important, c'est l'enfant qui va devoir jouer les faire-valoir. C'est ainsi qu'un père je-sais-tout ne tolérera pas de concurrence de la part de ses enfants, qui céderont vite. Ils auront tôt fait d'apprendre à ne lui adresser la parole que si, lui, il veut qu'on lui parle ou qu'on l'écoute — des besoins qui puisent leur origine dans sa propre enfance.

Les enfants apprennent d'instinct ce qu'ils doivent savoir pour se débrouiller dans la vie. C'est un automatisme. Ainsi la mère déprimée va-t-elle s'arranger pour que son enfant la déride parce qu'elle se dit qu'il a besoin d'une mère normale, heureuse et souriante. Je voudrais souligner ici que, si ça tourne mal, l'enfant — qui n'a pas d'autre point de repère ou d'autre univers que ses parents — va se dire que c'est sa faute. Et il luttera pour faire de ses parents ce que leurs propres parents n'avaient pas pu en faire : des êtres aimés. Il luttera pour leur donner le sentiment d'être importants, désirés, respectés, attirants, aimés, brillants — n'importe quoi, selon leur besoin. Si l'un des parents a toujours été incapable d'avoir des amis d'enfance, c'est son propre enfant qui va devoir en tenir lieu.

Un enfant n'a pas que des besoins évidents, comme un toit, de la nourriture correcte, des soins médicaux. Il lui faut aussi de la stabilité, une routine régulière et un environnement familial calme. Des besoins qui ne seront sûrement pas satisfaits si les parents sont toujours en train de se disputer. Aimer son enfant, ce n'est pas juste le nourrir, le loger et l'habiller — ce que trop de parents considèrent comme le summum. Il s'agit plutôt de donner au petit garçon ou à la petite fille le sentiment qu'ils sont voulus, chéris et acceptés pour ce qu'ils sont. Quand un parent dit qu'il a travaillé dur pour subvenir aux besoins de sa famille — qu'il a en fait négligée à cause de son travail —, il a en réalité tout fait sauf subvenir à ce besoin essentiel au développement d'un enfant : l'amour. Qui ne se serait contenté d'habiter une maison un peu moins élégante et de manger moins souvent du steak, en l'échange du sentiment d'avoir reçu des tonnes d'affection ?

L'enfant a aussi besoin d'être compris en tant que personne. Ce qui veut dire qu'il faut reconnaître honnêtement ses défauts comme ses qualités. S'il a des difficultés à apprendre, il faut que les parents les acceptent, au lieu de pousser l'enfant afin de se valoriser eux-mêmes. Cela signifie aussi respecter les désirs, les centres d'intérêt et les choix de l'enfant. Un petit garçon fragile n'est pas fait pour devenir un footballeur, pas plus qu'une petite fille ne peut être le fils que papa désirait. Aimer, c'est écouter l'enfant au lieu de filer quand il a quelque chose à dire. C'est le soutenir dans ses choix de vie. C'est comprendre ses peurs et ses appréhensions, ses colères et ses crises, au lieu de vouloir tout occulter pour sauver les apparences. C'est avoir du temps pour lui, du temps pour l'écouter se plaindre, parler de ses craintes et de ses espoirs.

L'importance de la liberté

Un enfant a besoin de liberté — d'expression mais aussi de mouvement. On doit le laisser explorer les choses, le laisser donner libre cours à sa curiosité sans le freiner à chaque tournant. Les parents ont trop souvent tendance à tenir leurs enfants en laisse. Une laisse bien serrée qui contrôle le moindre mouvement que fait l'enfant, qui délimite d'avance les terres à explorer. Tant et si bien que les enfants se sentent vite en cage et qu'ils s'y mettent ensuite d'eux-mêmes, perdant leur prodigieuse curiosité naturelle, et perdant du même coup leur enthousiasme et leur spontanéité. Les parents qui ont eux-mêmes subi ce rapt de la spontanéité ont oublié ce que c'était, mais la petite fille qu'on n'arrête pas de faire taire et de réprimander parce qu'elle est turbulente finira par ne plus agir spontanément et ne plus exprimer ses émotions. Et plus tard, elle risque de connaître une vie sexuelle bien malheureuse quand le moment sera venu pour elle de manifester une réaction.

Un enfant doit pouvoir dire : « Prends-moi dans tes bras, maman », sans hésiter et sans craindre de se faire rabrouer par une mère incapable d'intimité. Le petit, lui, qui ne sait pas que sa mère a des difficultés à manifester de l'affection (pour en avoir elle-même été privée), s'imagine que c'est sa faute. Il se met alors à avoir une piètre opinion de lui-même et à se sentir indigne d'amour. Les parents devraient s'intéresser vraiment à leurs enfants, sans se laisser parasiter par leur propre sentiment d'insatisfaction.

L'amour qui coule à flots

Lorsqu'on aime un enfant et qu'on s'intéresse vraiment à lui, en tant que personne, les rapports se nouent tout naturellement. L'enfant est libre de dire ce qu'il pense et il est compris. Qu'il parle du monde, de ses amis, de l'école ou de n'importe quoi, on ne fera pas la sourde oreille mais on le respectera, lui et ses idées. Son besoin d'écoute va de pair avec son besoin de s'exprimer. Il ne faut surtout pas qu'il s'entende constamment répéter : « Ne m'embête pas maintenant ! Tu ne vois pas que je suis occupé ? »

De telles conditions ne sont pas trop difficiles à réunir pour ceux qui ont vraiment désiré leur enfant et qui l'aiment vraiment, pourvu qu'ils ne souffrent pas eux-mêmes d'un trop gros arriéré de besoins inassouvis, que, tôt ou tard, ils transmettraient à l'enfant. Il est très difficile de satisfaire les besoins affectifs d'un enfant non désiré, car celui-ci a presque toujours l'impression que ses parents lui jouent la comédie. Or, les enfants ne sont pas dupes : n'étant, depuis la naissance, que sentiment *, ils perçoivent parfaitement le comportement de leurs parents jusque dans ses moindres nuances.

C'est peut-être une banalité de dire que les enfants sont des êtres humains et qu'ils ont les mêmes besoins que nous tous. Et pourtant, il y a énormément de parents qui disent à leurs enfants qu'ils les aiment, mais qui ne le leur manifestent jamais, et qui s'imaginent avoir fait leur boulot de parents. Vous vous voyez en train de parler d'amour à votre petit(e) ami(e), à votre mari ou à votre femme, sans jamais les toucher ? Vous ne pourriez guère vous attendre à ce qu'ils reconnaissent de l'amour dans une telle attitude.

Quand l'amour est là, on possède l'antidote à la névrose, car l'absence d'amour est le principal facteur de développement de la névrose. La maladie affective s'exprime généralement moins dans les actes que dans les petits détails subtils, les nuances de sentiment qui les accompagnent. Par exemple, si un parent est très tendu quand il prend son enfant dans ses bras, le petit se sentira mal à l'aise à son contact. Mais, quelle différence s'il fait le même geste en étant calme, détendu et affectueux !

C'est facile à comprendre si on compare cela à des rapports sexuels entre deux adultes qui s'aiment. Il est clair que les choses se passeront mieux si le partenaire n'est pas un paquet de nerfs. Abstraction faite de la composante sexuelle, le principe est le même, s'agissant d'aimer un enfant : il faut s'intéresser pleinement à lui, lui accorder des attentions physiques et beaucoup de temps, sans se laisser distraire par d'autres préoccupations. Dans les moments qu'on passe avec lui, l'enfant doit devenir le centre de l'univers.

Quand les besoins restent inassouvis

Lorsque ses besoins sont inassouvis, l'enfant souffre. Pas seulement dans l'instant, malheureusement, mais pour le restant de ses jours. Les besoins ont leurs échéances propres : certains ne peuvent être satisfaits qu'à tel ou tel moment bien précis, et pas à un autre. Ainsi c'est dès l'instant de sa naissance que le nouveau-né a aussitôt besoin d'être près de sa mère. Les premières heures de la vie sont critiques et le bébé à qui un tel contact a manqué en souffrira à jamais. Et l'enfant ou l'adulte de demain ne pourront plus rien faire pour effacer cette carence.

Cela ne servira strictement à rien qu'un parent s'excuse, plus tard, s'il vient à prendre conscience de toutes les carences dont son enfant a souffert à cause de lui. Le mal est fait, et ce n'est pas avec des « pardon » que la blessure guérira. On n'efface pas un besoin avec des excuses. D'autant que c'est une force colossale qui est en jeu : la blessure est allée se loger dans le « réservoir ». Il est impossible de pardonner à un parent égocentrique qui a abandonné son enfant très tôt, quel que soit ensuite son désir — et celui de l'enfant — de passer l'éponge. L'inassouvissement est une réalité. Le parent divorcé qui n'a pratiquement jamais vu son enfant ne peut pas s'attendre à arriver comme une fleur et à reprendre des rapports normaux avec l'enfant devenu adolescent. En effet, l'enfant porte en lui tout un fardeau de souffrance qu'il doit d'abord ressentir. Il ne s'agit pas de pardonner, ça n'a même aucun sens, en l'occurrence. Ce n'est qu'en *re*ssentant le besoin, la blessure et le ressentiment qui sont en lui, que l'enfant arrivera peut-être à déblayer le terrain et à retrouver une forme de communication avec le parent concerné.

*Re*ssentir, c'est retourner en arrière et sentir les besoins du tout-petit et de l'enfant qu'on a été. Sentir l'envie douloureuse d'être pris dans les bras d'un de ses parents, comme si on y était. Sentir les premiers ressentiments, le besoin d'être écouté, de ne pas être critiqué, d'être emmené quand ses parents partent quelque part, de se sentir intégré et d'avoir le sentiment d'appartenir à la famille, etc. Expérimenter tout ce qu'on est, ce qui veut dire *re*ssentir la souffrance due à la frustration initiale.

La réalité du besoin

Les besoins dont je parle ici ne sont pas que des notions abstraites ; j'ai pu constater toute l'étendue de la souffrance des patients qui avaient été privés de la satisfaction de leurs besoins. Cela dit, il est vrai que certains soi-disant « besoins » ne sont pas réels : jamais je n'ai constaté un réel besoin de prestige ou de célébrité chez les patients qui sont venus s'étendre dans mon cabinet, si ce n'est comme substitut à d'autres besoins — réels, ceux-là.

Les besoins fondamentaux que je viens d'évoquer sont ceux que j'ai pu observer chez les patients qui avaient renoué avec leur vie d'enfant et de nouveau-né, et qui imploraient et suppliaient qu'on les satisfasse. Ces besoins ne sont ni des métaphores ni des concepts, mais des réalités biologiques. Lorsqu'on les *re*ssent, le terrain biologique qui les a sécrétés se transforme, et ce jusqu'au niveau cellulaire, y compris les cellules nerveuses du cerveau. Mais ces besoins ne sont pas affectés par les démonstrations d'émotion ou les sanglots qui surviennent par abréaction * ou par catharsis. Tout changement essentiel met en jeu des besoins fondamentaux, et c'est leur assouvissement qui stabilise le système.

Et qu'en est-il de la pauvreté ? Est-ce qu'un environnement correct ne correspond pas à un besoin fondamental ? Oui et non. Car l'amour joue toujours un rôle prioritaire pour éviter la névrose. Cela dit, il est sûr que des conditions de vie déplorables auront forcément des répercussions sur le développement d'un enfant. Il a besoin d'être nourri, logé, vêtu, et d'avoir le même confort matériel que les autres. Cependant, le manque de confort matériel provoquera rarement des larmes chez un patient en train de dévoiler ses besoins, étendu par terre pendant une séance de thérapie. Celui qui a vécu dans la pauvreté n'en tirera un sentiment d'infériorité que s'il a également été privé de richesse affective. Bref, si je m'en réfère à mon expérience, la pauvreté peut contribuer à la maladie, mais elle n'en est pas la cause déterminante. Et pourtant, j'avais toujours cru qu'elle jouait un rôle bien plus important que ce que j'ai pu constater. Mais après tout, c'est le patient qui décide, et pas moi.

En thérapie primale, nous ne suggérons pas de besoins à nos patients. D'autant que, au départ, on ne sait pas très bien ce qu'ils vont être. C'est le patient qui les ressent, et c'est le fait de les ressentir qui les révèle.

L'apparition des besoins de substitution

Si un besoin reste inassouvi, il est remplacé par un substitut ou besoin secondaire. Qu'un parent névrotique traite son enfant de manière névrotique, et il fera surgir chez le petit de nouveaux besoins qui ne seront plus d'essence biologique mais qui seront des dérivatifs. Une mère qui se sent obligée de dominer son rejeton va le rendre passif et faible; elle aura ainsi créé en lui le « besoin » de dominer son partenaire dans la vie adulte ou, au contraire, selon les circonstances, d'épouser une autre femme dominatrice. On épouse une personne autoritaire afin de pouvoir continuer à avoir un comportement de dépendance. Il y a des chances pour qu'un enfant rejeté ou ignoré par ses parents grandisse en nourrissant un désir de célébrité — ce qui n'est évidemment pas un besoin biologique chez un enfant.

Le soi-disant besoin d'avoir une bonne opinion de soi-même ne correspond pas à un besoin fondamental. Un enfant qui a été aimé sait qu'on veut de lui et qu'il est digne d'amour. Il ne passera pas toute sa vie d'adulte à essayer de glorifier son ego ou à se donner de l'importance, puisqu'il en a eu aux yeux des seules personnes qui comptaient quand il était bébé : ses parents. Avoir « une piètre opinion de soi » revient à dire qu'on n'a pas eu d'importance aux yeux de ses parents.

On ne se sent guère attirant quand on est mal aimé. D'où le sentiment de ne pas avoir su être attirant pour ses parents. C'est ce qui fait qu'ensuite on tentera d'attirer tous ceux qu'on rencontrera, qu'ils aient ou non de l'importance à nos yeux. Si le névrosé a constamment besoin d'être rassuré sur son apparence, c'est parce qu'il ne s'apprécie pas. L'enfant juge de sa valeur — dans tous les domaines — en fonction de l'amour que lui portent ses parents; et s'il se sent aimé, il sera en mesure de s'apprécier à sa juste valeur.

On ne guérit pas d'une piètre opinion de soi en essayant de se prouver sa propre valeur ou en agissant de manière à flatter son ego. Bien au contraire. Le traitement consiste à s'autoriser à *re*ssentir ce terrible sentiment de n'avoir pas été désiré ou voulu. Cela permettra de s'apercevoir que la carence d'amour n'était pas due à quelque tare inhérente à soi-même, mais qu'elle venait d'une incapacité des parents à aimer. Mais une telle prise de conscience n'est possible que lorsqu'on cesse de lutter contre son besoin d'être constamment rassuré, et qu'on ressent à fond le manque d'amour dont on souffre.

Les besoins de substitution deviennent névrotiques

Un parent névrosé crée des besoins névrotiques chez son enfant. L'enfant qui ne trouve jamais aucun répondant en face de lui, parce que ses parents sont apathiques, va devenir un adulte qui aura besoin de susciter des réactions émotionnelles chez les autres. Il aura besoin de provoquer une réaction chez l'autre; c'est comme s'il lui disait : « Regarde-moi ! Rends-toi compte que je suis vivant ! Rends-toi compte que j'existe ! »

L'ancien enfant dont les parents n'ont pas manifesté de réactions risque de devenir un adulte qui cherche à faire des choses spectaculaires pour devenir une « star ». Ou alors, il parlera sans arrêt pour être le point de mire de toutes les conversations. Il aura tendance à exagérer et à « faire du cinéma » afin de provoquer une réaction chez les autres. Il arrive que ce genre de personne aille voir un psychiatre et qu'on pose un diagnostic de « narcissisme primaire ». En réalité, ce n'est pas aussi compliqué que cela : le patient avait seulement besoin d'un peu d'attention — de la vraie — pour pouvoir être lui-même. Ajoutons que le problème ne sera pas résolu du simple fait de pouvoir assouvir son besoin à l'âge adulte ; si c'était le cas, certains acteurs de cinéma que je soigne, et qui ont eu plus que leur part d'adulation, ne se sentiraient pas si totalement dépourvus de valeur humaine.

Un parent qui traite son enfant sans chaleur peut créer chez lui le besoin, plus tard, de fréquenter des gens froids, glaciaux. Car on lui a instillé la peur de la chaleur humaine et le besoin d'éviter d'être proche des autres — un pseudo-esprit d'indépendance : « Je n'ai besoin de personne. Je suis heureux tout seul dans mon coin. » S'il existe ce « besoin d'être seul », c'est parce qu'être avec les autres (les parents, pour les premiers temps de la vie), cela veut dire avoir mal. Aucune personne normalement constituée n'aime être seule tout le temps.

Un enfant qui a souffert d'une carence affective va grandir sans savoir distinguer l'amour du besoin. Il aura tendance à « tomber amoureux » de quelqu'un qui puisse satisfaire ses besoins. La femme qu'on a infantilisée dans ses jeunes années « tombera amoureuse » d'un homme à poigne qui lui permettra de continuer à être le bébé que ses parents ont fait d'elle. L'homme dont les parents ne manifestaient jamais la moindre émotion, et qui a refoulé tout sentiment et toute chaleur, ne recherchera pas une partenaire ouverte et chaleureuse mais une femme aussi réservée que ses parents. Après quoi il luttera pour essayer de la rendre chaleureuse et aimante.

La femme qui n'a pas eu de père va « tomber amoureuse » d'un homme plus âgé qu'elle, et le façonner en fonction de ses besoins. Elle attendra de lui qu'il soit tout ce que son propre père n'a pas été pour elle. Elle ne le verra pas pour ce qu'il est, tout comme elle n'a pas vu ses parents pour ce qu'ils étaient. Pas de plus sûre recette pour un divorce...

Cela veut-il dire que cette femme devrait essayer de changer ses désirs, et modifier ce qu'elle attend de son mari ? Non, pas du tout. Car ses désirs sont réels. Ce qu'il faut, c'est qu'elle *re*ssente ces besoins dans leur vrai contexte, c'est-à-dire en fonction de l'objet réel de ses désirs : son père. C'est le seul moyen d'ouvrir les yeux sur ses besoins. De toute façon, on ne voit jamais plus loin que le bout de ses besoins, même si l'on est par ailleurs très malin. Nous ne sommes ni plus sages ni plus réceptifs que nos besoins nous le permettent. Un besoin non ressenti a pour effet de nous rendre bêtes dans certains domaines. Ainsi sommes-nous incapables d'avoir une perception réaliste d'une autre personne, car nos besoins insatisfaits se superposent immédiatement à la réalité de ladite personne. On voit toujours ses propres besoins en premier. Et c'est parce qu'ils constituent notre réalité première ; tout le reste n'est que secondaire.

La résolution des besoins névrotiques

La résolution [1] est un besoin fondamental chez le névrosé. Il faut qu'il parvienne à résoudre ses besoins précoces s'il ne veut pas rester coincé dans le passé pour le restant de ses jours. Sinon, il se retrouvera à cinquante ans avec les mêmes besoins — toujours aussi forts — que quand il avait cinq ans. En effet, quoi qu'il lui arrive par la suite, la force du besoin ne diminuera pas, pas même d'un iota. Si on arrive à revivre son enfance et ses expériences de l'époque, et à *re*ssentir ses anciens besoins, les symboles servant de dérivatifs — comme la soif de pouvoir, de prestige et de célébrité — perdront peu à peu de leur emprise. Mais, tant qu'on conserve des besoins symboliques, l'énergie vitale — ce que Freud appelait « la libido » — s'y investit. Par exemple, celui qui recherche le pouvoir (parce qu'il a été totalement bridé dans son enfance et qu'il n'a eu aucun pouvoir sur lui-même) ne s'intéressera guère au sexe. C'est ainsi que l'énergie qui devrait nourrir des rapports humains est déviée à la poursuite de symboles.

Il y a d'abord le besoin, et ensuite le « besoin de » quelque chose. Quel que soit l'objet du besoin — le sexe, l'argent, le pouvoir ou des croyances —, il s'agit avant tout au départ d'un besoin primaire, d'un pur besoin.

Lorsque quelqu'un arrive à parler de ses besoins symboliques et qu'il commence à ressentir ses besoins réels, il est souvent envahi par une grande tristesse en constatant tout le temps et toute l'énergie gâchés — tant de vie gaspillée ! C'est aussi la tristesse de la résignation : « Jamais je ne réussirai à " les " contenter, quoi que je fasse. » C'est la fin du rêve, la fin de l'effort effréné. Il est temps de remettre les pieds sur terre pour rentrer dans la vraie vie.

1. Résolution et résoudre sont à entendre dans l'acception médicale du terme : disparition progressive, résorption du mal, de l'affection ou du trouble considérés *(NdT)*.

2

La souffrance primale : le grand secret occulté

La nature de la souffrance affective

Les besoins inassouvis de l'enfant se transforment en souffrance. On a coutume d'associer la notion de souffrance à des sensations d'origine physique. Nous savons tous ce que c'est d'avoir mal aux dents, de souffrir d'une blessure corporelle — externe — ou d'un trouble organique — interne. Cependant, la souffrance qui vient du fait d'être mal aimé ou non désiré est tout aussi réelle. Les besoins affectifs inassouvis s'accompagnent de réelles sensations, très pénibles physiquement : angoisse, dépression, maux de tête, maux d'estomac et une sorte de peur indéfinie. L'inassouvissement est une menace à l'intégrité de l'organisme. Il prend la forme d'une douleur car c'est elle qui nous alerte sur la présence de cette menace.

Lorsque les besoins de l'enfant ne sont pas satisfaits — besoin d'amour et d'affection, de contact physique et de sécurité —, c'est la douleur qui sert de signal d'alarme et qui alerte l'organisme afin que celui-ci prenne des mesures conservatrices. D'une manière ou d'une autre, l'enfant va chercher à satisfaire ses besoins inassouvis et, si cela s'avère impossible, ce seront les forces du refoulement qui étoufferont le besoin.

L'inassouvissement est une menace pour la survie de l'organisme. La souffrance n'est que le signal de cette menace, l'indicateur d'une carence. Et, bien qu'elle nous incite à satisfaire notre besoin, elle finira elle-même par être refoulée. Cette souffrance est de la même intensité que le besoin qui en est la cause. Si vous ne recevez pas l'amour dont vous avez besoin, c'est une partie de vous-mêmes que vous perdez.

Plus tard dans la vie, on apprendra à remplacer la satisfaction d'un besoin par celle d'un autre, en cherchant un assouvissement symbolique ou de substitution. Mais quand un bébé ressent un besoin, il n'a pas le choix : ou bien il souffre le martyre sans répit, ou bien il déconnecte et se ferme. Comme il n'a pas la faculté d'aller s'acheter des cigarettes au tabac du coin ou de téléphoner à un copain pour aller au cinéma, il refoule. Le refoulement est une réponse automatique à la souffrance occasionnée par la frustration du besoin affectif.

Un nourrisson qu'on ne prend pas dans ses bras et qu'on ne cajole pas va ressentir ce manque comme une menace qui déclenchera toute une série de processus chimiques visant à occulter la menace. La conscience du besoin disparaîtra. Mais plus tard, on se mettra à rechercher des satisfactions de substitution (correspondant à des besoins de substitution). On prendra des tranquillisants, des cigarettes ou de la nourriture pour se détendre — pour faire ce que le contact physique aurait dû faire. Les enfants ont besoin de contact physique pour bien se développer, sinon leur développement sera ralenti et leur croissance retardée.

Enfants, nous avons besoin de pouvoir exprimer nos sentiments véritables devant nos parents. S'ils se montrent indifférents et qu'ils nous obligent à ravaler le ressentiment et la rage qui bouillent en nous, nous en souffrons. Nous ne pouvons plus être nous-mêmes, être naturels. Notre « nature » est déformée et ça fait mal. Si vous immobilisez un de vos bras avec du sparadrap et que vous l'empêchez de se mouvoir naturellement, ça va vous faire mal au bout d'un moment. Même chose si vous vous interdisez des émotions naturelles. Les émotions sont partie intégrante de notre physiologie, au même titre que notre bras appartient à notre anatomie. Un enfant qui a faim a besoin de nourriture. Or, le besoin d'exprimer ses sentiments est aussi physiologique que la faim.

Un enfant a besoin de se sentir accepté pour ce qu'il est. Sinon, il va être forcé de devenir autre chose ou quelqu'un d'autre — un intellectuel, un athlète, n'importe quoi. Il sera obligé de se remodeler, ce qui lui causera une souffrance affective. Nous avons tous besoin de grandir en harmonie avec nous-mêmes, de nous sentir bien dans notre peau. Et lorsque nous ne nous sentons pas à l'aise avec les sentiments qui nous viennent naturellement, nous en souffrons.

La souffrance primale

Cela paraît simple de définir la souffrance. Tout ce qui fait mal est souffrance, pourrait-on dire, même si une telle proposition a des allures de truisme. Mais qu'en est-il de la souffrance affective, qui fait mal, certes, mais pas exactement de la même façon qu'une rage de dents ou qu'une coupure au doigt ? Comment l'appeler ? J'utilise justement le terme de « *souffrance primale* » pour désigner la souffrance affective qu'on ne ressent presque pas au moment où elle survient. La souffrance primale est une douleur qui ne fait pas mal, tout au moins pas consciemment.

La souffrance primale, ce n'est pas comme quand on se pince le doigt : on crie « aïe ! », on secoue la main et, quelques minutes après, c'est terminé. La souffrance primale, c'est comme si on s'était pincé si fort qu'on ne sentait même pas qu'on avait mal et, donc, que ça pouvait continuer indéfiniment.

La souffrance primale est continuellement gérée au niveau infraconscient. Cela ne veut pas dire qu'elle ne fait pas de dégâts, mais plutôt qu'ils sont trop importants pour qu'on les sente.

Il est parfaitement impossible de décrire toute la souffrance refoulée que peut générer un besoin affectif inassouvi. Elle peut rendre fous ou pousser au suicide ceux qui tentent de la rendre consciente, car elle est d'une intensité impossible à imaginer tant qu'on reste coupé de sa sensibilité *. C'est pourquoi nos patients sont souvent obsédés par le suicide lorsqu'ils se rapprochent de l'expérience de la souffrance primale : ils sont tentés de choisir la mort plutôt que d'avoir à affronter une telle souffrance.

Les souffrances précoces * sont les plus catastrophiques dans la mesure où elles constituent une menace pour la survie de l'individu. Il s'agit de souffrances comme, par exemple, le fait d'avoir frôlé la mort à la naissance, ou le désespoir du tout-petit qui sent qu'il ne sera jamais aimé. L'organisme n'est pas fait pour tolérer des souffrances d'une telle intensité. Au contraire, puisqu'il produit une substance comparable à la morphine, destinée à occulter la conscience de la douleur, pour éviter que le bébé ne meure, ou pour permettre à l'adulte de continuer à vivre.

Qui dit souffrance primale dit refoulement, invariablement. Le degré de refoulement dépendra du niveau d'intensité de la souffrance. Les substances comparables à la morphine que nous produisons pour refouler la souffrance affective peuvent être cent fois plus actives que la morphine du pharmacien. Lorsque Freud parlait du refoulement, ce n'était que spéculations de sa part, mais nous avons maintenant une image beaucoup plus claire de son mécanisme et de sa localisation cérébrale.

Il y a des limites à ce que nous pouvons encaisser. Rien ne mobilise autant les forces de l'organisme que la souffrance ; elle accélère le rythme cardiaque et fait grimper la tension artérielle. Un bébé en train de naître ne pourra résister à un pouls à 200 et à une tension de 20 que pendant un certain temps au-delà duquel il se trouvera en danger de mort. Le refoulement est justement ce qui ferme la porte à ce processus de mobilisation active des forces de l'organisme. Et nous verrons plus tard comment, une fois qu'on a ouvert les verrous * du refoulement, on revit le souvenir exact de cette souffrance, avec le même rythme cardiaque et la même tension artérielle qu'au moment de l'expérience initiale.

Quand un membre gèle, au début, on a mal. Et puis, lorsque la douleur devient trop forte, on s'engourdit et on ne sent plus rien. Mais quand la chair « dégèle », la sensibilité revient et on recommence à avoir mal. Il en est exactement de même avec les blessures du sentiment : la souffrance affective est refoulée et oubliée. Il s'ensuit un engourdissement des émotions, une incapacité à ressentir*. Mais lorsque, plus tard, on se remémorera cette souffrance, on recommencera à avoir mal. Ainsi, on a mal la première fois, quand survient la souffrance affective, et puis de nouveau, plus tard, quand on s'autorise à se souvenir de cette souffrance initiale.

Souffrance, besoin et développement naturel

Si nous souffrons, c'est à cause de l'intrusion d'un facteur étranger qui est venu bloquer nos tendances naturelles, causant une perturbation des fonctions naturelles du corps. Car ça fait mal, de ne pas être naturel. Et si nous ne le sommes plus, c'est parce que notre système a été déformé : frustré et privé de la satisfaction de nos besoins par nos parents, nous avons réagi avec colère pour nous voir fustigés par eux, à cause de cette colère. Si l'on est naturellement programmé pour se tenir debout à un an mais que des parents impatients vous obligent à le faire à huit mois, on en souffrira. Le système neurologique en sera affecté. Un enfant qui aurait naturellement eu besoin de téter jusqu'à un an, mais qu'on a sevré à trois semaines, sera frustré de la satisfaction d'un de ses besoins fondamentaux. Si vous n'êtes pas contents parce que vos parents vous préfèrent un de vos frères et sœurs, et qu'ils vous punissent quand vous le dites, vous aurez mal. On ne peut pas se permettre d'être ce que l'on est, et de ressentir ce que l'on ressent. C'est pourquoi l'un des cris qui reviennent le plus souvent dans la bouche de mes patients est : « Mais laissez-moi donc exister ! »

Je ne sais pas comment décrire la souffrance que j'ai observée dans le cadre de la thérapie primale. Avant cela, j'avais pratiqué pendant dix-sept ans une forme de psychothérapie à base psychanalytique, et je n'avais jamais rien vu de tel. Lorsque vous voyez des patients en train de *re*ssentir un sentiment *, et que, des heures et des mois durant, ceux-ci se roulent par terre, se débattent, sanglotent et hurlent, vous commencez à comprendre tout ce qu'il y a de bridé, de comprimé, à l'intérieur de la plupart d'entre nous. C'est une expérience ineffable qui dépasse la compréhension intellectuelle. Une fois qu'on a découvert cette souffrance-là, on ne s'étonne plus que les gens tombent malades, qui de crise cardiaque, qui d'attaque d'apoplexie, qui de cancer.

Comment se peut-il qu'une souffrance aussi colossale puisse rester comprimée à l'intérieur de notre corps sans qu'on s'en rende compte ? C'est cela le plus extraordinaire. Et c'est au refoulement qu'on doit un tel prodige. En effet, il diffuse l'énergie de la souffrance qui se retrouve alors dans l'hypertension artérielle, dans une sexualité compulsive, dans l'asthme et dans la colite, dans les pensées vagabondes, dans la posture et dans les maux de tête. Pas étonnant que les patients souffrant d'hypertension voient leur tension baisser de 2,4 points en moyenne, après avoir suivi une thérapie primale.

Les besoins et la souffrance sont les ressorts qui nous poussent à l'action, dévorant d'énormes quantités d'énergie pour ce faire. Le refoulement dissocie l'énergie que dégage la souffrance de l'expérience de cette même souffrance. Ainsi, ceux qui sont « hyperdynamiques * » sont souvent des gens qui souffrent beaucoup. C'est pour cela que le névrosé est incapable de se détendre. Même s'il essaie vraiment de s'arrêter, son moteur continue à tourner à plein régime et rien n'arrive à le ralentir de façon permanente. Parce qu'il roule au « carburant primal » — c'est le surnom que je lui donne.

Le mystère de la souffrance primale

Considérons un phénomène vraiment étonnant : comment se fait-il que des impulsions électriques émises dans la « soupe » chimique qui clapote dans un crâne puissent produire cet état psychologique qu'on appelle la douleur ? Par quel saut qualitatif un événement affectant un organe gélatineux se transforme-t-il en facteur psychologique ? Et comment se fait-il que nous puissions annuler cette souffrance, et croire qu'elle n'existe pas, grâce à une simple manœuvre psychologique, à un tour de passe-passe psychique ? Il y a en tout cas une chose que nous savons : les signaux de la douleur sont des informations qui, en quantité suffisante, arrivent à noyer le système et à produire le message opposé : absence de souffrance.

La souffrance affective est-elle un sentiment ? Non. C'est plutôt ce qui arrive aux sentiments* lorsqu'ils ne peuvent pas suivre leur cours naturel. Et c'est pourquoi on peut mettre un terme à la souffrance en *re*ssentant ses sentiments. La souffrance implique en effet une absence de conscience; tant qu'elle n'est pas consciente, elle n'est qu'une douleur amorphe. Or, le mécanisme de la douleur fonctionne en empruntant des trajets nerveux archaïques, les plus proches des structures primitives du système nerveux.

Le mécanisme de la douleur fait jouer des fibres nerveuses qui sont projetées depuis les structures cérébrales inférieures, telles que le thalamus, jusque dans des zones étendues du néocortex. C'est pour cela que nous nous rendons compte que nous avons mal, mais sans savoir pourquoi.

Le mécanisme de la souffrance, en revanche, emprunte des trajets nerveux de formation récente. Il s'agit d'un mécanisme plus précis que le précédent, qui nous indique non seulement ce qui nous fait mal mais, assez souvent aussi, pourquoi on a mal.

Qui dit conscience de la souffrance dit conscience. Les trajets nerveux de la souffrance sont doués d'un certain discernement, et visent des cibles dans le cortex qui nous renseignent précisément sur ce qui se passe au niveau inférieur. Ces trajets nerveux sont des « connecteurs » qui transforment la douleur en souffrance, puis la souffrance en conscience. Éprouver une sensation de vide dans l'estomac, avoir toujours mal quelque part ou une crampe persistante, c'est souffrir; ressentir le vide de sa vie, c'est éprouver un sentiment « connecté* ». Se sentir déprimé et désespéré, c'est souffrir; ressentir une absence totale d'espoir due au fait qu'on n'a jamais été aimé par sa mère, c'est éprouver un sentiment « connecté ».

La connexion* dissout la souffrance, l'absence de connexion l'entretient. C'est là un phénomène que nous aurons l'occasion d'étudier beaucoup plus en détail par la suite. Cela veut dire que, tant qu'on ne sera pas capable de percevoir une souffrance affective bien définie, on souffrira. Lorsque certains patients n'arrivent à ressentir qu'un seul aspect d'un sentiment très ancien, ils continuent à souffrir à cause de la part de ce sentiment qui n'a pas encore été *re*ssentie et « connectée ». Ce qui ne veut pas dire qu'ils ne fassent pas de progrès, mais qu'il reste encore certaines souffrances à « connecter* ». Et cela ne peut pas se faire en un jour.

Nous avons donc affaire à une certaine quantité d'énergie que dégage la souffrance, une énergie qui peut être canalisée physiquement et mentalement. Un sentiment de rage peut se transformer en un violent mal de tête; la rage sera allée se loger dans ce symptôme-là. Mais que l'on exprime cette rage — elle doit être véritablement *exprimée* et pas seulement *comprise* — et le symptôme disparaîtra. Quand on prend conscience de sa rage en l'exprimant pleinement (en frappant des coups et en hurlant), elle se transforme en sentiment et cesse d'être un facteur de souffrance. Savoir qu'on est en rage et être conscient de sa rage sont deux choses complètement différentes. Celui qui se croit obligé de parler sans arrêt s'apercevra que ses paroles dissimulent une douleur le jour où il ressentira le sentiment suivant : « Je suis obligé de continuer à parler pour ne pas me rendre compte que personne ne m'écoute. » Il ne cherchait en fait qu'à s'attirer l'attention des autres; sa logorrhée était donc symptomatique d'un sentiment.

Le réservoir de souffrance primale

J'ai déjà abordé le concept du réservoir de souffrance primale dans *Le cri primal,* et je suis convaincu qu'il reste tout aussi valable aujourd'hui. C'est un terme qui décrit le fait que des quantités de petites souffrances s'accumulent et s'additionnent tout au long de notre enfance, à mesure qu'on subit des expériences négatives. C'est une représentation imagée de ce que j'ai pu constater chez mes patients, et cela suggère aussi que la souffrance qui s'accumule peu à peu finit par atteindre des niveaux considérables. Il faut donc trouver moyen de vidanger ce réservoir pour délester un peu le système et permettre à la personne de se détendre. Les affluents qui alimentent ce réservoir primal peuvent provenir de blessures physiques — telles des opérations — ou psychologiques, comme le fait d'avoir été ignoré des autres. Ces deux sortes de meurtrissures suscitent les mêmes réactions, et le trop-plein peut aussi bien être atteint à cause d'une opération qu'à l'occasion d'un rejet. La thérapie devra donc graduellement vidanger le trop-plein afin d'alléger le fardeau de souffrance, pour permettre au système de se rétablir. On y arrivera en revivant chaque sentiment, facette par facette, un petit peu chaque fois, de façon à l'intégrer * et à le résoudre *. La souffrance se transformera alors en sentiment. Et c'est ainsi qu'un névrosé pourra redevenir une personne pleinement capable de « ressentir » son vécu.

Le cerveau est équipé de certaines structures qui ont pour fonction de gérer et de stocker les sentiments * : il s'agit du système limbique * qui est un ensemble de structures disposées en anneau sous le néocortex. C'est lui qui organise nos émotions, et il joue le rôle d'un condensateur électrique ; il accepte en effet les inputs[1] jusqu'à un certain seuil à partir duquel il redirige l'excédent de sentiment sur d'autres voies — vers des systèmes organiques ou vers l'intellect. C'est donc une sorte de réservoir de souffrance mais d'une contenance limitée. Et si le contenu vient à excéder la capacité du réservoir, l'énergie générée par la souffrance affective déborde et on tombe dans un état d'angoisse aiguë.

Il y a eu des expériences faites sur des chiens qu'on a soumis pendant un certain temps à des chocs électriques légers, appliqués quotidiennement à leur système limbique. Et on s'est rendu compte qu'il fallait ensuite beaucoup moins de stimulations que chez d'autres sujets pour leur donner des crises d'épilepsie. La moindre petite chose suffisait à déclencher en eux une énorme décharge globale d'énergie, c'est-à-dire une crise d'épilepsie.

C'est apparemment ce qui nous est arrivé dans notre enfance. Le système limbique a absorbé les affronts, les uns après les autres, et la

1. Input : influx, apport de données — sensorielles en l'occurrence. Voir le glossaire *(NdT).*

souffrance s'est accumulée au point que nous sommes devenus vulnérables au moindre petit stimulus. C'est ainsi qu'une simple frustration peut suffire à nous mettre dans des rages folles. Les recherches que j'ai menées sur les ondes cérébrales m'ont permis de constater qu'un patient qui se mettait à revivre un sentiment ancien présentait une activité cérébrale presque équivalente à celle de l'épilepsie. En effet, le système limbique se débarrasse alors de toute l'énergie qu'il a emmagasinée.

Mesurer la souffrance affective

La souffrance peut se mesurer à travers les mécanismes qui la gèrent, à travers les ondes cérébrales et les « signes vitaux* » — tels que la tension artérielle et le pouls — et aussi à travers les hormones. Qu'elle soit physique ou psychologique, la souffrance stimule la sécrétion des mêmes substances chimiques de refoulement. Le corps ne fait pas de distinction entre les antalgiques physiques ou psychologiques. Un bon analgésique est capable de combattre ces deux sortes de souffrance avec la même efficacité. Un patient à qui l'on suggère qu'il sera soulagé s'il prend tel ou tel cachet peut fort bien cesser d'avoir mal, même s'il n'y avait rien dans le cachet (un placebo) ; c'est pareil que quand on est insensibilisé à la douleur après l'injection d'un produit antalgique. La pensée est en effet un puissant analgésique. Aussi bon, et probablement meilleur qu'une piqûre de morphine, et ce pour des raisons que nous n'allons pas tarder à découvrir.

Il est possible d'émousser la souffrance primale, de la rediriger et de la détourner, mais pas de l'effacer. On ne peut pas la supprimer à coups de cajoleries ou d'encouragements. Ce n'est pas non plus comme ça qu'on peut guérir quelqu'un d'une dépendance aux antalgiques. La mémoire ne s'efface pas, même à coups de puissants électrochocs, comme l'ont prouvé des recherches faites sur les animaux. Toute marque gravée dans le système est indélébile. Quand on s'est senti mal aimé dans sa petite enfance, c'est un sentiment qui ne vous quittera plus jamais. Il va rester aussi fort qu'à l'origine et, dans la mesure où il est là pour toujours et où il ne changera plus, il ressemble à l'immuable *ça*-inconscient de Freud. Ce sentiment ne bougera plus d'un iota, quelle que soit la qualité du vécu qu'on aura par la suite et même si on jouit de l'adoration de centaines de gens. Imaginez ça : il existe une partie de notre physiologie — la seule, peut-être — qui est inaccessible au changement. Et ce pour des raisons de survie de l'espèce. Le sentiment douloureux reste mémorisé en nous, attendant l'occasion de devenir conscient et de trouver sa résolution*. Tout comme l'organisme attend sa chance de retrouver la santé et son destin inscrit dans la marche de l'évolution. Faute d'une connaissance précise de l'empreinte de la souffrance, Freud avait créé toute une aura mystique autour du phénomène du *ça* qui n'était pourtant que la réplique — intériorisée — de l'environnement traumatique précoce. Or, comme nous allons le voir, tout le mouvement de l'évolution concourt à éliminer ce non-moi « intériorisé » pour revenir au moi véritable, qui est sain, lui.

La nature de la mémoire affective

Chaque cellule de notre corps « se souvient » de son état naturel. Prenez par exemple une amibe monocellulaire : si on la met dans une solution aqueuse polluée par quelques granulés d'encre de Chine, elle va littéralement absorber ces grains et les stocker dans des vacuoles. Ces éléments nocifs seront ainsi incorporés à sa physiologie. Lorsque, ensuite, on la remettra dans de l'eau pure (un environnement sain), les vacuoles se porteront vers la périphérie de la membrane cellulaire et évacueront les granulés d'encre. L'amibe aura ainsi retrouvé un état sain.

La même chose est vraie pour le comportement humain. Après tout, nous ne sommes guère qu'un agglomérat de cellules microscopiques : des colonies de cellules qui fonctionnent de la même manière qu'une seule cellule, qui intègrent des éléments extérieurs nocifs et attendent l'apparition d'un environnement sain pour les « recracher ». Le principe est exactement le même quand il s'agit de guérir de la névrose pour retrouver la santé. On répète le comportement appris de l'amibe, ce prototype du devenir humain : on absorbe le danger extérieur et on attend le moment propice pour le rejeter — même si l'attente doit se prolonger pendant trente ans. Sans cette capacité d'absorption et d'attente, il n'y aurait pas de résolution de la névrose. L'absorption est une tentative pour rendre le monde extérieur moins nuisible, un effort pour garder l'environnement « pur » ; car même l'amibe monocellulaire sait qu'elle doit conserver un environnement sain pour préserver son intégrité. C'est pourquoi elle « avale » le danger, mais sans jamais l'assimiler entièrement : il ne sera jamais partie intégrante de sa physiologie, il restera un corps étranger. Nous verrons par la suite comment, lorsque nous intégrons des événements extérieurs et nocifs, nous ne les assimilons jamais complètement non plus. Ils nous restent toujours étrangers. Et toute la dynamique de l'organisme vise à se débarrasser dans les plus brefs délais de cette force qui lui est étrangère. Mais cela ne peut pas se faire tant qu'on se trouve dans un environnement défavorable qui nous oblige à rester sur la défensive et à cacher notre butin — au point qu'on ne sait même plus qu'il est là.

Toute vie organique repose sur certains processus identiques. Tout organisme vise à l'homéostase, l'équilibre naturel. Lorsqu'il existe une souffrance qui remonte au début de la vie, le souvenir et la charge énergétique en restent mémorisés, intacts, dans les cellules des centres émotionnels du cerveau, où ils attendent le moment d'être libérés. Entre-temps, ils font partie de notre physiologie.

Lorsque l'environnement est redevenu favorable — un environnement chaleureux, aimant et thérapeutique, propice au libre jeu de la sensibilité * —, l'évacuation de l'ancienne souffrance commence. Le corps se débarrasse des stimuli nocifs qu'il avait stockés, comme les granulés d'encre de Chine de l'amibe de tout à l'heure. Et, une fois la souffrance évacuée, l'organisme retrouve sa santé originelle.

Comme je l'ai laissé entendre, la souffrance affective peut en quelque sorte s'accumuler et être stockée. Ce qui est, de toute évidence, une fonction de la mémoire. Nous sommes capables de ressentir le stress très tôt dans la vie : nous l'encodons et nous le mémorisons, même dans le ventre de notre mère. Il reste gravé en nous à l'état de souvenir. Des souvenirs qui sont durables, puisqu'il est possible de revivre de telles expériences plus tard. Ce qui nous était extérieur a été intériorisé, si bien qu'à tout instant on porte en soi les événements du début de sa vie, avec toutes les odeurs, les images et les sons qui les accompagnaient, et on peut en ressusciter le souvenir à tout moment. Quel miracle qu'il existe ainsi dans notre cerveau et dans notre corps une copie conforme de chaque événement et de son environnement, jusque dans le moindre détail ! C'est à cet environnement intérieur que nous réagissons en premier lieu, avant même de prendre en compte ce qui nous vient de notre environnement extérieur. Les souvenirs traumatiques forment en effet un filtre qui détermine la nature de nos réactions futures.

Pourquoi cette copie conforme des événements de notre enfance ? C'est une façon d'absorber un environnement hostile pour le circonscrire et le rendre inoffensif. Une fois qu'il a été intériorisé, on peut lui retirer sa charge explosive, ou tout au moins se soustraire à elle du fait qu'elle est maintenant circonscrite. On peut la garder en soi, isolée, jusqu'à ce qu'on ait grandi et qu'on soit capable d'expérimenter la souffrance. Jusqu'à ce qu'on puisse en quelque sorte la « recracher ». Comme quoi ce qui est vrai pour une amibe l'est aussi pour un être humain...

Nous savons même qu'un fœtus perçoit la douleur dans l'utérus. Deux chercheurs, Anand et Hickey, ont en effet signalé que « les faisceaux nerveux qui transmettent le signal de la douleur de la moelle épinière jusqu'aux centres cérébraux inférieurs sont déjà presque entièrement formés au stade de 35 à 37 semaines de gestation... L'étude des électro-encéphalogrammes montre une activité électrique bien développée dans les deux hémisphères cérébraux à 26 semaines. » Un fœtus de cet âge-là est donc capable d'enregistrer la douleur physique et psychologique.

Dans un article publié dans le *New England Journal of Medicine*, Anand et Hickey ont en outre fait remarquer, preuves à l'appui, que la circoncision laissait un souvenir durable chez les enfants qui l'avaient subie. On a en effet constaté par la suite des modifications du comportement indiquant une perturbation de « l'adaptation des nouveau-nés à l'environnement postnatal ».

Ces mêmes chercheurs ajoutent que les modifications synaptiques et cellulaires requises pour l'apparition de souvenirs si précoces dépendent de la souplesse et de la malléabilité du cerveau qui atteint justement « son maximum pendant la période prénatale et néonatale ». La persistance du souvenir précoce est essentielle pour étayer l'idée qu'il est possible de revivre plus tard la souffrance affective ressentie au début de la vie. Ce qui serait impensable sans l'existence d'une mémoire codée. Cette mémoire affective dépend du fonctionnement du système limbique, une partie du cerveau dont ces deux auteurs jugent qu'elle est « bien développée et qu'elle fonctionne pendant la période néo-natale ».

Le nouveau-né peut être stressé

Il n'est pas surprenant qu'Anand et Hickey aient découvert que les bébés réagissaient souvent plus fort que les adultes. Dans une étude de 1983 sur le stress des bébés ayant subi une opération, Anand fait la remarque suivante : « J'ai constaté à mon grand étonnement que les bébés présentaient une réaction de stress cinq fois supérieure à celle des adultes ayant subi la même opération. Que ce soit les taux hormonaux, la tension artérielle, le rythme cardiaque, ou le niveau des sous-produits métaboliques, toutes les valeurs avaient grimpé de façon vertigineuse. » C'est là une observation d'importance dans la mesure où elle montre que cette réaction est de toute évidence bien supérieure à ce qu'un bébé peut supporter. Elle va donc être en partie bloquée, verrouillée *, et stockée pour le restant des jours de l'enfant, devenant source de tensions futures. Le mécanisme de la mémoire affective restera opérationnel.

Le stress du bébé n'est pas dû qu'à des causes chirurgicales ; il peut aussi être le fait d'un traumatisme affectif. C'est là qu'intervient le système limbique, équipé de récepteurs de la douleur dont le nombre s'accroît lorsque survient une sensation douloureuse. Cela dit, Anand n'a fait qu'apporter la preuve expérimentale de ce que nous avions constaté depuis des décennies : un patient qui revit une expérience d'étouffement et de suffocation due à un manque d'oxygène à la naissance ne joue pas la comédie. Il est effectivement incapable de reprendre son souffle, même par le plus grand des efforts de volonté, et il lui faudra plusieurs secondes pour y arriver. Parce qu'il est évident que c'est la mémoire qui est à l'œuvre. C'est à l'intérieur du système limbique que s'établit la connexion entre les différents éléments d'un souvenir : une image qui s'associe à une odeur, un son à une sensation tactile. Lorsqu'un patient revit ses anciens sentiments, tous les différents aspects du souvenir remontent à la conscience, et la mémoire affective peut enfin s'épanouir.

Richard Thompson, de l'université de la Californie du Sud, a étudié la trace que laisse le souvenir chez les animaux, et il a constaté que, sous l'effet d'une stimulation répétée, certaines cellules nerveuses établissaient un contact avec d'autres pour former un lien. A mesure que les trajets nerveux s'interconnectaient, le passage de l'influx nerveux à travers la synapse (ou point de jonction des nerfs) se trouvait facilité — et c'est justement ce mécanisme qui est responsable de la mémoire. Cela se passe un peu comme quand un aiguilleur ouvre tous les aiguillages pour laisser passer un train. Autrement dit, c'est comme si on traçait un « sillon » dans lequel tous les événements futurs pouvaient ensuite couler facilement. C'est ce sillon qui est responsable de nos comportements habituels. Ainsi, si un bébé frôle la mort, la pensée de la mort en cas de situation grave va s'inscrire dans sa mémoire, formant un sillon. Et dès que cet enfant devenu adulte aura des ennuis, plus tard, il y a de fortes chances pour que la première pensée qui lui vienne à l'esprit soit toujours celle de la mort ou du suicide.

On a trop souvent tendance à considérer le fœtus ou le nouveau-né comme une sorte de petit paquet de chair incapable de ressentir quoi que ce soit, simplement parce qu'il n'a pas l'usage de la parole. Cependant, à la lumière de mes observations, confirmées par des recherches récentes, il est clair que le nourrisson perçoit ses expériences et qu'elles ont un très fort impact sur lui. Or, ce n'est pas le fait de pouvoir décrire ou parler d'une expérience qui en détermine l'impact. A vrai dire, les patients sont souvent gênés par toutes sortes d'idées fausses et bizarres lorsqu'ils tentent de verbaliser les expériences — non verbales — des premiers temps de la vie.

En fait, la fenêtre sensorielle du nouveau-né est large ouverte et elle le rend plus sensible qu'il ne le sera jamais par la suite. Il ressent « plus » parce qu'il n'a pas encore de cortex pleinement développé ou de cerveau pensant pour diluer ses expériences. Rien de surprenant à tout cela, en réalité, quand on pense que même les plantes ont de la mémoire. Si vous prenez un plant de petit pois grimpant et que vous le mettez dans le noir, tout ce qui va lui arriver pendant qu'il sera dans l'obscurité sera « mémorisé » jusqu'au moment où on le remettra à la lumière du jour. Ainsi, si on l'a touché dans le noir, il se penchera dans la direction d'où était venu le contact, mais seulement après qu'il a retrouvé la lumière. Il aura donc bel et bien mémorisé et stocké l'information.

La mémoire affective n'est pas un souvenir conscient

La mémoire affective n'est pas la même chose que le souvenir conscient. On se rappelle facilement les bons moments de son enfance, il suffit d'un petit effort de mémoire. Alors qu'il est impossible de faire ressurgir un souvenir affectif douloureux par un effort de volonté consciente. De tels souvenirs ne peuvent être remémorés qu'au niveau affectif, par le système émotionnel.

L'idée d'une mémoire occulte de la souffrance est difficile à accepter, d'abord parce qu'il n'est guère agréable de se rappeler ce qui fait mal, et ensuite parce qu'elle est cachée. C'est pourquoi j'utilise le terme de « *souffrance primale* ». C'est comme la force de gravité : une influence qui se fait sentir en permanence mais dont on est totalement inconscient. Sans la découverte de la gravité, nous n'en aurions jamais connu les effets. De même, il est temps de reconnaître l'influence de la souffrance, cette force autour de laquelle gravitent nos sociétés mais qui reste un secret — notre secret collectif. On trouve de la morphine — de celle que nous fabriquons nous-mêmes, dans notre corps — dans le placenta et dans les structures cérébrales les plus primitives ; ce qui veut dire — et il faut le savoir — que l'inconscience peut commencer dans l'utérus. Dans un certain sens, nous sommes déjà « hors du coup » avant même d'être venus au monde. Alors, comment s'étonner que nous ne soyons guère conscients ?

La souffrance primale est le grand secret occulté de notre époque ; elle fait partie de l'inconscient collectif, cette conspiration inconsciente à laquelle nous adhérons tous, d'accord pour nier les réalités centrales de notre temps, ainsi que notre douteux héritage de besoins, de sentiments et de souffrance refoulés.

3

Le refoulement : les verrous du cerveau et la perte de la sensibilité [1]

Le verrouillage : le mécanisme du refoulement

Le principal mécanisme du refoulement de la souffrance s'appelle le « verrouillage ». Le verrouillage [2] est un processus qui bloque la *perception* de la souffrance et non la souffrance elle-même, en empêchant la masse d'impulsions électriques qui constituent la douleur d'atteindre les zones supérieures du cerveau.

A travers ce mécanisme de verrouillage, toute souffrance intolérable, physique ou psychologique, stimule son propre refoulement. Cela se fait au moyen d'un processus électrochimique par lequel certaines cellules nerveuses, ainsi que leurs points de jonction, inhibent la transmission de l'information. Ce système de verrouillage fonctionne

1. Sensibilité : rappelons que ce terme est à entendre, ici comme dans le reste du livre, dans le sens de la capacité de ressentir le contenu sensoriel et émotionnel de son vécu. Voir glossaire *(NdT)*.

2. Verrouillage, verrous, et verrouillé : voir le glossaire pour référence aux termes techniques anglais que ces mots traduisent *(NdT)*.

dans l'ensemble du cerveau mais il opère tout particulièrement dans certaines zones clés où se produit la réaction à la souffrance.

Le verrouillage sépare le niveau pensant de la conscience de celui des sentiments et de la sensation, et il contrôle tous les inputs qui irriguent l'ensemble du système nerveux. Une fois que le verrouillage et le refoulement ont fait leur œuvre, les circuits neuraux sont déconnectés, sur le plan fonctionnel, et semblent opérer de manière indépendante. Les pensées, divorcées du sentiment, existent par elles-mêmes. Pendant ce temps-là, l'énergie que dégage le sentiment se répercute sur les zones inférieures du cerveau, en circuit fermé et complètement scindée des processus de la pensée.

Le verrouillage fonctionne donc dans les deux sens : il maintient le sentiment et la sensation à l'écart du niveau pensant, et il empêche les idées et les concepts d'affecter le niveau émotionnel. Quand on dit de quelqu'un qu'il a « perdu le contact avec la réalité », on se réfère sans le savoir à ce processus de verrouillage qui a effectivement produit un clivage entre un niveau de conscience et un autre. Car on ne perd le contact avec le monde extérieur qu'après l'avoir perdu avec son univers intérieur ; l'un ne va pas sans l'autre.

Il y a beaucoup d'exemples qui montrent bien comment fonctionne ce verrouillage. Ainsi voit-on parfois des footballeurs jouer tout un match avec des fractures graves ; ils ne prendront conscience de leur douleur qu'après le match, lorsque l'intensité de leur attention se sera détournée de la compétition. Même chose lorsque quelqu'un se soûle : il arrive qu'il ne se souvienne pas de ce qu'il a fait de toute la soirée, et pourtant, il a pris le volant pour rentrer chez lui, pratiquement inconscient. Car il fonctionnait à ce moment-là à un niveau de conscience différent.

Les verrous du cerveau et le refoulement

Par un heureux hasard — mais qui est lourd de conséquences —, le sentiment de grande souffrance ressenti précocement dans la vie se transforme en son contraire : une absence de sensibilité. Or, le phénomène du verrouillage nous permet de comprendre comment cela se passe. Avant d'entrer dans le détail, considérons d'abord comment la souffrance pénètre dans le psychisme.

Les recherches sur la souffrance et ses mécanismes nous ont fourni des renseignements importants sur la souffrance affective et la manière dont nous la gérons. En réalité, il est difficile d'établir une distinction précise entre la soi-disant souffrance physique et la souffrance affective, qui est indubitablement une réaction physiologique à des événements psychologiques. C'est pourquoi la théorie de la souffrance postulant l'existence d'un système de verrouillage, sis dans les structures centrales du cerveau, s'applique autant à la souffrance physique qu'à la souffrance affective.

C'est à Ronald Melzack et à Patrick Wall qu'on doit la « théorie du contrôle des entrées » de la souffrance (le verrouillage). Examinant un phénomène dénommé TENS (*transcutaneous electroneurostimulation* : électro-neurostimulation transcutanée), ils ont constaté l'existence d'un système de verrouillage à l'intérieur du système cérébro-spinal. Grâce à un dispositif électronique implanté dans la partie supérieure de sa moelle épinière, un patient avait la faculté d'appuyer sur le bouton d'un transmetteur qui inondait d'impulsions électriques la zone intéressée, de façon à bloquer la douleur transmise par la moelle épinière. L'appareil était capable de supprimer des douleurs très importantes, comme celle du cancer. Les impulsions électriques que délivre un tel système ne contiennent rien, elles sont neutres, et cependant, elles envoient au système de verrouillage le message d'inhiber la douleur.

Ce procédé TENS donne une bonne idée du mécanisme qui nous sert à refouler la souffrance affective. Il en ressort clairement que la douleur est, en dernière analyse, une masse d'impulsions électrochimiques. Lorsque cette masse devient trop importante, les impulsions noient le cerveau et produisent une surcharge. Cette surcharge stimule à son tour le cerveau qui déclenche les mécanismes du verrouillage et du refoulement — c'est automatique.

Le verrouillage de la souffrance affective fonctionne dans deux cas de figure : lorsque l'intensité de la douleur dépasse un certain seuil, ou lorsque ce même seuil est atteint par effet cumulatif.

Toute souffrance qui dépasse le seuil de tolérance déclenche un mécanisme antidouleur intégré, qui veille à ce que nous ne souffrions pas démesurément.

On peut constater l'application du principe de verrouillage dans la thérapie par électrochoc : le patient à qui l'on a fait subir un énorme choc électrique ne souffre plus, parce qu'il ne sent plus. En outre, ce grand choc infligé au cerveau lui a fait perdre une partie de sa mémoire. Le choc a donc contribué à faire fonctionner le refoulement à un moment où l'organisme ne pouvait plus sécréter ses propres produits chimiques en quantité suffisante pour maîtriser la douleur.

La thérapie par électrochoc, soit dit en passant, produit un énorme input qui se grave dans le système. J'ai vu des patients revivre leur électrochoc, exactement comme s'ils y étaient. Tout ce qui entre dans le système doit bien finir par en ressortir un jour, que les impulsions aient été délivrées par une machine à électrochocs ou par des traumatismes remontant à l'enfance.

Le souvenir de la souffrance verrouillée et la thérapie primale

Tout ce que nous avons pu observer en thérapie primale tend à confirmer la théorie du « verrouillage ». Un patient en train de revivre la naissance va présenter des marques de forceps sur le front. Mais où étaient donc passées ces marques pendant tant d'années ? Énergiquement verrouillées* et stockées au rang de souvenirs, mais jamais effacées. Et ces pleurs de bébé, ces vagissements de nourrisson d'un an involontairement émis par des quadragénaires en train de revivre d'anciens traumatismes ? Verrouillés, mais se bousculant au portillon pour ressortir. Le verrouillage d'une énorme quantité d'énergie primale produit une quantité égale de tension physique. Mais, quand un patient revit sa souffrance, il se produit une chute radicale de ces tensions. Les études électromyographiques indiquent une réduction de l'activité électrique des muscles.

Les chocs affectifs ne sont pas différents des électrochocs. Avoir vu sa mère internée en hôpital psychiatrique, avoir perdu un frère dans un accident, avoir été placé chez une gardienne à un très jeune âge ou avoir subi l'inceste : autant d'événements qui noient le système cérébral sous un flot d'impulsions électriques qui le font disjoncter. Je parle ici d'une surcharge d'informations, indépendamment même de leur contenu, auquel le verrouillage est parfaitement indifférent. C'est la force du traumatisme qui prime. Lorsque le traumatisme est suffisamment fort, comme dans l'inceste, disons, les verrous* se ferment.

Malheureusement, en se refermant pour exclure la douleur, les verrous du cerveau évacuent également notre histoire. Nous ne nous souvenons plus du traumatisme, ou des besoins et des sentiments qui l'accompagnaient. Nous sommes floués du souvenir dont, précisément, nous aurions besoin pour guérir des effets, malheureux et accablants, de ces traumatismes du passé. On ne refoule jamais impunément. Il y a toujours un prix à payer.

Le verrouillage et le refoulement de la souffrance : un constat clinique

La force avec laquelle s'applique le verrouillage ou le refoulement est proportionnelle à celle de la douleur. Une énorme souffrance subie pendant la naissance peut causer un refoulement de l'ordre de ceux que nous avons évoqués plus haut ; il faudra investir une très grande quantité d'énergie par la suite pour continuer à occulter une telle souffrance, et ce de manière continuelle, car l'empreinte du traumatisme sera indélébile. Cette quantité d'énergie est d'ailleurs mesurable : on peut observer, chez des patients qui revivent certains traumatismes précoces, des variations de température allant de cinq dixièmes à un degré et plus, en l'espace de quelques minutes. De telles données sont une démonstration immédiate du niveau de souffrance et de l'intensité du refoulement expérimentés par le patient.

Le verrouillage et la rupture de la communication

Le verrouillage entraîne un blocage de la communication d'un niveau de conscience à un autre. C'est ce qui explique que tant de souvenirs restent inconscients. C'est aussi pour cela qu'il arrive souvent qu'une partie de notre cerveau — la partie pensante, consciente — ne communique pas avec d'autres zones du cerveau contenant des informations importantes.

Le blocage de la communication, ou refoulement, est bien mis en évidence par l'hypnose qui recourt à des techniques psychologiques pour évacuer l'expérience de la souffrance et le souvenir qu'elle laisse. L'hypnose permet de réaliser un verrouillage si profond qu'une personne peut devenir complètement raide, qu'on peut l'étendre entre deux chaises (la tête sur une chaise, les chevilles sur l'autre) et lui poser un poids de cent kilos sur le ventre sans qu'elle le sente.

L'exemple de l'hypnose est important dans la mesure où il démontre que des facteurs psychologiques, de simples idées, sont capables de modifier la chimie du cerveau et de déclencher un verrouillage si profond que l'organisme ne fonctionne plus qu'au niveau des fonctions élémentaires. Le verrouillage peut non seulement détacher les idées du sentiment, mais même supprimer le sentiment, de sorte que seul fonctionne alors le cerveau primitif responsable de la survie. Le mécanisme du verrouillage opère donc en gros à trois niveaux de conscience différents.

La mémoire inconsciente est également capable de guider un certain nombre d'actes impliquant une coordination. Comme le somnambule qui va à la cuisine et qui se prépare à manger tout en restant profondément endormi : il accomplit des tâches complexes sans que les niveaux supérieurs de la conscience aient été activés. Comme ceux qui ont une crise d'épilepsie et qui réussissent malgré tout à conduire leur voiture, à retrouver leur chemin et à faire les signaux requis pour changer de direction. Qui plus est, ensuite ils ne se souviendront de rien. Il y a donc eu verrouillage d'un niveau de conscience donné pendant qu'un autre fonctionnait parfaitement.

Sur le plan clinique, ce blocage se manifeste de plusieurs façons. Ce n'est qu'après deux ans de thérapie primale qu'une de nos patientes prit conscience qu'elle avait été victime d'un inceste dans son enfance. Elle s'était mise à parler toute seule dans la rue et elle avait l'impression de « perdre les pédales ». Elle était alors venue suivre la thérapie, sans savoir ce qui n'allait pas chez elle. Sur une période de plusieurs semaines, elle revécut certains aspects de l'inceste. Et puis un jour, elle fut frappée de plein fouet : elle le revécut entièrement, en souffrant un véritable martyre. Ce qui montre que le souvenir avait même été verrouillé par bribes, de sorte qu'elle ne pouvait se rappeler que les aspects les plus inoffensifs de l'événement. Ses premiers primals *, c'est-à-dire le revécu * de sa souffrance refoulée, tournèrent autour de la peur du noir qu'elle avait eue, enfant. Puis, apparurent graduellement des pas dans le couloir, et, au bout de quelque temps, une ombre qui entrait dans sa chambre. Plus tard encore, elle eut la sensation de quelque chose de gros et de tranchant entre ses jambes. Finalement, des mois plus tard : c'était papa ! Ce qui montre bien que la puissance du verrouillage dépend de l'intensité de la souffrance. Automatiquement, le système n'en laissera remonter qu'une petite quantité à la fois jusqu'à la conscience. Juste ce qu'on est capable d'intégrer, et rien de plus.

Sur le plan physiologique, nous savons comment fonctionne ce verrouillage ou ce blocage. Les études qui ont été réalisées sur les cellules nerveuses montrent que, lorsque l'influx nerveux est bloqué, certaines cellules « se taisent » et cessent de réagir. Ce qui est une autre façon de démontrer qu'une surcharge peut faire disjoncter le système. Quand cela se produit dans une centrale atomique, toutes les sonneries se déclenchent, toutes les alarmes se mettent à hurler. Mais dans le système humain, il ne se passe rien. Tout au moins rien de visible de l'extérieur. Dans les coulisses, en revanche, les hormones coulent à flots et il règne une grande débauche d'activité : la température du corps s'élève, les globules blancs s'activent, et les cellules cérébrales cherchent des recrues pour les enrôler au service du refoulement.

Hélas, ce système d'alarme-là ne fait pas de bruit et il n'y a personne pour l'entendre. Et pourtant, l'alerte continuera à sonner et à hurler toute notre vie durant, derrière le verrou primal.

Il est dangereux de tenter de forcer artificiellement les entraves résultant du verrouillage et bloquant la communication interne du cerveau, car on risque de faire ressurgir certaines souffrances à un moment où l'on n'est pas capable de les assumer. A cet égard, les drogues ou les thérapies douteuses ont le même résultat : elles inondent le cortex, ou cerveau pensant, d'une souffrance qu'il ne peut pas intégrer. Le verrouillage a en réalité une bonne raison d'être : la survie — rien de moins.

Le verrouillage : fondement de la névrose

Le système de verrouillage est ce qui nous permet de sentir d'une manière tout en agissant d'une autre. Il nous permet d'être en contradiction avec nous-mêmes, de nous rappeler les tables de multiplication apprises à l'âge de six ans à l'école, tout en n'ayant aucun souvenir des émotions que nous ressentions à ce moment-là. La raison en est simple : on commence par verrouiller la souffrance, puis les associations susceptibles de la faire ressurgir, jusqu'à éliminer tous les souvenirs s'y rapportant : lieu, époque, scènes, etc. Un choc, comme celui d'un accident de voiture, est souvent suivi d'amnésie, ce qui est vrai aussi pour les chocs affectifs subis très précocement. L'accouchement nous laisse pour la plupart en état de choc après la naissance. Pas étonnant que si peu de gens puissent se rappeler leur naissance !

Les verrous ont pour effet de nous leurrer sur nous-mêmes. On peut se croire détendu alors qu'on est plein d'une rage refoulée qui nous donne de l'hypertension. On ne verra pas le rapport entre son hypertension et ses sentiments. Et si on vous demande : « Pourquoi êtes-vous tendu ? », vous ne verrez pas de quoi on veut parler et vous répondrez sûrement : « Mais je ne suis pas du tout tendu ! » Le verrouillage a complètement isolé la conscience.

Dans certains cas de lésions cérébrales, il arrive qu'on voie un sujet qui souffre tout en déclarant : « Je sais que j'ai mal, mais ça ne me gêne pas. » C'est parce que, du fait de ses lésions organiques, il n'est plus capable d'apprécier la douleur et de l'interpréter comme une souffrance. C'est pareil que ce qui se passait du temps où les chirurgiens pratiquaient des lobotomies frontales (ablation du cortex frontal, ainsi séparé des centres de l'affectivité). Le sujet souffrait mais ça lui était apparemment égal.

La personnalité normale doit sa cohérence à la libre interaction de tous les niveaux de sa conscience. A l'inverse du névrosé, dont la cohérence — ou plutôt l'incohérence — est entretenue par le cloisonnement total qu'assure un système de verrous bien huilés. Des verrous sans lesquels, cependant, on ne pourrait pas vivre car on souffrirait le martyre à chaque instant. C'est ce verrouillage qui permet qu'une patiente vienne nous voir en se plaignant de migraines, tout en nous assurant qu'elle a eu une enfance heureuse, pour s'apercevoir un an et une centaine de primals (le revécu de traumatismes précoces) plus tard qu'il n'en était rien.

Le prix du refoulement est toujours une diminution de la conscience. La névrose est en effet simplement l'extension du processus naturel de verrouillage de la quantité écrasante d'informations dont nous sommes bombardés en permanence, afin de protéger le système de la surcharge. La souffrance est apparemment un phénomène endémique, que la psychothérapie — quelle qu'elle soit — vise à réduire à un niveau acceptable par le système. Personnellement, je pense que, étant donné la société dans laquelle nous vivons, ce n'est qu'en théorie qu'on peut espérer se libérer à cent pour cent de la souffrance.

L'évolution du verrouillage

Le verrouillage se développe parallèlement à l'évolution de l'ensemble du cerveau ; un tout-petit, ou même un fœtus, est capable de refoulement. Il a été prouvé, mesures à l'appui, que le fœtus dans le ventre de sa mère « coupait » délibérément les sons qu'il trouvait trop forts. Mais ce refoulement est l'œuvre d'un système nerveux encore primitif ; ce n'est que des années plus tard que le petit garçon ou la petite fille seront en mesure de pratiquer le verrouillage au plus haut niveau cérébral, en recourant à des idées pour bloquer des sentiments, en utilisant le raisonnement pour éviter d'avoir mal, en niant une réalité qui se trouve sous leur nez.

Le développement du cerveau tient non seulement compte des émotions mais aussi de la souffrance affective. Chaque souffrance possède son propre mécanisme d'inversion : le refoulement. Avant de savoir se servir des idées pour verrouiller la souffrance, un enfant peut déjà agir en contradiction avec ce qu'il ressent : il peut jouer les « machos » et se donner des airs d'indépendance pour nier son besoin d'être un bébé. C'est un camouflage émotionnel. Et, à propos de camouflage, il y a de fortes chances pour que ceux qui le pratiquent pour occulter une bonne partie de leur réalité intérieure aient tendance à faire la même chose plus tard, vis-à-vis de la réalité extérieure. Leur première impulsion sera de la nier et de la camoufler, prolongeant à l'extérieur ce qui se passe déjà à l'intérieur.

Les verrous préservent notre réalité intérieure dans sa forme la plus pure. Ce sont des pare-chocs qui protègent nos sentiments ; ils sont donc censés nous vouloir du bien. L'ennui, c'est qu'en devenant insensible à soi, on le devient aussi aux autres. On est incapable de voir leurs souffrances, de se mettre à leur place et de partager leurs sentiments. Si bien qu'on ne perçoit pas ce qui est devant soi et qu'on passe à côté de ce qui devrait vous crever les yeux.

Plus tard, celui qui s'est protégé à coups de verrous très forts, qui a refoulé beaucoup de choses, risque de souffrir de maladies du système auto-immunitaire, comme l'arthrite par exemple, dans laquelle la personne réelle est attaquée dans ses cellules et dans ses tissus, assaillie comme si elle n'était qu'un vulgaire corps étranger. On est devenu allergique à soi-même !

Mesurer la force des verrous

Chaque aspect du système de verrouillage possède, semble-t-il, un seuil de tolérance spécifique. Nous désignons du terme de « verrou de première ligne » le refoulement des événements survenus avant, pendant ou après la naissance, jusqu'aux quelques mois qui la suivent.

Disons que les verrous de première ligne aient une capacité de 10, par exemple, ceux qui se situent plus haut dans les structures cérébrales auront une capacité de 5 ou 6. Il est possible qu'un verrou soit débordé par un traumatisme comme l'inceste, évalué à 7 ou 8 dans notre échelle, ou qu'il finisse par se déglinguer sous l'effet de souffrances accumulées pendant un certain temps. C'est à ce moment-là qu'on aura besoin de renforcer l'effet de verrouillage par des médicaments. L'effondrement des verrous peut se constater dans les cas d'angoisse explicite, de psychose, d'autisme de l'enfant, ou autres maladies graves.

Un « voyage » au LSD est le moyen le plus rapide de faire sauter les verrous en réduisant l'activité intégratrice du cortex, tout en libérant des souffrances gravées très tôt et très profondément dans le système nerveux.

Nous constatons aussi, chez certains de nos patients, une fragilité du système de verrouillage due une accumulation de souffrances tout au long de l'enfance — par exemple, quelqu'un qui a d'abord connu une naissance épouvantable, pour se voir ensuite rejeté pendant toute son enfance. Ce genre de patient nous arrive noyé dans un déluge de sentiments qu'il est incapable de démêler. Quand un de ses sentiments d'enfant va ressurgir au cours de la thérapie, il sera mélangé à toutes sortes de traumatismes liés à la naissance. La confusion que crée ce méli-mélo empêche le patient de ressentir ses sentiments un à un et de les intégrer. Il faudra alors recourir à des tranquillisants ou à des analgésiques pour diminuer l'intensité de la souffrance et renforcer les verrous afin que la personne puisse intégrer ses sentiments un par un dans la conscience.

L'examen des ondes cérébrales nous permet de mesurer la force du refoulement ou du système de verrouillage. Le tracé des ondes cérébrales d'un refoulé est tout à fait caractéristique. Extérieurement, le sujet ne paraît pas anxieux ; au repos, son électro-encéphalogramme est de 20 à 40 microvolts à 11-15 cycles par seconde. Il s'agit d'un faible voltage, mais de période assez rapide. Une personne moins refoulée, dont l'anxiété est visible (le signe de la souffrance qui fait surface), présentera un voltage de 50 à 150 microvolts, à 10-13 cycles par seconde. Une fois la souffrance revécue, ces valeurs peuvent baisser jusqu'à 20 microvolts (onde alpha), à 7-10 cycles par seconde.

On rencontre souvent un électro-encéphalogramme de 150 à 250 microvolts chez ceux qui sont en pleine souffrance ; ces valeurs peuvent même être dépassées lorsqu'un patient, branché sur un électro-encéphalographe, est en train de revivre des souffrances du début de sa vie. C'est bien la preuve concrète de la souffrance et de l'effet du système de verrouillage. On peut constater ce qui se passe quand il est surchargé. Le voltage élevé représente la percée de la souffrance profonde et précoce ; le cortex fait tout ce qu'il peut pour la gérer mais il est obligé de faire des heures supplémentaires. L'amplitude de l'onde cérébrale s'accroît de manière significative, de même que la température du corps : deux indicateurs de toute l'activité déployée pour essayer de repousser l'intrus. A mesure que la souffrance se rapproche du champ de conscience, le cerveau semble devenir fou. Le sentiment est traité en ennemi. Et pourquoi donc ? Pourquoi considérer comme un ennemi ce qui fait tellement partie de nous-mêmes ? C'est un point que nous explorerons petit à petit, au fil de notre démarche. Nous verrons comment on intègre en soi des éléments étrangers pour les neutraliser ensuite.

A l'instant précis où le patient plonge vraiment dans le sentiment, tous les index biologiques plongent aussi. Observation importante, puisqu'elle veut dire que nous avons les moyens d'observer le système de verrouillage à l'œuvre. On peut voir quand il est débordé ou quand il fonctionne bien. Et il fonctionne bien chez les patients qui ne sentent rien et qui se plaignent que la vie ne leur apporte pas grand-chose.

Contrairement à l'idée reçue — et fausse — selon laquelle nous n'utiliserions qu'une infime partie des capacités de notre cerveau, le névrosé, lui, en utilise toujours trop, au service du refoulement.

La souffrance et le cerveau supérieur

Il se pourrait que la souffrance soit l'une des raisons principales du développement du cerveau pensant. L'adversité « exigeait » en effet un cerveau supérieur pour gérer un input accablant. De même qu'à notre époque, on se réfugie dans le cortex et dans la pensée pour faire face à la souffrance qui ressurgit, il semblerait que, confrontées à l'adversité, les cellules du cerveau inférieur aient migré vers le haut au cours de l'évolution, pour former un cortex.

On a découvert que les souvenirs les plus simples mettaient en jeu de vastes zones du cerveau, renfermant des millions de cellules nerveuses. S'agissant d'un énorme stock de souvenirs pénibles, on peut s'imaginer les milliards de neurones intéressés ! Apparemment, rien n'active le cerveau — et ensuite son système de verrouillage — autant que la souffrance.

Récapitulons : il existe toute une série de souffrances qui perturbent le système et produisent une névrose unique. C'est aussi simple que ça : une seule névrose qui opère à différents niveaux de conscience et se manifeste sous des milliers de formes.

Il y a donc fondamentalement un seul mode de défense — le refoulement — qui produit une multitude de symptômes. Jusqu'à ce jour, la psychothérapie a toujours eu tendance à s'intéresser plus à ces phénomènes induits par les défenses, à ces diverses formes de névrose, qu'à leurs sources. Un constat qui vaut autant pour la médecine que pour la psychologie. On soigne les compulsions et les phobies, les migraines et les ulcères comme autant d'entités viables nécessitant chacune son spécialiste, sans se rendre compte que tous ces maux pourraient provenir d'une même cause.

S'il n'y a qu'un seul système de défense, c'est parce que les processus physiologiques du refoulement sont tels qu'ils repoussent toute souffrance, de quelque origine qu'elle soit. Des souffrances importantes et prolongées susciteront un refoulement d'intensité correspondante : un refoulement global, ne laissant guère de place pour un déjouement * significatif. Cependant, le plus souvent, le refoulement est partiel, présentant des fuites qui laissent remonter le sentiment vers la conscience. Le sujet aura alors tendance à colmater ces fuites à l'aide de défenses secondaires qui correspondent à ce que les freudiens appellent les mécanismes de défense primaires : déni, projection, formations réactionnelles, et ainsi de suite.

Cela dit, il y a autant de modes de défense qu'il y a de gens. Certains se défendent en se réfugiant dans leur tête, se protégeant à coups d'idées, de philosophies et de croyances. D'autres se défendent en se noyant dans une débauche d'activités qui maintient le sentiment à distance. D'autres encore parlent sans arrêt...

Les défenses secondaires ont pour fonction de prendre le relais du refoulement quand celui-ci faiblit. Elles ont à la fois un aspect qualitatif et quantitatif. L'aspect qualitatif signifie qu'un sentiment donné induit un comportement qui traduit généralement l'espoir et l'évitement de la souffrance. Le facteur quantitatif concerne l'énergie que contient l'empreinte *. C'est la force du traumatisme ou l'intensité de la frustration qui vont déterminer la force de la défense. C'est ce qui fait qu'une personne ne peut pas s'arrêter de parler et qu'elle est obligée de constamment « se délester » de son énergie sur les autres. L'aspect qualitatif peut se retrouver dans le sentiment qu'éprouve le sujet qui pense que jamais personne ne l'écoute ou ne s'intéresse à lui, et qui prend les devants en forçant tout le temps les autres à l'écouter. La force de la défense se reconnaîtra aussi au volume sonore de sa voix et à la vitesse de son débit. En thérapie, ce genre de patient parlera sans arrêt de ses sentiments.

Nous avons donc un système unique de défense, le refoulement, accompagné de défenses secondaires qui correspondent aux moyens que chacun de nous s'invente pour éviter de souffrir et pour satisfaire ses besoins inassouvis, tout en bridant ou en évacuant l'énergie associée au sentiment.

Certains recourent au déni, d'autres à la projection, certes, mais, à la vérité, le refoulement est dans tous les cas un déni de ce qu'on ressent réellement. Celui qui souffre le nie toujours ; le biologique ne lui permet pas autre chose. Pas besoin d'apprendre par cœur toutes les opérations de défense répertoriées dans la littérature freudienne : il n'y a pas de limites aux défenses secondaires qu'on peut s'inventer. Une de mes patientes avait pour habitude de serrer très fort les poings dès qu'elle sentait ressurgir un sentiment ; quand elle les desserra, comme je le lui avais demandé, elle se trouva immédiatement replongée dans d'anciens sentiments.

La névrose correspond en réalité à une tentative de dépassement de la souffrance et à la recherche de moyens de se procurer quelque chose qui ressemble à de l'amour. C'est la plus naturelle des entreprises humaines. Ce n'est pas parce que nous cachons notre souffrance qu'elle n'existe pas ; nous ne faisons que nous la dissimuler à nous-mêmes. Quel paradoxe, n'est-ce pas, que d'éluder ainsi constamment la seule chose susceptible de nous libérer ! Pas étonnant qu'on soit capable d'objectivité par rapport à n'importe qui sauf à « soi-même ». Car notre moi est occulté afin que nous ne puissions pas le connaître. Le sentiment refoulé se fond dans notre comportement, et le passé se retrouve sans cesse dans le présent. Ce qui explique que le névrosé confonde tout le temps passé et présent. On aura beau faire tout son possible pour se sentir aimé, la souffrance due au manque d'amour restera gravée dans l'inconscient.

La souffrance est une bénédiction car, une fois ressentie, elle déclenche les forces de la guérison. Il ne faut donc pas brandir l'anathème à son égard. Même si elle ressemble à une menace, c'est une force bienfaisante qui attend en nous que nous soyons assez grands et assez forts pour l'éprouver.

Les endorphines : des analgésiques naturels

Comment la souffrance refoulée ou verrouillée le reste-t-elle effectivement ? La réponse à cette question se trouve dans l'existence d'une substance naturelle que le corps sécrète pour contrôler et gérer la douleur.

Nous savons que la douleur est verrouillée à la fois par un influx électrique et par une substance chimique agissant de concert. Si l'on place une électrode très profond dans le cerveau d'un chat, par exemple, dans une structure qui s'appelle la substance grise de l'aqueduc, et qu'on envoie une stimulation électrique, la sensation de douleur sera supprimée. Cet effet de verrouillage est cependant réversible si l'on injecte un produit chimique qui interrompt la production endogène d'une substance voisine de la morphine dont la stimulation électrique avait déclenché la sécrétion dans la partie supérieure du tronc cérébral. Il semblerait en outre que les quantités de substance produites correspondent au niveau de la douleur éprouvée.

On a maintenant pu isoler cette substance grâce à la découverte d'un produit chimique naturel de l'organisme dont la structure cellulaire est identique à celle de la morphine. C'est ce qu'on appelle l'endomorphine ou endorphine. Ces endorphines, ainsi que d'autres molécules inhibitrices, ont pour double effet de verrouiller la douleur et de la gérer (je me limiterai ici à l'exemple des endorphines). Les endorphines appartiennent à une grande famille où chacune a sa fonction propre. C'est grâce à leur action que le refoulement de la douleur peut se prolonger dans la durée.

La découverte des endorphines ne date que de dix ans et elle constitue l'une des évolutions les plus intéressantes de la recherche scientifique américaine. En réalité, l'identification des molécules d'endorphines avait été précédée par la découverte de leurs récepteurs. Ce furent Hans Kosterlitz et John Hughes, des chercheurs travaillant en Écosse, qui firent les premières découvertes relatives aux récepteurs d'opiacés dans le cerveau. Puis, en 1973, Solomon Snyder et sa collaboratrice, Candace Pert, mirent en évidence le premier — et incroyable — maillon de la chaîne : le corps est muni d'un vaste dispositif de récepteurs auxquels peuvent se fixer les médicaments à base de morphine. C'est parce que de tels récepteurs existent que ces drogues peuvent nous affecter. Sinon, elles ne feraient que transiter dans l'organisme, incapables de s'y fixer, et donc pratiquement inoffensives.

Cette découverte avait des implications importantes : si le corps humain était muni de récepteurs spécifiquement conçus pour recevoir et fixer des drogues semblables à la morphine, cela signifiait que le corps devait lui-même produire de telles substances de manière endogène. De fait, si la morphine et l'héroïne ont un effet sur nous, ce n'est que parce que leur structure moléculaire reproduit celle des opiacés que le corps sécrète lui-même.

Les endorphines se fabriquent dans tout le cerveau, mais plus particulièrement encore dans les zones liées au traitement et au stockage de la souffrance. Ce qui veut dire — et c'est important — que non seulement la douleur déclenche la production de son opposé, son « antagoniste », mais qu'elle le fait au même endroit, pourrait-on dire. En présence d'une douleur énorme, les sites de récepteurs à endorphines peuvent même proliférer pour faire face au fardeau qui s'accumule. Mais malgré tout, si un stress se prolonge à long terme, il risque d'épuiser nos ressources en endorphines, même si nous en produisons beaucoup.

Les endorphines : les clés et les serrures du système de verrouillage de la souffrance

Les cellules nerveuses sont séparées par des intervalles qu'on appelle des synapses. C'est dans la synapse que sont sécrétées toutes sortes de produits chimiques ou d'hormones cérébrales connus sous le nom de neurotransmetteurs et qui, eux aussi, arrêtent ou stimulent le signal de la douleur. Des produits chimiques comme les endorphines servent donc à bloquer ce signal et contribuent à produire l'analgésie. Selon des informations récentes, il semblerait que les transmetteurs à vocation inhibitrice ou répressive fonctionnent de manière globale, intervenant là où c'est nécessaire et pas seulement sur le site de telle ou telle synapse particulière.

C'est grâce à leur intervention que nous ne nous rendons pas compte que nous souffrons. Or, les patients que nous aidons à explorer des niveaux de conscience inférieurs s'en rendent tout de suite compte, eux. Le corps ressent toujours bel et bien la souffrance et il le crie très fort, mais son message n'arrive pas à passer à travers la barrière neurale. Il ne fait qu'augmenter le taux d'hormone du stress, élever la température du corps et faire travailler un nombre considérablement accru de neurones — tous les phénomènes associés au verrouillage.

Si les endorphines sont capables d'envoyer des messages de freinage et d'inhibition entre les neurones, elles ne peuvent cependant pas éliminer du système la douleur elle-même.

On comprend mieux pourquoi le corps sécrète des endorphines quand on a vu — comme moi — des patients endurer de terribles souffrances datant de leur petite enfance. Si on se replace dans la perspective d'une longue période d'évolution, c'est ce genre de souffrance qui a suscité l'apparition de substances de plus en plus puissantes, destinées à calmer la douleur. Ce qui montre bien que rien n'existe sans raison dans le système humain.

Les endorphines et leurs récepteurs fonctionnent comme un système de clés et de serrures : les endorphines sont les clés qui ouvrent les serrures — les récepteurs — situées sur les parois cellulaires qui s'ouvrent, comme avec une fermeture Éclair, pour laisser rentrer les endorphines. C'est par ce processus-là que l'information se transmet d'une partie du corps au reste de l'organisme. C'est pourquoi les endorphines et leurs récepteurs sont considérés comme des « substances informatives ».

Dans le cas de la dépendance à l'héroïne, c'est la drogue qui prend la place des endorphines sur les sites concernés ; elle peut même y susciter un accroissement du nombre des récepteurs, de façon que des doses croissantes de drogue puissent être absorbées. Il y a donc chez le toxicomane un nombre accru de récepteurs qui crient famine et exigent satisfaction ; ce qui explique le syndrome de manque dont souffrent ceux qui tentent de se désintoxiquer. La douleur s'intensifie. Lorsque l'engramme* de la souffrance est si fort que la production interne d'endorphines ne suffit plus à calmer la douleur, le sujet a besoin d'un support externe pour renforcer ce système endogène. Dans ce cas-là, on fait souvent appel aux tranquillisants et aux analgésiques pour combler la brèche.

D'après mes propres observations, ceux qui ont connu une enfance terrible ou une naissance traumatique sont des candidats tout désignés à la toxicomanie, parce que ces analgésiques naturels que sont les endorphines ne sont pas à la hauteur de la tâche, malgré leur puissance.

Si on fait une piqûre de morphine à un patient qui a une attaque cardiaque et qui souffre beaucoup, il se sentira aussitôt soulagé. Mais dès que l'effet de la morphine se sera dissipé, il recommencera à souffrir. De même, nous arrivons à nous soulager et à nous couper de ce qui nous fait souffrir en sécrétant des endorphines. Résultat : nous perdons notre sensibilité. A la différence du malade cardiaque à qui on fait une piqûre de morphine à un moment donné, c'est comme si on nous injectait en permanence des endorphines pour repousser la souffrance engrammée.

Les endorphines détiennent le secret des causes de nombreuses maladies. On pourrait même dire qu'elles servent de baromètre du « mal-aise » de notre système, car leur niveau indique la quantité de souffrance que nous gérons. Ces deux facteurs sont si intimement liés que le début d'une maladie s'accompagne souvent de taux élevés d'endorphines. Une fois que le refoulement opère, non seulement on cesse de sentir, mais sa présence même nous empêche de savoir que nous sommes refoulés. Ce n'est que lorsque le refoulement atteint un niveau critique, auquel on donne le nom de « dépression », qu'on en constate les effets.

Ce qu'il y a d'intéressant avec le refoulement, c'est que c'est lui qui fixe les limites de la sensibilité. Tout le monde ou presque se croit « sensible », puisqu'on ressent tous effectivement quelque chose — jusqu'à un certain point : jusqu'aux bornes fixées par le refoulement. Mais il faut d'abord qu'un grand pan de refoulement se soit écroulé pour s'apercevoir qu'on ne ressentait pas pleinement tout ce qui était en soi. Les plus refoulés ont une sensibilité qui est enfermée dans des limites encore plus étroites que les autres. Mais, faute d'autres points de référence, ils peuvent s'imaginer qu'ils sont sensibles, même si, en réalité, leur capacité de ressentir ne va que jusqu'à 4, par exemple, sur une échelle de 10. Il faut avoir *re*ssenti sa souffrance pour que l'échelle de la sensibilité se révèle dans toute son étendue.

La sécrétion d'endorphines peut être déclenchée en stimulant certaines parties du cerveau inférieur avec une électrode, nous l'avons vu. Elle peut également être stimulée par l'acupuncture et, ce qui est très important, par la pensée — des pensées évoquant une espérance ou une croyance. On s'est par exemple aperçu que, si un dentiste donnait un placebo à un patient en disant qu'il lui avait administré un antalgique, le patient avait moins mal et *produisait plus d'endorphines.* Si vous pensez que quelque chose va vous faire du bien, cela vous en fera effectivement.

Pourquoi les endorphines existent-elles ?

Pourquoi avons-nous des récepteurs dans le cerveau, et surtout des récepteurs destinés à fixer un dérivé végétal (issu du pavot) ? Une chose est certaine : nous n'avons jamais perdu nos origines au cours de l'évolution partie des plantes pour arriver jusqu'aux organismes hautement évolués. Et nous nous servons de certains éléments issus de ce long cheminement et qui nous ont aidés à survivre au cours de l'évolution. On trouve des endorphines dans les formes de vie animale les plus élémentaires, même chez les vers. Le plus étonnant, c'est qu'il y en a même chez des protozoaires bicellulaires et microscopiques ! Les endorphines sont le fondement même de l'évolution.

Rien d'étonnant, alors, à ce que les endorphines aient une histoire qui remonte peut-être jusqu'aux plantes. Notre système semble doué d'une sorte de capacité à scruter son passé d'évolution pour en retirer ce qui pourrait lui servir. On trouve des opiacés jusque dans la semence de l'homme. On dirait que pratiquement tous les orifices du corps humain servent à évacuer les agents de stress présents dans l'organisme, car on retrouve des substances antalgiques dans presque tous les fluides qui irriguent le corps (y compris les larmes).

La clé de la survie se trouve dans le passé

Pourquoi mémorise-t-on le passé ? Parce qu'il contient les clés de la survie future. Les souvenirs sont stockés de manière à pouvoir refaire surface en vue de leur résolution et de leur intégration futures. Les traumatismes ne se contentent pas de faire trois petits tours, des dégâts, et de s'en aller aussitôt. Pas du tout. Ils restent gravés dans le système pour qu'on puisse les prendre en compte quand on sera devenu grand et plus fort. Il est probable que c'est un peu la même chose qui a dû se produire au cours du long processus d'évolution de l'humanité. Avec l'évolution, rien ne se perd; tout est refoulé et mémorisé. Ainsi, biologiquement, avions-nous la possibilité d'avoir une queue, mais le code génétique s'est transformé. Il est cependant possible qu'un jour les techniques de manipulation génétique en arrivent à un point tel qu'on puisse reprogrammer la race humaine pour avoir une queue, si on le juge utile !

La sécrétion d'endorphines est indépendante de la nature du stress — physique ou psychologique. Pour le système, souffrir, c'est souffrir, un point c'est tout; mais il nous autorise à ne pas en avoir conscience. Cette inconscience fait partie de notre héritage génétique; elle signifie que l'on peut ignorer et nier une somme considérable de traumatismes, et vivre le quotidien sans même se rendre compte de leur présence. Les endorphines sont à la fois l'agent et l'origine de notre inconscience. Elles sont donc en partie responsables de notre civilisation actuelle. Sans refoulement, il est probable que la plupart des êtres humains auraient trop souffert pour que la civilisation ait pu progresser. En revanche, le refoulement nous permet de continuer à travailler et à produire, même lorsqu'on souffre terriblement ; en réalité, c'est même souvent la souffrance qui nous pousse à l'action. C'est elle qui nous propulse, sans même que nous nous rendions compte qu'elle est là.

La névrose est un cadeau des endorphines. Bénédiction et fléau que ces endorphines ! Qui font de notre corps un mystère, de notre comportement un casse-tête et de nos symptômes une énigme. Qui nous sauvent la vie et qui veulent notre peau en récompense. Drôle d'héritage !

La souffrance, le refoulement, les endorphines et la maladie

Au Congrès national d'endocrinologie du Canada, tenu en 1984, K. Tsunashima fit une communication révélant que l'inhibition des endorphines constituait une thérapie valable pour les animaux atteints de cancer. On avait injecté certains types d'endorphines à des souris à qui on avait préalablement greffé des cellules cancéreuses. Résultat : ces injections favorisèrent le développement de tumeurs cancéreuses. Bizarre : des substances chimiques antalgiques avaient aidé la maladie à se développer. Autrement dit, et en simplifiant un peu : refoulement égale maladie. A côté de ça, quand on avait injecté à ces mêmes souris du naloxone — un antagoniste des endorphines —, on avait constaté une augmentation mesurable de la douleur et de leur taux de survie. De nombreuses études en sont depuis lors arrivées aux mêmes conclusions. Ce qui veut essentiellement dire que la souffrance active augmente les chances de survie tandis que le refoulement les diminue. Autrement dit, souffrance plus refoulement égalent maladie, alors qu'angoisse sans refoulement peut signifier survie.

Il n'y a pas que la souffrance qui nous rende vulnérables à la maladie. On a conduit une expérience sur des rats dont on pinçait constamment la queue. Les rongeurs en question devinrent de voraces mangeurs et on constata une augmentation initiale des taux d'endorphines — ce qui n'était pas étonnant. Cependant, quand on leur injecta du naloxone, ils commencèrent par avoir un comportement indiquant qu'ils souffraient et puis ils furent parcourus de tremblements — comme un chien mouillé qui se secoue —, symptomatiques d'un état de manque. Après quoi ils perdirent leur boulimie. Le symptôme boulimique avait été inhibé par le naloxone qui, cependant, n'avait en rien modifié la douleur ; le naloxone n'avait affecté que les neurotransmetteurs servant de vecteurs au refoulement de la souffrance.

Certaines recherches actuellement en cours indiquent que tout ce qui émousse la douleur — qu'il s'agisse de tranquillisants, d'anesthésiques ou d'antalgiques endogènes —, affaiblit aussi le système immunitaire. Une seule piqûre de morphine suffit à compromettre la capacité de riposte des cellules NK, les « tueuses naturelles ». Il s'agit des cellules du système immunitaire qui sont chargées d'éliminer les antigènes envahisseurs, porteurs de maladie. Lorsque la morphine est neutralisée par d'autres produits chimiques, l'activité des cellules tueuses naturelles est renforcée. Par conséquent, l'efficacité de cet important aspect du système immunitaire varie en fonction du degré de refoulement. Le refoulement opère en effet aussi bien dans le cerveau que dans toutes les petites cellules qui circulent dans le sang. Qui dit grande souffrance dit grand refoulement, et par conséquent, risque accru de cancer. L'analgésie, la sédation que créent les tranquillisants, ou la quiétude artificiellement induite par des produits chimiques, ont pour effet simultané de calmer la souffrance profonde et d'atténuer la fonction immunitaire. Car les deux choses sont liées ; elles forment un tout et ce qui affecte l'une retentit nécessairement aussi sur l'autre.

On s'est également aperçu que les souris femelles combatives faisaient de plus petites tumeurs, quand on leur avait inoculé des virus, que les souris qui ne se battaient pas. Plus une souris se montrait spontanée et agressive et moins elle était vulnérable au cancer. Il en est de même chez les humains : un sujet au tempérament spontané et agressif risque plus d'avoir une attaque cardiaque que d'attraper un cancer.

Notre mode de vie reflète nos tendances physiologiques profondes. Certaines études montrent qu'un sujet refoulé et intraverti sera beaucoup plus susceptible que d'autres aux maladies dues à une défaillance du système immunitaire, les tempéraments plus exaltés courant un plus grand risque de maladie cardiaque ou d'attaque. Ce qui pourrait se résumer en deux formules :

$$\text{souffrance} + \text{refoulement} = \text{maladie}$$
$$\text{souffrance} + \text{douleur} = \text{survie}$$

Cela veut dire que la souffrance active aurait sur la maladie des effets sinon curatifs, tout au moins minimisants. Il semblerait que l'angoisse et la souffrance aiguës puissent jouer un rôle de prévention des maladies catastrophiques, pourvu qu'on arrive à les ressentir et à en faire directement l'expérience.

Mais comment cela se fait-il ? Pourquoi le fait de se sentir anxieux favoriserait-il la survie ? D'abord parce que cela veut dire que le corps réagit en harmonie avec ce qu'il ressent : on a mal et on le sent. On fonctionne donc dans une réalité cohérente. A l'inverse de ce qui se passe quand on souffre et qu'on continue à fonctionner comme si de rien n'était ; on n'est de toute évidence pas en harmonie avec soi-même. Une partie de notre système se bat contre l'autre en une guerre intestine.

Contrairement aux idées reçues, le fait d'éprouver sa souffrance va dans le sens de l'adaptation à long terme. Ne pas la ressentir, c'est avoir un comportement anti-adaptatif — sauf chez l'enfant, il faut le souligner, chez qui c'est justement une conduite favorisant l'adaptation, et c'est avec le temps que l'effet s'inverse. On est une fois de plus confrontés à une dialectique implacable : ce qui nous a sauvé la vie au départ — le refoulement — est aussi ce qui finira par avoir notre peau. Quand on se demande s'il est possible de mourir d'un manque d'amour, la réponse est oui : une grande sévérité, assortie d'un manque d'affection au début de la vie, engendre une souffrance et son refoulement, par la suite. La souffrance est la *raison d'être* [1] du refoulement. C'est elle qui l'engendre.

Je viens d'évoquer l'usage du naloxone pour empêcher le refoulement. Or, il existe un moyen non chimique d'aboutir au même résultat : amener quelqu'un à *re*ssentir sa souffrance (la re-vivre), et à l'intégrer. La thérapie primale a tendance à abaisser la quantité d'endorphines requise par l'organisme, et par conséquent aussi l'intensité du refoulement. A la différence de la névrose, qui est un peu comme une injection permanente de morphine, la thérapie primale ressemble à une bonne dose de naloxone. Elle favorise la survie parce qu'elle désamorce le refoulement de manière naturelle, en soignant la cause première du refoulement : la souffrance.

1. En français dans le texte *(NdT)*.

4

Niveaux de conscience et nature de l'esprit

Nous avons vu que la maladie pouvait être le résultat du schéma suivant : besoin inassouvi, souffrance, refoulement, et développement dans l'esprit d'une catégorie spéciale de souvenirs qui s'appellent des « empreintes* ». Au cours des chapitres précédents, j'ai fait plusieurs allusions à ce phénomène qu'on désigne du nom d' « esprit ». L'esprit est la structure ou le cadre dans lequel se déroulent toute l'activité et les drames que nous venons d'évoquer. Pour mieux comprendre la maladie et mieux voir comment la thérapie primale peut restaurer la santé, il est important d'examiner d'un peu plus près ce que nous entendons par « esprit ».

Pendant des siècles, l'esprit a passé pour un lieu mystérieux, peuplé de sombres démons qui hantaient nos vies, troublaient notre sommeil, produisaient des rêves étranges et nous manipulaient sans que nous puissions intervenir. Certains estiment que l'esprit est sacro-saint et qu'il ne faut surtout pas y toucher ; ne « réveillons pas l'eau qui dort », pensent ces gens-là. Ils ne sont pas convaincus que leur comportement, leurs symptômes, leurs rêves et leurs ambitions puissent être colorés ou déterminés par des forces profondément enfouies en eux. Et ce n'est pas seulement là une attitude de profane, mais aussi la conviction de certaines écoles de psychothérapie telles que le comportementalisme qui préfère ne tenir aucun compte de l'esprit et se focaliser uniquement sur le comportement, à l'exclusion de toute autre préoccupation. Et pourtant la notion même d'inconscient est inscrite dans le *Zeitgeist* (l'esprit du temps) ; elle fait partie de la conscience collective de notre époque.

Cela fait des siècles que le problème de l'esprit défie philosophes et scientifiques. La question de sa localisation a toujours été sujette à controverse. Se trouve-t-il dans le cerveau ? Ou bien fonctionne-t-il en dehors de lui ? Et si oui, comment cela se pourrait-il ? Comment l'esprit pourrait-il fonctionner sans le cerveau ? Et s'il était distinct du cerveau, qu'est-ce qui le ferait fonctionner ?

Il y en a qui passent leur vie entière à tenter de répondre à ces questions-là. Pour eux, l'esprit est un domaine à explorer, un territoire qu'il faut arriver à conquérir un jour, comme une montagne. Leur revendication minimale est la maîtrise de l'esprit. Ces partisans du spiritualisme ont fondé des dizaines d'écoles.

L'esprit passe généralement pour une chose dont il faut se méfier. Pour les religions, l'homme (et donc son inconscient) est un être fondamentalement mauvais, sans cesse obligé de lutter contre ses pulsions. Il doit maîtriser la bête qu'il a en lui, sous peine de devenir fou. Or, cette vision religieuse a été reprise par presque tous les systèmes contemporains de psychothérapie dynamique, qui l'ont étendue au domaine de la psychologie ; on continue à considérer l'esprit comme quelque chose de fondamentalement mauvais, puisque nous sommes hantés par des démons qu'il ne faut pas tant exorciser que comprendre et maîtriser. Eh bien, il est grand temps de rétablir la vérité ; nous avons besoin de savoir ce qu'est l'esprit, ce qui s'y cache, et comment il fonctionne, aussi bien quand il est malade que lorsqu'il est sain.

L'esprit dans le corps

Permettez-moi de commencer en proposant une hypothèse de travail : l'esprit ne se trouve pas seulement dans le cerveau. Le cerveau traite en effet des informations qui proviennent de partout dans le corps, et chacune de nos cellules est elle-même un processeur d'information. Les cellules du système immunitaire mémorisent des informations anciennes, reconnaissent leurs ennemis et mettent le système en position de combat. Se souvenant d'attaques passées menées par le même ennemi, elles se donnent l'ordre de fabriquer des clones afin de livrer bataille. Alors, le système immunitaire serait-il l'esprit ? *L'esprit immunitaire, oui.* Le système immunitaire est un « esprit » capable de mémoriser, de reconnaître et de commander. Il possède son langage propre — non verbal — et il sait communiquer, c'est certain. Ce n'est pas parce qu'il ne s'exprime pas avec des mots qu'il ne communique pas ; il sait prévenir les cellules « tueuses naturelles » de la présence d'un attaquant et les inciter à se préparer à la riposte. Les cellules tueuses se mettent alors à se multiplier et descendent dans l'arène pour se battre contre les cellules cancéreuses.

Le système immunitaire tient également le cerveau au courant de ses activités, informant l'hypothalamus qui déclenche à son tour les autres processus cérébraux. En fait, on pourrait dire que ce n'est pas du tout dans le cerveau que se trouvent les commandes du système immunitaire, mais dans les lymphocytes, les globules blancs qui produisent des anticorps pour combattre la maladie. Et le système immunitaire n'est qu'un système de traitement de l'information parmi d'autres. Lorsque les données qu'il a fournies arrivent au cerveau, celui-ci les coordonne avec le reste de l'information dont il dispose. Mais, sans tous ces « affluents » qui alimentent le système, il n'y aurait pas d' « esprit ».

Tant qu'on s'acharnera à assimiler l'esprit à l'activité mentale et verbale de l'être humain, on fera fausse route. L'activité verbale est le produit d'un esprit récent, le dernier apparu dans l'évolution de l'espèce humaine, bien longtemps après l'émergence de la forme la plus primitive de l'esprit. Il y a eu un grand bond en avant dans l'évolution entre l'esprit capable d'assurer notre survie et celui qui raisonne et recourt à la logique. L'esprit « verbal » nous permet d'exprimer ce qu'on a *à l'esprit* mais pas *dans nos esprits,* car il peut fort bien être coupé des niveaux inférieurs d'organisation du système, et ne pas avoir la moindre notion de ce qui s'y passe.

L'esprit végétatif, l'esprit émotionnel et l'esprit pensant

En réalité, on peut distinguer principalement trois « esprits » distincts. L'esprit végétatif — ou de survie — est celui qui assure la continuité de la respiration et la régulation de la tension artérielle. Il y a aussi un esprit émotionnel qui engendre les émotions et les sentiments, et qui les gère. Enfin, il y a l'esprit verbal, logique, pensant ; celui qui se sert d'un langage et qui résout des problèmes. Quoique lié l'un à l'autre à travers le cerveau, chaque esprit est une entité distincte, avec des fonctions différentes. Ainsi, une lésion affectant l'esprit logique, verbal, peut n'avoir aucune répercussion sur l'esprit émotionnel. Il arrive qu'un patient ayant subi une lésion cérébrale soit capable d'exprimer des émotions, sans savoir pourquoi il les éprouve. Il peut très bien s'écrier : « Merde, je déteste ça ! » sans pouvoir dire ce qu'il déteste ni pourquoi. L'être humain est en effet capable d'éprouver des émotions sans se servir de cette partie du cerveau qui s'appelle le cortex — l'esprit pensant.

Lorsque l'esprit pensant et l'esprit émotionnel sont lésés tous les deux, comme à la suite d'un accident de voiture, l'esprit végétatif continue à donner l'ordre à l'organisme de respirer et de maintenir le rythme cardiaque et la tension artérielle. On peut très bien être « cérébralement mort » et continuer à vivre avec une espèce de conscience rudimentaire. Il est prouvé que, même pendant une opération, quand on est sous anesthésie, les niveaux inférieurs de la conscience continuent à gérer la douleur et même à réagir aux paroles des chirurgiens.

La conscience et les trois principaux « esprits »

Les trois « esprits » — végétatif, émotionnel et pensant — opèrent à trois niveaux de conscience différents. Il est clair qu'il doit exister une sorte de mécanisme de verrouillage pour les maintenir séparés. Ces trois esprits et ces trois niveaux de conscience sont le fruit de l'évolution de l'humanité. C'est l'esprit végétatif qui est apparu le premier, suivi de l'esprit émotionnel, puis de l'esprit pensant. Le développement de l'enfant reproduit du reste la même évolution.

Dans un premier temps, tous les événements survenus depuis qu'on possède un système nerveux organisé (environ au troisième mois de la gestation) jusqu'à l'âge de six mois (après la naissance) se gravent profondément dans le système nerveux, dans ce que j'appelle « la *première ligne* ». Les événements survenus après l'âge de six mois s'impriment en « *deuxième ligne* », à savoir le niveau émotionnel. La « *troisième ligne* » s'ouvre à la pré-adolescence et continue à se former au-delà de vingt ans, parallèlement au développement des tissus nerveux les plus évolués : ceux du cortex cérébral.

La souffrance engrammée et son souvenir en première ligne sont les moins accessibles. Ces souvenirs seront donc les moins crédibles pour nous, plus tard, du fait qu'ils sont si difficiles à retrouver et à comprendre. Aucun langage ne pourra nous en faciliter la compréhension ; au contraire, cela ne fera que compliquer encore le problème. Il s'agit en effet d'un niveau de conscience qui n'est accessible que lorsqu'on se place sur le terrain qui lui est propre.

Dans un deuxième temps, à mesure que l'enfant se développe, il va entrer en rapport avec un monde plus vaste que celui du sein de sa mère et du berceau. C'est le système limbique qui joue un rôle prépondérant dans les réactions du bébé à son environnement, à ce moment-là. L'enfant est maintenant capable de former des liens affectifs avec ses parents et le reste de la famille. Et il peut éprouver autre chose qu'une simple sensation physique d'inconfort ou de douleur : il peut ressentir la souffrance affective.

Enfin — et en dernier lieu, comme ce fut le cas dans l'évolution de l'espèce humaine —, c'est vers l'âge de douze ans que le troisième niveau de l'esprit devient prédominant ; c'est le niveau de la pensée, de la cognition.

Arrivés à l'adolescence, nous possédons tous trois niveaux de conscience complètement formés et qui correspondent aux trois principaux « esprits » dont le fonctionnement peut se décrire comme suit :

Premier niveau : le niveau viscéral, sensoriel, qui gère les sensations et qui est le relais des pulsions et des états physiques. C'est à ce niveau-là que fonctionne l'esprit végétatif.

Second niveau : le niveau affectif et expressif, relais des processus complexes d'élaboration et d'expression du sentiment et des émotions. C'est le niveau de l'esprit émotionnel.

Troisième niveau : le niveau cognitif qui nous est familier : celui de la pensée. Il est capable de discerner et de comprendre les états affectifs, et de leur donner un sens. C'est le niveau de l'esprit pensant.

Chaque niveau joue un rôle dans l'expérience de la souffrance : sensation de douleur brute au premier niveau, élaboration affective de la souffrance au second niveau, et prise de conscience de la souffrance au troisième niveau.

Normalement, tout sentiment ou toute attitude que nous avons envers une personne, une chose ou une activité met en jeu ces trois niveaux de conscience : sensation, émotion et cognition. Ils sont liés et fonctionnent en harmonie les uns avec les autres. Mais lorsque le facteur émotionnel est trop bouleversant, comme quand on se dit : « On ne m'aime pas », la communication fluide qui existait jusqu'alors entre les niveaux de conscience est perturbée, et c'est la fragmentation et le blocage.

Comme chaque niveau possède son propre système de refoulement, on peut se trouver complètement coupé de ses pulsions et de ses besoins les plus élémentaires. Par exemple, on peut oublier de manger ou être incapable de dormir. On peut aussi être si détaché de ses émotions qu'on ne sait même plus ce dont on a envie et ce que l'on ressent. De même, on peut être tellement coupé de sa pensée qu'on aura des idées et des concepts sans aucun rapport avec ce qui se passe « plus bas ». L'homme d'affaires qui se croit en pleine forme a tellement perdu le contact avec sa réalité physique qu'il lui faut une attaque d'apoplexie ou une crise cardiaque pour que son esprit arrive à saisir le message de la réalité.

La souffrance : principe d'organisation de l'esprit

Historiquement, si on considère les siècles d'évolution humaine, ce sont les réactions de l'homme à la souffrance qui ont donné à son esprit cette structure à trois niveaux. Le cerveau a évolué en fonction des défis et des difficultés qu'il a rencontrés. Si la souffrance a imposé un mode de structuration à la conscience, c'est parce qu'elle était bien plus qu'une simple expérience comme les autres ; elle avait en effet été déclenchée par des menaces à la survie du système. L'aptitude à ressentir la souffrance était donc la clé de la survie, tant biologique que psychologique. C'est pourquoi ceux qui en sont privés courent constamment le risque d'être détruits par un danger qu'ils ne pourront pas éviter, parce qu'ils ne l'auront pas senti.

Un des handicaps essentiels de la psychologie jusqu'à ce jour, c'est qu'elle a toujours envisagé la conscience et la souffrance indépendamment l'une de l'autre, sans voir que la première était fonction de la seconde. Or, dans la perspective de l'évolution, il semble que la souffrance ait été le facteur central à partir duquel la conscience s'est organisée pour trouver sa structure actuelle. J'estime que cette constatation est également valable du point de vue ontogénique ; je veux dire par là que la souffrance sert aussi de principe d'organisation du développement de la conscience en chacun de nous, de l'état d'embryon à l'âge adulte.

C'est la souffrance verrouillée et refoulée qui est à la base de la mauvaise communication entre les niveaux de conscience. C'est elle qui est responsable de l'espèce de fragmentation et de disjonction qui se produit. C'est pourquoi, en faisant ressurgir la souffrance dans la conscience, on fait plus que prendre conscience de telle ou telle souffrance particulière ; c'est en fait tout un nouveau système de conscience qu'on libère.

Il a été établi que la partie supérieure du système nerveux central — le troisième niveau de conscience — avait une très forte influence répressive sur l'expérience de la souffrance. Cette tendance à la répression signifie que les idées, au troisième niveau, peuvent contrôler l'influx de données sensorielles et trier ce qui va être expérimenté.

Lorsque le troisième niveau est en veilleuse, comme pendant le sommeil, les souvenirs codés dans l'inconscient réapparaissent avec une force alarmante dans nos cauchemars. C'est là que peut ressurgir un sentiment précis lié au traumatisme natal, comme une impression d'écrasement, de noyade, de suffocation ou de strangulation. Ce n'est pas de l'inconscient que nous parlons ici, bien que ce terme consacré soit commode, mais d'un autre niveau de conscience auquel on accède parfois. Il n'existe pas d'inconscient biologique ; il n'y a que des niveaux de conscience qui deviennent inconscients sous l'effet du verrouillage. Rien de mystérieux dans tout cela. Les sensations de cauchemar qui font parfois irruption dans un niveau de conscience supérieur pendant le sommeil sont, hélas, présentes tout le temps, en attente de la connexion * qui permettra leur évacuation.

L'esprit et les trois niveaux de conscience

L'esprit se compose de trois niveaux de conscience qui fonctionnent tout le temps. Chaque niveau a sa fonction spécifique et son système biochimique propre. Le niveau émotionnel, le second, est bourré de récepteurs d'endorphines qui servent à verrouiller la souffrance. Plus bas, au niveau végétatif (le premier), là où les souffrances profondes sont engrammées dans une structure connue sous le nom de *locus ceruleus,* on trouve en très forte concentration une hormone du stress qui s'appelle la noradrénaline et qui aide à gérer la terreur.

Ces niveaux de conscience correspondent à ce que j'appelle « première, seconde et troisième ligne » (en ordre ascendant). S'agissant d'établir un diagnostic sur un patient et sur son état, notre connaissance des niveaux de conscience nous permet de poser certaines hypothèses relatives à la fois à son cerveau physiologique et à cette structure conceptuelle qu'on appelle l'esprit. Ainsi, certains types de cauchemars ou de préoccupations nous renseigneront sur le type de matériaux mentaux qui sont en train de remonter chez le patient en question, sur la force de ses défenses et sur le sentiment qu'on peut s'attendre à voir ressurgir. L'absence de cauchemars peut elle aussi constituer un indice important pour le diagnostic.

Ce que nous appelons l' « esprit » se développe chez le nouveau-né par étapes successives, suivant le développement du cerveau lui-même qui se forme en sphères concentriques du nom de « neuropiles ». Les fonctions de première ligne concernent la matrice archaïque de notre anatomie, les fonctions gastriques, respiratoires, urinaires et intestinales. Elles sont commandées par la partie interne du cerveau qui est presque entièrement opérationnelle à la naissance, et même avant, et qui représente le niveau de conscience « viscérale ». Siégeant dans le système limbique, le deuxième niveau, ou la composante émotionnelle de l'esprit, fonctionne également peu après la naissance. En revanche, il faudra encore quelques années pour que le cortex, la partie pensante et symbolique du cerveau, atteigne sa pleine capacité. Entre-temps, ce sont les neuropiles inférieurs qui géreront les traumatismes. Ainsi, un nouveau-né aura-t-il des coliques, faute de pouvoir devenir mystique — ce qui requiert un cerveau plus évolué. Le jour où il en aura effectivement un, il se peut que ses coliques se transforment en mysticisme.

La maladie et la conscience de première ligne

L'un des grands apports de la thérapie primale est la possibilité d'accéder à la conscience de première ligne. C'est en effet la première fois qu'on a les moyens d'identifier avec précision les causes profondes des maladies, aussi bien mentales que physiques.

Lorsqu'un traumatisme survient très tôt dans la vie, c'est le cerveau « viscéral » qui va le gérer en produisant plus d'acides, en accélérant le rythme cardiaque, en élevant la tension artérielle et la température du corps. L'esprit végétatif est en effet le seul qui soit équipé pour gérer ces traumatismes précoces.

La souffrance et les niveaux de conscience

Un bébé qu'on n'a pas mis près de sa mère juste après la naissance va souffrir en première ligne. Il réagira à ce traumatisme en fonction du système nerveux le plus évolué dont il dispose à ce moment-là, à savoir qu'il risque de souffrir au niveau viscéral : coliques, vomissements et troubles respiratoires. Un enfant de cinq ans qui est sans cesse humilié et culpabilisé souffrira au niveau émotionnel ; dans ce cas-là, la souffrance ne sera plus seulement gérée par les viscères mais aussi par les centres émotionnels du cerveau, plus évolués. Car l'enfant, en milieu scolaire avec ses pairs, est maintenant en mesure d'extérioriser sa souffrance dans son comportement. A la différence du nouveau-né, il peut se décharger de l'énergie générée par la souffrance. Si le nourrisson souffre à l'intérieur, c'est parce qu'il n'a pas d'autre exutoire possible.

C'est le niveau émotionnel qui cause les pleurs et les sanglots, qui produit des rêves dont les images tentent de contenir et de circonscrire la souffrance. Puis le cortex et son esprit pensant s'en mêlent et tentent d'expliquer l'inexplicable. Puisqu'il y a re-représentation du traumatisme précoce à ce niveau de conscience-là, on cherche à comprendre ce qui vous fait mal. Et, faute de pouvoir accéder librement à la source de cette souffrance, le cortex fait de son mieux et pousse la logique jusqu'à l'irrationnel. Les réactions paranoïdes ne sont pas autre chose qu'une tentative de mise au point sur un objet lointain — une blessure intérieure, ancienne et inaccessible (souvent aggravée par des conditions de vie difficiles) —, sans l'aide d'un historique exact de l'incident. C'est pourquoi les idées qui viennent se greffer là-dessus peuvent sembler si bizarres : le cortex, complice à son insu, projette en effet ces meurtrissures à l'extérieur : « On se moque de moi derrière mon dos. On m'en veut. » Si seulement il savait qui est ce « on » !

La mémoire est codée de manière différente à chaque niveau de conscience. C'est pourquoi un patient qui revit un événement lié à sa naissance est incapable de proférer un mot ou un cri, incapable de se mouvoir librement. Le plus extraordinaire, c'est que ces souvenirs-là restent absolument purs ; l'expérience ne les altère en rien. Ils surgissent à la conscience aussi frais que si on venait de les déballer d'une gaze. Le souvenir contient tous les détails relatifs au traumatisme, sans que rien n'ait changé. L'ancien environnement est devenu une empreinte qui oblige le système à recréer le même environnement dans le présent ; primo, pour que celui-ci corresponde à l'empreinte, de manière à justifier les pulsions issues de l'inconscient ; et secundo, afin de pouvoir résoudre le traumatisme ancien, ne serait-ce que symboliquement.

Une femme traumatisée par un père faible et incapable de la protéger aura tendance à fréquenter d'autres hommes faibles qu'elle s'efforcera de rendre forts — tentative de création symbolique d'un vrai père protecteur.

On peut voir la manifestation d'empreintes précoces dans les phénomènes tels que la migraine. Le traumatisme précoce correspond souvent à une privation d'oxygène à la naissance, qui a déclenché une réaction de vasoconstriction suivie d'une très forte dilatation causant des palpitations. Un conflit à l'âge adulte peut suffire à réveiller cette réaction migraineuse. Il est cependant probable qu'on ne remarquera pas le souvenir précoce et précis que dissimule le symptôme. L'attaque migraineuse représente un souvenir biologique de survie, avec tentative de conservation de l'oxygène. Or, une des formes de traitement de la migraine est justement l'oxygène.

Les fonctions des différents niveaux de conscience ne sont pas interchangeables. Toute la compréhension intellectuelle du monde ne pourra rien changer au souvenir engrammé d'un accouchement par le siège.

L'esprit émotionnel n'est pas capable de résoudre un problème de géométrie, pas plus que l'esprit « cortical » ne peut délibérément connaître l'origine précise d'une idée étrange qui lui est venue.

Chaque niveau de conscience ayant sa mémoire propre, on ne peut pas essayer de se rappeler un sentiment ; il faut le *re*ssentir selon le mode qui lui est spécifique. Le système immunitaire peut se souvenir d'une attaque virale pendant des décennies, tandis que le cortex gardera la mémoire des mots et des chiffres.

Les taches de naissance qui apparaissent parfois sur le corps des patients qui revivent les traumatismes natals sont un exemple de la spécificité de la mémoire qui opère à chaque niveau de conscience. Ainsi verra-t-on réapparaître des traces de forceps sur le front, ou ailleurs, là où elles avaient marqué le corps à l'origine. Le simple fait de toucher certains endroits du corps où une personne a reçu des coups violents dans son enfance peut aussi suffire à raviver la mémoire de l'événement, avec toutes ses implications douloureuses, et même à provoquer des bleus. C'est presque comme si, sous l'effet d'un stimulus adéquat, telle ou telle partie du dos ou de tout autre endroit du corps « se souvenait », et « revivait » l'expérience.

Il y a toutes sortes de façons de réveiller le souvenir et certaines n'ont rien à voir avec des pensées, des actes ou des descriptions verbales. Nous avons des souvenirs d'odeurs qui ne peuvent être ressuscités que par d'autres odeurs. Idem pour les souvenirs d'émotions ressenties un jour, et les souvenirs de tables de multiplication, sans contenu émotionnel.

Roger Sperry, un neurophysiologiste du Cold Spring Harbor Laboratory, à New York, a découvert que chaque fibre nerveuse avait son propre code chimique lui indiquant où aller et dans quel sens pousser. Chaque axone de la cellule nerveuse présente une affinité (qu'il appelle une « chimio-affinité »), signalée par un code chimique correspondant à une cellule donnée. Détail capital : des nerfs qui ont été sectionnés repousseront exactement de la même façon qu'avant, selon un schéma qui n'est pas modifié par l'expérience. Apparemment, c'est un peu ce qui se passe avec les circuits déconnectés * sous l'effet de la souffrance ou du refoulement : toute la vie, ils attendront leur raccordement, tout en sentant d'instinct qu'il serait dangereux que cela se fasse prématurément.

La conscience et le fonctionnement du cerveau

Une personne équilibrée a un esprit équilibré, avec un accès facile aux niveaux inférieurs et une intelligence qui tient compte de ses sentiments et de ses instincts. Ce qui la rend capable de réactions instinctives et de décisions immédiates et, malgré tout, appropriées. Les footballeurs ont cette aptitude-là : d'instinct, ils savent dans quel sens courir. Leurs actes ne dépendent pas d'un processus de décision ou de pensée. C'est le niveau inférieur de l'esprit qui fonctionne et qui dirige le corps, sans que l'esprit logique et réflectif ait trop à s'en mêler. Il y a cependant des gens qui sont incapables de bouger instinctivement, de danser ou de se livrer à toute autre forme de mouvement instinctif, parce qu'ils « vivent dans leur tête ». Ils se sont réfugiés dans l'esprit « cortical » et ils l'ont laissé prendre le pouvoir. Incapables d'agir en fonction de leurs sentiments, qui ont été occultés, ils ne réagissent plus qu'à partir d'un processus intellectuel complexe qui pèse le pour et le contre. Si vous leur demandez comment ils se sentent, ils n'en seront pas très sûrs. Ils commenceront par éliminer certains facteurs négatifs avant de pouvoir décider s'ils se sentent bien ou mal. Leur réponse sera donc le fruit d'une décision plutôt que l'expression d'un sentiment.

La conscience est-elle la même chose qu'un cerveau en train de fonctionner ? S'agit-il de phénomènes identiques ? La *Gestalt* * globale d'un cerveau en train de fonctionner est qualitativement différente du cerveau même. L'être humain est plus que la somme de ses parties, et c'est vrai aussi pour la conscience. L'esprit, c'est l'ensemble du cerveau activé. L'esprit n'est pas identique au cerveau, mais il en est l'émanation. Constitué de cellules cérébrales, l'esprit ne saurait néanmoins se réduire à elles. Il est en fait capable d'interaction avec le cerveau dont il peut modifier le fonctionnement et même, à terme, la structure.

Par conséquent, les conditions de vie d'un individu jouent un rôle important. Des rats élevés dans un environnement stimulant auront un cortex différent de celui de rats qui n'ont reçu aucune stimulation, parce que leurs cerveaux auront évolué en fonction de leurs conditions de vie. Les conditions de vie d'un sujet modifient donc sa fonction mentale à tous les niveaux et influencent même, semble-t-il, sa structure physique.

L'étude des électro-encéphalogrammes de mes patients a également révélé les changements fonctionnels et structurels qui se produisaient dans leurs cerveaux, une fois qu'ils avaient accédé au niveau inférieur du fonctionnement de leur système. Il y avait une modification du rapport entre les deux hémisphères cérébraux, ainsi qu'entre les différentes aires du cerveau. Comment cela s'explique-t-il ? C'est la conscience — le fait d'avoir *re*vécu des événements précoces bouleversants — qui modifie le mode de fonctionnement du cerveau.

Corps ou esprit ?

Sommes-nous corps ou esprit ? La question est vieille comme le monde. Certains pensent que nous sommes les créatures d'un cerveau physique qui fonctionne comme un ordinateur et qui ne nous donne qu'une illusion de liberté et de choix. Pour eux, c'est le cerveau qui régit nos vies et l' « esprit » n'existe pas. Il s'agit là d'une vieille philosophie qui a été reprise et adaptée par l'école de psychothérapie comportementaliste. Le comportementalisme ne fait jamais la moindre allusion à l'esprit ; il se contente de prescrire ou de bannir des comportements à coups de récompenses ou de punitions. A en croire les comportementalistes, nous ne serions qu'une machine qui répond de manière automatique à des stimuli, comme les chiens de Pavlov.

A l'opposé, on trouve les mystiques qui voient dans l'esprit un attribut spécial qui ne dépend pas du cerveau physique. A leurs yeux, c'est une entité éthérée qui transcende la matière et qui provient d'autres plans ou réalités que la nôtre. L'esprit posséderait des qualités magiques et une conscience spéciale, douée d'attributs quasi divins. Il ne découlerait pas du cerveau mais viendrait d'ailleurs. Les mystiques le considèrent souvent comme un « don de Dieu ».

La nature de l'esprit

L'esprit est-il au départ une *tabula rasa* — une ardoise vide sur laquelle se grave tout ce qui nous arrive dans la vie ? Ou possède-t-il déjà certaines qualités ? Cela a toujours été matière à controverse, surtout parce que, jusqu'à une date très récente, on ne savait pas que la vie intra-utérine avait un effet sur la conformation et le mode de fonctionnement du cerveau, et qu'elle le marquait durablement. On avait toujours supposé que le cerveau du nouveau-né était une ardoise vide, prête à accepter des stimuli neufs. Tout ce qui précédait la naissance était mis sur le compte de la génétique.

Nous savons à présent que les événements clés qui surviennent au cours des neuf mois de gestation jouent un rôle crucial dans le développement psychologique et physiologique de l'individu. Les traumatismes que la mère subit éventuellement à ce moment-là peuvent altérer le système cérébral du bébé, son équilibre hormonal et son anatomie, sans parler de son état pSychologique. Dans mon livre *Imprints*[1], j'ai cité des quantités de travaux montrant comment le stress des mères modifiait l'état neurophysiologique de leur enfant.

Cela dit, les facteurs génétiques comptent aussi, bien entendu. Après tout, la couleur des cheveux et la morphologie du corps sont des particularités que nous héritons de nos parents et de nos grands-parents. Alors pourquoi voudrait-on que la nature se borne à de telles caractéristiques ? Le cerveau aussi a toute une histoire. Il semble, par exemple, que les dons musicaux ou artistiques aient également une base génétique. Loin d'être une ardoise vide, le cerveau possède certaines tendances qui, selon les circonstances, pourront être réveillées, encouragées ou réprimées. Ainsi, une famille d'artistes cultivera-t-elle les dons d'imagination créatrice de son enfant. Il y a aussi des chances pour que le fait d'avoir côtoyé des œuvres d'art influence plus tard un enfant dans le choix de sa profession. Cela dit, il est impossible de déterminer ce qui prime : nature ou culture ?

L'observation de mes patients m'a conduit à certaines conclusions quant à la nature de l'esprit. Lorsqu'un esprit est fragile, naïf et encore tout neuf, les choses qui le frappent s'y gravent avec une force jamais égalée par la suite, hormis dans des circonstances tout à fait exceptionnelles. C'est pourquoi ce que la mère vit avant la naissance et qu'elle transmet au fœtus est si important ; pourquoi aussi le traumatisme de la naissance est si profond. Ayant mesuré le pouls, la température et la tension artérielle, ainsi que l'électro-encéphalogramme de patients en train de revivre ce traumatisme-là, j'ai pu constater la valence[2] écrasante qu'il avait. Nous avons également noté des modifications de la personnalité de ceux qui avaient passé plusieurs mois à revivre de tels traumatismes. Tout cela nous a permis de voir à quel point on peut être déformé par ces empreintes. Si le fait de les revivre favorise une normalisation de la personnalité, on peut logiquement supposer que le choc initial a dû considérablement en altérer le développement, car c'est bien à la même empreinte qu'on a affaire dans les deux cas, sauf que, dans le second cas, on l'aborde en sens inverse. Considérant les

1. Ce livre est paru en français sous le titre : *Empreintes : marqués pour la vie par la naissance,* publié en 1983, par les éditions Robert Laffont, Paris *(NdT).*

2. Valence : mesure de la charge affective d'un événement. Voir glossaire *(NdT).*

changements hormonaux et la reprise de croissance qui suivent ce revécu *, on peut dire que c'est toute la physiologie de l'individu qui a été affectée par ces traumatismes.

Plus le niveau de conscience auquel les traumatismes se sont engrammés était bas, et plus leur effet sera déterminant sur les comportements et les symptômes futurs. C'est généralement lorsqu'ils s'impriment dans un esprit d'enfant que les traumatismes atteignent leur valence maximale et qu'ils sont susceptibles de déclencher toutes sortes de réactions bizarres. Les patients qui arrivent à remonter jusqu'à leurs niveaux de conscience inférieurs, grâce à un travail mené en thérapie pendant des années, finissent par rentrer en contact avec de très anciennes empreintes gravées en eux pendant la naissance ou immédiatement après.

L'hypnose et les niveaux de conscience

L'hypnose est un autre exemple qui permet de comprendre ce que sont les niveaux de conscience. Comme la conscience critique est mise en veilleuse par l'hypnose, un sujet peut remonter dans le temps jusqu'à l'époque où il avait quatre ans, par exemple. Il se mettra à parler comme un petit garçon et il se souviendra de sa classe de jardin d'enfants dans le moindre détail — une chose dont il serait tout à fait incapable normalement, quand il fonctionne à son niveau de conscience supérieur. Pourtant, juste en dessous, ses souvenirs d'enfance sont toujours là, parfaitement intacts en tout point.

Pas étonnant, alors, qu'on puisse être insensible à la douleur et même subir une opération sous hypnose. Lorsque la conscience supérieure est mise sur la touche, on ne perçoit plus la douleur. C'est justement pour cela qu'il faut être pleinement conscient pour pouvoir éprouver complètement la souffrance et recouvrer sa sensibilité. Comme la névrose, l'hypnose peut nous insensibiliser à la souffrance ; c'est un autre exemple du clivage de l'esprit. Je considère l'hypnose comme une « mini-névrose » parce qu'elle rend le sujet inconscient. Cela prend plus de temps avec la névrose, mais dans les deux cas l'individu voit sa sensibilité naturelle confisquée par un principe d'autorité qui le réduit à un état de dépendance. L'ennui, c'est que ce n'est pas avec une mini-névrose qu'on peut guérir une vraie névrose. On ne guérit pas inconsciemment ; c'est une impossibilité absolue, puisque c'est justement l'inconscience qui cause la maladie.

Le clivage de la conscience se manifeste de toutes sortes de façons : celui-ci a envie de sexe dans sa tête, mais son corps refuse de coopérer ; celui-là voudrait s'arrêter de manger comme un ogre mais les forces qui sont en lui l'obligent à continuer à se bourrer.

L'hypnose démontre que les processus intérieurs peuvent prendre le pas sur la réalité extérieure. Nous réagissons plus à notre programmation interne qu'à ce que nous avons sous les yeux. Avec l'hypnose, l'esprit est capable de prendre une piqûre d'épingle pour la caresse d'une plume, même si le sujet a les yeux rivés sur l'épingle.

Cela montre comment fonctionnent les croyances : lorsque les pensées ne sont plus ancrées dans la sensibilité, le niveau supérieur de l'esprit peut être programmé de façon à croire en quelque chose d'irréel. La formule est la suivante : « Je veux bien croire en n'importe quoi, tant que cela ne me ramène pas à moi-même. »

Un sujet est en train de vivre une expérience sous hypnose ; on lui suggère qu'il ne se souviendra plus de rien ensuite, et c'est effectivement ce qui se passe. Imaginez un peu ça ! Une suggestion mentale peut suffire à annuler un souvenir. Telle est la fragilité du souvenir ! La souffrance aussi ordonne à la mémoire de rester tranquille, de ne pas gêner et de ne pas se plaindre. Dans les deux cas, c'est le soi-disant esprit conscient qui oublie, pas l'esprit inférieur : il suffit de creuser un peu pour retrouver le souvenir intact et bien vivant. Et lorsque nos patients sont moins bardés de défenses, eux aussi découvrent des souvenirs stockés et occultés.

Les drogues hallucinogènes et l'esprit

Ceux qui prennent de puissants hallucinogènes rentrent parfois en contact avec l'esprit archaïque, le premier à s'être développé en eux, là où sont gravées les souffrances de très forte valence. Mais, comme ce contact est prématuré, le sujet est submergé et il fait le grand saut dans le passé sans établir les connexions conscientes qu'il faudrait. Alors il se croit en train d'évoluer sur un plan de « conscience supérieure », il s'imagine qu'il revit ses vies antérieures ou qu'il se fond dans une espèce d'unité cosmique. Bref, n'importe quoi, sauf la vérité.

De telles drogues sont dangereuses parce qu'elles forcent les verrous et que ceux-ci restent parfois ouverts à jamais. Ensuite, et c'est paradoxal, la personne va vivre perpétuellement en quête d'expérience mystique. Fuyant sans cesse la réalité — intérieure, puis extérieure —, elle se retrouvera au même point que quelqu'un qui n'aurait pas pris de drogue mais qui aurait un système de défense très affaibli par un début de vie épouvantable. Elle aura désormais des « verrous défectueux ».

L'esprit et les verrous défectueux

Il y a presque toujours un problème de verrous* défectueux dans la « dépression nerveuse », comme on avait coutume de l'appeler. Or, nous savons maintenant de quoi il s'agit : ce ne sont pas les nerfs qui craquent, mais les défenses. Lorsque le système de verrouillage craque, sous l'effet de drogues ou, plus souvent, parce que la vie est devenue trop dure à supporter, on risque la folie. On fait appel au cortex pour faire face au déferlement de souffrance précoce mais il est totalement débordé. Alors on fait de son mieux, mais ça ne suffit pas. On perd le sens commun, on glisse dans l'irrationnel, on s'imagine des choses qui n'existent pas. Ou plutôt qui sont bien là, mais qu'on ne peut pas voir : d'anciens souvenirs qui vous ébranlent complètement. On n'en connaît pas l'origine mais, comme on flaire un danger, on se focalise sur quelque chose d'extérieur à soi. Si le thérapeute non plus n'en connaît pas la source, il va lui aussi se polariser sur le comportement du patient et tenter de le faire sortir de son idée. A vrai dire, le patient et le médecin cherchent tous les deux à donner un sens à quelque chose qui en a déjà un, pourvu qu'on sache en expliciter la source cachée. Le système humain est éminemment rationnel. Tout effet, aussi bizarre soit-il, a toujours une cause.

Celui qui fait une dépression nerveuse descend dans un état de conscience inférieur. Si seulement il le savait ! Il serait moins angoissé et perdrait moins les pédales. Il aura d'autant plus peur que son obsession et ses angoisses seront mystérieuses. S'il pleure tout le temps, ce sera peut-être moins parce qu'il devient fou que parce qu'il est enfin rentré en contact avec son moi qui a mal et qui est triste — le moi qui a besoin de pleurer. Les psychotiques sont souvent des gens plus sensibles, plus intuitifs et plus réceptifs que les autres parce qu'ils n'ont pas de défenses. C'est pourquoi le névrosé intellectuel alambiqué n'est pas capable de ressentir ce que le fou, lui, peut voir ; le névrosé veut des preuves. C'est ainsi qu'une publication scientifique de pointe a pu déclarer récemment qu'il n'existait pas de preuve du souvenir de la souffrance précoce. Or, on n'a pas besoin d'attendre des preuves chiffrées pour démontrer que la souffrance peut être mémorisée, comme peuvent en attester tous ceux qui souffrent.

Ce qui se passe aux niveaux inférieurs est parfois si fort que cela fait constamment irruption au niveau supérieur. Une bonne partie du temps, nous vivons dans une espèce d'état de rêve éveillé ; on peut parfois traverser toute la ville en voiture et se demander comment on s'est retrouvé là. Pendant qu'on était immergé dans un autre monde, l'esprit pensant et directif s'est laissé conduire, il a en quelque sorte pris « la place du passager ». Le psychotique est simplement quelqu'un qui vit en état de rêve éveillé et qui n'a pas assez d'objectivité pour faire la différence entre le fantasme et la réalité. Il y a donc deux phénomènes concomitants : un effondrement du mental (troisième ligne) — la dépression — et la résurgence d'empreintes du niveau inférieur.

J'ai appris qu'on ne pouvait pas précipiter le processus d'intégration * : il faut d'abord être prêt à accepter de douloureuses vérités. Pas de celles qu'on peut « confesser » ; des vérités plus fortes, qu'il faut confesser à travers son corps, si vous voulez, et qui ont une valence de souffrance bien supérieure à celle des souvenirs qu'on peut repêcher délibérément.

Ce sont ces vérités fortes qui forcent l'esprit supérieur, celui du cortex, à se lancer en quête de magie et d'idées mystiques. L'irréalité est la religion de celui qui est verrouillé. Ou serait-ce l'inverse ?

Conscience et « conscience de » quelque chose

Il y a principalement deux façons de devenir inconscient. La première est d'avoir subi des événements très forts quand on ne possédait pas encore un cortex développé ; des événements qui resteront généralement mal définis parce qu'on n'avait ni mots ni concepts pour leur donner forme. Seconde manière de devenir inconscient : cela arrive plus tard, lorsqu'on vit des choses qui sont trop fortes pour être ressenties et qui doivent donc être refoulées hors de la conscience.

On peut effectivement devenir inconscient à la suite d'une expérience subie au début de la vie, comme quand on a reçu une série de chocs psychologiques que le cerveau n'était pas capable d'intégrer. Supposons qu'un couple divorce et que l'un des parents quitte le foyer familial. Chez l'enfant, le souvenir d'un tel événement va rester soigneusement dissimulé, tout comme sa signification, à savoir que plus jamais il ne se trouvera avec ses deux parents à la fois. Toute la souffrance qui découle de cet événement va devenir inconsciente, ainsi que tous les souvenirs qui s'y rattachent. La personne vivra dans un état semi-comateux pour le restant de ses jours, et sans même s'en rendre compte. Elle sera aussi inconsciente que si on venait de lui assener un grand coup sur la tête. Et, étant donné que de grandes zones d'elle-même lui sont désormais inaccessibles, elle ne pourra même pas tirer les leçons d'un passé enfoui dans ses archives mentales. Inconsciente, elle reproduira toujours les mêmes schémas. On peut toujours aider quelqu'un à prendre *conscience de* l'existence de tels événements, à postériori, comme le fait la psychothérapie traditionnelle. Mais on ne peut pas le rendre *conscient* ; on peut tout au plus l'aider à prendre *conscience de* quelque chose. Seule l'expérience de la souffrance peut provoquer la conscience chez le névrosé. C'est un état auquel on accède de l'intérieur, jamais de l'extérieur.

La conscience est un état qu'on atteint seul, jamais avec d'autres. On peut aider quelqu'un à la prise de *conscience de* quelque chose, mais pas à la conscience. La *conscience de* quelque chose peut être influencée, manipulée et modifiée de force, mais pas la conscience. On peut avoir une certaine *conscience des* autres, même assez affinée (avec toutes les apparences d'un état conscient), mais qui ne sert qu'à l'autodéfense. A la différence de ce qui se passe avec la conscience tout court, il ne s'agit que d'une arme destinée à assurer la défense du moi. La conscience est forte et dure comme le roc ; on ne peut pas la provoquer de force, lui ordonner de se manifester ou l'y exhorter. C'est une réalité non organique. La *conscience de* quelque chose est une conscience désengagée. La vraie conscience, c'est être conscient qu'on est *conscient de* quelque chose.

On peut être *conscient de* tout ce qu'on voudra, ce n'est pas cela qui produira le phénomène que nous observons en thérapie : un patient en train de revivre des événements liés à sa naissance, aux prises avec un cerveau archaïque qui peut le faire ramper comme une salamandre pendant plus d'une heure. C'est une autre qualité de conscience qui se manifeste, après une telle expérience.

Pénétrer l'esprit inconscient

Il existe des critères qui permettent de déterminer le degré de profondeur de l'inconscience. L'aptitude à réagir à un stimulus en est un. Plus le stimulus requis est faible, et plus la personne est consciente. Quand on peut sentir une piqûre d'épingle, on a une conscience relativement alerte des choses, mais si on ne réagit pas à une forte douleur, on est plus inconscient. La même chose est vraie dans le domaine psychologique ; celui qui ne réagit plus à la souffrance, en lui ou chez les autres, est relativement inconscient. Il faudrait beaucoup pour susciter une réaction quelconque chez lui, un stimulus extrêmement fort pour le faire sortir de sa torpeur inconsciente. C'est son inconscience qui le rend aveugle à la souffrance de son conjoint et de ses enfants. C'est ainsi qu'une personne peut sembler en pleine possession de ses moyens tout en étant totalement inconsciente.

Je me souviens d'une patiente qui avait l'habitude de laisser tout seul son enfant en bas âge pour aller participer à des séminaires de développement de la vigilance... Elle ne se rendait absolument pas compte de ce qui se passait avec son enfant.

L'inconscience sur le plan émotionnel empêche de percevoir ou de comprendre ce qui se passe ; on est une victime passive des circonstances, incapable d'utiliser son expérience passée pour éclairer le présent. Celui qui n'a jamais eu de mère sera tout le temps en train de projeter son passé dans le présent, sur les femmes qu'il rencontrera et dont il ne pourra pas voir les défauts. Car ses besoins domineront tout, colorant à la fois la réalité et son jugement. On a tendance à faire preuve d'une certaine stupidité dans ses choix et dans ses décisions quand on n'a pas accès à ses sentiments.

Mais où est donc la personne réelle dans tout cela ? C'est celle qui souffre, qui ressent la douleur. La nature a accompli un véritable prodige : tout se passe comme si le cerveau des premiers temps de la vie appartenait à quelqu'un d'autre. Il y a un monde entre notre cerveau précoce et celui que nous avons actuellement ; le cerveau inférieur pourrait aussi bien être celui d'un autre, puisque son homologue supérieur n'est même pas capable de reconnaître que le corps souffre.

Les penseurs style *New Age* (Ère nouvelle) parlent beaucoup de conscience et d'esprit supérieur, persuadés qu'il est possible de transcender l'ordinaire et d'atteindre des plans supérieurs de l'esprit, inconnus du commun des mortels. Ils concoctent du reste toutes sortes de rituels pour y parvenir. Et pourtant, ce n'est qu'en plongeant dans les niveaux inférieurs de la conscience qu'on peut atteindre une conscience supérieure. C'est ça, la vraie dialectique de l'esprit.

Paradoxe : quand ceux qui prétendent avoir atteint un état de béatitude et de calme cosmique viennent nous voir dans notre laboratoire de recherche, nous constatons qu'ils ont la tête qui carbure à un train d'enfer et le corps en état de panique. C'est parce que, dans leur tête, des milliards de neurones sont en train de s'activer à refouler. Et ça marche, puisqu'ils se croient parfaitement calmes et déjà au nirvana. Le boulot du refoulement, c'est la supercherie. Et dans ce domaine-là, rien ne surpasse l'art de se leurrer soi-même, ce suprême cadeau de notre civilisation évoluée.

Les adeptes de la pensée magique aiment croire en un esprit « spécial », cosmique, divin. Or, il n'existe rien de tel. Ce que certains voudraient, apparemment, c'est s'élever jusqu'à un état de paix ou de béatitude. Pourtant, c'est en descendant et en conscientisant l'inconscient qu'on trouvera la paix et le calme. Rien ne procure une plus grande harmonie intérieure. C'est la fin de l'inexplicable tension qui régnait en soi. L'unité des différents aspects de l'esprit est enfin réalisée. Ne plus souffrir, c'est déjà jouir du niveau de conscience le plus élevé qui soit. Il n'y a rien au-delà.

Le sommeil paradoxal et les niveaux de l'esprit

Le processus du sommeil paradoxal est une bonne illustration des trois niveaux de conscience. Les histoires que nous nous racontons en rêve sont un autre moyen de prolonger la comédie que nous nous jouons. Une comédie qui n'a pas d'autres spectateurs que nous-mêmes puisque nous en sommes à la fois l'acteur et le témoin. C'est une nécessité biologique ; le rêve est ce qui préserve notre sommeil et notre santé mentale en nous permettant de trouver le repos qui nous est nécessaire. Le processus du sommeil paradoxal reflète la structure et les fonctions du cerveau — un cerveau qui ne change pas quand on dort, car ce sont les mêmes mécanismes qui opèrent de jour comme de nuit. Sauf que, de nuit, cela se voit plus clairement : les trois esprits sont bien mis en évidence et ils sont mesurables puisque chacun a sa « signature » propre, une onde cérébrale qui le caractérise. Le sommeil profond consomme d'énormes quantités de sérotonine, un inhibiteur chimique. Les ondes cérébrales, longues et très creusées, réfléchissent l'intensité du refoulement qui est à l'œuvre. Après quoi, les substances chimiques du refoulement étant épuisées, on remonte à des niveaux de conscience — et de sommeil — supérieurs. Moins de refoulement veut dire plus de conscience.

Les cycles du sommeil quotidien reflètent bien les trois niveaux de l'esprit. Quand on s'endort, on descend légèrement jusqu'au niveau de conscience qui se trouve au-dessous de celui de la pensée (le niveau émotionnel), avant de sombrer dans l'inconscience profonde (niveau viscéral). On remonte ensuite au niveau des émotions et du rêve avant de se réveiller complètement (niveau pensant). Ce cycle semble refléter la genèse de chacun des niveaux du cerveau, dans l'ordre de leur évolution ; il reproduit ainsi chaque jour notre histoire phylogénétique, notre évolution.

Ce cycle rappelle aussi le processus de développement du cerveau à l'échelle de l'individu. Chaque jour, quand on se réveille, on émerge de l'inconscient et on retrouve la pleine conscience, tout comme, jadis, nous avons commencé par développer un cerveau primitif qui, quelques années après la naissance, a trouvé son aboutissement dans le néocortex entièrement développé. Les trois niveaux de l'esprit — végétatif, émotionnel et pensant — n'ont rien de bien mystérieux. Lorsqu'on accède aux profondeurs de soi, on voit directement ce qui s'y trouve : rien de plus, semble-t-il, que l'empreinte des souvenirs d'un passé occulté depuis longtemps. Pas l'ombre d'un *ça*, d'un déchaînement de concupiscence ou d'agressivité, d'un besoin de donner un sens à tout ; pas d'entités mystiques non plus. Rien qu'un cerveau physique portant l'empreinte de souvenirs passés. Le soi-disant « inconscient » est alors exposé à tous les regards ; et surtout, il n'est plus un mystère pour celui qui a fait cette plongée. Tout s'éclaire — les motivations profondes, les rêves et les cauchemars, les symptômes, la relation aux autres —, enfin, tout ce qui a de l'importance. A côté de cela, tant qu'il y aura refoulement, on continuera à parer l'inconscient de toutes sortes d'attributs.

Le sommeil, les rêves et les cauchemars : comment faire de la névrose en dormant

Le cerveau ne change pas de structure à la nuit tombante, pas plus que les niveaux de conscience ne se dissolvent pendant qu'on dort. On descend dans les niveaux de conscience pendant le sommeil, exactement comme on le fait pendant une séance de primal *. Le sommeil, les rêves et les cauchemars reproduisent le schéma de certains de nos comportements diurnes, à ceci près qu'on les expérimente dans un état de relative inconscience. Mais comme le névrosé est de toute façon relativement inconscient, il n'y a en dernière analyse que fort peu de différence.

Le sommeil et les rêves ont suscité des centaines de livres et des quantités de recherches. Dans le cadre qui est le nôtre ici, il suffit de savoir qu'il existe d'une part « le sommeil avec rêves », ce phénomène qu'on appelle le sommeil paradoxal (REM), caractérisé par une onde cérébrale particulière, et d'autre part un autre type de sommeil plus profond qui a lui aussi sa « signature » spécifique, des ondes amples et lentes indiquant des niveaux de refoulement profond. Ce sont là les deux principaux niveaux de sommeil qui alternent au cours d'une nuit. Ils correspondent manifestement au premier et au deuxième niveau de conscience que nous venons de décrire. Le sommeil paradoxal se produit au niveau émotionnel (seconde ligne) qui est aussi le lieu où s'élaborent les images non verbales. Y accèdent le plus souvent les rêveurs, les artistes ou ceux qui souffrent — les trois se combinent parfois. « Accéder » signifie expérimenter simultanément des images et de la souffrance. C'est un pléonasme que de dire « un artiste qui souffre », en tout cas pour les artistes qui sont authentiquement eux-mêmes.

Les rêves ont de multiples fonctions dans l'économie du psychisme. Ils sont le plus souvent le résultat d'empreintes passées déclenchées par des inputs actuels. Si les souvenirs enfouis sont suffisamment forts, il n'y aura même pas besoin d'un événement diurne pour servir de déclencheur ; ils remonteront d'eux-mêmes, en réponse à une stimulation intérieure. Sinon, un événement relativement mineur peut suffire à les déclencher. Même chose pour l'état de veille : les sentiments qui sont suffisamment forts n'auront pas besoin d'un stimulus particulier pour générer de l'angoisse et un comportement névrotique. Dans l'ensemble, les rêves sont liés aux besoins et aux sentiments enfouis. Lorsque la conscience supérieure est mise en veilleuse ou s'endort, on accède aux niveaux inférieurs. L'astuce, c'est comment y accéder sans pour autant ressentir le plein impact des traumatismes précoces, pour pouvoir dormir et trouver le repos qui nous est nécessaire ? Eh bien, c'est là qu'intervient le rêve. Il se sert d'un symbole, d'une image ou d'une histoire pour « enrober » le sentiment afin qu'on ne puisse plus le reconnaître, sinon la souffrance surgirait, démasquée, et on se réveillerait, confronté à sa réalité intérieure. C'est parce que cette réalité est refoulée que les rêves sont symboliques, et ils ont justement pour fonction de nous maintenir dans l'irréel. Ils jouent par conséquent un double rôle : protéger notre sommeil et entretenir la névrose pendant que nous dormons.

Le rêve dilue l'énergie du sentiment en la transformant en histoire et en images. C'est une forme de camouflage. On se dit : « Zut alors ! Que ce rêve était dérangeant et déprimant ! » Mais c'est faux ; il serait plus juste de dire : « Zut alors ! Quel est le sentiment de malaise et de déprime qui m'a collé un rêve aussi déprimant ! » De même, si on était un peu vigilant pendant la vie diurne, on se rendrait compte que c'est à force de se sentir seul et étranger à tout et à tous qu'on a fini par croire à des extraterrestres débarquant dans leurs OVNI.

En second lieu, le rêve tente aussi de donner une explication rationnelle et une cohérence aux sentiments qu'on rencontre nécessairement dans les niveaux de conscience inférieurs où on descend pendant le sommeil. Le rêve a donc là une fonction supplémentaire : il fait ce que nous faisons à l'état de veille, ce que nous sommes obligés de faire chaque jour : à savoir recréer l'empreinte dans le présent afin d'essayer de la résoudre et de guérir la blessure. L'histoire que raconte le rêve est l'analogue symbolique du sentiment réel ; elle représente la situation ancienne qui remonte à la conscience pour y être connectée, intégrée et résolue. Hélas — et en même temps, heureusement ! — elle est détournée par le système de verrouillage. Ce verrouillage nous empêche de connaître le sentiment et son contexte, tout en nous permettant d'élaborer des symboles autour — des symboles qui surgissent du reste avant qu'on ait eu le temps de reconnaître le sentiment. Le même schéma se retrouve chez le « fidèle croyant » qui adopte des systèmes de pensée, des mantras et des rituels spéciaux afin de ne pas ressentir les manques dont il souffre si cruellement. D'ailleurs, le fidèle croyant adore analyser ses rêves. Bref, on retrouve essentiellement la même chose dans toutes les formes de névrose : il y a blocage puis déviation. Les déjouements * névrotiques correspondent à une déviation des besoins et des sentiments refoulés.

Si les sentiments sont trop forts — lorsque des sentiments très profondément enfouis se mélangent à d'autres, de seconde ligne —, la fabrique d'images n'est plus assez efficace pour produire une structure onirique cohérente. Et c'est à ce moment-là qu'on se réveille : on émerge du cauchemar, hanté par les mêmes horribles sentiments que dans la situation initiale : peur, dégoût, colère, confusion, etc. La température du corps s'élève pendant le rêve, exactement comme quand nos patients rentrent en contact avec le niveau de conscience onirique (seconde ligne) au cours d'une séance de thérapie. C'est signe que le corps est en train d'affronter une souffrance et qu'il fait son travail de refoulement.

Les cauchemars sont les crises d'angoisse de la nuit. Les phénomènes physiologiques qui accompagnent un cauchemar sont en effet exactement les mêmes que ceux des états d'angoisse : sueurs, cœur qui bat très fort, sentiment d'effroi et de terreur, tremblements, etc. Si, la plupart du temps, on ne se réveille pas en hurlant, c'est parce que le traumatisme s'est le plus souvent produit avant qu'on sache crier. C'est pourquoi, quand on fait un cauchemar, on ouvre la bouche pour hurler mais il n'en sort aucun son. Si l'on parvient effectivement à crier, c'est que la peur était probablement postérieure à l'âge de six mois.

Les cauchemars se produisent sur la fin de la phase de sommeil profond, caractérisée par un refoulement tout aussi profond. Lorsque la souffrance de première ligne est trop accablante et que le verrouillage n'arrive plus à la contenir, l'empreinte ressurgit brusquement, avec toutes les sensations qui l'accompagnaient à l'origine : suffocation, étouffement, sensation d'écrasement, de strangulation, d'asphyxie. Cela signifie que la douleur a épuisé toutes les réserves de sérotonine (et autres substances chimiques du refoulement — car qu'est-ce que le sommeil, sinon le *refoulement* efficace de certains aspects de la conscience ?), ces réserves qui servent normalement à nous maintenir endormis pour assurer notre repos. Résultat : les souffrances profondément enfouies refont brusquement surface et arrivent en deuxième ligne.

Voici un exemple de cauchemar provoqué par un traumatisme natal. Je suis en train de faire la queue à la douane, et je cherche à fuir un danger indéfini. Tout à coup, un douanier se dirige vers moi pour m'arrêter, et je me retrouve en prison pour avoir tenté de fuir. Je suis condamné à mort. Ma cellule est si minuscule que je me sens coincé et écrasé. Je trouve un trou pour m'échapper, mais je reste coincé en essayant de sortir. Le passage est trop étroit, je ne peux plus bouger. Et puis je sais qu'on va me rattraper et que je vais mourir. Je me réveille dans un état de terreur absolue.

Il est capital de comprendre que les cauchemars sont une forme de défense. Défense contre quoi ? Contre la MORT. Littéralement. En effet, celui qui fait un cauchemar et celui qui est sur le point de revivre sa naissance, ou tout autre traumatisme précoce ayant mis sa vie en danger, sont exactement dans la même situation. Leurs signes vitaux * frisent la limite mortelle tandis qu'ils s'efforcent d'échapper à la souffrance et de la refouler. Et si cela se prolonge trop, c'est leur intégrité physique qui en sera menacée. Voilà pourquoi on se réveille de ses cauchemars afin de se calmer et de ralentir ces fonctions physiologiques qui pourraient nous tuer.

Le paradoxe, c'est qu'on se réveille d'un cauchemar pour pouvoir rester inconscient — *ce qui illustre bien la différence entre la conscience de quelque chose et la conscience tout court.* On se réveille et on prend « conscience de » (son environnement à ce moment-là) afin de rester inconscient (de soi). Le fait d'être éveillé et de voir « la réalité » de la chambre et de la lumière nous rassure; cela nous évite d'avoir à affronter notre souffrance. A d'autres moments correspondant à des phases de veille, on tombe dans l'inconscience — en s'évanouissant — afin de ne pas être conscient de l'inconscient. Qu'il dorme ou qu'il soit en état de veille, le système fait le nécessaire pour que nous restions névrosés et inconscients (de nos empreintes). Les rêves permettent au système d'entretenir la névrose; sans cela nous serions conscients et entiers. Mais d'un autre côté, sans le rêve (c'est-à-dire sans exutoire à la névrose), nous n'aurions jamais le moindre repos et nous souffririons sans relâche.

Cette théorie peut se vérifier entre autres en observant les progrès de nos patients par rapport à leurs rêves. Dès qu'ils *re*ssentent des sentiments profondément enfouis, ils cessent de faire des cauchemars, mais lorsque des sentiments de première ligne commencent à se faire jour, on observe une recrudescence des cauchemars, messagers annonciateurs de la grande souffrance qui est en train de progresser vers la conscience.

L'histoire et les images du rêve sont le prolongement symbolique logique de l'empreinte. Quelqu'un qui aurait peur de son père pourrait très bien rêver tout le temps qu'il est poursuivi par des nazis, et il se trouverait aussi démuni devant eux qu'il l'était devant son père. Le rêve illustre tout cela : on n'arrive pas à s'échapper, on est puni sans raison, on a des armes mais elles se brisent, etc. J'avais un patient qui rêvait toujours qu'il perdait ses affaires ; il ne retrouvait plus son portefeuille, sa voiture, sa maison ou ses habits. En fait, il ressentait un sentiment : une perte immense, la mort de sa mère quand il était tout jeune, et qu'il n'avait jamais vraiment assumée. Voici comment les choses s'enchaînent en thérapie : « J'ai perdu quelque chose. » Quel sentiment ressentez-vous ? « Je me sens si perdu. Je suis un petit garçon, j'ai perdu ma maman. Maman ! Reviens, maman ! » Le symbole du rêve se transforme alors, redevenant le sentiment qu'il véhiculait. Bien sûr, cela ne se fait pas instantanément mais graduellement, au cours d'une séance de deux heures. La thérapie a provoqué la transformation du symbole en sentiment, alors qu'à l'origine la névrose avait changé le sentiment en symbole. C'est pourquoi je dis que la thérapie primale est l'inverse de la névrose. Plus la valence d'un sentiment engrammé est forte, et plus il y a de chances de voir ressurgir toujours le même thème dans ses rêves ou dans ses cauchemars.

Lorsque la souffrance est trop forte et qu'on n'arrive plus à la contenir, le cerveau passe la surmultipliée pour essayer de retenir cette force. Il doit donc inventer toutes sortes d'histoires rocambolesques dans le rêve, pour barrer la route à une souffrance qui serait insupportable autrement. Ainsi verra-t-on des alligators sortir de l'eau et vous suivre partout, même au restaurant. L'immense peur éprouvée dans l'enfance, l'impossibilité de fuir un milieu familial troublé : tout se retrouve pêle-mêle dans les histoires que racontent les rêves. Face à la forme qui le menace, le cerveau réagit exactement de la même manière dans le sommeil que pendant la journée : il élabore des constructions mentales bizarres ou psychotiques.

Le scénario du rêve n'est guère différent de celui d'une perversion sexuelle ou d'une phobie ; c'est une manière de circonscrire et de contenir un sentiment. Le rêve et le rituel condensent des milliers d'expériences précoces mais n'incluent que relativement peu de besoins et de sentiments. Ils sont le symptôme, la représentation de tout le passé de l'individu. Quand un exhibitionniste fait son numéro, il raconte souvent ensuite que tout s'est passé comme s'il était dans une sorte de « coma » à ce moment-là. Il se trouvait en réalité dans un état de rêve, se livrant à un déjouement symbolique sans aucun contrôle conscient. Il agissait en effet en fonction d'un niveau de conscience inférieur parce qu'il y avait carence de l'inhibition de la conscience supérieure, comme s'il avait été en train de dormir.

Dans un cas que j'ai connu (et que je citerai plus loin), l'exhibitionniste éprouvait le sentiment suivant : « Qu'est-ce que je pourrais bien faire pour que vous me manifestiez un sentiment ? » Le rituel qu'il suivait était la symbolisation succincte d'une vie passée aux côtés d'une mère qui n'avait jamais fait montre de la moindre émotion. L'enfant avait besoin de réalité, besoin de connaître l'impact de ses paroles, de ses actes et de ses sentiments sur les autres. Mais comme il ne s'était jamais rendu compte qu'il ressentait un tel sentiment, et comme, à fortiori, il ne l'avait pas revécu, il continuait à le « déjouer ». Le rêve est la forme nocturne du déjouement.

Le symbole est le sous-produit du sentiment ; ainsi, pour le patient que nous venons d'évoquer, le fait de perdre ses affaires renvoyait à la perte de sa mère. Puisque le symbole découle du sentiment, il ne peut pas y avoir de symbolique universelle applicable à tout le monde, cela tombe sous le sens. Chaque symbole est spécifique au sentiment de l'individu concerné. Et c'est bien pour cela que l'analyse des rêves ne sert à rien : des symboles investis d'un sens profond que l'analyste pourrait décrypter, cela n'existe pas. La seule manière de trouver un sens au rêve est de *re*ssentir les sentiments qu'il véhicule. C'est pour cela que j'aide mes patients à revivre leur rêve comme s'ils étaient en train de le rêver à ce moment-là, et à se replonger dans le sentiment qu'il dissimule. Ce qui les ramène inévitablement à la situation vécue initialement, et alors tout s'explique.

Ce n'est pas en comprenant vos rêves que vous vous changerez la vie, quoi qu'en disent les livres qui prétendent le contraire. Cela ne sert déjà pas à grand-chose de comprendre des symboles de sentiment, mais c'est encore plus inutile de s'imaginer qu'on peut changer en « *comprenant* » ses sentiments. Car la seule chose qui importe, c'est de les *re*ssentir.

Les rêves n'ont rien de magique. Ce ne sont jamais que les histoires que nous nous inventons pour tenter d'expliquer notre inconscient, pour amener l'inconscient à avoir un sens. Or, en réalité, les empreintes et les sentiments inconscients *ont toujours un sens*, dans le contexte qui leur est propre ; c'est pourquoi nous aidons nos patients à revivre leur rêve et à éprouver le sentiment dans son contexte initial, pour parvenir à sa résolution. Quel soulagement ce devrait être pour les analystes, les freudiens, les jungiens et tutti quanti, que de ne plus avoir à scruter leur propre inconscient pour supputer ce qui peut se trouver dans celui de leurs patients ! Et un soulagement pour les patients qui n'auront plus besoin de raconter leurs rêves *ad nauseam*. Mieux vaudrait qu'ils parlent de leur vie réelle et des problèmes pour lesquels ils ont vraiment besoin d'aide.

Freud a dit que les rêves étaient « la voie royale de l'inconscient ». Là-dessus est apparue toute une école d'analystes du rêve, scaphandriers de l'inconscient qui tentaient de scruter ce qui se trouvait dans les profondeurs de leurs patients. Mais ils avaient oublié une chose : si le sommeil et le rêve se produisent bien au niveau inconscient (un niveau de conscience auquel on n'accède pas normalement dans la vie diurne), le système de verrouillage, lui, ne s'endort jamais. Il veille à ce que les sentiments réels n'apparaissent que sous une forme masquée qui ne diffère pas du travesti des sentiments de jour.

Conclusion : il n'y a pas de place en thérapie pour un soi-disant « travail sur le rêve », cette interminable analyse des rêves. Cela reviendrait au même que de vouloir analyser le comportement névrotique à l'infini, dans l'espoir qu'en le comprenant on se débarrasserait des sentiments qui y sont liés — ce qui est parfaitement impossible. Car il ne s'agit que d'une manipulation de symboles : le travail sur le rêve est un simulacre de guérison qui élude le vrai travail. Ce n'est qu'un déjouement symbolique de plus, de la part d'individus qui ont tendance à vouloir faire des symboles de tout. Les névrosés choisissent trop souvent des solutions névrotiques pour tenter — croient-ils — de guérir.

Cela dit, tous les rêves n'ont pas forcément un contenu primal ou un sens profond. Mais les rêves significatifs ont souvent un contenu primal, et les cauchemars ne sont que la résurgence de très vieilles sensations, lointaines et très profondément enfouies. Je dis « sensations » plutôt que sentiments, car les sentiments sont plutôt liés au rêve. Les matériaux de première ligne — traumatismes survenus avant, pendant et juste après la naissance — sont en effet apparus avant le développement complet du cerveau émotionnel. Notons ici un détail intéressant : un patient en train de revivre un épisode lié à sa naissance, et au cours duquel il a frisé la mort, ne présente aucun signe de terreur. Mais lorsqu'il touche à un niveau de conscience supérieur et qu'il *re*ssent les choses terrifiantes qui lui sont arrivées quand il avait cinq ans, on peut voir son visage se décomposer sous l'effet de la peur, à mesure que les sentiments remontent vers la conscience. La différence tient au fait que la dimension émotionnelle de l'expérience n'était pas encore pleinement développée au moment de la naissance. J'ai vu l'expression de terreur qui se lisait sur le visage de toutes mes patientes en train de revivre un inceste, et pourtant, quand elles sont redescendues jusqu'à la naissance, elles n'ont présenté aucune manifestation psychologique de la terreur même si, physiquement, elles semblaient en proie à une grande frénésie.

Nous assistons parfois dans notre thérapie à la percée soudaine de matériaux psychiques profondément enfouis. Le patient fait des phrases lapidaires dont le contenu est identique à ce qu'on peut ressentir dans un cauchemar : « J'étouffe ici. Je me sens coincé. Il n'y a pas de place pour respirer. Vous m'écrasez. Je suis tout engourdi. Je ne peux pas bouger. Je deviens fou. Quelle terrible angoisse ! On est au bord de la catastrophe. Je ne sais plus du tout où j'en suis ! » et ainsi de suite. Parfois, le discours prend un tour paranoïde, du genre : « On essaie de me piéger. On veut me rendre fou. » Dans ce cas-là, j'explique aussitôt au patient qu'il y a eu rupture de ses structures de défense et que certains sentiments sont en train de refaire surface ; et je l'aide à les *re*ssentir. S'il est vraiment trop dépassé par les événements, il est parfois indiqué de recourir à une médication. Si nous savons identifier les sentiments en question, nous les indiquons au patient, ajoutant tout ce qui est susceptible de préciser ces sentiments et de rassurer la personne.

Si le discours d'un patient sur le point de craquer et de sombrer (dans l'inconscient) est si lapidaire, c'est parce que la deuxième ligne n'est pas assez forte pour atténuer ou mitiger ses sentiments ou ses sensations, ou pour les transformer en autre chose. Alors ils éclatent de toute leur force. Si cela arrive à quelqu'un qui n'est pas en thérapie, on peut redouter un épisode psychotique dans la mesure où le sujet n'a pas la moindre idée de ce qui se passe : non seulement il ne connaît pas ces sentiments qui remontent, mais il ne sait même pas qu'il a en lui de tels sentiments et qu'ils peuvent ressurgir. Ce qui s'est passé, c'est que ses défenses ont pu être destructurées sous l'effet de circonstances particulièrement difficiles (un divorce, un licenciement, un deuil dans la famille), et qu'il s'est brusquement retrouvé en contact avec un niveau de conscience profond qui était en sommeil depuis longtemps.

Plus un patient a fait de thérapie, et moins ses rêves prennent une forme symbolique, parce que l'inconscient a été rendu conscient. Il y a eu fusion des deux niveaux — conscient et inconscient — et ses rêves en témoignent. Quand il rêve, le sujet se voit généralement tel qu'il est normalement, il parle de choses réelles avec des interlocuteurs réels, et cependant il réussit à rester endormi parce que ses sentiments ont été débarrassés de leur charge oppressante. C'est ainsi qu'on peut être « réel » ou conscient au niveau inconscient. En conscientisant l'inconscient, on efface le pouvoir moteur que l'inconscient avait sur nous.

5

Alietta

L'exposé du cas qui va suivre est un bon exemple de tous les aspects de la thérapie primale que nous avons abordés jusqu'ici. Ce journal, tenu par une patiente pendant ses trois premières semaines de traitement, décrit le processus de revécu * avec beaucoup de précision et de détails, et dans des termes très évocateurs. Ce journal est suivi de réflexions notées plus tard, à différentes époques, et qui illustrent bien les bienfaits à long terme de la thérapie.

Dimanche 10 octobre

Je me trouve maintenant dans la chambre de motel où je suis censée rester trois semaines sans parler à personne, sans regarder la télé, sans fumer — ni cigarettes, ni « herbe » —, sans me masturber ni avoir aucune sorte de rapport sexuel. Bref, je suis censée me concentrer sur moi-même.

Tous les matins, à partir de demain, je verrai mon thérapeute. Je suis très excitée. La thérapie primale : mon dernier espoir dans cette vie. J'en attends tout : de l'aptitude à aimer à la possibilité d'être aimée si je deviens une autre — le vrai moi ? —, et jusqu'au bonheur...

Je viens de vivre cinq mois déments, l'apogée de cette folie croissante qu'est devenue ma vie. J'étais protégée par les apparences, dans la mesure où j'avais l'air de fonctionner parfaitement normalement. « Ta seule folie, ont dit mes amis et ma famille, c'est de vouloir faire une thérapie. » Eh oui, sous des dehors tout à fait aptes à donner le change, je suis la seule à savoir à quel point je suis malheureuse, à l'intérieur. A savoir que je suis tout au bord de l'abîme et sur le point de basculer.

Je me rends compte que j'ai toujours froid ; j'ai les dents serrées quand je suis couchée, et probablement aussi lorsque je suis debout. En fait, mon corps est tout raide. Moi qui n'ai jamais voulu faire attention à tout ça, tout à coup je le remarque et je le sens, puisque je n'ai rien d'autre pour m'occuper l'esprit. J'apprécie ce moment de solitude forcée que j'ai tellement souhaitée ces derniers mois, cette retraite à l'intérieur de moi-même.

Qu'est-ce que ça va être de devenir « une personne capable de ressentir » ? Là, tout de suite, je me force à essayer de « ressentir » ce qu'il peut y avoir à sentir en moi. C'est bizarre, ça brûle, ça me fait mal, physiquement... J'ai l'impression que ça va être horrible de redescendre dans tout ce passé (complètement obscur actuellement) parce que, rien que d'y penser maintenant, j'en ai la gorge en feu... Je me sens mal à l'aise... le voyage va être captivant, en tout cas.

C'est Mary qui est ma thérapeute. Une femme ; ça ne me plaît pas. « Comment vous sentez-vous ? » me demande-t-elle.

« Super bien ! Si vous voulez que je sois tendue, envoyez-moi donc dans une soirée, et pas toute seule dans une chambre d'hôtel. Ça, je connais, j'en ai l'habitude. Et j'aime ça. »

Quelques larmes tandis que défilent des souvenirs, au hasard, mais quand elle me dit de les lui raconter, je n'arrive pas à parler. Est-ce qu' « ils » m'ont jamais vraiment parlé, eux ? Après ça, plus rien, le noir total. Je me sens complètement bloquée. Je repars, assez déçue. C'est tout, alors ?

Et me voilà en train d'explorer ma jeunesse. Non, rien à en tirer. J'essaie... quelques images insignifiantes. Allez-vous pouvoir m'aider à en sortir, vous qui prétendez détenir le moyen de guérir ? J'ai peur. Et si ça ne marchait pas ?

Mardi 12 octobre

Des torrents de larmes, aujourd'hui. A mon arrivée, Art[1] m'a dit que, si je n'étais pas prête à observer les règles de la thérapie, je ne pourrais pas continuer. Hier, à la fin de la séance, j'avais dit à Mary que j'aurais bien aimé griller une bonne petite cigarette. L'horreur s'était peinte sur

1. Diminutif d'Arthur (Janov) *(NdT)*.

son visage... pourtant, je ne l'ai pas fait et je suis étonnée et intriguée de voir l'agressivité d'Art à mon égard aujourd'hui. Un truc ? Probablement, puisque, plusieurs fois au cours de la séance, Mary reviendra sur cet éclat d'Art, me demandant ce que ça m'a fait. « Rien », je réponds.

Aujourd'hui, j'étais à Porto di... dans notre maison de vacances ; je descendais les marches de l'escalier en tapant sur une balle. C'est dans ma tête que ça tape très fort, maintenant. Ça me ramène à la solitude totale que j'ai connue enfant, toujours seule, et ça me fait pleurer. J'étais si triste, à l'intérieur. C'est la première fois que je me rends compte que je ressentais quelque chose, à l'époque !

Ensuite, je me calme un peu, pendant un petit moment. Je suis étendue par terre et un souvenir est sur le point de ressurgir, mais je le bloque. « Faites-vous confiance », dit Mary d'une voix extrêmement douce. « Qu'est-ce que c'est ? »

« Je ne suis pas très sûre... il y a longtemps, très longtemps de ça, papa m'a frappée, fort. Il a fallu que quelqu'un intervienne en disant : “ Arrête, tu vas la tuer ! ” Mais c'est si vague, je ne suis pas sûre. Je n'arrive pas à le croire... Cette scène ne suscite aucune émotion chez moi et j'ai un peu honte qu'elle ressurgisse. »

« Qu'attendiez-vous de votre père, Alietta ? » demande Mary.

J'éprouve une certaine réticence à lui répondre ; la réponse est tellement évidente.

« Euh, je voulais que... » Ce n'est pas facile, mon corps se tend, je me tais, j'ai la tête vide. Et puis une image s'impose à moi, brusquement, très vivante : papa en train d'écrire à son bureau, presque tous les soirs, jusque très tard. Je le vois si clairement, c'est incroyable. Je suis près de lui, ma tête n'arrive même pas au niveau de l'écritoire du bureau. Je vois sa main qui glisse sur le papier, qui écrit à l'encre bleue avec son gros stylo-plume. C'est un peu magique et je le regarde, totalement immobile, absorbée et fascinée par sa main.

Mary me demande ce que j'ai envie de voir.

« Rien. »

« Qu'est-ce que vous auriez aimé qu'il fasse ? »

Silence... J'ai l'impression d'être tout au bord d'une immense falaise et je n'ai pas envie de sauter.

Mary attend un peu ; je transpire, j'ai froid, et puis je l'entends dire d'une voix douce : « Qu'est-ce que vous auriez aimé qu'il fasse, Alietta ? »

Cette fois, je bondis, ou quelque chose le fait en moi : le sentiment. J'éclate en sanglots.

« Je voulais qu'il me touche, qu'il me prenne dans ses bras ; je ressens une immense tendresse pour lui et un immense désir qu'il me prenne dans ses bras pour me câliner et me caresser. »

Mary me dit de demander à mon père de me toucher, et je me laisse emporter au fil de cette envie. Je lui demande de me caresser les cheveux et le cou. Ça me fait beaucoup pleurer parce que, tout en ressentant mon besoin d'une manifestation de tendresse de sa part, je vois sa main qui continue à bouger, à glisser sur le papier, à écrire à l'encre bleue, indifférente à mon besoin. Je suis très fatiguée à la fin de la séance. Je ne savais pas que j'avais autant de larmes en réserve.

Retour au motel. Je dors un petit peu... un petit peu ? jusqu'à 22 h 30. Autrement dit, toute la journée. Mon corps a une sacrée bonne défense, côté sommeil. Je n'ai jamais dormi aussi bien, d'un sommeil aussi profond et aussi tranquille. Mais je me sens aussi vraiment vannée.

Mercredi 13 octobre

Je ne sais vraiment pas combien de temps je vais pouvoir supporter ça. Je déteste ça, d'avoir à aller tous les jours dans un endroit donné pour pleurer, souffrir et avoir mal. Aujourd'hui, je suis remontée à la mort de ma sœur Flora. J'ai aussi pleuré à cause des monologues incessants que papa n'a cessé de me tenir pendant des années, après déjeuner et après dîner ; il n'arrêtait pas de débiter ses histoires, à la poursuite de ses rêves perdus, élucubrant à l'infini, s'abandonnant à son insatiable besoin de parler. Et moi je l'écoutais. Pendant des heures, pendant des années, je l'ai écouté.

Maman était obligée de lui dire d'arrêter et de me laisser aller me coucher. Il continuait, comme s'il n'avait rien entendu, et je l'écoutais toujours, sans dire un mot, comme la proie fascinée d'un serpent. C'est la seule espèce d'attention qu'il m'ait jamais portée et, même là, il ne me donnait rien, parce que ses paroles ne m'étaient pas adressées. J'aurais tout aussi bien pu être une pierre ou n'importe qui. (Ça, ça me fait mal, et ça me fait rentrer encore plus profondément dans le sentiment.) Il lui fallait juste un auditoire ; j'étais un objet, un objet qui lui permettait de satisfaire son besoin. Il instillait en moi, « fidèle disciple », la graine de mes futurs déjouements symboliques, toutes ces valeurs bidon auxquelles j'ai adhéré pendant tant d'années.

« Je déteste ça. Arrête, mais arrête donc... Arrête de parler, tu me rends folle. Arrête ! »

Lorsque je lui lance ça, à l'instigation de Mary, j'ai du mal, au début. Je suis très gênée. Ça me coûte terriblement. Comment pourrais-je lui parler maintenant ? Je ne l'ai jamais fait dans mon enfance. Voyant à quel point ça me coûte, je me rends compte qu'il faut vraiment que je le fasse, pour faire sauter le blocage. Et quand finalement j'y arrive, je me retrouve en proie à une colère d'une violence inattendue. Pendant quelques instants, je perds tout contrôle de moi-même, sous l'empire d'une rage colossale, et je me libère d'une partie de l'exaspération qui s'est accumulée en moi pendant tant d'années. Après être sortie de mes gonds — ce que j'apprécie (ça m'a fait du bien de me laisser emporter par mes sentiments) —, il me vient à l'esprit toutes sortes de choses évidentes, qui ne l'étaient pourtant pas jusqu'alors.

J'ai toujours écouté très attentivement les hommes que j'ai fréquentés, et c'était toujours des gens à problèmes qui avaient besoin d'être écoutés pendant des heures. Je n'ai jamais vraiment osé parler de moi et j'ai toujours trouvé mes amis « fascinants », je les aimais pour leurs problèmes. Fascinant : maintenant je comprends... J'espérais me faire aimer d'eux en leur donnant ce dont ils avaient besoin. Et puis, j'ai aussi gobé toutes les valeurs bidon de mon père, pour m'apercevoir par la suite qu'elles étaient fausses. Lorsque, plus tard, je rentrais à la maison, je l'attaquais sur ce terrain-là et je tentais de lui démontrer toute la fausseté de ces valeurs qui, cependant, finissaient toujours par me rattraper, d'une manière ou d'une autre. Certaines m'avaient collé à la peau et elles m'empêchèrent d'adhérer à mes propres convictions. Lui, il vivait dans un rêve, niant des pans entiers de réalité qui ne lui plaisaient pas ou qui lui faisaient mal. Une partie de son rêve s'était insinuée en moi et y avait fait son nid. Je peux sentir — partiellement — l'effet déformant qu'il a eu sur moi et la colère qu'il suscite en moi.

Après la séance, je suis épuisée mais un peu heureuse, aussi. Je considère que j'ai fait mon premier primal aujourd'hui, parce que j'ai été complètement emportée par le flot et j'ai compris des tas de choses, très clairement — je crois qu'en langage primal, ils appellent ça des « connexions » ou des *insights.* Un petit morceau du rideau s'est levé ; un morceau microscopique, mais quand même.

Mary m'a dit d'aller voir *Five Easy Pieces,* à cause d'une scène que j'ai évoquée pour lui dire que j'avais été incapable d'en parler après avoir vu la pièce à New York, l'an dernier. J'avais dû quitter le théâtre au moment où le « héros » rentrait à la maison après cinq ans d'absence et retrouvait son père, très âgé, dans un fauteuil roulant et ayant perdu l'usage de la parole. Le fils se mettait alors à lui parler, lui disant à quel point il regrettait qu'ils n'aient pas pu communiquer plus tôt et plus intimement, et combien il les aimait, lui et sa mère. J'avais été obligée de quitter le théâtre en catastrophe et en larmes, sans comprendre ce qui m'arrivait.

En réalité, j'étais sur le point de faire un primal. Je suis contente que la pièce ne se joue pas aujourd'hui, j'appréhende de la revoir. Et puis je n'ai pas envie de m'embêter à sortir, je suis fatiguée.

Jeudi 14 octobre

Un type à la piscine me passe un « joint ». Je n'ai pas spécialement envie de le prendre, et puis c'est contre toutes les règles de la thérapie de fumer, comme aussi d'aller dîner avec lui ensuite — ce que je fais pourtant. Je me mets à planer très fort et je culpabilise beaucoup là-dessus, et puis je décide qu'il est trop tard pour les regrets. C'est agréable (je me rends compte, quelques semaines plus tard, de toute la bêtise et du caractère autodestructeur d'une telle attitude, et de toute la tension que ce geste avait libérée). Pendant ma séance de thérapie, je n'arrive pas à rentrer sérieusement dans quoi que ce soit, mes idées partent dans tous les sens. Je me sens toute sèche à l'intérieur, mes pensées défilent à toute allure, impossible de me concentrer. Quel gâchis ! Je n'ai qu'à m'en prendre à moi-même.

Quand je repars après la fin de ma séance, frustrée et furieuse contre moi, j'aperçois pour la première fois d'autres patients primals qui, comme moi, souffrent de leur isolement. Notamment une blonde qui me paraît immense, l'air très en colère, dur ; le genre de femme qui vous donne l'impression qu'il vaut mieux garder ses distances. Et deux types : un qui a l'air un peu stupide et plutôt gentil — comme c'est souvent le cas des types pas très futés —, et l'autre, un blond assez beau.

Parfois, je me demande ce que je suis venue faire dans cette galère. Est-ce bien moi, là, dans cette thérapie du dernier recours ? Dur à croire. Quand je me revois à vingt ans ! Le monde m'appartenait. J'avais l'impression que je pouvais tout faire, et tout me réussissait. J'avais du succès auprès des garçons, la vie était facile, intéressante, amusante. Pas l'ombre d'une difficulté dans ma vie. J'avais des tonnes d'amis. C'était avant la chute, avant que quelque chose en moi ne se mette à se désintégrer ; avant l'alcool, avant les drogues, avant les tentatives de suicide et les jours dans le coma. J'avais encore la force de me ressaisir, de fonctionner comme si de rien n'était et de faire bonne figure. « Tout va bien, maman. A part que je suis en train de mourir, à l'intérieur, et que je ne sais pas pourquoi. »

Vendredi 15 octobre

Enfin, il est arrivé quelque chose, aujourd'hui, après que j'ai de nouveau passé une bonne nuit. Dès que je me suis réveillée, j'ai reconnu l'espèce de demi-sanglot qui me barrait encore la poitrine : c'est comme ça que je pleurais quand j'étais petite. Quelques larmes sur le chemin de l'Institut. Je ne me sens pas vraiment mal mais je pressens que je suis au bord de quelque chose. Je m'étends sur la moquette rouge en attendant Mary, mon corps est glacé comme la mort. C'est très pénible et ça me fait très peur ; je bouge pour éviter cette sensation et je regarde autour de moi pour voir s'il y a une arrivée d'air ou quelque chose qui me souffle de l'air froid dessus, tellement c'est fort. Mais la pièce n'a pas été installée spécialement pour me piéger. Sur ces entrefaites, Mary arrive et nous discutons de la lecture de *The Velveteen Rabbit.*

« Ça vous a plu ? »

« Oui, et j'ai pleuré deux fois. »

« Ah bon, et à quels moments ? »

« Quand le lapin est si heureux qu'il n'arrive pas à s'endormir, après que le petit garçon lui a dit : “ Tu existes vraiment parce que je t'aime. ” »

Rien que d'en parler, et aussi à cause d'une chose que dit Mary, je me remets à pleurer à chaudes larmes. Une image me vient à l'esprit : ma tante en train de me jouer du piano. Ce qui me frappe, dans ce souvenir, c'est la chaleur et la gentillesse qu'elle me témoigne. J'entends le cliquetis de ses ongles sur les touches du piano. Je sens sa haute stature derrière moi qui suis petite. Je ne me rappelle pas ce que Mary a dit chaque fois pour me renvoyer à mes sentiments, mais je me retrouve tout à coup en larmes, en train de parler de la mort de mon cousin, et de nouveau je gèle, j'ai terriblement froid. Mary me dit de bien ressentir ce froid. Je le fais, ce qui provoque une peur épouvantable en moi.

« Laissez faire, Alietta, ne cherchez pas à le fuir. »

« Facile à dire ! J'ai une telle frousse... »

Je finis par rentrer dans la mort de ma sœur Flora. Je ne savais pas que je l'aimais tant. Je me rappelle le jour de son enterrement, le moment où son cercueil a été porté hors de l'église ; quand il est passé devant moi, je l'ai « vue » couchée dedans, morte. Et tout s'est brisé en moi ; je me suis détournée en titubant.

Aujourd'hui, je la revois et c'est intolérable. Le sentiment qui m'avait fait tituber revient avec une force effrayante : « Ne me quitte pas, ne me quitte pas, je t'en prie ! » Et puis de nouveau la tempête : je pleure, repliée sur moi-même, comme si mon corps cherchait à se protéger contre cette souffrance trop intense. J'ai mal, je pleure. « Ne me quitte pas ! » Je suis complètement emportée par ce sentiment.

Tout en pleurant, je me rends compte que c'est toujours moi qui quitte les autres, les garçons principalement, parce que j'ai peur que ce soient eux qui me quittent. Je me repose un peu, et des images de désert m'envahissent l'esprit. Le Sahara — l'amour que je voue à ce lieu qui m'a toujours tellement attirée. Je décris à Mary les sentiments qu'il m'inspire et lui explique ce que le désert signifie pour moi, et à quel point je m'identifie à lui. Ça me rappelle la première fois où j'ai pris de « l'acide[1] » ; je me suis mise à décrire le désert à un de mes amis qui m'a raconté par la suite que j'avais parlé du Sahara avec une puissance d'évocation extraordinaire ; il avait senti l'étrange fascination que ce désert exerçait sur moi. Mais ensuite, l'expérience de l'acide avait dégénéré en un véritable « voyage » de la mort, un cauchemar épouvantable. Apparemment, chaque fois que je pense à la mort, le désert y est lié.

Je ne sais pas comment, mais soudain, je me suis retrouvée avec Flora qui était en train de me raconter ses rêves de la nuit, un matin, à Rome. Me revoilà tout à coup dans notre chambre, dans la maison où nous avons passé notre enfance et que je revois pour la première fois depuis que je l'ai quittée, il y a quinze ans. J'éprouve le besoin de pleurer à demi comme je le faisais alors, ce qui exaspérait tant ma mère. Je commence à le faire, et puis ça tourne aux cris et à la colère.

1. Nom d'argot du LSD *(NdT)*.

J'entends ma mère qui dit : « Ferme-la, ou bien je vais t'en donner de bonnes raisons de pleurer, moi ! » Ma colère enfle et je crie de plus en plus fort, au point que je perds tout contrôle de moi-même.

Je suis dans les profondeurs de mon être. Je hurle : « Maman » et je pleure. Je ressens une envie, dans mes jambes; elles me paraissent lourdes, et pourtant j'ai envie de les bouger, de donner des coups de pied. Je me mets à le faire, un peu gênée, d'abord. Je suis dans ma chambre d'enfant, en train de pleurer dans mon lit, mais personne ne vient. La colère, la colère, c'est tout ce que je ressens maintenant. « Pourquoi est-ce que personne ne vient ? Je suis petite et je veux que quelqu'un vienne ! »

En cinq mois de psychothérapie à New York, je ne me suis pas rappelée un seul événement de ma jeunesse ou de ma petite enfance, et ici, en cinq jours, il y a déjà tellement de choses qui ont ressurgi ! Elles s'annoncent habituellement par un gros « boum » dans mon cœur qui se met à battre plus vite. Je retiens mon souffle et je me concentre sur chacune des images qui sont en train de remonter à la surface comme des bulles. Il n'y a qu'une chose qui reste dans le brouillard, un objet que je n'ai pas pu voir derrière la fenêtre, et qui pourtant doit être là, j'en suis sûre. Plus tard, ce même jour, je le reconnais, annoncé par le « boum » de mon cœur : un berceau, un berceau rose.

Je le dis à Mary. Et puis le berceau n'est plus simplement un objet : il y a un bébé dedans... Mon frère ?

Je me souviens de ce berceau; le bébé dedans... c'est moi. Ma mère est en train de fixer les draps aux parois du berceau avec des clips, pour les maintenir tendus afin que je ne bouge pas. J'ai l'impression d'avoir les jambes ligotées. Je ne peux pas les bouger, je déteste ça. Je la vois qui s'approche de moi, je transpire abondamment. Elle me prend dans ses bras et me pose sur son lit pour me changer. Elle est immense, son visage au-dessus de moi. Elle a l'air si jeune, jamais je ne m'étais souvenue d'elle comme ça. Dieu que je l'aime !

J'ai les larmes aux yeux. Maman. Je ressens très fort un immense et puissant désir qu'elle me prenne dans ses bras. Puis mes larmes se tarissent et je n'arrive plus à parler. Je la vois avec un minuscule nourrisson dans les bras, elle qui est si grande. Mon cœur bat très fort. Je suis ce bébé qui éprouve cet immense et puissant désir qu'elle le prenne dans ses bras. J'ai envie de sentir sa joue et son cou contre moi. Toute résistance est brisée d'un seul coup : « S'il te plaît, maman, prends-moi dans tes bras ou bien je vais mourir ! » Des torrents de larmes. Je suis entièrement lovée sur moi-même, à la dérive dans mon besoin, sans aucune notion du temps que ça dure. Et puis mes larmes se tarissent peu à peu. Mais quand je vais pour parler, je m'aperçois que je ne peux pas : je suis un nourrisson.

Je me vois emmaillotée dans une couche, toute petite contre sa poitrine; je m'accroche à elle comme un coquillage à la coque d'un bateau. *Je ressens* ce que sent ce tout-petit. C'est très bizarre. J'ai tellement besoin de sentir ma mère, ou de ressentir le besoin que j'ai d'elle. C'est une sensation tellement neuve pour moi. Pourtant, j'ai manifestement dû l'éprouver à un moment donné, à ceci près qu'à l'époque, je n'ai pas pu me laisser aller à la ressentir dans toute sa puissance. Voilà l'impression que j'ai maintenant : « Ça n'a pas l'air d'un sentiment neuf mais que c'est la première fois que je le ressens. » Je suis couchée comme un bébé, j'ai de temps en temps des mouvements convulsifs, je donne des coups de pied et je frappe le sol de la main. Je suis la seule à être surprise de ces mouvements que mon corps a envie de faire, et qu'il fait effectivement. Une fois calmée, je me retrouve de nouveau couchée sur le dos; je n'ai plus l'impression d'avoir les jambes coulées dans du plomb. Mary me demande : « Comment vont les jambes ? »

« Ça va, maintenant. »

Elle sourit, moi aussi, et, rien que d'avoir souri, je me mets aussitôt à planer très fort. Je me sens très légère et heureuse ; j'éclate de rire, toute joyeuse.

« Ça y est, j'ai réussi ! Nous avons vaincu cette terrible résistance que je croyais impossible à briser. Je suis remontée très loin en arrière, je vais m'en tirer ! »

Je me sens merveilleusement bien. Jamais de ma vie je ne me suis sentie aussi bien, jamais; et c'est fantastique. JE RESSENS. Ce n'est qu'un début mais, maintenant, je ne doute plus du tout de la thérapie, ou du fait que j'arriverai à m'en sortir. Je sais que c'est exactement ce qu'il me faut. Mes jambes, jusqu'alors si mortes et si lourdes, ont soudain envie de bouger et de danser. C'est tout mon corps qui veut quartier libre pour célébrer cette légèreté toute neuve, ce quelque chose en moi qui vient à la vie et qui s'empare de moi, irrésistiblement, et qui me fait rire et jubiler.

Adieu, sinistre malheur. Je me sens si bien !

En sortant de l'Institut, je pousse un grand cri de Peau-Rouge qui surprend quelques-uns des citoyens américains qui passent dans la rue à ce moment-là. Des quantités de gens m'adressent la parole, aujourd'hui. Je resplendis de bonheur, je le sens. C'est un grand jour, j'ai des ailes, j'ai de l'espoir... A 20 h 30, je suis au lit.

Il se passe sans cesse des tas de choses. Je viens juste de me souvenir de ces crampes que j'ai dans les jambes : ce sont ces « douleurs de la croissance » que je ressentais dans mon enfance. Je me rappelle aussi que maman me massait les jambes avec du camphre, le soir, pour me soulager, mais qu'elle quittait ma chambre sans m'embrasser, une fois sa besogne terminée.

Ce soir, j'assiste à une séance de groupe pour la première fois. C'est vraiment bizarre, cette immense pièce à peine éclairée, avec ces gens qui se couchent par terre et qui se mettent à rentrer dans leurs sentiments.

L'un d'eux, Mike R., se couche par terre avec un biberon et je le vois téter. Je ne peux pas m'empêcher de souhaiter qu'il ne m'arrive rien de ce genre pendant la thérapie, car je trouve ça un peu ridicule — ce qui veut dire que j'ai peur, je le sais. Je regarde le spectacle et je m'amuse beaucoup pendant un moment, mais lorsque, ensuite, les gens se mettent à gémir, à crier et à parler à leurs parents et tout, je trouve cela beau et émouvant.

Tous ces gens-là souffrent, et c'est à travers leur souffrance qu'ils renaîtront et qu'ils guériront. Rien de ridicule là-dedans. C'est juste très bizarre. Dans un sens, cela me montre que je suis encore très atteinte, et que ces gens-là sont déjà beaucoup plus libres que moi. J'espère que ça va m'aider à éprouver moins de gêne à manifester mes propres sentiments, et que moi aussi, un jour, je pourrai faire toutes sortes de choses extravagantes si c'est ce que me dictent mes sentiments. Oui, je suis bel et bien en train d'essayer de me rassurer parce que, à vrai dire, j'ai très peur.

J'ai fait un primal et j'ai poussé ce « cri à vous faire tourner les sangs », comme dit la couverture du livre. Ce cri que je rêvais tellement de pousser un jour, du temps où je tentais de pratiquer la thérapie toute seule.

Ce soir, j'appelle maman. J'ai envie de l'avoir près de moi et cette envie me fait très mal. Impulsivement, je quitte la pièce comme un détenu sort de prison ; j'éprouve un profond soulagement et je sens que je ne pourrai jamais remettre les pieds là-dedans. Je suis assise dans le corridor quand arrive Lenny, que j'aime bien, et qui me dit que je ferais mieux de revenir.

« Bien sûr, c'est dur, la première fois, mais il faut que vous reveniez. En tout cas, c'est déjà un sentiment, de ne pas pouvoir supporter d'être là-dedans. Essayez de ressentir pourquoi vous ne le pouvez pas; ressentez-le bien. Ça va vous occuper pendant un moment et, qui sait, peut-être bien qu'après, vous pourrez rentrer dans quelque chose. » Il me fait un sourire d'enfant.

Alors je retourne en enfer, et je ressens un sentiment, un vieux : je veux sortir, je hais tout le monde, je ne peux pas rester dans cette pièce, pas plus que je ne pouvais rester à la maison, enfant. Dès l'âge de cinq ans, j'ai toujours fait des fugues. Comme j'étais malheureuse et désespérée ! Je me le rappelle maintenant. Tellement triste pour une petite fille de ressentir une chose pareille. Je cherchais toujours à fuir la maison, comme ensuite j'ai continué à fuir en voyageant partout dans le monde, comme une comète, sans me fixer vraiment nulle part, pour ne pas avoir à sentir qu'on ne m'aimait pas — à la maison ou n'importe où ailleurs. Après deux heures en séance de groupe, je n'ai plus envie de fuir. La lumière se rallume ; on attend qu'un type émerge de ce qu'il est en train de revivre et qui semble assez profond. Et puis Marc et Joshua s'asseyent chacun sur une chaise.

Les gens sont couchés ou assis par terre; il y en a qui pleurent, d'autres qui poursuivent ce qu'ils étaient en train de faire. Certains se mettent à parler ; ils disent les choses qu'ils ont besoin d'exprimer pour terminer un revécu ou pour rentrer dans un sentiment. C'est très intéressant d'assister à tout ça.

Tout le monde se tait quand quelqu'un parle, et la plupart regardent et écoutent, sauf ceux qui sont en plein primal. Parfois, on n'entend pas bien la personne qui parle parce qu'il y a quelqu'un qui pleure, ou qu'un immense cri retentit soudain tandis qu'un corps se tord de douleur, ou que quelqu'un s'élance à travers la pièce en criant : « Je te hais, je vais te tuer ! » et se jette sur le punching-ball en disant : « Je ne sais pas qui je suis ou ce que je veux. » (Pendant que le sentiment remonte, les patients prennent parfois le temps d'enfiler des gants de boxe, ce qui leur permet ensuite de vraiment laisser exploser leur rage et de l'exprimer.)

Pour moi qui n'ai jamais participé à une thérapie ou à aucun groupe de ce genre, c'est tout à fait phénoménal d'assister à une scène pareille. Où donc ces gens-là trouvent-ils la liberté et le courage de dire des choses pareilles ? J'en reste sidérée, encore plus que quand le groupe était dans le noir. Un type est en train de raconter qu'un jour son père l'a ligoté et obligé à rester des heures à le regarder fabriquer un fouet. Il a beaucoup de mal à parler. Le souvenir de la scène est en train de lui revenir à mesure qu'il la raconte, cela se voit, et il est totalement pris par l'émotion qu'elle fait naître en lui : « Il est en train de sculpter la poignée du fouet et il nous la montre. » Je m'aperçois que la plupart des thérapeutes ont les larmes aux yeux. Moi aussi, du reste.

Le soir

Je m'apprête à me coucher quand je revois des images de notre maison de vacances. Je vois le visage de mes frères, de ma sœur et d'autres enfants, et celui de Christina, mon amie de l'époque. Cela faisait trente ans que je n'avais pas repensé à elle. Nos parents étaient très liés, et elle était beaucoup plus ouverte que moi aux choses de la vie. Sa sexualité s'était développée très tôt, et elle m'avait fait découvrir cette partie secrète de moi, qu'elle estimait digne de plus d'attention que je ne lui en avais portée jusque-là. Quand nous allions à la plage, nous mettions des coquillages sur notre « coquillage » à nous, et nous trouvions ça très joli. C'est amusant de s'en souvenir. Nous étions si jeunes et si mignonnes... Et, en repensant à ces jeux d'enfant, je m'endors en souriant et en riant — pour combien de temps ?

Mardi 9 octobre

« La séance a été très bonne aujourd'hui », dit Mary. J'avais passé en revue des scènes sur la plage où je me revoyais vaguement en train d'avancer en traînant les fesses sur le sable ; j'étais malheureuse de me trouver réduite à ça.

Et puis j'ai commencé à vraiment souffrir quand je me suis souvenue de papa en train de battre comme plâtre mon frère Joe. J'ai revécu cette scène intensément, *re*ssentant mon impuissance, mon envie de dire à papa d'arrêter mais aussi ma peur de lui. Il m'est apparu comme un géant qui ne se maîtrisait plus, une sorte de Jupiter déchaînant ses foudres sur un moustique. J'étais vraiment là et je *re*vivais la peur de le voir tuer mon petit frère. Au milieu de cette tempête de sentiments qui fait rage en moi, je prends conscience, à travers la souffrance du primal, de tout le mal, de tout le mal profond que papa nous a fait en ne nous aimant pas. (Ça me paraît vraiment évident maintenant, pour la première fois, à vrai dire.)

La tempête calmée, je me vois avec mon petit frère dans mes bras ; nous sommes tous les deux seuls sur la plage, et je me sens très protectrice à son égard. C'est eux contre nous. Je me rends compte aussi que, toute ma vie, j'ai essayé de satisfaire mon père et de devenir ce qu'il aurait voulu que Joe soit : autrement dit, un fils. Je me disais que, comme ça, il finirait peut-être par m'accepter ; j'avais si peur de la violence et de l'énormité de sa colère.

Papa me donnait le sentiment que, puisque j'étais une femme, j'étais forcément un être limité. Il fallait donc que je lui prouve l'inverse et que je le batte sur son propre terrain. Peut-être alors que je compterais pour quelque chose, que je serais comme un homme, que je mènerais une vie d'homme. C'était mon but : me prouver à mes propres yeux que j'étais capable d'indépendance — c'est en tout cas ce que je croyais à l'époque. En réalité, ce n'était qu'une triste tentative de déjouement de ma part, destinée à me faire aimer de papa.

Mary m'explique que le processus primal ressemble à une vague qui se déroulerait au ralenti en déferlant ; la personne peut ressentir et revivre son passé au rythme de son corps, et toute son histoire se révèle progressivement.

Vendredi 22 octobre

Hier soir, j'ai eu envie de parler à papa et de tomber à genoux devant lui pour lui demander pardon de toutes les horreurs que j'ai dites à son propos, et que je risque encore de dire pendant les primals. Je savais que le geste de s'agenouiller avait de l'importance ; dès que je l'ai fait, j'ai fondu en larmes, j'ai ressenti tout le chagrin que m'a laissé la mort de papa et je me suis mise à lui parler.

Mary me fait raconter l'histoire de la mort de papa, il y a quatre ou cinq ans. C'est dur. J'ai le corps parcouru de grands frissons et de violents tremblements.

Je vois emporter le cercueil de papa. Je me vois assistant à la scène...

La vague, le désespoir si bien contenu à l'époque... Un énorme cri : « Papa, ne t'en va pas... Ne t'en va pas... Je t'en prie, ne me quitte pas... Ne me quitte pas... Je t'aime. » Je souffre beaucoup et ça s'amplifie encore. Je n'en peux plus. Ça fait trop mal. Je crie parce que j'ai trop mal ; c'est horrible.

Je renonce à essayer de me maîtriser ; quelque chose s'est « ouvert ». Le ciment de mon système de défense a craqué et, à travers la fissure, c'est le feu, et la réalité qui vous brûle. Tous les vieux démons enfermés en moi, pieds et poings liés, repoussés et ignorés depuis si longtemps, sont là ; ils peuvent enfin faire sauter le couvercle, se libérer et sortir de moi. Alors mon corps réclame sa part et je décide de le laisser en faire à sa guise, lui qui n'a jamais eu la moindre chance d'autonomie, avec moi. Je suis consciente de ce que mon corps semble vouloir faire : rien d'extraordinaire, à la vérité, mais c'est tout de même difficile de sucer mon pouce à mon âge, devant quelqu'un que je ne connais que depuis quelques jours. J'ai l'impression d'avoir les jambes ligotées ; je n'arrive pas à les remuer. Bizarre. Puis je me rends compte qu'elles sont restées soudées ensemble pendant toute la séance : mon corps se raccroche à lui-même. J'essaie de décroiser les jambes : impossible. Ça me flanque la frousse ; je pleure comme un enfant. Je n'arrive pas à me faire à ces drôles de bruits qui sortent de mon gosier et j'en suis encore trop consciente pour les laisser sortir naturellement. Ça me fait du bien de sucer mon pouce mais je suis trop fatiguée. Je me calme peu à peu. Je me sens un peu dans les vaps et épuisée, après ce grand ouragan.

Je suis sidérée par les tortures que j'ai endurées dans tout mon être, et par l'inéluctabilité du processus, une fois qu'il se déclenche. J'ai les traits ravagés, la peau dans un état épouvantable, comme si j'avais été prise dans un tremblement de terre. Hier soir, je me suis souvenue du jour où j'ai montré à papa mon premier dessin, tout étincelant de couleurs et de ma fierté. Je ne savais pas quoi en faire. Il m'a fait un vague sourire, indifférent et poli, ajoutant : « Très bien, ma petite », avant de se replonger aussitôt dans ses propres rêveries. Je n'ai plus jamais refait de dessin après ça, et je ne lui ai plus jamais rien montré non plus. Je n'ai plus jamais rien montré à personne.

Je ne lui ai jamais demandé non plus de s'intéresser à moi, ne voulant pas m'exposer à son indifférence. Tout le monde était assez bien, sauf moi. C'est pour cela que je suis si furieuse si une personne que j'aime donne à une autre ce dont j'ai besoin, moi. Ça fait ressurgir tous ces vieux sentiments. Avant, j'appelais ça de l'insécurité, et c'était aussi ce que disait le psychanalyste. Mais c'est de toute évidence bien plus compliqué que ça ; il ne s'agit pas d'un sentiment d'insécurité typique, comme tout le monde peut en éprouver, mais de quelque chose qui est spécifiquement lié à ma propre expérience. Et je suis la seule à pouvoir découvrir mon passé et le comprendre ; personne d'autre ne peut le faire pour moi.

Je comprends tellement de choses, chaque jour. Mes parents me disaient toujours : « Si tu veux pleurer, va le faire dans ta chambre. Tu n'intéresses personne quand tu pleures, tu nous rases. » Très bien. Alors j'ai fait bonne figure, je me suis accroché un sourire perpétuel aux lèvres, et j'ai vécu comme ça, sauf que mon sourire devenait de plus en plus triste. Je n'avais pas le droit d'éprouver des sentiments parce qu'ils rasaient mes parents. Il fallait que je les dissimule, que je m'efforce peu à peu de les tuer pour me faire accepter. Si je voulais que mes parents acceptent ma présence, il fallait qu'en échange je tue la partie vive de moi-même, ma sensibilité. Comme c'est douloureux de s'en rendre compte maintenant ! Encore une pièce du puzzle, ou une facette du même sentiment, devrais-je dire.

Et puis mon corps se met à s'agiter ; il y a quelque chose qui est en train de remonter et qui ne va pas me plaire. Je sens la colère monter, une vraie colère... Position du fœtus et vagissements de bébé. Je n'arrive toujours pas à me faire à m'entendre pleurer comme ça ; je ne sais pas très bien ce que c'est. Je me sens toute drôle.

La tension que j'ai déjà éprouvée à plusieurs reprises au cours des semaines passées vient se loger entre mes épaules qu'elle rend toutes raides, et elle s'installe dans ma nuque. Je pousse avec ma tête, je pousse, mais je ne sais pas quoi. J'ai les jambes qui grouillent de sensations ; elles m'aident aussi à pousser. Je suis dans le noir ; il règne une ambiance étrange. Je ne sais pas ce qui se passe. Je continue à pousser. Il y a une drôle de lumière, ici. Je suis dans l'utérus et je veux sortir. Mais dès que cette idée surgit, je la rejette aussitôt. Ça ne se peut pas, c'est trop délirant. Je tape contre le mur à coups de tête et je pousse comme une dingue. Mary ne semble pas trouver ça délirant du tout ; ça ne l'étonne même pas, comme si c'était la chose la plus normale du monde. Eh bien, moi ça m'épate drôlement !

Ce soir, c'est comme si une mort lente s'abattait sur moi. La mort. J'ai toujours été obsédée par la mort. Encore maintenant, j'ai peur d'être toute seule dans le noir. Je suis seule, je l'ai toujours été ; jamais je n'y arriverai seule, j'ai besoin d'aide. J'ai une telle frousse ! Comme si j'allais mourir si personne ne m'aide, si personne ne vient. Je reste totalement immobile, je n'ose pas bouger, puis je me sens tomber irrésistiblement dans une profonde torpeur. Il y a une partie de moi qui panique complètement : il faut que je me lève pour aller chercher du secours. Il faut que quelqu'un vienne ou je vais mourir. Pourtant, je ne bouge pas. Mon corps refuse même le moindre mouvement. Je me sens droguée et je vais mourir. J'essaie d'emplir mes poumons d'air, mais je m'aperçois que je ne peux pas respirer. La panique monte et, avec elle, mon besoin d'air s'intensifie. Je veux ouvrir la bouche mais je la sens déformée par un cri silencieux. J'étouffe et ça continue jusqu'à ce que j'aie l'impression de tomber dans un trou noir : « Maman, où es-tu ? J'ai besoin de toi, aide-moi, je meurs. » Je ne sais pas combien de temps je suis restée dans cet état de narcolepsie. Ça m'a semblé une éternité.

Brusquement, surgi de très loin en moi, je ressens un besoin irrésistible de bouger — en même temps que la peur de le faire, du reste — , et une envie de crier, de me secouer pour sortir de cette mort. Quelque chose en moi refuse de mourir. Ce qu'il y a encore de vivant en moi grandit. Je dois faire appel à toute ma volonté. C'est un besoin physique : il faut que je bouge, il faut que j'en sorte, il faut que je sorte.

Tout en me forçant à bouger, à secouer cette léthargie incroyablement puissante, je pousse un cri qui n'a rien d'humain, et mon corps est soudain agité de mouvements désordonnés. Je me mets à donner des coups de pied, j'ai le dos qui s'arc-boute violemment, j'ai mal partout ; mon corps se tend pour m'obliger à pousser, à ramper en faisant d'étranges mouvements de reptation que je ne comprends pas et que je ne contrôle absolument pas. Je ressens juste le besoin de le faire, de toutes mes forces. C'est terriblement difficile, mais il faut que je le fasse. Je m'acharne à pousser et à m'arc-bouter tout en m'étranglant. Je n'arrive pas à respirer. Ça y est, je recommence à mourir. Je retombe de nouveau dans cette espèce d'état comateux et, une fois de plus, c'est la petite flamme qui m'en fait ressortir. Et puis là, tandis que je continuais à pousser et à me battre pour respirer, j'ai senti tout à coup que j'étais en train de m'en sortir. Je suis arrivée à respirer et à ouvrir les yeux. Puis une explosion d'une incroyable intensité s'est déclenchée au plus profond de moi, embrasant tout mon être, l'inondant bientôt d'une jouissance totalement inattendue. Ça y est, j'ai réussi, ça y est ! Je suis vivante. Et tout à coup, je comprends en un éclair : je suis née !

Une joie extraordinaire. Je riais, je sentais mon sang couler à toute allure dans mon corps. Chaque parcelle de moi voulait bouger, s'étirer, bondir, exprimer l'incroyable joie que je ressentais maintenant. Et qui devint une pure extase : le bonheur extatique d'être en vie, tout simplement. Je riais toute seule dans le noir de ma chambre et je me rendis compte que je ne m'étais encore jamais sentie comme ça. Alors, c'était donc ça, être en vie ? Mais c'est phénoménal ! Quelques larmes en prenant conscience que je n'avais encore jamais éprouvé un tel sentiment. Moi qui n'avais connu que la souffrance, jamais la joie. Mais maintenant qu'elle était là, j'en redemandais. J'étais accro à la vie. C'était fantastique. J'étais épuisée et pourtant, j'avais envie de faire des bonds, de sentir bouger mon corps, de le sentir danser. J'étais née, enfin ! Les *insights* se mirent à pleuvoir. Oui, c'était bien une naissance, il n'y avait aucun doute possible là-dessus.

Endurer les tortures de la mort, lutter pour naître et finalement m'en sortir toute seule et revenir dans ce monde sans l'aide de personne : tout ça uniquement à cause de ma détermination à ne pas mourir. C'est cette même détermination qui m'a aidée à survivre au pire et qui m'a poussée à chercher un moyen de m'en tirer. C'est ce qui m'a amenée à la thérapie et, cette fois encore, personne ne peut le faire à ma place ; c'est à moi de jouer, à moi de sauver ma propre peau. Maintenant, je sais que j'y arriverai. Il fallait que je sorte de l'utérus de ma mère dans lequel j'avais été emprisonnée trop longtemps à suffoquer lentement mais sûrement. Il fallait que j'échappe au contrôle de son corps. Comme j'avais dû quitter la maison parce que je ne pouvais pas supporter le contrôle permanent auquel j'étais soumise, et la rigidité d'une éducation bourgeoise et catholique. Il fallait que je puisse faire ce que je voulais, sinon je mourrais. L'enfant que j'étais est bel et bien morte à petit feu, consumée par tant d'années de refoulement et de manque d'amour. Mais maintenant, je vais la retrouver et Alietta revivra. Plus tard, j'ai demandé à ma mère ce qui s'était passé quand j'étais née; d'abord, elle ne s'en souvenait pas, et puis elle s'est rappelé qu'on lui avait administré des drogues pour l'aider à se détendre parce que je n'arrivais pas à sortir.

Le groupe

Le type au fouet, Raoul, explique que son père l'humiliait sans cesse. Raoul s'excuse à tout bout de champ. Il continue à parler, mais il semble avoir du mal à rentrer dans le sentiment en question. Il raconte qu'il a fait un fouet et qu'il l'a apporté; il nous le montre. Bernard tend la main vers lui et lui prend le fouet qu'il brandit d'un geste très menaçant. J'observe la scène, fascinée. Il se passe sans arrêt des choses inattendues, ici. Raoul regarde Bernard d'un air craintif, comme un petit enfant terrorisé. Quand soudain, Bernard, qui est très grand, fait semblant de vouloir frapper Raoul d'un coup de fouet qui ne le touche pas mais qui claque contre le mur. Tout se passe alors très vite : Raoul se roule aussitôt par terre, en plein primal, et presque tous ceux qui sont dans la pièce se collent le nez sur la moquette pour suivre ce qui lui arrive. Raoul crie : « Papa, s' te plaît, papa, s' te plaît, ne me frappe pas ! »

Le souvenir de ma très réelle tentative de suicide me revient, ainsi que la souffrance que j'endurais à l'époque à cause de mon ex-mari. Je l'avais quitté sans une seconde d'hésitation. Ça n'avait pas été le fruit d'une décision rationnelle; j'avais agi sous l'emprise d'une force puissante en moi, qui me poussait à mettre une distance entre lui et moi. Je m'étais loué un appartement pour vivre seule, il le fallait. Mais pourquoi ? Je n'avais jamais compris d'où m'était venu ce pouvoir de le quitter, qui avait été d'une force irrésistible, comme si ma vie en dépendait. Il fallait mettre une distance définitive entre la source de ma souffrance (lui) et moi, si je voulais survivre. Pendant que ces phrases défilent dans ma tête, j'en comprends soudain le sens. Il voulait toujours tout régenter et son attitude réveillait ce sentiment que je connais bien, maintenant : mon refus de me laisser contrôler, la naissance, la souffrance intolérable, l'impuissance et la mort.

Tout ce que je pouvais faire, c'était fuir la source apparente du rejet et de la souffrance. Et lorsque j'avais souffert de la séparation, j'avais créé une distance entre moi et moi-même, entre moi et ma souffrance, en prenant une overdose de comprimés. Mon geste n'avait rien eu de spectaculaire ; je n'avais laissé de mot pour personne, je voulais juste m'endormir pour toujours. La vie ne valait pas la peine d'être vécue, si c'était ainsi que ça devait se passer. Je me rappelle cette triste époque : une ambulance m'avait emportée à toute allure à travers les rues bondées de Rome, j'en étais à mon troisième jour de coma. Je n'en garde aucun souvenir mais, depuis ce temps-là, je ne peux jamais entendre passer une ambulance sans éclater en sanglots. Aujourd'hui, c'est tout doucement que je sanglote : « Si j'ai tenté de me suicider, c'est parce que tu ne m'aimais pas. »

La soirée de Halloween

Quelqu'un m'a dit que Janov organisait chaque année une petite fête pour Halloween, où chacun de nous était censé venir déguisé d'une manière exprimant ce qu'il ressentait vraiment par rapport à lui-même, ou ce qu'il espérait être. Ça y est. C'est sûrement le pire moment de ma vie. On se croirait dans un film de Fellini ; j'ai l'impression d'halluciner. Quand j'arrive dans la pièce, je suis accueillie à la porte par une chose que je déteste : un squelette. Il est en papier mais il ressemble à ceux que j'ai vus dans mon enfance et qui suffisaient à me coller une frousse terrible. Il y en a un autre qui est suspendu au plafond.

John est assis dans un coin ; il ne sait pas en quoi se déguiser. Il est en train de se draper dans des kilomètres de papier alu. Il se lève et dit : « J'étais une machine à gagner des sous. Voilà un reflet fidèle de moi-même. » Sur quoi il se met à ressentir un sentiment : celui de n'avoir été qu'une machine à produire de l'argent, au lieu d'être aimé pour ce qu'il était.

Je n'ai pas la moindre envie de « ressentir », ce soir. Je suis fascinée par ce spectacle de l'humanité telle qu'elle est vraiment, et je ne veux pas en perdre une bouchée. Dans un coin, il y a quelqu'un qui est attaché à une énorme croix ; j'entends dire que c'est un ancien prêtre. Il y en a d'ailleurs un autre qui est en train de déchirer des pages de la Bible par poignées, et de les éparpiller dans toute la pièce. Il est cependant habillé comme pour exercer son ministère, et ça a quelque chose de fort et de touchant de le voir agir ainsi, avec une sorte de réalisme grotesque. Il y a des patients langés de couches et qui boivent le biberon. Un immense type a même mis des épingles de sûreté pour retenir ses couches. Il y a une jolie fille tout en blanc, avec des ailes et des plumes, comme un ange. Elle sort un kleenex de sa boîte, d'un geste brusque qui dénote une rage assez peu angélique, et il lui vient une idée : on a toujours voulu faire d'elle un ange, alors que ça ne correspondait pas du tout à ce qu'elle ressentait. Il y a aussi une danseuse qu'on a forcée à faire de la danse quand elle était toute petite ;

elle est en train de danser en y mettant une bonne dose de colère et de ressentiment.

Un homme arrive, complètement enchaîné. Il est tout nu ; c'est Prométhée, en réalité, et je me demande comment il s'est débrouillé pour se lier lui-même les mains et les pieds. Il y a un joueur de tennis, avec raquette et visière, qui raconte qu'il est devenu travesti dès qu'il a atteint l'âge adulte, et qui parle des sentiments qui ont ressurgi chez lui : il aurait voulu que sa mère lui témoigne de l'affection. Il y a un type en costume de marin à côté d'une fille nue qui a toujours eu peur de montrer son corps — ce qu'elle fait pourtant maintenant. Pendant ce temps-là, un autre type tout nu et en érection se met à crier : « Mais ce n'est pas sale, maman ! Ce n'est pas sale ! C'est juste moi. »

Un autre s'est déguisé en bagnard et il traîne derrière lui un gros boulet en plastique lourd. Il y a une femme qui est assise et qui berce dans ses bras une petite poupée rouge à qui elle fait des « arreu, arreu ». Pendant ce temps-là, la séance de groupe se déroule comme à l'accoutumée ; certains se lèvent pour parler de leur costume et de ce qu'il veut dire, d'autres se jettent par terre et hurlent. On dirait la folie la plus totale.

Je brûle de voir le « postgroupe » ; c'est le moment où Art vient s'asseoir là et où ça se met vraiment à cartonner.

Le sens de certains costumes est assez évident et les gens se retrouvent vite projetés dans leurs sentiments. Il y a une dame habillée en infirmière qui a passé toute sa vie à s'occuper de son père hypocondriaque, et qui rentre dans une colère terrible en repensant à ses exigences et au fait qu'elle lui a sacrifié sa vie en ne se mariant pas. Elle brûle d'une rage incroyable. Une autre fille au costume très sexy raconte comment elle a toujours joué les séductrices bien que derrière cette façade, elle « porte encore ses couches », explique-t-elle ; elle n'est qu'un bébé en mal d'amour et de câlins.

« Cette jeune fille était orpheline », constate Janov d'une voix très douce (du genre à vous donner envie d'aller aussitôt vous blottir dans ses bras pour y passer l'hiver au chaud). « Elle va bien. Vous pouvez tous vous reconnaître en elle, parce que vous êtes tous des orphelins qui ont encore leurs parents. »

Je pleure comme une Madeleine, maintenant, mais je voudrais m'arrêter parce que je ne veux pas rater une miette du « spectacle ». Art demande à George pourquoi il porte des chaînes et George répond : « Parce que je n'ai jamais pu manifester ma peine, je n'ai jamais pu m'exprimer. Je me sentais pieds et poings liés par l'incompréhension dont " ils " faisaient preuve envers moi et par rapport à mes besoins. » Il pleure et il gémit. Une fois qu'il a fini de crier et de pleurer, Art s'agenouille près de lui et lui défait ses chaînes. Un beau symbole de découverte.

Après, c'est au tour de Rebecca, la jeune fille au costume d'ange. Art lui demande pourquoi elle le porte. Elle fixe le sol, sans répondre, comme un gosse entêté. Et puis elle se met à parler; tout le monde écoute dans un silence religieux, tendu. Elle s'exprime de façon très indirecte ; je sens que chacune de ses paroles doit traverser le filtre de sa souffrance. Elle n'arrête pas de faire toutes sortes de digressions ; on dirait une machine en panne. Ça fait peur. Mon cœur se serre en l'écoutant. Elle parvient enfin à toucher sa blessure, au terme d'un interminable monologue :

« J'ai toujours été obligée d'être un ange. Il fallait toujours être sage et bien élevée, et je ne pouvais jamais me laisser aller à la colère ou au ressentiment, ou à dire la moindre chose un peu déplacée. » Là-dessus, elle se jette par terre dans un grand accès de rage, elle frappe le sol et elle hurle : « Je hais ce que vous avez fait de moi ! Je vous hais ! Je hais ce que vous avez fait de moi ! Je hais tout le monde ! » Les ailes battantes, elle se roule et se tortille par terre, consumée par une rage brûlante. Pendant qu'elle continue à crier, un homme se lève. Je peux seulement deviner que c'est un homme, car il porte une robe d'un vert cru. Il a une perruque sur la tête et un drôle d'air. Je ne le reconnais pas. Sa confession est très pénible ; il est homosexuel et ça lui a beaucoup coûté de venir en robe. Il dit qu'il s'est masturbé deux fois dans les toilettes de l'Institut avant de venir participer au groupe ; il avait une trouille terrible parce qu'il savait bien qu'il faudrait raconter tout ça. Quand il a peur, il se masturbe. Il se met alors à se déshabiller lentement, devant nous ; je le regarde, fascinée. Ce qu'il fait, c'est qu'il essaie de reprendre sa forme d'homme, tout en appelant sa maman d'une voix de tout-petit.

Il y a une dame dans un coin qui, toute sa vie, est restée une gamine incapable de se débrouiller seule ; elle porte une robe de petite fille. Elle a toujours dû jouer à la petite fille, c'était la seule manière d'amener les autres à s'occuper d'elle : d'abord sa mère, et ensuite son mari. Le type aux couches a perdu son épingle de sûreté et il est tout nu, maintenant. Un autre, qui s'est déguisé en ordinateur, explique que, toute sa vie, il a été une machine qui fonctionnait parfaitement sur le plan de la mécanique, mais qui ne sentait rien. La danseuse est en train de danser avec une liberté de mouvements qu'elle n'avait encore jamais connue parce qu'elle était toujours si coincée, raidie par la peur. Elle est vraiment gracieuse. Et puis elle se met à hurler à l'intention de ses parents : « Regardez mon corps, comme il est laid ! Regardez mon corps, comme il est laid ! J'ai toujours essayé de le dissimuler, je me haïssais tellement. Mais regardez-moi bien maintenant, parce que c'est tout ce que je suis. Si je ne vous plais pas, tant pis. Je suis comme je suis. » Et elle n'en finit pas de sourire.

Tout cela me faisait penser au spectacle *Marat-Sade*. C'était vraiment une soirée inimaginable. Elle restera à jamais gravée dans ma mémoire.

Samedi 30 octobre : dernier jour des trois semaines

Ma nouvelle vie primale est bien organisée, maintenant que la phase du motel est terminée. Je vais partager une maison avec mon amie Arlene. Il semble que nous devions rester à Los Angeles plus longtemps que je ne l'avais prévu. Moi qui croyais que la thérapie durait trois semaines ! J'ai des primals très forts : je ressens une grande colère ou, parfois, j'ai l'impression de devenir folle, comme hier soir. Mes primals sont lourds, bourrés de sentiments, chargés de sanglots. Pendant un petit moment, je me sens totalement dépassée et puis, « pouf », c'est fini. J'aime bien quand ça se dénoue comme ça. Je suis en train de m'ouvrir de plus en plus ; il y a des flots de boue qui sortent de moi et je me sens plus propre, à l'intérieur. Hier soir, pendant la séance de groupe, j'ai eu la terrible impression qu'on m'avait complètement bousillée et je pensais : « Ne me tuez pas ! Je vous en prie, vous êtes en train de me tuer ! Pas moi, arrêtez ! » J'ai très mal, tout au fond de moi, et je sens que je ne peux rien y faire. Je me sens écrasée par le sentiment de ce qu'on m'a fait. J'ai l'impression que toute ma vie, chaque minute de mon existence, n'a été qu'un cauchemar. C'est la première fois que je le ressens aussi fort, jamais je ne l'avais senti à ce point-là. Quelle ironie, quand je pense que ma vie avait l'air si belle, vue de l'extérieur !

Hier soir, tandis que je mesurais tout le malheur de ma vie, j'ai de nouveau ressenti la manière dont papa s'arrangeait toujours pour que je me sente minuscule, un rien du tout, même. Je n'existais pas, et c'est pour cela que je me suis toujours tout refusé. Je ne suis rien, parce que c'est comme cela qu'on m'a traitée. Ça explique aussi pourquoi j'avais de moins en moins d'assurance, ces derniers temps. Je n'arrive pas à croire que quelqu'un puisse m'aimer puisque, en réalité, tout au fond de moi, je me sens toute petite, rejetée, méchante et sans intérêt. Pas digne d'amour.

Lundi 1er novembre

Je vois le regard de papa, il me fait une frousse terrible. Je sens très bien ma peur, maintenant. J'ai réellement peur de lui. Est-ce que ça a pu influencer mon attitude vis-à-vis des hommes ? Moi qui ai toujours joué les détachées, en réalité, j'en avais peur. Je songe à ce désastre qu'est ma vie. Chaque *insight* me révèle toute l'étendue du mal et à quel point je suis atteinte. Ai-je encore la moindre latitude d'être moi-même, ou suis-je entièrement programmée par la souffrance ? Quelle idée bouleversante ! Une chose est certaine, en tout cas : trente ans de vie gaspillés !

Après avoir ressenti la terrible réalité de cet état de choses, je me repose un peu et je réfléchis à ce qu'ont été ces trois semaines. Elles ont déjà changé ma vie pour toutes sortes de raisons, la plus évidente étant que, maintenant, je fais confiance au processus primal. Ça a marché pour moi, et j'en éprouve un grand soulagement. Néanmoins, il subsiste la crainte que tout s'arrête, maintenant que je me retrouve seule — c'est une idée tenace. (Je m'apercevrai plus tard, grâce à des primals de naissance, qu'il s'agissait là d'un sentiment « important » chez moi, appartenant plus au passé qu'au présent.) Pour l'instant, je suis encore très impressionnée par tout ce qui s'est passé. Je suis à la fois remplie de joie et torturée par la réalité que j'ai découverte en moi. Pleine de joie, parce qu'il y a un espoir, du fait que je suis capable de ressentir la souffrance. J'ai vu comment le mécanisme fonctionnait, je l'ai reconnu. C'est finalement moi qui émerge, et ça fait du bien. C'est comme si tous ces petits morceaux de mon passé, ces fragments de sentiments et de souvenirs, avaient besoin de devenir conscients en moi pour que je puisse être — ou devenir — complète. Ça me plaît de tirer toutes ces parcelles de moi de l'obscurité totale où elles dormaient depuis si longtemps, en les arrachant une à une. C'est invraisemblable de penser que tout ça est là et attend que je le redécouvre au milieu des affres de la souffrance.

Comme elle est violente et douloureuse, cette souffrance ! Jamais je n'aurais pu imaginer ça, et je ne pense pas qu'on puisse en avoir la moindre idée tant qu'on ne l'a pas soi-même éprouvée. Une force aussi puissante doit forcément avoir un effet, même quand elle est refoulée. J'ai l'impression que ce que je suis, jusque dans le moindre détail, tient à ces souvenirs, à ces besoins puissants, à l'immensité de la souffrance. C'est pire que ce que j'avais imaginé... et c'est mieux, aussi. Car je mesure toute l'étendue du désastre, mais je garde espoir, malgré tout. Un jour, je pourrai recommencer à vivre, et cette fois-ci, ça ne dépend que de moi. Les trois semaines qui viennent de s'écouler ont été les plus fascinantes que j'aie jamais vécues. Reste à continuer le voyage, maintenant. Jusqu'où, jusque dans quelles profondeurs m'entraînera-t-il, et combien de temps durera le périple ?

Cinq ans plus tard

Cela fait cinq ans. Cinq ans de tortures inattendues et cinq ans de joies immenses. C'est le moment de faire le bilan. Je suppose que la chose la plus importante qui me soit arrivée, tant du point de vue de la thérapie que sur le plan de ma vie personnelle, c'est ma naissance. Et ça, bien sûr, c'est plutôt surprenant. Le plus extraordinaire, c'est que cet événement pourtant si éloigné se trouve à la base de tout ce que je fais, de tout ce que je suis. C'est le pivot autour duquel s'articulent toutes les tendances fondamentales de ma personnalité.

Le scénario, que je connais par cœur, s'est joué par un triste jour de novembre, pendant la guerre. Ma mère était en train d'accoucher ; elle n'était pas prête à s'ouvrir, mais moi, j'étais prête à sortir. Ce que j'ai appris par la suite, c'est que c'est le bébé qui donne le signal indiquant qu'il est prêt à naître. J'ai donc dû le faire mais ma mère n'était pas prête à s'ouvrir. Il y avait quelque chose dans son corps qui luttait contre ce processus naturel. Ne voulait-elle pas de ce bébé ? Quelles qu'aient été ses raisons, c'est toute ma vie qui en a été affectée. Une fois émis le signal de la naissance, tous mes mouvements se tendirent vers ce but ; je commençai à descendre le canal utérin et tout se passait bien. Normalement, j'aurais dû sortir, mais je n'y arrivais pas et je me suis mise à suffoquer. Pendant très longtemps. Il se peut que cela n'ait pas duré très longtemps, en temps réel, mais ça me semble une éternité, dans mes primals. Suffoquant, j'ai commencé à mourir lentement et je me suis retrouvée pratiquement à deux doigts de la mort. Mû par un dernier sursaut de l'instinct de survie, mon corps fit une dernière tentative désespérée pour sortir et trouver de l'air afin que cesse cette intolérable sensation de suffocation et de mort imminente. Cet instinct de survie prit la forme d'une gigantesque rage qui me fit pousser avec toute l'énergie du désespoir pour arriver à naître. Mais une fois de plus, j'échouai, tombant dans un état d'asphyxie qui faillit m'être fatal. Et puis, de nouveau la rage d'y arriver et de sortir, suivie d'une nouvelle défaite.

Je finis quand même par naître, déjà déformée par l'expérience. Je suis née le front barré d'une énorme marque, violette de rage et manifestement furieuse. La sage-femme avait d'ailleurs prévenu ma mère qu'il fallait qu'elle s'attende à « des mystères joyeux » avec moi ; elle n'avait encore jamais vu un bébé aussi en colère. L'avenir devait confirmer ses propos. On ne pouvait rien me dire ; la méfiance totale que m'inspirait mon milieu me faisait rejeter toute autorité et toute contrainte. La principale motivation de mes actes a toujours été mon besoin de liberté. Ce qui a engendré une foule de problèmes avec mes parents, mes professeurs et, plus généralement, avec quiconque essayait de me faire obéir. Je ne pouvais pas supporter la moindre opposition à ma volonté — qui était incroyablement puissante —, parce que pour moi, ça signifiait la mort.

Cette force superpuissante qui m'a poussée à mettre une distance entre mon mari et moi quand je l'ai quitté, c'est la même que celle qui m'a fait venir au monde. Mon mari m'enfermait dans ses lois et je ne pouvais pas supporter ça. Il fallait que je parte. Il fallait que je le fasse, même si, à l'époque, je n'avais pas la moindre idée de ce qu'était cette force qui me poussait à le quitter.

Une autre conséquence de ma naissance, c'est que rien ne m'arrêtait jamais. Il fallait absolument surmonter tous les obstacles, quels qu'ils soient, il fallait à tout prix que j'y arrive. Je ne pouvais pas me permettre de me sentir coincée ou impuissante. Sinon, j'avais vraiment l'impression de devenir folle ; le souvenir de la mort que j'avais frôlée se mettait à remonter — à mon insu — et je me sentais obligée de m'en tirer à tout prix. C'était pour éviter ces sentiments-là que je m'investissais totalement dans tout ce que je faisais et, donc, que je réussissais.

J'entretenais moi-même la solitude dans laquelle je vivais, ainsi que mon incapacité à m'engager vis-à-vis de qui que ce soit. J'évitais ainsi la moindre dépendance, puisque pour moi, dépendre de quelqu'un (de ma mère, en l'occurrence, comme ç'avait été le cas à ma naissance) cela voulait dire risquer la mort. Une autre raison, c'était mon besoin de liberté ; jamais plus je ne voulais être à la merci de qui que ce soit. J'étais toujours seul maître à bord et pleinement responsable de moi-même. Sinon, le sentiment de la mort proche ressurgissait aussitôt et se traduisait par des migraines épouvantables. Il suffisait que le vilain profil d'un obstacle se dessine sur ma route pour qu'une migraine se déclenche. J'ai souffert de ces migraines pendant vingt ans, sans savoir du tout d'où elles venaient. Maintenant, j'arrive à m'en débarrasser en *re*ssentant ce « sentiment de naissance » : la sensation d'être coincée, complètement privée d'oxygène et sur le point de mourir. Chaque fois que je revis ce sentiment, ce qui est très pénible, je sens ensuite la migraine s'estomper et disparaître. Je sais donc d'où elle vient, maintenant, et je sais quoi faire pour l'enrayer.

L'autre puissant moteur de mon comportement est le sentiment de solitude totale que j'éprouve. Puisque ma mère ne m'a pas aidée à venir au monde, j'en ai déduit que les gens ne seraient jamais là quand j'aurais besoin d'eux, que je ne pouvais compter sur personne d'autre que moi-même, et qu'il fallait que je n'attende d'aide de personne. Ce qui a contribué à renforcer ma solitude, évidemment. Je n'avais personne à qui me confier ou demander quoi que ce soit, personne devant qui je pouvais me permettre de montrer ma vulnérabilité.

Ma mère ne désirait pas vraiment ma naissance, ce qui me donnait l'impression d'être vraiment indésirable. Un sentiment encore renforcé plus tard par toutes ces secondes de ma jeunesse pendant lesquelles mon père et elle m'avaient fait sentir qu'ils ne voulaient pas de moi. Ma présence, ma compagnie, ne leur plaisait pas, ou peut-être simplement le fait que j'existe. Ils me firent sentir que mon existence même était une erreur, et que cela aurait été mieux pour tout le monde que je ne sois pas née.

Me sentant mal aimée, j'ai cru que c'était ma faute. Pourquoi est-ce qu'ils ne m'aimaient pas ? Qu'est-ce qui n'allait pas chez moi ? Inconsciemment, je me haïssais de ne pas être aimée. Je devais être un monstre, sinon pourquoi faisait-on preuve de tant de haine et de violence à mon égard ? Pourquoi un traitement si inhumain ? Je valais moins qu'un chien. Je ne pouvais pas m'aimer moi-même puisque j'étais si mauvaise, d'où la méfiance que m'inspirait quiconque voulait bien de moi ou m'aimait. N'ayant pas été aimée par mes parents, j'étais vouée à ne jamais être aimée de personne. Mais je ne pouvais pas m'y résigner. Ça me rendait malgré tout incapable d'aimer, moi qui ne voulais qu'une seule chose dans la vie : être aimée et aimer. Triste ironie des choses !

Une autre force qui influait sur ma vie sans que je puisse la contrôler, c'était le besoin de « partir » tout le temps, surtout quand quelque chose n'allait pas. Toutes ces tendances fondamentales n'étaient pas conscientes, bien sûr, mais elles constituaient ma « personnalité ». J'étais une enfant difficile, indépendante et forte de caractère, doublée d'une solitaire. Personne ne pouvait me faire entrer dans un moule, quel qu'il soit.

Ces tendances fondamentales furent encore renforcées par ce que je vécus pendant le reste de mon enfance ; mes parents ne me témoignèrent aucun intérêt véritable et ne me manifestèrent aucun amour vrai. Ils ne parlaient pas avec moi. Et même quand mon père passait des heures à me parler, c'était vraiment à lui-même qu'il s'adressait. Mes parents ne firent jamais attention à mes peines ou à mes besoins, et je les maintenais à distance. Et puis je faisais des fugues : il fallait que je sorte de là. Dès que quelque chose n'allait pas, je partais. Je n'avais pas de communication avec eux ; je gardais tout pour moi et je ne demandais jamais rien.

Tout ce que j'espérais, c'était quitter la famille le plus tôt possible. C'est d'ailleurs ce que j'ai fait ; du reste, ils étaient trop contents d'être débarrassés de moi à quinze ans. Il fallait que je parte et que je prenne moi-même ma vie en main, sans personne pour me diriger. J'entrevoyais déjà ma liberté, et je comptais bien veiller à ne plus jamais la perdre. Dès qu'un amant ou une amie prenait de l'ascendant sur moi, je faisais mes valises et je partais. Un manège que je finis par supporter de moins en moins bien au bout d'un moment, car je passais mon temps à faire mes bagages et le tour de la planète. La dernière fois que j'ai fait mes valises, c'était pour venir suivre la thérapie.

Mes tentatives de suicide sont une autre conséquence de ma naissance, même si ça peut sembler vraiment « tiré par les cheveux » d'établir un tel rapport. Lorsque mes départs ne suffisaient plus à alléger mon tourment en mettant des kilomètres entre la cause de ma souffrance et moi, je tentais de séparer le moi de sa souffrance par le suicide. Le souvenir de la naissance gravé en moi m'avait appris que, après les tortures, la suffocation et la presque-mort, la mort elle-même signifiait la fin du martyre — une équation que mon système avait mémorisée. Dès que la situation me semblait désespérée, que je ne la maîtrisais plus et que la souffrance devenait insupportable, le suicide devenait l'issue évidente. En réalité, c'était l'ancienne souffrance réveillée qui m'y poussait, et cette solution finale que je recherchais était en fait liée à l'expérience de ma naissance. Une expérience qui dominait tout le cours de ma vie sans que j'en aie la moindre idée, mais aussi sans que je puisse y faire quoi que ce soit.

Quinze ans plus tard

Les *insights* sont devenus plus profonds et plus complets. Après tout ce temps-là, je reste abasourdie par la puissance de l'expérience primale. J'ai du reste encore des primals de temps en temps mais la souffrance a fini par s'estomper, et je n'ai plus à refaire l'expérience aussi souvent. Je n'ai besoin de le faire que lorsque les circonstances de la vie font ressurgir quelque vieille souffrance qui n'a pas été entièrement liquidée. Ce qui est très rare, maintenant. Le revécu apporte toujours une clarification et une simplification, et je suis maintenant capable de m'occuper de la réalité et du présent, et non plus du passé.

J'ai bien remis de l'ordre dans ma vie ; je ne suis plus le fils de mon père, ou une femme d'affaires hyperbattante. Je ne cherche plus à réussir, mais à réaliser mon vrai moi. C'est lui qui dirige ma vie, désormais, ce qui me la simplifie considérablement. J'ai enfin trouvé l'amour, aussi, et je suis capable d'aimer et d'être aimée. Je suis artiste peintre, maintenant ; c'était ce que j'aurais dû faire dès le départ, et j'y trouve une grande satisfaction et une paix profonde. C'est le vrai moi. Je dors bien (moi qui étais insomniaque depuis toujours), je mange mieux, je ne bois plus et je ne prends plus de drogues douces. Dans l'ensemble, je me porte beaucoup mieux ; avant, je faisais des infections, des hémorragies, et j'avais souvent toute sorte de petites misères. Aussi ma vue s'était mise à baisser très rapidement. Or deux semaines après le début de la thérapie, j'ai perdu mes lunettes et je ne m'en suis aperçue que quinze jours plus tard.

Les années ont passé et j'ai vieilli. Je suis plus douce et d'un commerce beaucoup plus facile, je suis aussi bien plus ouverte et plus chaleureuse qu'avant. Il m'arrive même d'aller à des réceptions, bien que je n'en raffole toujours pas. En tout cas, ce n'est plus la terrible épreuve que c'était avant, et il m'arrive même souvent de passer un très bon moment. Les rapports avec les autres sont plus faciles ; au lieu de fuir et de faire mes valises, je reste et j'explore ce que je ressens. J'aime écouter de la musique et cultiver des fleurs dans mon jardin. J'ai une vie beaucoup plus stable, je ne passe plus mon temps dans les avions.

J'ai une vie sexuelle tout à fait normale. Pendant des années, je ne pouvais atteindre l'orgasme qu'après avoir fait au préalable un primal de naissance ; mon corps avait été tellement bloqué par la souffrance de la naissance que, pour moi, la souffrance devait toujours précéder la jouissance.

J'ai l'air beaucoup plus détendue, à présent, parce qu'une bonne quantité de tension a été définitivement évacuée de mon système. Mes rêves ne sont plus symboliques et, s'il arrive qu'ils soient douloureux, tout ce que j'ai à faire, c'est retrouver le sentiment qu'ils expriment et l'expérimenter.

J'ai le sentiment que la thérapie primale m'a apporté tout ce que j'en attendais, et plus. Je sais qui je suis et ce que je suis. Je ne suis plus un mystère pour moi-même. A vrai dire, je ne suis même pas sûre d'avoir encore un inconscient, dans la mesure où tellement de choses ont fait surface et sont devenues, et restées, conscientes. Quel formidable soulagement ! Ma vie est en ordre. Toutes ces années de souffrance ont fini par payer : je suis enfin heureuse.

6

Comment se forme l'empreinte des expériences précoces

Il existe une catégorie spéciale de souvenirs que j'appelle les « empreintes ». Bien que ce terme ait été utilisé dans un sens et dans un contexte différents par ceux qui étudient le comportement animal, il décrit mieux que tout autre la manière dont la souffrance se grave dans le système nerveux.

Qu'est-ce que les empreintes ?

Les empreintes, au sens où je l'entends, sont des souvenirs refoulés qui s'insinuent dans le système biologique et provoquent des dysfonctionnements, aussi bien organiques que psychologiques. La formation des empreintes a lieu au premier stade du développement de l'enfant et elle diminue de façon radicale après l'âge de dix ans. A savoir qu'après cet âge-là, il faudrait une force beaucoup plus puissante pour produire une empreinte qu'à l'âge de deux ans, par exemple.

Les empreintes surviennent de deux façons : soit à travers une expérience unique et particulièrement dramatique, soit à la suite d'une série d'événements à la faveur desquels certains besoins sont restés constamment insatisfaits pendant plusieurs années. Le sentiment que : « Personne ne veut de moi » peut avoir son origine dans un traumatisme particulier (comme d'avoir été envoyé très tôt en pension — le sport favori des Anglais), comme il peut découler de toute une série d'incidents mineurs qui, au bout d'un moment, finissent par avoir un impact cumulé. Ainsi, un enfant qui aura essuyé un certain nombre de rejets va commencer à se dire que personne ne veut de lui. Je dis bien « commencer » parce que, avant même que l'enfant ait vraiment pu se rendre compte de ce qu'il ressentait, le sentiment a été refoulé et a entamé sa vie souterraine. Pendant ce temps-là, dans sa vie à ciel ouvert, le sujet fera tout ce qu'il pourra pour que tout le monde veuille bien de lui (jusqu'à la serveuse qui lui apporte un café). Tout sentiment souterrain a pour contrepartie un déjouement à ciel ouvert. Et comme les connexions ont été coupées et déviées, ce déjouement paraît naturel et allant de soi.

Un parent qui a vraiment le sentiment que son enfant le gêne va le traiter en indésirable. Si bien que tôt ou tard, il va se former une empreinte : « Je suis indésirable. » La physiologie de l'individu concerné en sera modifiée et sa personnalité reflétera ce changement. La modification ne sera pas le produit d'un seul événement accablant, mais d'un sentiment accablant répété des centaines de fois.

Les maladies dont nous souffrons ensuite dans la vie — maladies psychologiques et certains maux organiques, aussi — sont le résultat de ces fragments gelés de notre histoire personnelle. Que ce soit le sentiment de solitude, de dévalorisation (si personne ne veut de moi, c'est que je ne vaux rien), de désespoir ou de désespérance, ils se traduisent tous par des maladies. Et, tant qu'ils seront refoulés, bloqués et inconscients, ces souvenirs et ces sentiments anciens continueront à déformer le système. Toute modification biochimique et neurologique d'un individu est porteuse d'un souvenir — c'est l'une des manières dont il s'est gravé. L'empreinte devient alors un danger, un « corps étranger » dont il faut tenir compte. Désormais, le système ne peut plus être lui-même et il passera sa vie à essayer de revenir à la normale (nous en parlerons en détail plus tard). L'intrusion de cet élément étranger (les rages d'un père, ou le fait d'être placé chez une gardienne, par exemple) provoque chez l'enfant un sentiment de peur et d'insécurité. Il ne peut pas être lui-même et son système se met en mode défensif. Il se produit des modifications des ondes cérébrales, des sécrétions hormonales et du potentiel musculaire, ainsi qu'un réaménagement du cerveau afin d'assumer la souffrance : une multiplication des sites récepteurs de la douleur, pour faire face à l'inondation. Le système compense l'intrusion mais il ne faudra pas très longtemps pour qu'un organe vulnérable lâche, et que la maladie s'ensuive. Pour soigner la maladie — quelle qu'elle soit — quand elle se déclarera, il faudra bien un jour ou l'autre s'occuper de remettre le système

« d'aplomb » pour le ramener à la normale. Un parent qui veut faire changer son rejeton signe en fait l'arrêt de « mort » de l'enfant, parce que la personne réelle cesse d'exister, comme l'illustre bien l'exemple qui va suivre.

L'impact d'une empreinte sur le système immunitaire

Il y a quelques années, une de mes patientes était en train de se préparer à partir en Inde. Elle devait se faire vacciner contre le tétanos, le choléra et la typhoïde, en vue de renforcer ses défenses immunitaires. On lui fit aussi un vaccin contre la polio, pour faire bon poids. On lui fit tous ces vaccins en même temps et, une heure plus tard, elle avait une fièvre de cheval et des constrictions terriblement douloureuses dans tout le corps. Elle vomissait sans arrêt. Deux jours plus tard, elle ressentit une très forte démangeaison dans le vagin, qui fut diagnostiquée comme de l'herpès — un des pires cas que le médecin eût jamais vus. Quelques années auparavant, elle avait remarqué une très légère irritation vaginale qu'on avait identifiée comme un herpès léger. Cependant, à l'époque des vaccinations, cela faisait neuf mois qu'elle n'avait pas eu de rapports sexuels.

Deux semaines plus tard, elle fit une fièvre qui se prolongea pendant plus d'un mois. Après six semaines de fièvre, elle se mit à revivre une situation traumatique dans laquelle elle avait frôlé la mort, très tôt dans sa vie. La fièvre causée par les vaccins avait réveillé le souvenir engrammé d'un événement traumatique semblable dans son passé. La force conjuguée des vaccins et de l'empreinte était écrasante. Lorsqu'elle eut fini de revivre le traumatisme antérieur et celui de la vaccination, la fièvre retomba et elle commença à guérir.

Ce concentré d'expérience de ma patiente est riche d'informations sur l'empreinte et sur la nature de la maladie. En l'occurrence, le système immunitaire de cette dame avait été trop sollicité : on lui avait demandé de réagir à des vaccins contre trois maladies différentes et de les intégrer. Qui plus est, les piqûres avaient ressuscité l'empreinte d'un vieux souvenir d'un moment où elle avait frôlé la mort. Ce souvenir, s'ajoutant au choc présent, devint insupportable. Le virus de l'herpès, jusque-là contenu, se trouva « libéré », libre de se manifester ouvertement.

Cet exemple a trait à une maladie physique mais c'est la même chose en matière de maladie mentale. Un trop fort input négatif — licenciement, décès d'un compagnon, désagrégation du couple — peut se conjuguer avec l'empreinte de la perte précoce d'un parent et noyer le système, entraînant une névrose ou une psychose. L'input du stress actuel secoue — c'est le cas de le dire — les antennes des neurones, réveillant des sentiments et des souvenirs bien précis. C'est pour cela que le névrosé réagit dans le présent comme s'il était encore dans le passé.

Il n'y a pas que les vaccins qui peuvent déstabiliser le système immunitaire. Une femme qui a perdu son mari subit aussi un affaiblissement du système immunitaire tel que son risque de cancer est multiplié par cinq. Un chimpanzé dont la mère a été abattue par des chasseurs tombera malade tout d'un coup et mourra sans raison apparente.

Les empreintes, souvenirs des traumatismes

Le traumatisme représente un input trop fort pour que le système puisse l'accepter et l'intégrer. Lorsque quelque chose dépasse la capacité d'absorption du système, il y a traumatisme. Une expérience, prise isolément, peut ne pas être traumatique en elle-même mais, combinée à d'autres, elle produit un sentiment qui, lui, est traumatique. Les traumatismes représentent une forme particulière de souvenir douloureux qu'on peut faire ressurgir pour le revivre. Quand on est assez « grand » pour affronter de plein fouet le choc d'un drame de la petite enfance, on peut en ressentir le plein impact et commencer à l'intégrer.

Les traumatismes se gravent dans le système avec toute la force de l'événement initial. Dès que des stimuli traumatiques sont mémorisés dans le corps, ils se divisent en deux parties : l'une qu'on peut immédiatement ressentir sous forme de douleur et de malaise, et l'autre, qu'on ne sent pas et qui est aussitôt verrouillée et stockée sous forme de souffrance. Le traumatisme crée un clivage du moi ; il se crée un hiatus entre le moi véritable et le moi irréel, celui qui ne ressent pas. Une fois l'événement traumatique enregistré, la partie de l'expérience qui n'a pas été ressentie et qui est stockée dans la mémoire devient une source d'énergie qui se répercute continuellement sur le cerveau et sur le corps. Les empreintes issues d'un traumatisme contiennent à la fois le souvenir de l'événement, et la mémoire encodée des sentiments qui l'accompagnaient.

Les recherches de Wilder Penfield sur des opérés épileptiques permettent de comprendre comment fonctionnent les traumatismes engrammés. Le patient étant éveillé, Penfield a stimulé certaines cellules du lobe temporal avec une électrode et il s'est aperçu que le sujet revivait des événements de son passé tout en se rendant compte qu'il le faisait dans le cadre de la salle d'opération. Il y avait donc deux niveaux de conscience qui fonctionnaient en même temps et l'attention du sujet se portait simultanément sur le passé et sur le présent. Puis, lorsque Penfield retira l'électrode, le souvenir cessa, pour reprendre s'il la remettait. Le patient pouvait sentir les odeurs, voir les images et entendre les sons du passé « comme s'il y était ». De toute évidence, les souvenirs étaient toujours présents, il était possible de les faire ressurgir sous forme d'expérience vivante en plaçant une électrode sur la partie du cerveau qui sert de « tête chercheuse » pour rappeler les souvenirs de longue date. A ce moment-là, le patient expérimentait l'événement ; il ne s'agissait pas de la verbalisation d'un souvenir mais de son revécu.

Cette expérience est importante car elle démontre que l'esprit peut emmagasiner des souvenirs et des associations détaillés, sans pour autant avoir accès à l'état conscient. Les empreintes font partie de ces souvenirs-là. Un traumatisme engrammé laisse une « trace ». Ce qui veut dire que certains trajets nerveux suivent en quelque sorte « un sillon » qui favorise leur interaction, de telle sorte que les messages auront tendance à emprunter plus facilement ces trajets-là par la suite. La petite fille qui apprend à avoir peur de son père, et plus tard de tous les hommes, devient une femme qui réagit au présent en fonction de la trace mnésique. La peur des hommes gravée en elle a creusé un sillon tel que, chaque fois qu'elle se retrouve avec un homme, elle a aussi peur que la fois précédente.

Les empreintes et les centres émotionnels de l'esprit

Le système limbique est localisé à la périphérie de la zone inférieure du néocortex. Il s'agit d'une unité fonctionnelle du cerveau qui se compose du thalamus, de l'hypothalamus, de l'hippocampe, de l'amygdale, du noyau caudé et du mésencéphale. Reliées entre elles par un réseau de fibres tout à fait unique, ces structures déterminent différents comportements dont l'expression des émotions, les crises et les attaques, la mémorisation et le rappel des souvenirs.

L'une des structures clés du système limbique est l'hippocampe, souvent considéré comme la porte de la mémoire, et donc de l'inconscient. L'hippocampe intervient dans l'organisation de la mémoire après la survenue d'un événement. Juste au-dessus de l'hippocampe se trouve le thalamus ; c'est lui qui donne l'ordre d' « imprimer » ce qui devient un souvenir permanent, de longue durée. Lorsqu'on souffre d'amnésie, par exemple, c'est parce qu'il n'y a pas eu d'ordre d'imprimer, ce qui arrive parfois quand quelque chose a gêné le fonctionnement normal du thalamus.

Le processus d' « impression » peut être décrit de la manière suivante. On voit ou on sent quelque chose, on perçoit des stimuli et l'hippocampe en est informé. Celui-ci dit alors au thalamus d'imprimer, ou d'engrammer la scène. Cela fait, et avec quelques heures de décalage — le temps qu'il faut au système biochimique pour s'adapter et transformer l'événement en souvenir à long terme —, plus rien ne pourra effacer ce souvenir qui restera gravé en nous pour le restant de nos jours.

Lorsqu'il s'agit d'un événement traumatique, le message de l'émotion qu'il suscite est dévié sur une autre zone du système limbique comprenant le thalamus et l'amygdale. Ce sont eux qui gèrent la composante douloureuse de l'empreinte et, si l'un d'eux présente une lésion, on ne souffre plus. Le thalamus est capable de transmettre l'information douloureuse à l'extérieur du système limbique, au néocortex, ou cerveau pensant. Mais le néocortex lui-même ne souffre pas ; il se souvient et il peut se remémorer les choses avec un grand luxe de détails, mais il faut un déclencheur, un stimulus, pour activer la composante douloureuse de la mémoire et la faire remonter du système limbique jusqu'à la conscience « corticale ». Autrement, la mémoire n'aurait aucun contenu émotionnel et resterait littéralement désincarnée.

La nature du rapport entre le système limbique et le cortex à l'intérieur du cerveau pensant a son importance. Elle explique en effet qu'on puisse avoir une connaissance uniquement « cérébrale » de soi et de son comportement, et qu'on puisse même se rappeler son enfance dans le détail, tout en étant totalement coupé des sentiments qui sont « les tripes » des souvenirs. Le souvenir « cortical » peut être détaillé et complexe bien que détaché de sa composante douloureuse — une souffrance presque indescriptible et qui n'a rien à voir avec quelques larmes ou sanglots. C'est pourquoi ce souvenir est « déconnecté ».

Si on ne rétablit pas la connexion entre la pensée et le souvenir affectif, la composante douloureuse ou pénible du souvenir va rester sous la forme d'une énergie verrouillée circulant dans le système. Nous avons mis au point une méthode thérapeutique qui permet de rappeler à petites doses cette composante douloureuse et de l'intégrer correctement à la personnalité jusqu'à ce qu'il ne reste que relativement peu d'inconscient. Car l'inconscient n'est en grande partie que de la souffrance qui n'a pas été intégrée.

C'est le système limbique avec son stock d'émotions qui, en dernière analyse, forme nos perceptions et nos projections — notre vision de la réalité. Bourrée d'endorphines, l'amygdale n'est pas seulement un centre de stockage de la souffrance mais elle participe au système de verrouillage. Ce qui veut dire que le lieu où s'organisent les émotions est aussi l'endroit où elles sont refoulées. Que des émotions trop pénibles sortent du système limbique et se mettent en route vers le cortex et la conscience, et des opiacés endogènes semblables à la morphine leur barreront la route. Car, la conscience « corticale » implique la souffrance ; mais elle peut aussi en être la résolution, si on peut l'intégrer.

Quand on descend de la zone corticale active vers le système limbique, on rencontre de très fortes concentrations d'opiacés. En effet, lorsque des structures comme l'amygdale sont confrontées à des sentiments bouleversants organisés dans l'hypothalamus, elles sont capables de recracher des endorphines à grand jet pour barrer la route de la conscience à ces sentiments.

L'amygdale reçoit des fibres provenant du cortex mais elle en projette elle-même d'autres sur la surface du cortex. Bloqués par les opiacés endogènes, les sentiments en train de remonter continuent à diffuser de l'énergie vers le haut et vers l'extérieur. Ils essayent sans cesse de s'échapper du centre de stockage des émotions pour rétablir la connexion avec la conscience, leur véritable « demeure ». Les sentiments se précipitent vers la conscience pour y trouver leur résolution *, mais les verrous les en empêchent. En conséquence de quoi, notre vision de nous-mêmes et du monde va changer. Dès qu'on ploie sous le fardeau d'une souffrance inconsciente, il est impossible de se redresser ou de retrouver sa réalité par un effort conscient. A la fois bienveillants et impitoyables, les verrous ne cèdent pas aux supplications.

L'existence d'un réseau de fibres à double sens entre le système limbique et le cortex signifie que l'information en provenance de l'extérieur est immédiatement contrôlée par celle qui remonte de l'intérieur et qui prend le pas sur elle. C'est pour cela qu'on ne peut pas se voir tel qu'on est, et qu'on ne perçoit pas le monde extérieur tel qu'il est.

L'empreinte du souvenir n'est pas une « chose », il est impossible de la localiser dans telle ou telle partie du cerveau. Elle est diffuse dans tout le système, entretenue par les modifications chimiques des neurones, par les ondes électriques, par les changements affectant les globules rouges et même la composition de la salive. On pourrait même dire que le souvenir est mémorisé dans chacune de nos cellules.

Empreintes, souffrance et sentiment

Nos besoins et nos sentiments étant verrouillés avant d'arriver à la conscience, cela nous permet de les « déjouer » symboliquement, d'imaginer des dérivatifs qui n'ont plus de connexion directe avec ces sentiments. Comme on n'est plus guidé directement par ses besoins et ses sentiments, on agit de manière indirecte. On travaille dur ou on fait le malin dans l'espoir de se sentir aimé, pour ne pas se laisser aller à désespérer de jamais être aimé.

Une fois stocké, le sentiment de désespoir arrive au cortex sous les traits de l'espoir, son homologue dialectique. Le désespoir s'est transformé en espoir, en route ; autrement dit, quelque part dans ce voyage vers les provinces extérieures, la réalité s'est changée en irréalité. Car le refoulement a juré de veiller à maintenir une partie de notre être dans l'irréalité. La névrose débarque au moment où l'irréel prend le pas sur le réel en nous, une fois qu'on est plus inconscient que conscient. Il y a bien sûr différents niveaux de névrose, selon le degré d'inconscience auquel on se trouve. La névrose est une modification durable de notre psychophysiologie provoquée par un vécu remontant au début de la vie.

Une fois devenu irréel, on peut faire un bon croyant, capable de mettre toutes ses espérances dans les causes les plus insignifiantes : il faut bien que l'espoir aille se loger quelque part. Régimes spéciaux, vitamines, on est prêt à croire en n'importe quoi, tant il est essentiel d'avoir foi et confiance en quelque chose. Mais une fois que toutes les espérances se seront écroulées, on sera de nouveau face à l'empreinte de désespérance qu'on porte en soi.

Pour le névrosé, être irréel, c'est survivre. Il lui faut de l'espoir, aussi irréel soit-il. Tant qu'on sera habité par le sentiment qu'il n'y a rien à espérer, l'espoir continuera à jaillir, mais c'est quand même la désespérance qui façonnera notre vision du monde. Celui qui fait figure de perpétuel optimiste n'a peut-être pas le choix, sinon il risquerait de sombrer dans des abîmes de pessimisme et de désespoir. Il arrive que l'optimisme, qui passe pour une qualité, ne soit qu'une bonne défense qui nous empêche de voir la futilité d'un programme, d'un projet ou d'un effort donnés. Il y a quelque chose qui nous pousse à éluder la réalité — la vraie.

Un exemple d'empreinte

Voici un exemple d'empreinte, un exemple de la force que peut avoir le souvenir. Il s'agit des notes d'une patiente qui souffrait en permanence d'un terrible mal de dos, si violent qu'elle en pleura pendant ses trois semaines de thérapie primale, comme elle me le confia par la suite. Il y avait deux endroits où elle avait mal tout le temps : l'un était un petit point localisé sur son omoplate gauche, l'autre était une ligne douloureuse qui partait du haut de l'épaule droite et qui descendait tout le long du dos. Voici son récit.

Alice

Un jour, je me suis mise à pleurer pendant une séance parce que j'avais si mal, physiquement. Ensuite, quand je me suis redressée en position assise, j'ai senti une main qui m'attrapait, exactement là où ça me faisait mal, à l'omoplate gauche. J'ai eu très nettement l'impression que quelqu'un me prenait par là. J'ai alors plongé dans le sentiment, et j'ai revécu une scène de dispute entre mon père et ma mère.

C'était le dernier jour où mon père avait fait partie de ma vie. Effrayée, je m'agrippais aux genoux de ma mère quand, soudain, j'ai senti une main qui m'attrapait par le dos de mon corsage pour me jeter en arrière. Ma course fut arrêtée par le coin du lit contre lequel je m'écrasai, de dos. Puis j'entendis mon père sortir de la chambre, descendre, et partir en voiture. Avant de commencer à « ressentir », *je n'avais pas la moindre idée de ce qui s'était passé quand mes parents avaient divorcé. C'était particulièrement traumatique pour moi, à cause du sens que ce jour-là avait eu pour moi : plus jamais je ne reverrais mon père. Le souvenir de cette scène reste toujours douloureux. Or, mon mal de dos actuel était localisé exactement dans les deux endroits où mon père m'avait fait mal : là où sa main m'avait attrapée, et tout le long du dos, à l'endroit où le montant du lit avait laissé sa marque. Les douleurs ont fini par disparaître au bout d'un moment et je ne souffre plus maintenant, sauf quand je retrouve les sentiments liés à la dispute de mes parents et au départ de mon père m'abandonnant pour toujours.*

Comment l'empreinte produit une résonance dans le présent

Le Dr E. Roy John de l'université de New York a mené des recherches sur les chats et il s'est rendu compte que, lorsqu'ils étaient conditionnés à associer un stimulus neutre à un stimulus douloureux, et que plus tard on ne leur présentait que le stimulus neutre, leurs ondes cérébrales reproduisaient le même schéma que quand il y avait les deux stimuli. Les chats réagissaient donc à l'empreinte du souvenir douloureux plutôt qu'à la réalité actuelle, à savoir le stimulus neutre. L'empreinte, dans ce cas, était mesurée au moyen de certaines configurations des ondes cérébrales.

C'est exactement ce qui se passe chez les humains : on agit dans le présent en réagissant au passé. Il arrive qu'on se trouve dans une situation apparemment neutre, par exemple en présence d'une figure d'autorité masculine, et que pourtant le cerveau ressuscite l'ancienne peur de l'autorité qu'on a ressentie le premier jour d'école. Si la névrose entraîne une telle focalisation sur le passé et sur l'enfance, c'est parce que les ondes cérébrales du passé sont toujours présentes dans le cerveau actuel, exactement dans la même configuration qu'à cette époque-là.

La configuration des ondes cérébrales n'est pas la seule chose qui demeure la même. Lorsque quelqu'un revit un événement passé, toutes les cellules impliquées à l'époque participent à ce souvenir. Ainsi, un patient en train de revivre un manque d'oxygène à la naissance souffrira-t-il effectivement du même manque dans la salle de thérapie. J'ai fait une expérience récemment, avec un patient qui avait eu un revécu de naissance la veille, au cours duquel il avait eu une respiration rapide pendant vingt minutes sans présenter le moindre signe d'hyperventilation[1]. Le lendemain, je le fis asseoir et respirer profondément pendant trois minutes, sans association avec un souvenir. Il ne tarda

1. Il y a hyperventilation lorsque la respiration est plus profonde et plus rapide que nécessaire pour assurer l'échange gaz carbonique-oxygène. Cela entraîne une insuffisance de gaz carbonique qui réduit l'acidité du sang et donc sa capacité à faire circuler l'oxygène, entraînant finalement une moindre oxygénation du sang et du cerveau. Or, il est clair qu'un cortex pauvrement alimenté en oxygène perd une partie de sa capacité à penser et à se défendre.

pas à présenter tous les signes d'une forte hyperventilation : la tête qui tourne, avec une envie de tomber dans les pommes, des tics faciaux, et les mains contractées, formant ce qu'il appela lui-même des « serres ». Il était incapable d'étendre les doigts ou de desserrer ses mains. La question qui se posait était la suivante : pourquoi, quand il revivait un sentiment, était-il capable de respirer profondément pendant longtemps sans présenter de symptômes négatifs, alors qu'il ne pouvait pas faire la même chose sans danger, une fois sorti du sentiment ?

Il semblerait que la réponse soit la suivante : tant qu'on est sous l'effet d'un souvenir, toutes les cellules réagissent de la même façon que lors de l'expérience initiale. Chez ce patient, les globules rouges, qui avaient initialement souffert d'un manque d'oxygène, en manquèrent à nouveau pendant le revécu de l'événement. C'est pourquoi il n'y eut pas d'hyperventilation à la suite de la respiration profonde, parce que le corps éprouvait un réel besoin d'oxygène. Il a en revanche présenté un syndrome d'hyperventilation quand il n'était plus plongé dans le souvenir et qu'il n'avait donc plus les mêmes besoins.

La respiration est commandée par le tronc cérébral, une zone saturée de récepteurs d'opiacés, et dont la fonction est de supprimer partiellement la douleur. Ce qui veut dire que la souffrance et la respiration ont certaines choses en commun. Comme la respiration profonde modifie le débit des opiacés, elle est capable de moduler la défense contre la souffrance. La respiration superficielle peut être une défense efficace contre le sentiment, et si on s'oblige à respirer profondément, on brise la structure de défense. Ce qui entraîne souvent une véritable « inondation », à savoir l'irruption massive de sentiments accablants. Le cortex, incapable d'intégrer un tel déferlement, passe la surmultipliée et se met à inventer toutes sortes d'idées fantasques, mystiques et irréelles.

Il existe une école de thérapie par la respiration profonde qui, sous couvert de techniques et d'appellations exotiques, pratique ce qui est essentiellement l'hyperventilation. Lorsque ces thérapeutes privent le cortex (niveau supérieur) d'oxygène, et donc aussi de sa cohérence et de sa capacité défensive, le cerveau se bat pour faire face à la souffrance qui remonte. Le sujet s'invente alors l'idée qu'il est en train de revivre des vies antérieures, ou d'autres notions qui débordent le réel, puisqu'il s'est laissé emporter au-delà de sa propre réalité. S'il ne se rend pas compte de la souffrance qui est en train de ressurgir, c'est parce que celle-ci est immédiatement absorbée par le système d'idées qu'il s'est créé. Sous l'effet d'une telle hyperventilation, les gens s'imaginent qu'ils sont « re-nés » alors qu'ils ont simplement repris contact avec un traumatisme natal. Les exercices de respiration profonde peuvent faire croire à quelqu'un qu'il est remonté dans le temps, dans une vie antérieure, à l'époque biblique. C'est ce que j'appelle des « psychoses bénignes ». Ce serait une véritable torture pour le sujet que d'avoir à être « réel » à ce moment-là. Les psychotiques légers font donc leur possible pour essayer d'entretenir *l'irréalité* en adhérant à des cultes et en nageant dans le mysticisme. C'est à coups d'idées qu'ils se défendent contre le sentiment.

L'absence de syndrome d'hyperventilation chez ce patient immergé dans un sentiment du passé soulève plusieurs questions importantes. Où la carence d'oxygène a-t-elle été mémorisée pendant tout ce temps-là ? Pourquoi et comment a-t-elle été recréée par la mémoire ? En réalité, cette carence n'a pas seulement été mémorisée sous forme de souvenir dans le cerveau, mais aussi comme *Gestalt** dans tout le système, ce qui fait qu'elle se retrouve dans toutes les cellules sanguines. Quand on replonge dans le souvenir, on réveille donc aussi la réaction des cellules du sang. C'est pourquoi la névrose est partout dans le système, comme la mémoire. Par exemple, l'hypertension (ou bien les palpitations ou autres réactions viscérales) est une des manifestations de la réaction — déconnectée — à un traumatisme précoce. Cette réaction déconnectée — hypertension ou panique — va perdurer jusqu'à l'âge adulte, tout en restant coupée du souvenir. La thérapie aura donc pour but de rétablir la connexion entre cette réaction physiologique et le souvenir complet — dont elle fait partie —, afin de relier à son origine ce qui n'était qu'une réaction physiologique inexplicable. C'est donc à travers l'hypertension, les palpitations et autres phénomènes de cet ordre que le souvenir se conserve et perdure.

Le souvenir ancien cherche toujours à s'affirmer dans sa forme exacte, avec ses composantes physiologiques particulières. Ainsi, certains sont-ils sujets à de fréquentes crises d'hyperventilation inexplicables, parce que leur souvenir précoce de suffocation est toujours présent et qu'il est en train de remonter vers la conscience. Mais, le souvenir lui-même n'étant pas accessible dans sa totalité, seule sa composante physiologique parvient à la surface, à savoir le manque d'oxygène et/ou les battements de cœur rapides (palpitations). C'est ainsi que le souvenir précoce, déconnecté, est transporté dans le présent.

Et cela va plus loin. Ce que démontre ma petite expérience évoquée plus haut, c'est que les souvenirs anciens prennent constamment le pas sur la réalité actuelle : le patient se trouve dans une pièce bien aérée et pourtant son corps souffre d'un manque d'oxygène. En tout cas, il réagit comme s'il en était privé, parce que c'est effectivement le cas. Même chose chez celui qui a été privé d'amour au début de sa vie et dont le système continue à souffrir d'un manque d'amour à l'âge adulte, même s'il en reçoit beaucoup. Parce qu'il n'arrive pas à le ressentir ou à l'accepter. Tout comme la carence affective, la souffrance liée à la privation d'oxygène est inscrite dans les cellules du sang et c'est là qu'elle ressurgira quand on la revivra. *L'empreinte du souvenir annule la possibilité de trouver une satisfaction extérieure,* parce que ce n'est pas d'une satisfaction d'*adulte* que le corps a besoin.

Comme le système a besoin d'assouvissement mais qu'il le nie, c'est par le biais du déjouement qu'on va tendre à la satisfaction. On aura beau faire tout son possible pour se sentir aimé dans le présent, c'est malgré tout le sentiment d'être mal aimé qui primera parce qu'il est gravé au plus profond de nous. Le refoulement veille à ce que l'amour reçu actuellement ne pénètre pas jusqu'aux niveaux de conscience auxquels se situe le sentiment réel, et c'est pourquoi le névrosé éprouve le besoin de collectionner sans cesse de nouvelles satisfactions qui vont défiler comme à la parade. Et pourtant, tout cela ne sera jamais au mieux qu'un lot de consolation pour lui. La naissance engendre de nombreux traumatismes, dont un seul peut suffire à déclencher le refoulement. Le simple fait d'être physiquement séparé de sa mère pendant plusieurs heures après l'accouchement peut être traumatique, de même qu'il est certainement nocif de rester tout seul dans une couveuse, longtemps privé de tout contact humain. Le refoulement a pour effet de nous empêcher de rester pleinement conscient au moment où se déroule l'événement traumatique ; sinon, si la conscience restait connectée, le système conserverait son entière capacité de réagir, et sa réaction même pourrait mettre sa survie en danger. L'inconscience que provoque le refoulement sert à suspendre des fonctions vitales qui risqueraient autrement d'atteindre des niveaux critiques. L'intégration de ces souffrances précoces est impossible car qui dit intégration dit conscience, et conscience signifie danger en l'occurrence. La non-intégration est donc un mécanisme de survie ; c'est en quelque sorte une défense. Du point de vue du névrosé, mieux vaut être fragmenté que pleinement conscient de son martyre.

Le refoulement empêche l'adulte de comprendre qu'il ne risque rien de savoir ce qui s'est vraiment passé. L'expérience reste donc isolée par le refoulement. Il est facile de voir comment cela fonctionne concrètement : quand un nouveau-né est en train de s'étrangler avec le cordon ombilical, il faut qu'il cesse de lutter et de se débattre. C'est le refoulement qui va lui permettre de *ne pas* réagir, et donc de conserver l'oxygène nécessaire à sa survie. L'absence de réaction de la part du bébé a en effet permis la baisse des signes vitaux* qui, autrement, auraient atteint des niveaux mortels, et elle a donc empêché la destruction qui aurait pu se produire s'il y avait eu conscience.

Le comportement névrotique représente le déjouement d'une expérience ou du sentiment sous-jacent à une série d'expériences. Ce déjouement est une compulsion à la répétition : le système recrée l'ancien environnement afin de le maîtriser et de l'intégrer. J'ai eu un patient qui était prisonnier d'une attitude défaitiste : « Je renonce. » Tout était « trop » pour lui — comme lors de sa naissance. Même quand il jouait au tennis, si la partie devenait difficile, il déclarait forfait — le choix de l'inconscience. « C'est trop, je ne peux pas gagner. Je renonce. » S'il n'arrivait pas à prendre l'avantage dans le premier jeu, il se débrouillait invariablement pour perdre le set.

Le déjouement a principalement pour but de créer les conditions, même symboliques, d'une guérison. Le corps sait bien que la guérison ne pourra se faire que dans le contexte original de la blessure, et il s'efforce constamment de le reproduire. Il est certain que, pour guérir, il faut soigner ses plaies là où elles se trouvent ; et si c'est à un niveau de conscience inférieur qu'on a subi des chocs précoces, il n'y a qu'à ce niveau-là que la guérison pourra se faire.

Une patiente, qui avait passé trois semaines en couveuse juste après sa naissance, souffrait d'un terrible sentiment d'isolement ; elle se sentait toujours étrangère parmi les autres. Devenue adulte, elle avait vécu à l'écart et elle n'entretenait que peu de rapports avec les gens. Elle donnait une impression de « distance » (ne l'avait-on pas mise à distance, soustraite au contact des autres dès sa naissance ?). Elle s'était en fait fabriqué un environnement qui reproduisait son sentiment intérieur, comme tous les névrosés doivent le faire. Cela lui permettait de réduire l'ambivalence qu'elle ressentait et de créer les conditions propices à une guérison. En harmonisant l'extérieur avec l'intérieur, le névrosé parvient en effet à trouver une certaine cohérence qui lui permet de donner un sens aux événements, et des raisons à ses sentiments. Et de même que le doute est plus pénible que la certitude, une idée psychotique vaut encore mieux que le sentiment de la désespérante futilité des choses.

Les déjouements, que nous aurons l'occasion d'évoquer en détail par la suite, peuvent être très simples, comme c'est le cas de l'adulte qui s'efforce d'être gentil tout le temps pour tenter d'amadouer une mère irritable (dans le passé). Il espère la rendre plus douce et plus gentille par le biais des gentillesses qu'il a pour les autres. En même temps, il a tellement peu d'espoir d'y parvenir que cela suscite inconsciemment chez lui un *comportement d'espoir,* aussi connu sous le nom de névrose, qui va ensuite s'étendre à tous ses actes, sans distinction. Un autre exemple est celui de la personne « serviable », toujours prête à rendre service et à s'occuper de tout, dans l'espoir inconscient que, si elle aide suffisamment les autres, ils finiront par l'aider à leur tour — ce dont ses parents n'ont jamais été capables.

Si la psychologie pouvait comprendre et accepter l'idée que la guérison ne peut se faire que dans le contexte originel de la maladie, la face de la profession en serait immédiatement transformée. Finies les recettes magiques qu'on concocte autour de l'hypnose, des groupes de confrontation, de l'acupuncture, de la psychanalyse, de l'analyse existentielle et autres formes de manipulation en vogue qui, dans les meilleurs cas, ne peuvent tout au plus que modifier le profil de la névrose. Tant qu'on restera habité par une blessure insoutenable, bloquée et empêchée d'accomplir son propre devenir neurologique, et tant que la connexion avec la conscience ne pourra pas se faire, il n'y aura pas de guérison possible. Comme nous le verrons plus tard, la fièvre qu'on constate chez tous les patients sur le point de revivre une terrible souffrance ancienne est le premier signe annonciateur de guérison.

Ce qui passe pour un « comportement névrotique », à savoir le déjouement symbolique, n'est pas réellement névrotique. C'est un premier pas vers la normalité. C'est recréer, autant que le refoulement le permet, des conditions favorables à la guérison. *La névrose est en fait le remède symbolique auquel nous recourons pour guérir.*

Précisons cependant que tous les névrosés ne recréent pas forcément l'environnement des débuts de leur vie. Il existe des personnes dites du type « contre-phobique » qui évitent soigneusement toute situation susceptible de faire ressurgir un ancien sentiment. Ces gens-là sont plus coupés de leurs besoins que les autres. C'est toute la différence entre ceux qui tentent toujours de trouver l'assouvissement sous une forme ou sous une autre, et ceux qui ont renoncé. Par exemple, si un contre-phobique se sent impuissant, il évitera toute situation susceptible de faire ressortir son impuissance. Qu'il se retrouve complètement à la merci d'un bureaucrate, et aussitôt, il se sentira anxieux ; le sentiment d'impuissance qu'il avait éprouvé initialement — peut-être à la naissance, ou plus tard, face à des parents tyranniques — fera ressurgir son ancienne peur. On peut néanmoins dire que, dans l'ensemble, le névrosé aura tendance à reproduire son environnement intérieur et ses réactions à l'événement qui l'a blessé initialement.

Le sentiment d'insatisfaction du névrosé, comme chez cette femme qui avait commencé sa vie en couveuse, est dû au fait que *la satisfaction ne faisait pas partie du souvenir initial qui a été conservé.* On aura beau avoir toute la compagnie et tous les amis du monde, cela n'effacera pas le sentiment de solitude fondamentale engendré par le fait d'être resté éloigné de sa mère tout au début de la vie. Certains tenteront par la suite d'étouffer cette souffrance — sans même savoir qu'ils la portent en eux — en prenant des drogues. Et même lorsqu'on se rend compte de la présence d'une souffrance en soi, il est presque impossible d'en comprendre l'origine car le refoulement ne le permet pas. Souvenez-vous, le refoulement a pour fonction de nous maintenir en partie inconscients et de nous empêcher de guérir. Il n'y a donc pas moyen de modifier « d'en haut » un sentiment fondamental de solitude et d'isolement. Ce ne sont pas des encouragements, des contacts sociaux ou des conseils qui peuvent faire changer un sentiment et la pression qu'il exerce sur nous ; des facteurs comme ceux-là ne peuvent que modifier passagèrement le comportement visible. Après quoi on observe normalement une régression, un retour au sentiment initial.

Le système humain vit dans le passé, littéralement, et ce de toutes les façons possibles. C'est pourquoi le souvenir du passé prend le pas sur la réalité actuelle ; on réagit en premier lieu au souvenir, venu de l'intérieur, et seulement ensuite à la réalité — extérieure à soi. Lorsqu'on cesse de fonctionner au niveau de conscience ancien où réside un souvenir donné, il est impossible d'en reproduire l'expérience par la suite. Ainsi, une fois qu'on a émergé du revécu d'un sentiment, on n'est plus capable de pleurer comme un bébé de deux ans, même si on se donne un mal de chien pour essayer de le refaire. De même serait-il impossible de reproduire la privation d'oxygène, même par un acte de volonté farouche. En effet, les facteurs associés à de tels souvenirs ne se retrouvent qu'à ce niveau de conscience précoce, et nulle part ailleurs.

Voilà qui n'est pas sans implication pour les maladies mentales graves. Je me rappelle avoir soigné une femme, il y a quelques années, qui avait été diagnostiquée comme prépsychotique parce qu'elle hallucinait un bruit de raclement. Elle avait bien suivi une psychothérapie, mais rien n'y faisait : elle entendait toujours ses bruits. Après six mois de thérapie avec moi, elle revécut une scène de sa naissance dans laquelle elle avait un côté de la tête et une oreille qui raclaient le bas du pelvis. Et ses hallucinations cessèrent. Voilà ce qui s'était passé : les bruits qu'elle avait entendus n'étaient que l'expérience de souvenirs déconnectés qui avaient passé pour des hallucinations. Comme c'est presque toujours le cas, ces symptômes pathologiques n'étaient que la manifestation de l'histoire ancienne du patient faisant brusquement irruption dans sa conscience, en particulier quand son système de défense était faible.

Le psychiatre William Gray est d'avis que toute pensée s'accompagne de diverses tonalités de sentiment qui aident à encoder le souvenir et à intégrer les pensées, au fur et à mesure de leur apparition. Ses travaux ont été poursuivis par Paul La Violette, un théoricien des systèmes, qui considère que l'expérience est encodée et mémorisée dans le cerveau sous forme d'ondes neuroélectriques générées par des événements anciens ayant antérieurement produit des ondes semblables. Gray avance l'hypothèse suivante : le contenu émotionnel d'une expérience sert en quelque sorte de code aux données stockées dans la banque de souvenirs (j'emploie ce terme au sens figuratif). Ce code réagit aux traces mnésiques avec lesquelles il a des affinités, provoquant ainsi le rappel de l'expérience sous sa forme codée d'origine. Autrement dit, un élément du présent entre en résonance avec une donnée du passé mémorisée dans la banque de souvenirs, ce qui fait ressurgir le souvenir initial dans toute sa force.

Le terme « résonance » choisi pour décrire ce processus n'est pas à prendre uniquement au sens figuratif. Il semble en effet qu'il existe une fréquence particulière qui crée une résonance avec la membrane-récepteur de l'amygdale, ce qui déclenche alors cette décharge neuronale que sont les réactions émotionnelles. Ces messages « résonnants » sont déclenchés par des vibrations de la molécule de protéine qui se propagent à travers la membrane cellulaire. Ces molécules fonctionnent virtuellement comme des antennes de la cellule qui captent une certaine fréquence d'information et la traduisent sous forme de sentiment-souvenir. Le signal reçu a, semble-t-il, un code similaire à celui des signaux déjà emmagasinés dans le centre de stockage émotionnel. Lorsqu'une ancienne expérience s'ajoute à une nouvelle et que le sentiment qui en résulte est trop fort, l'hypothalamus n'est pas capable d'intégrer cet input et il court-circuite une partie de l'expérience en la redirigeant vers d'autres structures.

Tant que se poursuit ce court-circuitage, il est impossible de guérir complètement, tant physiquement que psychologiquement. Toute expérience qui a été déviée de sa trajectoire doit tout de même finir un jour par aboutir à l'hypothalamus, car c'est là que commence la guérison. C'est ce que signifie le terme d'« intégration ».

Le cas qui va suivre fournit une bonne illustration du genre de résonance que je viens d'évoquer.

Harry

Un jour, j'étais sur le point de revivre un élément de mon passé quand je me suis mis à cracher un fluide transparent. La sensation de noyade était si forte que j'avais du mal à continuer. J'éprouvais une pénible sensation d'irritation dans les sinus, et la très nette impression qu'ils étaient remplis de savon. On aurait dit qu'on m'enfonçait des piques dans les narines. Mes cris s'assourdirent pour devenir d'horribles hoquets étouffés. En même temps, couché à plat dos, je tendais mes doigts et mes orteils vers le plafond, aussi loin que je le pouvais.

Je cherchais désespérément à me relever pour pouvoir respirer mais je me rendis compte que je n'y arriverais pas sans sortir du revécu du sentiment. Et puis la scène se précisa : ma mère était en train de me maintenir immergé sous l'eau ! J'étais un tout-petit et elle était manifestement en train de me donner un bain dans l'évier de la cuisine ; elle s'y prenait très mal et trop vite, et elle était en train de me noyer. Je ne sais pas à quoi elle pensait, mais elle pressa très fort pour me maintenir sous l'eau savonneuse de l'évier, fit couler le robinet sur mon visage et me fit tourner dans l'eau où je flottais à présent sans bouger. Je suppose que c'est quand j'ai saisi sa main qu'elle m'a sorti de l'eau pour me jeter très vite sur la table de la cuisine où je suis revenu à moi au milieu d'une véritable mare d'eau.

Détail amusant de cette horrible histoire : plus tard, elle a toujours refusé de croire que j'étais allergique au savon Ivory. Quand elle en achetait, j'éternuais et je toussais, j'avais les sinus qui se mettaient à couler, et je m'en plaignais. Pourquoi refusait-elle de me croire ?

« Mais, voyons, c'est impossible que tu sois allergique à l'Ivory ! C'est avec ça que je te lavais quand tu étais bébé. »

Empreintes et frustration chronique des besoins

Imaginez que vous êtes dans un jardin public et que vous regardez un enfant en train de jouer avec son père. Ils s'étreignent et vous éprouvez tout à coup une drôle de sensation dans l'estomac, comme une sorte de crampe. Vous souffrez parce que la scène a fait ressurgir un besoin inassouvi chez vous : que votre père vous prenne dans ses bras et vous touche.

Vous assistez à une violente dispute dans la rue qui déclenche chez vous une véritable panique. La violence de la scène a fait ressurgir le souvenir de la violence de votre mère, une violence que vous vous efforciez désespérément d'éviter. L'incident vous remue tellement que vous ne pouvez pratiquement rien faire pendant deux jours; un événement actuel est entré en résonance avec un sentiment et des scènes de votre passé.

Remarquez que ce sont les sentiments qui permettent à des milliers d'éléments disparates, appartenant à des scènes du passé, d'être codés de la même façon. Par exemple, il peut y avoir eu des centaines de situations dans lesquelles une mère avait l'air triste et déprimée, ce qui a créé chez l'enfant — qui n'en pouvait mais — le sentiment qu'il était responsable du malheur de sa mère, ou qu'elle avait l'air malheureuse parce qu'elle était avec lui. L'enfant, qui ne peut absolument pas comprendre que c'est sa mère qui a un problème, va agir de manière à contenter sa mère et les autres, afin de ne pas se sentir responsable de leur tristesse.

C'est le sentiment qui fait le lien entre des informations provenant d'expériences distinctes mais ayant un rapport entre elles. Comme on l'a vu dans les expériences d'E. Roy John que nous avons évoquées, les ondes cérébrales de ses chats avaient la même configuration qu'avant le changement de stimulus. Les chats s'étaient comportés « comme si » leur ancien environnement existait encore dans tous ses détails (avec les stimuli douloureux, en l'occurrence). Si ces chats avaient pu parler, ils auraient sans doute dit : « J'ai l'impression qu'on va de nouveau me punir, comme la dernière fois. »

Pour celui qui a été critiqué sans merci dans son enfance, une seule parole de critique peut suffire à produire un effet désastreux, même si elle s'accompagne d'une profusion de louanges. C'est parce que cette critique a ressuscité un ancien sentiment : celui de n'avoir aucune valeur. On ignore les compliments puisque l'unique critique est entrée en résonance avec le passé.

Dès qu'un événement du présent ressemble à une ancienne empreinte, le corps réagit comme il l'avait fait à l'époque. C'est pourquoi les névrosés fuient le genre de situation ou de relations susceptibles de réveiller une ancienne souffrance. Le système devient en quelque sorte un radar qui nous fait éviter tout ce qui pourrait nous contrarier en faisant ressurgir le passé. Plus on a un passé douloureux, et plus on risque d'être facilement contrarié. C'est ce que j'appelle avoir beaucoup de « déclencheurs », ou un haut niveau de résonance. Celui qui a beaucoup de colère en lui, par exemple, sera constamment irritable, et le moindre obstacle suffira à déclencher son irritation de vieille date. Même chose pour celui qu'habite une grande peur ; la moindre chose lui fera peur, que ce soit une relation, la foule, l'altitude, les ascenseurs ou n'importe quel autre stimulus neutre.

Le cas suivant est un exemple classique du genre de résonance dont je parle ici, et il est typique du comportement de bon nombre de névrosés. Le fait de manger et de se sentir rassasiée évoquait chez cette patiente un ancien sentiment de vide total. Paradoxalement, plus elle avait l'estomac vide et moins elle ressentait le vide de son existence. En revanche, plus elle était rassasiée et plus elle se sentait vide.

Profitons-en au passage pour dire quelques mots sur les troubles de la nutrition, un sujet important qui nécessiterait un traitement plus détaillé qu'il n'est possible de le faire ici. Cela dit, nous soignons ces problèmes-là de la même manière que les autres ; il est souvent nécessaire d'administrer au patient un « bloquant » de première ligne (un tranquillisant) afin d'atténuer la charge énergétique du symptôme. La boulimie s'accompagne en effet d'une grande agitation qui se retrouve aussi dans la « purge » ou les vomissements qui s'ensuivent souvent. Ce phénomène a différentes sortes de causes, mais nous savons que, dans plus de cinquante pour cent des cas, l'inceste constitue un facteur majeur chez les femmes — un inceste qui, souvent, ne se révèle qu'au cours de la thérapie.

Les troubles de la nutrition peuvent avoir toutes sortes de causes, au départ : une carence de nourriture éprouvée dans la première année de la vie (en général, à cause d'horaires de biberon ou de tétée trop stricts) ; la nausée consécutive à la sensation d'étouffement provoquée par les fluides, pendant la naissance ; ou encore une nausée représentant une tentative symbolique de rejet de l'éjaculat de l'inceste. Il s'agit dans tous les cas d'un événement dont la valence est exceptionnellement élevée, et qui requiert l'usage de calmants afin que la thérapie puisse se dérouler dans l'ordre qui convient. Au bout d'un moment, on n'aura plus besoin des médications. Il faudra parfois des mois pour que le patient évoque ses problèmes de nutrition ; il faudra donc les aborder quand l'occasion s'en présentera et sans trop se focaliser là-dessus. Il est clair qu'on se sert souvent de la nourriture comme d'un tranquillisant, pour repousser des sentiments très pénibles. Manger a un effet calmant et réconfortant. Par conséquent, pour aider une patiente qui engloutit d'énormes quantités de nourriture pendant ses crises de boulimie, il faudra trouver d'autres moyens de la calmer, tout au moins au début. Personnellement, je ne comprends pas comment on peut se dire « spécialiste des troubles de la nutrition », dans la mesure où chaque cas est complètement différent puisqu'il est dû à des causes entièrement différentes. Mieux vaudrait se spécialiser dans l'étude des causes profondes et sous-jacentes de ces troubles, et pour cela, il faut quelqu'un qui comprenne bien les traumatismes de la petite enfance et pas un spécialiste ès symptômes. Révélez le traumatisme, et le symptôme disparaîtra de lui-même. Cela dit, il faudra quand même bien le traiter, en attendant.

Karen

Je suis anorexique. Ce qui veut dire que cela fait sept ans que je me laisse mourir de faim, systématiquement. Je m'expliquais ce refus de m'alimenter par le désir de garder la ligne. Je cherchais à me donner des allures de tuberculeuse, hanches saillantes et joues creuses. J'enviais les malades qu'il fallait nourrir par voie intraveineuse : dites donc, quel fameux moyen de maigrir ! Je n'ai jamais été grosse mais jamais non plus assez maigre à mon goût. Qui plus est, il fallait toujours que je me sente vide ; ça me rendait folle d'avoir le ventre plein.

Au contraire, la plupart des gens avec qui je discute deviennent fous, eux, s'ils n'ont rien à manger. Tout ce que je sais, c'est que cette impression d'avoir le ventre plein représentait sûrement autre chose chez moi qu'une simple peur de grossir. C'était quelque chose de profond, qui affectait tout mon système. Si je mangeais trop, j'avais la tête qui tournait, le vertige ; j'étais irritable, et j'éprouvais des douleurs dans la nuque. Ce qui se traduisait par une violente envie de vomir. Les vomissements me soulageaient d'une énorme pression.

Je détestais cette obsession de la nourriture parce que, finalement, je passais mon temps à penser à ce que je n'allais pas manger. Je n'avais jamais compris la raison de cette bizarre inversion des réactions de mon organisme. Qu'est-ce qui me poussait toujours à rester vide ? Maintenant, je commence à le comprendre.

La plupart des gens qui souffrent d'une carence — de nourriture ou d'amour — au début de leur vie, restent affectués par ce sentiment de manque et ils cherchent une sorte d'assouvissement. Ils tentent de se procurer de l'amour par tous les moyens et partout. Mais il y en a aussi qui ont été frustrés au-delà de ce qu'ils pouvaient intégrer, et ils se sont simplement refermés sur eux-mêmes, moralement et physiquement. Ils se sont coupés très tôt de leurs besoins parce que leur souffrance était trop forte pour qu'ils puissent l'affronter. Ces gens-là, dont je suis, auront alors tendance à éviter la chaleur humaine dans la mesure où cela leur rappellerait trop tout ce qu'ils n'ont pas eu. Ils n'ont pas envie de tout chambouler, ils préfèrent se borner au statu quo. *Ils sont bien comme ils sont.*

Même chose pour la nourriture. Je l'ai évitée parce que la sensation d'un estomac plein me rappelait mon sentiment de vide — un sentiment auquel je ne m'exposais pas si je restais moi-même vide. C'est en thérapie que j'ai recommencé à manger un petit peu. Bizarre et en même temps si évident : la nourriture devenant remède pour quelqu'un qui se laissait mourir de faim. J'ai commencé à souffrir beaucoup, du fait de m'alimenter ; j'étais réveillée en pleine nuit par de terribles douleurs dans le dos, comme si j'avais une manivelle dans le bas du dos qui me donnait des tours de vis dans les jambes et dans la colonne vertébrale. J'avais du mal à respirer et je ne pouvais plus me pencher. Je ne savais pas ce qui clochait. « Impuissance », « sentiment de dévalorisation », ou « solitude », aucun terme ne convenait pour décrire ce qui m'arrivait. Il ne me restait plus qu'à le ressentir.

Tout ce que je savais, c'est que je me sentais vide. J'avais aussi l'impression de ne pas comprendre ce qui se passait. Et puis, tout à coup, je me suis vue bébé, dans mon berceau, les yeux grands ouverts, toute raide et tendue. Et puis soudain, BANG !... La connexion : je savais qu'il ne fallait pas pleurer pour ne pas ennuyer ma mère. Il ne fallait pas pleurer, pas avoir mal, pas avoir besoin de quoi que ce soit. Plutôt que de m'exposer à son regard fulminant, tellement différent de la chaleur dont j'avais tant besoin, je me raidissais dans tout mon corps et je souffrais en silence. Le temps semblait s'étirer à l'infini, dans le sentiment que j'en avais ; des minutes de pure souffrance qui s'écoulaient lentement, l'une après l'autre, tandis que j'attendais qu'elle veuille bien venir me voir.

Toute ma vie, j'ai attendu gentiment qu'elle vienne jeter un coup d'œil sur moi, pour voir si je souffrais. Je me revois debout à la porte de sa chambre, une nuit où j'avais fait un cauchemar horrible, la regardant dormir et essayant d'articuler le mot « maman ». J'avais fini par repartir dans ma chambre sur la pointe des pieds et j'avais passé le reste de la nuit paralysée de peur. Mais je me disais toujours : « Peut-être qu'elle va venir. »

Je n'ai jamais su demander directement ce que je voulais. Si je pleurais, je me faisais disputer, on me traitait de casse-pieds. Alors cela m'est devenu plus facile de tout garder à l'intérieur. Mon corps continuait à enregistrer le stress mais mon esprit avait simplement cessé de faire attention aux messages de besoin. A la longue, mes besoins avaient été tellement niés que le corps ne se donna plus le mal de me les communiquer. Un peu comme si j'étais en état de choc permanent. Le raidissement était devenu mon mode de survie.

C'était un énorme mensonge que de se sentir « pleine », et ça me rendait folle. Je ne le savais pas, mais mon corps, lui, le savait. Me priver de nourriture, c'était ma façon de tenir la souffrance à distance. Si on ne vous a jamais prodigué la moindre chaleur dans votre vie, vous n'êtes pas obligé de sentir ce que vous avez raté. Alors vous vous contentez de rester enfermé dans votre igloo. En restant mince, il y avait toujours une petite chance que ma mère s'aperçoive que j'étais en train de mourir et qu'elle s'occupe de moi.

Quand on ploie sous un lourd fardeau de souffrance, on a tendance à prendre une situation très ordinaire — comme une femme au coin de la rue — et à s'inventer tout un scénario à propos de ce qu'elle pense ou de ce qu'elle va faire. Dans un cas comme celui-là, il s'agit d'une souffrance ancienne qui évoque une énorme résonance dont l'énergie noie le cortex qui se met à fabuler. Et on fait de la psychose.

L'énergie de la résonance peut aussi se libérer intérieurement, suscitant toute une gamme de symptômes physiques. C'est dans ce sens-là qu'on pourrait dire que le cancer est une « psychose » du corps. Lorsque le cancer est généralisé, le corps fait comme le cortex et se met à réagir de façon désordonnée, en dehors de ses normes habituelles.

Plus on souffre et plus la souffrance prend de place dans le cerveau. A mesure que s'accumulent les expériences douloureuses, la souffrance mobilise une zone de plus en plus grande du cerveau dont une bonne partie se met alors à fonctionner comme une véritable machine à gérer la souffrance. Toutes les expériences présentes vont désormais passer par le filtre des empreintes, et les événements les plus neutres prendront une coloration douloureuse. Qu'on propose de vous aider, et vous interpréterez cette offre comme une façon de vous dire que vous ne vous débrouillez pas très bien ou que vous n'êtes pas très malin. Une remarque comme : « Tu es très en beauté, aujourd'hui ! » deviendra une critique : ah, parce que je ne l'étais pas hier, sans doute ! Le présent est constamment en train de « se battre » contre l'empreinte. On se sent bête et incapable, et on interprète tout ce qui nous arrive en fonction de ce sentiment.

Les tranquillisants permettent d'amortir suffisamment l'effet de l'empreinte pour que la souffrance ne soit pas trop gênante. Mais, plus on souffre, et plus la dose requise sera forte. J'ai vu des patients qui avaient tenté de se suicider en avalant des doses qui auraient suffi à tuer n'importe qui et qui ont, eux, tout bonnement dormi douze heures. La quantité de souffrance qui mobilisait leur cerveau était telle que les médicaments ne pouvaient, en l'occurrence, pas avoir un effet mortel.

L'empreinte de la souffrance produit un déséquilibre permanent dans le fonctionnement du cerveau et dans la biochimie du corps. Un traumatisme natal qui a contraint le bébé à subir passivement sa naissance (comme, par exemple, lorsqu'il y a enroulement du cordon ombilical autour du cou) crée une empreinte qui donne une tendance à la passivité, et produit un système biochimique compatible avec cette passivité et qui la reflète.

Les empreintes et notre destin génétique

Il semble que l'empreinte de la souffrance puisse même modifier notre aptitude à accomplir notre destin génétique. Il est possible que la souffrance altère la molécule d'ADN qui transmet le code génétique, amenant les cellules à réagir à un code différent, ou légèrement modifié. De toute façon, quels que soient les mécanismes qu'il utilise, le refoulement de l'empreinte a, semble-t-il, un effet global. On peut du reste le constater de manière empirique chez les enfants élevés en orphelinat qui, tant qu'ils demeurent dans un cadre institutionnel, ont une croissance qui ne correspond pas à leur potentiel génétique, mais qui se remettent à grandir quand ils se retrouvent dans un environnement où on leur prodigue de l'amour.

La modification du programme génétique est un facteur qui joue un rôle important dans la maladie; on a en effet de bonnes raisons de penser que de telles altérations débouchent sur des maladies catastrophiques. On a observé dans certains cas de cancer que les gènes normaux étaient devenus des oncogènes, c'est-à-dire des gènes générateurs de cancer. Bien que les chercheurs soient encore actuellement incapables d'expliquer ce phénomène, je serais pour ma part tenté d'avancer l'idée que l'empreinte de la souffrance en est une des causes principales. L'énorme empreinte que laisse la souffrance exerce sur les cellules à gènes normaux une pression telle qu'elle finit par en altérer la structure pour en faire des instruments de mort.

G. Miller Jonakait et un groupe de confrères de l'école de médecine de Cornell ont réalisé une expérience qui vient corroborer cette hypothèse. Dans le cadre de leur étude, on avait fait subir un stress à des souris, ce qui avait entraîné une altération visible de leur code génétique. On constata une modification du potentiel génétique exprimé dans les cellules nerveuses des embryons de ces souris stressées. Il leur fallut beaucoup plus longtemps que les autres pour se développer et il y eut apparemment un certain nombre de changements fondamentaux.

J'ai eu l'occasion de constater d'autres exemples de modification de l'expression des caractères génétiques chez certains de mes patients masculins qui, après plusieurs mois de thérapie, virent des poils leur pousser au visage et sur la poitrine, même à l'âge de quarante ans. D'autres personnes du même âge constatèrent l'apparition de leur première dent de sagesse. Des femmes, qui avaient une bonne vingtaine ou une bonne trentaine d'années, présentèrent un développement des seins. Chez d'autres, ce fut la taille des pieds ou du corps entier qui s'accrut. Ainsi, une croissance qui aurait dû se faire à l'adolescence avait-elle été différée pendant des décennies.

Ce point mérite qu'on s'y attarde un peu. Une bonne partie de notre code génétique reste en sommeil, sous l'effet du refoulement global. Or, une fois qu'on a pris conscience de la charge de stress engrammée qu'on portait en soi et qu'on l'a *re*ssentie, le refoulement diminue et, avec lui, l'inhibition de l'expression des caractères génétiques.

Il est évident que, dans des cas comme ceux que nous venons de citer, le développement génétique avait été retardé. Mais je doute qu'un blocage si radical puisse se faire impunément ; il doit bien falloir en payer le prix, à un moment ou à un autre. Une force suffisamment puissante pour entraver le développement génétique d'un individu aura nécessairement un grave impact sur son système organique.

J'ai soigné récemment une patiente de trente-quatre ans qui n'avait pas eu de règles depuis quinze ans. Ses règles reprirent quand, se replongeant dans des niveaux de conscience inférieurs, elle se mit à revivre des événements du début de son existence. Dans son cas, le refoulement avait bel et bien été global.

Le refoulement n'est pas qu'un terme propre à la psychothérapie, il s'agit d'un processus physique réel qui affecte l'ensemble du corps. Il peut se loger jusque dans les poils du thorax d'un homme, par exemple, ou plutôt dans le code génétique qui en contrôle la pousse. Certains hommes que nous soignons voient des poils leur pousser sur la poitrine après un ou deux ans de thérapie. Qu'était-il donc arrivé à ces poils avant qu'ils n'apparaissent ? Ils attendaient le moment de pousser. Leur code de croissance normal avait été annulé et remplacé par un autre. Il faut qu'il existe une pression considérable pour que quelque chose d'apparemment aussi insignifiant que des poils subisse une altération génétique. Le code initial reste toujours présent, malgré tout, et essaie de se réaliser.

Il y a toujours en nous un bébé et un enfant qui tentent de s'évader. Et, quand l'adulte arrive à se départir de son système de défense, l'enfant resurgit. La pousse des poils et le développement des seins témoignent de l'émergence de l'adolescent ou de l'adolescente qu'on portait en soi.

Une fois l'empreinte de la souffrance *re*ssentie, le système va commencer à se « rétablir » de lui-même. Comme j'ai pu le constater dans mes recherches, on assiste à une normalisation des rapports entre les hémisphères du cerveau et des processus physiques. Ce qui est tout à fait logique, puisque chacune des modifications physiologiques du corps était comprise dans l'empreinte.

Voici un exemple d'empreinte qui montre comment le souvenir de l'impuissance qu'une petite fille avait pu ressentir vis-à-vis de son père se répercutait dans le présent avec des effets catastrophiques. Il est narré par la patiente elle-même, que j'appellerai Linda.

Linda

Il y a quatre ans, quand j'habitais Paris, il m'est arrivé une chose que je préférerais ignorer. Je fréquentais de temps en temps une librairie où avaient lieu des lectures de poèmes, et c'est là que j'ai rencontré un homme qu'on disait poète. Je me souviens que je lui avais trouvé l'air sale et violent, l'air d'un homme à qui on ne peut pas faire confiance. Mais je me suis dit que ce n'était pas très gentil de ma part de le juger si vite et qu'après tout, c'était peut-être un type très bien. On a discuté un peu et il m'a invitée à venir prendre un café, le lendemain soir. Comme à l'époque j'essayais d'être sociable et de sortir un peu plus, je lui ai dit oui.

Le lendemain soir, il a voulu que je l'accompagne chez lui pour aller chercher des poèmes. Je n'en avais pas du tout envie, mais je me suis dit qu'il fallait quand même lui donner le bénéfice du doute. Je suis montée dans sa chambre, une petite piaule crasseuse, tapissée de reproductions surréalistes morbides, et où traînaient quelques bouquins. Il a alors entrepris de me violer, menaçant de casser un verre et de me taillader le visage si je ne coopérais pas. J'ai pu voir à quel point il détestait « ces sales connes d'Américaines ». Il m'a laissée me rhabiller et, à la première occasion, j'ai pris mes jambes à mon cou.

Quelle idiote ! Je me sentais tellement bête, j'avais honte. Comment avais-je pu me laisser embarquer dans une histoire pareille ? Des années après, je me suis rendu compte que mon jugement avait été faussé par l'idée que je me faisais de la morale chrétienne et de mon devoir de « gentillesse » envers les autres. Alors qu'en réalité, si je m'efforçais toujours d'être « bien gentille », c'était dans l'espoir que quelqu'un finirait par m'aimer à cause de cela. J'avais entièrement perdu la faculté de dire « NON » ; j'étais redevenue aussi fragile que je l'étais devant mon père.

L'apparition d'une empreinte pendant une période critique de la vie

L'impact d'une empreinte dépend de plusieurs facteurs : l'événement était-il de nature à mettre la vie du sujet en danger ? A quand remonte-t-il et date-t-il de ce que j'appelle une « période critique », c'est-à-dire un moment de la vie où la satisfaction des besoins du sujet est INDISPENSABLE pour éviter un traumatisme ?

Les événements les plus critiques sont généralement ceux qui surviennent durant la gestation, ainsi que pendant la naissance et directement après. C'est moins grave de ne pas être pris dans les bras de ses parents quand on a neuf ans qu'en période critique, juste après la naissance, quand le contact physique est absolument nécessaire au développement. La frustration des besoins en période critique engendre les pires dégâts au système et, même si ces besoins sont parfaitement assouvis par la suite, rien ne pourra modifier l'empreinte et la force avec laquelle elle nous aura marqués. Quand une mère est malade et qu'elle ne peut pas s'occuper de son bébé juste après la naissance, qu'elle n'est pas en mesure de le cajoler et de lui donner la chaleur dont il aurait besoin, l'enfant en souffrira. Les contacts physiques qu'il aura par la suite pourront peut-être alléger un peu sa souffrance mais ils n'atténueront pas l'empreinte de la carence initiale — c'est impossible.

La terrible solitude qu'un bébé peut éprouver après la naissance peut produire chez lui une hantise de la solitude et un besoin d'avoir constamment de la compagnie, et ce pour le restant de ses jours. En s'entourant d'amis tout le temps, il tentera d'esquiver cette souffrance précoce ; il s'agira d'un comportement de déjouement destiné à le protéger contre ses sentiments.

Les périodes critiques de l'existence sont génétiquement déterminées. Un bébé d'un ou deux ans qui a été nourri selon un horaire strict plutôt qu'en fonction des moments où il avait faim, en restera marqué à vie — l'impact en sera indélébile, même s'il peut par la suite s'alimenter très librement. Car, pour lui, bébé, il mourait de faim et on ne lui a pas donné à manger ; c'est cela, la réalité immédiate qu'il a vécue à ce moment-là. Il se peut donc qu'il développe des habitudes alimentaires névrotiques à l'âge adulte. Dès qu'il aura faim, le vieux souvenir de sa faim dévorante ressurgira, inconsciemment, et il faudra qu'il mange tout de suite, sinon il aura mal à la tête. Autre évolution possible ; il se bourrera de nourriture, sans même s'en rendre compte, jusqu'à être plein comme une outre ou à se rendre malade ; tout cela pour tenir à distance son vieux sentiment de privation de nourriture — un sentiment dont il n'est absolument pas conscient.

Qui se douterait qu'une colite à l'âge de dix-huit ans puisse être la séquelle d'une série de traumatismes survenus dans les premiers temps de la vie ? Qui pourrait deviner que des ulcères à trente ans seraient liés à des traumatismes subis au berceau, par un bébé systématiquement privé de nourriture ? A l'âge de six mois ou d'un an, quand le bébé ressentait l'impression de mourir de faim, son estomac se mettait à sécréter de puissants acides, comme de l'acide chlorhydrique, par exemple. Et plus tard, cette sécrétion est devenue une réaction automatique à la faim ou à toute autre forme de stress. Or, lorsque de telles sécrétions sont fréquentes, ces acides corrosifs finissent par littéralement faire des trous dans l'estomac en le brûlant. C'est l'organe initialement traumatisé qui, plus tard, devient le point de focalisation des réactions au stress. En revanche, ce n'est pas parce qu'on n'aura pas mangé régulièrement à quatorze ans qu'on subira un tel traumatisme : la période critique était alors dépassée depuis longtemps.

Les placards de l'esprit

Le seul moyen de libérer le système de l'empreinte et de son influence, c'est de regarder l'empreinte en face, au niveau de conscience auquel elle s'est gravée. Lorsqu'elle est *re*ssentie consciemment, son énergie bioélectrique est enfin libérée et connectée à la conscience. L'empreinte rejoint alors les rangs des simples souvenirs. On ne peut pas, et on ne doit pas effacer un souvenir ; il reste en nous. Ce qu'on peut faire, en revanche, c'est lui retirer son pouvoir. On nous raconte que la maladie frappe au hasard et sans raison particulière, mais rien n'est plus éloigné de la vérité ; les forces de la nature ne fonctionnent jamais au hasard et sans raison. L'empreinte est la principale réalité qui se cache derrière de nombreuses maladies, et on ne peut pas se permettre de l'ignorer.

7

Le comportement du névrosé : le déjouement symbolique

Les névrosés ont deux moi : le moi réel, celui qui souffre, celui qu'il faut ressentir pour devenir réel. Et l'autre moi, le moi irréel, complice de la régression et oppresseur du moi réel. Oublieux de la réalité, il embrasse la magie, la mystique, tout ce qui est au-delà de la connaissance du monde ordinaire. Le névrosé est à jamais victime de ce qui dépasse son entendement et il agit toujours de manière à « déjouer » des forces qui lui échappent. Il vit le présent comme si c'était le passé. Son comportement est une tentative de résolution symbolique de ses besoins et de ses traumatismes passés. Le « déjouement symbolique » signifie agir dans le présent tout en étant mû par la force d'un ancien besoin inconscient. Le moi irréel poursuit toute sorte de projets fumeux et d'abstractions, car il doit rester dans le flou pour ne pas ressentir la souffrance.

J'ai déjà évoqué les besoins de l'enfant et ce qu'il attend de ses parents : être aimé, totalement accepté et approuvé, protégé, désiré, respecté. Il s'y attend parce que c'est normal, parce que la recherche de la satisfaction de ces besoins est inhérente à la condition humaine. L'organisme sait d'instinct ce qu'il lui faut, et un parent adulte capable de ressentir ses propres sentiments reconnaîtra aussi ces besoins, instinctivement, et il s'efforcera de les satisfaire. En revanche, un adulte coupé de la perception de ses propres besoins ne sera pas capable de satisfaire ceux de son enfant.

L'enfant n'a aucune raison de s'attendre à ne pas voir ses besoins satisfaits ; comment pourrait-il s'imaginer qu'il se trouve sur cette terre sans avoir été désiré, qu'il n'est que le fruit accidentel de quelque pulsion lubrique ? Comment pourrait-il s'imaginer qu'il gêne ou que les bébés naissent par accident ? Cependant, et c'est triste, il aura vite fait de s'en rendre compte à travers l'attitude de ses parents. Ils sont tout son univers et, s'ils ne l'apprécient pas, s'ils ne l'acceptent pas tel qu'il est, plus tard il devra rechercher une satisfaction de substitution pour compenser son manque. C'est l'essence de ce que j'appelle « le déjouement symbolique ».

Le monde comme substitut parental

Pour l'adulte qui n'a pas pu satisfaire ses besoins d'enfant, le monde devient un substitut de ses parents et de ce qu'ils auraient dû faire pour lui. Il faut bien que les besoins trouvent à s'assouvir d'une manière ou d'une autre, car ils sont essentiels à la survie et à la croissance normales de l'individu. Les enfants de l'Assistance, par exemple, qui ont grandi sans amour, ont une croissance physique ralentie. Ils tombent plus souvent malades que les enfants élevés dans un milieu familial normal, ils apprennent plus lentement et leur coordination physique est moins bonne. Et tout cela parce qu'ils n'ont eu personne pour les prendre dans ses bras, pour les caresser et leur prodiguer de l'affection pendant leurs premiers jours sur cette terre.

L'ennui, c'est que les parents sont irremplaçables. C'est quand l'enfant est tout jeune que ses besoins doivent être satisfaits. C'est dès qu'il vient de naître, et pendant les premiers jours de sa vie, qu'il faut le prendre dans ses bras et le garder tout près de soi. C'est d'une importance critique pour sa survie. Il aura beau trouver l'amour, des années plus tard, auprès de son petit ami ou de sa compagne, rien ne pourra jamais combler cette carence de contact physique tout au début de la vie. Le système humain cherchant toujours à combler ses manques, l'enfant, et plus tard l'adulte, recherchera des satisfactions de substitution — des sources d'assouvissement symbolique. Le besoin mobilise, et « l'hyperactif* » est un individu mobilisé par ses besoins.

Un enfant ignoré par des parents débordés fera tout, par la suite, pour accaparer l'attention des autres. Une fois adulte, même s'il reçoit un diagnostic de narcissisme, le fait est qu'il aura été ignoré dans son enfance. Ce n'est qu'un simple exemple, mais il peut y avoir d'autres séquelles. Un enfant ignoré peut aussi se sentir nul et sans valeur, indigne de l'attention des autres. Et, selon les circonstances de l'existence, il se peut qu'il « déjoue » son sentiment d'inutilité en faisant preuve de timidité dans ses rapports avec les autres, en adoptant une attitude craintive et appréhensive vis-à-vis d'eux.

Le récit d'un de mes patients nous fournit une bonne illustration de ce qu'est le déjouement. « Je n'ai jamais cherché l'amour ouvertement. Quand une fille s'intéressait à moi et faisait le premier pas, ça m'angoissait. Finalement, je me suis retrouvé à quarante-deux ans avec une petite amie avec laquelle je sortais déjà depuis un bon moment. Plutôt distante la plupart du temps, elle pouvait cependant se montrer assez affectueuse par moments. Parfait pour moi. Jusqu'au jour où elle m'annonça qu'elle pensait que nous ferions mieux de rompre parce que je n'étais pas l'homme de sa vie, et que je ne le serais jamais. Allons bon ! Je me battis comme un fou pour qu'elle accepte de rester avec moi. Je lui proposai aussitôt le mariage, mais elle tint bon. Je lui écrivis, je lui téléphonai, sans jamais renoncer... jusqu'au jour où j'eus tout à coup le sentiment — un sentiment qui crevait les yeux — que ma mère ne m'avait jamais aimé ou témoigné la moindre affection. J'avais donc réussi à trouver un parfait substitut avec qui je pouvais continuer à me battre pour me faire aimer. J'avais besoin de quelqu'un qui ne m'aime pas parce que, au fond, ma mère m'avait donné le sentiment que personne ne pourrait jamais m'aimer. Dans ces conditions-là, ça aurait été contre nature pour moi de me retrouver avec une femme qui m'aime. »

Le comportement névrotique est une prophétie qui se réalise d'elle-même. Une femme qui ne se sent pas à la hauteur va s'ingénier à prouver que c'est effectivement le cas. Quand elle sera avec des gens, elle aura tendance à faire comme si elle n'existait pas ; si bien qu'on la traitera effectivement comme si elle n'était pas là, ce qui ne fera qu'aggraver le problème. Secrètement, elle espère que les autres vont se rendre compte de sa peur et de son appréhension, et qu'ils la feront sortir d'elle-même — ce qui est rarement le cas.

Il n'est pas normal d'être timide, ce n'est pas dans l'ordre des choses. Prenez un homme qui a toujours tout intériorisé parce qu'il s'est rendu compte très tôt qu'il ne pouvait pas parler de lui à ses parents, trop occupés à satisfaire leurs propres besoins. Supposons qu'il se marie ; il va connaître des problèmes conjugaux, sa femme se plaignant qu'il garde toujours tout pour lui, qu'il ne se confie jamais à elle. En réalité, le problème n'est conjugal qu'à titre accessoire ; le vrai problème, comme c'est souvent le cas, est lié à des schémas du passé. Dans un cas pareil, il est toujours facile de conseiller à l'épouse d'accepter son mari « tel qu'il est ». En réalité, il n'est pas « tel qu'il est », mais plutôt tel que les circonstances l'ont modelé. C'est le manque d'amour qui l'a rendu comme ça.

Ce genre de personne peut changer, mais pas du fait des autres qui le feraient « sortir de sa coquille ». Il changera s'il arrive à *re*ssentir son besoin initial : le besoin de voir ses parents s'intéresser à lui. Un besoin criant qui proclame : « Écoutez-moi ! Entendez-moi ! Intéressez-vous à moi ! Je suis votre fils. Aimez-moi ! » Or, *re*ssentir un tel besoin en soi, c'est connaître le désespoir.

Et le désespoir est la clé du changement. En s'autorisant à *re*ssentir son besoin d'être apprécié par les autres, cet homme-là redécouvrira en effet le peu de cas que ses parents faisaient de lui. Alors qu'en gardant tout en lui, il maintenait la souffrance à distance.

L'apparition du déjouement

Les comportements de déjouement ne sont pas nécessairement la conséquence d'un traumatisme unique ; ils sont souvent le résultat de toute une série de petits traumatismes mineurs qui s'accumulent sur des années et finissent par prendre un sens : « Ils ont envie de se débarrasser de moi. Personne ne veut de moi. Je n'ai de place nulle part. » Ce sont là des sentiments très répandus qui, plus tard, produiront un déjouement. Une de mes patientes se sentait véritablement obligée d'appartenir à toutes sortes d'organisations. Inconsciemment, elle tentait de camoufler sa souffrance derrière un sentiment d'appartenance qu'elle n'avait jamais éprouvé dans son enfance. Elle nourrissait en réalité un sentiment d'exclusion que lui avaient laissé tant de repas et de conversations dont elle avait été tenue à l'écart par ses parents, et toutes les sorties auxquelles elle n'avait pas participé.

Une personne dans ce cas-là pourrait toujours aller consulter un psychothérapeute qui lui déclarerait qu'elle semble éprouver le besoin de participer à toutes sortes d'organisations. « Eh oui, docteur, c'est vrai. Je suppose que j'ai effectivement un besoin d'appartenance », répondrait la patiente qui ne serait pas plus avancée. Car un tel constat n'a que peu de rapport avec le fait de revivre la terrible peine de se voir chaque soir exclue de la table familiale, jour après jour, et de se sentir comme une lépreuse parce que ses parents préfèrent être ensemble plutôt qu'avec leurs enfants qui ne comptent guère pour eux.

Le déjouement cache presque toujours une désespérance. Je me rappelle un patient, politiquement très engagé, qui était sans arrêt en train de militer pour toutes sortes de causes, dans l'espoir de créer un monde meilleur. Le sentiment qui lui revenait en thérapie était : « Il faut que j'améliore la qualité de notre vie de famille ou je mourrai. » Le monde qu'il s'efforçait de créer extérieurement n'était qu'un substitut du monde meilleur dont il avait besoin à la maison. Sa lutte par rapport à la société était un moyen de tenir sa désespérance en échec. C'est pourquoi il ne renonçait jamais à militer, malgré les trahisons, la corruption et la dégradation des choses qu'il pouvait constater dans le monde qui l'entourait.

La lutte comme moyen de recréer l'empreinte

Les symboles sont la représentation de besoins réels. C'est pourquoi nous avons tendance à nous lier avec ceux ou celles qui peuvent recréer notre vie d'enfant. Ainsi une jeune femme épousera-t-elle un mari aussi critique envers elle que l'était son père, après quoi elle luttera pour essayer de gagner son approbation, symboliquement.

Une femme qui a besoin d'être dépendante et infantile « déjouera » cette dépendance dans les comportements qu'elle aura vis-à-vis des autres, attendant de son compagnon qu'il s'occupe de tout et qu'il la prenne en charge comme un bébé. Et comme celui-ci n'aura pas envie de le faire, ayant lui-même ses propres besoins, il y aura des problèmes.

Une névrosée qui ressent douloureusement son passé peut dire : « Vous savez, je suis très bien comme je suis. Ce sont eux qui ne tournent pas rond. » Or c'est quelqu'un qui, dans ses rapports avec les hommes, n'a jamais recherché d'emblée un homme qui puisse l'aimer et l'accepter immédiatement. Comme son histoire personnelle lui avait donné le sentiment de ne pas être acceptée, elle s'est créé un symbole de son passé en se choisissant un partenaire avec qui elle est obligée de lutter. Trouver un compagnon qui l'aime sans réserve lui aurait laissé une tension, un sentiment d'insatisfaction. Si elle choisissait un partenaire aimant, c'est là qu'elle se sentirait vraiment sans espoir, du fait qu'elle conserverait toujours le sentiment de ne pas être aimée. Quand on se sent mal aimé, c'est pour de bon ; ça ne peut pas se peindre en rose. Cette femme-là se sentait obligée de *lutter* pour être aimée, car c'était dans cette lutte symbolique qu'elle trouvait l'espoir. C'est en *re*ssentant le sentiment de ne pas avoir été aimé du tout par ses parents que l'on fera cesser cette forme de déjouement symbolique.

Être mal aimé ou critiqué quand on a cinq ou six ans vous laisse l'impression qu'il y a quelque chose qui cloche sérieusement chez vous. Si bien qu'en luttant pour vous faire accepter présentement, vous êtes au moins sur le bon chemin. Le symbole n'est jamais qu'à deux pas de la réalité. Par exemple, celui qui se montre toujours gentil et qui essaie de faire plaisir à tout le monde le fait parce que ce comportement « aim*able* » renferme l'espoir de se sentir aimé et accepté. Si un tel comportement se prolonge dans le présent, c'est parce que le sujet ne peut plus supporter le moindre surcroît de désapprobation, venant s'ajouter à celle du passé. Une telle conduite évite toute réaction susceptible de déclencher la terrible meurtrissure de l'enfance. On aura beau lui marcher dessus et le trahir à de multiples reprises, l'individu en question conservera sa gentillesse. C'est ainsi que la personnalité névrotique trouve sa continuité.

C'est en empêchant leurs enfants d'être eux-mêmes que les parents les jettent dans la lutte. Par exemple, un enfant qui est sans cesse ridiculisé va devoir se battre pour arriver à « se » sentir bien ; il luttera pour s'attirer l'appréciation ou l'approbation des autres. Il tentera en fait de normaliser la situation. Un jeune enfant ne sait pas qu'il est anormal d'être humilié ; il grandit avec une carence dont il n'est pas conscient, et c'est automatiquement qu'il va lutter pour trouver la satisfaction. Si, cependant, il se rend compte très tôt qu'il n'y a rien à gagner, qu'il n'y a pas d'amour à la clé (les enfants le sentent très bien, sans avoir à intellectualiser), *il ne luttera même pas.*

Si les parents ignorent complètement leur enfant et ne lui fournissent aucune raison de lutter, aucune possibilité de recourir à un comportement névrotique pour se procurer ne serait-ce qu'un semblant d'amour, l'enfant va en souffrir. Il souffrira d'angoisse chronique, il grandira sans avoir développé un système de défense adéquat et il sera toujours renvoyé à sa souffrance ; en revanche, il n'aura pas de névrose profonde, organisée et solide. Ce qui veut dire que plus tard, il aura la possibilité de rentrer en contact avec lui-même.

Lorsqu'un parent n'aime pas son enfant et se montre sans cesse critique et irritable à son égard (le parent est trop souvent encore un enfant lui-même, et il répugne à agir en parent alors qu'il préférerait se conduire en enfant), cette attitude parentale crée un nouveau besoin chez l'enfant : le besoin d'adopter un comportement susceptible d'amadouer son géniteur. Le petit se donne alors tellement de mal pour agir en fonction de ce nouveau besoin qu'il perd de vue ses besoins réels : être aimé parce qu'on existe, tout simplement. L'enfant ne peut plus être lui-même ; il ne sait du reste plus qui il est, trop engagé dans sa lutte désespérée pour désamorcer le courroux parental.

En thérapie, le patient doit commencer par ressentir ce besoin artificiel, après quoi il lui faudra peut-être encore des mois pour débusquer son sentiment et son besoin réels : « Aimez-moi ! » C'est ce sentiment, cet appel à l'amour, qui lui permettra de redevenir lui-même. Car c'est ce besoin absolument fondamental, perdu de vue depuis si longtemps, qui permettra finalement au système de retrouver l'équilibre. L'enfant avait commencé par ressentir un premier sentiment : « Ne te fâche pas contre moi », suivi de : « Aime-moi ! », et l'adulte va devoir les revivre, en ordre inverse. On ne peut pas brûler les étapes, en thérapie.

Le comportement de l'enfant ressemble à un système radar : il va réagir au moindre espoir de s'attirer de l'amour de la part de ses parents, en s'efforçant de devenir ce dont ils ont besoin pour se sentir eux-mêmes accomplis. C'est ainsi que la névrose se transmet d'une génération à l'autre, presque génétiquement. Le besoin inassouvi du parent frustre l'enfant, et produit chez lui le même inassouvissement. Un père qui a un complexe d'infériorité n'arrivera à se sentir à peine passable que s'il rabaisse son enfant, afin qu'il y ait au moins une personne par rapport à laquelle il éprouve de la supériorité. L'enfant, lui, va se sentir inférieur et, quelques décennies plus tard, il fera pareil à son propre enfant. Son déjouement sera inconscient parce que son besoin l'est aussi.

Une autre forme simple de déjouement est l'incapacité de dire « non ». Quand on a eu des parents qui exigeaient une obéissance totale, sans qu'on puisse jamais exprimer sa propre volonté, on reproduira ce comportement plus tard en étant incapable de refuser la moindre demande ou la plus petite exigence. On aura toujours le sentiment qu'il faut dire « oui » tout de suite. Ce qui cache une souffrance simple : le fait d'exprimer sa propre volonté aurait signifié punition, désapprobation et manque d'amour. C'est pourquoi dire oui à tout est devenu une règle de conduite.

Une patiente avait une gouvernante qui s'était occupée d'elle pendant toute sa petite enfance. Sa mère voyageait beaucoup et elle était très mondaine, toujours par monts et par vaux. En fait, le père et la mère n'étaient pratiquement jamais à la maison. La petite fille eut très tôt le sentiment de n'être que du « second choix ». Et quand elle demandait après sa maman à sa nurse, celle-ci lui faisait honte de se conduire « comme un bébé ». Elle cessa alors de demander ce qu'elle voulait et choisit toujours les options les moins désirables, parce qu'elle avait elle-même le sentiment de n'être que du second choix. Quand elle allait s'acheter une robe, elle choisissait toujours celle qu'elle n'aimait pas trop, reproduisant ainsi indéfiniment son enfance. En prenant ce qui était moins bien, elle luttait pour entretenir un espoir, qui, à son tour, entretenait sa lutte.

Une de mes patientes anorexique a eu l'*insight* suivant : « C'était d'amour que j'avais besoin, pas de nourriture. Ils m'ont bourrée de nourriture au lieu de me donner de l'affection. Et maintenant, quand je mange, j'ai l'impression qu'il y a quelque chose qui cloche : ce n'est pas ce dont j'ai réellement besoin, alors mon corps le rejette et je vomis. Je me suis affamée pour garder de l'espoir. » Inconsciemment, elle avait senti qu'en mangeant elle risquait de perdre la proie pour l'ombre. Alors elle avait cessé de manger et elle était devenue squelettique.

Une de mes patientes avait été abandonnée par ses parents et recueillie par ses grands-parents. Elle s'était toujours sentie un peu en « porte à faux », comme si elle n'avait pas vraiment de famille. Elle avait besoin d'une vraie famille, comme en avaient ses camarades de classe. Plus tard, dès qu'elle formait une relation amoureuse, elle retrouvait cette espèce de sentiment de porte-à-faux qui l'obligeait à rompre. Elle était incapable d'accepter un substitut à la famille qu'elle n'avait pas eue, enfant, et elle était obligée de « déjouer » ce besoin dans le présent. Ce déjouement était responsable d'une bonne part de sa souffrance d'adulte, du fait qu'elle n'arrivait jamais à entretenir des rapports amoureux dans la durée, même lorsqu'ils étaient très bons. Bien sûr, elle ne se rendait absolument pas compte de ce qu'elle exprimait à travers son déjouement, ni même qu'elle se livrait *effectivement* à un déjouement. Et, ironie des choses, ce comportement névrotique visant à lui procurer ce qu'elle voulait — se sentir aimée et en famille — était justement ce qui l'empêchait de vraiment satisfaire ses besoins d'amour et de foyer, ici et maintenant.

Un de mes patients s'était retrouvé du jour au lendemain dans un orphelinat, à l'âge de huit ans. Après quoi il avait été placé dans toute une série de familles de gardiennes. Si bien qu'adulte, il n'avait jamais réussi à se stabiliser nulle part, parce qu'il ne trouvait pas « l'endroit qui convenait » — celui qu'il avait perdu dans son enfance. Son besoin de bouger tout le temps s'enracinait dans l'espoir inconscient de trouver un véritable foyer. Nulle part il ne se sentait chez lui (pour la bonne raison qu'il n'y était pas). Dès qu'il avait l'impression d'être resté trop longtemps quelque part, il fallait qu'il parte et qu'il se remette en route.

La signification cachée d'un comportement

Il y a sans doute autant de formes de déjouement symbolique que d'individus. Celui qui se sent obligé d'accumuler de l'argent finira bien par s'enrichir, mais il éprouvera toujours le besoin d'en avoir plus pour éviter de découvrir qu'au fond il n'y avait rien à gagner. L'argent devient un substitut du manque d'amour. A vrai dire, l'argent joue souvent ce rôle-là. Ceux qui ont souffert d'une carence au début de leur vie éprouvent souvent une soif démesurée de richesse. D'autres volent, tout simplement ; ils veulent quelque chose pour rien, ils ont envie de se sentir aimés sans avoir eu à le mériter. Le vol est alors un symbole de ce besoin.

D'autres se laissent aller à la promiscuité sexuelle, espérant ainsi compenser le manque d'affection et de contact physique dont ils ont souffert, tout petits. C'est aussi une forme de déjouement symbolique. Un besoin apparemment simple et évident au départ peut avoir des milliers de ramifications.

Autre exemple : un jeune homme qui avait perdu sa mère très tôt se sentait toujours un peu mal à l'aise. Il éprouvait ce qu'il appelait un « malaise » et passait sa vie d'adulte dans une sorte d' « attente vague ». Quand il était en vacances, il se sentait obligé de rentrer chez lui en toute hâte pour prendre son courrier. Qu'attendait-il donc ? Une lettre de sa mère, semblait-il. Tant qu'il n'aurait pas ressenti toute la profondeur de son amour pour elle, il ne saurait pas à quel point elle lui manquait, et il ne serait pas capable d'accepter sa mort. Si bien qu'il organisait sa vie de manière à toujours attendre, pour tout. Il remettait ses plaisirs à plus tard ; il était toujours en attente de la bonne nouvelle. Il jouait compulsivement à un loto organisé par la télévision, toujours « en attendant » la grande nouvelle.

Il ne pouvait jamais se détendre, le pauvre ; il attendait toujours sa mère. Mais cette attente, et la légère tension qui l'accompagnait étaient essentielles pour lui. Quand il lui arrivait de recevoir une chose qu'il attendait, il était très déçu. Même sa voiture neuve n'avait aucune importance à ses yeux, car ce n'était pas vraiment ce qu'il voulait. Est-ce une attitude névrotique que d'être déçu par sa nouvelle voiture ? En l'occurrence, oui. Il trouvait toutes sortes de bonnes raisons, bien entendu : la peinture n'était pas la bonne, le rétroviseur était trop petit, et ainsi de suite. Mais ce n'étaient pas ses vraies raisons ; cet homme-là restait prisonnier d'un désir de sa petite enfance. Ce fut une libération pour lui lorsqu'il arriva finalement à *re*ssentir et à reconnaître ses besoins. Il fut libéré de l'espoir — car c'était bien l'espoir qui s'était tapi au cœur de son attente.

Je me rappelle avoir soigné un psychothérapeute qui était passé maître dans l'art de poser des questions. Il avait passé toute sa vie à poser des questions aux autres, et cela à cause d'une seule question cruciale qu'il n'avait jamais osé poser : « Où est ma maman ? » Elle était morte subitement quand il avait cinq ans. On ne lui en avait rien dit, et il avait bien senti qu'il valait mieux ne pas poser trop de questions ; ça paraissait tellement mystérieux. C'est ainsi qu'il avait développé plus tard cette aptitude à questionner — apparemment, rien de névrotique à cela — qui lui permettait à la fois d'être un adulte productif et de se livrer à un déjouement symbolique. Je n'aurais jamais pu aboutir à une telle conclusion s'il n'avait fait un primal qui explicita la signification de sa conduite. La névrose peut donc être une forme de comportement symbolique assez subtile, c'est clair ; ce qui veut dire qu'il faut se montrer aussi subtil qu'elle lorsqu'on tente de la mesurer ou de la révéler.

Un enfant qui a été élevé par des parents menteurs peut éprouver un besoin de faire confiance aux gens, afin de sentir qu'il a enfin trouvé quelqu'un à qui se fier. Adulte, il aura tendance à mal placer sa confiance, parce que son besoin de le faire sera si fort. Ce besoin dominera toute sa réalité, le contraignant à s'associer à des personnes peu fiables. Et la lutte commencera. Pour lui, ce sera « leur » faute s'il est abusé — ce qui est d'ailleurs vrai. Comme il est tout aussi vrai, cependant, que c'est son besoin qui aura fourni l'occasion de se faire gruger. Et cela peut continuer indéfiniment, tant qu'il n'aura pas *re*ssenti son besoin. Il faudra qu'il accepte de se rendre totalement vulnérable pour éprouver le sentiment que ses parents n'étaient pas fiables et que son début de vie avait été une période de déséquilibre et d'instabilité. Et c'est seulement à ce moment-là que l'ancien besoin cessera de dominer le présent.

« Déjouer » sa naissance

Quand on fait la queue et qu'on ressent tout à coup une immense impatience, presque une panique, il peut s'agir d'un déjouement symbolique. Cela peut être un sentiment analogue à celui qui a marqué l'attente précédant la sortie du corps de sa mère, à la naissance. A quoi peut aussi s'ajouter un effet de renforcement lié à une vie familiale si pénible qu'on « ne pouvait plus attendre d'en sortir ». L'histoire d'une longue série d'échecs dans la vie d'un individu peut s'expliquer par cette impatience, ressentie de manière traumatique à la naissance, bien qu'elle n'ait duré que quelques instants. Si on ne sait pas attendre, on ne sera pas capable de faire aboutir ce que l'on entreprend, de travailler patiemment en vue d'un objectif donné, d'étudier dans un but à long terme, ou de développer des relations durables avec les autres.

Il est certain qu'il n'est pas toujours évident que telle ou telle forme de comportement puisse représenter un déjouement symbolique, de nature névrotique. Il n'y a pas de tests psychologiques pour mesurer ces choses-là. Cela dit, c'est l'histoire personnelle sous-tendant les faits et gestes de chacun de nous qui détermine si notre comportement est névrotique ou non. Chacun est seul juge en la matière. Personne ne peut dire à votre place si ce que vous faites est névrotique et si vous êtes névrosé. Chacun est l'archiviste exclusif de son vécu passé, et c'est dans cette histoire que se trouve la réponse.

Une patiente, dont la thérapie était lente à progresser, semblait ne pas comprendre les sentiments qu'elle éprouvait. Elle avait juste l'air bête, elle était exaspérante. Et puis un jour, elle *re*ssentit un sentiment : « Je ne veux rien savoir, cela fait trop mal de savoir. Je me suis donné tant de mal pour ignorer la vérité : à savoir qu'ils ne m'aimaient pas. » Son manque de curiosité et sa stupidité apparente étaient des déjouements symboliques. Elle en était même arrivée à ne plus pouvoir regarder les informations à la télé ou lire le journal. Ça faisait trop mal. Savoir voulait dire avoir mal : c'était l'équation qui régissait sa vie.

Même un comportement qui semble tout à fait normal peut être trompeur. Ainsi, le désir de faire jeune et de rester en pleine forme — qu'éprouvait l'un de mes patients — peut n'être qu'un déjouement symbolique du refus de « faire son âge ». Il fallait faire jeune parce que faire son âge, c'eût été renoncer à l'espoir de trouver l'amour qu'il n'avait pas reçu enfant. « Je ne grandirai pas tant que tu ne m'aimeras pas, maman », semblait-il vouloir dire, inconsciemment.

Le « transfert » freudien n'est qu'une autre forme de déjouement symbolique dans lequel d'anciens sentiments portés aux parents se reportent sur le thérapeute. Cela ne sert à rien d'analyser ce transfert et de comprendre le déjouement qui se fait vis-à-vis du thérapeute ; mieux vaut en *re*ssentir la source, après quoi le symbole disparaîtra de lui-même. Un déjouement met en jeu des milliers d'événements et de sentiments qui y sont liés ; le lecteur en connaît sûrement lui-même des tas d'exemples. Une des caractéristiques du déjouement, c'est que l'intensité de ce comportement symbolique dépend de la force du besoin concerné (le degré de frustration), ou de la valence du trauma.

Résolution du déjouement

Il existe bon nombre de thérapies qui prétendent guérir la névrose et ses déjouements. Comme cette méthode qui s'intitule « Rêve éveillé directif — Production d'images guidée », dans laquelle le thérapeute invente des histoires pour le patient et le guide vers une résolution * de sa névrose. Cette démarche repose sur l'idée que ce symbolisme permettra de résoudre le comportement névrotique, ce qui est d'ailleurs vrai, mais uniquement au plan symbolique. Malheureusement, cela ne change rien aux besoins sous-jacents et aux sentiments du patient. Voilà le genre de scénario proposé au patient : « Vous avez une femme au tempérament critique, un patron qui ne vous laisse pas tranquille une minute. Maintenant, imaginez que vous allez les trouver, et que vous leur dites ce que vous avez sur le cœur. Affirmez-vous ! Eh bien, vous voyez que vous pouvez le faire ! » Un beau rêve, certes ; une illusion de bonne santé mentale.

Les déjouements qui fonctionnent bien sont des névroses efficaces, ceux qui ne marchent pas sont des névroses inefficaces. Quand le déjouement fonctionne, on se sent relativement bien ; sinon, on est renvoyé face à sa souffrance. C'est du reste souvent à ce moment-là qu'on va consulter un psychothérapeute pour rafistoler sa névrose. Comme on vous donne généralement des drogues pour vous aider à vous sentir mieux, le refoulement se remet à fonctionner correctement, induit par les médications, et il permet la poursuite du déjouement.

On ne peut pas dire que c'est la personnalité qui fait du déjouement ; plutôt, c'est le déjouement qui fait partie de la personnalité. Et pratiquement tous les actes du névrosé sont symboliques, parce que son comportement est entièrement régi par des sentiments dont il n'a pas reconnu la présence en lui. C'est vrai pour tout : la position de ses mâchoires, sa posture, sa façon de cligner les yeux, de parler, de marcher et d'agir. Rien n'y échappe — parce que rien ne peut y échapper.

Ce que font les thérapies traditionnelles, pour la plupart, c'est permettre au patient de prendre partiellement conscience de son comportement symbolique à travers des *insights*. Le thérapeute devra donc deviner la motivation qui se cache derrière ces actes et, tant que le patient ne l'aura pas lui-même *re*ssentie, ils en seront l'un et l'autre réduits à des supputations. Le cerveau cognitif étant apparu des millions d'années après le cerveau émotionnel, on ne peut pas s'attendre à ce qu'il connaisse les secrets que détient son homologue inférieur. En fait, c'est même justement pour cela que nous avons développé un cortex : pour ne pas le savoir, sinon nous serions constamment noyés sous un déluge de sentiments. C'est pourquoi cela ne change strictement rien de comprendre son déjouement, ou même de savoir qu'il est névrotique. C'est aussi illogique que de s'imaginer qu'il suffit de « comprendre » un virus pour guérir d'une infection. Il arrive trop souvent, malgré tout, que l'élucidation intellectuelle — fort complexe et dûment élaborée — d'un comportement symbolique ne devienne qu'une autre forme de déjouement, une défense contre le sentiment. Ce qui permet de se livrer à un simulacre de guérison tout en évitant la souffrance qu'occasionne une vraie résolution.

Le névrosé aura normalement tendance à choisir une thérapie qui va renforcer sa névrose : une psychothérapie sans racines pour un patient floué de son histoire personnelle. Le moi irréel est à l'œuvre, il choisit ses déjouements. Au nom du progrès, la plupart des psychothérapies dynamiques actuelles s'occupent du moi irréel et se focalisent sur le présent immédiat, et leurs tenants s'imaginent qu'elles apportent du neuf au patient. Il est vrai qu'il y a longtemps eu un problème, dans la mesure où ces techniques ne se préoccupaient en général que du passé, et ce tout à fait en vain, parce que le patient ne faisait que l'évoquer en paroles, sans le revivre. Néanmoins, ce n'était pas le fait de s'intéresser au passé qui posait problème, mais la manière dont on le faisait. Être libre, c'est libérer le moi réel.

La prière peut également être une forme de déjouement symbolique. On prie pour se sentir protégé, aimé, soutenu. Il suffirait de modifier très légèrement les paroles de certaines invocations pour qu'elles puissent aussi bien s'appliquer à des parents qui vous ont privé d'affection. Malgré tout, il faut souvent plusieurs mois de thérapie avant que nos patients arrivent à demander à leurs parents — sans même parler de les supplier — de leur donner ce que, chaque jour, ils prient Dieu de leur accorder. Et ce pour une raison très simple : des besoins comme ceux-là sont porteurs d'un désespoir profond, d'une totale désespérance — autant de sentiments très durs à affronter.

Le patient se dit : « A quoi bon ? S'ils ne sont pas capables de m'aimer, pourquoi le leur demander ? Mieux vaut le demander à Dieu. » Or, que les parents soient ou non capables d'amour, la question n'est pas là, en l'occurrence. Lorsque quelqu'un demande à ses parents de satisfaire son besoin, ce besoin existe bel et bien, et la souffrance aussi. Quand, dans le cadre de la thérapie, un patient supplie ses parents de l'aimer, il se retrouve face à son désespoir. Comme le disait l'un d'entre eux : « La supplication primale initiale (la demande d'amour) avait pris la forme de prières. Des prières qui, en thérapie, sont redevenues l'expression de mon tourment. »

Une fois qu'un besoin réel a été refoulé et dévié, on devient forcément moins direct et plus porté sur l'expression symbolique. C'est inévitable. C'est pourquoi les patients qui sont bien avancés dans leur thérapie primale font des rêves qui ont une signification directe et non symbolique. C'est aussi pour cela que ceux qui ont *res*senti leur besoin, et la souffrance qu'il charriait, ont quelque chose de direct dans leurs contacts. Ils ont une meilleure perception des choses puisqu'ils ont perçu la réalité la plus importante de leur vie.

La névrose, c'est une condamnation à perpétuité ; c'est une prison aux barreaux invisibles qui limitent nos choix, nos centres d'intérêt et nos possibilités. Impuissantes victimes de la névrose, nous le resterons jusqu'à ce que nous ayons retrouvé la capacité de ressentir.

8

Le traumatisme de la naissance : marqués à vie par les séquelles de la naissance

« Je venais juste de revivre mon primal de naissance, et j'eus un choc rétrospectif devant la souffrance infligée par l'acier des forceps. Terreur des tissus et des muscles convulsés : des heures à battre, à pousser, à pétrir mes chairs ; des heures d'efforts désespérés pour essayer de m'expulser, de me projeter dans la vie. Une souffrance étonnamment semblable à celle qu'a subie l'embryon de l'espèce humaine. Nous sommes encore dans la phase des " douleurs du travail ", embryons à terme qui luttons pour avoir le droit de vivre. Car c'est bel et bien une NAISSANCE qui a lieu dans cette invraisemblable salle de thérapie, nue et surchauffée ; ce n'est pas seulement un individu — untel ou unetelle — qui naît ici, mais une espèce nouvelle dont les premières manifestations physiques sont en train d'apparaître. On glisse si doucement, millimètre par millimètre ; puis le bébé vagit et hurle, et se met à vivre. Quiconque est né ainsi est le géniteur originel de l'être humain véritable et complet, abouti. A la fois Adam et Ève... Les débuts de l'humanité. » (Témoignage d'un patient.)

La névrose commence dans l'utérus

Une des caractéristiques les plus frappantes des empreintes, c'est qu'elles peuvent apparaître avant même la naissance. L'environnement fœtal est un voisinage susceptible de contenir des substances contaminantes, des polluants et des produits chimiques nocifs. Alors la souffrance est silencieuse, le mal secret, les dégâts invisibles. Que la mère soit anxieuse, irritable ou déprimée, et cela se traduira par des sécrétions chimiques qui iront irriguer le système du fœtus. La mère qui fume comme un pompier contamine son bébé. Des chercheurs de l'université d'Oxford ont découvert que les bébés respiraient dans l'utérus ; ils peuvent haleter, soupirer, avoir le hoquet. Lorsque la mère fume, la respiration du bébé en est immédiatement affectée ; on a pu observer des bébés qui haletaient dans l'utérus — ce qui indiquait un manque d'oxygène. Par ailleurs, les mauvaises habitudes alimentaires d'une mère peuvent engendrer une malnutrition du bébé, voire l'affamer.

En fait, c'est tout l'environnement fœtal qui peut être déplorable, ne différant guère de celui d'un enfant de cinq ans qui est négligé, sauf que cela se remarque moins. Il se produira les mêmes changements biochimiques chez le fœtus que chez l'enfant de cinq ans, et les dégâts seront les mêmes. La différence, c'est que le fœtus ne peut pas courir à la maison pour se réfugier dans les jupes de sa maman parce que, en l'occurrence, c'est maman qui représente le danger et la « maison » est un lieu menaçant. Le fœtus apprend donc qu'il habite un « quartier » dangereux.

Ce n'est pas avec des mots que le fœtus apprend, mais par l'expérience. Il est en communication chimique constante avec sa mère, à telle enseigne que, lorsqu'il est sur le point de naître, il libère certaines hormones pour lui indiquer qu'il est prêt. La mère sécrète alors à son tour d'autres hormones destinées à faciliter l'accouchement. Mais s'il y a un stress, ces signaux ne fonctionneront plus comme il faut, car un excès d'hormones du stress peut modifier le système immunitaire de la mère et celui du bébé, par voie de conséquence. Ces hormones peuvent aussi augmenter les contractions utérines, déclenchant une naissance prématurée. On serait tenté d'attribuer à la naissance prématurée un certain nombre de problèmes physiques qui peuvent se poser par la suite, alors qu'en réalité, ces problèmes sont le résultat d'un enchaînement complexe de réactions déclenchées par des taux élevés d'hormones de stress. Un niveau de stress important chez la mère peut être responsable à la fois de la naissance prématurée du bébé, et de l'altération de son système immunitaire, cause de futures maladies. C'est ainsi que cet environnement « caché » produit un terrain favorable à l'apparition future de l'hypoglycémie, du diabète, de la colite et même du cancer.

Une vie de fœtus mal vécue aura des conséquences encore plus graves qu'une enfance difficile.

C'est pendant les neuf mois de vie qui précèdent la naissance que l'organisme est le plus fragile et le plus « naïf », et c'est pourquoi les traumatismes ont un impact maximum sur lui. Après douze semaines de gestation, le fœtus possède déjà un système nerveux bien organisé, tout à fait capable de réagir aux traumatismes, de les encoder et de les mémoriser. Cette capacité signifie que l'empreinte apparaît très tôt dans l'histoire du fœtus et qu'elle peut affecter tous les systèmes, en particulier ceux qui s'organisent pendant les premiers mois de la vie.

Des échographies réalisées sur un bébé de trente-quatre semaines ont mis en évidence toute la souffrance que peut ressentir le fœtus : il fermait les yeux très fort en grimaçant, et il avait la bouche grande ouverte, comme pour crier. Un cri — si c'en était bien un — que personne ne risquait d'entendre...

Le fœtus ne pense pas, mais il réagit en fonction des capacités qui sont les siennes. Que survienne un traumatisme ou que sa mère soit anxieuse ou déprimée, qu'elle boive ou qu'elle fume, et le fœtus va subir des modifications physiologiques qui ne seront ni bénignes ni passagères. La marque que laissent de tels événements aura des effets prolongés, sur le fonctionnement cellulaire par exemple. Le souvenir du traumatisme sera « conservé » dans ces modifications affectant différents systèmes de l'organisme.

Notre système immunitaire peut donc être secoué et altéré bien avant que nous n'ayons vu la lumière du jour. Et les maladies immunitaires peuvent fort bien attendre plusieurs décennies avant de se manifester, quitte même à ne produire aucun trouble évident si l'on a connu une enfance saine.

Les travaux de Kandel[1] sur les formes de vie animale inférieures montrent bien comment les empreintes précoces altèrent la physiologie de l'organisme. Ses recherches démontrent en effet que la peur qu'on éprouve au début de la vie modifie de façon permanente aussi bien le nombre des récepteurs que le niveau des neurotransmetteurs. Consécutivement à cette peur, il a constaté des modifications profondes et durables de la résistance des synapses. On sait en outre que les récepteurs de Valium (benzodiazépine) qui se trouvent dans le cerveau et qui correspondent à une classe de tranquillisants particuliers, se modifient en fonction du stress et de l'angoisse. Certaines recherches actuellement en cours indiquent sans erreur possible que les empreintes précoces provoqueraient même une modification de la structure génétique des cellules du système nerveux central.

Non seulement les expériences précoces engendrent des changements, mais ces modifications constituent elles-mêmes l'engramme *

1. Kandel, E.R. : « From Metapsychology to Molecular Biology : Exploration into the Nature of Anxiety », *American Journal of Psychiatry* n° 140, 1983, p. 1277-1293.

du souvenir concerné. Cela veut dire qu'en revivant un souvenir et en le connectant à la conscience, on ramène les cellules à la normale en effaçant l'altération qu'elles avaient subie. Le névrosé est un être altéré, non seulement dans son corps mais aussi dans son cerveau. Tout traitement de la névrose doit donc tenir compte de ces modifications cérébrales. L'amour, la bienveillance et la tolérance ne suffisent pas, en psychothérapie. Ce n'est pas avec de l'amour qu'on arrive à se débarrasser de la névrose.

Il serait temps d'abandonner la notion selon laquelle la mémoire serait synonyme d'intellect, le souvenir étant une donnée qu'on pourrait évoquer verbalement, ou se rappeler intellectuellement. C'est chaque cellule de notre corps qui mémorise des souvenirs. C'est d'ailleurs pour cela qu'on constate d'importantes modifications des fonctions cellulaires et cérébrales, ainsi que des sécrétions hormonales, chez ceux qui ont revécu et résolu une empreinte. C'est tout particulièrement vrai s'agissant du revécu* d'événements préverbaux, datant d'une époque de la vie qu'il n'est pas possible d'évoquer comme n'importe quel souvenir ordinaire, faute d'avoir disposé de cette forme de mémoire à l'époque. C'est pourquoi il ne faut jamais négliger les traumatismes natals ou prénatals lorsqu'on étudie la fonction immunitaire ou les maladies chroniques graves.

Comment être névrosé in utero

S'il faut tenir compte de la vie du fœtus quand on parle de troubles et de maladies, c'est parce que c'est déjà la vie : neuf mois d'existence d'une importance cruciale, au cours desquels tout événement laisse sa marque indélébile ; neuf mois au cours desquels s'installe le substrat de la névrose. On peut être névrosé dans le ventre de sa mère.

Pas besoin d'avoir un comportement névrotique pour être névrosé. Pour qu'il y ait névrose, il suffit qu'il y ait une dose suffisante de souffrance engrammée et une perturbation des fonctions du système. Au lieu d'affecter l' « esprit » et le comportement, comme ce serait le cas chez un enfant de cinq ans, cette perturbation frappe les cellules du fœtus et leurs fonctions, mais c'est toujours bien de la même névrose qu'il s'agit. C'est pourquoi ce n'est pas en se comparant aux autres qu'on peut décider si on est névrosé ou pas. C'est aussi pour cela, soit dit en passant, que les tests psychologiques sont insuffisants pour tester la névrose car ils ne peuvent en mesurer que l'aspect psychologique. De sorte que, si l'essentiel de la réaction à la souffrance engrammée est physique, les tests psychologiques seront aussi inadéquats qu'inexacts.

Aaron

Ma mère est morte d'un cancer du sein, peu de temps après ma naissance. Déjà malade quand elle était enceinte de moi, elle était en plus en deuil de son père qui venait juste de mourir. Mariée à un homme coléreux et un peu fou, elle était terriblement stressée. Ça avait dû être très dur pour elle d'accoucher à ce moment-là. Et ça aurait été mieux pour moi qu'on n'ait pas cherché à me maintenir en vie car j'étais « mort à l'arrivée ».

Je suis un enfant du XXe siècle, né de parents malades dans un pays malade, dans un monde malade où je n'ai jamais connu qu'une seule loi : la survie. Je n'ai jamais rien fait d'autre de ma vie qu'essayer de survivre — rien de plus. Je n'ai jamais rien attendu d'autre de l'existence, non plus. Je suis mort à l'intérieur de ma mère bien avant d'arriver dans ce monde. Car la promesse de la vie avait déjà été rompue — cette promesse que perçoit tout organisme vivant et qui lui dit que tout va bien et que tout se passera bien, la promesse que j'avais moi-même sentie à un moment donné. Mais là, dans le ventre de ma mère, ça ne se passait pas bien ; à vrai dire, ça allait carrément mal. Elle était malade du cancer, malade de chagrin et de colère. Je n'ai pas connu un développement normal dans son utérus, et je n'y pouvais absolument rien. Je vivais dans un environnement inhospitalier qui ne voulait pas de mon existence. J'ai toujours eu le sentiment qu'il fallait que je sorte de là, sinon il m'arriverait une catastrophe. Et c'est un sentiment qui m'a hanté toute ma vie.

Comment le traumatisme de la naissance modifie le cerveau

Les recherches récentes de Marian Diamond fournissent une illustration spectaculaire des répercussions que le vécu d'une femme enceinte peut avoir sur son enfant. Elle a en effet constaté dans le cadre de ses travaux sur les animaux (et les données biologiques fondamentales sont en gros les mêmes chez l'humain et chez l'animal) que, lorsqu'on améliorait les conditions de vie d'une mère pleine — en lui donnant de quoi jouer et en lui laissant beaucoup de liberté —, le cerveau de sa *progéniture* se modifiait. Le petit avait un cortex plus épais, il apprenait mieux et il était plus intelligent, pourrait-on dire. Des facteurs psychologiques qui interviennent chez la mère peuvent donc modifier la structure du fœtus qu'elle porte. Autrement dit, ce que maman a dans la tête peut changer le cerveau de bébé.

Si la mère est malheureuse, cela va se refléter dans les hormones qui traduisent ses sentiments. Les hormones du stress ne font pas qu'indiquer la présence d'un stress, elles déterminent aussi la quantité d'énergie dont la mère va disposer, le taux de sucre qu'elle aura dans le sang, son appétit sexuel, le bon déroulement de sa grossesse ou le risque de fausse couche, et enfin l'efficacité de son système immunitaire. On sait que plus le stress est élevé, et moins l'immunité est forte. Ceci se transmet au fœtus qui naît alors avec ce qu'on pourrait appeler de subtiles déficiences ou des fragilités subcliniques du système immunitaire qui n'apparaîtront que sous l'effet du stress, plus tard.

La réaction du nouveau-né au traumatisme natal dépend de l'environnement qu'il a connu tout au début. Si sa mère a fumé continuellement, le privant d'oxygène, et qu'on lui a fait une anesthésie pendant l'accouchement, cela risque d'avoir de graves répercussions sur le bébé, déjà vulnérable au manque d'oxygène. Robert Bauer, l'ancien responsable de la recherche sur le premier âge à l'UCLA[1], a constaté la présence d'anesthésiques dans le système de nouveau-nés léthargiques qui ne tétaient pas très fort. Ces bébés-là manifestaient une certaine passivité.

Au fil des ans, j'ai vu des centaines de patients revivre toutes sortes de traumatismes de la naissance. Ces patients, originaires d'une vingtaine de pays différents, ont revécu certains épisodes impossibles à simuler. Comme l'a démontré le fait que, par exemple, certains avaient les pieds et orteils bloqués dans des positions identiques pendant qu'ils revivaient la naissance, qu'ils soient japonais ou suédois. Ayant procédé à des mesures électroniques du pouls, de la tension artérielle, de la température et des ondes cérébrales pendant les séances de revécu, nous avons constaté une élévation très importante de toutes ces valeurs. Dans certains cas, l'amplitude des ondes cérébrales a doublé, tandis que le pouls grimpait à 200 et la tension à 22, la température s'élevant de 5/10 de degré C à 1,6 degré C en quelques minutes. Tout cela alors que le patient était couché, pratiquement sans bouger, mais aux prises avec le revécu d'un souvenir.

Il est clair que ce type de souvenir possède une force propre qui est toujours là, latente, même lorsqu'il n'est pas sollicité. Mais les effets du souvenir étant camouflés sous des couches de refoulement efficace, le résultat — pourtant très fort — ne s'en fait pas sentir de manière évidente. Cependant, même si on ne s'en rend pas compte « dans la tête », l'efficacité de la réponse immunitaire diminue car, à l'insu de la conscience, le système immunitaire gère la souffrance.

Les plus fortes réactions de stress que nous ayons mesurées et observées sont celles que produit le traumatisme natal. Le stress et le système immunitaire marchant en sens inverse l'un de l'autre, à la manière d'un tapecul (quand le stress est élevé, le système immunitaire est faible, et vice versa), on peut donc supposer que le traumatisme de naissance a un profond retentissement sur le système immunitaire.

Quand on observe des patients en train de revivre leurs expériences précoces, on est forcé de réfléchir à toute la pression que le trauma-

1. Université de Californie à Los Angeles *(NdT)*.

tisme de la naissance exerce sur nous. C'est impressionnant — et cela rend humble — de se rendre compte de tout ce que le corps a pu emmagasiner tranquillement pendant des années, sous des dehors paisibles. Être capable d'encaisser une telle somme de souffrance sans en avoir conscience : quel témoignage de la force et de l'efficacité de notre système de refoulement !

Les prototypes

Le principe de l'origine du prototype

Il a été établi que ce sont nos premières expériences qui « fixent » les connexions neurales qui dureront toute notre vie. Certaines connexions seront stabilisées et renforcées par les événements qui suivront, d'autres se déferont. Celles qui restent sont celles qui sont le plus critiques pour notre survie. C'est ce qu'on appelle le principe de l'origine du prototype. Les connexions fixées initialement pour favoriser la survie demeurent, en vertu d'une sorte de principe de développement par sélection naturelle.

Chaque jour de la vie du fœtus, il y a des centaines de milliers de cellules nerveuses qui se regroupent, qui se spécialisent et qui se développent pour former les organes qu'elles sont destinées à devenir. Certaines sont appelées à devenir des neurones, d'autres formeront le foie, la rate, les bras et ainsi de suite. Lorsque le système de la mère est intoxiqué par le stress, le fœtus absorbera ces toxines qui altéreront sa physiologie. Les fragiles cellules neuves sont en effet particulièrement vulnérables à ce moment-là, puisqu'elles sont en train de s'organiser pour former des structures anatomiques complexes et tout un réseau de connexions neurologiques compliquées.

On peut en voir la confirmation dans certaines recherches récentes. Un neurologue de l'Arkansas, H. Stefan Bracha, a en effet rapporté que de nombreux cas de schizophrénie étaient attribuables à des traumatismes (en particulier le manque d'oxygène) survenus au cours du second semestre de la grossesse (*Los Angeles Times,* 17 novembre 1991).

On s'en est aperçu en étudiant 24 paires de jumeaux homozygotes dont un seul souffrait de symptômes psychotiques. Le raisonnement était le suivant : étant donné qu'un des jumeaux n'était pas psychotique, cela réduisait la probabilité que la psychose ait des causes génétiques. Ce que Bracha constata, c'est que celui des jumeaux qui avait des troubles psychotiques présentait également certaines anomalies aux mains, qui ne se retrouvaient pas chez le jumeau sain. Or, les mains se forment au cours du second semestre de la grossesse, au moment où se développent certaines fonctions cérébrales essentielles. Il semblerait donc que le jumeau psychotique ait subi un traumatisme à cette époque-là ; outre le fait que ce traumatisme a affecté son développement physique, il est possible qu'il ait en même temps provoqué certaines modifications psychoneurologiques. Autant d'anomalies qui se manifesteront, des années plus tard, sous forme de schizophrénie aiguë.

Le train traumatique : la souffrance devient une caractéristique permanente du système

Les distorsions du fœtus produites par les traumatismes maternels ont tendance à se fixer, devenant des déformations prototypiques. La souffrance qui accompagne la naissance laisse une empreinte qui forme un prototype (un original sur lequel se modèle tout le reste), lequel va se traduire par différentes caractéristiques relatives au comportement. La notion de « comportement prototypique » signifie qu'un traumatisme donné, engrammé dans le cerveau en développement d'un individu, et dans sa physiologie, va engendrer un type de réaction à la souffrance qui restera à jamais gravé sous forme de tendance ou de schéma, tant au plan physiologique que psychologique. L'empreinte d'une souffrance très précoce entraîne deux sortes d'altérations du système : elle crée un « réservoir » de tension résiduelle qui se conserve à vie, et elle dirige et infléchit le comportement et la physiologie dans un sens particulier. C'est à la fois la souffrance, et tout le répertoire des réactions et des défenses qu'elle suscite qui se gravent en même temps dans la même empreinte.

C'est ce qui se passe chez le nouveau-né qui reçoit une énorme anesthésie quand l'injection destinée à sa mère traverse la barrière placentaire et instille dans le système du bébé une dose plusieurs centaines de fois trop forte pour lui. Le nouveau-né est rendu subitement passif et inefficace, voire inconscient, et il va en souffrir doublement : du fait de l'expérience même, mais aussi à cause de la réponse passive qu'elle provoque et qui va se graver en lui, formant un prototype affectant à la fois sa physiologie et son comportement.

La fixation du prototype découle de ce que j'appelle le « train traumatique », métaphore de la séquence d'événements qui entourent la naissance et qui débouchent sur un dénouement caractéristique. J'ai en effet pu observer que la phase finale de la naissance se gravait sous forme de réponse prototypique, comme si le corps avait intimé au système l'ordre de l'imprimer. Tout dépend du genre de départ qu'on a pris à la gare de la naissance ; il suffit d'être monté dans le mauvais train pour ensuite « se tromper de nouveau à chaque arrêt », dirions-nous en paraphrasant un auteur connu. On a carrément déraillé de la voie qui devait nous emmener vers la vie et on se retrouve sur une sorte de voie de garage qui nous mène on ne sait où, ni pourquoi.

Le voyage se poursuit inexorablement, et on a aucun moyen de descendre du train. En plus, personne ne sait comment l'arrêter. Or, le secret, c'est de retourner à son point de départ pour essayer de retrouver le bon itinéraire, disparu depuis si longtemps sous la poussière.

Si le bébé a été drogué et qu'il était à moitié mort pendant la naissance, le train avancera très lentement ; il n'aura pas beaucoup de vapeur et il n'ira pas très loin. En revanche, si on est entré dans la vie en luttant pour sortir de la matrice et en y réussissant, le train va foncer à toute allure, bouleversant les obstacles, renversant tout ce qui se dresse sur son passage, se frayant un chemin agressivement et à grand renfort d'énergie, car il n'en manque pas. Alors que chez ceux qui sont montés dans le train passivement, parce que drogués pendant la naissance, la quantité d'énergie dépensée est nécessairement réduite afin d'assurer la survie. Leur train fuit le souvenir de la mort évitée de justesse. Quand ça va mal pour ceux qui vivent sur ce mode passif, leur première pensée est de renoncer : suicide. A la différence de ceux qui sont nés en mode actif et qui sont toujours en train de foncer, tête baissée.

Je viens d'évoquer le phénomène de « l'ordre d'imprimer » que le système donne à la fin du train traumatique. Une fois l'empreinte réalisée, c'est comme si on vivait en permanence sous la coupe d'un démon, et c'est pourquoi, à trente-cinq ou quarante ans, on peut faire des cauchemars dans lesquels on perd le souffle, on éprouve une impression d'étouffement ou de strangulation — toutes les sensations qu'on ressent à la naissance. L'inconscient ne fonctionne pas de manière capricieuse ; ce n'est pas par dessein diabolique qu'il fabrique des cauchemars. Mais il utilise les matériaux de l'empreinte pour produire des images et des sensations qui nous empoisonnent la vie.

C'est la manière dont nous émergeons de la filière pelvienne, le mode de conclusion du train traumatique qui vont dicter les tendances de la personnalité dans ses grandes lignes. Si le fœtus a été fortement drogué pendant la naissance et n'a rien pu faire d'autre que s'efforcer de respirer, le réflexe de survie qui va se graver en lui à la naissance sera fait de passivité, de résignation, d'impression de futilité et de désespoir. Ces réactions resteront longtemps non conceptuelles, tant que les outils de la conceptualisation ne se seront pas développés. Néanmoins, le traumatisme altérera la physiologie du système, et cette modification aura sa *re*-représentation aux niveaux supérieurs de la conscience : elle sera mémorisée dans le néocortex en voie de formation. Ce n'est que des années après, lorsque le néocortex aura atteint son plein développement, qu'on sera capable de donner un nom à ce sentiment éprouvé initialement : une impression de futilité, de dérisoire.

En revanche, on ne saura pas en désigner l'origine. Étant donné que les représentations du traumatisme précoce s'impriment sur une conscience « corticale » qui n'est pas encore pleinement développée, le résultat ressemble à une photocopie pâlie, presque illisible. Le seul moyen de reconstituer le message, c'est de réintégrer les sentiments dans la conscience. Mais c'est tout de même grâce à cette *re*-représentation qu'il sera possible d'expérimenter un sentiment connecté *, quelques décennies plus tard. On n'aura plus qu'à suivre l'impression de futilité et les sentiments de désespoir pour remonter jusqu'à la racine.

Le train traumatique façonne les tendances réactionnelles qui forment la base de la personnalité. C'est ainsi qu'on distingue des tendances répressives (comme dans le trauma du bébé drogué, décrit plus haut), ou expressives (comme chez ceux qui se battent pour sortir et qui y réussissent). Plus tard, lorsqu'on connaîtra des conflits ou des stress dans la vie, c'est la première réaction de survie au train traumatique qui ressurgira, car les autres neurones qui n'ont pas servi à cette tâche seront devenus caducs et auront disparu. Ainsi, les individus qui ont été obligés de manifester des réactions minimales pour survivre, comme quand on est étranglé par le cordon ombilical, auront plus tard tendance à réagir, entre autres, par une respiration superficielle qui induira des émotions superficielles. A quoi s'ajoutera par la suite une tendance générale à garder leurs sentiments pour eux. Il faut se rappeler que la première forme de réponse à un traumatisme est une réaction intéressant l'appareil respiratoire. Or, il arrive souvent que le refoulement empêche cette réaction respiratoire de se faire pleinement. Dans notre thérapie, c'est presque une banalité de dire que, lorsque nos patients revivent des traumatismes précoces, c'est d'abord en retrouvant une respiration profonde qu'ils récupèrent leur tendance générale à la réactivité. Je tiens à insister sur le fait qu'une réponse respiratoire diminuée (par le traumatisme natal) se traduira plus tard par un manque de réactivité dans tous les domaines. Une des premières choses qu'on constate après un primal profond, c'est que le registre de la voix devient plus grave, du fait de la reprise de la respiration profonde. Cela dit, les exercices de respiration profonde prônés dans certaines formes de psychothérapie peuvent entraîner des résultats malheureux, dans la mesure où ils provoquent une résurgence prématurée de la panique précoce. C'est pourquoi c'est un exercice purement mécanique, et potentiellement dangereux, que de forcer un patient à respirer profondément dans les phases initiales d'une thérapie.

Quand un enfant de trois ans sera contrarié, il va retenir son souffle, reproduisant le traumatisme initial et la réaction qui lui a sauvé la vie. Plus tard, il aura également tendance à refréner ses sentiments quand il se trouvera en situation conflictuelle. Et puis quelqu'un finira bien par découvrir un jour que les malades du cancer sont des gens qui ont tendance à contenir leurs sentiments, et on leur fera suivre une thérapie pour les encourager à s'exprimer. Cependant, le patient aura beau s'exprimer tout son soûl en thérapie, cela ne changera rien à la tendance fondamentale générée par le train traumatique. La répression (des sentiments) et le développement du cancer, maladie due au refoulement, participent du même syndrome ; ce sont les conséquences du même événement précoce. Les cancers sont en général plutôt le résultat de tendances répressives, les maladies de cœur étant plutôt des troubles liés à un tempérament expressif, consécutifs à l'expérience d'un train traumatique plus actif, plus agressif. Tous les aspects de notre être se retrouvent dans ces tendances qui nous poussent à adopter un comportement répressif ou agressif.

Prototypes et survie

La réponse prototypique aux événements potentiellement fatals pour nous n'est pas névrotique, initialement. Elle ne le devient que lorsqu'elle persiste à l'âge adulte où elle ne correspond plus à la réalité du moment, puisqu'elle n'est ni nécessaire à la survie ni pertinente. Si la constriction des bronches est indiquée lorsqu'on est en train de se noyer dans le liquide amniotique pendant la naissance, en revanche, la crise d'asthme qu'on va faire en réaction à une dispute entre ses parents sera non seulement l'inverse d'une réponse d'adaptation, mais elle sera même potentiellement fatale. Les réponses prototypiques ont généralement tendance à se transformer en leur contraire et à devenir autodestructrices plus tard, dans la mesure où elles sont alors hors contexte et ne correspondent plus à la réalité extérieure du moment. Ainsi, si un comportement agressif qui pousse à l'action a pu au départ aider un bébé à sortir de la filière pelvienne, il risque plus tard de causer la mort prématurée de l'individu concerné, par surmenage induit par le prototype engrammé.

Il faut avoir vu une patiente, qui avait été claustrophobe toute sa vie, émerger d'un primal de naissance dans lequel elle avait revécu l'impression d'être écrasée et étouffée, pour comprendre la terreur initiale qui engendre une telle phobie. On était aussitôt frappé par le pouvoir de l'empreinte inconsciente, et par la véritable peur de mourir qu'elle éprouvait visiblement. Les bébés qui ont vécu ce type d'expérience sont susceptibles de devenir des personnes qui ne supportent aucune astreinte ; le genre de gens qui ne tolèrent pas d'être tenus à des délais ou à des limites d'aucune sorte. Ils éviteront comme la peste tout ce qui est un tant soit peu précis. On mesure mieux toute la force que peut avoir une telle phobie quand on voit, par exemple, une femme en proie à une peur terrible de quitter sa maison — son univers rétréci à une pièce —, et qu'on est témoin des affres qu'elle connaît en revivant sa naissance, terrifiée d'avoir à sortir de l'utérus.

Tous ceux qui refusent d'être tributaires des autres, qui sont incapables de supporter l'autorité d'un patron, qui ne veulent ni limites, ni barrières, ni restrictions d'aucune sorte, tous ceux-là ont en fait un comportement symbolique de déjouement d'une empreinte. Une empreinte qui peut être due au sentiment de s'être trouvé totalement démuni, et à la merci du bon vouloir physiologique et anatomique de sa mère pendant l'accouchement. Ce sont là des circonstances dans lesquelles on « apprend » qu'on risque la mort quand sa vie se trouve entre les mains d'un tiers. Processus inconscient, souvent renforcé ensuite par les circonstances de la vie.

Le comportement prototypique est la mémoire des débuts de la névrose. Tenter de retracer les multiples circonvolutions de la névrose ne pourrait que brouiller le prototype. Toute la superstructure de la personnalité repose en effet sur un prototype ; c'est lui qui détermine la personnalité et non l'inverse. A savoir qu'on aura beau modifier son attitude, ses symptômes ou son comportement, ça ne changera jamais rien au prototype. Car il s'agit d'une donnée physiologique et non d'une construction théorique.

Le prototype a sa logique propre et inhérente à sa nature. Il clarifie, explicite, et donne une cohérence à des événements autrement disparates. Il relie les symptômes à leurs origines, et rattache les idées et les comportements à leurs sources initiales. Le quinquagénaire qui a expérimenté le prototype dans un primal peut enfin vivre tranquille ; il ne se sentira plus obligé d'intervenir sans cesse pour précipiter les événements, comme il avait dû le faire pendant le déroulement de sa naissance. Quand on a un *insight* basé sur le revécu d'une expérience précoce, on est tout de suite frappé par sa justesse, dans la mesure où la représentation de l'événement au niveau supérieur (de la conscience) semble coïncider parfaitement avec le vécu en question. Un tel *insight* ne peut venir de personne d'autre que de soi-même, car il n'est autre que la prise de conscience (en haut) du sentiment auquel il est connecté (en bas).

L'empreinte du traumatisme peut marquer la personnalité de quantité de façons. Prenez par exemple un bébé qui émerge de l'accouchement tout meurtri et couvert de bleus, comme s'il avait été roué de coups et écrasé, et tout cela sans raison apparente, tout au moins à ses yeux. Ce qui va se graver en lui, c'est une sorte de physiologie de l'injustice : on lui a fait du mal sans raison. Cette conviction sous-jacente ne se manifestera que si ce sentiment est plus tard renforcé au cours de l'enfance, si l'enfant est rejeté, mal aimé ou critiqué sans raison. Il peut en concevoir un profond désir de rectifier les injustices. Ainsi pleurera-t-il pour la jeune fille mise au ban de la société pour avoir aimé un homme indigne, ainsi s'enflammera-t-il pour le héros qui fait régner la justice pour le bien du peuple. Bref, il projettera des besoins primals inconscients sur tout ce qui se passe autour de lui. Devenu adulte, il se peut qu'il ait une tendance à la contestation et qu'il se fasse avocat pour redresser les torts de la société. En tout cas, la force qui le poussera à agir et qui le motivera restera toujours cette impression d'injustice qu'il a ressentie pour la première fois pendant la plus primale de toutes ses expériences — la naissance — , et qui s'est précisée ensuite durant son enfance.

Il faut se rappeler que les catastrophes qui frappent ces êtres fragiles que sont le fœtus ou le nouveau-né s'abattent sur un organisme dont la fenêtre sensorielle est large ouverte. Un organisme qui reçoit de plein fouet toutes les impulsions et toutes les souffrances, sans pouvoir mettre d'écran entre lui et ce qui se passe. Le nouveau-né n'est pas en mesure de téléphoner à un ami pour lui parler de l'injustice de ce qui s'est passé. Il n'a pas la faculté d'aller devant les tribunaux, de prendre des avocats et d'essayer d'obtenir réparation de son préjudice par un juste verdict. Il ne peut pas faire jeter ses parents en prison. Il ne peut pas sortir s'acheter un paquet de cigarettes et les fumer à la chaîne, sans s'arrêter ; il ne peut pas non plus avaler tout ce qu'il y a dans le frigo. Tout ce qu'il peut faire, c'est souffrir. Les médecins considèrent qu'il est normal qu'un bébé pleure en naissant ; or, si le nouveau-né hurle, c'est parce qu'il est traumatisé. Les hurlements ne sont pas un résultat normal de la naissance.

Quand on essaie de suivre les racines qui remontent des symptômes de l'adulte jusqu'aux événements de sa naissance, on a souvent l'impression de se retrouver dans un véritable labyrinthe. C'est très étrange, un peu comme si quelqu'un était parti en voyage très loin de chez lui, et qu'il se soit ingénié à faire disparaître toute trace de sa route, au fur et à mesure qu'il avançait. Si bien qu'on ne se souvient plus d'où on était parti, et qu'on ne sait même plus comment on en est arrivé là où on se trouve actuellement. Et puis, des années plus tard, on atterrit dans le cabinet de son médecin à qui on est venu se plaindre de palpitations, d'angine de poitrine, de fatigue chronique ou d'hypertension — autant de symptômes dont l'origine est un mystère total, pour le patient comme pour le médecin.

Or, notre comportement et nos symptômes ne sont pas le fruit du hasard ; loin d'être dépourvus de signification, ils représentent l'aboutissement de toute une histoire. Mais si on considère le développement des symptômes sans tenir compte de leur histoire, on sera aussi perdu que celui qui fait disparaître la route derrière lui. Car les symptômes sont la résultante de tout un processus.

Certes, il est important et nécessaire de traiter les symptômes — il faut bien soigner un ulcère ou la douleur d'une migraine — , mais il ne faudrait pas confondre traitement et guérison. Faute de remonter à la cause des maux, on ne fera qu'en soulager les symptômes — des symptômes qui ne sont pas la maladie elle-même, mais seulement la manière dont elle se manifeste.

Un symptôme a pour fonction de retenir et d'absorber l'énergie que dégage l'empreinte. Éliminer brusquement un symptôme, c'est priver le patient d'un exutoire. Un patient était venu me consulter après avoir suivi une thérapie comportementale pour soigner son impuissance. Au bout de quelques mois d'un tel traitement, on avait apparemment réussi à résoudre son problème puisqu'il arrivait de nouveau à avoir de temps en temps une érection. Peu de temps après, cependant, il avait développé deux autres symptômes : une sorte de narcolepsie qui le faisait s'assoupir à tout bout de champ, et de l'herpès. L'élimination du symptôme initial avait en effet généré un gros stress, et il avait bien fallu que cette pression trouve un autre exutoire. Ce que confirment les travaux de Ronald Glazer, de l'université de l'État de l'Ohio, qui ont démontré que le supplément de stress créé par un examen de fin d'études pouvait suffire à produire de l'herpès. Dans certains cas, comme quand on adhère à un système de croyances cohérent, cet impact pourra être absorbé mentalement; sinon, c'est contre le corps que cette énergie se retournera. L'organisme fonctionne comme un système de compensation permanent qui essaie de répartir au mieux la pression intérieure qu'il subit.

Le cas suivant est celui d'un épileptique, et il illustre bien notre propos. Mieux qu'un exposé didactique, le récit de ce patient montre bien l'énorme impact que la naissance et ses vicissitudes peuvent avoir sur la vie d'un individu.

Bill

Je suis presque sûr que j'ai subi une commotion cérébrale dans la filière pelvienne. Tout était si doux et si bien rythmé au début, et puis, tout à coup, BOUM ! L'utérus s'est brusquement raidi, et j'ai reçu un grand coup sur la tête. A l'âge adulte, j'ai eu un accident de voiture dans lequel je me suis cassé le sternum. J'ai revécu cet accident, comme une photo qui s'impressionnait sous mes yeux jusqu'à ce que j'aie pris pleinement conscience de ce qui se passait, et que je me sois rendu compte à quel point ça me rappelait le traumatisme de ma naissance. Après avoir revécu ces sentiments, je me suis mis à guérir très rapidement, beaucoup plus vite qu'avant. Il semble qu'il y ait un rapport entre ressentir *une souffrance et en guérir.*

La scène de ma naissance représentait, je crois, le prototype de mes crises. Comme aux premiers stades de la mort, c'était le résultat d'une anoxie à laquelle je ne pouvais rien mais qui correspondait parfaitement à la situation. Les scènes de naissance que j'ai revécues plusieurs fois ont été beaucoup plus traumatiques que mon accident. Les centaines de crises que j'ai eues dans ma vie n'ont été qu'autant de tentatives inconscientes de réagir pleinement à l'horreur initiale et mortelle que j'avais éprouvée en me sentant privé d'oxygène à la naissance. Pas étonnant que j'aie ressenti la même sensation qu'avant une crise, sur le bout de ma langue, car il y avait vraiment quelque chose à cet endroit-là : un « sentiment ». Rien de mystérieux non plus à ce que je sois tombé dans les pommes au moment où j'allais le reconnaître. Miséricordieuse inconscience qui m'évitait d'apprendre quelque chose de trop pénible à connaître et à ressentir !

Au cours des quelques semaines passées, je me suis senti à plusieurs reprises sur le point de recouvrer la conscience, déjà à demi sorti du canal de l'utérus et en train de commencer à respirer. Mais tout ce que j'éprouvais dans ce primal ne semblait être que violence et discorde. J'avalais de l'air avec de grands hoquets. Je gigotais pour essayer de me dégager les bras et la tête mais, la plupart du temps, je ne faisais que rester couché par terre à avaler de l'air à grands traits. Je le buvais comme un liquide. J'émettais de temps en temps des cris qui ressemblaient à des quintes de toux et des gémissements. C'est au moment même de ma naissance que j'ai ressenti l'impression d'une vibration électrique (qui fut, je suppose, ma première crise d'épilepsie). J'étais là à avaler de l'air à grandes lampées et mon corps fut parcouru d'un picotement (le même que j'éprouve quand j'ai une crise), avant de plonger dans un véritable paroxysme de douleur : impression de suffoquer et de recevoir un choc sur la tête. Toute ma vie, j'ai toujours mal dormi. Mes cauchemars étaient peuplés de ces mêmes sensations de suffocation (je rêvais que je me noyais et qu'il y avait d'énormes vagues qui m'empêchaient de respirer). Je me rends compte maintenant que c'étaient ces sensations, liées au début de ma vie, qui cherchaient sans cesse à refaire surface et à se libérer. En réalité, je les revivais en dormant, ces sentiments et ces sensations, mais je me réveillais toujours avant qu'ils n'aient pu devenir trop conscients. Si j'avais tant de mal à m'endormir, c'est que je n'arrêtais pas de tourner et de retourner ces impressions-là dans ma tête. J'avais la tête pleine de pensées qui ne voulaient pas s'arrêter.

Comme mes crises reflétaient assez bien ma façon de sentir les choses, elles ne me paraissaient pas trop bizarres. Les sentiments que je revivais pouvaient paraître inintéressants ou étranges aux autres, mais à mes yeux, ils expliquaient ce que je ressentais jour après jour. Si jamais j'arrivais à prendre conscience de ce qui me faisait chaque fois sombrer dans l'inconscience, je n'aurais plus de raison de refaire des crises pour me rendre inconscient.

Ceux qui ont fait des crises d'épilepsie au moment où ils s'apprêtaient à revivre des sentiments associés à la naissance font souvent état d'une désorganisation consécutive à la crise, et affectant l'ensemble de leurs sensations physiques. Quand une crise d'épilepsie se déclenche, les sensations se fragmentent et se dissolvent, littéralement ; un cri se désincarne pour devenir un nœud dans la gorge, le nœud lui-même se brise en éclats mouvants, d'abord un peu comme des morceaux de pots cassés, puis comme du verre pilé, et enfin comme une sorte de bourdonnement électrique léger et un peu flou. Voilà ce qui servait d'intermédiaire à la pléthore de symptômes qui me hantaient.

Mes symptômes changeaient sans arrêt, comme un caméléon. Quand je n'avais pas mal aux bras, c'était à la tête. Quand ce n'était pas à la tête, c'était au ventre. Si je n'avais mal nulle part, c'est qu'il y avait quelque chose de bizarre qui couvait ; une fois où ça m'est arrivé, j'en suis resté tout déstabilisé pendant plusieurs jours. D'ordinaire, les symptômes se succédaient en fondu-enchaîné, à quelques secondes d'intervalle ; c'était difficile de dire si un symptôme était « physique » ou non, puisque la panique pouvait prendre la forme d'un mal d'estomac pour passer à un nœud derrière l'œil droit, suivi d'une sensation de poignard enfoncé entre les épaules.

Mes crises n'apparurent qu'à partir du moment où je perçus le message qu'il ne fallait pas appeler au secours, pas se plaindre ou manifester le moindre signe d'imperfection. Lorsque ma mère hurlait juste sous mon nez, la moindre esquisse de réaction aurait pu être dangereuse. J'ai fait ma première crise à l'âge de sept ans, après m'être cogné le coude, et sachant que je ne devais pas appeler. J'ai commencé à faire régulièrement des crises après qu'on m'a demandé s'il fallait qu'on nous mette en orphelinat, mes frères et moi.

J'ai souffert aussi bien de colite que de constipation. Ça paraît contradictoire, mais c'est comme ça. Il semble que tous mes symptômes soient épisodiques ; je commence par tout retenir en moi et puis... le vieux schéma prototypique se reproduit.

Mes maux de tête ont cessé après que j'ai revécu les sentiments de ma naissance et le manque d'oxygène. Je pense que, comme je n'avais eu aucun moyen de me débarrasser des poisons accumulés en moi, j'ai toujours éprouvé le besoin obsessionnel de me purger d'une manière ou d'une autre, que ce soit par la confession ou par la diarrhée. Stagnation : voilà le mot ! Je ne supporte pas ça, ça me rend dingue. Ne pas pouvoir me vider équivaut pour moi à la stagnation ou à l'empoisonnement. C'est pourquoi je me suis toujours senti poussé à l'action. Quel soulagement que de me débarrasser de ces pulsions !

Je pouvais sentir des grains d'asphalte collés à mes joues et à mon front. La cour de récréation était vide. Que s'était-il passé ? Je me dressai sur mon séant ; pas besoin de m'expliquer que je m'étais évanoui. Mais il n'y avait pas de raison, en l'occurrence : pas de doigt de pied cogné, pas de placage au sol par un autre gamin, pas de coupure au doigt. On ne s'évanouit pas pour rien, non ? Peut-être que j'étais un peu sensible. Ma mère me disait toujours que j'avais l'imagination fertile. Pourtant, je n'avais rien imaginé ! Il devait y avoir quelque chose qui clochait chez moi — depuis toujours, du reste.

Je me retrouvai assis tout seul dans la cour vide après mon évanouissement, et ces sensations se dissipèrent comme les notes d'un accord que vient de plaquer un musicien. A plusieurs reprises ce jour-là, je perdis le fil de mes idées pendant que je parlais ; je restai suspendu au beau milieu de ma phrase. Je gardais les yeux rivés sur le rebord de la fenêtre, comme si j'étais en transe. Je disais donc... quoi ? J'avais du mal à respirer. Je passais même de longs instants à oublier de respirer, pour ne recommencer qu'avec difficulté. Ce qui aurait dû être le plaisir d'un rythme naturel devenait un problème de logique : si je fais bouger ma poitrine comme ça, et que je renverse un peu la tête en arrière, ça fera rentrer de l'air. Là-dessus, douleurs dans les genoux et dans les poignets, sensations d'irritation le long des côtes et de la colonne vertébrale. L'impression d'avoir un lézard qui se tortillait dans ma poitrine. Il bougeait en même temps que moi, et si je restais tranquille, je le sentais peser en moi. J'ai toujours été malheureux.

J'adorais le bain. Je voulais flotter, être tout recouvert d'eau et m'en emplir, mais sans me noyer. Comme une méduse... 95 pour 100 d'eau dans le corps. Comme l'océan. Une pure absence d'esprit. Je voulais flotter à la dérive. J'ai vécu comme ça toute ma vie : rien que des conséquences, pas de décisions. En maths, les chiffres qui nageaient dans ma tête ; les jolies filles à qui je ne pouvais jamais adresser la parole, ou devant qui je restais sans voix quand j'essayais, suspendu dans le vide préverbal ; cette émotion dépourvue de sensations formelles et qui ne m'émouvait pas. J'ai toujours été en marge des groupes et de ma famille, comme protégé par une sorte de bulle de plexiglas qui ne s'ouvrait qu'en cas de catastrophe et juste après.

Il y avait un monde, entre le monde et moi. Un univers de souffrance. Sensations de souffle court et de solitude que je ne pouvais pas traduire. Neil Young en parlait dans ses chansons : « Ce sont ces choses que je n'exprime jamais qui me poussent toujours à chercher un cœur d'or, et je me fais vieux. » Émotions ravalées dans la gorge : marée, fleuve. Un véritable montage. Tout sembla s'enfler et retomber SUR moi à cet instant-là, alors que j'étais dans ma salle de bain, en train de me regarder fixement dans la glace.

Au moment de la transition vers la mort, on voit défiler sa vie. Tous les coups sont permis, plus de raison de lutter. Témoignage sur lit de mort fait loi. Mais d'où sortait donc tout ça, au milieu de ma vie de bourgeois des banlieues chic ? Je vis défiler des heures et des jours comme si c'eût été des secondes. Je vis la mort comme si elle s'était déjà produite. Et toujours cette souffrance : seul, sans jamais, absolument jamais personne pour vous aider. Personne n'est au courant, personne ne m'entend.

A quoi ça rime de jouer au football ou de surfer sur la crête des vagues quand on voit que sa vie est pourrie de l'intérieur, bouffée par la mort et le malheur ? A quoi bon savoir comment on en est arrivé là, ou à qui la faute ? C'était joué d'avance ; chaque fois, j'avais déjà perdu le combat avant même de l'avoir commencé. A quoi bon faire l'amour à une femme vivante, en chair et en os ? Elle finirait quand même par se réveiller et par voir ce malade — ce cadavre — qu'elle avait entre les jambes. Pas méchant, non, peut-être bien intentionné, mais déjà un peu à côté de la plaque, avarié. Et à quoi riment les intentions, pour un mourant ? A quoi servent les excuses ? Dérisoires futilités. Juste un gamin tellement pétri de besoins que ça paraît idiot de le considérer comme un organisme complet. Et là, planté devant la glace, les deux mains sur le lavabo, je me retrouvai face à la mort.

Je m'étais choisi des volumes entiers de maîtres de la littérature pour parler à ma place... J'avais une telle envie de vivre ! Platon, Rabelais, Miller et Nietzsche. Je refis défiler Marx, Darwin, Rimbaud et les Founding Fathers[1] *dans ma tête mais, finalement, je renonçai ; je me soumis. Je cessai de demander de l'aide. Je ne parlais plus à ma mère. Quand j'avais besoin de pleurer, je le faisais sans témoin, dans un coin sombre. Je m'abstenais de sexe, de bonne compagnie et de danse. Jamais je ne demandais quoi que ce soit, pas même de me faire déposer à la maison par un ami en rentrant de l'école. Jamais je ne m'imposais. Jamais personne pour s'occuper de moi.*

1. Les « pères fondateurs » de la nation américaine *(NdT).*

J'étais malade de connaissance. Dans ses Notes souterraines, *Dostoïevski attribuait son épilepsie au fait d'être « hyperconscient ». La connaissance vous brûle. Personne. A jamais. Quelqu'un n'aurait-il pas pu venir à moi un peu plus tôt ? Fallait-il toujours en arriver là ? Est-ce que ça coûtait moins qu'un sourire aimable ?*

Dans mes premiers sentiments, je suis en train de battre l'air des quatre fers tout en suppliant ma mère de me laisser sortir sur la véranda, devant la maison. Je veux voir le soleil, maman... Je suis en train de mourir. Des hurlements à vous faire tourner les sangs mais qui soulagent l'âme, et qui se répètent, encore et encore. Je voulais qu'elle vienne s'asseoir avec moi sur la véranda pour prendre le soleil et respirer l'air frais — pour une fois.

Tout gravitait autour de mes crises. Je débarquai à l'Institut primal en pleine confusion, meurtri. Quand des sentiments étaient sur le point de ressurgir, la crise aussi était imminente, mais je pouvais retourner aux sensations réelles et éviter de tomber dans les pommes. J'avais la tête qui se renversait en arrière, mue par des spasmes douloureux. J'avais les yeux qui roulaient dans les orbites : terreur imbécile, mort. Et puis le thérapeute dit : « Exprimez-le, ce sentiment ! C'est un sentiment. Parlez-en donc ! » Ma langue reprit vie et je dis simplement : « Maman. » Il n'y avait personne au monde pour m'aider. AU SECOURS ! J'ai crié, encore et encore.

Ces terribles moments de ma toute petite enfance et de mon enfance avaient été immortalisés dans mon système, ils s'y étaient incarnés et s'y reproduisaient constamment. Mes vieilles crises servaient de leviers pour me faire émerger des cloaques de souffrance dans lesquels je croupissais. Chaque bribe de souvenir était un appel à la liberté, une invitation à guérir. Mes vieilles souffrances déferlaient dans ma poitrine comme des vagues de verre pilé. J'arrivais à deviner l'approche et l'intensité d'un primal aux signes avant-coureurs de la crise : des sensations bizarres sur la langue et dans les intestins. A présent, les crises étaient remplacées par des « sentiments » convulsifs de même intensité. Je possédais mon propre instrument de mesure électronique : je pouvais détecter où j'en étais, quelque part entre crise et sentiment.

Plus les bribes étaient petites et chargées, et plus les mots magiques avaient de mal à sortir ; plus je me sentais planer et plus j'étais proche d'une crise. C'était dans ces moments-là que j'avais le plus besoin d'être guidé vers mes sentiments. Les souvenirs étaient tellement saturés de souffrance diffuse qu'ils pouvaient être trop durs à supporter, trop épuisants.

Je pense à certains hommes qui ont connu de telles expériences sans les résoudre, comme Dali et Artaud ; aux hystériques de Freud dont les attaques étaient une « imitation » (c'est le mot qu'il utilise) exacte de la naissance. Morale de l'histoire : crise et guérison sont deux choses différentes, même lorsque la guérison implique une sorte de crise. Comme je n'avais pas eu de rapports sexuels à l'adolescence — je n'osais pas le demander —, les convulsions orgasmiques avaient pris une forme concrète : celle des crises. Qui a jamais pensé à prescrire le sexe à des épileptiques ? Uniquement Shakespeare, à ma connaissance :

« Iago : Mon maître a fait une crise d'épilepsie. C'est sa seconde, aujourd'hui.
« Cassius : Frottez-lui les tempes. »

Je comprends maintenant pourquoi mes sensations d'avant-crise commencent souvent dans ma queue. Circoncision. Je veux bien me couper au genou, à la jambe, où vous voudrez. N'importe où ! Bon Dieu ! Découpé comme une dinde de Noël. La deuxième fois que je l'ai ressenti, *j'ai mangé végétarien pendant un mois. Personne n'a envie de perdre ses couilles. Rien que d'entendre le récit de ma mère, je m'étais couvert le sexe des deux mains. En principe, ça doit être une opération civilisée, pas une agression. Mais imaginez-vous un peu ça : vous avez treize ans, le pénis tout enflé et entouré d'un gros pansement. Vous êtes au lit à gémir, la queue encroûtée de merde et qui vous démange. Personne ne vient, et vous faites une inflammation. Ça fait mal partout. On m'a laissé là comme une victime, comme un soûlard qui s'est fait tabasser, par terre dans une ruelle. La plaie s'infectait et j'ai crié de tout mon corps et de toute mon âme pour appeler au secours — un secours qui n'est jamais venu.*

La plupart des gens que j'ai connus se demandent pourquoi je manque d'ambition. Pourquoi n'ai-je pas pris la place qui me revenait, en tant qu'honorable membre de la haute bourgeoisie américaine ? Ce n'était pas une affaire de morale ou de transcendance éthérée. Simplement, je « savais » que ça ne servait à rien.

Tous les événements de mon passé ont contribué à mon épilepsie, chacun alourdissant le fardeau de ma souffrance, élevant le niveau d'activité de mes ondes cérébrales, et me privant de la chance de trouver l'amour, le sexe, le désir — toute forme de réponse active. Ça ne servait à rien. Tout ce qui m'est arrivé aurait pu être évité si mon père et ma mère ne s'étaient pas retrouvés coincés, forcés, enfermés dans un stéréotype antédiluvien de parents bien comme il faut, avec chacun sa voiture dans le garage. Je ne cadrais pas avec leurs besoins. Un besoin doit s'assouvir, nécessairement ; je n'aurais pas dû être conçu, et à plus forte raison, je n'aurais jamais dû naître.

*La première fois que je suis tombé dans les pommes, c'était dans l'utérus, pendant l'accouchement. Plus tard, dans la vie, quand je sentais qu'il n'y avait plus d'espoir, je reproduisais toute la scène de la crise/mort, jusqu'aux convulsions. Maintenant, c'est la bouche toute dégoulinante d'*insights *que j'émerge du revécu des sentiments ; j'ai le pourquoi des crises, des heures passées le regard désespérément rivé sur un problème de maths. Le pourquoi de* beau*coup de choses.*

Lorsque quelqu'un est sous l'influence d'une suggestion, on dit qu'il est inconscient. Cependant, quelle que soit la forme d'anesthésie à laquelle il est soumis, le corps continue à éprouver de la souffrance et de l'amour à un certain niveau. On peut concocter des produits et des procédés permettant d'amputer le sentiment et de réduire les plaintes au silence, mais il n'existe pas de drogue capable de supprimer la vérité. Tout le monde bloque la souffrance; les cellules l'esquivent, les avocats la rationalisent et les professeurs changent de sujet. C'est naturel et c'est bien d'éviter ce qui peut nous faire du mal, mais je crois que seule la souffrance nous incite à guérir. C'est en tout cas vrai pour moi. Ce n'est qu'à partir du moment où j'ai pu ressentir ce qui s'était passé pendant ma naissance que j'ai — graduellement — cessé d'avoir des crises.

Au nombre des malades qui ne guérissent pas, il faut compter les épileptiques. C'était mon cas : la crise avait été un mode de réponse parfaitement adapté à ma situation initiale. Les centaines de crises qui suivirent ne furent que des tentatives à demi lucides de réagir à l'horreur initiale de la mort entrevue. Idem pour tous les symptômes psychosomatiques que j'ai pu présenter.

Les fous n'inventent pas leur souffrance. Le sentiment d'impuissance, le désespoir, la maladie, l'amnésie... autant de réponses à un prototype, autant d'honnêtes tentatives de guérison. Je suis remonté à l'événement de ma naissance plusieurs fois au cours des deux dernières années, et ça ne m'étonne pas que j'aie chaque fois perdu connaissance au moment où je me rendais compte de ce qui allait se passer.

Au commencement, il y avait l'utérus — le jardin d'Éden, le cosmos. La matrice d'or, protectrice et nourricière, un paradis. Ce fut mon âge d'or, un paradis que je n'oublierai jamais. Et puis l'utérus s'est contracté et je ne pouvais plus respirer; plus tard, j'ai eu la migraine. Bizarre, ces sentiments associés à la naissance. Quand je les esquive, j'attrape la migraine. Et si je les revis, ça peut même être agréable. Comme dit Janov : « Une souffrance qui ne fait pas mal. »

Qu'est-il arrivé à ma mère? Un jour, elle m'a raconté que la poche des eaux s'était mise à se répandre à la maison. Une autre fois, elle m'a dit que les contractions avaient commencé et qu'elle était partie dans une autre pièce pour ne pas réveiller « ton père ». Elle s'était retenue, retardant le moment d'entrer à l'hôpital, et j'étais né quarante-cinq minutes plus tard. On lui avait fait une injection de Deremol. Que s'est-il réellement passé? En tout cas, pas du tout ce qu'il aurait fallu. Si seulement les humains qui peuplent ce monde, ces gens civilisés, renonçaient à faire des bébés! Laissez tomber. Sinon, veillez au moins à prodiguer de l'amour à chaque mère pendant l'accouchement et après. Qu'on ne la trimbale pas sur une civière à roulettes à travers des salles stériles et trop éclairées, pendant que son mari fait les cent pas dans une salle d'attente! Qu'elle ait quelqu'un pour lui tenir la main et lui donner le sentiment qu'elle n'est pas seule au monde! Et si l'hôpital ne vous le permet pas, envoyez-le au diable et cherchez-en un autre. « Pas d'air » : tel a été le grand thème de ma vie. C'est ce que j'ai toujours répété à propos des saints et des icônes, de mes professeurs et de mes parents : ils me pompaient l'air. Tous ces salauds bien comme il faut qui pensaient qu'il fallait que je vive selon les règles. Ça n'a jamais servi à rien de faire comme tout le monde. Une vie entière de maux de tête et de cauchemars ; sensations d'anoxie qui se répandaient de cellule en cellule, comme de l'encre sur un buvard. Qui s'insinuaient jusqu'au plus profond de moi, m'étreignant les poumons et les os des bras, forçant mes orteils à se recroqueviller. Cela ne servait à rien de lutter ; je me suis assez battu pour une vie entière. Assez pour un régiment. Je me masturbais comme si j'avais voulu m'expulser d'un tube de dentifrice.

Je n'ai jamais levé le petit doigt pour intervenir dans le cours des choses. Je m'émerveille du revécu, du sentiment que tout cela procure. Je suis ballotté par des vagues asynchrones. Magellan n'a pas pu être plus ébloui par son voyage que je ne le suis par le miracle de cette aventure. Je ne suis plus dans l'utérus. Les cloisons de mon corps ont conquis une vie autonome. Une vie simple et élémentaire, comme celle d'une colonie d'éponges. Je me sens enfin vivant, maintenant ; une vie entière de tourments a pris fin. Je veux vivre, respirer, goûter la beauté des choses, libéré du sombre cloaque dans lequel j'ai vécu pendant tant d'années.*

9

Le prototype natal et la personnalité à venir

Imaginez un peu : vous avez neuf mois, vous êtes confortablement étendu dans le noir, vous vous sentez bien installé, au chaud et en sécurité. Quand soudain, et sans aucune raison, vous êtes brusquement ballotté dans tous les sens, vous avez la tête et le corps écrasés dans un conduit étroit, et on vous administre une drogue forte. Pourtant, vous avez besoin de tous vos esprits pour tenter de fuir. Vous commencez à vous étrangler et à vous étouffer devant l'afflux de liquides qui se déversent dans votre système. Quand enfin vous émergez, à peine capable de respirer, vous vous retrouvez dans une pièce froide et nue. Un géant apparaît, vous met la tête en bas et vous frappe suffisamment fort pour vous faire pleurer parce que vous avez mal. Après quoi il vous fourre dans une boîte, tout seul, ébloui par des lumières trop vives. *Bienvenue au monde ! Vous venez juste de naître.*

Le traumatisme de la naissance est sans doute une des choses les plus étonnantes qui soient, une des « merveilles » du monde, en quelque sorte. Moteur de la civilisation, et pourtant jamais détecté — quiconque s'avise d'en parler devient aussitôt un paria. Car c'est un phénomène soumis à la « conspiration de l'inconscient » dans laquelle nous trempons tous. Des millions d'êtres en meurent, et pourtant, personne ne peut dire ce que c'est. Pourquoi un tel cauchemar ? A quoi rime-t-il ? Comment s'est-il insinué en nous ?

Les modes sympathique et parasympathique

Nous avons évoqué plus haut le prototype natal, une ébauche de personnalité qui se grave dans le système à la faveur d'une naissance traumatique. La signification réelle du prototype, c'est qu'il est le premier facteur de détermination de la personnalité. Une fois la personnalité formée, on aura un système qui construira le monde à l'image de son métabolisme — lequel dépend du prototype. Ensuite, le psychisme s'emploiera à créer un monde capable de rationaliser les altérations des processus métaboliques déclenchées antérieurement. Bref, on va constamment chercher à prouver la rationalité actuelle de réponses qui ont été celles qui convenaient au moment du traumatisme précoce. Si ce traumatisme a eu un effet d'accélération, on se créera un monde adulte débordant d'activité et d'occupations.

Le traumatisme natal, chez ceux qui le subissent, a pour effet d'infléchir à vie le système de l'individu, lui faisant adopter l'un ou l'autre de ce que j'appelle les deux modes : le *sympathique* et le *parasympathique*. Il s'agit de deux modes de régulation du métabolisme régis par l'hypothalamus, chacun dépendant d'un aspect différent du système nerveux autonome. Le mode sympathique donne au système son dynamisme ; il en accroît les énergies, qu'il mobilise et galvanise. Le mode parasympathique conserve, repose, rafraîchit et guérit.

Examinons maintenant chacun de ces modes plus en détail. Le système sympathique est comme un cheval de labour : il alarme et il alerte, il intensifie le niveau d'activité de tous les systèmes organiques, élève la température du corps et stimule les fonctions vitales telles que le rythme cardiaque et la tension artérielle. C'est lui qui fait augmenter la production d'urine, qui produit les spasmes intestinaux et qui fait remuer les viscères. C'est lui qui régule la circulation périphérique du sang ; c'est ainsi que les mains et les pieds refroidissent et le visage pâlit quand on est en proie à l'angoisse. C'est lui qui déclenche la sécrétion des stéroïdes ou hormones du stress. Il est responsable des sueurs nerveuses, du dessèchement de la bouche, des états de forte tension musculaire, du durcissement des traits du visage et de la crispation des mâchoires, du passage de la voix à un registre aigu, ainsi que des comportements impulsifs. Il tourne l'attention vers l'extérieur au lieu de la disposer à la réflexion.

Le système parasympathique est celui qui conserve notre énergie. Il régit le sentiment, le sommeil profond et l'état de détente. On l'appelle aussi le système « anabolique » parce qu'il aide à réparer l'organisme. C'est lui qui dilate les vaisseaux sanguins qui font que nous avons la peau chaude, les yeux et la bouche humides. Il contribue à relâcher les muscles et il fait baisser le registre de la voix.

Ce sont les réactions de type parasympathique qui prédominent pendant le repos, le rétablissement, la guérison, et surtout, quand on ressent des sentiments. On peut l'observer dans le cadre d'une séance de thérapie : lorsqu'un patient « plonge dans un sentiment[1] », il y a un passage radical du sympathique au parasympathique. On constate une élévation spectaculaire du pouls, de la température du corps, du rythme cardiaque, et de certaines formes d'ondes cérébrales (mode sympathique), jusqu'au moment où le patient abaisse ses défenses et se met à « *re*ssentir ». C'est alors que se produit le passage au système parasympathique, toutes les données biologiques retombant au-dessous de leurs valeurs initiales. C'est à cela qu'on peut reconnaître qu'un revécu s'est déclenché.

Les caractéristiques définissant les domaines respectifs du parasympathique et du sympathique sont très complexes et il en existe toute une gamme. Chaque personne représente un mélange unique de ces caractéristiques qui sont, dans l'ensemble, dosées de manière équilibrée, bien que certains individus aient tendance à pencher plutôt vers l'une ou l'autre extrémité de la gamme. Il est en réalité très rare de rencontrer un type pur ; nous sommes tous un mélange des deux. L'individu vraiment sain est celui qui possède un bon équilibre entre ces deux états. Mais cet équilibre peut être rompu par des traumatismes précoces remontant à l'époque de la gestation, de sorte qu'un des deux modes prédominera, et ce, à vie.

L'intérêt d'un modèle sympathique/parasympathique, c'est qu'il nous donne une base biologique pour comprendre le lien qui existe entre la personnalité, le développement physiologique et les maladies qui surviennent par la suite. Il nous permet de dépasser le stade de l'abstraction et de la métaphore. Plus besoin de faire appel au « ça » comme élément central du développement de la personnalité. En revanche, on peut décrire avec précision comment le cerveau et le système nerveux réagissent aux événements et les encodent, et comment ces réponses se transforment en états physiologiques et psychologiques.

L'empreinte du train traumatique

Comment s'est terminé le traumatisme de la naissance ? Le nouveau-né fonctionnait-il sur le mode sympathique ou parasympathique ? Le traumatisme a-t-il cessé alors que le fœtus était encore en train de

1. « Plonger dans un sentiment » : le chapitre 17, « La thérapie primale aujourd'hui », comprend un paragraphe ayant le même intitulé et qui permet de comprendre la signification précise de ce terme dans le cadre de la thérapie primale. Voir aussi le glossaire *(NdT)*.

lutter pour naître ? S'est-il arrêté au terme de plusieurs heures de torture, ou bien tout naturellement, en douceur ? Le bébé est-il sorti en se battant ou dépourvu de toute velléité de lutter ? A-t-il appris à renoncer ou à se battre coûte que coûte, malgré les obstacles ? La dose d'anesthésique a-t-elle été trop forte ? L'accouchement s'est-il fait par le siège ? Au terme d'un travail excessivement prolongé ? Le bébé a-t-il émergé du train traumatique pratiquement drogué à mort, et a-t-on dû le ranimer à coups d'eau glacée, de drogues — encore — et de tapes ? Est-il né par césarienne ? Les premières réactions que l'enfant va avoir pour survivre dans de telles conditions vont laisser leur empreinte sur lui. Ce sont ces mêmes réponses qui ressurgiront par la suite en cas de stress, car elles représentent le premier réflexe de survie que le système a eu pendant la première grande crise où il a risqué sa vie.

Le genre de naissance qu'on a connu aide à déterminer le type de maladie dont on est susceptible de souffrir par la suite. Si la naissance s'est accompagnée d'un syndrome de lutte et d'échec, parce qu'elle ne s'est pas très bien passée malgré de très gros efforts et au terme d'un combat colossal, on gardera l'empreinte de certains processus physiologiques survenus à ce moment-là et d'un sentiment de désespoir. Les traumatismes associés à la naissance sont immédiatement refoulés et enfouis au plus profond de l'inconscient, où ils demeurent inaccessibles et imperceptibles, mais ils peuvent produire à la longue des maladies catastrophiques qui auront mis des dizaines d'années à se développer, petit à petit. Le prototype ne fait pas que déterminer les limites de notre comportement, il définit également notre configuration physiologique. C'est lui qui fait que l'on aura une personnalité plutôt hyperdynamique ou plutôt passive et lente.

Lorsque le traumatisme natal est tel que le nouveau-né n'a pas le choix, qu'il ne peut rien faire pour modifier la situation, comme par exemple quand il s'étrangle avec le cordon ombilical, c'est le système parasympathique qui va dominer. Car toute velléité agressive de la part du bébé aurait mis sa vie en danger. Le système aura donc une réponse de défaitisme et de désespoir. Cependant, et c'est là le paradoxe, c'est le fait même de renoncer qui a contribué à l'effort de survie, car se battre et lutter n'aurait fait que mettre sa vie en danger. Plus tard, le vaguotonique[1] aura tendance à souffrir de maladies immunitaires parce que les tendances fondamentales de son prototype l'entraînent toujours à se retenir et à tout intérioriser — autrement dit, à se refouler. A quoi s'ajoute un profond désespoir. Comme je l'ai déjà souligné, le système immunitaire gère l'émotionnel, et c'est donc là qu'ira se loger ce sentiment de défaite (c'est le vrai sens de « psychosomatique », l'interface du psychique et des tissus cellulaires). Pas sous forme d'une expérience consciente mais d'un affaiblissement de la

1. Un vaguotonique est une personne dont le métabolisme fonctionne principalement dans le mode parasympathique *(NdT)*.

réponse des cellules immunitaires qui, fonctionnant désormais en conformité avec le type de personnalité de l'individu, vont réagir de manière moins agressive et moins active.

En revanche, dans la personnalité de type sympathicotonique[1], tous les systèmes marchent à plein régime. Lorsque la mère était très contractée et n'a pas pu pousser pour faire sortir son bébé, c'est le fœtus qui a dû se battre pour s'en tirer. L'empreinte de cette lutte va demeurer, si bien qu'un tel bébé deviendra un individu hyperactif*, ambitieux, inconscient des obstacles ou indifférent à eux, optimiste (car la conclusion de sa naissance justifie en effet l'optimisme) ; quelqu'un qui n'arrête pas, insistant, agressif, jamais désespéré ou déprimé, et qui ne s'avoue jamais vaincu. C'est un candidat tout désigné aux attaques cardiaques, mais pas au cancer. S'il avait désespéré, il aurait cessé de se battre, ce qui, pour lui, aurait signifié la mort. C'est pourquoi le désespoir ne figure pas dans son vocabulaire. Adulte, jamais il ne baissera les bras ; il continuera à se battre coûte que coûte.

Le sympathicotonique « pète le feu ». Il ne fonctionne pas en mode de conservation de l'énergie — comme le vaguotonique —, il la brûle. Ce qui veut dire qu'un jour ou l'autre il va finir par « tomber en panne sèche ». Son pouls et sa température sont plus élevés ; il est plus porté sur le sexe car ses pulsions ressortent plus fort. Il extériorise, alors que le vaguotonique intériorise. Le sympathicotonique est un expressif, le vaguotonique se retient, se refrène et se renferme.

La différence essentielle entre ces deux modes tient peut-être au fait que le sympathicotonique a appris à lutter pour survivre, tandis que le vaguotonique a dû apprendre, pour survivre, à *ne pas* se battre. Autrement dit, dans le premier cas, lutter, c'est vivre, et dans le deuxième, c'est mourir (car toute activité eût été fatale pendant la naissance). Tous les traumatismes qui surviendront ensuite dans l'enfance ne feront que conforter les sentiments fondamentaux suscités par le traumatisme natal. C'est ainsi qu'il suffit de quelques difficultés pour qu'un vaguotonique renonce à trouver l'amour, alors qu'un sympathicotonique est presque toujours prêt à tenter le coup. Le vaguotonique tend à abandonner la partie beaucoup plus vite que le sympathicotonique, et il aura tendance à ne pas terminer ce qu'il entreprend, dans la mesure où éviter de conclure, c'est éviter d'affronter la terrible et cruciale futilité de la conclusion du traumatisme initial. Il sera plutôt tenté de considérer la mort comme un soulagement, parce que c'est effectivement ainsi qu'il en a ressenti l'éventualité, pendant sa naissance ; il sera par conséquent aussi plus enclin au suicide. Certes, le vaguotonique se battra pour affronter l'adversité, mais il renoncera dès qu'il se sentira dépassé. Son traitement devra

1. Le sympathicotonique est une personne dont le métabolisme fonctionne principalement dans le mode sympathique *(NdT)*.

donc s'inscrire dans la dialectique suivante : il faut d'abord qu'il *re*ssente le sentiment d'impuissance qui est profondément ancré en lui (« je n'y arriverai jamais »), avant de pouvoir sentir qu'en réalité il est effectivement capable d' « y arriver ».

Philip est par beaucoup de côtés un sympathicotonique assez typique.

Philip

Ma naissance a été un long combat qui a duré dix-huit heures. Ça me paraissait sans issue, mais je ne pouvais pas cesser de me battre parce que ça aurait voulu dire que je ne pourrais jamais sortir. Cette longue attente était frustrante et effrayante, puisque je ne savais pas ce qui se passait.

Je suis né en colère. J'avais la tête toute cabossée et pleine de bleus à la naissance, et j'ai toujours mal dans le cou et dans le haut de la poitrine. J'ai toujours eu peur de la douleur physique, mais j'ai quand même fait du sport pour qu'on fasse attention à moi. Mais je n'étais pas très bon, parce que j'avais peur d'avoir mal (une fois de plus).

J'ai été un bébé qui se cognait la tête et qui faisait remuer son berceau. Maintenant, je comprends pourquoi : j'ai dû me cogner la tête dès le départ, pour sortir de la matrice. Alors, dès que je me sentais frustré, je me contentais de rééditer ce que j'avais fait initialement pour me soulager et pour me libérer. Pour m'empêcher de me cogner la tête, on m'avait noué un bandeau sous le menton pour l'immobiliser. A cause de ça, j'ai été obligé de revivre des tas de fois ce que j'avais enduré à ma naissance, quand j'avais la tête coincée. Toute ma vie, j'ai eu mal dans les articulations — du fait d'avoir essayé de me dégager, je suppose. A trente-quatre ans, j'étais déjà obligé d'entamer un traitement pour l'arthrite rhumatoïde.

Il y a aussi eu des séances pendant lesquelles j'ai revécu le sentiment d'une main qui m'attrapait et qui se saisissait de mon visage, deux doigts enfoncés dans mes orbites. Mais une fois que j'eus ressenti *cette souffrance, les maux de tête — juste au-dessus des yeux — dont j'avais souffert toute ma vie disparurent. S'il m'arrive d'avoir mal à la tête, maintenant, je sais que c'est parce qu'il y a des sentiments qui sont en train de ressurgir. Et, une fois que je les ai* ressentis*, la douleur s'en va.*

J'avais une vie de couple complètement folle. Je me sentais toujours « emprisonné » et j'avais envie d'être libre, mais pourtant, je ne voulais pas rester seul (puisqu'on m'avait laissé tout seul, terrifié, juste après la naissance). J'avais toujours du mal à aller me coucher seul, le soir, dans le noir de ma chambre, et j'étais obligé de me battre contre ce sentiment. Je devais boire pour pouvoir m'assoupir. La solitude que j'ai connue initialement a dû me laisser un souvenir de terreur que je n'ai jamais pu surmonter. Maintenant, j'arrive à bien dormir la nuit — une véritable bénédiction, comme le savent tous ceux qui ont eu des problèmes d'insomnie. Comme c'est agréable de se réveiller le matin et de profiter de sa matinée !

Le désespoir, racine de la maladie

Le vaguotonique a lutté, mais il a été vaincu par des difficultés insurmontables. Il ou elle va donc développer une attitude défaitiste : « A quoi bon ! » Effectivement, à quoi cela lui aurait-il servi de s'être battu ? Si son système immunitaire pouvait parler, il dirait exactement la même chose. Car lui aussi désespère, à sa façon ; ce qui explique qu'il ne soit pas aussi vigoureux et combatif que chez le sympathicotonique, pour qui lutter pour ses besoins voulait dire survivre, et chez qui tout obstacle rencontré par la suite déclenchera le même réflexe de lutte. Pour le vaguotonique, au contraire, se battre aurait voulu dire ne pas survivre. Si une mère a une grosse tumeur empêchant son bébé de sortir de la matrice, l'enfant éprouvera cette même impression d'obstacle insurmontable. Plus tard, même en présence de difficultés moins incontournables, l'individu aura tendance à réagir aux événements de la même façon, psychologiquement et physiologiquement.

Lorsque les circonstances de la vie reproduisent trait pour trait celles de sa naissance, un vaguotonique en vient à contempler le suicide : il ressent une grande agitation, l'impression qu'il n'y a pas d'issue, un sentiment d'effort suivi d'échec, puis le renoncement. L'empreinte de la mort, du désespoir et de la défaite est gravée partout chez le vaguotonique et elle ouvre la voie à de très graves maladies, plus tard. Elle est devenue partie intégrante de la physiologie de l'individu, exactement comme ces granulés d'encre de Chine que j'ai évoqués plus haut (et qui avaient pénétré l'organisme de l'amibe). Tout comme chez l'amibe, le système physiologique de l'individu a absorbé des stimuli nuisibles qu'il a d'abord rendus inoffensifs, avant de les stocker en attente du moment où ils pourraient être *re*ssentis et intégrés.

Le vaguotonique, qui a tendance à tout dramatiser et à désespérer, s'efforce de donner une validité actuelle à une réalité ancienne. C'est ainsi que le psychisme tente de faire exister à l'extérieur ce qui n'existe en réalité qu'à l'intérieur de soi. Comme dans toutes les névroses, on essaie de trouver une certaine cohérence, une logique, une harmonie, même s'il s'agit d'une harmonie névrotique. Ce qui finit par avoir raison du vaguotonique, ce sont des événements susceptibles de lui donner le sentiment que ce qu'il fait n'est jamais assez bien, et qu'il ne mérite pas de vivre.

Si le vaguotonique a été traumatisé par le fait d'avoir dû quitter le ventre de sa mère, tout changement va prendre pour lui des allures de catastrophe. Ce genre d'expérience prototypique est de nature à engendrer une personnalité conservatrice et méfiante, qui redoute les changements brusques, qui est incapable de modifier facilement ses projets et qui a besoin de tout prévoir à l'avance. Cela n'aurait rien d'étonnant qu'on découvre un jour que le conservatisme va de pair avec telle ou telle maladie. Non que le conservatisme soit en lui-même cause de maladie, mais simplement parce que la maladie et le conservatisme découlent tous deux des mêmes réactions engrammées.

Quand le vaguotonique subit un stress, il devient hypoactif, avec une tendance à l'hypotension, un pouls lent, une température basse et une hypothyroïdie. Le bon côté de l'affaire, c'est que si le vaguotonique arrive à éviter les maladies graves comme le cancer, il est probable qu'il vivra plus longtemps que le sympathicotonique, du simple fait que son métabolisme est plus lent (et en supposant qu'il a mené une vie relativement saine).

Tout chez le vaguotonique donne une impression de ralentissement. Il s'exprime assez lentement, et parfois avec beaucoup d'efforts. Il pèse et évalue soigneusement ses pensées.

Le vaguotonique a frôlé la mort en venant à la vie, sans avoir la possibilité de lutter (ce schéma peut engendrer la peur de se sentir trop vivant, trop exubérant et trop gai — car la vie est toujours menacée par une catastrophe). A l'inverse du sympathicotonique pour qui « lutter, c'est gagner », le combat a vite fait d'avorter chez le vaguotonique quand, par exemple, une énorme dose d'anesthésique envahit son système et lui fait perdre connaissance, le projetant dans un état proche de la mort. Pour lui, « lutter, c'est perdre ». Plus tard, quand ce type de personnalité rencontrera des obstacles, il aura tendance à baisser les bras puisqu'il n'aura aucune expérience de la ténacité couronnée de succès. Son pessimisme aura raison de tous les encouragements qui pourront lui être prodigués. Si cette attitude méfiante, grave et conservatrice, qui pressent toujours la catastrophe derrière la moindre décision, peut fort bien convenir à un comptable, elle ne donnera guère au sujet le brio qui conviendrait pour prendre les mesures nécessaires pour faire aboutir des projets.

En réalité, *le vaguotonique attend une catastrophe qui s'est déjà produite,* et dont il n'est pas conscient. Il ne voit partout que des raisons de désespérer. En fait, c'est son passé qu'il contemple, mais il ne le sait pas. Voilà le facteur clé qui explique l'apparition des maladies catastrophiques. C'est pour cela que les animaux coincés en captivité et sans autre alternative tombent malades : leur situation ne leur laissait plus rien à espérer.

Voie sans issue pour le névrosé

Tout se passe comme si le vaguotonique était assis dans le noir, dans un train aux fenêtres hermétiquement closes et aux compartiments isolés les uns des autres ; un train sans destination réelle, sans direction précise. C'est d'ailleurs l'impression qu'il éprouve lui-même : il se sent tout seul dans le noir, coupé de tout, perdu, sans possibilité de choix, sans alternative, vaincu. Le train se traîne laborieusement vers son inéluctable destinée, devenant ce « train des tourments » dans lequel il était grimpé à la naissance, sans sortie possible — comme c'était le cas initialement. Le vaguotonique est presque toujours plus conscient de sa souffrance que ne l'est le sympathicotonique.

Je me souviens d'une femme qui comparait ce que ressent un vaguotonique à une sorte de cocon — une espèce de coquille dure dont elle n'arrivait pas à se libérer. Jumelle et deuxième à venir au monde, elle avait eu du mal à sortir de la matrice, et depuis ce moment-là, elle avait eu toute sa vie l'impression d'être coincée. Après avoir *revécu* ce sentiment, elle déclara : « Maintenant, je peux bouger et être libre. » Jusque-là, elle s'était sentie prisonnière d'une sinistrose qui pesait constamment sur elle. Elle se faisait l'impression d'être « un ratage ambulant », disait-elle, sans aucune perspective dans la vie.

Il y a quelque temps, j'ai eu un jeune thérapeute qui me donnait un peu de fil à retordre ; il se montrait trop agressif et trop autoritaire avec les patients qu'il obligeait à aller trop vite. Tous les conseils que je pus lui prodiguer furent vains, jusqu'au jour où il *re*ssentit lui-même le sentiment suivant : « Quand je me sens coincé et que je ne sais pas quoi faire, je pousse. » Pas plus compliqué que cela : il avait été parasité par des sentiments liés à sa naissance.

Voyons maintenant le cas de Victoria qui est un exemple du type vaguotonique.

Victoria

L'autre jour, je me suis réveillée avec l'impression que tout était trop pour moi ; rien qu'à l'idée de me lever pour aller faire le petit déjeuner ou des courses, c'était déjà trop. Je me sentais tellement dépassée de tous les côtés que je ne pouvais même pas me lever. J'avais envie de pleurer, et j'ai essayé de rentrer en contact avec le sentiment qui m'agitait. J'ai commencé par me dire : « Tout ça, c'est trop pour moi. Je ne peux pas faire face. » Et puis j'ai pleuré un petit moment, et tout en pleurant, je me suis souvenue d'un rêve que j'avais fait cette nuit-là. J'étais en vacances avec mon mari et nous descendions dans des motels à la campagne. Mais, quand nous entrions dans les chambres, j'éprouvais le sentiment d'un danger ; rien de précis, juste une vague impression de danger, comme si quelqu'un ou quelque chose allait nous faire du mal. Comme si quelqu'un était embusqué là, à nous attendre. Un sentiment de catastrophe imminente.

Pleurant tout en me remémorant mon rêve, je me souvins comment, toute ma vie, j'avais toujours eu épouvantablement peur. J'ai toujours eu l'habitude d'inspecter ma chambre le soir, de regarder sous le lit, dans le placard, sous le jupon de la table qui me sert de coiffeuse, et j'ai toujours laissé la lumière allumée (encore à l'âge de vingt et un ans). Je restais figée dans mon lit, raide, attendant que quelqu'un vienne me faire du mal. Ce sentiment avait donné lieu à des mises en scène incroyables avec ma mère : quand mon père s'absentait en voyage d'affaires, elle fabriquait une corde avec des cravates afin que nous puissions nous échapper par la fenêtre du premier étage, si jamais quelqu'un venait pour nous assassiner. Elle mettait aussi une pile de vieilles assiettes sur la table, près de la fenêtre, pour qu'on puisse les jeter par terre, sur le ciment de la cour, pour réveiller le gérant de la ferme, si jamais le meurtrier s'avisait de couper les fils du téléphone. Après quoi elle bouclait la porte de la chambre à coucher et nous dormions tous ensemble, maman, mon frère et moi. J'avais toujours tellement peur : pour que maman même ait si peur, il fallait vraiment qu'il y ait quelque chose d'énorme et de terrible là-dehors, réellement capable de nous tuer. Si elle avait peur, elle qui me paraissait si grande, qui donc pouvait nous protéger ? Je brûlais de voir mon père rentrer à la maison pour nous redonner un sentiment de sécurité. Ma mère était tellement hystérique ; elle avait peur de tout — des autorités, de l'argent, du monde en général — comme si tout ce qui existait « dehors » était potentiellement dangereux et nuisible. Et ses craintes étaient très contagieuses.

Tout en pleurant en repensant à toutes ces choses qui m'avaient fait si peur, enfant, j'eus soudain l'impression que j'étais en train de naître : je n'arrivais pas à respirer et, juste après que j'ai émergé, on me laissa toute seule. Ma mère exprimait la peur et la panique que lui inspirait son accouchement en poussant des hurlements incontrôlables et en se tapant la tête contre les montants de son lit. Sa terreur me gagna, et ce sentiment de peur fut encore aggravé par le fait qu'on me laissa toute seule alors que j'avais manifestement tellement besoin d'être réconfortée et prise dans les bras. Je ne savais pas si quelqu'un viendrait jamais vers moi ; j'avais l'impression que le temps n'existait pas, le sentiment d'une solitude éternelle. Mon père me raconta que lorsqu'il m'avait regardée à travers la vitre, à l'hôpital, c'était moi qui hurlais le plus fort ; il pouvait m'entendre crier par-dessus les cris de tous les autres bébés.

Ce sentiment explique parfaitement pourquoi je réagis toujours de la même façon lorsque j'aborde quelque chose de nouveau : « Non, je ne peux pas. Je ne suis pas prête. » Car la première expérience de « nouveauté » que j'ai eue a été si terrifiante : ma mère qui ne m'a pas aidée à naître parce qu'elle avait elle-même tellement peur, et puis le fait qu'elle ne m'ait pas prise dans ses bras juste après la naissance. Plus tard, quand j'ai grandi, ma mère a continué à renforcer mes peurs initiales en y rajoutant ses craintes à elle — réelles et imaginaires.

Quelle que soit la situation que je dois affronter, et même si je suis parfaitement capable de le faire, j'ai toujours le sentiment que je n'y arriverai pas. Et je l'éprouve même quand je suis en train de mener à bien une tâche dont je sais pertinemment que je la maîtrise bien. Seulement, maintenant, je comprends pourquoi. Le fait d'entreprendre quelque chose de nouveau me renvoie face aux sentiments de solitude que j'ai connus pendant ma naissance et mon enfance. Lorsque ce sentiment ressurgit, j'ai l'impression que je ne peux rien faire, même si tout prouve le contraire et que les autres m'assurent que j'en suis effectivement capable.

Ce besoin d'être rassurée — alors qu'en réalité cela ne me sécurise pas du tout qu'on me rassure — n'est qu'une très ancienne souffrance qui pointe le bout de son vilain nez. Si rien ne peut me rassurer ni m'affranchir de cette insécurité, même des paroles vraies, c'est parce qu'il s'agit d'un sentiment lié à la naissance et que ça n'a rien à voir avec des mots ou des paroles. Il semble que la peur et l'insécurité que je ressens au cœur même de mon être soient un des sentiments les plus fondamentaux chez moi. Mon thérapeute m'a expliqué un jour que, lorsque je me trouve dans cet état-là, où j'attends qu'on me rassure, c'est comme si j'essayais de me raccrocher à tout ce qui se trouve autour de moi, bien qu'aucune parole ne puisse me rasséréner. Il a parfaitement raison ; c'est comme si je tombais en chute libre sans personne pour me rattraper. Je rumine compulsivement le problème du moment dans ma tête, m'acharnant à vouloir lui trouver un sens — qu'il n'a pas. Même quand j'ai compris comment rectifier une erreur que j'ai faite, je ne suis toujours pas satisfaite et je continue à y penser de manière obsessionnelle.

Aucune parole *ne peut me rassurer ; un obsédé ne cessera de se tracasser qu'une fois qu'il aura* ressenti *le sentiment qu'il éprouvait initialement. C'est pourquoi j'ai toujours dit que c'était bien volontiers que je me livrais au revécu d'un sentiment lié à la naissance, parce que la vraie torture pour moi, ce n'est pas le sentiment traumatique, mais les affres que j'endure, mentalement, tout le temps où je ressasse mes obsessions. Je me sens au contraire soulagée quand je peux rétablir la connexion avec un sentiment parce que je sais qu'il ne me faudra plus très longtemps pour retrouver la paix. Toute ma vie, je me suis dit : « Tout ce que je veux, c'est être tranquille. » Or, mon corps n'est jamais en repos ; je suis constamment vigilante, je sursaute pour un rien, et ce n'est qu'après le revécu d'un sentiment lié à la naissance que je me sens vraiment détendue et lucide. Mon désir d' « être tranquille » exprime tout autant un besoin physique qu'émotionnel.*

Une fois que j'eus fini de ressentir *tout cela, j'avais très hâte de profiter de ma journée, et c'est pleine d'entrain que je partis faire mes courses. Le voile du malheur s'était déchiré. Ce jour-là, je restaurai une glace de ma salle de bain qui était très abîmée et qui était restée là depuis quatre ans, sans que j'y touche. Un décorateur m'avait dit à l'époque qu'il n'y avait rien à faire et j'avais tout simplement accepté son verdict. Mais là, après avoir interrogé plusieurs personnes dans un magasin de peinture, je me suis aperçue qu'il existait effectivement un moyen de restaurer cette glace. Je n'aurais jamais pu faire ça, avant ; j'aurais accepté l'avis de l'expert comme un fait indiscutable. Je me rends compte à présent que le fait de* ressentir *mes sentiments me libère du carcan qui emprisonnait mon imagination et qui m'empêchait d'avoir des activités créatrices. Avant le revécu de mes sentiments, on aurait dit que tout me dépassait ; désormais, je suis libre de faire tout ce que je veux, et facilement.*

Ce cas-là est un bon exemple de ce que j'appelle un phénomène de « renforcement ». A savoir que le traumatisme natal s'est trouvé renforcé du fait de la similitude du contexte familial avec les circonstances de la naissance. Cette patiente, qui avait connu une naissance épouvantable, s'était ensuite retrouvée seule et terrorisée ; après quoi elle avait vécu avec une mère hystérique et elle-même constamment en proie à une peur qu'elle communiquait à sa fille.

Je me rappelle aussi le cas d'une jeune fille qu'une infirmière avait retenue à l'intérieur de la matrice pour l'empêcher de sortir avant l'arrivée du médecin. Le bébé avait beau lutter, il y avait une main qui l'empêchait de sortir. Pendant le revécu de la naissance, les signes vitaux[1] de la jeune fille grimpèrent très fort pour atteindre un point critique à partir duquel elle sembla renoncer à se battre : le niveau de la pression subie par l'organisme était presque fatal. En plus de cette élévation des signes vitaux, le sentiment de futilité et de désespoir qui était présent créait un terrain pour de graves maladies futures. On se trouve là devant un exemple presque pur du syndrome de lutte et d'échec, souvent susceptible d'entraîner par la suite des troubles tels que la psychose maniaco-dépressive : le système connaît d'abord une frénésie tous azimuts, une activité maniaque à laquelle succèdent l'épuisement et l'échec de la lutte (dépression).

Cette jeune fille était étudiante ; elle avait un programme lourd qu'elle n'arrivait pas à suivre malgré ses efforts. Sa situation présente faisait ressurgir le passé et elle finit par se sentir totalement débordée. Elle baissa les bras et sombra dans une profonde dépression. Personne ne comprit pourquoi. Le service infirmier de l'université considéra qu'elle souffrait d'une forme de maladie *mentale*, une « dépression endogène grave ». Endogène signifiant en l'occurrence : « Nous ne comprenons pas à quoi cette dépression est due, mais il semblerait qu'elle vienne de l'intérieur, et sans raison apparente. »

Pour résoudre ce sentiment de profond désespoir et de dépression, il fallait que la jeune fille fasse ressurgir son ancienne lutte à la vie à la mort, et qu'elle la revive avec tout ce que cela impliquait, y compris des signes vitaux atteignant des valeurs quasi critiques. Soulignons au passage que ce sont ces signes qui m'ont indiqué sans erreur possible qu'elle avait « raccroché » un ancien souvenir. La dialectique du problème était la même que celle que j'ai évoquée plus haut : elle était déprimée parce que sa vie actuelle avait activé une ancienne empreinte inconsciente qui produisait la dépression et, pour améliorer la situation, il fallait faire ressurgir cet ancien souvenir, de manière consciente cette fois-ci, afin qu'il trouve sa résolution *. Même souvenir, autre dénouement.

Après le revécu, quand les signes vitaux baissèrent à nouveau, elle se mit à avoir des *insights*. Elle se rendit compte que, dès qu'elle rencontrait des difficultés, même très mineures, son corps faisait

1. Signes vitaux : pouls, température et tension artérielle *(NdT)*.

ressurgir le souvenir d'obstacles insurmontables. Elle réagissait en s'effondrant et en renonçant. Autre point important : la résolution de ce souvenir modifia tellement son débit sanguin, son tonus musculaire et ses sécrétions hormonales que son physique en fut entièrement transformé, jusqu'à sa carnation et la texture de ses cheveux.

Si on *sent* qu'on n'a plus rien à espérer, c'est qu'on ne refoule pas. Or, ce qui cause les maladies graves, ce n'est pas le fait d'éprouver de la désespérance mais de la refouler. Néanmoins, cela peut être fatal de désespérer tout au début de la vie, on peut en mourir. Alors, choisissez votre poison : ou bien vous mourez bébé, d'avoir ressenti un désespoir insupportable, ou bien vous refoulez ce désespoir et vous en mourrez plus tard...

Je suis sûr que si je disais à un quinquagénaire qui a un cancer que c'est à cause de ce qui lui est arrivé à la naissance, il serait sceptique, ironique et incrédule. Comment croire en quelque chose qu'on ne peut ni voir, ni ressentir, ni sentir, ni toucher? Autant demander à quelqu'un de croire à la petite souris qui vous apporte un cadeau quand vous perdez une dent...

Le déjouement du traumatisme natal

Le déjouement du traumatisme de la naissance n'est pas facile à comprendre. Le déjouement est en effet essentiel à la vie du névrosé et correspond dans une large mesure à la description qu'on donne habituellement de la névrose. Résumons le processus : tout sentiment très précoce va se trouver par la suite « renforcé » et représenté à d'autres niveaux (de conscience). Les expériences de l'enfance contribuent plus à développer les sentiments ressentis précocement qu'à en susciter de nouveaux. Le besoin d'être encouragé à sortir de soi-même, le besoin de communiquer et de jouir d'une certaine liberté, tout cela fait partie des événements de première ligne liés à la naissance. Tandis que des sentiments comme se sentir indésirable, indigne d'intérêt, ou ignoré, appartiennent à la phase de développement et de renforcement des sentiments. Presque tout ce que nous faisons à l'âge adulte est une réplique de ces empreintes précoces ; c'est ce que j'ai décrit sous le nom de « déjouement ».

La question qu'il faut se poser est la suivante : pourquoi s'acharne-t-on à constamment reproduire dans son comportement le prototype natal et ce qui le renforce? Ainsi, pourquoi veut-on toujours avoir la voie libre, sans obstacles ? Pourquoi se sent-on anxieux quand on fait la queue? Pourquoi tombe-t-on toujours sur des gens qui vous compliquent la vie ? Pourquoi redoute-t-on les nouvelles rencontres, pourquoi a-t-on peur du changement ? Pourquoi craint-on si fort de tomber sous l'emprise d'un tiers ? Tout ce que nous faisons toujours, c'est reproduire à l'infini l'environnement traumatique des premiers temps de la vie, si bien qu'on n'en finit plus de vivre son passé dans le présent. Mais pourquoi ?

La première raison, c'est que le vécu passé n'a pas été ressenti ; il a été refoulé, laissant une tension résiduelle qu'il faut éliminer en l'évacuant. On est obligé de s'en décharger continuellement pour être en équilibre, en homéostase. Le simple fait de taper des pieds ou de battre des mains est une forme de décharge ; la logorrhée et le sexe en sont d'autres. L'individu doit se décharger de cette tension excédentaire, suffisamment pour normaliser le système, pour lui procurer un degré de confort optimal. Deuxième raison : tout ce qu'il y a autour de l'empreinte — le sentiment qui l'a déclenchée, la défense, le sentiment lui-même et les réactions du corps —, tout cela forme une *Gestalt* qui est constamment transposée dans le présent, en attente de résolution. Car c'est bien d'une tentative de maîtrise et de résolution, même symbolique, qu'il s'agit ; le déjouement tente en effet de recréer l'ancien traumatisme, dans l'espoir de lui trouver un dénouement différent. Mais, de même que la conclusion initiale n'avait pu être autre que ce qu'elle a été, on va se débrouiller pour recréer exactement les mêmes conditions qu'à l'origine et avec un dénouement identique. Autrement dit, on est sans arrêt en train de creuser des trous dont il faudra ensuite ressortir. Quand ça a l'air de marcher, au début, on s'arrange pour garantir un échec (on reproduit le prototype natal en le renforçant). Ou bien on plaque tout alors qu'on était sur le point de réussir, car on ne supporte pas la moindre forme de contrainte ou de restriction. On fait en sorte de ne jamais aller jusqu'au bout des choses, parce qu'on associe dénouement avec désastre (comme ç'avait été le cas initialement). Et on pourrait multiplier les exemples à l'infini.

Troisième raison : le déjouement garantit l'inconscience dans la mesure où il nous focalise sur le présent, apportant ainsi son concours aux forces du refoulement. Le déjouement sert donc essentiellement à nous empêcher de nous rendre compte du manège auquel nous nous livrons. Notre comportement reproduit un sentiment du passé, mais le déjouement nous fait croire qu'il s'agit du présent. Dès qu'on isole un patient de son environnement ordinaire et qu'on l'empêche ainsi de recourir à ses défenses habituelles, ses anciens sentiments ressurgissent aussitôt. Quelqu'un qui tombe malade subitement et qui ne peut plus se livrer à son déjouement habituel est renvoyé face à son passé ; il se sent généralement anxieux et tendu, sans savoir pourquoi. Quel superbe paradoxe : notre comportement vise à la fois à préserver le passé et à le liquider ! On prolonge le passé dans le présent, tout en refoulant le contexte initial réel pour qu'il ne risque pas de fragmenter la conscience. La pleine conscience, rappelez-vous, pourrait signifier la mort. Il faut être conscient pour qu'il y ait résolution, mais dans le contexte primal, la conscience signifierait la désintégration.

Le déjouement suppose implicitement l'espoir, dans la mesure où le traumatisme initial contient presque toujours une profonde désespérance. Si on répète à l'infini le scénario de la naissance, c'est parce que, quand survient une situation nouvelle ou déroutante, on est physiologiquement obligé de reproduire le comportement qui nous a sauvé la vie à l'origine. Ce n'est pas un choix, mais un automatisme. Tenter de modifier le déjouement reviendrait à vouloir effacer l'histoire d'un vécu, ce qui n'est pas facile.

Notre ancien environnement demeure inscrit dans notre cerveau et dans notre corps, *définitivement et dans sa forme exacte,* et c'est essentiellement pour cela que nous continuons sans cesse à le reproduire. On y réagit pour la bonne et simple raison qu'il est là ; on fait son possible pour tenter de rendre cohérent et rationnel ce qui est en réalité un état permanent du cerveau et du corps. C'est ainsi qu'on entreprend toute sorte de choses, on s'occupe, on a le sentiment d'aimer l'excitation que procure l'action parce que, inconsciemment, on sent que le mouvement, c'est la vie, et que son absence, c'est la mort. On ne ressent jamais le contexte initial connu au début de la vie parce qu'on s'ingénie à bouger tout le temps. Être coincé à la maison, ce serait se rapprocher de ses sentiments réels, avec toute l'angoisse que cela implique.

C'est la valence * de l'empreinte qui détermine l'intensité du déjouement. Il est impossible de résoudre complètement le déjouement — comprenez : le comportement névrotique — avant d'en avoir également résolu la base — ce qui fait que tout est aussi profondément enfoui et dissimulé dans l'inconscient. Du fait que le déjouement est par certains aspects lié à l'enfance, on pourra en réduire l'intensité en revivant des événements survenus à ce moment-là, mais il persistera malgré tout. Il faudra simplement un stimulus un peu plus fort pour le déclencher. Ce n'est que lorsqu'on aura revécu et résolu les traumatismes aux niveaux les plus profonds qu'on pourra dire que la névrose est guérie.

Tout cela veut-il dire que rien ne peut modifier le cours de la névrose, qu'aucune expérience, même intensive et thérapeutique, ne peut rien y changer ? Eh bien, oui. Car il n'existe aucune expérience capable de percer la coquille du refoulement sous laquelle continue à vivre tout un environnement dont l'influence est énorme. L'empreinte intérieure constitue un contexte qui est présent en permanence, et c'est toujours par rapport à lui que s'élaborent nos réactions. Il a la priorité sur toutes nos autres formes d'expérience. Sauf s'il s'agit d'une expérience neuve, porteuse d'un danger de mort, survenant très tôt dans la vie et exigeant une réaction neuve, rien ne peut modifier le cours de la névrose — rien, à part le déblocage du refoulement et la libération de l'empreinte. Le déjouement névrotique a lui-même été élaboré en réponse à un événement qui a failli être mortel. A moins d'un autre événement assez fort et assez précoce, le premier réflexe de survie qu'on apprendra sera donc un mécanisme de défense, notre premier refuge.

Le renforcement du prototype

La thérapie primale ne s'intéresse pas qu'à la naissance. La naissance fournit en quelque sorte le point de départ de la névrose ; elle lui donne sa direction. Il est certain qu'un environnement bienveillant, encourageant et aimant peut atténuer l'impact des traumatismes natals et prénatals. Un vaguotonique qui grandit dans un foyer de gens froids, austères et sans amour éprouvera une souffrance encore renforcée, à laquelle il réagira en renonçant encore un peu plus à se battre, du fait du prototype de sa personnalité.

Si les parents d'un sympathicotonique sont faibles et inefficaces face à un enfant agressif et exigeant qui réussit toujours à n'en faire qu'à sa tête, celui-ci se montrera de plus en plus enclin à se battre, plus sûr de lui et plus agressif. Et ça lui réussira. Si bien que ses tendances en seront encore renforcées.

Pourquoi est-ce que ce sont les « doux » qui attrapent le cancer ? Parce qu'ils ont pratiquement fait une croix sur leurs propres besoins. Ils s'inclinent devant la volonté des autres et se mettent en quatre pour leur faire plaisir, dans l'espoir de se voir témoigner ne serait-ce qu'un semblant d'amour. Doux comme des agneaux, ils ne feraient pas de mal à une mouche ; ils sont flexibles, ils ne demandent rien. Cette disposition peut être renforcée par le genre d'école que des parents répressifs sont susceptibles de leur choisir (école militaire ou religieuse), et où l'enfant subira une répression accrue. Il n'aura pratiquement plus de chances de s'en tirer : il sera déjà un grand refoulé à dix ans. Ainsi qu'un candidat à la dépression et aux maladies du système immunitaire. Tant que son corps sera jeune, il aura les ressources nécessaires pour combattre cette tendance pendant des années et des années, mais sa résistance faiblira avec l'âge.

Il est important pour la santé de trouver un bon équilibre entre le sympathique et le parasympathique, ces deux modes de fonctionnement de l'organisme. On constate chez nos patients qui revivent leur souffrance pendant une période relativement prolongée une normalisation du métabolisme qui se manifeste par une meilleure santé et un système mieux équilibré. Le système a été « remis d'aplomb ». On dit souvent un « déséquilibré » en parlant d'une personne qui souffre de troubles émotionnels, et on comprend pourquoi.

Maryanne

Aussi loin que je m'en souvienne, j'ai toujours été déprimée. J'ai toujours été repliée sur moi-même, à l'école ; je n'ai jamais eu beaucoup d'amis, je n'ai jamais vraiment pris beaucoup de plaisir à quoi que ce soit, et je n'ai jamais eu beaucoup d'énergie. Mon père a quitté ma mère pour une autre femme quand j'avais six ans. Lui et sa nouvelle femme ayant eu deux enfants, il m'a plus ou moins oubliée. Il m'a laissée avec une mère folle à qui je ne pouvais absolument pas parler. J'ai l'impression que, toute ma vie, j'ai attendu que mon père revienne, et que je me suis trimbalé ma dépression parce que je savais qu'il ne le ferait pas.

Au mariage de ma sœur, j'ai plongé dans une profonde dépression parce que mon père est venu et qu'il m'a à peine dit bonjour, alors que je ne l'avais pas revu depuis trois ans. C'est là que j'ai compris que c'était terminé. J'ai senti toute la vanité de mes espoirs. Mais comme je n'avais personne à qui confier ces sentiments, je les ai gardés pour moi toute ma vie. Maintenant, plus je les laisse ressurgir et plus je supplie mon papa de revenir, et mieux je commence à me sentir et à sentir les choses.

Je crois que j'ai dû être déprimée dès le début de ma vie. On m'a empêchée de naître au moment où j'aurais dû le faire parce qu'on ne trouvait pas de médecin, et depuis ce moment-là, j'ai toujours ressenti la futilité de toute tentative, quelle qu'elle soit. J'ai toujours eu un pouls extrêmement lent (autour de 45) et je crois que ça fait partie de mon manque d'énergie. C'est un effort de marcher, j'ai l'impression de traîner mon corps derrière moi. Je crois que toutes les portes se sont fermées pour moi le jour où je n'ai pas pu sortir de la matrice, et l'épuisement que j'ai ressenti après m'être battue pour naître n'a jamais cessé de peser sur moi depuis lors. Ce sont cet épuisement et cette impression de fermeture qui m'ont fait baisser les bras quand mon père est parti. Je suppose que j'ai éprouvé de la colère mais je ne l'ai jamais exprimée : à quoi bon, puisqu'il ne reviendrait pas ! « A quoi bon », c'était ma devise.

Le sympathicotonique : un optimiste

Le sympathicotonique est manifestement un optimiste. Il l'a été dès le jour de sa naissance, et il avait de bonnes raisons de l'être. On serait tenté de dire que l'optimisme prévient le cancer ou que, lorsqu'un cancer est déjà déclaré, il concourt à produire une rémission des symptômes. Mais la vérité, c'est que chez le sympathicotonique, l'optimisme n'est pas qu'une simple *attitude* : il possède une véritable *physiologie* de l'optimisme. L'optimisme est la facette psychologique de toute une physiologie agressive et qui tend à l'affirmation du moi. Alors, les cellules aussi s'affirment et se montrent optimistes à leur façon ; dures à l'ouvrage, tournées vers la réussite et énergiques, elles produisent — toutes ensemble — une certaine forme de personnalité. Or, ces modes de réponse, tant physiques que psychologiques, sont tous des ramifications du prototype. Le dynamisme qui pousse à l'action, le mouvement et la réussite qui s'ensuit sont la marque du sympathicotonique. Autant de caractéristiques qui se retrouvent bien chez Julie, une sympathicotonique.

Julie

*Quand j'habitais Los Angeles, je ne pouvais pas attendre d'en partir. Je me sentais complètement débordée par la situation que je vivais — tant au plan professionnel que personnel —, et je ne pensais qu'à partir en voyage. Mais une fois partie, j'ai continué à avoir l'impression qu'*il fallait *que je m'en aille, comme quand j'étais encore à Los Angeles. Les premiers jours où j'arrivais quelque part, j'éprouvais un certain soulagement du fait d'être passée à l'acte et d'être partie. Mais, très vite, le même sentiment ressurgissait et, une fois de plus, je ne pensais plus qu'à repartir.*

Ce sentiment, c'est celui que j'ai éprouvé en naissant : « Il faut que je sorte d'ici. » *C'est un sentiment terriblement compulsif, qui me pousse toujours de l'avant. Il faut toujours que je parte ailleurs, justement dans l'espoir de me débarrasser de ce désagréable sentiment.*

Hier, j'étais dans un bureau de tourisme, en train de m'acheter un billet — ça voulait dire que je partais — et j'ai éprouvé un énorme soulagement. Rentrée à la maison, je me suis dit : « Voilà, c'est fait. » Mais l'ancien sentiment a ressurgi aussitôt. Apparemment, rien à faire pour m'en débarrasser, si ce n'est le ressentir. Quand j'arrive dans un nouvel endroit, je me sens bien pendant quelque temps, mais dès que je suis là depuis un petit moment et que la routine s'installe, je me sens obligée de repartir.

*C'est la même chose pour tout travail qui implique une certaine routine ; c'est pourquoi j'ai toujours évité ce genre d'occupation. Car il n'y a pas de mouvement dans la routine. C'est un environnement mort ; ça ressemble à ce que cela doit être dans l'utérus, avant qu'on éprouve le besoin de naître. J'ai le sentiment que les vaguotoniques supportent sûrement beaucoup mieux la routine parce qu'ils n'aiment pas tellement le changement. Peut-être le perçoivent-ils même comme un danger. Pour moi, le danger, c'était l'*absence *de changement.*

L'ennui, quand on part pour éviter une chose, c'est qu'elle est toujours là quand on revient et, à vrai dire, on la retrouve partout où on va. Plus je bouge, et plus ce sentiment bouge avec moi. Je suis sûre que si j'avais continué à me sentir obligée de bouger tout le temps comme ça, j'aurais succombé très jeune à une attaque cardiaque.

La pression que j'éprouve est véritablement une sensation physique. Je suis peut-être relativement inconsciente dans certains domaines mais, en tout cas, je suis bien consciente de cette pression. C'est comme s'il y avait quelque chose qui me poussait, à l'intérieur de mon corps, et c'est pour cela que je ne peux pas rester en place. Il faut toujours que je sois en train de faire quelque chose. Quand je suis à la cuisine, je me lève, je fais ceci, cela, je bouge sans arrêt. Je suppose que le mouvement est synonyme de vie pour moi, ou tout au moins de survie. Le pire, c'est que je ne supporte pas la paix car elle a vite fait de ressembler à la routine. Et il y a tellement de turbulences en moi que, pour me sentir en paix, je suis obligée de sortir et de partir faire un tour en voiture quelque part. Apparemment, la seule paix que je connaisse est dans le mouvement, si bien que je n'arrive jamais à me détendre et à me reposer.

La psychose maniaco-dépressive : les origines de la personnalité cyclothymique

La névrose maniaco-dépressive est l'un de ces mystères si insondables qu'on l'a abandonné à la génétique, l'imputant à des caractéristiques héritées contre lesquelles le malade ne pourrait rien faire sinon prendre des médications comme le lithium. Certes, il se peut qu'il y ait des facteurs génétiques qui jouent, mais l'expérience m'a conduit à en douter, pour avoir soigné de tels patients.

Je pense que la dépression maniaque (on oscille entre une excitation confinant à la manie et des abîmes de désespoir) provient d'un prototype de lutte prolongée qui a failli être couronnée de succès, mais qui a débouché sur un échec lamentable, pendant la naissance. Un exemple assez répandu est ce qui se passe quand le bébé se heurte à une tumeur et se bat pour sortir, mais que l'accouchement se fait finalement par césarienne. Ou bien encore ce qui se passe quand, pendant le travail, une infirmière empêche le bébé de sortir avant l'arrivée du médecin. Voilà le genre de naissance qui produit l'empreinte d'une personnalité cyclothymique. Entre cet état-là et la réaction vaguotonique typique, il n'y a qu'une différence de degré et de durée de la période de lutte — la phase numéro un de la psychose maniaco-dépressive. Avant d'être frappé par la catastrophe de l'échec, le maniaco-dépressif a connu une période de lutte à la naissance, alors que le vaguotonique dépressif n'a pas eu le temps de vivre une phase activo-maniaque prolongée.

Plus tard, le prototype cyclothymique aura tendance à se déclencher surtout en cas de difficultés et de stress. Le sujet commence par se battre tous azimuts, donnant libre cours à ses impulsions ; il tire des plans sur la comète, il fait des chèques à la pelle, il se lance dans une frénésie d'achats, il noircit des rames entières de papier, et ainsi de suite. Après quoi il sombre dans le désespoir total : il n'attend plus rien de la vie, il n'a plus d'énergie, il éprouve surtout un énorme sentiment d' « à quoi bon ? ». Ces deux phases sont les deux facettes de la même empreinte ; elles reproduisent exactement ce qui s'est passé au cours de la lutte pour la naissance. Dans un premier temps, on s'active, on se bat, on espère ; le bébé fait un effort désespéré pour échapper à l'éventualité de la mort. La seconde phase est celle où on frôle la mort, celle aussi de la terreur que suscite une telle expérience. Comme le disait l'un de mes patients : « J'ai peur de me sentir trop bien parce que, inévitablement, ça va être la catastrophe, après. Je suis toujours un peu anxieux quand je me sens bien. » Un autre patient exprimait la même appréhension un peu différemment : « J'essaie, je me donne un mal de chien, et puis tout finit quand même dans la merde. »

L'empreinte est en dernière analyse une série d'impulsions électriques, et l'impulsivité du maniaque est une surcharge électrique qui le pousse à hue et à dia, qui le fait courir dans tous les sens. C'est l'accumulation de décharges électriques, survenues à une époque où le cortex n'était pas encore complètement développé, qui va produire une personnalité qui, plus tard, sera incapable de se maîtriser. Dans la phase maniaque, les idées fusent et s'éparpillent dans tous les sens parce qu'il n'y a pas de néocortex cohérent pour les maîtriser. En effet, le bébé, qui subissait l'assaut constant d'une immense dose de souffrance de première ligne, n'a pas eu la possibilité de développer un cortex suffisamment fort, à l'origine. Il aura parfois la chance d'acquérir plus tard un système de croyances qui lui permettra d'empêcher ses idées de partir dans tous les sens. Les croyances (surtout mystiques) ont en effet pour fonction de structurer un mental fragmenté. Le système d'idées adopté sera nécessairement inflexible et imperméable aux faits concrets puisqu'on lui demande de contenir une force déchaînée. Dans ce sens-là, les illusions sont un remède au « ressentir ».

Quand le maniaco-dépressif a épuisé son énergie dans la première phase et qu'il n'en a rien tiré (comme ç'avait été le cas initialement), il tombe dans la phase dépressive. Il se retrouve en contact avec l'empreinte qu'il avait cherché à fuir au départ. La mort semble imminente. Il désespère, tout lui paraît dérisoire et futile, c'est la dépression.

Si l'empreinte consécutive à la naissance modèle toutes les réactions qui vont suivre, c'est, je le répète, parce qu'elle découle d'un combat à la vie à la mort, qui s'est livré avant même que le bébé n'ait vu la lumière du jour. C'est un souvenir de survie.

La psychose maniaco-dépressive diffère de la dépression ordinaire dans la mesure où elle est incapable de contenir et de refouler le sentiment de façon permanente. Le dépressif a subi un refoulement global qui fonctionne bien ; il n'y a pas de fuites de forces primales. C'est même cette absence d'exutoires qui caractérise la dépression. La psychose maniaco-dépressive ressemble beaucoup à ce qui se passe au cours de la première phase du sommeil : d'abord, l'esprit part dans tous les sens et n'arrive pas à s'endormir. Après quoi on rentre dans une phase de sommeil profond caractérisée par un profond refoulement. Puis le refoulement diminue et on accède au niveau du rêve ; on s'agite, on gigote dans tous les sens et on fait toute sorte de rêves fous.

Si la psychose maniaco-dépressive est restée un tel mystère, c'est parce que ses racines plongent si loin dans le passé ; elles semblent tellement invisibles et inconnues qu'on a considéré que l'hérédité était la seule explication logique possible. Les maniaco-dépressifs que j'ai soignés ont presque invariablement connu un traumatisme natal du type que je viens de décrire. Il s'agit donc d'un mal curable.

Il n'y a qu'une seule névrose. Elle se manifeste de centaines de façons différentes mais qui sont toutes issues d'une seule cause fondamentale : l'empreinte de la souffrance.

Marie

Je suis une femme de vingt-cinq ans. Pendant des années, je n'ai cessé d'enchaîner les activités, entreprenant toute sorte de choses, convaincue que j'avais été « choisie » pour réaliser de grands projets destinés à améliorer la qualité de la vie ou à m'améliorer, moi. Il fallait absolument que je « fasse quelque chose de ma vie » ; folle croisade effrénée commencée dans l'enfance et qui se poursuivit à l'âge adulte sous des formes plus subtiles.

Au lycée, il fallait que je participe à tous les groupes et à toutes les associations qui pouvaient exister. J'écrivais des éditoriaux pour les journaux, pour prouver mon « sens civique ». Je faisais du piano, du chant et de la danse, pour développer mon « sens artistique ». A l'université, je suis devenue féministe et mystique et j'ai formé un groupe de théâtre révolutionnaire afin de « faire avancer l'éveil ».

Mes projets ont échoué, pour la plupart. Et même quand ils réussissaient, je me sentais toujours déprimée, au bout du compte, parce que je n'étais jamais satisfaite. Je savais que je passais par des phases d'activité intense, suivies de périodes de dépression, de panique ou de maladie. Et plus cela devenait clair à mes yeux, et plus je me rendais compte que je ne maîtrisais pas du tout le cours de ma vie, et que je n'arriverais jamais à faire ce que je voulais si je continuais à répéter perpétuellement les mêmes schémas. Tout cela suivait le schéma de ma naissance : un grand déploiement d'activité — sans beaucoup de succès —, suivi d'un désespoir, d'un désir de tout laisser tomber, et puis rebelote.

Jesse

J'ai le sentiment d'avoir enfin trouvé l'origine de plusieurs de mes symptômes, dont le vertige, le nez bouché et la bronchite. Non seulement je suis maintenant débarrassée de ces symptômes, mais j'ai aussi finalement compris pourquoi j'ai toujours eu tendance à hésiter et à ne pas intervenir. J'ai en effet toujours eu l'impression que les choses se faisaient plus facilement si je me contentais d'être bien gentille et d'attendre patiemment.

J'étais le premier enfant de mes parents, et ma mère m'a raconté que l'accouchement avait duré longtemps. J'avais amorcé le mouvement vers 11 heures du soir. D'après ce que ma mère m'a dit, elle tombait de sommeil (évidemment droguée par un médicament), et l'infirmière était sans arrêt obligée de la réveiller pour lui dire de pousser. Pas étonnant que, dès le début de ma vie, j'aie eu le sentiment que ma mère ne faisait rien pour m'aider, et que j'aie renoncé à lutter dès ma naissance. Et depuis, on dirait que j'ai passé mon temps à attendre je ne sais quoi. Maintenant que j'ai revécu ma naissance, il me semble que l'attente était la seule alternative, sinon il aurait fallu que je me jette en avant et que je souffre de n'être pas aidée. J'ai fait mon premier repli névrotique avant même d'être née.

C'est généralement la résurgence de certains symptômes bien précis qui me ramène vers mes sentiments. J'ai travaillé à un moment donné dans des bureaux situés dans une tour de trente étages, et j'étais obligée de prendre l'ascenseur à tout bout de champ pour me déplacer d'un étage à l'autre, dans le cadre de mes activités. Moi qui ne m'étais jamais sentie très à l'aise dans un ascenseur, j'étais complètement submergée d'émotions ; j'imaginais le conduit vide et sombre, sous l'ascenseur, et je mourais de peur à l'idée que j'allais tomber au fond. J'étais terrifiée : et si l'ascenseur se brisait et que je me retrouve là, avec le vertige et envie de vomir, obligée de m'agripper aux parois de la cabine ?

Cependant, je me suis rendu compte peu à peu que cette peur venait d'ailleurs. Un jour, en thérapie, je me suis sentie soudain terriblement seule et je me suis souvenue que mon père m'avait fait interner dans un hôpital psychiatrique — j'avais vingt ans —, et que ça m'avait rendue folle. En remontant le fil de ce sentiment, je me suis retrouvée bébé, hurlant de peur. Mon corps était tout raide, crispé dans une drôle de position, comme pour exprimer lui aussi cette épouvante. Et puis j'ai eu l'impression de tomber à la renverse dans un vide noir — la sensation la plus épouvantable que j'aie jamais éprouvée. J'avais le vertige, j'étais totalement désorientée ; je pleurai et je criai jusqu'à ce que, enfin, le sentiment se dissipe. Pendant que je le revivais, j'avais levé les jambes au-dessus de la tête et, quand j'émergeai, j'étais pratiquement cul par-dessus tête, les jambes en l'air, en appui contre le mur. Et c'est à ce moment-là que j'ai compris d'où provenait le sentiment que j'avais éprouvé : on m'avait tenue la tête en bas, à ma naissance, et j'ai compris que la peur que j'éprouvais en ascenseur était la même que celle que j'avais ressentie à ce moment-là.

Ce qui est intéressant, c'est que quelques mois plus tard, je me suis mise à ressentir quelque chose d'un peu différent. J'avais un ganglion terriblement enflé dans le cou ; ça me faisait si mal que j'ai dû filer aux urgences. Le médecin ne savait pas d'où ça pouvait venir, mais une semaine plus tard, j'eus le sentiment d'être un tout petit bébé et je revécus la sensation d'un liquide qui m'emplissait la gorge et me faisait suffoquer. Je pleurais, je criais, j'essayais de vomir : j'avais quelque chose dans la gorge, quelque chose qui n'aurait pas dû y être. A la suite de quoi la mystérieuse enflure disparut.

J'ai toujours eu l'impression d'avoir le nez bouché, jusqu'au jour où j'ai revécu le sentiment d'avoir dû me battre pour respirer pendant ma naissance. A présent, et pour la première fois de ma vie, je peux goûter le plaisir de rester étendue sur mon lit à respirer, à sentir l'air rentrer dans mes poumons. Je n'ai plus le nez bouché ni la bronchite, moi qui en ai souffert toute ma vie.

Maintenant, je comprends pourquoi je faisais toujours illico une bronchite quand j'étais particulièrement stressée (comme à la mort de mon frère ou au départ de mon père). Je suppose que des situations comme celles-là ravivaient un ancien traumatisme de naissance, survenu lorsque je luttais contre la mort, la trachée pleine de liquide.

Leslie-Ann

Je me considère comme un oiseau de nuit ; je hais le jour et ses lumières crues. Je me lève aussi tard que possible, le matin, et je me couche très tard afin de profiter le plus possible des soirées et des nuits. Chaque jour commence de la même manière : le réveil est toujours le pire moment de la journée. Je me sens très mal et sans défense, le matin, comme si j'allais devoir lutter toute la journée pour faire passer le temps jusqu'au soir où, enfin, je pourrai me sentir mieux. Plus la journée avance et mieux je me sens. Quand la nuit tombe enfin, je commence à me sentir vraiment bien et en sécurité. J'atteins un sommet au moment de me coucher : j'éprouve une telle joie quand je me glisse entre mes draps et que je sens la douce chaleur et la sécurité de mon lit, que je la ressens physiquement, dans tout mon corps. Je me sens alors très détendue et je sombre dans un sommeil où j'oublie tout.

Je n'avais jamais compris pourquoi chaque jour de ma vie commençait ainsi ; ça ne m'avait même jamais paru bizarre, jusqu'au jour où j'ai revécu un ou deux sentiments associés à ma naissance. Je me suis alors rendu compte à quel point l'empreinte de ma naissance affectait ma vie quotidienne. J'eus le sentiment d'un long et pénible combat, l'impression d'incroyables pressions sur la tête et dans le dos.

Ma mère ne m'aidait pas ; j'étais coincée à l'intérieur et je ne pouvais compter que sur moi-même pour m'en sortir et pour vivre. J'ai donc dû faire tout le travail toute seule, poussant pendant des heures jusqu'à ce que, totalement épuisée, je renonce, parce que je ne pouvais plus rien faire et que j'étais pratiquement morte d'épuisement.

J'ai fini par en sortir vivante. Il y a un sentiment dont je me souviendrai toujours : étendue sur le dos, je suce mon pouce et, tout doucement, je m'endors. Le combat est terminé. Ça y est, j'ai réussi ! J'en suis sortie saine et sauve. Je suis en sécurité et, maintenant, je peux me détendre et me permettre de dormir et de tout oublier. Quel moment délicieux !

Ainsi, chaque jour de ma vie s'est déroulé exactement de la même manière que ce que j'ai vécu à ma naissance. Le matin, le combat est encore devant moi ; la naissance se met en route et j'ai des appréhensions. Mais, plus je me rapproche du moment où je vais pouvoir me détendre et m'endormir, et plus je me sens bien et en sécurité. De plus en plus moi-même, aussi. Par la suite, ces sentiments ont été renforcés du fait que, chaque soir, avant que nous allions nous coucher, ma sœur et moi, papa nous consacrait une demi-heure de son précieux temps ; il jouait avec nous et nous racontait des histoires. C'était la seule demi-heure de la journée où il s'occupait de nous, et on attendait ça avec impatience, chaque jour.

C'est tout cela qui a fait de moi un oiseau de nuit. Je suis absolument stupéfaite de voir l'impact que ma naissance a eu sur ma vie quotidienne et sur ma façon de réagir à la souffrance. Lorsque la souffrance me dépasse, je me sens déprimée et épuisée, et je n'ai plus qu'un seul désir : me coucher et dormir pour tout effacer.

La dépression

Il semble que, de nos jours, la dépression soit un phénomène encore plus répandu que l'angoisse. Aussi répandu que l'usage des antidépresseurs pour la soigner. Il règne actuellement une certaine controverse quant aux moyens de vaincre et de maîtriser ce monstre. Il y a principalement deux camps opposés : d'un côté, ceux qui sont favorables aux « thérapies de l'expression », comme dans le cadre des groupes d'*insight,* et de l'autre les tenants d'un traitement par médication. Il semblerait pour le moment que ce soit ces derniers qui l'emportent, puisque certaines études ont montré que les médicaments pouvaient à eux seuls traiter la dépression aussi efficacement que les thérapies d'expression. Il y a même eu un procès célèbre, Osheroff contre Chestnut Logde, intenté à une clinique qui avait refusé d'administrer des drogues à ce patient, qui la poursuivait.

Les symptômes de la dépression sont en gros les mêmes que ceux du vaguotonique : léthargie, absence d'intérêt pour quoi que ce soit, incapacité à s'investir dans ce qui vous arrive, perte du sommeil, sentiments d'impuissance et d'absence de raison d'espérer, difficulté à se mouvoir, respiration laborieuse et superficielle, perte de l'énergie, de l'appétit et du désir sexuel, impression d' « à quoi bon », sentiment qu'on n'a pas d'autres options ou alternatives, pensée de mort et de suicide.

La dépression n'est pas une maladie, à moins qu'on ne considère le refoulement comme une maladie. C'est la sensation subjective qu'on éprouve quand on refoule des sentiments précoces en train de ressurgir pêle-mêle. Le refoulement draine l'énergie et fait de tout une montagne, si bien que même le fait de parler ou de lever le bras représente un réel effort. Ce qui est refoulé, ce sont justement les sentiments qu'éprouvent pratiquement tous les vaguotoniques : désespoir, impuissance, résignation et impression de futilité — les symptômes de la dépression. La dépression est un refoulement qui atteint un niveau tel qu'on le ressent subjectivement. D'où l'impression de « lourdeur » qu'éprouve le déprimé. Normalement, le système de défense fonctionne si naturellement et sans effort que l'on ne s'en rend même pas compte. Mais quand on voit ses espoirs détruits à l'extérieur (licenciement, perte d'un compagnon ou d'une compagne, etc.), cette désespérance entre en résonance avec un sentiment identique éprouvé dans le passé, et produit la dépression.

L'empreinte avec laquelle se produit la résonance est généralement celle du traumatisme natal, aggravé par une enfance sans amour et vide d'espoir. Comme je l'ai déjà expliqué, il s'agit d'un traumatisme natal d'un type bien spécifique — la lutte suivie de l'échec — qui a laissé une empreinte signifiant : « A quoi bon essayer ? De toute façon, il n'en sortira rien de bien », et autres variations sur le même thème. Si le déprimé a l'impression que rien n'a de sens, c'est parce que c'est la capacité de ressentir les choses qui leur donne un sens ; sinon, on est un robot. C'est ce que nous ressentons qui donne un sens à notre vécu ; c'est pourquoi tout semble absurde quand on est profondément refoulé. Car le refoulement consomme une énergie énorme pour lutter contre le désespoir et pour le contenir, une énergie dont nous avons besoin pour éprouver aussi bien le désir sexuel que toute autre forme d'envie.

J'ai rarement vu un sympathicotonique déprimé ; il est trop occupé à fuir ses sentiments. Le refoulement n'est pas aussi total et global chez lui que chez le vaguotonique, car il a au moins pu se battre pour sortir de la matrice, à la naissance. Il a eu le choix, ce qui n'est pas le cas quand une énorme dose d'anesthésique envahit le système du bébé et l'éteint complètement, comme cela arrive souvent aux vaguotoniques. Les seules fois où le sympathicotonique déprime (il est généralement juste anxieux), c'est quand il ne peut plus se livrer au déjouement, quand il a joué toutes ses cartes, qu'il ne peut plus fuir en avant et s'activer du matin au soir, quand sa petite amie ne revient pas malgré toutes ses supplications. Dans ce cas-là, et dans ce cas seulement, il fera un peu de dépression passagère, mais l'espoir ne tardera pas à revenir.

Il y a une légère différence entre la dépression qu'éprouve une personne qui a été quittée pour une autre, et celle dont souffre le déprimé chronique. La différence tient à ce que le déprimé chronique mène généralement une vie d'où l'espoir est absent : pas de relation amoureuse, pas de centres d'intérêt particuliers, peu ou pas d'amis, un travail inintéressant, etc. Vivre ainsi, c'est peut-être le moyen pour lui de « *déjouer* » le traumatisme de la naissance pendant laquelle il a éprouvé le sentiment d'être coincé. Quoi qu'il en soit, l'impression de désespoir est apparemment là en permanence. Dans le cas d'une personne quittée par son conjoint, le désespoir et l'impuissance qu'elle éprouve à ce moment-là sont rentrés en résonance avec un sentiment du passé. Sinon elle ne s'enliserait pas dans une dépression chronique et interminable ; elle serait triste, certes, elle pleurerait et se sentirait affreusement mal dans sa peau, mais ça ne durerait pas indéfiniment. La dépression s'installe à partir du moment où on ne ressent plus ses sentiments réels. Un individu relativement normal, et capable de réagir, sera triste mais pas déprimé. La « tristesse » est un sentiment, mais pas la dépression qui est un trop-plein de sentiments qui se bousculent au portillon de la conscience. L'impression de ne pas avoir de choix ou d'alternative est généralement liée au traumatisme précoce d'une naissance où on n'a effectivement pas eu le choix ; on n'a pas pu faire autrement, car faire quoi que ce soit eût pu signifier la mort. C'est ainsi que l'absence d'alternative dans le présent peut faire ressurgir cet ancien sentiment et exacerber la dépression.

Le traitement de la dépression qui a la faveur des médecins, actuellement, c'est l'imipramine, une substance qui calme la souffrance et qui fait réagir le système contre la chape du refoulement. C'est ainsi qu'Ellen Franck, une psychologue de l'école de médecine de Pittsburgh, qui a étudié la dépression et son traitement, a pu dire : « La dose d'antidépresseurs qui vous a aidé à aller mieux est aussi celle qui vous aidera à conserver ce mieux » (*Science News*, 26 janvier 1991). Une fois de plus, on considère que répression équivaut à guérison. La preuve ? « Sur 53 participants (à cette étude) qui sont restés sous imipramine, il y en a 41 qui n'ont pas refait de dépression dans les trois ans pleins qui ont suivi. » Qui plus est, ces chercheurs ont constaté que les drogues combinées à une thérapie interpersonnelle ne présentaient pas d'avantage réel par rapport à un traitement uniquement médicamenteux.

Les psychiatres seraient-ils devenus des auxiliaires des grands laboratoires pharmaceutiques ? A leur insu, peut-être, dans la mesure où ce sont les traitements qu'ils prescrivent qui font autorité en la matière, à l'heure actuelle. Mais où est donc le « pourquoi » qu'on a besoin d'entendre ? Pourquoi êtes-vous déprimé ? De quoi s'agit-il, vraiment ? D'où est-ce que ça vient ? Non seulement les médications répriment le besoin de poser de telles questions, mais elles suppriment aussi l'histoire personnelle du patient — là où se trouve la réponse à tous ces pourquoi.

Il est rare que la thérapie interpersonnelle soit efficace dans les cas de dépression aiguë car qui dit dépression profonde dit refoulement profond. D'où la nécessité de revivre les expériences inscrites au plus profond du système nerveux, des événements très anciens et fort éloignés de la conscience.

Les tenants de l'école de psychothérapie cognitive considèrent que le déprimé est enfermé dans des idées défaitistes, et qu'il doit transformer son mode de pensée. Certes, il s'agit bien d'idées défaitistes : « Je ne suis bon à rien, je ne peux rien faire. » Mais de telles idées ont forcément une base ; ce ne sont pas des pensées qui flottent dans l'air par hasard et qu'il suffirait de remplacer par d'autres. Elles sont ancrées dans des réalités intérieures dont il faut tenir compte. D'autant que, si l'on est « défaitiste », où se trouve le « moi » auquel on inflige la défaite ? Et quel moi inflige la défaite à l'autre ? Y aurait-il donc deux moi ?

Le *vrai* moi est celui qui a subi des traumatismes terribles et qui souffre, et qui se sent désespéré et mal aimé à cause des expériences précoces qu'il a vécues *en vrai*. Il envoie des messages au centre de la pensée de l'individu qui, là-dessus, se met à croire qu'on ne l'aime pas, même s'il a une femme et des enfants qui lui sont totalement dévoués.

« Par conséquent », raisonne Gerald Tarlow, professeur-assistant de psychiatrie clinique au département de psychiatrie de l'UCLA, « nous devons apprendre aux gens à reconnaître les pensées déformées. Sans quoi ils ne pourront pas changer » (*Los Angeles Weekly*, 8-14 avril 1988). Il poursuit : « La deuxième étape consiste à revenir sur ces pensées déformées afin de les examiner et de leur trouver une alternative plus rationnelle. » Ce genre de solution — cognitive — est généralement le fait de ceux qui sont convaincus qu'il suffit de penser et de réfléchir pour résoudre tous les problèmes.

Soyons bien clair là-dessus : les pensées du déprimé ne sont *pas* « déformées ». Puisqu'elles émanent directement d'empreintes profondément gravées, elles correspondent bien effectivement à la réalité, mais pas à la réalité de son environnement actuel, et c'est là tout le problème. Parce que, comme je l'ai déjà souligné, la réalité intérieure prend toujours le pas sur celle de l'extérieur. La difficulté, c'est de découvrir cette réalité profonde, afin de rattacher les attitudes et les pensées actuelles de l'individu à leur base, ce qui permettra de résoudre le problème. Car la réalité intérieure peut en effet représenter des décennies de vécu qui ont toutes concouru à renforcer les mêmes sentiments : « Personne ne veut de moi. Je gêne. On me déteste. »

C'est vrai qu'on peut encourager un déprimé, l'exhorter, lui montrer des choix possibles, le stimuler et le motiver. Et cela l'aidera. Pourtant, on ne fera toujours que se battre contre le prototype, et le déprimé retombera graduellement dans la dépression. Car, à sa façon, le prototype exprime quelque chose, dans le langage physiologique qui est le sien et qui est sans paroles (puisque le plus souvent lié à la naissance) : « Je suis fatigué de me battre. Tout ce que je veux, c'est me reposer. Je ne veux pas me lever et m'activer. Je ne vois pas d'issue. La mort est la seule solution à mon problème » (ce qui était bel et bien le cas, dans son expérience initiale). Une fois qu'on aura revécu le traumatisme prototypique, la dépression sera en voie de résolution. Elle s'atténuera grâce à ce revécu, et grâce aussi au fait de *pouvoir re*ssentir tout le manque d'amour, la dureté, l'excès de discipline qu'on a pu connaître dans sa famille, et d'exprimer tous ces sentiments contenus pendant tant d'années. Si l'expérience se renouvelle ainsi pendant plusieurs mois, la dépression sera définitivement guérie.

Si le fait de *re*ssentir un sentiment dans un primal * a toujours pour effet d'alléger le fardeau de la dépression, c'est parce qu'il atténue le refoulement. Car la dépression n'est pas affaire d'hostilité envers soi, comme le pensait Freud, mais d'un trop-plein de sentiments qui ont besoin de s'exprimer. Évidemment que ça fait du bien d'exprimer sa rage, mais ça ne suffit pas. Il est tout aussi important de laisser parler sa tristesse, et en fin de compte, le meilleur moyen de résoudre le problème, c'est de ressentir les besoins qui sont profondément ancrés dans notre système. La rage sert souvent à camoufler de tels besoins, et c'est pour cela qu'il ne suffit pas de l'exprimer pour résoudre le problème. Car nos besoins sont toujours là : « Soyez gentils avec moi ! Prenez-moi dans vos bras ! Ne me donnez pas tout le temps des ordres ! Apprécie-moi, je suis ton fils ! Laisse-moi exister. Désire-moi. Je suis ta chair et ton sang. Laisse-moi te dire ce que je ressens ! » La dépression n'est plus un mystère pour qui sait *re*ssentir tous ces besoins-là.

Susan

> Et avez-vous quand même trouvé
> Ce que vous attendiez de la vie ?
> Oui.
> Et qu'en attendiez-vous ?
> De pouvoir me dire aimé, de me sentir
> [aimé sur cette terre.
>
> Raymond CARVER.

Je ne me souviens pas d'avoir jamais été heureuse, insouciante et ouverte au monde, dans mon enfance. En classe et avec les autres enfants, j'étais si renfermée que cela confinait au mutisme. J'étais incapable de prendre l'initiative de rapports avec qui que ce soit. Il y a eu tellement de choses dans mon enfance qui ont fait de moi une pauvre gamine abattue et peu loquace.

Tout a commencé par un long accouchement (28 heures de travail), pendant lequel je n'ai rien pu faire pour arranger les choses. Quand enfin je suis née après une telle épreuve, je me suis retrouvée avec une mère qui m'était totalement inaccessible, physiquement. Pas moyen de la faire venir à moi pour me prendre dans ses bras et me réconforter. Pour moi, la dépression, c'est « pas de mère ». Je commence tout juste à émerger de mon cafard, maintenant que je sens précisément de quoi il s'agit : j'ai besoin de ma mère, et elle n'est pas là. Elle n'a pas su se rendre disponible pour moi, malgré tout le besoin que j'avais d'elle. C'était toujours son besoin à elle, son besoin de moi, qui avait la priorité, et je n'avais pas le choix : dès le début, il a fallu que je satisfasse ses besoins. Ma mère avait adoré sa période de grossesse. Je crois que, pour elle, ça représentait l'assimilation totale d'un autre individu, la possession et le contrôle absolus. Peut-être était-ce la seule fois de sa vie où elle avait eu l'impression que quelqu'un lui appartenait. Alors, évidemment, elle n'avait pas envie de me laisser sortir. Elle n'avait fléchi que lorsque le médecin lui avait dit qu'il allait faire une césarienne. Et zou ! Une demi-heure plus tard, j'étais née.

Je peux seulement imaginer que je devais être horrifiée et désespérément avide de consolation quand je suis née. Au lieu de quoi on m'a tout de suite séparée de ma mère, ne m'amenant vers elle que toutes les quatre heures pour être allaitée. Ces « tétées » étaient sans doute un véritable supplice pour moi parce que ma mère n'avait pas de lait ; mais, aux yeux du personnel hospitalier, elle tint cependant à jouer à la mère qui allaite, pendant trois ou quatre jours. Les apparences avaient toujours énormément compté pour elle. Elle avait besoin que les gens la prennent pour une mère modèle. C'était du cinéma : sourire et pose pour les caméras, pour épater la galerie. Pendant ce temps-là, je pleurais — j'avais désespérément soif de lait et de contact — et elle continuait à jouer son rôle, imperturbable, insensible aux affres que je vivais. Je n'avais pas le choix : exister pour elle et satisfaire ses besoins, dès le premier instant de mon existence. Voilà la recette de la dépression : pas la moindre chance d'obtenir quelque chose pour soi. Pure futilité que d'essayer. Juste le bonus des deux premières semaines à la maison où une infirmière me donnait à boire à heures régulières.

Sur les photos de moi, enfant, j'ai l'air soucieuse et grave. Je n'ai jamais considéré que mes parents étaient disponibles pour s'occuper de moi, car ils ne l'étaient pas. A en croire la légende familiale, mon père aurait quitté l'hôpital après ma naissance et serait rentré à la maison pour arroser le gazon dans un état de stupeur totale, parce que navré du malheureux hasard de mon sexe. Mais je m'égare. Disons simplement qu'il y avait une longue histoire de misogynie dans la famille, des deux côtés, et que j'ai eu à en pâtir, à commencer par mon père — un père absent, périphérique.

J'ai vite appris à ne jamais exprimer mes besoins. Toute petite — je marchais à peine —, j'ai renoncé à mes couches en faveur de mon petit frère qui venait de naître et, à partir de ce jour-là, j'ai toujours été propre la nuit. J'avais une volonté fantastique, dans tous les domaines. C'était marche ou crève. Comme je n'aurais pas pu accepter le rejet ou le désespoir, il fallait que j'apprenne à marcher et à parler, à franchir toutes ces soi-disant étapes du développement. Je suppose que j'étais tout le temps en train de me battre contre mon empreinte de mort. Jusqu'à mon « objet de transition » — un chien en peluche que j'appelais Bowie — qui me fut retiré par mes parents. J'appris très tôt que je n'avais pas le droit d'avoir besoin de quiconque ou de quoi que ce soit.

Petite fille, j'adorais mon père et j'éprouvais une grande vénération pour lui, bien qu'il ait toujours aimé se moquer de moi et me ridiculiser. Étant bien placée pour savoir que ma mère était inaccessible et un peu toquée, je me donnais un mal de chien pour essayer de tirer quelque chose de mon père. Au moins, lui, il s'approchait de moi et m'apprenait des choses sur le monde. Mais il riait toujours à mes dépens. Il trouvait follement drôle que je sois un bébé qui ne sait pas parler, qui ignore la logique, et tout le reste. Je me revois assise dans mon parc, toute seule dans une chambre, à un âge où je n'étais guère capable d'autre chose que de me dresser sur mon séant. Il est rentré dans la pièce et a jeté plusieurs livres par-dessus ma tête en disant : « Tiens, lis ça. » Après quoi il a tourné les talons et il est parti (évidemment). J'étais bien trop petite pour savoir lire ! C'était terrible.

Impossible de trouver de l'affection auprès de mon père. Il était froid, pas du tout affectueux. Quand il me soulevait d'un geste mécanique pour me mettre dans la voiture, mon cœur se gonflait d'espoir — si jamais je pouvais tirer quelque chose de ce contact ! Mais ça ne s'est jamais produit.

Je me rappelle des foules de petits incidents : je m'efforçais toujours désespérément de réussir des choses pour faire plaisir à mon père (comme lacer mes chaussures ou dire l'heure) mais, comme je n'arrivais pas à le faire bien du premier coup, comme il l'aurait voulu, il se mettait en colère et s'en allait, écœuré. Encore maintenant, l'intimité, ou même la simple proximité d'une autre personne, me met dans tous mes états. J'ai l'impression d'être obligée de faire une chose que je ne peux pas faire ; il faut que je fasse quelque chose, mais il n'y a rien à faire. Rien à faire pour que mes parents m'aiment. De tels incidents étaient des récapitulations du vécu de ma naissance, où ma vie même avait dépendu de quelque chose que je ne pouvais pas faire.

Après six ans de malheur — mes parents se prenaient du bec tous les jours —, c'est mon père qui assena le coup fatal en quittant la maison sans dire au revoir. Son départ m'acheva complètement. Désormais, il n'y avait plus personne qui justifie la moindre lutte de ma part. De plus, l'incurable amertume de ma mère et son incapacité à me laisser exister m'empêchèrent d'exprimer le sentiment de manque et de perte que je ressentais. Je me sentais entièrement responsable du départ de mon père. Certifiée indigne d'amour. Et comme je ne pouvais pas ré-écrire l'histoire, à six ans tout était déjà foutu pour moi. Jamais personne ne m'aimerait. Ce n'était plus possible. Et pourtant, je me sentais obligée de m'acharner à trouver l'amour, tout comme j'avais bien dû faire tout mon possible pour naître. La dépression, c'est comme une absence totale d'espoir qui s'insinue partout dans mon corps.

Mon histoire a fait de moi une personne qui ne se sent bien que lorsqu'elle est seule. La présence d'une autre personne me met dans un état épouvantable. Le contact fait brusquement ressurgir tous mes anciens besoins, comme un torrent : le pire rejet possible, infligé par ma mère à ma naissance, le rejet définitif de la part de mon père, à l'âge de six ans, et puis toutes les autres meurtrissures et blessures survenues entre ces deux événements et au-delà. Quand j'étais petite, j'en étais arrivée à ne pas laisser rentrer les chats dans ma chambre pour dormir avec moi. Je vivais avec un refus d'amour. Je n'arrivais pas à m'imaginer qu'on puisse m'aimer. Je ne pouvais trouver de réconfort auprès d'aucune créature. Si je ne pouvais pas tolérer la présence d'un autre être, c'est justement parce que j'avais si désespérément besoin d'affection — une affection qu'on ne m'avait jamais prodiguée. Encore aujourd'hui, à trente et un ans, je suis incapable de m'endormir avec quelqu'un à mes côtés. C'est trop stimulant, ça fait ressurgir une souffrance inimaginable.

A cause de mon enfance, la seule forme d'amour que j'ai connue a été un amour sans retour. A présent que je vis une relation amoureuse, il y a tellement de souffrance passée qui refait surface. Dans un insight *que j'ai eu récemment, j'ai compris que je suis tout le temps en quête d'amour. C'est le but de chacune de mes paroles, de chaque geste et de chaque chose que je fais. Je ne sais pas, je ne peux pas savoir ce que c'est que le sentiment d'être aimée ; je ne fais que le chercher à tâtons. Être aimée ne fait que mieux ressurgir la souffrance de n'avoir jamais été aimée. Lorsque j'explore mes sentiments, je cherche la lumière, le bon truc, l'heureux dénouement. Mais ça n'existe nulle part, et tout ce que je peux faire, c'est en ressentir l'absence. Parfois je ressens le besoin de téter ma mère parce que j'en ai été tellement privée. Autre* insight *que j'ai eu : si j'ai l'impression qu'il n'y a pas de place pour moi dans le monde, c'est parce que je n'ai pas eu de place dans son corps, ni auprès d'elle.*

J'ai aussi très fortement l'impression que tout se ligue contre moi, et cela doit venir de ma naissance, lorsque je ne pouvais pas bouger. C'est pourquoi je n'arrive pas à imaginer que quiconque puisse prendre mon parti et souhaiter que je vive. J'en arrive même à penser que ma thérapeute est contre moi et qu'elle ne veut pas que je ressente les choses, qu'elle m'empêche d'être moi, exactement comme mon père et ma mère l'ont fait. Le fait que je puisse ainsi perdre de vue la vérité — à savoir que ma thérapeute et mon petit ami ne sont pas des ennemis pour moi —, est une bonne indication de la force de la souffrance qui se fait jour. Dans ma thérapie, je n'en suis pas encore au point d'expliquer clairement ma dépression. Il est manifeste que, dans mon cas, je n'ai pas eu d' « issue » à la naissance — littéralement, puisque ma mère ne voulait pas me laisser sortir. *Après quoi j'ai manqué de nourriture et de réconfort, puisque je n'ai eu ni lait ni présence physique. Et, comble de l'horreur, j'étais dans l'impossibilité de réagir à mon triste sort, malgré tout le désir et le besoin que j'en avais, parce que j'étais coincée et impuissante. Bébé puis petite fille, je n'ai pas pu non plus réagir aux cris et aux scènes, et aux portes qui claquaient. Je n'étais pas en sécurité dans les bras de ma mère ; on ne me cajolait pas, on ne me réchauffait pas. On ne s'occupait pas de moi quand j'étais malade, même quand j'ai eu une pneumonie qui me faisait délirer, même quand j'étais étendue par terre de tout mon long, la jambe cassée en deux endroits. Impossible de mobiliser ma mère pour m'aider, mais elle me faisait veiller tard pour l'aider et pour prendre des décisions à sa place. Comment aurais-je jamais pu exprimer mes propres besoins ? Puisqu'on faisait même la sourde oreille à des besoins critiques — des questions de vie et de mort. Aucun espoir. Tout était inutile. Pour ma mère, je n'étais pas autre chose qu'un « objet narcissique ». Alors, que faire ?*

Impuissante, je l'étais aussi lorsque mon père me clouait au sol pour me chatouiller, en dépit de mes cris et de mon épouvante. Impuissante, je l'étais devant les crises psychotiques que ma mère faisait de temps en temps : elle parcourait la maison en tapant des pieds et en hurlant comme un forcené sur le sentier de la guerre, ou en titubant de-ci de-là, le sang menstruel qui lui dégoulinait entre les jambes, et répétant : « Mais regarde-moi ça ! Regarde un peu ça ! » Ma mère était si envahissante — dans sa personne, dans sa manière d'être et avec ses besoins constants et écrasants — qu'il ne restait plus de place pour moi, pour que j'existe en tant que personne. Maman avait l'habitude de venir dans ma chambre et de s'étendre sur mon lit les bras en croix, les jambes écartées (attitude sexuelle : elle se caressait et elle exhibait ses parties génitales). Il n'y avait pas de place pour moi. Aucune chance d'être moi.

La clé, pour moi, en thérapie, c'est d'agir selon mes impulsions. Je suppose que les déprimés sont le contraire des impulsifs, parce que les déprimés comme moi « intériorisent » leurs actes au lieu de les « extérioriser » dans un comportement symbolique. Ce dont j'ai besoin, c'est de tendre la main vers mon père qui est parti, de chercher le sein de ma mère qui était vide quand j'en ai eu besoin, c'est de laisser mon corps — jusque-là immobilisé et privé de réactions — bouger librement. Il faut réaliser un équilibre délicat entre les moments où j'ai besoin de me battre, de protester, de pleurer et de supplier, et ceux où il faut renoncer à lutter et rester étendue sans bouger.

Pourquoi la dépression ? Réflexions annexes

J'ai enduré une somme énorme de souffrances en luttant pour naître. Tout mon corps était mobilisé pour refouler la souffrance de cette crise. A l'époque où j'ai commencé la thérapie, mes signes vitaux étaient à un niveau qui aurait pu justifier la mort immédiate et qui montrait bien la force du refoulement qui s'exerçait : j'avais le pouls à 40 et une tension si faible que, après m'avoir fait remarquer que j'avais un « cœur de sportive », les infirmières s'inquiétaient toujours de savoir si j'étais sujette à des évanouissements. Mon corps est déprimé parce que je suis coincée dans une empreinte qui m'oblige à continuer à tourner à vide tout le temps. Plus je suis fatiguée, et plus j'ai de mal à ralentir, et c'est à cause de ma naissance : comme le travail avait déjà duré plus d'une journée, j'étais de plus en plus fatiguée et j'avais de moins en moins d'énergie pour affronter la lourde tâche qui m'attendait, à savoir la naissance. Pour moi, l'épuisement est un signal qui veut dire que je dois m'acharner et redoubler d'efforts. Je ne peux rien faire, mais je ne peux pas renoncer à essayer.*

Toute ma vie, j'ai été incapable de me reposer et de prendre mon temps. Je n'ai jamais connu le réconfort de bras aimants pour me cajoler et me bercer. Il aurait fallu que ma mère soit éveillée et alerte pour que je puisse me détendre et me laisser aller, mais elle ne l'était pas et je n'ai pas pu me le permettre. Alors, quand je suis fatiguée, je m'active avec une frénésie désespérée. J'ai souffert d'insomnie toute ma vie. Somnifères, vin, antidépresseurs : rien n'y fait quand je suis dans cet état d'énervement. Plus je me sens groggy et plus je mets d'ardeur à ne pas me reposer, ce qui revient, je suppose, à ressentir l'échec que j'ai essuyé à ma naissance. Les rares fois où je passe une bonne nuit, j'en ressors bourrée d'angoisse parce que le supplément d'énergie que je sens en moi me fait replonger dans l'amorce du processus de naissance, dans la phase qui a précédé le moment où j'ai été coincée. Être fatiguée (déprimée, au plus bas), c'est littéralement un mode d'existence pour moi. Je n'ai pas eu le choix : pour survivre à ma naissance, il a fallu ne rien faire alors que, manifestement, il était urgent d'agir. Je suis donc devenue une enfant peu portée à réagir à ce qui lui arrivait, car ça ne payait pas de réagir. Ça n'avait pas marché ; les autres n'en tenaient pas compte et on ne m'en avait jamais laissé le loisir. Si bien que toute la peur et toute la souffrance que je ressentais devait rester en moi ; tout signe extérieur en était efficacement supprimé.

N'oublions pas que ma mère avait un tempérament de diva, qu'elle avait constamment des réactions excessives (elle était « hyper-réactive »), qu'il ne se passait pas de jour sans qu'elle tape du pied et « fasse un caprice ». Comment me faire entendre dans un foyer qui résonnait en permanence de ses tirades ? Sans compter que j'étais horrifiée par ses rages où elle perdait tout contrôle d'elle-même ; ce qui renforçait ma tendance à ne rien dire, à rester tranquille et à ne pas beaucoup me manifester — c'était le moyen que j'avais trouvé pour ne pas perdre les pédales. Si ma mère était comme une de ces fées maléfiques dont les cris sont des augures de mort, je serais une sorte d'anémone de mer, une cible facile mais qui encaisse les coups et les souffrances en les absorbant. C'était la seule chose que je pouvais faire, depuis le début : rester immobile et encaisser. Et cela définit bien la dépression, telle que j'en ai souffert toute ma vie.

Que dire de plus ? Je crois très fort en cette thérapie car je me sens revenir à la vie en ressentant *les choses. Mes yeux deviennent brillants, mon sourire s'épanouit, ma voix se fait plus pleine et riche. Avant, je me renfermais complètement et je traversais la vie tant bien que mal, en titubant, presque comme un zombi ; je carburais à vide sans savoir comment prendre soin de moi, car personne ne l'avait jamais fait. J'étais perpétuellement inquiète, toujours en train de me torturer et de me faire des reproches. Avec ce que j'ai déjà revécu comme souffrance antérieure, je suis maintenant capable d'attendre la suite des événements avec un certain plaisir : au lieu de redouter chaque instant de mon existence, je peux me réjouir à l'idée de ce qui va arriver. J'ai encore un peu tendance à vouloir être tout pour tout le monde, mais quand je prends un peu de recul et que je ressens la futilité d'un tel désir — parce que mes parents n'ont pas voulu de moi, telle que j'étais —, cette dépression dont j'ai souffert toute ma vie s'évapore littéralement. J'arrive à* ressentir *l'impossibilité de naître, d'obtenir le lait et l'amour dont j'avais besoin ; je ne suis plus obligée de vivre sans pouvoir éprouver ces sentiments. Le plus déprimant, c'est d'être incapable de ressentir ses sentiments.*

La névrose induit des comportements prévisibles

Le prototype fait de nous des êtres dont il est facile de prévoir les agissements. Il explique en effet nombre de comportements et de symptômes qui, si on les considère globalement, s'avèrent être des aspects du même vécu précoce.

J'ai par exemple observé que, quand on se réveille chaque matin, chacun de nous reproduit exactement la manière dont il est venu au monde. On recrée quotidiennement sa naissance dans sa façon de se réveiller. Le vaguotonique aborde chacune de ses journées comme s'il se réveillait d'une anesthésie. Il dort plus longtemps, il a du mal à se lever et il démarre sa journée assez tard. C'est un oiseau de nuit.

Le sympathicotonique bondit hors du lit, prêt à passer à l'action. Il est conscient et alerte beaucoup plus vite que le vaguotonique ; il démarre ses journées comme s'il venait d'absorber cinq tasses de café et une dose d'amphétamines. Autrement dit, ses énergies sont déjà complètement mobilisées, comme à sa naissance, alors que le vaguotonique est plutôt dans le brouillard, comme quand il est né. C'est d'ailleurs pour cela que la confusion est l'une des caractéristiques typiques du vaguotonique. Il ne sait jamais très bien ce qu'il veut, il ne peut pas commander un plat sans savoir ce que les autres vont prendre, il ne sait jamais très bien quoi faire de sa vie. Quand on observe le comportement caractéristique d'un patient et de sa personnalité, on peut en déduire avec assez d'exactitude le genre de naissance qu'il a dû avoir. Et inversement : si on sait comment s'est passée la naissance de quelqu'un, on saura assez bien à quelle personnalité on peut s'attendre.

Michael

C'était la veille du jour où je devais quitter le centre de thérapie. J'ai ressenti soudain à quel point je m'étais toujours senti en sécurité dans cette pièce, et je me suis mis à pleurer parce que je ne voulais pas partir. Quand une sensation bizarre, que je n'avais jamais connue, s'est déclenchée. On aurait dit que tout était dans le noir ; il n'y avait pas de bruit, et j'étais pelotonné là, sans trop me rendre compte de rien. Mais ce sentiment de sécurité fit démarrer un processus infernal : j'avais l'impression de me trouver dans la matrice et, comme je bougeais pour en sortir, ce mouvement déclencha l'accouchement. Et puis toute sorte de choses épouvantables, de souffrances atroces se mirent à s'enchaîner, les unes après les autres. J'avais l'impression d'être obligé de suivre un parcours tout bosselé et tout rugueux pour sortir.

Maintenant, je comprends pourquoi j'ai toujours eu si peur de quitter un lieu, quel qu'il soit, y compris l'Institut primal. A l'Institut, je m'étais senti calme et en sécurité, on me comprenait ; le fait de devoir partir me remplissait d'une terrible angoisse, comme quand on s'attend à une catastrophe imminente. Je ne comprenais pas que la catastrophe était déjà arrivée. Mais une fois que j'eus revécu ce sentiment, je me rendis compte que mon départ ne serait pas si difficile que ça et que j'étais capable de l'assumer. Je suis beaucoup plus détendu, maintenant, comme je n'aurai probablement pas pu l'être, avant. Je ne peux pas dire à quel point je me sens bien, parce que c'est la première fois de ma vie que je me sens calme et tranquille. J'ai l'impression que je n'aurais pas vécu très longtemps si j'avais dû continuer à me balader en portant une telle pression en moi, tout le temps.

Jennifer

J'ai peu à peu commencé à ressentir *(après six mois de thérapie) un sentiment ancien qui, je crois, domine ma vie et forme la base de ma névrose. C'est le sentiment d'avoir constamment à me battre pour survivre, à lutter pour rester en vie. C'est une réalité quotidienne pour moi que de devoir lutter chaque jour pour rester debout, car ma pente « naturelle » (névrotique, devrais-je dire) serait plutôt de renoncer et de ne pas me battre. Il en a toujours été ainsi pour moi. C'est un cycle : je lutte, je n'arrive à rien, je renonce, je veux mourir, je n'ai pas envie de mourir, je décide de ne pas mourir, je recommence à lutter, je n'arrive à rien, et ainsi de suite. Le cycle se répète à l'infini. A quoi s'ajoute le sentiment que peu importe ce que je fais : puisque je n'arrive à rien, pourquoi essayer, à quoi bon se battre ? Autant baisser les bras et mourir. Et pourtant j'ai envie de vivre, désespérément envie.*

Plus je m'occupe de moi, et plus je ressens ce sentiment. Car prendre soin de moi me fait mesurer à quel point je suis seule et je n'ai personne pour m'aider. Organiser ma vie, ça veut dire commencer à vivre vraiment dans le présent, et ressentir que mon sentiment de lutte pour la vie est un sentiment du passé.

Si j'essaie de suivre ce sentiment de lutte pour la survie en remontant le plus loin possible, j'arrive à l'âge d'un an (à part un vague sentiment de naissance que j'évoquerai plus tard). J'ai l'impression d'être couchée dans un berceau et d'attendre ma mère. J'attends, j'attends, j'attends encore, mais elle ne vient jamais. Pourtant, j'ai tellement besoin d'elle. Après un certain temps d'attente, je commence à m'étrangler et à m'étouffer ; j'ai du mal à respirer et j'ai l'impression que je vais mourir si elle n'arrive pas.

Je me sens tellement vide, et j'ai besoin de quelque chose. J'ai besoin de ma mère. J'ai besoin qu'on s'occupe de moi. C'est un sentiment que je ressens de manière fragmentaire et épisodique, souvent au début d'une migraine ou après un orgasme. Généralement, plus l'orgasme est fort, et plus le sentiment l'est aussi. Tout se passe comme si le plaisir apportait aussitôt la souffrance. Je me surprends souvent à me retenir de jouir complètement, à cause de la souffrance que j'éprouve souvent après l'orgasme.

Je ne crois pas que ma vie soit encore suffisamment redressée pour que je puisse ressentir toute la souffrance contenue dans ce sentiment. Mais la douleur de la migraine qui fait pression sur moi tout le temps me rappelle que cette souffrance est là.

J'en suis actuellement à un stade où je ressens une terrible colère en repensant à tout ce que j'ai dû endurer toute ma vie. Je suis furieuse d'avoir été obligée de me battre pour vivre. Ces temps-ci, dans le quart d'heure qui suit mon réveil, je me retrouve avec ce que j'appelle un « mal de tête de colère » qui se loge sur le côté gauche, dans la tempe, dans l'œil, dans la nuque et sur l'épaule. C'est le même genre de douleur que dans les migraines que j'ai à droite, juste un peu moins fort, peut-être. La première pensée qui me vient à l'esprit est la suivante : « Et c'est reparti pour un tour ! Il va encore falloir se battre aujourd'hui. » Je suis encore plus furieuse depuis que je suis allée en vacances aux Caraïbes où j'ai passé trois jours merveilleux pendant lesquels je n'ai pas du tout eu besoin de me battre. J'ai pu vivre, tout simplement. Et j'ai vu à côté de quoi j'étais passée, toute ma vie. Je pense que lorsque j'aurai dépassé cette énorme indignation, je pourrai pénétrer plus à fond dans ce sentiment de lutte et le résoudre.

Derrière ce sentiment, il y en a un autre que je n'ai encore expérimenté que partiellement : l'impression d'être coincée pendant ma naissance. Je suis obligée de me battre pour émerger de la filière pelvienne ; ma tête finit par émerger mais le reste du corps ne veut pas sortir. Or, cette impression ressemble tout à fait à ce qui se passe dans ma vie : j'ai la tête qui émerge — je n'arrête pas de cogiter sans arrêt — mais le reste de ma personne est inactif, comme si le corps était déconnecté de la tête. Je vis toujours tellement dans ma tête ; ça ne fait pas longtemps que j'ai commencé à sentir que mon corps faisait partie de moi.

Revenons au vécu de ma naissance. Je me sens coincée, j'ai mal au dos. J'ai mal rien que d'y penser et de l'écrire. On dirait qu'il y a quelqu'un qui me tire sur le cou et ça me fait très mal. J'ai la tête qui oscille d'un côté puis de l'autre, j'émets des petits cris d'épouvante. Me revoilà en train de me battre pour survivre et je sens que personne ne va m'aider. Il faut que je me débrouille toute seule, même pour naître ! Ma mère ne m'aide pas à sortir. C'est une constante de ma vie, depuis le tout début : aucune aide, il faut se battre seule.

Pourquoi les traumatismes précoces ont-ils une telle influence sur la personnalité ? D'abord, il ne s'agit pas là d'une simple *théorie* : nous avons mesuré les effets des traumatismes natals, tant pendant le revécu de la naissance que par la suite. Et nous avons pu renverser le cours de toutes sortes de maladies graves chez les patients qui avaient revécu ces événements du début de la vie (on trouvera les résultats de ces recherches dans mon livre, *Primal Man*).

Judy

J'ai toujours eu le sentiment que ma vie m'échappait, et j'ai moi-même fait de mon mieux pour la gaspiller. A quatorze ans, j'avais peur de me retrouver vieille fille à quinze, si bien que je me suis mariée à dix-neuf ans. Après, j'avais si peur d'être une vieille de vingt-deux ans avant que nous n'ayons les moyens d'avoir un enfant que j'ai eu mon premier à vingt et un ans. Nous n'avions pas les moyens de l'élever, pas plus que de payer le petit cercueil dans lequel on l'a enterré. Ensuite, j'ai appréhendé la trentaine, puis la quarantaine. Mais, grâce à la thérapie primale, je n'ai pas peur de la cinquantaine. Je pleure mes années volées, bien sûr, mais je ne panique pas. J'ai fait deux tentatives de suicide, et je suis encore assez suicidaire, quoique d'une manière passive : je peux très bien être étendue sur la plage en plein soleil, en train de bronzer, le corps caressé par la brise et les embruns, et me dire que ce serait un beau jour pour mourir. Ce serait chouette de mourir un jour où je me sens bien.

J'ai une grosse tête. Ma mère mesurait à peine un mètre cinquante et elle a accouché d'un bébé de cinq kilos, après un travail si long que nous aurions dû y rester toutes les deux. En tout cas, je sais que ça a failli être le cas pour moi. Je voulais abandonner la partie, mais je ne pouvais pas. J'ai failli me noyer dans le liquide qui m'avait jusque-là protégée. Je suffoquais tandis que ma tête butait contre le pelvis de ma mère. C'est ce qui a fait naître cette douleur que j'ai à la tête, à la nuque et à l'épaule — une douleur qui produit parfois un picotement dans les bras et jusqu'au bout des doigts. J'en ai mal jusqu'au bas du dos. L'autopsie pratiquée sur ma mère, après sa mort consécutive à un avortement, révéla un déboîtement du pelvis qui ne s'était jamais remis en place après ma naissance. D'ailleurs, la famille se souvient qu'elle marchait « bizarrement » après ma naissance. Je ne sais pas combien de temps il lui avait fallu pour pouvoir ne serait-ce que remarcher, après l'accouchement.

J'ai finalement réussi à naître grâce à mes propres efforts. Mais il n'y avait personne pour s'occuper de moi ; rien ni personne pour m'aider. Tout ce qu'il y avait, c'était ma pauvre mère sans connaissance. J'étais vivante mais je n'avais rien. J'ai souvent l'impression qu'il n'y a aucun espoir. Mais si ce n'est qu'une métaphore de parler de la lumière qu'on trouve au bout du tunnel, alors pourquoi suis-je en train de pleurer en écrivant ces lignes ?

Chris

Ça ne fait pas longtemps que je revis des sentiments liés à ma naissance, mais il me semble que cela explique déjà beaucoup de choses. J'ai entrevu la réponse à des foules de questions que je me posais depuis dix ou quinze ans. Et je commence à comprendre pourquoi je suis comme je suis. Je suis né par césarienne et ma mère m'a raconté que je ne voulais pas sortir. Je pense, et je sens, que j'ai fait de mon mieux, que je me suis donné beaucoup de mal pour naître, mais que ma mère s'est contractée et que cela m'a retenu. J'ai même dû faire tellement d'efforts que je crois bien que j'ai failli en mourir. Connaissant ma mère, je suis persuadé qu'elle a dû se contracter sous l'effet de la peur et de l'angoisse qu'elle ressentait.

Tout a toujours été difficile pour moi, même les plus petites choses ; j'ai souvent été dépassé par des détails (et ça m'arrive encore). Tout ce qui est physique m'est très pénible ; il ne faut pas grand-chose pour me faire mal et mon corps se remet très lentement des stress physiques. J'ai très vite trop chaud, je transpire abondamment et je déteste ça. J'ai le sentiment que mon corps a déjà suffisamment à faire, rien que pour vivre au jour le jour. Alors, quand il s'agit de travailler, je suis obligé de tirer à fond sur mes ressources physiques et mentales, rien que pour « tenir le coup ». (Peut-être ne me suis-je jamais remis de ma naissance.) J'ai fait pipi au lit presque toutes les nuits jusqu'à l'âge de quatorze ans, sans jamais comprendre pourquoi, ni pourquoi ma mère se servait de ça pour m'humilier.

Je me suis toujours senti faible, tendu et fatigué, physiquement. Je crois que je suis coincé en permanence dans des sentiments liés à ma naissance, si bien qu'il ne me reste plus d'énergie pour faire quoi que ce soit d'autre. Il y a des moments où je me sens comme un vieillard usé, prêt à abandonner la partie et à mourir. Je crois que j'ai failli mourir quand je suis né. Il m'est arrivé de rêver plusieurs fois que je me trouvais soudain face à une mort certaine. Il s'agit généralement d'une chute, et ce que je ressens est si fort que je me réveille le cœur battant à tout rompre, persuadé de la réalité de ce qui m'est arrivé en rêve.

Lorsque je revis ma naissance, je suis en train de souffrir et de me battre pour sortir. Le seul moyen de me soulager de cette souffrance, c'est de hurler tout ce que je peux. Je me tortille dans tous les sens, je donne des coups de pied puis je me lance la tête la première contre le mur, le dos courbé et tendu, en prévision de la douleur. Maintenant, je comprends pourquoi j'ai toujours la nuque et le dos si raides et si tendus.

Quand j'étais petit, je rêvais souvent qu'il y avait quelqu'un assis sur ma poitrine. Il m'arrive parfois d'éprouver cette même sensation de pression sur la cage thoracique, et alors je sais que c'est la souffrance de ma naissance qui remonte. Avant, je pensais que j'avais peut-être un ulcère ou quelque chose, tellement j'avais mal.

Je me souviens que quand j'étais adolescent, au lycée, j'aurais voulu pouvoir tout recommencer : la classe, les jours d'école, les devoirs, les années scolaires, les rapports avec mes camarades — bref, ma vie entière. Et je voulais arriver à le faire bien, cette fois-ci. Cet espoir était la seule chose qui m'aidait à tenir. D'instinct, je sentais que, avec de meilleurs parents et dans de meilleures conditions, ça aurait pu être le jour et la nuit. Avec une telle attitude — inconsciente —, ma vie était vouée à l'échec. Tout ce que j'entreprenais échouait lamentablement, au point que je renonçai carrément à tenter quoi que ce soit, tant j'étais déjà sûr du dénouement. Toute l'histoire de ma vie se trouve inscrite dans son début : j'ai eu une naissance difficile, et toute ma vie l'a été aussi.

Le plus étonnant, dans le comportement prototypique, c'est qu'il a la vie si dure. Comme si les dizaines d'années écoulées depuis la naissance n'y avaient absolument rien changé. Il poursuit son petit bonhomme de chemin, nous dictant notre conduite comme si nous n'avions connu aucune autre expérience entre-temps. L'expérience peut-elle faire changer les gens ? Il semblerait qu'elle n'ait guère d'impact significatif, une fois le prototype installé. Elle peut tout au plus atténuer ou renforcer l'influence du prototype, mais il est rare qu'elle puisse entraîner de profonds changements.

Si l'inconscient collectif dont parlait Jung existait, il serait sans aucun doute la conséquence du traumatisme natal. Si les traumatismes subis pendant la naissance et avant, pendant la vie intra-utérine, sont les plus invisibles, ce sont aussi les plus graves et les plus générateurs d'inconscient. Réalité difficile à percevoir, à accepter et à comprendre, l'inconscient et ce qu'il recèle sont pourtant un phénomène qui domine l'ensemble de nos vies. L'inconscient collectif est une plaie qui a engendré des maladies dramatiques telles que les cancers, les maladies de cœur et les troubles mentaux. Mais maintenant, nous pouvons y faire quelque chose.

Deuxième Partie

Les formes de la névrose

10

Le stress, l'angoisse et la tension : symptômes de la maladie

Le stress, l'angoisse[1] et la tension ont beaucoup de choses en commun. On pourrait dire que l'angoisse est la forme que le stress prend le plus souvent dans notre vie, la tension étant ce qui découle de notre réaction à l'angoisse. Si on les considère à l'échelle phylogénétique, l'angoisse est apparue bien avant la tension ; plus primitive, elle provient d'une zone différente du cerveau. Existe-t-il une angoisse « normale » ? Avons-nous besoin d'une certaine dose d'angoisse pour réussir dans la vie ? Nous allons examiner ces symptômes et leurs origines d'un point de vue assez différent de celui que véhiculent généralement les idées reçues.

1. « L'angoisse » désigne un malaise physique et psychique, « l'anxiété » représentant un état d'angoisse. Ces deux termes, qui seront utilisés ici selon les besoins du contexte, correspondent à un terme unique en anglais : « *anxiety* » *(NdT)*.

Qu'est-ce que le stress ?

On parle énormément du stress, de nos jours. Stress professionnel, stress du couple, stress des parents qui élèvent des enfants, stress de l'argent — autant de sujets abondamment traités dans les magazines grand public comme dans les publications scientifiques. Malheureusement, il est rare de trouver une définition de ce qu'est le stress. C'est un terme dont nous nous servons généralement pour désigner quelque chose qui nous met « mal à l'aise » ou sous pression. En réalité, le stress est une réaction physique et psychique à des événements qui nous alarment et nous mettent en état d'alerte.

Hans Selye, qui fait autorité en la matière, a défini trois stades de la réaction de stress : 1) alarme, 2) résistance et 3) épuisement. Au stade de l'alarme, on reconnaît le stress et sa cause apparente, et on se prépare à l'action : se battre ou esquiver (la fameuse réponse de lutte ou de fuite). Bon nombre d'indicateurs de stress sont présents à ce stade : irritabilité et hyperexcitation, le cœur qui bat à tout rompre, sécheresse de la bouche, tremblement et grincements de dents par exemple. Les personnes stressées sursautent facilement; elles sont sujettes aux insomnies, elles transpirent abondamment, elles éprouvent le besoin d'uriner fréquemment, elles souffrent de diarrhée et d'indigestion, de douleurs musculaires dans la nuque et dans le bas du dos. Et ce n'est que le début de la liste. Les dégâts causés à l'organisme à ce premier stade du stress sont encore réparables, quoique la souffrance associée à cette phase d'alarme puisse laisser une empreinte, au même titre que n'importe quel autre traumatisme.

Si le stress se prolonge, la réponse de l'organisme dépasse les limites de la résistance du sujet et entraîne l'épuisement. Le corps n'est plus capable de réparer les dégâts et c'est là que peuvent apparaître des troubles chroniques liés au stress. Les effets nocifs que le stress peut avoir à long terme font l'objet de travaux suivis, et la recherche médicale en fait constamment apparaître de nouveaux. Par exemple, il semble maintenant que le stress joue un rôle dans l'élévation du taux de cholestérol. De plus, il inhibe la fonction immunitaire, accroît la susceptibilité aux maladies virales et favorise le développement des tumeurs — autant de sujets que nous aborderons plus en détail dans le cadre de notre présentation de la maladie et du système immunitaire.

La réaction de lutte ou de fuite

Au premier stade du stress, la réaction de lutte ou de fuite représente une tentative de survie. C'est elle qui met le système en « position de combat ». Lorsqu'il est possible de se battre, la réponse se fait sur le mode agressif. Dans le cas inverse, c'est la fuite, la peur et l'esquive qui seront le mode de réponse approprié.

Il existe en revanche un aspect du stress qui est rarement évoqué et assez mal compris ; il s'agit du stress primaire intérieur, présent en permanence dans le système, le stress que produit durablement la souffrance engrammée. L'empreinte de la souffrance peut suffire à maintenir le corps en état d'alerte, même en l'absence de toute menace extérieure. Elle peut accroître le taux des hormones du stress et faire grimper la tension, la température et le rythme cardiaque. La vigilance du système immunitaire est également diminuée. Le système réagit à un événement passé comme s'il était en train de se produire au présent. Et, au fond, c'est bel et bien le cas.

Supposons que la petite sœur, qui n'est encore qu'un bébé, voie son papa en train d'administrer une sérieuse correction à son grand frère. Le sentiment qu'elle va éprouver, sans l'exprimer, c'est que son papa est violent, qu'il serait capable de tuer et qu'il pourrait même la tuer, elle, si elle sortait du droit chemin. Désormais, ce bébé va vivre dans la peur et dans l'appréhension, et plus spécifiquement dans la peur de son père qu'elle aura perçu comme une menace violente.

C'est à ce moment-là que commencent le verrouillage * et le refoulement. Les transmetteurs de noradrénaline informent le cerveau du besoin de se mobiliser face à cette réaction de stress. Là-dessus, afflux massif de sérotonine — une autre classe de « neurocarburant » inhibiteur — et d'endorphines pour tenter de contenir la souffrance. Le sujet subit à présent le stress dû à l'empreinte ; la menace extérieure a été intériorisée. La peur de papa et de sa violence vont rester là, à la fois parce que l'épouvante que ressent l'enfant est très forte et parce que papa est toujours là. Sa présence quotidienne est un rappel : il faut filer doux, dissimuler ses sentiments et obéir passivement.

Si le bébé est confronté à d'autres situations qui le terrorisent, si par la suite son père se met effectivement à devenir violent à son égard et que sa mère est faible et ne soutient pas son enfant, les neurotransmetteurs responsables du refoulement ne pourront pas fonctionner efficacement et ce bébé deviendra une petite fille nerveuse et craintive, qui aura peur de presque tout. Un tel enfant souffrira du fait d'avoir ce que j'ai appelé précédemment des « verrous défectueux », c'est-à-dire un refoulement inefficace.

Le stress indique que le système subit un assaut, que ce soit sous la forme de l'attaque d'un chien, d'une réprimande de sa maman, ou de l'administration d'un trop grand nombre de vaccins à la fois. Le corps va se préparer à la lutte ou à la fuite, et tous ses sous-systèmes vont faire en sorte d'être parés à l'une ou l'autre éventualité. Qu'on soit mordu par un chien, retardé par des encombrements, ou obligé de subir un professeur autoritaire, il s'agit là de facteurs de stress dont on se remet assez vite. Même quand on fait un travail qu'on n'aime pas, c'est une cause de stress qui ne risque pas de durer au-delà de quelques mois.

Mais se trouver sous la férule d'un professeur sévère et inflexible quand on a six ans et qu'on est au cours élémentaire première année, cela peut créer un stress qui aura un impact durable. Un enfant qui n'est pas équipé pour gérer ce genre de stress traumatisant risque d'en subir l'empreinte — ce qui peut affecter l'attitude qu'il aura par la suite par rapport à l'apprentissage des connaissances.

Le principe selon lequel un stress présent fait ressurgir l'empreinte d'un stress passé est bien illustré par l'exemple que nous avons cité lors d'un chapitre précédent, de la dame à qui l'on avait fait toute une série de vaccinations le même jour. Son corps avait réagi par une fièvre qui avait en fait pour origine une attaque subie longtemps auparavant, les vaccins ayant fait ressurgir l'empreinte d'un traumatisme qui devait être revécu. Le corps s'était donc trouvé replacé dans la situation initiale et avait tenté une fois de plus de la maîtriser.

C'est ainsi que fonctionnent les traumatismes ; toute notre vie, ils vont nous forcer à les assumer, d'une manière ou d'une autre. Un de mes patients était un agent de change qui jouait en Bourse de manière obsessionnelle, et qui jouait gros, même lorsqu'il ne disposait pas des fonds suffisants. Il fallait absolument qu'il gagne et il risquait le coup, même si toutes les chances étaient contre lui. Inconsciemment chez lui, c'eût été mourir que de perdre. Son obsession de jouer en Bourse n'était que le substitut symbolique d'une empreinte passée : il avait frôlé la mort à la naissance et éprouvé la même panique et la même frénésie que celles qui caractérisaient son comportement spéculatif actuel. Ce n'était pas ses investissements qui le stressaient, c'était lui qui s'investissait dans une spéculation stressante.

La perte d'un petit ami peut parfois s'avérer catastrophique quand elle s'ajoute au fait qu'on a perdu son père à l'âge de six ans. Incapable d'assumer ce fardeau de stress multiplié par deux, le système de défense n'arrive plus à réprimer la souffrance. Résultat : angoisse manifeste, tension, dépression, impossibilité de se concentrer et de fonctionner normalement, à quoi s'ajoute généralement un effondrement de la personnalité normale de l'individu concerné.

Il est rare qu'un stress actuel ait un tel impact à lui tout seul, à moins qu'il ne soit extraordinairement fort, ce qui le met au rang du stress engrammé dont l'effet se fait sentir pendant une vie entière. Si un adulte venait à perdre toute sa famille dans un accident de voiture, il est sûr qu'un tel événement serait investi d'une puissance énorme et pourrait lui faire subir le genre de stress chronique que j'ai évoqué. Mais, pour qui a connu une enfance assez tranquille, il est peu probable qu'un stress ordinaire subi à l'âge adulte fasse craquer le système et cause une névrose.

La souffrance est le facteur de stress numéro un. Tout stress n'est pas forcément porteur de souffrance, mais toute souffrance est stressante, c'est indubitable. Un adulte qui se replonge dans un sentiment qu'il a connu dans son enfance — absence totale d'espoir ou impossibilité d'être aimé — court en fait un grand danger. Parce que, pour un enfant, l'amour c'est la vie. Un enfant de trois ou quatre ans ne peut pas fonctionner normalement s'il se sent détesté ou mal aimé. Si bien que, lorsque de telles vérités tentent de pénétrer dans sa conscience, tout en lui se mobilise pour les en empêcher. Car, dans ces conditions-là, il est impératif de rester inconscient.

Le syndrome du stress

Nous sommes pour la plupart capables de fonctionner au jour le jour, tant que nous n'avons à assumer que la souffrance des stress passés. On se débrouille comme on peut, en fumant, en buvant, en prenant des tranquillisants et ainsi de suite. Mais si, tout à coup, il nous arrive un coup dur, cet événement actuel va entrer en résonance avec notre passé, et nous souffrirons d'un « syndrome du stress ». C'est dans ces moments-là qu'on vous recommande de quitter votre conjoint et votre travail et de partir habiter ailleurs, dans la mesure où les gens considèrent que c'est la situation actuelle qui a causé la crise. Alors qu'en réalité, elle a peut-être eu une valence * de trois, par rapport à dix pour le traumatisme initial.

Le stress engrammé est la forme la plus insidieuse du stress parce qu'il est intangible. Il ne se voit pas, il ne se sent pas, on ne peut pas le toucher. On ne peut pas le détecter ou le trouver dans une cellule donnée. Il vit en nous, bien tranquillement, et nous ronge insidieusement, sapant nos fondations comme si des termites détruisaient la structure de notre maison ; mais tout cela si subrepticement qu'on se croit en sécurité, jusqu'au jour où tout nous tombe dessus.

Les gens qui sont malades ont l'air malade. Et ce qui leur donne cet air-là, c'est le fait d'être stressés par un virus, une bactérie, une tumeur ou tout autre facteur susceptible de stresser l'organisme. L'air malade fait partie du syndrome du stress. Le névrosé peut aussi avoir l'air malade, mais chez lui, c'est dû à une autre cause ; ce ne sont pas les virus qui l'envahissent, c'est la souffrance. Le récit qui va suivre en donne un bon exemple.

Malade jusque dans le cœur : Roseanne

J'ai toujours eu de terribles crises d'angoisse et, depuis que j'ai quinze ans, je vis dans la peur de faire une crise cardiaque. Chaque fois que je faisais une crise d'angoisse, je me sentais paniquée, faible, et toute baignée de transpiration. Je devenais toute pâle et parfois je m'évanouissais.

Il n'y a pas de mots pour décrire la solitude et la désespérance que j'ai pu ressentir dans de tels moments. J'avais l'impression qu'il ne me restait plus rien à espérer. J'étais condamnée à souffrir. Et ces crises étaient devenues le symbole de mon manque d'espoir.

Je ne fais plus de crises, et cela pour une raison simple : je n'attends plus que le stress et l'angoisse s'accumulent et me submergent. Maintenant, quand quelque chose me fait mal, je pleure ou je me mets en colère. Je réagis au problème et je l'évacue au lieu de le garder en moi comme je le faisais avant. Avant, j'avais la poitrine comme une cocotte minute : la pression que mes sentiments inexprimés faisaient subir à ma cage thoracique était telle que j'en avais de véritables symptômes cardiaques. Tous ces sentiments amassés en moi qui essayaient de sortir, qui poussaient contre ma poitrine et me donnaient l'impression que j'allais mourir... sans amour.

A présent, je laisse tout sortir. Ça m'a fait un tel bien de pleurer en repensant à mon père, à ce besoin que j'avais qu'il me parle, qu'il me touche et qu'il m'aide — tout ce dont j'ai été privée. Chaque fois que je pleure sur mes besoins, je trouve un meilleur contact avec moi-même et je me sens moins tendue. Ça paraît bizarre, mais c'est vrai : le fait de ressentir ma souffrance m'aide à réduire le stress, la tension et l'horrible angoisse qui me hantent.

La nature de l'angoisse

Alors que le stress vous donne l'impression d'être constamment soumis à une pression, l'angoisse est une peur instantanée, diffuse et débilitante, l'attente d'un danger imminent, et le sentiment qu'on est incapable de faire face à quoi que ce soit. De ces deux maux, l'angoisse est le plus aigu, le plus immédiat et le plus déchirant.

Les symptômes de l'angoisse sont clairs. Il y a d'abord ce sentiment terrible et vague d'une catastrophe indéfinie, cette impression de drame imminent, tandis que le cœur bat la chamade. On se sent branlant, fragile, et on est sujet à des insomnies chroniques. On peut aussi éprouver cette sensation de constriction dans le ventre que donne la peur, avoir l'impression de suffoquer, d'étouffer ou d'être écrasé. On a souvent aussi l'impression de devenir fou. Le système est mobilisé, galvanisé, et rien ne semble pouvoir le calmer.

Bien qu'étant la préoccupation majeure de bon nombre de psychothérapies, l'angoisse est peut-être le moins bien connu des phénomènes psychiatriques. Comme l'écrit Carol Tavris dans *Science Digest* (février 1986, p. 46), les troubles liés à l'anxiété « constituent vraisemblablement le problème de santé mentale le plus répandu aujourd'hui aux États-Unis ». L'Institut national de la Santé mentale considère du reste l'anxiété comme le problème de santé mentale numéro un chez les femmes, et numéro deux chez les hommes. L'angoisse a manifestement une incidence qui prend les proportions d'une épidémie.

Une chose dont les professionnels de la santé semblent certains, c'est qu'il est possible de réduire l'angoisse en prenant des tranquillisants et des analgésiques. Ce qui montre bien qu'il existe un certain rapport entre la souffrance et l'angoisse.

Si l'on aborde la question du caractère physiologique de l'angoisse, on découvre un certain nombre de pistes intéressantes qui ont été mises en évidence par des recherches récentes. La terreur pure s'élabore apparemment dans plusieurs zones situées dans la partie inférieure du névraxe, dont le locus ceruleus que nous avons déjà mentionné. Or, c'est aussi dans le tronc cérébral que sont profondément enfouis, nous le croyons, les traumatismes précoces. La stimulation électronique du locus ceruleus produit ce qui ressemble à une crise d'angoisse suraiguë, à savoir qu'elle déclenche une réaction de terreur pure, indescriptible et ineffable. Un état au-delà des mots.

L'angoisse est un mécanisme de survie instinctif. C'est une forme de terreur, une épouvante qui ne répond à aucun stimulus rationnel dans le présent. Il est évident qu'elle ressurgit du passé, souvent sans préavis. Reste à savoir ce qu'elle est. Mais pour comprendre l'angoisse, il serait bon de procéder d'abord à un bref rappel de ce que sont les empreintes précoces.

L'angoisse est essentiellement une réaction viscérale intéressant le cœur, les poumons, le côlon, l'estomac et les voies urinaires. Ces organes, qui représentent les « réponses primitives » du système, sont les premiers à se développer pendant la gestation dans l'utérus. Les événements survenant in utero et pendant la naissance vont se graver dans le système nerveux qui commande ces viscères. Autrement dit, on réagira avec le système nerveux le plus performant dont on dispose au moment où le traumatisme frappe. Or, le système nerveux de la vie intra-utérine, qui est parfaitement adéquat dans ce contexte-là, est le système nerveux végétatif, qui correspond à la « première ligne ».

On sait que les réactions typiques de l'angoisse apparaissent précocement car il s'agit de réactions viscérales, comme la constriction de l'estomac quand on a peur, une respiration laborieuse, des palpitations, le besoin d'uriner fréquemment, des vertiges, la diarrhée et l'hyperventilation.

L'angoisse est un phénomène de première ligne. Elle se manifeste initialement en réaction à des événements réels qui mettent notre vie en danger. La sensation qu'elle produit est donc la même que celle qu'on a connue en tant que fœtus puis nouveau-né. C'est un sentiment global et indescriptible — pour la bonne raison que le fœtus ou le nourrisson ne disposent pas de mots pour s'exprimer —, auquel s'ajoute l'impression de l'imminence d'un drame. L'angoisse n'est pas autre chose que la réponse précise à un traumatisme précoce actuellement filtré.

L'angoisse est plutôt le propre du sympathicotonique qui éprouve l'effet mobilisateur de l'empreinte précoce, le vaguotonique étant plutôt sujet à la dépression. Comme j'ai déjà eu l'occasion de le souligner, la dépression est le résultat d'un refoulement global et massif qui s'accompagne initialement d'un taux élevé d'endorphines qui vont peu à peu « s'épuiser » à mesure que la dépression se prolongera. Il y aura donc un réflexe de fermeture devant la souffrance, alors que l'angoisse est une terreur qui provoque la fuite éperdue devant une mort éventuelle. C'est pourquoi le sympathicotonique deviendra anxieux s'il ne peut pas se livrer à un déjouement symbolique et qu'il est claquemuré sans pouvoir s'activer sans cesse. Le vaguotonique, lui, sera anxieux lorsque le refoulement commencera à faiblir et qu'il se retrouvera face à un terrible sentiment d'impuissance et de désespérance. Ainsi, comme je l'ai déjà dit, un vaguotonique confronté à un bureaucrate qui régit sa vie va éprouver de l'angoisse parce que, ne pouvant rien faire pour se soustraire à la rigidité des règles et des réglementations, et étant totalement à la merci d'un tiers, il se sentira fatalement voué à l'impuissance. Il peut aussi se sentir anxieux s'il se trouve obligé de demander de l'aide, de s'affirmer, d'affronter une foule, d'exprimer ses besoins, et ainsi de suite. Autant de situations qui ne seront pas génératrices d'angoisse chez le sympathicotonique, au contraire ; c'est plutôt si on l'empêchait de faire ces choses-là qu'il se sentirait anxieux.

Il y a trois facteurs susceptibles d'expliquer l'apparition de l'angoisse chez un adulte : 1) lorsque son vécu l'a tellement ébranlé que son système de défense global est défaillant et ne peut plus contenir la terreur liée aux premiers temps de sa vie ; 2) lorsqu'il prend des drogues, comme le LSD, qui altèrent le bon fonctionnement et la cohérence de la conscience de troisième ligne, de sorte que les défenses ne sont plus capables de contenir cette même terreur initiale ; 3) lorsqu'un événement actuel entre en résonance avec un sentiment éprouvé tout au début de la vie (comme par exemple le fait de s'être senti impuissant, initialement).

L'anxieux s'attend toujours au pire. La menace du pire plane *sur le présent* à l'état d'empreinte, dans la mesure où le sujet n'est pas conscient de ce souvenir et n'arrive pas à comprendre ce qui peut bien le faire souffrir. Car c'est de l'histoire ancienne, ce sentiment de catastrophe. Une chose est certaine, en tout cas : tout sentiment actuel a son origine quelque part. Reste à la trouver.

Si l'angoisse est un mécanisme de survie, c'est parce qu'elle alerte le système et le mobilise pour le faire réagir à la menace qui a été perçue. La terreur sur laquelle repose l'angoisse est *là en permanence*, mais elle n'arrive à pointer le bout de son nez qu'occasionnellement, quand le système de défense faiblit. C'est pourquoi certains analgésiques arrivent à contenir efficacement l'angoisse.

Ce que font ces médications, dans l'ensemble, c'est altérer la capacité des neurones à transmettre les messages de souffrance aux centres supérieurs. Ils affectent généralement le système d'activation de la formation réticulaire, situé dans la partie inférieure du cerveau, et qui a pour fonction de signaler un danger à l'ensemble du cerveau (nous y reviendrons en détail dans un instant). Ces médications interceptent donc le message « au passage », évitant à la conscience d'être noyée sous un flot d'impulsions qu'elle ne pourrait pas contrôler. Ces drogues affectent les centres inférieurs mais elles ont aussi un puissant effet sur les processus mentaux. C'est d'ailleurs un des moyens qui nous permettent de savoir d'où vient la force qui fait « carburer » le cortex, l'esprit pensant.

Il y a aussi une autre façon d'identifier la source de la suractivité mentale, des idées bizarres et des pensées qui partent dans tous les sens : tous ces phénomènes s'arrêtent automatiquement quand un patient a revécu ses traumatismes précoces. De même que cessent les crises d'angoisse périodiques et subites dont il souffrait depuis des années.

Dans notre thérapie, le patient fait presque invariablement une crise d'angoisse quand les souffrances précoces sont en train de remonter vers la conscience. La terreur que véhicule cette angoisse est une peur de la *conscience.* Car, s'il y avait eu connexion * des sentiments à la conscience au début de la vie, on aurait ressenti le plein impact d'une épouvantable terreur. C'est pourquoi la résurgence des sentiments produit de l'anxiété, et on observe souvent un rythme cardiaque supérieur à 200, une tension artérielle supérieure à 20, ainsi que d'autres signes indiquant que l'organisme court un danger extrême.

Le nouveau-né qui s'étrangle avec le cordon ombilical est terrifié. Il ne comprend pas, il éprouve juste de la terreur pure. Il réagit alors en fonction de ses capacités du moment ; son cœur se met à pomper le sang à toute allure, sa température s'élève, les hormones coulent à flots — un tableau qu'on peut observer quand on soulève le couvercle du refoulement dans le cadre de notre thérapie : c'est celui de l'état anxieux. Et c'est comme cela que nous savons ce qu'est l'angoisse et d'où elle vient.

Au moment du traumatisme, l'angoisse surgit spontanément et se diffuse librement, sans être conceptualisée ni comprise. On n'a pas pu s'en défendre ; et puis, la mort était là, au tournant. Plus tard, quand on aura acquis la capacité de focaliser son attention et de créer des symboles, on arrivera à canaliser son angoisse. Elle pourra prendre la forme d'une phobie — qui n'est pas autre chose que le résultat d'une polarisation sur une crise d'angoisse. Mais trop souvent, cette phobie sera soignée comme s'il s'agissait du véritable problème du patient.

Les consultations spécialisées dans la phobie sont légion, aux États-Unis. La phobie est un trouble qu'on arrive à gérer en évitant les situations susceptibles de le déclencher. Des situations qui reproduisent presque toujours symboliquement le traumatisme initial. Ainsi, la phobie des ascenseurs (peur d'être enfermé, écrasé, pressé, peur de suffoquer, de ne pas pouvoir regarder dehors, etc.) est une sorte de manipulation symbolique du traumatisme initial.

C'est d'ailleurs généralement la *raison d'être*[1] de toutes les phobies.

Une naissance particulièrement traumatique, à la suite d'un travail très prolongé, peut se traduire par la peur de quitter un lieu où l'on se sent bien, produisant ainsi plus tard la phobie de quitter son chez-soi. C'est la peur de « sortir ». A l'idée de partir de chez lui, le phobique réagit comme s'il avait une électrode plantée dans le locus ceruleus.

Dans la vie quotidienne, on gère ce genre d'angoisse phobique par toutes sortes de moyens imperceptibles, comme en ne sortant pas pour aller voir des gens, en évitant la nouveauté, en ne changeant rien au statu quo — dans son travail ou dans son couple —, même s'il est très pénible. C'est parce que, inconsciemment, ce serait encore plus douloureux de partir que de rester. Car le départ ferait ressurgir l'événement primal initial, avec toute la terreur qui s'y rattache. C'est peut-être un autre aspect du même problème que de ne pas être entreprenant.

Il m'est arrivé de traiter un pilote de jet qui avait développé une phobie des amoncellements de nuages. Lorsqu'il se replaça mentalement au milieu des nuages, il éprouva une terreur folle. Il n'arrivait plus à percevoir le mouvement. Il passa des heures et des heures à revivre un traumatisme natal où l'impossibilité de bouger aurait signifié la mort (il avait été bloqué dans le canal utérin par une tumeur). Les amoncellements de nuages n'avaient fait que déclencher cette vieille peur.

On aurait pu passer des mois à analyser la peur de ce pilote sans la relier à sa cause véritable. Et pourtant, sans qu'on lui ait rien dit pour suggérer un rapport possible avec la naissance (voyons, qui aurait pu aller imaginer un truc pareil !), la technique l'amenant à se replacer mentalement au milieu d'un amoncellement de nuages avait fait ressurgir en lui une sensation précoce de pure épouvante. Et le fait de s'abandonner pleinement à cette épouvante l'avait replongé dans sa terreur initiale.

Pas plus que le rêve, il ne faut traiter la phobie comme un phénomène en soi. L'histoire que raconte le rêve est le moyen que trouve l'esprit pour expliquer sa peur, tout comme les artistes se servent d'images pour représenter leurs craintes. C'est également vrai des phobies. Ce qu'il importe de comprendre, en revanche, c'est que le sentiment qu'expriment un rêve ou une phobie est toujours exact, même si l'histoire en est symbolique. Alors, suivez le sentiment et non son point de fixation apparent !

L'angoisse, le refoulement et le système de défense

Si ce sont les mécanismes du cerveau primitif antérieur au cortex qui sont à l'origine de l'angoisse, c'est grâce au néocortex qu'on a pu la

1. En français dans le texte *(NdT)*.

ressentir et en prendre conscience. Sans le cortex, c'est de manière purement instinctive qu'on réagirait au stress et à l'angoisse. Au lieu de quoi nous sommes capables de bloquer les signaux du danger et de faire comme si de rien n'était. Mais en faisant le mort pour résister à l'angoisse, on perd sa capacité de ressentir, et donc une partie de son humanité.

L'angoisse est un signal de danger. Elle n'est donc pas forcément névrotique en soi. Il n'y a pas de « névrose de l'angoisse ». Ce n'est qu'une peur justifiée, mariée à un souvenir. Mais quand ce souvenir s'approche trop près du champ de conscience, l'angoisse aussi ressurgit, ce qui mobilise les mécanismes de défense primitifs, viscéraux. En fait, l'angoisse est le contraire de la névrose car c'est un sentiment : la terreur qu'on ressent est réelle, même si elle est hors contexte. C'est pourquoi le fait de replacer l'angoisse dans son contexte initial permet de la résoudre *.

L'angoisse, comme on peut le voir, a une double fonction : elle est à la fois un signal d'alerte et la composante viscérale de la terreur ressentie initialement.

Lorsque la souffrance combinée que produisent un stress actuel et une empreinte passée est trop importante, les provisions de sérotonine et d'endorphines s'épuisent et on se met à éprouver de l'angoisse de manière directe et consciente. C'est d'ailleurs ce qui nous avertit que nos défenses sont en train de s'écrouler. C'est le signal : « Prenez une pilule pour renouveler votre stock d'endorphines. »

Cependant, nous possédons des systèmes auxiliaires pour nous protéger de l'angoisse. Ces défenses-là correspondent plus ou moins à ce que nous connaissons sous le nom de névrose. Plus précisément, ces systèmes auxiliaires aident à assurer le refoulement et le verrouillage de la souffrance. D'ordinaire, la plupart des gens sont capables de compartimenter leur terreur et de la stocker en l'enfouissant au plus profond du névraxe. Ainsi, plus besoin d'y penser tout le temps. L'anxieux, en revanche, a perdu cette capacité ; ses « entrepôts » sont déjà pleins. La terreur se balade, elle se trouve des exutoires, puis elle est canalisée. En attendant, cette angoisse est très pénible à vivre pour celui qui en souffre, puisqu'il ne sait pas de quoi il s'agit, d'où cela vient, ou comment l'arrêter. Il se sent juste affreusement mal dans sa peau, presque en permanence.

On appelle parfois ceux qui ne refoulent pas bien « les névrosés de l'angoisse ». Ils n'arrivent pas à faire de bons névrosés. Si vous prenez un bon refoulé et que vous lui injectez du naloxone — qui neutralise les endorphines, l'antalgique que nous produisons nous-mêmes —, il va se sentir aussitôt anxieux. Ça ne veut pas dire que le naloxone est générateur d'angoisse, mais il fait sauter les verrous et nous permet de ressentir ce qui était déjà là depuis toujours.

Que pouvons-nous déduire de ces observations ? Quand le processus de refoulement s'affaiblit, le système tend à retrouver son état *normal*

— celui de la peur et de la terreur. L'anxieux n'a pas besoin qu'on lui ouvre les yeux sur sa peur, elle fait déjà irruption dans sa conscience à tout bout de champ. Ce qu'il faut — et c'est problématique —, c'est soit lui fermer les yeux, en contenant la peur et en la mettant en veilleuse pendant un certain temps, soit le rendre conscient, en laissant graduellement ressurgir la terreur, un tout petit peu à la fois, afin qu'elle trouve sa résolution.

Qu'est-ce qui déclenche l'angoisse ?

Il faut souvent un stimulus actuel pour faire ressurgir une ancienne empreinte et l'angoisse dont elle est porteuse, mais ce n'est pas forcément toujours nécessaire. C'est notamment ce qui se passe chez ceux qui ont connu une vie particulièrement difficile, ou chez l'enfant qui n'a pas pu développer de défenses pour se protéger. C'est aussi le cas des gens qui ont pris des drogues affectant leurs défenses psychologiques, comme la marijuana, le hachisch ou le LSD. Prises régulièrement, ces drogues affaiblissent le système de verrouillage du cerveau et favorisent la résurgence de souvenirs qui sont normalement profondément refoulés.

J'ai soigné un ancien combattant du Vietnam qui souffrait d'anxiété chronique depuis quinze ans qu'il était rentré de guerre. Il avait failli mourir au champ de bataille et cette expérience avait fait ressurgir le souvenir d'un incident survenu quand il avait un an et qu'il avait failli se noyer dans une baignoire. Après la guerre, il avait pris du LSD une cinquantaine de fois au moins. Or, à ce moment-là, son système n'avait plus les moyens de se défendre contre tant de terreurs combinées, et ces peurs ressurgissaient à tout bout de champ.

S'il avait été vulnérable à l'apparition d'une névrose comme séquelle de la guerre, c'est que son expérience de combattant était entrée en résonance avec un vécu passé. Ce qui ne veut pas dire que la guerre n'entraîne pas de séquelles chez les combattants, mais que tout le monde n'en souffre pas au même degré. Plus l'expérience du combattant aura suscité de résonances avec un vécu antérieur ayant mis sa vie en danger, et plus il aura à en pâtir. Cela dit, si le fait de s'être battu à la guerre peut laisser les combattants en état de fragilité pendant une période assez prolongée, ce n'est cependant pas cela qui peut créer une névrose ex nihilo.

N'oublions pas qu'il existe des périodes critiques dans la vie, et que les traumatismes qui surviennent dans ces moments-là ont généralement un effet déterminant sur la formation de la personnalité. Si un traumatisme, même important, vous frappe plus tard dans la vie, il risque de vous rendre anxieux pendant un certain temps, certes, mais il est peu probable qu'il crée une névrose ex nihilo. Par exemple, il y a une vieille idée qui circule et selon laquelle pas mal d'actrices auraient été

« détruites » par Hollywood et les pressions de la vie d'artiste. Or, je pense qu'il y a une autre explication beaucoup plus probable : ceux qui recherchent un tel environnement sont déjà des êtres détruits, dans la mesure où leurs besoins sont tellement criants qu'ils ne peuvent les satisfaire qu'à travers l'adulation de millions de gens. L'ambiance hollywoodienne ne fait donc que renforcer une névrose qui existe déjà.

L'angoisse et la névrose obsessionnelle compulsive

Tout le monde a entendu parler du type qui se sent obligé de se laver les mains quarante fois par jour, d'un autre qui ne peut pas marcher sur les rainures du trottoir, ou de cet autre qui doit vérifier les verrous de ses portes vingt fois par jour. Ce sont là des exemples de névrose obsessionnelle et compulsive — des comportements répétitifs sur lesquels le sujet n'a apparemment aucun contrôle.

La névrose obsessionnelle compulsive n'est pas vraiment une catégorie de névrose particulière; elle n'en est qu'une manifestation spécifique. Toute névrose est obsessionnelle dans la mesure où ce sont toujours les mêmes schémas qu'on répète tout au long de sa vie, sans pouvoir les contrôler. Le fumeur grille une cigarette toutes les quarante minutes, jour après jour et du matin au soir. La nymphomane ou le satyre est constamment à la recherche d'un partenaire sexuel. Le timide agit invariablement avec timidité, quelles que soient les circonstances. Ce qui distingue néanmoins ces comportements de ceux qu'engendre l'obsession, c'est qu'ils se reproduisent dans la durée, à la différence des actes contrôlés, ritualisés et passagers de l'obsédé.

L'obsédé est quelqu'un qui a réussi à adopter un type de comportement bien défini, ce en quoi il est assez proche du pervers sexuel qui s'est trouvé un rite qui le libère. L'élaboration du rite dépend de deux facteurs : le premier est fonction des circonstances — par exemple le fait d'avoir eu une mère fanatique de propreté, qui insistait pour que ses enfants se lavent les mains chaque fois qu'ils avaient touché le chien, la porte, la chaise ou tout autre objet. La seconde condition est que le rite doit renvoyer à un sentiment fondamental, par exemple se sentir sale (au sens large) et éprouver constamment le besoin de se sentir propre. L'obsession qui « prend » est celle qui réussit à réduire le niveau de la tension qu'éprouve le sujet. Si on ne se sent pas en sécurité et qu'on a peur, on va vérifier que tous ses verrous sont bien bouclés et on aura moins peur. Mais, la peur s'intensifiant, il faudra contrôler les verrous de plus en plus souvent. Apparemment, on a peur des voleurs, mais en réalité, cette peur est due au fait qu'on ne s'est jamais senti en sécurité auprès de ses parents.

Pour comprendre la névrose obsessionnelle et compulsive, il faut revenir sur le traumatisme très précoce : non seulement ce traumatisme se grave dans la partie inférieure du névraxe, mais il a aussi constamment tendance à remonter vers la conscience pour trouver sa résolution et être évacué par le système qui, lui, s'efforce toujours de tendre vers la normale. L'une des structures clés de l'activation du cerveau est ce qu'on appelle les voies activatrices de la formation réticulaire. Il s'agit d'un système de vigilance ou d'alerte qui collecte tous les influx sensoriels, aussi bien en provenance de l'extérieur que des empreintes, et qui les dirige sur le cortex, par l'intermédiaire du système limbique *. Avant d'atteindre le système limbique, ces influx ne représentent qu'une quantité donnée d'énergie ou d'activation dont le voltage n'a pas de caractère spécifique. C'est le système limbique qui lui donne son contenu émotionnel.

Les voies activatrices de la formation réticulaire sont reliées au néocortex par de longues fibres ascendantes, de sorte que, dès qu'un traumatisme très précoce amorce une remontée vers le conscient, la conscience du niveau supérieur se rend compte qu'elle éprouve un sentiment de malaise, d'agitation, d'inconfort. Cet état-là est nécessaire parce que c'est comme cela que la conscience des niveaux inférieurs nous avertit : « Prépare-toi à l'attaque. » Et c'est ainsi que l'angoisse fait son apparition dans notre vie.

A mesure que s'accroît la pression des empreintes, la poussée de l'énergie provenant de la formation réticulaire s'élève aussi et s'oppose aux forces inhibitrices du cortex. Il y a donc antagonisme entre l'inhibition qu'exerce la partie frontale du cortex (sentiment d'espoir), et les impulsions produites par la souffrance ancienne et qui sont en train de remonter dans le tronc cérébral (sentiment d'absence de tout espoir). Or, les obsessions indiquent un échec de l'inhibition. Si on administre des médicaments à un patient pour calmer le débordement d'énergie émanant de la formation réticulaire, on arrivera à réduire l'antagonisme des forces en présence et la personne se sentira moins mal et aura moins d'obsessions. En l'absence de médication, en revanche, le sujet sera forcé de multiplier ses comportements ou ses idées obsessionnelles afin de contenir l'énergie qui remonte. Comme son cortex est sollicité avec de plus en plus d'insistance, il se trouvera sans cesse assailli par des pensées répétitives et incontrôlables dont il n'arrivera plus à se débarrasser.

Le dernier cri en matière de médication pour traiter ce trouble obsessionnel — qui, je le répète, n'est pas une maladie spécifique mais un simple indicateur de l'état des verrous * —, ce sont les renforçateurs de sérotonine. Leur véritable fonction est de renforcer la névrose, pas de la guérir, puisque les obsédés sont des gens qui s'efforcent de faire une bonne névrose mais qui n'y arrivent pas vraiment. On prescrit actuellement un million de boîtes de Prozac par mois aux États-Unis. A l'heure actuelle, près de la moitié de la population américaine est sous médication, semble-t-il.

Ce que l'obsédé compulsif tente de faire, c'est de juguler son anxiété. S'il ne se livrait pas à ses rites pour museler l'afflux d'énergie résurgente, il se retrouverait nu et démuni devant le choc et il serait complètement submergé par l'angoisse. Il est contraint d'agir ainsi parce qu'il subit tout d'un coup un influx d'inputs* non spécifiques qui est si énorme qu'il n'a aucune chance de pouvoir l'intégrer complètement. En revanche, lorsqu'un patient intègre ces mêmes souffrances précoces à très forte valence, on constate simultanément que son électro-encéphalogramme au repos est plus régulier (indiquant un cerveau plus calme) et que ses obsessions diminuent.

Une chose est claire : ce n'est pas par la parole et la discussion qu'on peut guérir quelqu'un de ses obsessions (ou de ses phobies) puisque ces phénomènes-là n'ont rien à voir avec le cortex rationnel, sinon pour lui transmettre les impulsions provenant des zones inférieures du cerveau, dont ils ne sont que les émissaires et les larbins.

Il existe une hiérarchie dans les symptômes, aussi bien mentaux que physiques. Il semble que les symptômes suivent la même évolution que l'individu : l'angoisse pure est un phénomène de première ligne, tandis que les phobies — l'utilisation d'images pour contenir et apprivoiser la souffrance et la terreur — relèvent de la deuxième ligne. Les phobies se précipitent pour colmater le trop-plein d'énergie primale dégagée par les traumatismes précoces. Et si elles n'y parviennent pas, c'est là qu'interviendront éventuellement les obsessions, phénomène de troisième ligne.

Ces troubles ne correspondent pas à des maladies différentes mais à la mise en œuvre de moyens de plus en plus complexes pour gérer la même souffrance.

Une fois que les idées obsessionnelles auront poussé le système de défense au-delà de ses capacités, ce sont finalement les idées bizarres ou paranoïdes qui rentreront en scène. Voilà comment on passe de la névrose à la psychose. Il s'agit d'une phase qualitative de l'évolution, partie des mécanismes primitifs de l'angoisse pour arriver à la paranoïa, le dernier cri en matière de capacités cérébrales de l'homme. La paranoïa est une forme de pensée avancée.

La névrose apparaît donc comme une défense contre la psychose, au même titre que les rêves symboliques permettent d'éviter des cauchemars épouvantables. L'anxieux n'est généralement pas capable de recourir aux rêves symboliques pour se défendre contre ces crises d'angoisse nocturnes que sont les cauchemars, pas plus qu'il n'arrive à avoir, de jour, un système de défense bien structuré. Comme il n'a jamais rien pu faire, de jour, pour échapper à l'angoisse, il n'y arrivera pas non plus de nuit. Pour qu'il y ait rêve cohérent, il faut, par définition, qu'il existe des structures capables de symboliser les sentiments. Ce n'est pas un hasard si la schizophrénie est rare chez les épileptiques ; tant qu'on trouve un exutoire suffisant pour évacuer les énormes pressions accumulées, la conscience de niveau supérieur n'a pas besoin de donner dans l'étrange pour faire face. Presque toutes les pathologies que nous devons affronter, nous le verrons par la suite, sont en fait le résultat d'un trouble unique qui, simplement, se déplace.

A chaque niveau de développement de la conscience correspond un type de symptôme particulier, et c'est aussi vrai dans le domaine physique que psychologique. Entre la diarrhée et l'arthrite, il n'y a qu'un grand bond en avant dans l'échelle phylogénétique.

Dans une phobie, l'image d'un serpent suffit à provoquer une réaction d'angoisse. En revanche, il n'y a pas besoin d'images pour déclencher l'angoisse pure qui est un état exempt d'images et de verbalisation. L'imagerie est un développement plus tardif qui sert à fixer l'angoisse dans l'espace et dans le temps. Les phobies sont largement le fait des personnalités de « deuxième ligne » dont le développement semble s'être arrêté avant le stade intellectuel. Le phobique peut éviter la cause de sa phobie et donc aussi l'angoisse, mais l'obsédé anxieux n'a pas cette chance, car c'est lui-même qu'il doit éviter — ce qui n'est pas une sinécure !

Ceux qui réussissent à dépasser l'adolescence sans éprouver une angoisse trop écrasante se débrouilleront pour vivre dans leur tête et produire des idées obsessionnelles. Ces individus, qui sont fondamentalement des personnalités de « troisième ligne », seront moins proches de leurs sentiments que les phobiques. Les individus ayant une personnalité de « deuxième ligne » fonctionnent sur le plan des images et des rêves ; par rapport aux personnalités de troisième ligne, le sujet est donc plus doué pour la musique et les arts, moins porté vers la philosophie et il se contrôle moins bien qu'un sujet de troisième ligne. L'avantage de la personnalité de deuxième ligne, c'est qu'on a plus de facilité pour apprendre les langues étrangères, dans la mesure où l'on sait entendre les nuances des sons et la musique d'une langue. En revanche, on ne sera jamais aussi fort en maths qu'un sujet de troisième ligne et, quant à la physique, mieux vaut ne pas y penser...

L'individu de deuxième ligne est quelqu'un qui n'a jamais pu faire fonctionner correctement sa troisième ligne, du fait que celle-ci était constamment soumise à l'assaut des empreintes remontant des niveaux inférieurs. L'obsédé se donne un mal fou, il essaie de se servir de la pensée pour contrôler et mettre en cage un monstre qui ne se soumet pas si aisément à la capture. Les idées fantasques, même très répétitives, ne font guère le poids devant l'énorme empreinte d'un traumatisme surgi d'un niveau inférieur.

La névrose obsessionnelle et compulsive va aller en s'intensifiant (car les impulsions qui ressurgissent sont incroyablement puissantes) jusqu'à ce qu'elle finisse par devenir inopérante. La structure de défense va alors décompenser, ce qui peut éventuellement déboucher sur la psychose. C'est là qu'on se met à avoir toutes sortes d'idées bizarres, du fait que le cortex est poussé à bout par l'ancienne souffrance qui ressurgit. Le cortex ne fait pas de distinction entre la souffrance et la terreur ; c'est le même appareil cortical qui doit gérer les deux. Il y a tellement d'éléments du passé qui font irruption dans le présent que le psychotique se trouve totalement replongé dans un vécu lointain. Et la disparité entre ce passé et la réalité présente est si grande qu'elle le fait passer pour un fou.

Tout ce processus peut s'illustrer à l'aide de mesures électro-encéphalographiques (ondes cérébrales). Le tracé des ondes d'un cerveau au repos reflète généralement la lutte entre l'activation et l'inhibition. On peut voir un nouveau patient arriver en thérapie avec un électro-encéphalogramme (EEG) de près de deux cents microvolts qui passera à trente, deux mois plus tard. Cela indique une forte réduction du niveau d'activation du cortex et de la pression qui s'exerce sur lui. Lorsque l'EEG est élevé, on peut s'attendre à trouver des obsessions et des compulsions, de même que d'autres symptômes de surcharge pouvant aller de l'épilepsie aux tics. Tout ce qui stimule l'activité du tronc cérébral, de la caféine aux amphétamines, renforce la pression qui s'exerce sur le cortex. Ce qui peut concourir à terme à déclencher une psychose, dans la mesure où la pression qu'exerce la souffrance en ascension vers le cortex tend à épuiser la sérotonine.

La sérotonine est un agent chimique qui joue un rôle clé dans l'arsenal du refoulement. Bien qu'il y en ait partout dans le cerveau, les cellules productrices de sérotonine sont particulièrement concentrées le long de l'axe médian du tronc cérébral, à partir duquel elles se déplacent (en envoyant des réseaux de fibres) là où cela s'avère nécessaire, le système limbique n'étant pas l'une des moindres destinations de ces migrations[1]. Il existe une drogue qui s'appelle *Ecstasy* (extase), ou MDMA, et qui est assez à la mode actuellement. Ceux qui en prennent ont vraiment l'impression d'être en extase. Pourquoi ? Parce qu'ils recommencent à « ressentir ». S'ils se sentent euphoriques, c'est parce qu'ils sont enfin rentrés en contact avec eux-mêmes. Cette drogue libère en effet d'énormes quantités de sérotonine et elle affaiblit l'inhibition. L'ennui, c'est que, à très hautes doses, elle peut en fait détruire les cellules productrices de sérotonine, voire même l'individu — mais c'est rarissime. *Ecstasy* permet de grands insights * dans la mesure où elle suspend le fonctionnement du système de défense et permet l'accès au niveau émotionnel. Néanmoins, malgré ces *insights* et les profondes transformations que le sujet estime avoir subies, ces modifications ne sont que passagères. La souffrance n'a pas disparu, on l'a simplement court-circuitée temporairement. Or, il existe un moyen d'arriver au même but de façon naturelle, autrement qu'en étant obligé de continuer à prendre des drogues du style d'*Ecstasy*. Si on le fait naturellement, on retrouvera pour de bon le contact avec soi. Une douloureuse expérience au départ, mais qui débouchera sur l'extase.

1. Pour plus ample information sur le mode de fonctionnement de la sérotonine, voir l'article de Ron Cowen, « Receptor Encounters », dans *Sciences News*, vol. 136, n° 16, daté du 14 octobre 1989, p. 248-250.

Le rôle de la sérotonine dans l'inhibition a été démontré par les recherches qui ont été menées dans différents domaines. L'Institut national contre l'abus d'alcool et l'alcoolisme en Finlande a réalisé une étude intéressante montrant qu'on constatait des taux de sérotonine très bas chez les meurtriers. Comme ils n'avaient qu'un minimum d'inhibition, toutes leurs pulsions débouchaient sur un passage à l'acte. S'ils avaient disposé d'un bon rite obsessionnel, peut-être n'auraient-ils pas tué. Hélas, la vie plutôt rude que la plupart d'entre eux avait menée ne leur avait pas permis de développer des obsessions. On a également constaté un faible taux de sérotonine dans les cas de suicide par des moyens violents. Et il semblerait que ce soit pareil chez les personnes qui souffrent de la maladie d'Alzheimer.

Le névrosé impulsif, chez qui l'inhibition est faible, semble avoir tendance à passer à l'acte de toute sorte de façons, y compris par la criminalité. Impulsivement, il se jette sur les drogues parce qu'il a besoin d'un « fixe[1] » immédiat : son système a besoin de refoulement. En fait, il sera jeté en prison pour avoir tenté de supprimer sa souffrance. On met en tôle des gens qui ont pris des drogues qui, souvent, avaient le même effet que des tranquillisants, simplement parce que ces substances ne leur ont pas été prescrites par ceux qui y sont habilités.

Personne ne prend une drogue comme l'héroïne s'il n'en a pas besoin. Et s'il en a besoin, c'est parce qu'il est en « état de besoin ». L' « objet » du besoin ne vient qu'après, bien longtemps après que le besoin réel a été enfoui en soi.

Drogues et narcodépendance

Quelles que soient les carences et les souffrances qu'on ait subies, enfant, on a toujours eu un bon moyen d'y faire face : les antidouleurs (endogènes). Dans tous les cas de figure du malheur — qu'on soit négligé, qu'on manque d'affection ou de soins —, le corps fabrique son propre arsenal chimique du refoulement. Mais quand ce système de défense est défaillant, on se tourne vers quelque chose d'extérieur à soi pour accomplir la tâche que le corps devrait pouvoir assurer tout seul. Pour certains, c'est l'alcool qui marche, d'autres auront recours aux drogues. De toute façon, le résultat est le même : on refoule. Ce refoulement efficace que procurent les substances chimiques semble un véritable nirvana aux yeux de l'utilisateur, comme on va le voir dans le témoignage de Bill. Il avait tenté de noyer dans la drogue le terrible sentiment de solitude et de désespérance qui était engrammé * en lui. La drogue lui procurait un « afflux de chaleur » que seule l'affection de sa mère aurait pu lui apporter, s'il en avait effectivement reçu, au début de sa vie. Son dernier espoir était d'arriver à ressentir cette absence d'espoir qui l'habitait.

1. Une piqûre, une prise de drogue, en argot de la drogue *(NdT)*.

Arrêtons-nous un instant sur le phénomène de narcodépendance pour nous assurer que nous le comprenons bien. Comme dans l'alcoolisme, le mal dont on souffre n'est pas vraiment la dépendance, qui est en réalité un moyen de combattre le mal réel qu'est la névrose et la souffrance. Pour guérir de la narcodépendance, il faut d'abord éliminer la souffrance (même si ça paraît une évidence de le dire); alors, la dépendance disparaîtra. On ne devient pas dépendant du simple fait d'avoir dû prendre des antalgiques à cause d'une douleur passagère, comme une jambe cassée, par exemple. En revanche, on peut le devenir lorsqu'on tombe sur une trace de souffrance ancienne qui attendait désespérément de ressurgir.

Celui qui s'est cassé la jambe se débrouillait normalement dans la vie, jusqu'à ce que ce supplément de souffrance vienne s'ajouter à son équation personnelle. Sa souffrance excédant à présent la quantité de morphine que peut produire l'organisme, il va donc falloir en rajouter un peu de l'extérieur. Mais, une fois la douleur disparue, il n'aura plus besoin de drogue. Ce qui ne sera pas le cas si on a affaire à un sujet qui croule déjà sous la souffrance ancienne : même lorsque sa jambe ira mieux, il aura encore besoin d'antalgiques. Il risque de continuer à prendre des analgésiques et des tranquillisants pendant des années car, dès qu'il essaiera de s'arrêter, il sera brusquement submergé par son passé et se sentira plus mal que jamais. C'est parce qu'il y a très longtemps qu'il réprimait sa souffrance et, s'il ne prend plus rien pour supprimer ce qu'il ressent, ça va faire comme quand on appuie très fort pour comprimer un ressort et que, tout à coup, on arrête de presser : il va subir un immense choc en retour, et toute la souffrance réprimée ressurgira d'un seul coup. Alors, il va se sentir très mal dans sa peau ; il va éprouver une impression de malaise permanent, il ne pourra pas se détendre et ne pensera plus qu'à se procurer un peu de soulagement, ne serait-ce que pour un petit moment. Et il va recommencer à prendre de quoi faire disparaître la douleur.

Mais supprimer la douleur revient à dissimuler le problème — un problème qu'il est impossible de résoudre par de simples paroles. On ne peut pas plus dire « non » à la drogue qu'on ne peut dire « non » à tout son passé, ou nier ses besoins physiologiques. Comme j'ai déjà eu l'occasion de le souligner, la prise de drogues est en gros une tentative de normalisation du système. Les déprimés prennent des excitants ou bien ils se font prescrire des médications qui les stimulent tout en les empêchant de souffrir. La cocaïne aussi produit cet effet-là. Les anxieux avalent des calmants ; en prenant des « Quaaludes [1] », qui sont en gros des somnifères, ils arrivent à se détendre. Mais pourquoi est-ce que cela ne les met pas KO, comme ce serait le cas pour toute personne

1. « Quaalude » est une marque de médicament à usage de somnifère vendu sur ordonnance aux États-Unis et qui fait l'objet d'une énorme consommation par les Américains *(NdT)*.

normale ? Parce que leur niveau d'activation habituel, induit par la souffrance, est si élevé que ces produits ne font que les ramener « à la normale ». J'ai vu un patient, qui avait tenté de se suicider en avalant une dose massive d'antalgiques, se réveiller douze heures plus tard, frais et dispos. La dose était pourtant mortelle mais le niveau d'activation physique et neurologique de ce patient était tel que le médicament ne lui avait guère fait plus d'effet que si on avait jeté une couverture sur un feu qui continuait à couver par-dessous.

C'est la souffrance de première ligne qui entretient la dépendance. L'expérience m'a montré que les gros fumeurs sont invariablement des personnes aux prises avec des souffrances natales et postnatales. Qu'il s'y ajoute une vie difficile par la suite, et leur destin est scellé. Le tabac est l'une des drogues qui suscitent le plus de dépendance, dans la mesure où il fait office de tranquillisant, tout en étant une marchandise légale qu'on peut se procurer n'importe où et qu'on peut prendre toutes les demi-heures pour calmer la souffrance.

Ceux qui fument de la marijuana se font une lobotomie partielle (puisque, fonctionnellement, cela revient à couper la connexion entre les centres inhibiteurs et la sphère émotionnelle). Ils ont souvent tendance à avoir un comportement obsessionnel lorsque l'inhibition faiblit et que les souffrances profondes ressurgissent, forçant l'intellect à les absorber d'une manière ou d'une autre. C'est ainsi que leurs peurs les pousseront à voir des voleurs et des dangers partout. Ou bien ils se mettront à cogiter de manière obsessionnelle à ce qui va se passer à l'école le lendemain, ou à n'importe quelle autre chose qui leur passe par la tête.

Les grands refoulés peuvent être tentés par la marijuana parce que celle-ci suspend temporairement le refoulement. Mais il y a un prix à payer : si on prend trop de marijuana, il y a un risque que les verrous ne puissent plus se refermer hermétiquement ensuite, et qu'on souffre de manière chronique. De même, on aura des obsessions chroniques. On risque aussi de devenir légèrement paranoïde en permanence et d'avoir des soupçons sur tout et n'importe qui.

Quelles que soient les drogues ou les combinaisons de drogues qu'on essaie, c'est en gros toujours la même chose qu'on recherche : se sentir un peu mieux. Ce qui veut dire rétablir l'équilibre d'un système déstabilisé par les traumatismes précoces. La réponse à la narcodépendance est claire et nette : affronter ces traumatismes et rééquilibrer le système. Après quoi la dépendance disparaîtra d'elle-même, sans qu'on ait à plaider ou à sermonner, à brandir la menace d'une punition ou la promesse d'une récompense.

Bien sûr qu'on aide les drogués en les tirant de l'univers de la drogue, en leur donnant un nouvel environnement sain, un travail, un foyer, etc. Mais, si ces conditions sont nécessaires, elles ne sont pas suffisantes pour assurer la guérison. Il y aura presque toujours une rechute si on n'affronte pas directement la souffrance, et toute autre démarche que celle de l'affrontement direct n'est que vœu pieux. En effet, ce n'est pas un simple changement d'environnement, quel qu'il soit, qui peut faire disparaître la souffrance responsable de la dépendance. Dans les centres de cure, on peut faire en sorte que les ex-drogués n'aient pas accès à la drogue, et leur procurer une ambiance familiale, chaleureuse et protectrice ; tout cela est utile mais ça ne suffit pas pour assurer la guérison. Ces centres sont une nécessité, certes, et il est sûr qu'un environnement favorable joue un rôle crucial, mais malgré tout, l'amour et l'altruisme ne suffisent pas pour effacer la névrose. De plus, les apparences sont trompeuses, car un ex-drogué qui vit dans un environnement où on est gentil avec lui, et qui côtoie des gens bienveillants en thérapie de groupe, peut fort bien rester assez longtemps sans reprendre de drogues. Mais il ne pourra pas échapper une seule minute à sa physiologie.

Aider quelqu'un à décrocher de la drogue, sans s'occuper de la souffrance qu'il porte en lui, revient à entretenir son déséquilibre intérieur et à garantir l'apparition d'une maladie ou d'un symptôme pathologique par la suite. Je me souviens d'avoir travaillé il y a assez longtemps avec des « groupes de confrontation » pour ex-toxicos. Ils avaient décroché de l'héroïne mais fumaient en moyenne trois paquets de cigarettes par jour, et ils avaient déjà avalé une dizaine de tasses de café avant midi. Les centres de cure sont utiles, l'aide des autres est essentielle, je tiens à le redire. Mais ce qui me pose problème, malgré tout, c'est le caractère moralisateur de ces entreprises, le fait qu'on insiste tant sur l'autodiscipline, sur le besoin de prendre l'engagement de changer, et autres qualités du même style que l'ex-drogué peut fort bien cultiver sans conviction, à l'extérieur, tout en restant intérieurement ravagé par la souffrance. Le grand engagement de sa vie, ça a toujours été de faire son possible pour se sentir un peu mieux, sauf qu'au passage il est devenu dépendant. Et pourtant, engagé, il l'a été, dans le sens où il a cherché à se normaliser en dépit de l'opprobre auquel le vouait une telle démarche.

Les centres de cure offrent souvent une thérapie de groupe, et on est censé révéler son moi, tout dévoiler dans le moindre détail, jusqu'à ses verrues et tutti quanti. L'ennui, c'est que, tant qu'on n'aura pas revécu ses traumatismes, il n'y aura pas moyen de révéler le moi qui a mal, et qui a besoin de drogues ou d'alcool. Et ce n'est pas par la confrontation (comme dans les groupes que j'ai dirigés à une époque) qu'on peut y parvenir. Si on vous force à admettre que vous êtes toxicomane, ce sera peut-être un premier pas utile, c'est vrai, mais si vous devez subir une confrontation permanente et qu'on exige de vous l'expression d'une réalité monolithique, il faudrait au moins que vos interlocuteurs connaissent votre réalité intérieure — ce qui n'est presque jamais le cas. Confesser un inceste, par exemple, est une chose, mais c'en est tout à fait une autre que de le revivre à de nombreuses reprises, pendant des mois et des mois. Ça ne reviendra jamais au même de verser des torrents de larmes sur un inceste que de faire ce qui est absolument nécessaire : revivre ce traumatisme avec les terribles tourments qu'il a provoqués (des affres jusque-là gommées à coups de pilules), jusqu'à ce que le niveau de souffrance intérieure ait notablement diminué (c'est mesurable).

Croire qu'il suffit de « lâcher le morceau » pour s'affranchir d'un inceste ou de tout autre problème qui vous dérange, c'est supposer que la personne concernée sait ce qui est enfoui au plus profond d'elle-même. Or, l'expérience m'a appris que ce n'était pas par un effort conscient de notre part que les souffrances les plus critiques se révélaient, mais qu'on les découvrait à la faveur du revécu d'anciennes expériences, en redescendant à des niveaux de conscience inférieurs dont on avait jusque-là totalement ignoré l'existence. Ce n'est pas avec de la bonne volonté, de l'altruisme et les meilleures intentions du monde qu'on peut soigner la dépendance ; il est nécessaire de suivre une démarche systématique et scientifique.

On a tendance à croire à une sorte de magie, et à s'imaginer qu'il suffit de décrocher de la drogue pour ne plus souffrir, si tant est qu'on ait même envisagé qu'il y avait souffrance — ce qui est moins fréquent qu'on ne le pense. Même la thérapie par électrochoc, avec l'influx massif d'électricité qu'elle envoie dans le cerveau, n'arrive pas à chasser cette souffrance. Il faut la revivre, petit à petit, morceau par morceau, jusqu'à ce qu'on puisse l'intégrer à la conscience. Après quoi, celui qui aura revécu son passé ne pourra plus retomber dans la dépendance, même si on cherchait à l'y inciter. L'ennui, c'est que le ressort de la dépendance — le réflexe de fuite en avant, le besoin de se procurer un petit « fixe vite fait » — est aussi ce qui empêchera longtemps la personne de ressentir sa souffrance. Le besoin d'un « fixe vite fait » est principalement dû à des pulsions de première ligne qui font de la vie un enfer si on essaie de les laisser se calmer et se dissiper d'elles-mêmes. Ce sont ces pulsions incontrôlables qui poussent les personnes en état de dépendance à agir comme elles le font.

C'est pourquoi les cas de dépendance graves ont besoin d'un environnement de transition, genre foyer de postcure, pendant qu'ils ressentent leur souffrance. Ils ont besoin d'être encadrés jusqu'à ce qu'ils aient suffisamment *re*ssenti leur vécu pour arriver à se débrouiller tout seuls. A preuve le cas de quelques patients qui ont tout essayé, des solvants à l'héroïne, en passant par les « *speedballs* [1] », des mélanges d' « amphés [1] » et de calmants, et autres mixtures en tout genre. Ils ont connu tout ça, et ce qu'ils ont à en dire explique mieux que je ne pourrais le faire ce que sont vraiment la toxicomanie et sa guérison.

1. Drogue faite d'un mélange d'amphétamines *(speed)* et de cocaïne. « Amphés » est le diminutif d'amphétamines en argot de la drogue *(NdT)*.

Bill

Je suis actuellement en train de me remettre de près de vingt ans d'alcoolisme et de drogues en tout genre que j'ai prises pour essayer de rendre ma vie supportable. Surtout de vingt à trente ans, j'ai pris pratiquement tout ce qui pouvait me tomber sous la main : opiacés, barbituriques, amphétamines, hallucinogènes et médicaments sur ordonnance. En même temps, je buvais aussi de la bière, du vin et des alcools, et je fumais. Je cherchais sans cesse à me fuir parce que être moi-même, cela voulait dire me sentir affreusement mal dans ma peau, la plupart du temps.

Je suis né prématuré de deux mois et j'ai passé les trois premières semaines de ma vie en couveuse. J'ai appris récemment que j'avais failli naître pendant le trajet vers l'hôpital et que, pour empêcher ma mère d'accoucher avant l'arrivée du médecin, on lui avait tenu les jambes serrées.

Mes parents ont divorcé quand j'avais deux ans. Mon père était alcoolique ; ma mère, née en dehors des liens du mariage, avait passé les trois premières années de sa vie dans un orphelinat. Je n'ai pas eu de père pendant les dix premières années de ma vie. Ma mère était le plus souvent déprimée, complètement dépassée par les événements ou hystérique. Disons simplement que je n'ai guère connu de bien-être, de sécurité ou de stabilité pendant mes dix premières années. Après quoi — quand j'avais dix ans —, ma mère s'est remariée avec un ouvrier, un homme grossier, sans éducation, violent et alcoolique.

J'ai connu une enfance et une adolescence marquées par la solitude, les critiques, les mauvais traitements physiques et affectifs, et l'absence de toute aide. J'étais battu à coups de ceinture, réprimandé, menacé et puni par ceux-là mêmes qui étaient censés m'aimer, veiller sur moi et me choyer, ainsi que me guider sur le chemin de la vie. C'est l'une des choses les plus horribles de ma vie que d'avoir été haï par la personne dont l'amour m'était si cruellement nécessaire : ma mère.

Enfant, j'ai toujours eu l'impression de nager dans la confusion, d'être débordé par les événements, comme s'il y avait toujours quelque chose qui clochait. La vie ne rimait à rien ; je ne comprenais jamais très bien ce qui se passait. J'ai commencé à lire très tôt et je me suis mis à dévorer tout ce qui me tombait sous la main. Les livres étaient ma planche de salut. La littérature m'offrait un monde dans lequel je pouvais me réfugier, un univers idéal et juste, où régnaient l'ordre et la logique. Cela me permettait de m'évader du chaos de ma vie. Plus tard, la musique et le sport sont également devenus d'importants exutoires pour moi. Il n'y a jamais eu d'amour ou de sens de la famille chez nous. Ma mère mettait un point d'honneur à donner au monde le spectacle d'enfants bien élevés et disciplinés. L'obéissance et le respect étaient obligatoires. Si nous nous montrions de parfaits petits automates, l'admiration dont ma mère se voyait gratifiée par ses amis et sa famille lui permettait de se valoriser en tant que parent. Elle aimait à répéter : « Je vis pour mes enfants », une déclaration de principes que j'ai toujours détestée et que j'ai cherché à esquiver pendant toute mon adolescence. Comme elle avait l'impression de ne pas valoir grand-chose, elle se servait de nous pour se valoriser. La vérité, c'est que nous n'avons pas eu d'amour ni de vraie vie de famille. Chez nous, on ne se faisait jamais de câlins, on ne se touchait pas. Mon beau-père buvait, il devenait violent et il lui arrivait de battre ma mère. On me donnait toujours des tas de choses à faire à la maison et je nourrissais l'espoir qu'on m'aimerait si je les faisais bien, ou si je travaillais bien à l'école. Pas question de me mettre en colère ou même de m'exprimer librement — cela aurait voulu dire que je ne « la » respectais pas. Et pourtant, elle, elle s'énervait toujours contre moi, et la moindre velléité de spontanéité était aussitôt tuée dans l'œuf. Comme je ne pouvais pas être moi, je m'efforçais d'être tel qu'elle me voulait. Si j'étais bien gentil, peut-être qu'on ferait un peu attention à mes besoins et à mes rêves. Peut-être qu'on s'occuperait vraiment de moi. *Peut-être qu'on m'étreindrait, qu'on m'écouterait, qu'on me traiterait bien. Bref, peut-être qu'on m'aimerait.*

Je découvris les pouvoirs de l'héroïne — l'engourdissement et la jouissance — quand un ami qui faisait la guerre du Vietnam m'en envoya un paquet. J'éprouvai une impression de détente et de soulagement, une sensation de chaleur réconfortante comme je n'en avais encore jamais connu. C'était le nirvana, j'étais libéré d'une souffrance qui faisait tellement partie de ma vie que je ne m'étais même pas rendu compte de sa présence, jusqu'à ce qu'elle disparaisse. Comme j'étais un type relativement conventionnel et pas particulièrement au courant des mœurs de la rue, ce n'est pas là que j'ai cherché à m'approvisionner ; j'ai préféré recourir à la morphine pharmaceutique et à d'autres médicaments sur ordonnance. Pendant plusieurs années, je me suis donc drogué régulièrement — j'étais « accro ». Ce scénario n'est pas très différent de celui qu'ont connu pas mal de gens qui ont grandi pendant la révolution culturelle des années soixante, mais ça représentait quand même un fameux saut pour ce rat de bibliothèque doublé d'un athlète que j'étais alors.

J'avais besoin de me droguer parce que j'avais mal. Quand j'ai fini par venir échouer en thérapie, les antalgiques étaient la seule chose qui me permettait de continuer à fonctionner. Je n'avais même pas les béquilles de la religion ou d'un système d'idées pour me soutenir — ou m'induire en erreur. La vie ne valait plus le coup d'être vécue. J'étais vraiment paumé : désenchanté, désespéré, et incapable de changer. Je n'aspirais plus qu'à l'oubli. Je ne pouvais pas tout simplement exister ; *il fallait que je sois continuellement sous sédation.*

Les années ont passé et j'ai un bon nombre de primals à mon actif ; je connais maintenant la réalité centrale de ma vie et la souffrance que je m'étais toujours efforcé de repousser. J'ai ressenti à quel point ça faisait mal d'être complètement seul — une épouvantable souffrance, brûlante, globale et convulsive. Avoir été un bébé qu'on ne voyait pas, qu'on ne touchait pas et dont on ne s'occupait pas — un bébé relégué à la solitude.

J'ai failli mourir dans la couveuse (et quand je suis né). Toutes ces expériences malheureuses (plus des tas d'autres dans mon enfance) m'ont laissé en héritage un sentiment d'infinie solitude, au-delà de toute mesure. Elles m'ont aussi condamné à ne jamais savoir mettre fin à des rapports qui ne marchent plus, de peur de me retrouver seul. J'arrivais à ressentir une solitude absolue même au beau milieu d'un stade, entouré de plusieurs milliers de spectateurs.

J'estime que c'est la somme de mes expériences précoces qui m'a rendu les drogues indispensables — et plus encore les antalgiques —, car ces produits me procuraient une chaleur que je n'avais jamais connue — une sensation physique qui naissait dans l'estomac et se répandait ensuite dans tout le corps, m'apportant un soulagement infaillible et inconditionnel.

C'est parce que je me suis senti étranglé et retenu à la naissance que j'ai toujours eu tendance à abandonner mes entreprises en plein milieu, et mon séjour de plusieurs semaines en couveuse m'a laissé un sentiment de perpétuelle solitude. Toute l'intimité et tout l'amour que j'ai pu trouver auprès de mes amis ou de mes maîtresses n'a jamais suffi à combler le vide. Ayant été élevé dans une famille hargneuse et instable, j'étais incapable de me construire une vie stable. Ça faisait beaucoup trop pour un seul homme. J'avais besoin de me soulager le plus efficacement possible et, de ce côté-là, il n'y avait rien de mieux que les opiacés.

Je suis encore en train d'émerger. J'ai l'impression que je reviens de très loin et que ça a été terriblement pénible. Mais, à chaque sentiment qui trouve sa résolution, je recouvre un peu plus de vie et un peu plus de moi. Une bonne partie de ma vie a été horrible et douloureuse mais, après tout, c'était tout de même la mienne.

Deena

Quand j'avais treize ans, il y avait dans notre manuel d'hygiène et de santé au lycée un chapitre d'avertissement sur les dangers de la drogue. Moi, ça m'avait plutôt séduite ; je savais que si j'en avais l'occasion, je me droguerais. On était en 1963 et l'usage de la drogue n'était pas encore très répandu dans la petite ville de Nouvelle-Angleterre où j'habitais, mais les choses étaient déjà en train de changer, et vite. C'est vers l'âge de quatorze-quinze ans que j'ai commencé à traîner avec des blousons noirs et des gosses des rues, bien qu'étant moi-même bonne élève et projetant de faire des études en fac. Je me suis mise à boire avec eux, adoptant ostensiblement un comportement de rebelle en rupture avec la société. J'adorais le sentiment d'excitation et de danger que ça me procurait. J'ai commencé à fumer de la marijuana à seize ans, et pendant mes dernières années de lycée j'ai essayé la Dexedrine, les barbituriques et l'héroïne. A dix-huit ans, j'avais déjà été poursuivie deux fois pour des histoires de drogue. Heureusement, les deux fois, j'avais été relaxée.

Les drogues et le style de vie qui allait avec, ça formait un tout pour moi. J'avais besoin de m'évader de la maison et de quitter mes parents qui se disputaient sans arrêt. Je n'avais rien à espérer en restant là. Je m'identifiais plus facilement aux gosses des rues qu'aux enfants nantis et bons élèves. Je me sentais différente, à part, à cause de ma rébellion et des drogues. Et puis c'était un moyen d'essayer d'attirer l'attention des autres sur moi. Jusque-là, j'avais toujours été une petite fille bien gentille et, pourtant, ça ne m'avait pas avancée à grand-chose. De plus, moi qui ai toujours été très timide, la drogue et l'alcool effaçaient ma timidité et me donnaient un sentiment d'appartenance que je n'avais jamais éprouvé dans ma famille.

Par une certaine perversion du goût, je puisais de l'espoir dans le côté douteux ou marginal de la vie. Avec la drogue, il y avait l'espoir de se sentir différent, de se sentir mieux, et peut-être même, avec un peu de chance, de se sentir bien dans sa peau.

Ayant survécu tant bien que mal à tout ça, je suis allée poursuivre mes études en fac, à une trentaine de kilomètres de chez moi. Les étudiants étaient plutôt du genre bien conventionnel ; je me barbais et j'avais retrouvé ma peur et ma timidité. C'est alors qu'un ami m'a envoyé du LSD. J'avais peur, mais j'étais curieuse de voir comment ça modifiait la perception. Incapable de communiquer avec les gens qui m'entouraient, je passai l'essentiel du « voyage » à souffrir seule dans ma chambre. J'avais l'esprit qui carburait à une allure folle ; je mourais de peur et j'avais l'impression que ça ne finirait jamais. A la suite de cette expérience, j'ai eu assez de mal à me réconcilier avec la fac, mais j'ai tout de même fini par tomber sur d'autres gens qui se droguaient, des artistes eux aussi, et avec qui je me suis liée d'amitié. Mais à la fin de cette année-là, j'ai complètement craqué. Mes parents s'étaient séparés, mon petit ami s'était enrôlé dans la marine marchande pour éviter d'être appelé au Vietnam et je me suis retrouvée seule à Boston, sans trop savoir quoi faire. Je me sentais totalement étrangère à la vie ordinaire, mais membre à part entière de la sous-culture de la drogue. Toute ma vie gravitait autour de la drogue. J'ai découvert l'intraveineuse et j'ai adoré ça. C'était érotique et jouissif. Quand la drogue pénétrait dans mon système, c'était comme un grand influx électrique, une pure extase. Je me shootais à la méthadrine cristal, et parfois à l'héroïne. J'adorais la force soudaine avec laquelle la méth me transportait, mais la retombée était difficile et provoquait parfois une légère psychose passagère, avec hallucinations et paranoïa. Je continuais malgré tout à en prendre à cause de cette formidable sensation initiale. Le mieux, c'était l'héroïne : un sentiment de bien-être total. Je prenais aussi de « l'acide[1] *», malgré le sentiment de coupure avec les autres que ça créait ; à une exception près, chaque fois que j'en ai pris j'ai eu l'impression que je ne pouvais pas me fier aux gens qui m'entouraient, et qu'il fallait que je reste sur mes gardes. En réalité, les hallucinogènes ne faisaient qu'amplifier mes peurs, et pourtant, je continuais à en prendre.*

1. « Acide » est un nom d'argot pour le LSD *(NdT).*

J'ai vécu comme ça pendant près de six mois, après quoi je suis retournée à la fac où j'ai même terminé mes études jusqu'en troisième cycle. Mais je crois que mon système nerveux avait dû subir des dégâts; j'avais énormément de maux de tête et je manifestais même des symptômes d'angoisse.

Après la fac, je suis passée par une phase où j'ai combiné l'alcool et les barbituriques. En fait, à chaque phase de ma vie, j'endossais une personnalité différente. Tout sauf être moi. Car moi, c'était une petite fille qui mourait de peur et qui était toute seule. A cette époque-là, je menais une vie décadente, à la manière d'une Sally Bowles des Berlin Stories. *Je portais des costumes d'époque achetés dans des friperies et je passais mon temps avec des « gays ». Je pouvais sortir et me livrer à toutes les frasques que le pauvre moi, timide et effarouché, n'osait pas faire. Je me suis arrêtée le jour où j'ai compris que je risquais d'y laisser ma peau. Aussi, j'ai tendance à me lasser très vite des choses et je ne reste jamais très longtemps dans la même phase — cela fait partie de mon mécanisme de survie.*

A un moment donné, j'ai pris du Valium et du Darvon — sur ordonnance — pour soigner mon angoisse et les maux de tête. Mais j'ai décidé d'arrêter net le jour où je me suis aperçue que j'étais en train de devenir accro.

Ma dernière aventure avec la drogue a eu lieu quand j'avais trente ans. J'étais à Key West pour l'hiver et je me faisais des cocktails de cocaïne et de « Quaalude », deux produits qu'on trouvait en abondance sur l'île. C'est avec ces drogues-là que je me suis sentie le mieux, mais j'ai décroché quand je suis repartie vers le Nord. J'avais envie de grandir et de mûrir, même si je ne savais pas trop comment m'y prendre. C'est une des motivations qui m'ont finalement amenée à la thérapie.

Pour moi, la drogue était liée à la quête d'un sentiment d'appartenance, mais c'était aussi une tentative d'automédication pour combattre la dépression et l'angoisse. Chaque fois, j'espérais que l'appartenance à un groupe me conférerait une identité qui m'aiderait à ne plus me sentir aussi seule et à ne plus avoir aussi peur. Mais chaque fois, je me rendais compte que ça ne marchait pas, et je passais à autre chose.

En thérapie, presque chaque sentiment que j'expérimente me renvoie à la peur et à la solitude. Je crois qu'on a souvent dû me laisser seule, quand j'étais bébé. Je n'ai jamais appris à former des liens avec les autres et à me sentir bien avec eux. Ma mère était tendue, anxieuse et colérique. C'est le manque de stimulation et de communication dont j'ai souffert à certains stades cruciaux de mon développement qui a été la cause de l'extrême mal-être psychologique et physique que j'ai éprouvé toute ma vie. A travers les drogues, j'ai tenté d'établir un contact avec les autres et de sentir que j'appartenais à un groupe, que je partageais une expérience commune — un sentiment que je n'avais jamais ressenti auprès de ma mère. C'était aussi un moyen de me soulager des pénibles sensations physiques de tension et d'angoisse qu'engendraient de tels sentiments.

Lorsque des sentiments de peur ou d'isolement surgissent en thérapie, c'est la première fois de ma vie que je peux me laisser aller à vraiment les ressentir. *Je n'ai plus besoin de drogues ou d'amis décadents pour donner une cohérence ou une raison à mes émotions et à mes sensations. Je me rends également compte que le genre de gens qui m'attirait ne faisait qu'intensifier ma peur et ma solitude. Mais surtout, la drogue c'était l'espoir. Chaque fois, j'avais l'espoir de pouvoir me sentir mieux pendant un petit moment. Maintenant que je me suis finalement autorisée à ressentir tout mon désespoir, je peux enfin descendre des montagnes russes. Je peux me permettre d'être vulnérable et authentique, je peux enfin cesser d'être la petite fille apeurée et solitaire que ma mère méprisait tant, pour devenir adulte et vivre la réalité présente.*

Michelle

C'est à Paris en 1969 que j'ai commencé à prendre de la drogue. J'avais été élevée dans la tradition et dans l'ambiance juive, même si ma famille n'était pas strictement pratiquante. C'était cependant un milieu très répressif par beaucoup de côtés. J'avais fait une tentative de suicide quelques mois avant de me mettre à me droguer et j'avais failli mourir. Peu après cette tentative, j'ai quitté la maison, incapable de supporter plus longtemps les pressions familiales. Je me suis retrouvée à vivre en clocharde dans un Paris encore en ébullition, dans le sillage des « événements » de mai 68 — la fameuse révolte estudiantine qui avait ébranlé la société française jusque dans ses fondements. Cette révolte représentait l'arrivée — tardive et explosive — en France de la « youth culture *», cette culture propre aux jeunes qui avait vu le jour aux États-Unis dans les années cinquante avec la «* beat generation *» et la naissance du rock and roll. Ça avait entraîné un éclatement de la famille et du système éducatif français, jusque-là très étroits et d'une rigidité patriarcale. Au rang des caractéristiques de cette « contre-culture » figuraient l'extrémisme politique, le rock and roll, la permissivité sexuelle, les expériences d' « expansion de l'esprit », notamment à travers la drogue, et la contestation de toutes les valeurs de « l'establishment ». L'ambiance et les circonstances de l'époque reflétaient intimement les conflits intérieurs et les aspirations qui étaient les miennes.*

Pourquoi me suis-je droguée ?

Ce qui m'a initialement portée vers la drogue, c'est qu'elle était interdite. Mon désir d'affirmer mon identité personnelle exigeait en effet un comportement radicalement différent de celui de mes parents et des détenteurs de « l'autorité », quelque chose d'inacceptable à leurs yeux. En même temps, c'était un moyen de forger des liens avec les jeunes de mon âge. Mon désir de liberté signifiait pour moi m'évader de la prison de mes inhibitions. J'avais désespérément besoin de me laisser aller, de me sentir belle, objet d'amour et de désir, et acceptée des autres, afin de pouvoir surmonter le sentiment paralysant que je n'étais pas assez bien physiquement — un sentiment gravé en moi par toute une vie passée à subir des critiques, des mauvais traitements, un manque d'appréciation... J'étais prise entre l'envie de partager une intimité affective avec les garçons, et la terreur d'une intimité physique et sexuelle. A cette époque-là, malheureusement, il semblait impossible de se lier d'amitié avec des garçons sans coucher avec eux.

Pour ne pas me condamner à l'isolement total et pour pouvoir explorer l'univers des rapports affectifs, il fallait donc que j'arrive à faire taire cette peur. La drogue semblait tout indiquée pour ça, surtout après que j'ai vu un film qui racontait l'histoire de jeunes gens qui vivaient sur une île en Méditerranée. C'était comme la concrétisation d'un rêve : le soleil, la beauté naturelle des lieux, le rythme de vie détendu, la musique, la facilité et l'intimité des rapports affectifs et sexuels entre les personnages... La drogue jouait un rôle clé dans le film afin de souligner les effets tragiques qu'elle pouvait avoir (mort par overdose en l'occurrence). Cependant, et c'est d'une importance critique, je me sentais attirée par la drogue, non seulement en tant que sésame qui me donnerait accès à une vie de ce genre-là, mais aussi en tant que porte ouverte sur la passion et le danger.

Que s'est-il passé quand j'ai pris des drogues ?

J'ai fumé de la marijuana et du hachisch pendant deux ans, à raison d'un à cinq « joints » par jour, avec des amis, d'abord, et par la suite toute seule aussi.

La première fois que j'ai fumé, j'ai presque aussitôt ressenti de violents haut-le-cœur — l'impression que j'avais l'estomac qui se retournait. La violence de ma réaction physique m'a fait peur. Je me suis étendue et, alors que je regardais mon petit ami, je me suis mise à avoir des hallucinations ; son visage s'est peu à peu transformé pour devenir la tête d'un monstre couvert de poils, l'air sauvage et dangereux.

Pourquoi ai-je continué à prendre de la drogue malgré des effets aussi dérangeants ? Pour répondre, il faut que je remonte plusieurs années en arrière. L'un de mes grands fantasmes d'adolescente, c'était de vouloir devenir folle. C'était réellement un but que j'envisageais pour l'avenir. C'est du reste également en voyant un film que j'en ai pris conscience. Le film racontait l'histoire d'un journaliste que l'ambition professionnelle pousse à se faire passer pour un malade mental afin de pénétrer incognito dans un hôpital psychiatrique. Mais, à la suite des expériences qu'il y fait, il finit par perdre la raison pour de vrai et devient catatonique et incurable. Dans la dernière scène, sa petite amie prouve tout l'amour qu'elle lui porte en tentant de le ramener à la vie, mais en vain. Dans mes fantasmes, j'étais l'homme, et c'était ma mère qui me prouvait son amour et me le témoignait, et qui attendait désespérément que je lui rende la pareille.

Indépendamment de la peur que je pouvais en avoir, la drogue pouvait éventuellement me rendre folle et donc aimée. Voilà pourquoi j'ai continué. Mais, à mesure que je tombais plus profondément sous l'influence de la drogue, un changement subtil se produisait. Au début, ça m'amusait de faire semblant d'être « folle » : je laissais mon imagination créer toute sorte de visions de « folie » que je pouvais faire cesser quand je le voulais. Autrement dit, je me livrais à mes petites expériences tout en faisant croire aux autres que j'étais folle. Cependant, et cela reproduisait tout à fait ce qui s'était passé avec le journaliste du film, moi aussi je commençais à perdre le contrôle des opérations. Je n'avais plus le sentiment que c'était moi qui créais les hallucinations et j'en devenais la « victime ». Un jour où j'étais étendue sur mon lit et que je regardais par terre, je me suis vue là, couchée sur le sol, nageant dans une mare de sang. Panique totale : je ne savais plus si j'étais celle qui était couchée sur le lit ou l'autre qui perdait son sang par terre.

Un autre effet de la drogue, c'était de provoquer des épisodes psychotiques. Je m'étais mise à avoir une peur épouvantable de tout ce qui était pointu et coupant — verre cassé, fourchettes, couteaux, ciseaux —, prêtant à ces objets une vie autonome, ainsi que le désir et le pouvoir de me faire du mal. J'avais aussi parfois l'impression que mes mains possédaient une volonté propre et qu'elles pouvaient me faire du mal, par exemple en se saisissant d'un couteau pour me poignarder. J'en arrivais à avoir peur de m'endormir, convaincue que pendant que « j' » étais inconsciente et sans défense, mon corps, se comportant comme un autre « moi », prendrait une vie autonome et se lèverait pour me tuer.

Je me sentais obligée d'accomplir des actes et des rites de protection. Toute intrusion d'un élément « dangereux », comme une bouteille que quelqu'un cassait de l'autre côté de la rue, pouvait déclencher ces peurs. C'étaient bien des épisodes psychotiques, mais avec des périodes de rémission.

Quant aux effets physiques de la drogue que je prenais régulièrement, j'éprouvais une angoisse permanente, j'avais parfois des tremblements — souvent dus à une accélération des battements de cœur —, j'avais l'impression de suffoquer et je ne pouvais rien manger.

C'était cher payé, certes, mais j'avais quand même réussi quelques percées. Je n'étais plus aussi terriblement empêtrée de moi-même, j'avais moins le sentiment de ne pas être à la hauteur et de ne pas être aimée. Et je n'avais plus peur des rapports sexuels. Je couchais même assez facilement avec les garçons et j'étais capable de mener une vie sexuelle normale. Autre conséquence positive, je ne me sentais plus — et je n'étais plus — coupée des garçons et des filles du groupe auquel je m'identifiais. J'avais souvent l'impression de planer complètement, comme si ma vie était projetée sur un écran géant sur lequel tout le monde pouvait me voir — moi et ma souffrance. Inconsciemment, j'étais devenue l'héroïne du film et je m'imaginais belle, digne d'amour et plus seule.

Sur un autre point encore, ma vie se rapprochait de l'univers de rêve des plages de la Méditerranée : comme je ne travaillais pas, je me sentais libre des soucis et des préoccupations du quotidien, au-delà des contingences de l'existence matérielle.

Pourquoi j'ai arrêté la drogue

Vers la fin de la seconde année, j'étais allée à Amsterdam avec des amis pour profiter de la liberté de consommer de la drogue en toute légalité. Un soir où l'un d'entre nous en avait acheté à un inconnu, je croyais fumer du hachisch mais, avant que j'aie eu le temps de comprendre ce qui se passait, je me suis retrouvée sous l'influence d'une substance très différente (dont la nature exacte m'est restée inconnue jusqu'à ce jour). En l'espace de quelques secondes, je ressentis un coup violent dans l'estomac et j'eus l'impression que mon cœur allait éclater. J'étais absolument terrifiée, comme jamais je ne l'avais été. Ce fut la nuit la plus longue de ma vie. Je la passai recroquevillée sur un lit ou à faire les cent pas dans un état d'agitation frénétique, priant pour que mon cœur n'explose pas, pour que mon corps reprenne le contrôle des opérations et pour que ce cauchemar cesse. Après une nuit d'extrême épouvante et qui me sembla durer cent ans, l'effet de la drogue se dissipa enfin et je jurai que jamais je n'en reprendrais plus. Cette fois, c'était la peur de la drogue qui avait pris le dessus. Le fait d'avoir dû affronter la peur de la mort avait vidé de leur attrait mes fantasmes de vivre dangereusement, « sur le fil du rasoir ».

Que s'est-il passé quand j'ai arrêté ?

Moins de vingt-quatre heures après que j'eus décroché de la drogue, j'eus la première de ce que j'appelle mes « crises de panique ». J'ai eu affreusement peur, au début, et puis je me suis dit que ça devait simplement être des symptômes de manque. Mais au fil des mois puis des années, la panique s'est mise à ressembler plutôt à une réédition de l'épisode d'Amsterdam, sans cesse renouvelé.

J'ai commencé à avoir peur de m'empoisonner avec ce que je mangeais. Très vite, cependant, il est apparu qu'un rien suffisait à déclencher la panique : elle arrivait si vite — et comme de nulle part — que je ne pouvais absolument pas me rendre compte de ce qui la déclenchait.

Physiquement, la panique a pour symptômes une très forte accélération du rythme cardiaque qui entraîne la peur de mourir, qui rend la respiration difficile, qui provoque une sensation d'étouffement et une réaction d'immobilité complète pour essayer de calmer les battements de cœur. Et comme je n'éprouve pas le moindre soulagement, je me mets à chercher frénétiquement de l'aide — je file droit aux urgences, etc.

Ces crises de panique ont continué pendant des années, par intermittence, avant que je n'entre en thérapie primale. Leur fréquence, leur intensité et le moment de leur déclenchement étaient incontrôlables, et leur origine restait un mystère total. Et même maintenant, vingt ans après Amsterdam, je n'ai pas encore réussi à m'en débarrasser définitivement, bien que la thérapie en ait atténué les effets destructeurs et que je sois plus près de comprendre ou de sentir intuitivement leur véritable nature. Pendant les années qui se sont écoulées entre Amsterdam et le début de la thérapie, les crises ont représenté un handicap permanent, tantôt manifeste, tantôt latent, qui m'empêchait de fonctionner normalement dans le « monde extérieur ».

Une interprétation primale

Depuis que je suis entrée en thérapie à l'âge de vingt-sept ans, j'ai revécu de nombreux épisodes traumatiques du début de ma vie, et j'ai vu le rapport qu'il y avait entre eux et les schémas de ma névrose. Je voudrais faire appel aux insights *que j'en ai retirés pour faire un bref survol de ma période de drogue d'un point de vue primal. Et pour ce faire, il faut d'abord que je remonte assez loin dans le temps.*

De l'âge de neuf mois à six ans et demi, j'ai été placée chez une gardienne. Pendant la deuxième moitié de cette période-là, j'ai vécu dans la terreur permanente : tous les jours, on me battait et on m'humiliait, et je n'avais pas la possibilité de satisfaire certains besoins physiques élémentaires, comme dormir, boire suffisamment ou aller aux toilettes. Pendant la dernière période — la pire —, j'ai dû subir des abus sexuels de la part du père de la famille où j'étais placée, sa femme faisant preuve d'un comportement sadique délibéré, et en plus imprévisible — ce qui était encore pire. Le seul moyen de limiter mes souffrances, c'était de me cacher, ou si je ne le pouvais pas, de feindre la plus totale indifférence aux attaques de cette femme. Il ne fallait pas que je montre que je souffrais, ou que je manifeste la moindre peur : ça ne servait qu'à déclencher d'autres violences.

Lorsque je rentrai vivre avec ma mère et mon beau-père, toute la terreur que j'avais réprimée se mit à ressurgir sous forme de cauchemars éveillés : monstres sous le lit, etc. Deux ans plus tard, quand naquit mon demi-frère, je me mis à avoir une peur bleue de mon beau-père qui se montrait de plus en plus sévère, voire sadique par moments. Ma mère ne faisait rien pour me protéger ou me soutenir; elle ne m'apportait aucun réconfort. Ce qui reproduisait le sentiment que j'avais éprouvé dans la famille de la gardienne : il pouvait bien m'arriver n'importe quoi, puisque ma mère n'était pas là.

L'adolescence n'arrangea pas mes rapports avec mon beau-père. Ce fut une période pendant laquelle j'adoptai ostensiblement un comportement de casse-cou, jouant celle qui veut « vivre dangereusement » et accomplissant des exploits fous. Je faisais aussi des cauchemars terrifiants dont les thèmes tournaient autour de situations extrêmes où je risquais ma vie, et d'autres où je me trouvais prise au dépourvu. Y figurait aussi l'indifférence du monde entier à mon égard.

Pendant toute mon enfance, et depuis l'âge le plus tendre, je me suis sentie inconsciemment poussée à frôler la mort dans l'espoir de me faire aimer. Quand à quatre ans j'avalais des papiers de bonbons pour mourir (en réalité, pour faire venir maman), ou qu'à quinze ans je prenais de l'éther et que je me privais de manger, c'était toujours le même scénario que je rejouais. Lorsque j'ai fait une tentative de suicide à dix-huit ans, je n'ai pas pu appeler ma mère — qui aurait pourtant pu m'entendre, d'où elle était — parce que j'avais besoin que ce soit elle qui prenne l'initiative de venir à moi (comme la petite amie du journaliste, dans le film).

Quand j'ai quitté la maison, je me suis créé une vie entièrement faite de dangers : pas de parents, pas de domicile, pas d'argent, etc. Il semble que ma phase de drogue s'inscrive dans la même logique : encore une autre façon de vivre dangereusement. Mais cet épisode devait s'avérer très différent des précédents, du fait de son dénouement final. Du point de vue de la thérapie primale, il est facile de voir ce que représentaient les hallucinations et les épisodes psychotiques : mon système de défense avait volé en éclats. L'instinct qui m'avait poussée à me droguer pour briser les barrières de mes inhibitions (notamment au contact sexuel et à l'intimité affective) avait eu pour conséquence inattendue de m'exposer à « l'ancienne » terreur qui m'habitait. La drogue avait détruit mon système de verrouillage qui, dans mon cas, ne s'était jamais correctement développé. Du fait de la modification de la chimie du corps, les messages nerveux purent emprunter certains trajets jusque-là fermés, de sorte que le souvenir de ma terreur d'enfant se trouva soudain propulsé tout près de la conscience. Et c'est en tentant de maintenir des défenses contre la souffrance que le cerveau avait imaginé des scènes épouvantables qui exprimaient cette terreur sous forme symbolique.

L'impression de clivage qu'on ressent est un peu l'ultime bastion destiné à empêcher le souvenir gravé dans le cerveau et dans le corps d'atteindre la conscience. Le sentiment d'être deux personnes à la fois naît du fait que le moi véritable essaie de se souvenir, tandis que le moi névrosé, qui flaire un danger, tente de refouler et de garder la situation en main.

Une fois mes défenses brisées, elles le restèrent. Les crises de panique déclenchées par le décrochage de la drogue ne peuvent se comprendre qu'à la lumière de cet état d'absence de défenses. Un insight *que j'ai eu très récemment m'a montré que les crises de panique étaient à la fois le souvenir de ma terreur d'enfant et ma meilleure défense contre la possibilité de me rappeler ce passé, c'est-à-dire d'en prendre conscience. Comme le sentiment d'extrême danger est constamment reproduit et expérimenté dans le présent, je n'ai plus besoin de me livrer à un déjouement symbolique. Mes crises de panique traduisent un état dans lequel il ne subsiste plus aucune défense ; on dirait que le corps se souvient et qu'il réagit pleinement à l'ancienne situation, sans qu'il y ait de connexion consciente dans le présent. C'est cette déconnexion entre le corps et « l'esprit » qui engendre la panique.*

J'ai identifié mes crises de panique comme étant une parfaite défense contre mon « ancienne » terreur. Étant donné l'intensité de la souffrance qui est la mienne, il se peut que l'enchaînement drogue-effondrement des défenses-crises de panique m'ait fourni, avec l'aide de la thérapie primale, le moyen de me guérir. Alors que, si j'avais continué à « déjouer » ma terreur par un comportement symbolique, il semble logique de penser que j'aurais pu m'engager dans l'une des deux voies suivantes : soit continuer mes exploits de casse-cou (j'éprouvais une véritable attirance pour la course automobile et les professions dangereuses comme espionne ou détective), et vraisemblablement me tuer « accidentellement ». Soit devenir guitariste classique (j'étais très douée et motivée, jusqu'à ce que mon beau-père ait fait avorter cette possibilité). J'imagine que si ça avait été le cas, je serais restée très coincée, timide et renfermée, et que j'aurais consacré toute mon énergie à chercher la célébrité, pour probablement finir par mourir d'un cancer, d'avoir trop lutté pour devenir une artiste célèbre, reconnue et « aimée ».

Howard :
mon expérience de la drogue

J'ai pris de la drogue de 1969 à 1984, passant du hach aux calmants, à l' « acide », à l'opium, aux amphés et à la cocaïne. Les seules constantes de ma vie ont été la peur et la solitude. J'ai été élevé dans une famille répressive avec un père brutal qui ne me voyait même pas, et une mère toujours absente. A l'époque, ça m'a paru évident que je me droguais en réaction à l'environnement familial de ma petite enfance. Cela dit, le fait d'avoir compris le problème n'a pas eu la moindre incidence sur la consommation de drogue. Je détestais le goût de l'alcool et la sensation que me procuraient les calmants ; le hach et l'acide me rendaient fou, et j'avais horreur de la réaction physique que provoquaient les amphés et la cocaïne. Et pourtant j'ai continué à en prendre en les combinant bizarrement, pendant un tiers de ma vie. Je n'avais plus aucun contrôle de la situation et, pourtant, j'avais l'impression de faire ce que je pouvais pour tenter de la maîtriser.

Je connais les événements de ma naissance dans le détail, à travers ce que ma mère m'en a raconté. Elle s'était rendue au White Cross Hospital de Columbus, dans l'Ohio, pour son contrôle de grossesse du neuvième mois. En sortant de l'hôpital, elle avait trébuché et elle était tombée de tout son long, la tête la première ; elle s'était mise à perdre les eaux et le travail avait commencé. On l'avait emmenée en catastrophe en salle d'accouchement où on l'avait anesthésiée, la mettant dans un état de « demi-sommeil » ; elle était à demi consciente et à demi inconsciente. Les contractions avaient cessé presque aussitôt et, après l'avoir gardé quelques heures en observation, on lui avait dit qu'elle avait eu un « faux » travail, et on l'avait renvoyée à la maison. Le lendemain, la médication ayant cessé de faire effet, les contractions avaient repris et j'étais né moins d'une heure après.

Le schéma de ma naissance allait devenir celui de ma vie : je me lançais dans des projets, puis je traversais une longue période de latence durant laquelle j'avais l'impression d'attendre quelque chose que je n'arrivais pas à identifier (à part le fait que j'avais besoin d'aide mais je sentais bien que cela ne viendrait jamais). Et puis, finalement, je donnais un grand coup de collier final, quand il ne me restait plus assez de temps pour terminer. Bien qu'ayant toujours été faible physiquement, parce que j'avais l'impression de ne pas pouvoir mobiliser l'énergie nécessaire à un effort physique, j'étais cependant prêt à m'investir entièrement dans ce que je faisais, quand je sentais que ça comptait vraiment.

L'autre aspect de ma naissance se refléta dans ma consommation de drogue. J'avais commencé à boire dès la fin de mes études secondaires. Je buvais jusqu'à ce que je ressente une sorte d'engourdissement, un état dans lequel je ne souffrais pas et où j'avais l'impression d'être sur le point de me sentir vivant. Comme le goût de l'alcool me répugnait, j'avalai les trucs les plus forts que je puisse trouver et, une fois soûl, je ne tenais plus en place. A peine capable de tenir sur mes jambes, j'errais dans les rues jusqu'à ce que je sois trop épuisé pour avancer, après quoi je tombais dans les pommes n'importe où, là où je me trouvais. Je prenais aussi des calmants comme les Quaaludes, et ça me faisait le même effet. J'éprouvais le sentiment de l'imminence d'une catastrophe — c'est la seule manière dont je puisse le décrire. Je savais qu'il m'arriverait quelque chose de terrible si je m'arrêtais.

Je me suis mis à fumer du hach juste après que j'ai commencé à boire, et le LSD a suivi un an plus tard. Et puis j'ai commencé à combiner les drogues, l'une compensant les effets de l'autre, et ma vie est devenue un véritable numéro d'équilibriste : je dosais mes hauts et mes bas, tendant vers cet état de perfection où j'arrivais à sentir que j'existais vraiment, mais auquel je ne parvenais que de manière très fugitive.

En 1973, j'ai déménagé pour aller habiter Portland, dans l'Oregon, et j'ai cessé de boire et de prendre des calmants. Mais j'ai continué à fumer du hach par à-coups, en plus de la cigarette — j'avais commencé à fumer à vingt-trois ans, à raison de trois paquets par jour, dès le premier jour. Et puis j'ai découvert les amphés. Avec ça, je me sentais vivre ; j'avais de l'énergie à revendre. Finie la léthargie ! Mon désespoir se mettait en veilleuse. A mesure que mon système s'accoutumait aux amphétamines, j'augmentais la dose ; j'en étais arrivé à prendre deux ou trois cents doses par semaine, rien que pour préserver un semblant d'équilibre. Je n'ai arrêté d'en prendre qu'après avoir fait plusieurs infections rénales qui m'effrayèrent suffisamment pour que je me mette à réfléchir au mal que j'étais en train de me faire.

J'ai découvert la cocaïne un an avant de rentrer en thérapie. Avec la coke, il y avait immédiatement un énorme afflux d'énergie qui me donnait l'impression de revivre, puis c'était une lutte incessante pour essayer de retrouver cette sensation avant que le désespoir ne me gagne. Je n'espérais plus en rien, mais il y avait malgré tout une sorte de « leitmotiv » d'espoir qui continuait à résonner au fond de moi : cette fois, ce serait différent et j'y arriverais, je gagnerais. Je dépensais six mille dollars par mois. J'avais des battements de cœur irréguliers, et ça cognait si fort dans ma poitrine que j'avais l'impression que j'allais mourir d'une seconde à l'autre. Mais, malgré tout, je ne pouvais pas m'arrêter. Le jour où j'ai été accepté comme patient en thérapie, j'ai décroché net, tout d'un coup.

Ce que je comprends maintenant, c'est que ma toxicomanie était un moyen de recréer ma naissance et de réagir contre ce qui s'était passé. Je recréais une situation analogue à l'état de stupeur droguée que j'avais connu pendant ma naissance, et je tentais de lui donner un meilleur dénouement que l'autre fois. Je suis actuellement en train de revivre ces sentiments dans mes primals, et je pleure en me relisant parce que mes expériences de toxicomane reproduisaient exactement les sensations de ma naissance, et que revivre les unes fait ressurgir les autres. Lorsque je me sens gagné par l'engourdissement qui m'avait saisi dans l'utérus, j'éprouve un besoin impérieux de « speeder » comme un fou. Mais ce besoin disparaît si c'est pendant un primal que je me sens engourdi, que j'ai du mal à respirer et l'impression que je vais mourir. La thérapie primale est en train de faire ce que les drogues n'ont jamais réussi à faire : elle est en train de changer ma vie.

Leslie

Syndrome de Stein-Leventhal et souffrance précoce

Le syndrome de Stein-Leventhal se définit comme une forme d'anovulation chronique qui s'accompagne d'hirsutisme, d'obésité et de kystes aux deux ovaires. Le début de l'anovulation chronique remonte souvent à la puberté et/ou à une prise de poids conséquente.

Dans mon cas, j'ai été réglée jeune, à l'âge de onze ans, et les règles n'ont jamais été régulières. J'ai aussi dû me battre toute ma vie pour ne pas trop grossir. J'ai eu un poids normal jusqu'à quatre ans, âge auquel mon père s'est mis à me maltraiter régulièrement, après quoi je me suis rabattue sur la nourriture, le seul élément de mon environnement que j'avais l'impression de pouvoir contrôler.

J'ai commencé la thérapie primale à l'Institut en janvier 1979 et mes règles sont restées irrégulières pendant tout le temps de mon traitement. Je n'ai pas tenu un décompte systématique de mes règles depuis onze ans, mais j'ai noté dans mon journal que mes règles cessaient lorsque je ne participais pas au groupe et quand je n'avais pas de primal. J'ai par exemple noté dans mon journal, en novembre 1981, que je n'avais pas eu de primal depuis le mois de juin ; j'ai alors revécu deux sentiments, l'un se rapportant aux mauvais traitements que m'infligeait mon père, l'autre dans lequel je demandais à ma mère de m'aider. La nuit suivante, j'ai rêvé que j'avais un bébé, et le lendemain, j'avais mes règles, après 151 jours d'interruption. Les dernières remontaient au mois de juin, ce qui était également la date de mon dernier primal.

En août 1988, j'ai arrêté la thérapie pour la deuxième fois. Je prenais la pilule à cette époque-là, ce qui me réglait artificiellement, mais j'ai cessé de la prendre en mars 1989. Après ça, j'ai eu des règles une fois, en juillet 1989. J'avais arrêté tout travail sur le revécu des sentiments ou toute thérapie primale, jusqu'à ce que je retourne au Primal Training Center en octobre 1990. Entre-temps, en juillet 1990, j'étais allée consulter un spécialiste de la stérilité qui avait diagnostiqué le syndrome de Stein-Leventhal. Mes dernières règles remontaient à plus d'un an à ce moment-là, et cela faisait près de deux ans que je ne suivais plus de thérapie. J'étais complètement refoulée, mon corps ne permettait même plus à un processus naturel de s'accomplir. Je refusai le traitement classique de l'infertilité qui est principalement à base d'hormones.

Je recommençai à participer au groupe de thérapie et je repris les séances en novembre 1990. Ma première séance fut remplie de revécus de la naissance ; je commençai par dire que je me sentais déconnectée et hors de mon corps. Puis cette impression se développa en un sentiment de première ligne : « Je n'y arriverai pas. » Pendant la séance suivante, je sentis que j'avais besoin du thérapeute pour m'aider à ressentir, et c'est ce qui déclencha le revécu. Dans le cadre du groupe, ensuite, je sentis une fois encore que je risquais de mourir s'il n'y avait personne pour veiller à ce que je ressorte indemne de mon primal.*

5 décembre : dans une autre séance de thérapie, j'ai eu le sentiment que je n'y arriverais pas. J'avais besoin de savoir que mon thérapeute serait là avec moi, et qu'il ne me laisserait pas me débrouiller toute seule. Ce sentiment s'est graduellement transformé en un terrible besoin de ma mère : j'avais l'impression que, sans elle, je mourrais, et que ma vie dépendait d'elle. C'était un sentiment « aussi gros que moi », que je ressentais dans « tout mon corps » : je sentais chaque cellule de mon corps qui appelait ma mère, qui criait mon besoin qu'elle me touche. Je pleurais sans larmes, désespérée. J'eus l'impression que je n'arriverais pas à ressentir ce sentiment dans son intégralité, et j'émergeai.

*8 décembre : groupe. J'ai ressenti encore un peu plus le sentiment que j'avais besoin d'être touchée (prise dans les bras) pour pouvoir me rattacher à mon corps. J'étais née déconnectée de mon corps et engourdie, puisque ma mère avait été anesthésiée pour l'accouchement. J'avais besoin et envie qu'on me touche pour que je puisse sentir mon corps. Ce qui m'a procuré l'*insight *suivant : si je n'ai jamais pu m'investir dans mon corps, c'est parce que je suis née déconnectée de mon physique, je suis née engourdie. Je n'arrive vraiment pas à sentir mon corps, alors comment pourrais-je m'investir dans quelque chose (mon corps) que je ne peux pas — que je ne pouvais pas — sentir ?*

9 décembre : j'ai de nouveau rêvé que j'avais un bébé et j'ai commencé à avoir de petites pertes, signes avant-coureurs des règles. Le 10 décembre, j'ai eu mes règles, 17 mois après les dernières. Il est clair que cette absence de règles est liée à une souffrance de première ligne et à son refoulement. Ensuite, j'ai été incapable de « ressentir » pendant le reste de décembre et le début du mois de janvier, et je n'ai pas eu de règles ce mois-là. Séance du

30 janvier : primals tournant autour de la deuxième et de la troisième ligne du sentiment qu'on me laissait souffrir toute seule. Séance du 1er février : de nouveau le sentiment que « je ne vais pas y arriver » ; personne ne se rend compte à quel point je souffre. J'ai l'impression que je vais mourir. Je me sens comme si on m'avait abandonnée comme un tas, dans un coin, parce que j'étais abîmée quelque part. Je crois qu'il y a quelque chose qui ne tourne pas rond chez moi. 21 février : revécu de la naissance dans le cadre du groupe ; j'avais l'impression de ne pas pouvoir sortir et ce sentiment a duré une éternité.

Mes règles ont recommencé le 4 février, alors que des sentiments associés à la naissance étaient en train de remonter vers la conscience. Quand je me suis réveillée, je me sentais fragile et à vif, persuadée que je n'arriverais pas à finir la journée sans que ça (moi) craque. Je ne connais pas au juste les rapports qu'il y a entre la souffrance de première ligne et l'aménorrhée, mais il est clair que dans mon cas, les deux sont liées.

Moi, les drogues et la thérapie primale

J'avais neuf ans quand j'ai commencé à boire. C'était la première fois que je me « défonçais ». Il m'arrivait aussi de sniffer de l'essence et des solvants à cette époque-là, mais ce n'est qu'à partir de l'âge de douze-treize ans que j'en ai pris régulièrement. Je me suis mise à fumer la cigarette et du hach au lycée. Je fumais du hach aussi souvent que je le pouvais, souvent sur le chemin de l'école, au déjeuner, et après la classe. J'arrivais à suivre les cours en étant défoncée et je débarquais en cours d'algèbre dans cet état-là. J'ai aussi essayé d'autres drogues à l'époque, notamment le LSD, les Quaaludes et l' « angel dust ». *Je n'ai pris du LSD que trois fois, je préférais les champignons (hallucinogènes). L'*angel dust *aussi, je n'en ai fumé qu'une fois, mélangé à du hach. Pendant tout le temps que j'étais au lycée, je piquais des antalgiques à ma mère qui était en train de se battre contre le cancer, et je les prenais en mélange avec de l'alcool et du hach.*

Je prenais ça pour éviter de souffrir. J'aimais bien être défoncée parce que ça me donnait l'impression d'être différente de ce que j'étais d'habitude. Parfois, ça me faisait rire, parfois ça me rendait insensible à tout. Ce que je voulais, c'était souffrir moins (émotionnellement). A l'adolescence, et entre vingt et trente ans, j'ai souvent songé au suicide, et j'aurais bien aimé pouvoir simplement mourir. Je crois que j'aurais sans doute fini par me suicider si je n'avais pas rencontré Karol ; elle m'a donné de l'espoir. Sans elle, je me serais retrouvée face à ma désespérance.

Au lieu de prendre des drogues pour me sentir autre, j'arrive maintenant à ressentir la souffrance qui m'habite et à retrouver le souvenir conscient des traumatismes refoulés (surtout en rapport avec les abus sexuels que j'ai subis et la souffrance qui a accompagné ma naissance). Je n'ai plus besoin de refouler la souffrance, je peux la laisser s'exprimer pleinement. Quand la souffrance liée à ma naissance fait pression pour remonter vers la conscience, mon premier réflexe serait de penser à la mort ou de prendre de la drogue, si je ne pouvais pas la ressentir.

La thérapie primale et ma vie, en deux mots

Je n'ai pas vécu, avant la thérapie primale. Consciemment et inconsciemment, j'attendais de mourir. J'étais en état de souffrance permanente, émotionnellement. Le primal m'a rendu, est en train de me rendre la vie, tant physiquement qu'affectivement. Étant redevenue consciente, j'ai pu trouver et entretenir de meilleurs rapports avec mon mari et les autres gens, j'ai pu terminer mes études universitaires et finir un troisième cycle, et je mène maintenant une vie qui n'est plus que partiellement contrôlée par l'inconscient et la souffrance refoulée.

La thérapie primale n'est pas quelque chose qu' « on » vous fait. Les dégâts accumulés au cours de notre vie sont stockés dans l'inconscient afin de protéger notre existence. Pour moi, la thérapie primale est un choix de vie : choisir de vivre en étant pleinement consciente, sans refouler, et avec une réactivité pleine et entière, tant sur le plan physique qu'affectif.

Je me suis souvent demandé s'il n'y avait pas de rapport entre la maladie d'Alzheimer et la pression précoce de première ligne que subissent pendant des décennies des cellules cérébrales d'une importance critique. Il faut avoir vu cette pression à l'œuvre, pendant les primals, pour comprendre l'effet qu'elle peut avoir sur des cellules cérébrales.

Mon hypothèse est la suivante : je suppose que les naissances traumatiques endommagent ou altèrent le système de neurotransmetteurs qui produit la sérotonine et les endorphines. Ce qui veut dire que, par la suite, il n'est plus capable de produire ce qui est nécessaire pour assurer un refoulement efficace. Un individu pauvre en neuro-hormones inhibitrices qui, en plus, aura manqué d'amour au début de la vie, sera plus tard un candidat tout désigné aux crises d'angoisse chroniques. Sans parler des maladies mentales graves. On est doublement coincé : le traumatisme qui altère la capacité des neurotransmetteurs responsables du refoulement est aussi celui qui nécessitera le plus de refoulement pendant le reste de notre vie.

La plupart des tranquillisants ont pour effet d' « arrondir les angles » quand on ne produit pas assez d'opiacés soi-même. Celui qui en prend peut à nouveau « se sentir » (littéralement, puisque ces médications permettent notamment au sujet de réintégrer la zone de sensibilité *, là où se trouve le moi réel). En rétablissant un niveau optimal d'opiacés dans le système, les tranquillisants peuvent ainsi transformer un malaise chronique en état de confort relatif. Quand on a une insuffisance thyroïdienne, on n'a pas honte de prendre des extraits de thyroïde mais, si on souffre d'une carence d'antalgiques endogènes, on se sent un peu gêné d'y recourir car c'est considéré comme une faiblesse de caractère.

Quand on parle de « personnalité dépendante », il s'agit en réalité de quelqu'un qui a trouvé une drogue (alcool ou drogue dure) qui l'aide à redevenir « normal », à se sentir détendu et à l'aise, pour la première fois de sa vie peut-être. S'il n'avait jamais essayé ces drogues, on ne le traiterait pas d' « accro » et, pourtant, c'est une fantastique découverte pour lui que d'avoir trouvé quelque chose qui lui permette de compenser un déficit physique chronique. Enfin une chose qui lui donne l'impression d'être presque normal ! On dit — c'est une idée reçue — que quand on est alcoolique ou drogué, on le reste à jamais, et que même un seul verre peut suffire à redéclencher la dépendance. Et c'est en effet vrai : tant qu'il subsiste un déficit physiologique dans la production de sérotonine et d'endorphines, le corps continue à ressentir un manque. Parce qu'on éprouve un réel besoin d'alcool ou de drogues. Ou, plus précisément, parce qu'un besoin réel — inassouvi dans l'enfance — s'est transformé en un réel besoin de faire taire la souffrance due à cette frustration. Une fois la souffrance éliminée et le système rééquilibré, il n'y aura plus de problème. Mais c'est plus vite dit que fait car tout le monde n'est pas forcément capable de redevenir normal, une fois que le système de refoulement a été altéré ou ne fonctionne plus comme il faut. Je dois dire que, heureusement, la plupart des personnes que j'ai traitées ont pu redevenir normales.

La meilleure chose qui puisse arriver à un adulte, en dehors de l'élimination de la souffrance, c'est d'essayer de satisfaire les besoins éprouvés dans son enfance, et de fréquenter un « groupe de soutien » composé d'individus compréhensifs et tolérants, auprès desquels il pourra se permettre d'exprimer ses sentiments et de parler de ses problèmes — une sorte de famille de substitution, pourrait-on dire. Il faut en outre pouvoir s'appuyer sur un système de valeurs capable de renforcer les défenses contre la souffrance. Peu importe le contenu de ces valeurs, pourvu qu'elles rassurent, confortent et soutiennent la personne, qu'elles lui donnent le sentiment de ne pas être toute seule, qu'elles l'aident à croire qu'il existe une force supérieure qui va l'aider, et ainsi de suite. Ces croyances doivent s'opposer à la souffrance inconsciente qui nous conduit à penser qu'on est tout seul, que personne ne nous aime, qu'on n'a jamais eu et qu'on n'a toujours personne pour vous aider et vous guider.

Cependant, il s'agit là de sentiments réels, suscités par des milliers d'expériences datant de l'enfance. C'est pourquoi il y a tellement de groupes de soutien qui embrassent des idées religieuses. Souvent, même, le simple fait d'avoir une foi religieuse suffit, parce que nous pouvons nous *imaginer* qu'il y a quelqu'un qui veille sur nous, que notre sort est « entre ses mains », qu'il va s'occuper de nous et nous aider. Le besoin donne des ailes à l'imagination pour nous inventer un assouvissement, car la satisfaction des besoins est le seul moyen de soulager un mal-être chronique. Et c'est à cela que servent les croyances : à fabriquer une satisfaction inexistante afin d'apaiser le besoin. C'est une tentative de normalisation.

Il est certes utile de pouvoir s'appuyer sur un groupe de personnes réelles, en chair et en os, mais on peut même pousser l'imagination à fond et se convaincre de l'existence d'un tel groupe, même quand il n'y en a pas. Idéalement, les sentiments qui brûlent et épuisent les « neuro-carburants » responsables du refoulement — des sentiments du genre « personne ne m'aime » (merci, Candace Pert, pour l'expression) — vont être contrecarrés par les idées qu'on leur opposera qui, elles, contribueront au contraire à renforcer la production de ces mêmes « carburants ». Il est possible de devenir aussi dépendant d'un groupe de soutien et de ses valeurs que d'une drogue. On peut être obligé d'y recourir pendant des années, parce que le besoin fondamental et inassouvi qu'on portait en soi au départ sera toujours là, sans qu'on l'ait encore *re*ssenti. C'est bien toujours la même souffrance qu'on cherche à gérer, simplement d'une autre manière qu'avec la drogue. La dépendance est la même, seule sa forme a changé. Ces « accros » d'un autre style reçoivent une sorte de « thérapie » implicite, au même titre que celui qui passe des années en analyse est inconsciemment en train de « satisfaire » d'anciens besoins, puisqu'il trouve en la personne de son analyste quelqu'un qui est là pour s'occuper de lui, le comprendre, l'écouter, se mettre à son diapason, et lui accorder toute son attention. Le patient fait tout, bien comme il faut — il comprend des choses, il développe des *insights*, il analyse ses rêves, il adopte le jargon technique et les concepts particuliers à la thérapie qu'il suit — et pendant ce temps-là, à un niveau de conscience inférieur, il s'efforce de satisfaire (symboliquement) des besoins réels. Ce qui crée vraiment la dépendance dans ce genre de thérapie, c'est la satisfaction apparente que le patient trouve dans la situation thérapeutique. La thérapie sera donc interminable puisqu'elle peut se prolonger aussi longtemps que le besoin restera inassouvi.

Sylvia

J'ai toujours organisé ma vie à coups de listes de toute sorte. J'en fais une, générale, qui sert de référence quotidienne, et une autre pour les week-ends. Mais, malgré ces apparences d'organisation, je suis plutôt désordonnée. Je n'ai jamais l'impression d'être « à flot » ou de m'y retrouver. Mon sac est absolument bourré d' « objets indispensables » dont je n'ai pratiquement jamais besoin, mais dont je suis incapable de me débarrasser. Personne ne s'est occupé de moi quand j'étais petite — papa est parti, et maman travaillait —, et je n'ai jamais appris à avoir confiance en moi. Je ne me fais pas confiance pour me souvenir de ce que j'ai à faire et j'ai très peur de me tromper, si bien que je n'arrête pas de faire des listes que je finis généralement par perdre ou égarer. Mais au moins, mes petites listes me rassurent.

Je n'aime pas avoir de la visite à l'improviste, ou que quelqu'un arrive chez moi en avance : ça dérange ma routine. J'ai du mal à m'adapter aux changements. J'ai besoin d'être prévenue à l'avance — ce qui n'a pas été le cas pour ma naissance qui fut terriblement douloureuse. J'ai besoin de sentir que je maîtrise la situation.

Mes idées bien arrêtées prennent toujours le pas sur mes sentiments. J'ai besoin d'une discipline assez stricte et j'ai tendance à faire ce qui était prévu, même si ce n'est pas du tout commode ou agréable pour moi. Je déteste et j'adore les règles. Je déteste les situations imprévues dans lesquelles je risque de rencontrer des inconnus et de ne pas savoir quoi leur dire. J'ai peur de ne pas savoir anticiper mes réactions ou celles des autres (et alors je me sens coincée comme ce fut le cas à ma naissance et par la suite, dans ma famille de dingues).

Je me fais toujours du souci à l'idée que je risque de ne pas pouvoir faire les choses comme il faut. Cela fait partie de l'impuissance que j'ai ressentie dans mon enfance. A l'école, j'étais toujours inquiète : j'avais peur de perdre mes livres, mon parapluie, mes clés, n'importe quoi. J'avais besoin que ma mère s'occupe de moi et me procure un sentiment de sécurité. Mais elle était au travail et je me sentais complètement dépassée : j'étais trop petite pour m'occuper de moi.

Quand on me donne des instructions, il faut que ce soit parfaitement clair et précis, et en ordre logique. Et si on m'interrompt, il faut toujours que je recommence par le commencement. Un jour où mon instituteur m'avait dit un mot gentil, je me suis sentie désespérée à l'idée que j'étais incapable de retenir ses paroles. Alors je les ai mises par écrit et j'ai gardé le papier dans mon sac. Après ça, pendant des semaines, j'étais obligée de sortir mon bout de papier et de le lire pour me sentir bien. C'était comme une petite transfusion d'amour chaque fois. Manifestement, je cherchais à combattre ma piètre opinion de moi-même. Je me rends compte à présent que bon nombre des actes rituels auxquels je me livre — et il y en a des centaines — sont destinés à repousser ces sentiments négatifs vis-à-vis de moi-même et à contenir mon angoisse. Je n'ai jamais eu personne à la maison pour me rassurer. Mes rites servaient au moins à cela.

J'adore les examens parce que je peux regarder mes notes et « savoir » que je suis bonne et pas mauvaise. C'est pour cela que j'étais toujours la chouchoute de la maîtresse : tout le monde détestait les examens, sauf moi.

Lorsque je suis seule, ma tête fait des heures supplémentaires et passe en revue les derniers stratagèmes que j'ai conçus pour améliorer ma vie. Je passe tellement de temps à ruminer ma vie que je la vois à peine passer. C'est un mode de vie, chez moi. Si quelqu'un me fait de la peine, j'y repense sans arrêt et ça m'obsède : je pense à ce que j'aurais dû faire ou dire, à ce que je vais dire. Je ressasse les défauts de mon patron, ce qui revient exactement au même que ce que je faisais avant, avec ma mère.

Elle me dégoûtait parce qu'elle m'avait laissée toute seule, et malgré tout, j'avais désespérément besoin d'elle.

Le meilleur exemple de ce genre de comportement se retrouve dans l'attitude que j'ai face à l'amour et au sexe. Quand j'ai le béguin pour un homme, je pense sans arrêt à lui et je fantasme sur nos prochaines rencontres (j'imagine des regards, des étreintes, des baisers, une ambiance romantique, des rapports sexuels). Je me rends compte maintenant que ces fantasmes sont le produit d'un intense besoin physique : le besoin que quelqu'un me prenne dans ses bras et qu'on m'aime. Un besoin qui me fait du bien et qui me fait du mal, à la fois, et qui prend la forme du besoin que j'avais de ma mère, quand j'étais petite. A mesure que mes besoins ressurgissent, mes pensées tournent de plus en plus à l'obsession et, dans ces moments-là, je flirte de manière éhontée. Je me sens littéralement comme une femelle en chaleur.

Je ressentais le besoin de l'amour de ma mère dans chacune des cellules de mon corps ; je l'ai ressenti dès le berceau. Et personne n'est venu me réconforter. C'est pourquoi, maintenant, je mets en scène des situations dans lesquelles je peux recréer mon intense besoin de ma mère. Et c'est pour cela que je suis obsédée par les hommes. Mon besoin est devenu érotique mais, plus je ressens cet ancien besoin et moins je nourris d'obsessions érotiques vis-à-vis des hommes que je connais. Mon besoin redevient ce qu'il est : le besoin de ma mère qui n'était jamais là.

Je crois que tous ces sentiments-là étaient déjà en moi dès le départ et que j'ai appris à les canaliser sous forme d'obsessions parce que les gens de ma famille avaient un comportement si compulsif. Il fallait toujours manger à heures fixes, sinon mon père était de mauvais poil. Tout les matins, il ouvrait la porte de ma chambre et me lançait : « Encore cinq minutes. » Ensuite, il revenait : « C'est l'heure de se lever ! », et puis : « Encore une minute », et ainsi de suite. Chez nous, tout était régimenté, jusqu'aux vacances, aux anniversaires et aux jours fériés. Mon père se préparait le premier et puis il suivait son plan : il se mettait en bas de l'escalier et il comptait jusqu'à dix, lentement. A dix, il fallait qu'on soit tous en bas de l'escalier.

Je me rends compte du chaos que j'ai en moi. C'est pour cela que ça me rassure d'essayer de mettre de l'ordre à l'extérieur. Quand il y a du désordre autour de moi, c'est trop pour moi. C'est parce qu'il y a quelque chose en moi qui m'échappe complètement que je me sens obligée d'essayer de tout maîtriser. J'ai l'impression que si je cesse de tout contrôler, je vais voler en éclats. J'ai connu le chaos intégral avec ma naissance et la vie familiale. J'ai besoin de stabilité et de routine, et c'est pourquoi il faut que je les recrée partout où je vais. Si je prends un tranquillisant qui empêche tous ces sentiments de ressurgir, je me sens à peu près d'aplomb pendant un petit moment mais, quand le médicament cesse de faire effet, je me remets à avoir des idées obsessionnelles pour éviter de me désintégrer.

Heureusement, je ne suis plus aussi obsédée que je l'ai été. La plupart du temps, je suis capable de faire preuve de spontanéité et de ne pas perdre les pédales s'il m'arrive quelque chose d'inattendu. Je n'ai plus besoin de la routine pour me donner une impression de stabilité, ou de listes pour me procurer un sentiment de sécurité. Parce que j'ai ressenti la cause réelle de ces anciens sentiments.

La nature de la tension

La tension — tension musculaire et articulaire, sensation de tirage dans la poitrine, nuque raide et maux de tête dus à la tension — est le produit d'une phase d'évolution plus tardive du cerveau. Les traumatismes responsables de la tension sont ceux qui sont survenus plus tard dans notre développement. On commence par être anxieux avant d'être tendu. La tension est essentiellement un phénomène qui affecte le corps en tant que « structure » et qui est lié à un système nerveux plus évolué.

Il est rare que les anxieux apprennent à se servir de la tension comme système de défense. Leur musculature est moins sollicitée, leur douleur est moins « nouée ». La tension noue et absorbe. L'anxieux n'est pas noué ; il flotte un peu, il est fragmenté, en morceaux. Il lui manque la structure que fournit la tension. Il est ce que les freudiens appellent parfois un « hystérique ».

L'individu tendu est « coincé » ; entièrement replié sur lui-même, il se maîtrise trop. L'anxieux est beaucoup plus vulnérable et dépendant, dans la mesure où l'empreinte génératrice de son angoisse date du tout début de la vie.

L'anxieux est plus attentif à ses besoins, parce que toute sa structure psychique a volé en éclats très tôt, sous l'effet d'une terreur extrême, et il n'a pas eu le temps de développer un mécanisme de répression du besoin.

Dans les états de tension, on refrène ses besoins en se crispant pour prévenir la souffrance, comme on se contracte quand le dentiste va vous faire une piqûre. A cette différence près que, psychologiquement, c'est comme si on n'avait jamais quitté le cabinet du dentiste.

Un sujet tendu agit avec plus de maturité qu'un anxieux. D'abord parce qu'il est plus coupé du moi de son enfance, et aussi parce qu'il est capable de structurer et de peaufiner son comportement. Il est moins spontané, plus conservateur et plus méfiant que l'anxieux qui, lui, est toujours à moitié submergé par des impulsions qu'il arrive à peine à contenir. L'anxieux a des tremblements, l'individu tendu tremble à l'intérieur. Comme le disait un de mes patients, un anxieux : « Je me sens tout en lambeaux. » L'anxieux a l'air d'une épave, alors que le sujet tendu donne une impression de maîtrise qui est réelle : il se maîtrise et il maîtrise ses sentiments. Les personnes tendues se caractérisent par un excès de maîtrise de soi et un contact insuffisant avec leurs sentiments. Elles sont plus faciles à traiter en thérapie conventionnelle où la structure joue un rôle très important, mais plus difficiles à soigner par la thérapie primale où la structure s'oppose à la capacité de ressentir.

Les symptômes dont souffre l'anxieux sont différents de ceux du sujet tendu : l'anxieux aura tendance à souffrir de coliques et de troubles gastriques au départ, mais il finira avec des ulcères et des colites. L'individu tendu est sujet à l'arthrite, à des maux de tête dus à la tension, et à des problèmes de dos. Il se démet le genou, le coude ou l'épaule à tout bout de champ. C'est surtout l'aspect « structure » du corps qui est affecté. La nuit, il grince des dents tandis que l'anxieux fait des cauchemars.

Dans notre thérapie, nous aidons l'anxieux à se construire des défenses, et celui qui est tendu à démanteler les siennes. Les anxieux ont besoin de se structurer, ce qui est exactement l'inverse de ce qu'il faut à l'individu tendu qui, lui, est déjà trop polarisé. Pour peu qu'il soit un scientifique ou un mathématicien, il s'investira entièrement dans son travail, à l'exclusion de toute autre préoccupation. L'anxieux, lui, est incapable de concentrer son attention sur un objet donné et de la soutenir, car elle part dans tous les sens. C'est parce que le choc catastrophique qu'il a subi tout au début de sa vie a littéralement fait voler en éclats son système de défense, le laissant privé de toute cohérence interne. Ainsi, l'un est trop structuré, et l'autre trop destructuré.

La souffrance, antidote de l'angoisse

La possibilité d'accéder aux empreintes précoces offre au thérapeute une sorte de fenêtre permettant d'observer les états d'anxiété et de tension, et donc de définir comment et quand la névrose est apparue. On peut ainsi descendre plus bas que le niveau conceptuel pour explorer les sources de la névrose.

Il existe un antidote simple à l'angoisse : *re*ssentir la souffrance et la terreur qu'on a éprouvées au début de sa vie. C'est une méthode qui s'est avérée efficace, de manière systématique et prévisible, pour résoudre l'angoisse chez des milliers de patients. Ce principe a trop bien fonctionné pour de trop nombreux patients pour qu'on puisse le mettre en doute.

Rappelons que, dans le cadre de nos travaux, le patient est couché sur un matelas. Le souvenir est donc la seule chose qui l'occupe à ce moment-là. Nous avons procédé à des mesures sur des patients qui gigotaient en tous sens alors qu'ils n'étaient pas en train de revivre un souvenir spécifique — un état connu sous le nom d'abréaction * —, et nous avons pu constater qu'ils ne présentaient pas les changements qu'on retrouve toujours, de manière prévisible, chez les sujets qui revivent un souvenir pénible. Quand un souvenir douloureux est en train de ressurgir, le patient souffre jusqu'au moment où il « plonge dans le sentiment* ». Alors, c'est le système nerveux parasympathique qui prend le relais. Juste avant le revécu du sentiment, le patient se trouve dans cette phase pré-primale connue sous le nom de crise d'angoisse.

Ce qui se passe généralement en thérapie conventionnelle, c'est que le patient est déjà plein d'angoisse en arrivant à la séance, du fait que, par exemple, il vient de faire ses courses dans un grand magasin bondé, ou de faire un exposé devant une classe. Souvent, on lui prescrira simplement un médicament pour supprimer son symptôme. Mais il se peut aussi que la thérapie conventionnelle essaie de gérer le problème actuel du patient, comme l'anxiété qu'il éprouve à l'idée de devoir faire un exposé devant toute la classe, et cette démarche pourra avoir un effet relativement positif, dans la mesure où elle s'adresse à une représentation de troisième ligne de la terreur que ressent le patient. Mais elle ne sera, dans le meilleur des cas, que palliative. Bien que le thérapeute puisse trouver dans le présent toute sorte de raisons évidentes et plausibles pour expliquer l'angoisse du patient, on ne sera pas remonté aux racines de ce sentiment.

Le cerveau est tout à fait logique et permet, dans le cadre de la thérapie, de faire ressurgir les souffrances dans la conscience selon une séquence ordonnée, en partant des plus récentes et des plus légères pour remonter jusqu'aux plus anciennes et aux plus lourdes. Si bien que, quand viendra le moment d'affronter les souffrances les plus anciennes et les plus dangereuses, on aura déjà accompli tout un travail d'intégration et de renforcement de la personnalité. Le danger du « rebirthing* » et autres procédés du même acabit, c'est qu'ils s'y prennent à l'envers pour aborder la souffrance. En effet, ils commencent par déranger le fonctionnement normal du système de défense qui devrait au contraire absolument rester efficace pour contenir ces terreurs anciennes. Souvent mené par des charlatans, le « rebirthing » est extrêmement dangereux, d'autant qu'il produit une psychose bénigne. Toute technique artificielle — du genre respiration profonde, taper sur les murs, etc. — est en fin de compte dangereuse, parce qu'elle fait invariablement ressurgir les souffrances dans le désordre, en dehors de la séquence dans laquelle elles s'inscrivent.

La relaxation rend les anxieux encore plus anxieux. Comme le faisait remarquer le magazine *Omni* (novembre 1986) : « La relaxation peut être un danger pour la santé. » Des chercheurs, au rang desquels figurent David Barlow, directeur de la consultation pour les troubles liés aux phobies et à l'angoisse, à l'université de l'État de New York, ont en effet constaté que leurs patients avaient tendance à devenir anxieux quand on leur suggérait de se détendre. Il cite le cas d'une patiente « qui avait l'air d'aller bien et qui commençait à se détendre quand, tout à coup, à notre plus grande surprise et plus encore à la sienne, elle s'est mise à faire une énorme crise de panique suscitée par une terreur aussi épouvantable que totale ». Son rythme cardiaque doubla en une minute au cours de la crise.

Ayant observé plusieurs patients qui présentaient le même syndrome, Barlow a vu se dessiner une tendance générale. Plus de la moitié de ses patients se mettaient à éprouver une véritable terreur dès qu'ils se détendaient. Ce qui est clair, c'est qu'ils se sentaient en danger dès qu'ils relâchaient leurs défenses. En effet, quand un névrosé se détend, (relâche ses défenses), tout ce qui était enfermé en lui remonte à la surface. Il ne se sent plus menacé par l'angoisse mais par la relaxation, puisqu'elle le rend anxieux. La tension devient alors un état normal de « détente ». Pas étonnant qu'il y ait tant de gens qui soient incapables de prendre des vacances !

L'angoisse comme mécanisme de survie

Rappelons-nous que le souvenir qu'on affronte dans l'angoisse est un souvenir de survie — ce qui explique pourquoi il est si durable, et pourquoi il doit le demeurer. C'est la mémoire d'un danger que nous trimbalons avec nous, presque à chaque instant de notre vie d'adultes. En même temps, malheureusement, ce réflexe qui nous avait sauvé la vie est aussi ce qui la met en danger, maintenant.

Le nouveau-né dont le cœur bat à toute allure — comme nos patients qui revivent la naissance — finirait par en mourir s'il ne possédait pas de mécanisme de refoulement. Il y a des bébés qui ont manifestement subi une sorte d'arrêt cardiaque pendant l'accouchement et, quand les adultes qu'ils sont devenus revivent leur naissance en thérapie, ils présentent tous les signes avant-coureurs de ce qui ressemble fort à une crise cardiaque. Cependant, s'ils ont survécu la première fois, ils survivront aussi la deuxième.

Soulignons au passage qu'il n'est pas impossible qu'un bébé de six mois, laissé tout seul dans son berceau dans le noir, succombe à la résurgence d'un traumatisme contre lequel il est sans défenses. Qu'une terreur actuelle déclenche un traumatisme lié à sa naissance, et il risque d'en mourir, surtout s'il n'y a aucun adulte à ses côtés pour le réconforter et le calmer. Le fait de se trouver seul dans le noir et d'avoir très peur peut rentrer en résonance avec un traumatisme subi des mois auparavant, et dont les effets sont potentiellement mortels. Si rien ne vient atténuer la terreur du bébé qui est en état d'alerte générale, sans bénéficier d'aucune aide ni soutien et, surtout, sans comprendre ce qui se passe, ses mécanismes de survie continueront malgré tout à fonctionner sans faiblir, jusqu'à ce que le système flanche.

Conclusion : l'ère du refoulement

L'ère de l'angoisse semble avoir laissé place à celle du refoulement. Nous gérons mieux nos névroses, parce que la société favorise les valeurs névrotiques, avec l'énorme ambition et l'hyperdynamisme* qui les caractérisent. Si on rencontre de plus en plus d'obsédés compulsifs, c'est parce que l'obsession est apparemment devenue le mode culturel ambiant. Ce sont les « battants », les hyperactifs* qui sont à l'honneur — les gens qui réussissent. Et c'est seulement quand on est débordé par cet hyperdynamisme qu'on commence à se faire du souci.

Avec la fin de l'ère de l'angoisse, c'est en quelque sorte notre innocence que nous avons perdue. Le refoulement est à son comble, et l'énergie névrotique est canalisée vers le succès, le prestige, les honneurs et autres buts symboliques. Si on ne se sent plus anxieux, c'est parce qu'on ne sent plus, tout court.

11

Le désespoir malin : le refoulement et le système immunitaire

Nous sommes au seuil d'une ère nouvelle en matière de définition de la maladie ; c'est en tout cas la conclusion qui se dégage des recherches sur le refoulement, les nôtres comme celles des autres. Il n'est plus possible de définir valablement une ligne de partage stricte entre la maladie physique et les soi-disant maladies mentales et troubles émotionnels.

L'expression « désespoir malin » a certes de sinistres connotations, mais elle est utile car elle exprime bien le thème de ce chapitre qui considère la dépression — une malignité mentale — et le cancer — une malignité tissulaire — comme les deux faces d'une même pièce.

La recherche primale : en quoi la psychothérapie modifie-t-elle le cerveau et le corps ?

Nos recherches ont mis en évidence le rôle du refoulement dans la maladie. Au cours des quinze dernières années, nous avons effectué trois séries d'études des fonctions vitales de nos patients. Nous avons mesuré la température profonde du corps à l'aide d'un thermistor électronique, tout en contrôlant la tension artérielle et le pouls des patients. Et on a pu constater que toutes les mesures de ces signes vitaux chutaient au bout de six mois. La température du corps, par exemple, s'abaissait de presque cinq dixièmes de degré C en moyenne, cet abaissement concernant 65,5 p. 100 de nos patients. Ce qui voudrait dire que la température « normale » du corps ne serait peut-être pas 37 °C. Chez les patients souffrant d'hypertension, on a enregistré une diminution de la tension de 2,4 points en moyenne ; on a aussi constaté un ralentissement du rythme cardiaque de 10 battements en moyenne, et ce chez tous les patients. On a également relevé un ralentissement du pouls chez 58,6 p. 100 des patients.

Il est évident que le régime alimentaire et l'exercice ont aussi une incidence sur la tension artérielle, de même qu'une vie saine dans un environnement non pollué est également un facteur qui compte beaucoup. Mais il ne faut pas négliger les facteurs psychologiques, dans la mesure où il est possible de faire baisser la tension d'un patient rien qu'en lui faisant revivre sa souffrance refoulée, sans qu'il ait par ailleurs changé quoi que ce soit à ses habitudes alimentaires ou à ses pratiques sportives. La température du corps est un indice particulièrement révélateur parce qu'elle reflète l'échauffement du corps sous l'effet du refoulement.

La tension artérielle et le pouls aussi s'élèvent quand la résurgence d'un sentiment profond est imminente, et ils s'abaissent une fois que ce sentiment a trouvé sa résolution. Nous serions très sceptiques devant quelqu'un qui se dirait détendu mais dont les fonctions vitales conserveraient des valeurs élevées. Le refoulement est en effet un processus actif et gros consommateur d'énergie. Il ne s'arrête jamais, parce que la souffrance non plus ne cesse jamais. Le refoulement s'efforce de nous maintenir en vie, et même s'il faut tomber malade et mourir pour avoir voulu survivre, eh bien, qu'il en soit ainsi. C'est le refoulement qui a amené notre espèce là où elle en est ; c'est lui qui a fait de nous des êtres humains et nous a aidés à développer un cortex cérébral doué de logique et de raison. Il n'est pas près d'abandonner sa tâche, et il n'y a pas moyen de le licencier. Il a son poste attitré, et à plein temps.

La fièvre de la névrose

La littérature médicale ne fait pratiquement aucune allusion à la possibilité d'un lien entre la souffrance et la température du corps. Or, c'est mathématique : plus la souffrance est profonde et l'empreinte ancienne, et plus la température du corps s'élève pendant une séance de primal *. Le revécu de séquences primales se situant autour de la naissance a pratiquement toujours pour effet de faire grimper la température du corps au-dessus de 37,8 °C (à quelques exceptions près, que je vais bientôt évoquer). Le patient étant branché sur un appareil de mesure électronique de la température pendant toute la séance, on peut littéralement voir la progression de la souffrance s'inscrire sur nos cadrans, à mesure que le sujet revit les souffrances de son enfance d'abord, puis de plus anciennes qui remontent à la naissance même. On observe une élévation spectaculaire de la température à ce moment-là.

Ce phénomène d'élévation significative de la température du corps pendant une séance de revécu est moins mystérieux qu'il n'y paraît. En réalité, le sentiment* qui le provoque de façon si spectaculaire est présent *en permanence,* mais nous sommes équipés d'un « système régulateur » qui s'oppose constamment à cette augmentation de la température. Dès que le refoulement faiblit, la souffrance est activée et le corps essaie frénétiquement de la repousser. Le travail qu'implique ce refoulement se reflète dans la chaleur du système de sorte que, quand on délivre le corps d'une souffrance, c'est tout l'ensemble du système qui refroidit, et la température du corps redescend généralement à un niveau inférieur à celui qu'elle avait au départ, ce qui indique un système au repos. C'est le meilleur moyen de vérifier l'existence d'un rapport entre la température et le refoulement.

Lorsqu'un bébé est sur le point de mourir in utero, toutes ses fonctions vitales se mobilisent à fond. Quand un patient revit un tel traumatisme, les mêmes phénomènes vont se reproduire, dans la mesure où ils font partie de la globalité de ce souvenir. La situation ancienne se trouve recréée dans son intégralité. Il y a *mobilisation contre la conscience*; c'est la conscience qui représente le suprême danger. Lorsque la conscience « raccroche » un ancien sentiment pendant une séance primale, on observe que les signes vitaux* atteignent des niveaux susceptibles de mettre la vie du sujet en danger. Mais, alors qu'un bébé est véritablement en danger de mort à des niveaux pareils, un adulte ne l'est pas car le refoulement a justement pour fonction d'empêcher la liaison avec la conscience. C'est lui qui doit empêcher la connexion* de s'établir.

Si l'événement traumatique ancien a été potentiellement mortel à l'origine, les signes vitaux du patient qui le revit vont se rapprocher de niveaux mortels. Les muscles se bandent, prêts à l'action, le sang est pompé à l'allure maximale et les hormones coulent à flots dans tout le système. A l'origine, chez le bébé, il y avait une vanne de fermeture qui s'est déclenchée toute seule, mais présentement elle ne fonctionne plus, et le souvenir traumatique est revécu sur le devant de la scène, dans le cadre de la thérapie. Le refoulement ne peut plus fonctionner, et c'est bien ainsi. C'est le « *re*ssentir » qui prend le relais.

Une bonne illustration du rapport qui existe entre le psychisme et certains processus physiologiques comme la température du corps, est l'expérience à laquelle je me suis livré dans un hôpital londonien. Nous avions installé une patiente dans une chambre pour une séance de revécu, après l'avoir munie de capteurs destinés à mesurer la température périphérique du corps, que nous pouvions enregistrer et suivre depuis une chambre voisine, sans communication avec celle de la patiente. Installé dans cette chambre coupée de tout, j'examinais les graphes de température et, rien qu'à voir les oscillations que décrivait le stylet, je pus déterminer le moment où la patiente commença à « *re*ssentir », celui où ses défenses se mobilisèrent et l'instant où elle « plongea dans le sentiment ». Je pus également définir le niveau de conscience auquel se produisait ce revécu, ainsi que le moment où il prit fin et où les *insights* * commencèrent — et tout cela sans voir du tout la patiente.

C'était une preuve spectaculaire de la composante biologique du sentiment *. Le thérapeute qui était à côté de la patiente avait soigneusement noté le moment exact auquel s'était produit chacun des événements que j'ai cités, tandis que j'inscrivais sur les graphiques ce qui, selon moi, était en train de se passer. Cette expérience nous permit de bien voir l'unité du corps et de l'esprit, le lien qui existe entre les facteurs psychologiques et les processus biologiques.

L'âge n'existe pas, pour le refoulement. Il ne sait pas qu'il vieillit et que l'individu qu'il protège est devenu adulte et a suffisamment de maturité pour assumer ses souffrances. Le refoulement vit dans le passé, il fonctionne comme si la personne était toujours un bébé qu'il fallait protéger à tout prix. Et effectivement, il protège notre moi infantile.

Dès qu'il y a connexion entre le passé remémoré et le temps présent, la température du corps amorce une chute régulière. En revanche, on n'observe pas la moindre variation de température lorsque quelqu'un hurle, crie ou pleure sans rapport avec un traumatisme spécifique du passé. C'est ainsi que nous savons que la *connexion* est la condition *sine qua non* de tout le processus de guérison et d'intégration *. C'est une dialectique : lorsqu'il y a connexion, il y a capacité de *re*ssentir — l'inverse de la déconnexion * —, et avec le *re*ssentir vient l'intégration et la guérison. Cependant, qui dit connexion dit grande souffrance, naturellement, mais suivie de la guérison. N'est-ce donc pas extraordinaire que nous nous mettions dans un tel état de panique pour empêcher ce qui pourrait nous guérir ? C'est parce que la voie de la guérison passe par la souffrance, et que tout le monde ne peut pas ou ne veut pas en passer par là.

Nous nous sommes aperçus qu'il existait des différences importantes entre les composantes physiologiques du sympathicotonique et du vaguotonique pendant les primals. C'est particulièrement vrai pendant le revécu de la naissance où le sympathicotonique présente une bien plus forte élévation des mesures de ses signes vitaux jusqu'au moment de la connexion, alors qu'il semble que le vaguotonique subisse la crise parasympathique peu après le traumatisme prototypique initial. Nous sommes actuellement en train de poursuivre nos recherches pour essayer de déterminer jusqu'où vont ces différences entre sympathicotoniques et vaguotoniques. D'après les premières données dont nous disposons, il semblerait que les mesures physiologiques effectuées pendant un primal suivent exactement le schéma du traumatisme initial, de sorte que, chez certains vaguotoniques, ce n'est pas une élévation de la température du corps qu'on constate, mais une chute marquée — ce qui paraît reproduire le syndrome initial de conservation de l'énergie. Afin d'obtenir des mesures aussi fines que possible, nous utilisons une instrumentation électronique comme celle qu'on trouve normalement dans les blocs opératoires, et cela nous a amenés à trouver des résultats divergents chez le sympathicotonique et chez le vaguotonique. Alors que le sympathicotonique commence avec une température de 37 °C qui peut grimper régulièrement pendant plus d'une heure jusqu'à 37° et neuf dixièmes, ou neuf dixièmes et demi (avec élévation correspondante des mesures des autres signes vitaux), le vaguotonique va rapidement « plonger dans un sentiment * », peu après le début de la séance, et sa température va *chuter*, parfois de 1 degré et 1 dixième à 1 degré et 6 dixièmes en quelques minutes, et jusqu'à 2 degrés et 2 dixièmes ou 2 degrés et 7 dixièmes au bout d'une heure.

On a quelquefois l'impression qu'il ne se passe rien ; les propos que tient le patient sont assez anodins et pourtant, tout d'un coup, sa température s'élève brusquement. Cela nous indique qu'un sentiment lourd est en train de ressurgir, bien que le patient lui-même ne s'en rende pas compte. Il ne faut du reste pas attendre très longtemps pour que le sentiment en question se manifeste : nos appareils de mesure enregistrent subitement des crêtes indiquant que des matériaux provenant de niveaux inférieurs ont fait irruption dans la conscience. La température seule peut suffire à distinguer les deux types de personnalité ; il est rare que les mesures d'un sympathicotonique présentent de fortes baisses au cours d'une séance, et il ne paraît du reste pas éprouver la très forte impression de futilité qui accompagne d'ordinaire de telles chutes. En revanche, lorsqu'on mesure électroniquement les réactions d'un vaguotonique plongé dans le revécu de sentiments anciens et profondément enfouis, la chute des valeurs de ses signes vitaux suffit d'ordinaire à elle seule à nous indiquer qu'il ressent un sentiment de désespoir. Il m'est déjà arrivé d'observer une chute radicale des mesures des signes vitaux, et en particulier de la température profonde du corps, chez un patient en train de revivre la crise parasympathique, qui gigotait dans tous les sens et qui se débattait comme un beau diable. C'est un fait inconnu dans les annales de la médecine, à ma connaissance, que la température puisse ainsi chuter de plusieurs dixièmes de degré C, voire de plusieurs degrés, pendant une période de forte activité physique, et qu'elle puisse ensuite se maintenir à ce niveau-là pendant quelque temps.

Ce qui se passe au cours de séances comme celles-là, c'est que nous assistons à la réédition d'une suite d'événements survenue, disons, une quarantaine d'années auparavant. Pendant que nous observons le déroulement de la séance, c'est aussi de l'histoire ancienne que nous contemplons. Une histoire qui nous raconte que tout a commencé par un combat titanesque, et puis que, la mort se rapprochant, le combattant a renoncé et à l'espoir et à la lutte. Le patient, qui est là en train de gigoter et de se débattre comme un beau diable, réagit donc principalement à son histoire passée et c'est celle-ci qui lui impose une chute de ses signes vitaux. C'est du reste exactement le sens des comportements de déjouement symbolique qu'on va adopter par la suite : on réagit en fonction de son histoire antérieure et non de la réalité actuelle, et on a envie d'abandonner la partie quand les choses nous dépassent ou qu'on ne reçoit pas assez d'encouragements pour nous inciter à « continuer ».

Notre analyse de la personnalité nous permet de prévoir le cours de la séance d'un patient, et le sens du mouvement de ses signes vitaux. De même, l'observation soigneuse de l'évolution des signes vitaux d'un patient au cours d'une séance peut nous donner confirmation du type de personne à qui nous avons affaire. Ce qui nous permet d'anticiper un certain nombre de paramètres qu'on peut s'attendre à rencontrer chez nos patients : symptômes (migraine chez le vaguotonique) ; modes relationnels (agressif et arrogant pour le sympathicotonique) ; réaction au stress (le vaguotonique se fige dans l'immobilité) ; types de sommeil (le sympathicotonique a tendance à avoir un sommeil plus léger du fait qu'il est plus alerte et actif, alors que le vaguotonique, plus apathique et plus proche de son inconscient, dort « comme un mort ») ; schémas du sommeil (le vaguotonique se traîne hors du lit, le sympathicotonique est debout dès qu'il ouvre les yeux) ; état de la libido (les sympathicotoniques ont une plus forte pulsion sexuelle) ; dysfonctions sexuelles (les hommes vaguotoniques sont plus sujets à l'impuissance, les femmes à la frigidité) ; attitude par rapport à la vie en général (le sympathicotonique a une attitude positive, le vaguotonique dit « à quoi bon ! », il est toujours négatif et vous explique pourquoi ça ne peut pas marcher). Le patient vit sa séance comme il vit sa vie, c'est-à-dire en fonction du prototype qui est le sien. Ainsi, le vaguotonique aura tendance à ne pas lutter très longtemps, à baisser les bras et à se sentir vaincu, alors que le sympathicotonique se battra comme un lion pour essayer de « ressentir » mais il se heurtera à de plus fortes défenses. Nous en apprendrons sans doute encore plus long à mesure que nos recherches progresseront.

Mesurer la névrose : l'indice de refoulement

Nous avons mis au point un « indice de refoulement » élaboré à partir de plusieurs paramètres, comme la tension artérielle, les ondes cérébrales, le pouls et la température du corps (autrement dit, les signes vitaux). Ces paramètres forment une grille sur laquelle on inscrit les valeurs du patient afin d'évaluer son état général. Cela nous permet de quantifier le refoulement à l'œuvre dans le système de l'individu concerné. Si nous ne pouvons pas mesurer directement la souffrance, nous pouvons en revanche évaluer *la manière dont elle est gérée* par le système. Avec une conclusion évidente : plus le traumatisme est précoce, et plus ses conséquences sont importantes, et plus les séquelles en sont graves et durables.

Ceci est vrai aussi bien dans le domaine mental que physiologique. C'est pourquoi les transformations de la personnalité qui interviennent à la faveur de notre thérapie modifient également la susceptibilité des patients à la maladie. Un nouveau-né qui souffre d'eczéma, de colique ou de neurodermatite est un bébé qui est né avec un système immunitaire « inconscient ». Le système immunitaire ayant subi une perte de mémoire sous le choc du traumatisme natal, il n'est plus capable de reconnaître ses ennemis et il ne peut pas s'aider de son histoire antérieure. Plus tard, un tel enfant présentera des problèmes d'apprentissage, il tapera des pieds sans arrêt et il ne tiendra pas en place — autant d'aspects différents de la même empreinte. Ce qui se remarquera moins, en revanche, c'est la destruction qui se poursuit dans l'intestin, dans les poumons et dans les voies nasales. Alors on ira consulter un spécialiste différent chaque fois que l'énergie dégagée par l'empreinte se déplacera vers un autre point du corps, et chacun traitera un symptôme isolé comme s'il s'agissait d'une maladie différente ; et tous passeront à côté de la source cachée du problème — la même dans tous les cas.

Quand on voit que nous avons pu réduire de cinquante pour cent les taux d'hormones du stress de nos patients après leur avoir fait revivre des expériences antérieures, on commence à comprendre comment nous pouvons renforcer un système immunitaire qui fonctionne d'autant mieux qu'il subit de faibles niveaux de stress.

On trouve des quantités d'études qui établissent une corrélation entre des maladies telles que le cancer et certains types de personnalité ; les facteurs cités sont entre autres la froideur affective de la famille, la rage réprimée, et la dépression. Mais on est peut-être passé à côté d'une constatation importante, à savoir qu'il se pourrait que ces deux sortes d'éléments — la maladie et le psychisme — reposent en fait sur les mêmes bases. Ce n'est pas la rage qui « cause » ou qui entraîne le cancer, c'est plutôt le fait de s'être trouvé bloqué dans l'utérus qui peut induire à la fois la rage et le cancer. Il est peut-être utile d'exprimer sa rage en thérapie, mais encore faut-il le faire *dans le contexte* propre à cette rage, en tenant compte de l'empreinte, sinon ça n'aura pas d'effet curatif.

La névrose est partout dans notre système. Il suffit d'observer attentivement pratiquement n'importe lequel de nos processus biologiques pour la voir à l'œuvre. Il existe des moyens de mesurer la névrose qui permettent de déterminer à quel point nous en sommes atteints. Nous avons par exemple photographié le visage de nos patients aux infrarouges, avant et après qu'ils ont revécu un sentiment. Des thermogrammes ont été réalisés avec un appareil photo à infrarouges et à balayage électronique (nous avons utilisé un Spectrotherm UTI, modèle 801), dans le cadre d'une étude menée par les docteurs Harry Sobel et David A. Goodman du Neuroscience Center de Los Angeles. Après avoir défini onze secteurs clés du visage, ils ont photographié chaque secteur aux infrarouges, et ce pour chacun des patients concernés. Après un certain nombre de mois de revécu des sentiments, on a constaté une augmentation sensible de la circulation sanguine périphérique du visage, due à la résolution de la souffrance. En effet, qui dit moins de souffrance dit moins de constriction, et donc une meilleure circulation. Chez les patients dont le traitement était avancé, la plupart des secteurs du visage présentaient une amélioration de la circulation sanguine périphérique. Cette étude thermographique met donc en évidence une intensification du débit sanguin périphérique attribuable à la résolution de la souffrance.

En outre, le professeur Léonid Goldstein de Rutgers University et le Dr Erik Hoffman de l'université de Copenhague, qui ont réalisé deux études sur nos patients, ont noté une modification significative des fonctions cérébrales à la suite du revécu d'expériences antérieures [1]. On constate un changement dans les rapports entre les hémisphères droit et gauche, et entre la partie antérieure et la partie postérieure du cerveau.

Une autre étude menée au Brain Research Institute de l'UCLA [2] a montré une diminution globale de l'amplitude des ondes cérébrales chez nos patients après un an de thérapie. Comme il y avait moins de neurones à l'œuvre, le cerveau était moins affairé. La tâche du refoulement était donc réduite.

Plusieurs études des ondes cérébrales nous ont permis d'observer que l'électro-encéphalogramme au repos (EEG en onde alpha) des sujets refoulés est plus bas que chez ceux qui ont accès à leurs sentiments, y compris ceux qui sont sujets à de fréquentes crises d'angoisse. L'angoisse témoigne en effet d'une moindre cohérence de la conscience de niveau supérieur. Il suffit de voir l'EEG d'un patient pour pouvoir assez bien prévoir le déroulement de sa thérapie. Ceux qui présentent des ondes de faible amplitude mettront plus de temps que les autres à pouvoir pleurer, et il leur faudra plus longtemps encore pour accéder à des sentiments profondément enfouis. Ce sont les patients en début de thérapie et qui souffrent beaucoup qui ont les EEG de plus forts

1. Hoffman E., Goldstein L., « Hemispheric Quantitative EEG Changes Following Emotional Reactions », in *Acta Psychiatrica Scandinavia*, automne 1980.

Hoffman Erik, *The Significance of the Right Cerebral Hemisphere in Hyperemotional Activity as Measured by Quantitative EEG*, troisième Congrès mondial de psychiatrie biologique, Stockholm, 28 juin-3 juillet 1981.

2. Gardiner M., *Differences between EEG Recorded from Individuals at Different Time Points During a Psychological Treatment*, Conférence sur les fonctions du cerveau humain, rapport B 19, 42, 1976, p. 86-102.

voltages. Ensuite, et sous l'effet de la thérapie, tous les patients présenteront un EEG au repos de plus faible voltage. Ce qui veut dire que les mécanismes de refoulement deviendront moins nécessaires et moins efficaces à mesure que la thérapie progressera. L'étude de l'UCLA, qui a suivi à long terme des patients de thérapie primale, a établi que le voltage de l'onde cérébrale de repos chez ceux qui avaient cinq ans de thérapie équivalait au tiers de sa valeur de départ.

Comme les ondes cérébrales sont intimement liées aux autres fonctions vitales, je les considère comme un aspect particulier du syndrome global des signes vitaux. La « signification » psycho-physiologique des mesures que nous avons obtenues est la suivante : il existe des rapports spécifiques entre les facteurs physiologiques et les états psychologiques. Autrement dit, l'examen des ondes cérébrales nous permet de nous faire une idée de la personnalité du sujet, et inversement. Est-il possible de revivre une opération subie à l'âge de cinq ans ? Cela arrive effectivement à certains patients, chez qui nous constatons alors une élévation spectaculaire du niveau des signes vitaux, y compris des ondes cérébrales. C'est d'ailleurs un des moyens qui nous permet de confirmer que l'expérience est bien authentique.

Nos méthodes de mesure ont beaucoup progressé : il suffit de cracher dans un tube (comme les patients le font dans le cadre de nos recherches) pour obtenir une analyse de la salive indiquant le taux d'hormones du stress (cortisol) qu'elle contient, et donc pour connaître le niveau du stress que subit le système. En corrélant ce facteur à certaines données relatives aux ondes cérébrales, ainsi qu'aux autres signes vitaux, on commence à avoir une bonne indication du niveau de stress et de refoulement du patient.

L'indice de refoulement nous a également permis de voir quels étaient les traumatismes qui avaient la plus forte valence* et qui étaient les plus susceptibles de contribuer à l'apparition de maladies futures. Ce n'est pas par hasard ou par caprice que nous avons défini le traumatisme natal et l'inceste comme étant les plus fortes causes de refoulement, mais en fonction des résultats de nos recherches.

Grâce à nos travaux, nous commençons à avoir une petite idée de ce qu'est un système biologique normal. Nous disposons actuellement de normes physiologiques permettant de juger de la valeur des psychothérapies contemporaines. A l'avenir, les outils issus de nos recherches nous permettront d'évaluer le degré de pression que subit un sujet. Nous aurons également des indices établissant la probabilité de futures maladies, même si le sujet *s'estime* en bonne santé.

Une remarque au passage : je suis convaincu que, tant que les gens qui sont enfermés dans des hôpitaux psychiatriques ou des prisons n'auront pas l'occasion de revivre leurs traumatismes, il y aura de fortes chances de les voir reprendre leurs comportements aberrants quand ils sortiront de ces établissements. En effet, tout ce que la thérapie conventionnelle peut faire pour eux, tant qu'ils subissent l'effet des empreintes de leur enfance, c'est leur donner des médications, réprimer leur souffrance à jamais, et espérer que tout se passera aussi bien que possible. Mais il existe une alternative.

Jusqu'à présent, quand on n'était pas sûr des causes d'une maladie, on l'appelait « psychosomatique ». Cette notion de maladie psychosomatique a fonctionné comme une espèce de grand fourre-tout dans lequel on mettait tout ce qu'on ne pouvait pas expliquer. On y recourait en particulier lorsqu'on était incapable de traiter efficacement une maladie par les moyens de la médecine. « Ça doit être psychosomatique », déclarait le médecin. Personne ne savait ce que ça voulait dire, sauf que le patient se retrouvait avec l'idée qu'il était fou ou que c'était sa faute s'il était malade. Cette étiquette soulageait le médecin de la culpabilité qu'il ressentait du fait de son impuissance à guérir son patient. En admettant même qu'on ait eu raison de supposer que les troubles du patient avaient une cause psychique, les causes exactes n'en étaient jamais mentionnées, pour la bonne et simple raison que personne ne les connaissait.

On ne faisait jamais appel au terme psychosomatique pour établir un premier diagnostic, ou dans le cadre d'une démarche positive visant à préciser la part du psychisme dans une maladie donnée. Ce mot servait généralement à exprimer une certaine exaspération : « Je ne sais pas ce qui ne va pas, alors ça doit être psychosomatique ! » Personne n'aime rester sur une impression d'échec, surtout quand il s'agit de soigner un patient. C'était donc une façon d'insinuer : « Si je n'arrive pas à vous soigner, ça doit être votre faute. »

Ce que nos travaux nous apprennent, c'est que la névrose n'est pas une *chose*, un comportement ou une attitude. C'est un *ensemble de réactions* qui sont autant de clés essentielles pour comprendre une bonne partie des défaillances ou des dysfonctionnements des différents sous-systèmes qui nous composent. C'est ce qui suggère qu'il y aurait des origines physiologiques communes entre les soi-disant symptômes psychosomatiques de la maladie et de la névrose. Il semblerait que l'état « normal » corresponde au plus faible niveau de refoulement compatible avec le fonctionnement du cortex, c'est-à-dire un état d'intégration maximale de tous les niveaux de conscience.

Il ne suffit pas d'avoir un comportement normal ou de ne pas présenter de symptômes psychiatriques évidents pour être normal. On peut fort bien ne pas être normal tout en étant capable de répondre correctement à toutes les rubriques d'un questionnaire psychologique, puisqu'il reste encore à tester le corps qui doit aussi pouvoir répondre correctement à son examinateur : la machine. Car celle-ci lui demande à sa façon : « Est-ce que votre pouls est normal ? » et, si on a un pouls à 95, elle répondra : « Sûrement pas ! »

Liz

Le 4 octobre 1977, il m'est arrivé un truc incroyable. Je suis allée voir mon médecin qui m'a trouvé un pouls à 72, ce qui, pour moi, était tout à fait extraordinaire car j'ai toujours eu un pouls rapide. Je n'ai jamais eu moins de 80, et normalement, j'avais plutôt dans les 90. Ce n'était même pas rare que j'aie au repos un pouls entre 100 et 106. Souvent, quand j'étais couchée, le soir, je sentais battre mon pouls, parfois si fort qu'il faisait sauter tout mon corps. A un moment donné, j'ai été hospitalisée brièvement pour un contrôle de routine de la thyroïde. On m'a pris le pouls tous les matins pendant trois semaines, et il était toujours élevé (dans les 80 ou 90 dès le réveil et même avant).

Ce chiffre de 72 était donc vraiment quelque chose d'inhabituel chez moi. J'ai d'abord pensé qu'il devait s'agir d'un phénomène unique qui ne se reproduirait pas. Pourtant, ce résultat fut confirmé lors de mes quatre rendez-vous suivants chez le médecin. Le 20 octobre, il releva un pouls de 64, soit près de 32 battements de moins que mon pouls habituel de 96. Qui plus est, alors que depuis dix ans j'avais une tension élevée (13,5/8,5), elle était retombée à un niveau bas (11/8).

Je suis vraiment stupéfaite, enthousiasmée et soulagée de voir ce qui se passe avec mon pouls et ma tension. J'arrive à peine à y croire, sauf que cela correspond à l'impression générale de soulagement que j'éprouve, comme si l'on m'avait délestée d'un énorme fardeau intérieur. C'est incroyable, quand je pense à l'état d'agitation que tous ces sentiments entretenaient dans mon corps. J'avais tellement de colère réprimée en moi que cela me tuait, littéralement, et que je revis de la ressentir.

Le refoulement et le système immunitaire

On a longtemps pensé que le système immunitaire n'avait de rapport qu'avec les allergies, le rhume des foins et éventuellement l'asthme, et que l'allergie était le contraire de l'immunité. En d'autres termes, si l'on était immunisé contre quelque chose, on n'y était plus allergique. Celui qui souffrait de rhume des foins était allergique à divers antigènes, comme la poussière ou le pollen, parce que son système immunitaire ne fonctionnait pas très bien.

La recherche a beaucoup progressé depuis l'époque où on avait ces idées-là. On sait maintenant que, d'une manière ou d'une autre, le système immunitaire est impliqué dans pratiquement toutes les maladies, et qu'il est la clé pour comprendre nombre de maladies très graves.

On sait déjà depuis un certain temps que le système immunitaire se compose de globules blancs, les lymphocytes, qui accomplissent toute une gamme de fonctions immunitaires différentes. Il y a entre autres des cellules B, des cellules T et des cellules NK. Toutes ces cellules font partie d'un système de surveillance qui reconnaît et qui attaque tout corps étranger envahisseur (antigène), comme les virus, les bactéries, la poussière ou le pollen. Les lymphocytes sont des cellules d'un type extrêmement spécialisé; certaines effectuent la reconnaissance de l'ennemi, d'autres se chargent de la fonction de « poursuite et destruction ».

Ces cellules sont par exemple d'une importance cruciale dans la lutte contre le cancer. Une fois qu'une cellule cancéreuse a été identifiée par un lymphocyte B ou T, ce sont les cellules NK — les « tueuses naturelles » *(natural killers)* — qui entrent en scène. Ces « tueuses », qui sont en quelque sorte les mercenaires du système immunitaire, sont nos *gardes du corps* — l'expression est à prendre au sens littéral. Qu'elles faiblissent ou que leur nombre diminue, et nous sommes dans de beaux draps. Ces tueuses naturelles forment la première ligne de défense contre les cellules qui sont en train de subir une mutation maligne. Elles font le guet en permanence pour détecter toute formation cancéreuse éventuelle et dévorent illico les cellules qui montreraient la moindre velléité de devenir malignes.

Recherches sur le stress, la souffrance et le système immunitaire

Dans le cadre de nos travaux, nous avons cherché à établir le fait que la thérapie pouvait effectivement influer sur des processus physiologiques tels que la fonction immunitaire. Nous avons d'abord voulu définir les niveaux de stress rencontrés, afin de pouvoir les mettre en parallèle avec les fonctions immunitaires. Ces recherches visaient à montrer l'impact des facteurs psychologiques sur les fonctions immunitaires et, par voie de conséquence, le rôle important qu'ils jouent dans les maladies graves.

Notre but était d'identifier les composantes biologiques de la névrose et de sa résolution. Nous voulions préciser les modifications qu'engendre la névrose et mettre au point des repères permettant de quantifier la névrose et de hiérarchiser les cas selon leur gravité. Nous allons donc résumer ici les résultats auxquels nous sommes parvenus.

Nous avons effectué ces dernières années un certain nombre de travaux sur les hormones qui ont indiqué, entre autres, que le taux d'hormones du stress baissait quand la souffrance subie par le système humain diminuait. Nous avons ensuite prolongé ces recherches pour vérifier si cette réduction des hormones du stress était reproductible, et pour voir si elle s'accompagnait d'autres modifications.

Nous avons constaté qu'il se produit une normalisation des taux hormonaux après un an de thérapie primale. Si on considère le cas de la testostérone (l'hormone sexuelle) et de l'hormone de croissance, on constate un abaissement du taux de ces hormones chez ceux qui en avaient trop au départ, et une élévation chez les patients qui n'en avaient pas assez. Le rôle de l'hormone de croissance dans la guérison et la reconstitution de l'organisme a par ailleurs été souligné dans bon nombre de travaux. Les sympathicotoniques, qui ont un tempérament plus agressif et arrogant, présentent généralement des taux de testostérone élevés au départ qui baissent par la suite, quand ces patients sont devenus plus doux sous l'effet de la thérapie. Les hommes vaguotoniques, chez qui ces mêmes taux sont faibles en début de thérapie, enregistrent ensuite une élévation. Il semble qu'il existe une relation inverse entre l'hormone de croissance et le stress. Plus le taux d'hormone du stress est élevé, et moins celui de l'hormone de croissance l'est. La diminution du taux d'hormones du stress consécutive à la fin d'une thérapie primale s'accompagne également d'une augmentation du taux de l'hormone de croissance. (Nos recherches sur l'adrénaline et la noradrénaline indiquent une diminution du taux de ces hormones pouvant aller jusqu'à soixante pour cent après six mois de thérapie.) Après trente-six semaines de thérapie primale, on a enregistré une augmentation de deux cents pour cent du taux d'hormones de croissance. Sur la même période, les patients qui n'avaient pas réussi à revivre des sentiments profondément enfouis présentèrent une baisse significative de ces mêmes taux hormonaux.

Au cours des vingt années passées, nous avons également remarqué chez nos patients la croissance de certains tissus mous, comme par exemple chez certaines femmes qui ont vu pousser leurs seins. Si ce phénomène est en partie explicable par la modification d'autres hormones, nous estimons qu'il est également lié à un changement affectant la sécrétion de l'hormone de croissance. Dans nos travaux les plus récents, nous sommes partis de l'hypothèse qu'après une certaine période de thérapie primale, on pouvait s'attendre à retrouver chez nos patients une réduction du taux de cortisol, l'hormone du stress, comme nous avions pu le constater précédemment chez d'autres. Notre raisonnement a été le suivant : l'abaissement de ce taux devrait se refléter dans certaines modifications du système immunitaire. Nous nous intéressions tout particulièrement à l'activité des cellules NK, les « tueuses naturelles ». Nous pensions en effet, à partir des conclusions établies par d'autres chercheurs, que la diminution du taux d'hormones du stress (et des autres indicateurs de stress) devait s'accompagner d'un renforcement de la fonction immunitaire et de l'activité des cellules NK. Nous avons également mesuré le coefficient de fixation de l'imipramine sur les plaquettes sanguines, estimant qu'un taux élevé indiquerait un plus faible refoulement et, par voie de conséquence, un meilleur fonctionnement du système immunitaire. A terme, cela voulait dire que ce renforcement de l'activité des cellules NK et de certaines autres fonctions immunitaires pourrait éventuellement constituer un mode de prévention de maladies graves comme le cancer.

Pour explorer ces idées plus avant, nous avons mené une étude en double aveugle, en collaboration avec les professeurs Steven Rose et Sean Murphy de l'Open University, en Angleterre, d'une part, et le professeur Bernard Watson et le Dr Nuala Mooney de l'hôpital St. Bartholomew à Londres [1]. Nous avons mesuré les niveaux de stress d'un groupe de nos patients ainsi que d'un groupe témoin (composé d'étudiants), en testant la quantité d'hormones du stress contenue dans leur salive. Nous (en l'occurrence le Dr André Blank, un de mes collaborateurs) avons également prélevé des échantillons de sang afin d'examiner le fonctionnement des neurotransmetteurs, c'est-à-dire la fixation de l'imipramine sur les plaquettes sanguines. Nous avons aussi mesuré les lymphocytes, en tant qu'éléments du système immunitaire, afin d'observer les rapports qu'il y avait entre les niveaux de stress et la fonction immunitaire.

La fixation de l'imipramine est une question assez complexe qui n'est pas encore complètement élucidée. L'imipramine de synthèse est d'ailleurs le principal composant d'un médicament destiné à remonter le moral et qui est utilisé dans le traitement des dépressions graves. On ne connaît pas encore de façon précise les mécanismes qui donnent à l'imipramine ses effets de remontant psychologique, mais on sait en revanche que, parmi ses autres effets, il en est un qui est bien identifié et mesurable, à savoir le blocage de la ré-absorption de la sérotonine et de la norépinéphrine dans le système nerveux — deux substances qui, pense-t-on, contribuent à supprimer la douleur. L'imipramine a des fonctions assez semblables à celles de la sérotonine, dans la mesure où un faible coefficient de fixation de l'imipramine s'accompagne d'un taux de sérotonine élevé dans les synapses du cerveau. Ce qui veut dire que, plus le taux de fixation de l'imipramine est bas, et plus le refoulement est fort. Il semblerait que l'imipramine ait un effet modulateur sur le mécanisme de la sérotonine et puisse accroître la sensibilité du cerveau à ce neurotransmetteur.

On sait par exemple que la stimulation électronique des structures cérébrales inférieures facilite la suppression de la douleur en élevant le taux de sérotonine. Les animaux pauvres en sérotonine ont tendance à être assez agités, mais ils se calment si on leur en injecte.

Ces constatations nous ont amenés à poser l'hypothèse suivante : le mécanisme de l'imipramine devrait ses effets de « remontant psychologique » à l'action qu'il exerce sur le refoulement. Par conséquent, la thérapie primale devrait avoir des effets positifs sur l'aptitude du système nerveux à fixer ou à assimiler l'imipramine.

Comme les plaquettes du sang ont la même origine embryologique que les neurones du cerveau, nous pensions qu'en prenant de l'imipramine, repérée par un marqueur radioactif, et en contrôlant par des mesures la manière dont elle est fixée par les plaquettes sanguines, on

1. Steven Rose, Sean Murphy, *Psychotherapy and Imipramine Binding to Blood Platelets*, Brain Research Group de l'Open University à Milton Keynes, Grande-Bretagne.

pourrait en déduire comment le système nerveux fixe l'imipramine, par l'intermédiaire des neurones cérébraux. De telles mesures effectuées sur nos patients, avant et après une thérapie primale, nous permettraient d'évaluer les effets de cette thérapie sur le refoulement.

Tout ce raisonnement repose, répétons-le, sur les conclusions d'autres chercheurs selon lesquelles la fixation de l'imipramine est plus faible chez les déprimés, et que son administration en médicament a pour effet de remonter le moral du patient. C'est pour cela que le coefficient de fixation de l'imipramine sert souvent d'indicateur de diagnostic dans le cadre du traitement de la dépression, les sujets qui présentent un faible taux étant considérés comme déprimés.

Nous avons donc posé comme hypothèses annexes 1) que la thérapie primale réduisait le niveau de stress ; 2) que cette diminution du stress renforçait la fonction immunitaire ; 3) et que la thérapie primale favorisait la fixation de l'imipramine.

Les résultats de nos recherches sont allés dans le sens d'une confirmation de ces trois hypothèses. Nous avons constaté que la thérapie primale avait eu l'effet anticipé sur la fixation de l'imipramine. Après six mois de thérapie, les patients dont les coefficients de fixation de l'imipramine étaient au départ bien inférieurs à ceux des sujets du groupe témoin, arrivèrent au même niveau que ces derniers. Il est donc clair qu'il existe un rapport entre la fixation de l'imipramine et les transformations psychologiques.

Dans le cadre des recherches immunitaires menées à l'hôpital St. Bartholomew, mes patients furent observés en parallèle avec un groupe témoin composé d'étudiants. Ils furent testés six mois avant leur entrée en thérapie primale, trois jours avant, le jour même du début de la thérapie, vingt et un jours après, et six mois plus tard.

On put constater que la proportion de cellules NK se modifiait avec le temps, dans le groupe de mes patients, et que ces changements étaient statistiquement significatifs. Six mois après le début de la thérapie, le groupe des patients présentait une réduction de l'activité des cellules NK par rapport à ce qui avait été relevé avant le démarrage du projet.

Le sixième mois de thérapie primale est ce que j'appelle « le point de non-retour ». C'est le moment où le patient a déjà assez bien pénétré ses défenses, où l'angoisse est à son comble et où il n'a pas encore bien intégré la souffrance qui ressurgit (cette intégration * commence à se faire après un an de thérapie environ). Ce qui m'amène à interpréter ces résultats de la manière suivante : c'est quand le patient est le plus anxieux que les cellules destinées à contrer le développement du cancer sont les plus faibles.

Ces modifications de la proportion de cellules NK n'affectèrent que le groupe des patients et pas le groupe témoin. Quand, ensuite, ces données furent soumises à des tests statistiques appropriés, on obtint des résultats concluants : les différences relevées entre les cinq périodes de mesure étaient statistiquement significatives. Or, la thérapie primale ayant été la seule variable indépendante qui distinguait les deux groupes, il était justifié d'attribuer ces différences à la thérapie. Ce qui montre bien que les modifications de l'état psychologique d'un sujet ont une incidence sur le système immunitaire. L'activité des cellules NK mesurée dans le groupe des patients était plus réduite au bout de six mois qu'avant le début de la thérapie, époque à laquelle les patients étaient vraisemblablement plus structurés.

On a procédé à plusieurs reprises à des comparaisons entre nos patients et les sujets du groupe témoin, et ces derniers avaient chaque fois un taux nettement plus élevé de cellules T. Ce qui était prévisible, car il est connu que les patients en traitement psychiatrique ont un système immunitaire qui fonctionne moins bien, semble-t-il, que chez d'autres sujets. Nous n'avons malheureusement pas pu prolonger l'expérience pendant encore un an ou deux, pour observer les changements qui se produiraient après l'intégration de la souffrance. Nous nous attendrions à trouver à ce moment-là un système immunitaire plus performant qu'au départ. Cela reste actuellement un de nos projets. Quant au bilan psychologique, onze des douze patients — qui avaient été pris au hasard pour cette étude — présentaient une amélioration de leur état. Il y avait un sujet dont l'état psychique s'était détérioré et qui présentait également une réduction de son taux de fixation de l'imipramine. En tout cas, les résultats étaient statistiquement significatifs.

Le plus important, c'est qu'il y avait bel et bien eu des modifications cellulaires à la suite de l'application d'une procédure de traitement psychologique, que ces modifications s'étaient faites dans le sens qu'on avait prévu et qu'elles avaient coïncidé avec une amélioration de l'état psychique des sujets. Les taux de fixation de l'imipramine chez les patients avaient augmenté, de sorte que, sur ce plan-là, on ne pouvait plus les distinguer de sujets normaux.

Nous avions donc établi un rapport entre les facteurs physiologiques et les états mentaux : l'état de bonne santé mentale ou de névrose d'un sujet se reflète dans ses cellules. A l'avenir, quand on voudra évaluer la névrose ou la normalité d'un patient, il faudra examiner d'un peu plus près l'activité de ses cellules. A ma connaissance, c'est la première fois que l'efficacité d'une psychothérapie a été testée au niveau cellulaire. Le professeur Rose a d'ailleurs trouvé que ces résultats étaient suffisamment significatifs pour justifier l'application du même système de mesure à un certain nombre de psychothérapies. Nous espérons à partir de ces travaux pouvoir mettre au point un système de repères permettant de mesurer l'efficacité de différents types de psychothérapies.

La portée de ces recherches

En résumé, nos travaux nous ont fourni les indications suivantes : 1) La souffrance joue un rôle central dans la névrose ; 2) Le fait d'affronter sa souffrance modifie la névrose (la majorité des patients ressentent une amélioration de leur état après la thérapie) ; 3) Les altérations que produit la névrose s'étendent à certains processus physiologiques ; 4) Il faut continuer à étudier le fonctionnement des processus immunitaires dans le cadre de la névrose afin de découvrir l'incidence de cette dernière sur l'immunité. Je suis convaincu que ces différents rapports vont devenir de plus en plus clairs, à mesure que nous affinerons nos méthodes de recherche.

La conclusion s'impose d'elle-même : les progrès, ou l'absence de progrès, imputables à une psychothérapie sont enregistrés au niveau physiologique. Cette constatation découle de la théorie particulière de la souffrance et de la névrose qui est la nôtre, ainsi que de l'hypothèse qu'il existe un lien étroit entre cette souffrance et la manière dont elle affecte le système immunitaire. Tant que la psychothérapie se cantonnera au domaine du psychique sans s'intéresser au physique, ce genre de recherche sera négligé, nous privant de la possibilité de découvrir quels sont les facteurs psychologiques qui jouent un rôle crucial dans les maladies catastrophiques.

Ce n'est pas forcément une erreur de vouloir isoler les facteurs psychologiques pour évaluer le résultat d'une psychothérapie, tant qu'on ne se trompe pas et qu'on ne les prend pas pour la seule source d'explication. Ce qu'il faut, c'est établir un certain nombre d'autres points de référence, comme des repères biologiques (les hormones, dans l'étude que nous avons menée), et ce sont toutes ces données, considérées dans leur ensemble, qui pourront nous fournir une image des *profonds* bouleversements qu'induit la névrose.

Les thérapeutes ne peuvent pas prétendre mesurer les changements qui se produisent chez leurs patients en décidant cas par cas de critères *ad hoc* à leur convenance. Il faut définir des critères qui reflètent toute la gamme des modifications physiologiques susceptibles de se produire dans le corps. Si nous arrivons à démontrer que certains neurotransmetteurs sont impliqués dans la névrose, ce seront là autant de critères qu'il faudra prendre en compte pour mesurer les progrès réalisés en psychothérapie. Il n'est plus possible d'élaborer une théorie de la névrose qui ignore certains repères biologiques. Plus nous arriverons à définir de tels repères, plus les critères se préciseront, et plus nos mesures s'affineront.

Le refoulement a pour effet de diviser la personne en deux, littéralement. Malheureusement, ceux qui sont chargés de soigner les patients entretiennent ce clivage et le traitent comme un état de choses normal. Le patient est scindé en deux : les psychologues vont étudier et traiter son psychisme désincarné, tandis que les médecins soigneront son corps décérébré, comme s'il s'agissait d'une entité distincte et autonome.

Recherches récentes sur le système immunitaire

Robert Ader est un pionnier de la recherche dans ce domaine nouveau qu'est la psycho-neuro-immunologie. Il a administré deux produits différents à des rats, à savoir qu'il leur a injecté de la cyclophosmanide, qui supprime la fonction immunitaire, tout en leur donnant à boire de l'eau sucrée à la saccharine. Au bout d'un certain temps, on a juste donné aux rats l'eau sucrée à la saccharine et on a constaté que *leur fonction immunitaire était supprimée, exactement comme si on avait continué à leur donner le médicament immunosuppresseur pris initialement.* Autrement dit, le système immunitaire s'était souvenu et avait réagi comme si l'environnement initial était toujours là — exactement comme le fait le système nerveux.

Le système immunitaire a une mémoire phénoménale. C'est pour cela qu'un vaccin qu'on vous a fait quand vous étiez petit peut vous protéger pour le restant de vos jours contre la maladie en question. Le système se souvient de la première attaque et monte la garde en permanence pour empêcher qu'elle ne se répète.

Nous avons appris que les cellules immunitaires fabriquaient les mêmes endorphines que le cerveau. Les endorphines ont toute sorte de fonctions, et il semble qu'une cellule immunitaire soit capable de fabriquer une substance qui supprime la douleur tout en assurant la fonction immunitaire. Ainsi, un enfant qui a été maltraité au début de sa vie en gardera le souvenir non seulement dans ses cellules cérébrales, mais peut-être aussi dans ses cellules immunitaires. En réalité, pratiquement tous les neurotransmetteurs qui gèrent le stress et la douleur sont le double produit du système immunitaire et du cerveau. C'est dans le système immunitaire qu'on voit la confluence du psychique et du soma (le corps) et c'est cela le vrai sens de « psychosomatique ». Le système nerveux et le système immunitaire forment en réalité un système de communication unique, chacun envoyant des messages à l'autre.

Le Dr Hugo Besedovsky, qui travaille en Suisse, a découvert que les cellules immunitaires n'étaient pas seulement des récepteurs d'informations provenant du cerveau, mais que le système immunitaire lui-même envoyait des messages chimiques au cerveau. En particulier à l'hypothalamus, cette partie du système limbique qui joue un rôle important dans la gestion des émotions. Les cellules immunitaires sont capables de « convoquer une assemblée » et d'envoyer des « délégués » au cerveau, sous forme de messages chimiques. Ce ne sont pas des paroles qu'elles lui transmettent, mais de l'information. Si cette information est « choquante » et trop écrasante, elle provoque l'effondrement du système et le développement d'une maladie grave. Le système, à tous ses niveaux, n'est capable d'assimiler qu'une quantité donnée d'informations, et si sa capacité est dépassée, c'est tout l'organisme qui est en danger. Or, cette information est souvent faite de sentiments de désespoir et de dérisoire — des sentiments qui sont pris en charge au niveau physiologique, comme on le constate avec le cancer.

Le désespoir malin

Le Dr John Liebeskind, de l'UCLA, s'est livré à des expériences sur des rats auxquels il a injecté des cellules de tissus tumoraux, et à qui il a ensuite fait subir périodiquement des chocs aux pattes, sans que les rongeurs aient la moindre possibilité de s'y soustraire. Ces rats étaient donc à la fois impuissants et privés de tout espoir ; il ne leur restait aucune alternative comportementale pour alléger leurs souffrances. Au bout d'un certain temps, ils ont développé des tumeurs : les cellules tumorales qui leur avaient été injectées sont devenus malignes, *une fois que l'organisme s'est trouvé soumis au stress et au désespoir.* L'état psychologique des rats de Liebeskind a de toute évidence affaibli leur fonction immunitaire, ce qui les a amenés à développer des tumeurs cancéreuses.

Dans une autre étude menée par Hans Selye, celui-ci a placé des rats sur des petits tas de terre glissante et entourée d'eau. L'expérience avait été montée de telle sorte que, lorsque les animaux s'endormaient, ils tombaient aussitôt à l'eau. Ils se retrouvèrent donc dans un état de fatigue et de stress permanents et développèrent un cancer le long de l'axe hypophysaire-adrénal (l'hypophyse est la principale responsable de la stimulation de la sécrétion d'endorphines). Les rats n'avaient pas pu résister à cet environnement dans lequel ils étaient totalement impuissants et vaincus d'avance, incapables de faire quoi que ce soit pour modifier leur situation.

Ces rats avaient effectivement de bonnes raisons de se sentir vaincus et désespérés : ils étaient soumis à une somme considérable de souffrances absurdes contre lesquelles ils ne pouvaient rien. Il y a un grand thème qui court dans toutes les recherches qui se font actuellement : le désespoir, la privation de toute espérance, l'impuissance et l'impression de défaite sont les « graines » de la malignité. Ces sentiments rendent le système vulnérable à toutes les autres sources de toxicité de son environnement. C'est à dessein que j'utilise le mot « graines », parce qu'il s'agit de causes profondément enracinées dans un passé lointain. Cela fait trop longtemps qu'on se contente de faucher les mauvaises herbes en s'imaginant que le problème est résolu. Il faut chercher les facteurs psychologiques profonds qui interviennent dans des quantités de maladies, depuis le syndrome d'Epstein-Barr jusqu'à la sclérose en plaques. Même s'ils ne sont pas directement causes de maladie, de toute évidence ils « préparent le terrain » à l'érosion.

Les expériences que subissent les rats dans les études citées ne diffèrent pas tellement de ce que connaissent les enfants de certains couples. A ceci près qu'on n'a même pas besoin de *leur donner un sentiment d'impuissance,* puisque de toute façon, ces enfants *sont déjà réellement impuissants.* Les cellules du cortex *expriment* le désespoir, et celles des niveaux inférieurs de l'organisme le gèrent. *C'est la physiologie du désespoir.* Ce que ces cellules disent en fait, c'est : « Laissons tomber, ça ne sert à rien. » Ce désespoir peut s'exprimer à travers une incapacité globale du système immunitaire à reconnaître le danger, ou par un manque d'agressivité de sa part, assorti d'une inaptitude à produire suffisamment de clones pour former une « armée » puissante. Ces phénomènes sont l'homologue de l'attitude qu'exprime le néocortex : « A quoi bon ! Je vais laisser tomber ; ce n'est même pas la peine d'essayer. De toute façon, rien ne sert à rien. » Ainsi, le cerveau et les cellules immunitaires fonctionnent comme un ensemble qui traduit simultanément le désespoir sous forme de dysfonctions immunitaires et de défaitisme psychologique. Si les rats tombent malades, c'est parce qu'ils se trouvent dans une situation désespérée. Les humains aussi désespèrent et tombent malades, mais ils ne voient pas le rapport. Pire encore, ils sont le plus souvent inconscients de leur désespoir.

Ces recherches sur les animaux peuvent nous en apprendre long sur les humains. On a vu que l'absence de toute alternative était un facteur qui avait beaucoup compté dans le développement des maladies catastrophiques que ces animaux avaient contractées, de même que le fait de n'avoir eu absolument aucun contrôle sur leur souffrance. On a en effet constaté que les animaux qui étaient effectivement *en mesure* de contrôler leur souffrance étaient beaucoup moins susceptibles de faire un cancer.

Il est intéressant de noter qu'un des traitements de la maladie d'Epstein-Barr est un antidépresseur. Nous avons eu l'occasion de traiter cette maladie qui a une base virale mais qui frappe presque toujours les vaguotoniques. Le très fort refoulement initial qui concourt à la formation du tempérament vaguotonique exerce en même temps un effet répressif sur le système immunitaire. L'épuisement qui caractérise cette maladie n'est pas uniquement dû au virus, à mon avis, mais à l'*empreinte d'épuisement* laissée par la lutte pour la vie qui a eu lieu au moment de la naissance. Il se peut aussi que les symptômes de la maladie d'Epstein-Barr soient ceux d'un traumatisme précoce et des réactions parasympathiques qu'il a suscitées. Lorsqu'on donne un antidépresseur à un vaguotonique souffrant de cette maladie, on traite du même coup son refoulement global. Il est donc possible que l'état du malade s'améliore, non pas tant parce que le médicament aura eu de l'effet sur sa maladie visible, que parce qu'il en aura eu sur celle qui ne se voit pas.

Dans une étude réalisée par la Mayo Clinic, on a trouvé un taux de cancer cinq fois plus élevé que la moyenne normale chez les personnes qui avaient subi le décès récent de leur conjoint. Une femme de soixante-dix ans qui perd son mari n'a plus guère d'options : elle n'a plus la possibilité de se plonger à corps perdu dans son travail, de s'occuper de ses enfants ou de faire les night-clubs. Elle n'a eu aucun contrôle sur la mort de son conjoint, bien entendu, et elle souffre parce qu'elle ne peut rien faire pour que les choses s'arrangent. A cet âge-là, il y a peu de chances pour qu'elle trouve un remplaçant à son mari, ou même qu'elle en ait seulement envie. Son chagrin est comme une tumeur.

Les recherches menées à l'école de médecine de Mount Sinai, à New York, ont montré une réponse immunitaire très fortement diminuée chez les hospitalisés pour cause de dépression. On a constaté que veufs et veuves présentaient le même effet de suppression immunitaire pendant la période de deuil. Les femmes qui venaient de subir une séparation récente avaient aussi une fonction immunitaire très déficiente par rapport à celle d'un groupe de femmes mariées. Quant aux épouses qui n'étaient pas satisfaites de leur vie de couple, elles étaient elles-mêmes en plus mauvaise posture que les autres femmes mariées.

L'empreinte du désespoir malin : absence d'espoir et cancer

Lorsque le traumatisme initial est insurmontable, le désespoir s'inscrit dans le système humain et y grave une empreinte. Vous ne trouverez nulle part au monde de gosse de quatre ans maltraité qui n'ait pas déjà compris qu'il n'avait rien à espérer de la vie, que jamais personne ne l'aimerait et que cela ne servirait à rien de se battre. Ce serait une souffrance intolérable pour lui que d'être en permanence pleinement conscient de ses sentiments, jour après jour, année après année.

Il arrive parfois que l'enfant garde le souvenir d'une scène qui cristallise tout son désespoir mais, en général, tout cela est refoulé. Et ce refoulement s'accompagne d'une modification des fonctions hormonales et cellulaires. Au niveau le plus superficiel, l'enfant n'est pas conscient de son désespoir et n'ose pas dire qu'il est désespéré — il ne se l'avoue même pas à lui-même. Mais à un autre niveau, ce désespoir est bien là, sans paroles, et il va poursuivre son œuvre maléfique jusqu'à ce que, plusieurs dizaines d'années plus tard, peut-être, apparaisse une malignité ou une maladie mentale grave. Et c'est là tout le problème : la distance qui sépare l'empreinte initiale de la maladie qui en découle est si grande qu'il est presque impossible de faire le rapport entre les deux. En tout cas, il est clair qu'on n'a pas besoin de mots pour se sentir désespéré et vaincu, comme le montrent les expériences sur les rats.

N'y a-t-il que les facteurs négatifs qui laissent leur empreinte ? Non, pas du tout. Mais ce sont les événements traumatiques qui engendrent les dysfonctions du système, et c'est dans ces dysfonctions que se logent les « mauvais » souvenirs. L'hypertension, par exemple, est un moyen de garder vivant un souvenir traumatique ; il y a en effet bien des chances pour qu'une hypertension actuelle soit la même que celle qui a accompagné le traumatisme initial.

Vernon Reilly a procédé à une revue détaillée de tout ce qui a été publié dans la littérature scientifique à ce sujet-là, et il en a conclu que les dommages subis par notre système immunitaire nous rendaient vulnérables aux attaques des virus cancérigènes et d'autres cellules cancéreuses produites par mutation. C'est ainsi que, sous l'effet du stress, certains processus pathologiques normalement neutralisés par le système immunitaire cessent de l'être. Et, en l'absence d'un système de surveillance immunitaire efficace, il y a augmentation du risque de développer différentes sortes de cancer.

Ruth Lloyd a également publié un article dans lequel elle souligne qu'on a constaté un lien entre certains contextes sociaux propices au désespoir et au défaitisme, et « une élévation sensible de la corticostérone et de la stéroïde adrénale à effet immunosuppresseur, chez les souris ». C'est le sentiment de défaite qu'éprouve le sujet qui fait augmenter la sécrétion d'endorphines, laquelle entraîne à son tour un affaiblissement de la fonction immunitaire.

Éli Seifter décrit les différentes façons dont les facteurs de stress peuvent favoriser le développement des tumeurs : « Ils abaissent le nombre de cellules tumorales nécessaires pour faire apparaître une tumeur virale ; ils augmentent la vitesse de croissance de certaines tumeurs, et diminuent la durée de survie des souris atteintes de tumeurs déclarées. » Ces conclusions ont été établies à partir des résultats statistiques de toute une série d'études.

Le stress joue donc un rôle majeur dans le développement des tumeurs et de bien d'autres maladies. Sans oublier le stress que génère le fait même d'avoir une tumeur : il ne fait rien pour arranger les choses, bien au contraire. Seifter indique que chacun des facteurs de stress considérés, qu'ils soient physiques ou psychologiques, a le même effet sur l'organisme que si la taille de la tumeur était multipliée par dix. Autrement dit, *les organismes stressés se comportent comme s'ils portaient un fardeau de tumeur bien plus lourd que celui qui est effectivement le leur.*

Seifter estime que les facteurs psychologiques de stress contribuent à la croissance des tumeurs « de la même manière que les facteurs de stress physiques ». Lorsqu'on stresse des souris en leur injectant des produits toxiques, puis des cellules tumorales, ces cellules resteront localisées (et bénignes) tant que les souris connaîtront une vie stable. Mais il suffit d'une déstabilisation de leur structure psychosociale pour que la tumeur se mette à grandir, à s'étendre et à faire des métastases qui finiront par tuer l'animal.

Sobrian a observé que le stress de la femme enceinte affaiblissait la fonction immunitaire de son enfant. Ce qui semble confirmer l'hypothèse — vraisemblable — selon laquelle la susceptibilité aux tumeurs et au cancer remonterait à la vie intra-utérine. Néanmoins, il est aussi possible de renforcer une immunité affaiblie grâce à un environnement aimant. George F. Solomon, de l'université de Stanford, s'est en effet aperçu que, si les chercheurs prenaient les rats et les souris de laboratoire dans leurs mains et les caressaient, ces animaux arrivaient à développer plus d'anticorps que ceux qui n'avaient pas bénéficié de caresses, et ils pouvaient donc mieux se battre contre la maladie.

Comme j'ai déjà eu l'occasion de le souligner, les caresses et les contacts physiques affectueux améliorent la fonction immunitaire des animaux — et des humains, c'est hors de doute. D'après certaines études, les cancéreux seraient en général des gens assez « froids » et rigides, avec de très gros besoins d'affection qu'ils tendent à dissimuler. Ces malades ont souvent eu des parents renfrognés, sévères et avares d'affection. Comme quoi on peut mourir d'un manque d'amour !

« L'esprit » du système immunitaire

Le vaccin antipolio ne dit pas au virus de la polio : « Ah oui, ta tête me dit quelque chose, on s'est déjà vus. » Mais il se souvient effectivement très bien de lui, et il réagit à la forme et à la configuration de ce virus qui lui est familier. De même, les cellules d'endorphines activées par les réponses immunitaires n'ont pas besoin de se dire : « Ah, voilà encore une attaque contre papa, mettons la gomme ! », elles mettent *effectivement* le pied au plancher dès qu'un message de douleur envahit le corps.

On trouve une superbe démonstration de l'impact des facteurs psychologiques sur la fonction immunitaire dans des expériences montrant comment la réaction d'un sujet au sumac vénéneux[1] peut être déterminée plus par ses attentes — ce qu'il croit qui va se produire —, que par l'effet vénéneux de la plante. Des sujets qu'on avait exposés au contact d'une plante inoffensive en leur faisant croire qu'il s'agissait de sumac vénéneux ont eu des boutons, tandis que d'autres qui avaient bel et bien été en contact avec la plante vénéneuse, mais à qui on avait dit qu'il s'agissait d'un végétal inoffensif, n'ont pas eu la même réaction cutanée. Notre système immunitaire réagit à ce que nous avons *dans la tête* plutôt qu'à la réalité objective. Autrement dit, notre réalité première est mentale.

On a cru jusqu'à une époque récente que le cerveau guidait les

1. Sumac vénéneux *(poison ivy)* : buisson très commun en Amérique du Nord et dont les feuilles sont extrêmement vénéneuses et provoquent de violentes éruptions cutanées *(NdT)*.

systèmes organiques par une communication plus ou moins à sens unique. Or, il s'avère maintenant qu'il existe une *intercommunication totale :* les messages s'échangent dans les deux sens, avec la même force et le même impact. Le cerveau est immédiatement informé de l'intrusion de forces étrangères aux divers systèmes, qu'il s'agisse de cellules virales ou de réactions émotionnelles traumatiques à des événements psychologiques. Une attaque qui prend la forme d'une critique, d'un rejet ou d'une insulte aura le même effet final sur le cerveau et sur le corps qu'un virus. Subir de graves « sévices » psychologiques revient à recevoir une information insupportable que le système va s'efforcer de rejeter. Et c'est là qu'intervient le refoulement.

Un mauvais traitement psychologique est un corps étranger, dans la mesure où il ne permet plus au système d'être lui-même, d'être normal. Il perturbe des quantités de processus physiologiques, de sorte que le sujet est empêché de redevenir lui-même tant qu'il n'aura pas intégré ce mauvais traitement. « Corps étranger » signifie simplement qu'il s'agit d'un élément qui n'est pas facilement assimilable, puisqu'il n'est pas en harmonie avec le système tel qu'il est à ce moment-là. Le mauvais traitement sera donc traité en intrus.

Précisons cela par un exemple. Un garçon de six ans entend ses parents se disputer; il regarde par la fenêtre et il voit son père mettre toutes ses valises dans la voiture et partir. Il sent qu'il ne va plus jamais le revoir. Sa mère arrive alors dans sa chambre et lui annonce la nouvelle. Inconsolable, elle pleure toutes les larmes de son corps et dit à son fils : « Maintenant, il va falloir que ce soit toi, l'homme de la maison. » C'est un traumatisme : le petit comprend qu'il ne peut plus être un enfant, qu'il ne peut plus avoir de père, qu'il ne peut plus compter sur sa mère, qu'il n'a plus personne à qui demander de l'aide ou sur qui s'appuyer. Bref, il ne peut plus être lui-même, et ses besoins d'enfant — le besoin d'avoir des parents forts et stables — resteront à jamais inassouvis.

L'enfant ne peut assimiler qu'une petite partie de l'événement et de la signification catastrophique qu'il a pour lui. Le reste est détourné loin de la conscience et stocké dans le système limbique *. La partie qui n'a pas été assimilée ne peut pas s'intégrer au moi ; loin d'être absorbée en douceur dans l'organisme, elle va être mise de côté, en quelque sorte, et considérée comme une intruse. Le système immunitaire va traiter cette partie de lui-même comme s'il s'agissait d'un corps étranger, si bien qu'il risque même plus tard de se retourner contre lui-même (contre ce « pas moi »); c'est de là que proviennent les maladies auto-immunitaires. Dans la sclérose en plaques, par exemple, les cellules immunitaires attaquent la gaine de myéline qui recouvre les cellules nerveuses, provoquant à terme de graves dysfonctionnements de la motricité. Ainsi, un sentiment réel se voit traité comme une armée ennemie qu'il faut repousser à tout prix. Et tant que des sentiments réels resteront étrangers au système, tout comportement lié à ces sentiments sera nécessairement irréel aussi, car s'il était réel, on souffrirait aussitôt de manière intolérable. Plus tard, lorsque le stress sera trop dur à porter, le sujet peut même en arriver à croire à des invasions d'extraterrestres. Et il y a bel et bien eu invasion, en effet, mais il se trompe d'envahisseur.

Un des aspects les plus intéressants du système immunitaire, c'est qu'il est apparemment structuré un peu de la même manière que le comportement. Dans le comportement humain, tout se passe en effet comme si un moi névrotique ou irréel agissait contre les intérêts du moi réel. De même, le système immunitaire a pour tâche de distinguer entre ce qui est « moi » et « pas moi ». Il doit pouvoir identifier les cellules étrangères comme étant *pas moi*, et les cellules endogènes comme étant *moi*. Il existe des maladies comme l'arthrite rhumatoïde qui sont connues sous le nom de dysfonctions auto-immunitaires, et dans lesquelles le système immunitaire fait l'erreur d'attaquer ses propres cellules comme si elles étaient des corps étrangers.

C'est un phénomène extrêmement intéressant que le système immunitaire doive apprendre à faire la distinction entre les protéines qui font partie du corps, et les soi-disant protéines « pas moi ». Il suggère, comme nous l'avions supposé, l'existence d'une sorte de mémoire cellulaire qui est d'une importance critique pour assurer le bon fonctionnement du système immunitaire.

Ainsi, l'impression d'être *soi* ne joue pas qu'en termes de personnalité ; elle recouvre un processus organique qui embrasse tout, jusqu'aux cellules les plus élémentaires. Des expressions comme « se perdre » ou « se trouver » doivent également correspondre à certaines modifications des processus cellulaires fondamentaux. Les petites cellules microscopiques trimbalent le *moi* avec elles partout, tout le temps ; et c'est pour cela que je soutiens qu'on ne peut pas aller « mieux », avec la psychothérapie ; on ne peut que recouvrer son moi. Et lorsque des patients retrouvent effectivement le moi profondément enfoui en eux, il se produit certains changements essentiels dans leurs cellules immunitaires.

L'interaction qui existe entre le cerveau et le système immunitaire est telle que toute lésion ou surcharge que subit l'un provoque immédiatement des altérations et des anomalies dans l'autre. Le système immunitaire est équipé pour reproduire une bonne partie des fonctions du cerveau — un peu comme s'il était un second système nerveux. Lorsqu'on prend des endorphines fabriquées par les lymphocytes et qu'on les injecte dans le cerveau d'une souris, on constate un double effet d'analgésie et de tranquillisant.

Le système immunitaire est capable de produire des substances qui influent sur la manière dont sont gérés sentiments et émotions. Non seulement les sentiments affectent le système immunitaire, mais ils en sont partie intégrante. Les cellules immunitaires contiennent des fragments de sentiments. C'est cela, la véritable signification d'une maladie psychosomatique : un état émotionnel de stress (un état traumatique) altère le cerveau et la fonction immunitaire, ce qui entraîne ensuite la maladie. L' « esprit » et le corps ne font qu'un à l'intérieur de ces minuscules cellules. L'esprit est dans le corps et vice versa. Où se trouve l'esprit ? Dans tout le système.

Tout cela n'est pas difficile à comprendre quand on considère que l'évolution de la vie animale a fait naître la conscience à partir des cellules les plus primitives. La conscience humaine représente la forme de vie cellulaire la plus hautement évoluée, la plus complexe et la mieux organisée. Le néocortex s'est développé comme défense contre l'adversité, en une tentative de compréhension et de maîtrise des menaces potentielles, de même que le système immunitaire s'était formé pour parer à l'invasion du corps par des agents étrangers, des parasites et des micro-organismes. Bien avant la formation du cortex, il y avait en effet déjà un système immunitaire qui opérait en tant que conscience primitive. Ce système doit être considéré comme un niveau de conscience fonctionnant selon les mêmes lois que celles qui régissent le cerveau — conscience supérieure. Ce qui veut dire que, quand le refoulement s'installe dans le cerveau, il se loge aussi dans le système immunitaire, et c'est pourquoi le refoulement psychologique diminue l'efficacité de l'immunité.

Si le cortex s'est développé au fil de l'évolution, c'était entre autres dans le but d'éviter la surcharge par des stimuli nuisibles ou menaçants. Je pense qu'avant de nous servir du cortex pour les opérations complexes de la pensée, nous avons dû l'utiliser comme *défense*. L'inhibition représente en effet le summum de la fonction corticale. Elle a dû se développer et prendre le pouvoir au moment où le système d'organisation inférieur n'était plus capable de gérer le système. Pour survivre, il fallait que les organismes deviennent plus « conscients » des périls environnants qui menaçaient leur existence. Le système immunitaire joua alors le rôle d'une sorte de conscience cellulaire (sans pourtant être toujours à la hauteur de la tâche). Ce qui explique que certains lymphocytes du système immunitaire utilisent des propriétés biochimiques semblables à celles des cellules nerveuses du cerveau pour réagir au stress ou aux corps étrangers envahisseurs.

Le système immunitaire apparaît donc comme un système sensoriel périphérique et diffus, fonctionnant de concert avec le système nerveux central, et capable d'envoyer des informations au cerveau et d'en recevoir. A force de communiquer depuis si longtemps, et de manière si fréquente et intensive, les deux systèmes ont fini par ne plus former qu'un réseau unique.

Une fois établi le fait que le fonctionnement du système immunitaire s'intègre dans celui du système nerveux central, il est facile de voir comment la souffrance engrammée, affective ou physique, peut nous rendre inconscients simultanément au niveau cérébral et immunitaire.

Le système immunitaire : une conscience

Le système immunitaire est un système de conscience, capable de reconnaître, d'encoder et de mémoriser des données et d'y réagir. Par exemple, si le stress dépasse un certain seuil, le système immunitaire cesse de fonctionner efficacement ; il ne peut plus reconnaître et détruire tous ses ennemis. Le stress altère tout autant les perceptions du système immunitaire qu'il brouille celles du cortex cérébral.

Le système immunitaire et le système nerveux central sont tous deux capables de reconnaître des stimuli et d'y répondre de manière adéquate. La différence, cependant, c'est que le système immunitaire met plus longtemps à réagir que le système nerveux central, et que ses cellules sont constamment en train de se déplacer à l'intérieur du corps, alors que celles du cerveau et du système nerveux central sont relativement stationnaires. Il est possible de conditionner le système immunitaire, tout comme on le fait pour le système nerveux et, d'ordinaire, il a une excellente mémoire. Mais il semblerait que la souffrance lui « brouille » la mémoire et, ne sachant plus reconnaître le caractère d'intrus d'un virus envahisseur, les cellules T l'autoriseront par erreur à rentrer dans le système.

Ce qui se passe apparemment, c'est que la souffrance engrammée produit l'inconscience à différents niveaux de conscience, dont le niveau immunitaire. Cela veut dire que, les cellules n'étant plus capables de reconnaître leurs ennemis, le système risque de se retourner contre lui-même. Dans la meilleure hypothèse, la souffrance engrammée mettra le système immunitaire en état d'immunosuppression chronique, et c'est pourquoi certains d'entre nous sont si susceptibles aux infections et aux rhumes.

Le système immunitaire connaît, semble-t-il, le même genre de crise d'identité que celle qui peut nous affecter au plan psychique, et malgré sa fabuleuse mémoire capable de reconnaître des millions d'antigènes, il va soudain douter et hésiter, sous le coup de la souffrance psychologique qui ressurgit. Le système fait de l'amnésie et ne se rappelle plus ce qui lui est arrivé avant ; il perd la mémoire qui devrait lui permettre de combattre la maladie.

Déjà que le nombre de cellules immunitaires dont on dispose a diminué sous l'effet des empreintes douloureuses, celles qui restent semblent en plus se trouver « à court d'énergie » ; elles cessent de produire des clones pour repousser les envahisseurs. L'armée immunitaire voit ses rangs largement dégarnis et elle n'est plus capable de livrer bataille.

Il est très important que les cellules tueuses naturelles du système immunitaire conservent leur vigueur. Or, dans l'état actuel des connaissances (cela inclut nos travaux), il est d'ores et déjà démontré que la souffrance et le stress altèrent considérablement l'efficacité de ces cellules. Il n'y a plus guère de doute non plus qu'un système de cellules tueuses naturelles performant peut prévenir le développement du cancer chez l'être humain. Et c'est pourquoi il est si important de comprendre le rapport entre les états psychologiques et le système immunitaire. Se contenter de dire que le cancer peut venir d'une défaillance des cellules tueuses, c'est négliger un aspect capital du problème, à savoir que *cette baisse d'activité reflète le refoulement précoce d'une souffrance importante.*

En admettant même qu'on puisse « guérir » un cancer en injectant de puissants produits dans le système immunitaire, comme l'interféron ou l'interleukine 11, on ne pourrait cependant pas en déduire que le cancer est dû à une carence organique ou génétique induisant une insuffisance de ces produits dans l'organisme. Sinon, cela reviendrait au même que de prétendre que, si l'aspirine supprime les maux de tête, c'est parce que le mal de tête est dû à une carence d'aspirine.

Comme j'ai eu l'occasion de le mentionner ailleurs, l'inhibition des endorphines constitue un bon traitement du cancer chez les animaux, ce qui ne signifie pas qu'une sécrétion d'endorphines plus abondante soit cause de cancer. Mais il faut s'interroger sur ce qui a pu causer l'augmentation de cette sécrétion. Et, une fois qu'on aura compris que la sécrétion d'endorphines est proportionnelle à la douleur, on aura une meilleure vue d'ensemble du problème.

On administre souvent aux grands brûlés qui ont eu des greffes de peau des médicaments destinés à supprimer la réaction immunitaire pour éviter le phénomène de rejet (souvenez-vous : la greffe est un tissu étranger). Or, les patients qui subissent des traitements immunosuppresseurs de longue durée sont beaucoup plus vulnérables à certains types de cancers. Un virus tout à fait banal, qui serait normalement attaqué par les cellules tueuses, peut très bien évoluer pour devenir une tumeur ou un cancer. C'est d'ailleurs un des moyens qui ont permis de se rendre compte qu'un système immunitaire performant pouvait jouer un rôle préventif par rapport au cancer (en particulier en nous protégeant contre les tumeurs induites par des virus).

L'individu le plus prédisposé au cancer est celui qui a subi une naissance traumatique, généralement avec prédominance du mode parasympathique, suivie d'un profond refoulement, et aggravée par une enfance sans amour. On est un candidat tout désigné à la maladie quand on est fortement refoulé, qu'on intériorise tout, qu'on ne se ménage aucune alternative dans sa façon d'agir, et qu'on a des idées bien arrêtées et des valeurs morales rigides.

Le professeur Marvin Stein, de l'école de médecine de Mount Sinai à New York, a clairement démontré que le système lymphocytaire des déprimés était beaucoup moins efficace que celui des autres. Ce sont généralement des sujets qui ont tendance à être très inhibés et très épris de valeurs morales élevées qui les emprisonnent mentalement, si bien qu'ils sont incapables de se sortir de leurs problèmes. Alors ils se replient encore un peu plus sur eux-mêmes, ce qui aggrave leur dépression et leur susceptibilité au cancer.

K. Achte a constaté que les cancers progressaient beaucoup plus vite chez les personnes fermées que chez les autres. Cette étude réalisée à l'université d'Helsinki en 1966 a montré que les patients qui souffraient le plus étaient ceux qui ne voulaient pas savoir la vérité sur leur état. Ils rejetaient et/ou refoulaient l'information, reproduisant à l'extérieur ce qu'ils faisaient déjà à l'intérieur d'eux-mêmes. Ils avaient aussi tendance à refouler la vérité sur leur état, même une fois qu'ils en avaient été informés.

Le refoulement est cancérigène, c'est clair.

La solitude qui tue

George Solomon a écrit : « On a fait un tour complet pour revenir à la case départ : la médecine clinique. Si les affects nocifs (des émotions comme l'angoisse, le chagrin, la dépression et la solitude) ont un effet immunosuppresseur (qui supprime la réaction immunitaire), il est raisonnable de penser que tout ce que la psychothérapie peut faire pour favoriser un état mental libre de souffrance doit contribuer à renforcer la fonction immunitaire. »

Il est évident que la solitude est un sentiment susceptible de se traduire par une maladie immunitaire. Car ceux qui ont les plus gros scores dans l'échelle de la solitude ont aussi des taux d'hormones de stress plus élevés et un nombre de lymphocytes plus réduit que les autres. Cela dit, ce n'est pas la solitude qu'on éprouve à trente-deux ans, quand un être aimé vous manque, qui fait le plus de ravages ; c'est l'épouvantable solitude dont on souffre aux premières heures de la vie et qui grave son empreinte en nous. Un enfant qu'on a enlevé à sa mère dans les premières heures de sa vie souffrira de cette épouvantable solitude.

L'impression d'être coupé des autres et la solitude ne sont pas des sentiments isolés ou indépendants ; ils se manifestent conjointement à d'autres sentiments de la même nature, dont le moindre n'est pas la terreur.

Comme on l'a vu dans un chapitre précédent, il est possible d'augmenter le nombre des lymphocytes grâce à la thérapie primale. Il existe d'autres techniques qui cherchent à promouvoir de tels effets mais qui, dans les meilleurs cas, n'obtiennent que des résultats passagers. Carl et Stéphanie Simonton ont mis au point une technique basée sur un système de visualisation dirigée qui sert de traitement auxiliaire des malades du cancer. Ils encouragent les patients à visualiser les cellules immunitaires et à imaginer qu'elles dévorent les cellules cancéreuses. Ces images, qui s'adressent manifestement à des centres cérébraux inférieurs, semblent avoir un effet temporaire sur l'hypothalamus et le système immunitaire.

Nicholas R. Hall, du Centre médical de l'université George-Washington, a effectué des recherches du même genre et il a constaté qu'il arrivait à provoquer une augmentation du nombre de lymphocytes en circulation dans le sang. Cependant, et il est intéressant de le noter, ces chiffres retombent dès que le patient cesse de pratiquer les visualisations. Cette méthode repose sur le principe que le recours prolongé à des mécanismes positifs peut arriver à neutraliser les mécanismes négatifs induits par des réactions neuro-endocriniennes susceptibles de déclencher des processus pathologiques.

Franchement, je n'y crois pas. Je pense qu'il y a maintenant suffisamment de travaux qui démontrent le rôle capital de la souffrance et du refoulement dans les modifications du système immunitaire. J'estime aussi que le système immunitaire lui-même est un facteur à prendre en compte dans l'apparition de certains cancers et autres maladies graves et, enfin, que ce sont les causes de toutes ces altérations qu'il faut soigner si l'on espère éviter l'apparition de telles maladies.

Hall est d'avis qu'on peut se soigner en cultivant la pensée positive et en surmontant ses émotions négatives. Primo, je ne suis pas sûr qu'il existe ce qu'il appelle des « émotions négatives » et « positives ». Je crois qu'il existe des émotions *tout court,* et qu'elles découlent d'expériences réelles appartenant à l'histoire personnelle de chacun de nous. Elles sont le prolongement logique de certains événements, et il ne s'agit donc pas de *décider* d'avoir ou non des émotions négatives ou positives. Je ne crois pas non plus qu'on puisse mobiliser dans le présent une force suffisamment puissante pour neutraliser notre histoire passée. D'ailleurs, les mesures que nous avons effectuées indiquent que les facteurs du présent ne sont presque jamais aussi puissants que les empreintes passées. Il faut être un adepte de la pensée magique pour s'imaginer qu'on peut lutter contre les maladies graves à coups de « trucs », de techniques et/ou de mécanismes spéciaux. C'est le comble de la démarche antihistorique et antidialectique qui refuse de considérer les symptômes comme l'inévitable résultat d'un conflit intérieur. Toutes les méthodes qui se contentent de manipuler le présent négligent les années d'expériences qui ont contribué à engendrer la maladie.

L'espoir qu'offrent toutes ces thérapies peut néanmoins avoir un effet positif pendant un certain temps. Qu'on mette ses espoirs dans une religion, des idées mystiques, une philosophie, une visualisation dirigée ou même la psychothérapie — hé oui ! —, cette espérance activera les endorphines et procurera un soulagement pendant un certain temps.

Si une pratique consistant à s'imaginer des angelots en train de démolir les cellules cancéreuses à coups de petits marteaux peut avoir une certaine efficacité, c'est plutôt en raison de l'*espoir* qu'elle suscite que grâce à la visualisation même. L'espoir repousse le défaitisme et le désespoir. C'est probablement pour cela que ce sont les malades les plus coopératifs et les plus déterminés à vaincre le cancer qui ont les meilleures chances d'y arriver. Mais je ne pense pas que ce type de démarche produise des effets durables car ce contre quoi ces patients se battent, en réalité, c'est le raz de marée de la solitude, de la défaite et de l'isolement, de la terreur et de la frustration — autant de sentiments qui ont besoin de trouver une expression.

Des symptômes comme l'angoisse, la phobie, les obsessions, l'hypertension et la colite sont autant de sonnettes d'alarme. Elles nous signalent qu'il y a des problèmes à régler, en rapport avec des besoins inassouvis et des blessures secrètes. Les supprimer artificiellement, c'est priver le système de signaux d'alarme importants, et il ne lui faudra pas longtemps pour trouver d'autres sonnettes à tirer. Ces signaux-là jouent un rôle capital dans l'économie du psychisme de l'individu, dans la mesure où ils lui indiquent un manque, l'absence du petit maillon de la chaîne qui lui permettrait d'être normal et en bonne santé. Bizarre, tout de même, que ce soient des symptômes pathologiques qui servent de signal d'alarme pour nous aider à rester en bonne santé ! Bizarre, mais pourtant vrai.

Je ne voudrais pas adopter une position inutilement critique vis-à-vis de l'espérance que cultivent certains malades du cancer, car je pense qu'à court terme, l'espoir est utile pour surmonter certains types de cancer. John Borysenko, de l'école de médecine de Harvard, a en effet constaté que les malades du cancer qui s'en tiraient le mieux étaient ceux qui arrivaient à conserver un très fort espoir, et qui restaient convaincus qu'ils allaient guérir. Ceux qui se battent contre le cancer se débrouillent mieux que ceux qui se laissent aller à un sentiment de désespoir et d'impuissance. Je pense cependant que le désespoir et l'impuissance faisaient initialement *déjà* partie du tempérament de ceux qui ont attrapé le cancer. Un sentiment de défaite peut expliquer non seulement que le malade n'ait pas survécu, mais aussi qu'il ait au départ attrapé cette maladie-là.

On peut toujours essayer de gagner du temps en jonglant avec des techniques pour tenter de modifier le système immunitaire ; l'idée paraît simple. Mais quand on pense que même des séries répétées d'électrochocs énormes n'arrivent pas à modifier un souvenir engrammé, on se rend compte de ce qu'il faudrait mettre en œuvre pour faire changer l'empreinte, ne serait-ce que d'un iota.

J'estime qu'en continuant à se duper soi-même (à coups de : « Je suis content quand je me sens vraiment malheureux », ou « Je suis calme lorsque je suis vraiment en colère »), on ne fait en fin de compte que renforcer le refoulement — avec les *effets* qu'on sait. On ne dupe pas si facilement sa propre physiologie, et la réalité finira bien par nous rattraper un jour ou l'autre, et par nous abattre.

Le refoulement : une maladie mortelle

Un bon exemple de l'effet du refoulement de la souffrance sur une maladie grave est le cas de cette psychotique qui m'avait été envoyée par un hôpital. Apparemment, et sans même s'en rendre compte, elle avait sans arrêt des expériences de revécu de la naissance, à l'hôpital. Elle se lovait en position de fœtus et prenait des postures de bébé, elle était incapable de verbaliser, et ainsi de suite. N'étant pas en mesure de m'occuper d'elle (nous ne sommes pas équipés pour prendre des patients en pension), je l'avais redirigée sur un autre hôpital psychiatrique où, pendant plusieurs mois, les médecins lui avaient administré des doses massives de tranquillisants (jusqu'à 600 mg de thorazine par jour).

Au bout d'un an, cette malade fit un cancer et, quatre mois plus tard, elle était morte. Raisons de ce décès, à mon avis : un manque d'amour, un terrible isolement, des années de dépression et de solitude. Tant qu'il s'agissait juste de souffrir *terriblement,* elle avait été malade — mentale —, mais dès qu'on avait refoulé sa souffrance par des moyens chimiques, elle était morte, victime du refoulement — qui avait pris la forme d'un cancer. On lui avait enlevé sa souffrance pour lui donner la mort en échange. Tant qu'elle avait pu souffrir, elle avait survécu. Cette femme avait tout simplement (ou plutôt, pas si simplement que ça) échangé une psychose mentale pour une psychose cellulaire (le cancer). Les empreintes avaient triomphé.

Est-ce utile d'adopter une attitude positive face à la maladie ? Il y a au moins deux écoles de pensée à ce sujet-là. Des chercheurs de l'école de médecine de l'université de Pittsburgh ont réalisé une étude portant sur 75 femmes atteintes d'un cancer du sein. Les patientes apathiques, amorphes et sans ressort avaient moins de cellules tueuses naturelles (NK), et donc un moins bon pronostic. Celles qui manifestaient le plus ouvertement la détresse que leur causait la gravité de leur mal, et dont l'angoisse chuta du reste par la suite, conservèrent un nombre élevé de cellules tueuses pendant toute la durée de cette recherche. Ce qui ne fut pas le cas — et c'est très intéressant de le relever — des patientes qui avaient semblé calmes et bien équilibrées dès le départ, et qui n'étaient pas obnubilées par leur maladie et qui n'en parlaient pas, ainsi que de celles qui « niaient farouchement leur état ». Toutes ces femmes-là eurent de moins bons résultats que les autres. Les chercheurs en conclurent donc qu'une « attitude courageuse » n'était pas spécialement payante.

Cette même attitude a été également étudiée par des scientifiques de Yale et de l'université de Californie à San Francisco, qui ont trouvé que les patients dits « courageux » présentaient effectivement une activité réduite de leurs cellules tueuses naturelles. Il semblerait donc que pester contre la mort soit une attitude plus utile, tout au moins au début.

Ce n'est pas uniquement dans les cellules que se trouve la réponse au pourquoi des maladies catastrophiques, c'est aussi chez le porteur de ces cellules. Il serait très difficile de détecter la solitude et le désespoir dans une cellule et, pourtant, il est évident qu'il y a bien de tels sentiments qui viennent se loger là, d'une manière ou d'une autre. Les cellules ne sont que le reflet de l'individu dans sa totalité et, si l'on ne connaît pas son histoire, ce n'est pas une analyse cellulaire qui pourra nous livrer la réponse.

Le stress, le désespoir, l'impression de futilité et la solitude ne sont pas toujours visibles pour un observateur extérieur. Il y a des gens qui vivent dans une inconscience si totale qu'ils dissimulent automatiquement de tels sentiments. Ils seraient prêts à nier qu'ils sont stressés même si on le leur prouvait. Tout le monde est stressé, et pourtant le stress est comme un grand secret inavouable. Les endorphines sont comme un nuage d'encre qui nous brouille la vue : on a beau crouler sous le fardeau du stress, on ne voit rien. Le paradoxe, c'est que même quand on est en train d'en mourir, personne n'arrive à « le » voir.

Mesurer l'importance des effets des traumatismes précoces

Se pourrait-il que les traumatismes très précoces soient vraiment si importants que ça ? Nous avons renversé le cours de toutes sortes de maladies graves chez des patients qui avaient revécu ces événements antérieurs. Les changements qui s'ensuivent concernent autant le psychisme que la physiologie de l'individu. C'est pourquoi, lorsque nous faisons évoluer la personnalité d'un patient dans le cadre de notre thérapie, nous modifions du même coup sa susceptibilité à la maladie.

Avant de venir nous voir, nos patients sont souvent déjà allés consulter des quantités de spécialistes pour toutes sortes de maladies. Chaque médecin s'est borné à traiter un de leurs symptômes comme s'il s'agissait d'une maladie spécifique, et tous sont passés à côté de la cause sous-jacente du problème, qui était la même pour tous les troubles. En réalité, ils couraient tous après l'empreinte.

Je ne suis pas assez fort pour supporter les remèdes,
C'est à peine si je peux supporter la maladie.

MOLIÈRE.

12

La maladie est un cri silencieux

Présentation

Le malheur est fatal, l'angoisse mortelle. Ce sont la souffrance cachée et la douleur inconsciente qui nous tuent.

Pourquoi tombons-nous malades ? Parce que nous le sommes déjà sans le savoir. La névrose est la maladie numéro un de notre temps. Elle a tellement de manifestations différentes qu'on dirait des dizaines de maladies. C'est la plus intangible et la plus insidieuse des maladies parce qu'elle n'a pas de localisation particulière, pas d'épicentre, pas d'odeur, pas de visage ni de structure évidente. Et pour compliquer encore un peu l'affaire, non seulement le sujet ne se rend pas compte qu'il en est atteint mais, confronté à l'éventualité de l'être, il la niera farouchement. Néanmoins, une fois la névrose installée, c'est juste une affaire de temps pour que ses symptômes apparaissent, qu'ils soient physiques ou mentaux.

Mieux la maladie est dissimulée, et plus elle fait de ravages. Ce sont les événements les plus mystérieux, donc les moins crédibles — comme ce qui se passe dans l'utérus ou autour de la naissance — qui font généralement le plus de dégâts, parce qu'ils frappent un cerveau naïf et vulnérable. C'est souvent ce type d'événement qui est responsable de nombreuses maladies désastreuses, comme le cancer, même si la distance qui sépare le cancer du traumatisme initial a de quoi défier l'entendement.

Les choses qui nous font le plus souffrir sont aussi les plus difficiles à débusquer, et c'est d'une injustice diabolique. Si leur traitement est si problématique, c'est parce que la vérité sur le mal du patient — le lien entre un traumatisme passé et la réalité actuelle — ne se trouve nulle part ailleurs qu'en lui, et en tout cas pas dans la tête du spécialiste qui tente de le soigner. En fait, cette vérité-là cherche constamment à s'exprimer chez nous tous, mais elle se fait brutalement repousser par la lourde poigne du refoulement.

Il faut se souvenir que le système du refoulement a eu des millions d'années pour se perfectionner ; même des êtres aussi élémentaires que les vers de terre possèdent des mécanismes de refoulement (par le truchement des endorphines qu'ils sécrètent). La société a besoin de notre inconscience pour perdurer, et il nous faut un système social conciliant pour pouvoir entretenir une telle inconscience. Pourtant, c'est cette inconscience générale qui finira par avoir raison de nous. Terrible héritage que le perfectionnement des endorphines et du système de verrouillage, car c'est grâce à eux que nous disparaîtrons de la face de la Terre.

Le corps ne ment pas, il n'exagère pas non plus. C'est le tabernacle de la vérité. Les souvenirs du corps ne sont pas flous, ils sont très précis, tout comme les ravages qu'ils font, du reste.

Les cris du corps sont étouffés par le symptôme qui absorbe l'énergie du traumatisme, la filtre et la purifie. Combien de patients sont par exemple traités pour hypertension — ce tueur en chaussons — sans qu'on ait fait la moindre référence à leur histoire personnelle ? Nos recherches nous ont pourtant montré qu'il existait un rapport direct entre la souffrance engrammée et le niveau de tension artérielle.

Il est très facile de se tromper de diagnostic et de traitement si on ne tient pas compte de l'histoire du patient. On le traite alors comme une entité sans passé, comme un symptôme ambulant — migraine ou compulsions —, un être sans racines ni antécédents, et donc hors de tout contexte.

On a toujours tendance à confondre symptôme et maladie, et donc à prendre la suppression du symptôme pour sa guérison. Enterrez le symptôme et imaginez-vous que le mal n'existe plus !

Lorsque, dans notre thérapie, nous transformons un symptôme en sa réalité, le faisant passer du silence au cri, on se rend compte du rôle qu'il joue dans la maladie. Et le véritable mal dont nous souffrons, c'est la névrose, je le répète.

Bien sûr que les symptômes ont leur réalité propre et qu'il convient de les soigner. Mais l'ennui, c'est que les spécialistes ont tendance à devenir des experts du petit détail de tel ou tel trouble bien particulier.

Ils en savent de plus en plus sur les symptômes, et de moins en moins sur les origines de ces symptômes, et sur les êtres humains chez qui ils se manifestent.

L'ironie de la chose, c'est que même si la maladie apparente reçoit un traitement efficace, nous risquons quand même d'avoir la vie écourtée car c'est la névrose, cette traîtresse, qui aura raison de nous. Ainsi, l'hypertension baissera mais c'est ailleurs dans le système que la pression se fera sentir. Le médecin qui traite la maladie a devant lui le résultat final d'un processus qui s'est peut-être déclenché quand son patient avait six mois. Et il se retrouve avec un malade de quarante ans chez qui la cause de la maladie se cache « aux antipodes », dans l'inconscient. Et ledit inconscient recrache une énergie silencieuse mais continuelle. On fait faire au patient des analyses de sang et de divers tissus cellulaires pour essayer de comprendre ce dont il souffre, alors que cela fait déjà des années que ses cellules ont été déformées par des forces cachées, issues de son passé. Pire encore, le refoulement lui a fait oublier ces traumatismes précoces. Il se retrouve donc avec des cellules déformées, altérées par des événements dont il ne peut pas se souvenir et qu'il ne peut pas prendre en compte.

Le médecin a un sacré handicap : il peut certes constater l'hypertension qu'il observe de ses propres yeux, mais ce qu'il ne peut pas voir, en revanche, c'est le bébé de six mois qui pleure dans son berceau, tout seul, terrorisé, ou l'enfant de cinq ans complètement brimé par des parents excessivement critiques et tyranniques. Dans un sens, le médecin n'est pas le seul à nager, puisque le patient lui-même n'arrive pas à voir cet enfant. En admettant même que ces traumatismes précoces soient reconnus et compris, un spécialiste aurait du mal à saisir qu'ils aient pu rester dans le système pendant des décennies, entièrement inchangés.

Et comme si cela ne suffisait pas, les traumatismes que je viens d'évoquer ne sont pas nécessairement le fait d'événements particulièrement spectaculaires ; en réalité, la plupart ne le sont pas du tout. Ce sont des choses du quotidien : un manque d'affection au jour le jour, une mère perpétuellement tendue, un père coléreux. Des petites choses qui s'accumulent pour former des traumatismes majeurs, au fil des années. « Avez-vous eu une enfance heureuse ? » interroge le médecin et, trop souvent, le patient refoulé répond par l'affirmative. Voyez un peu la tâche monumentale qui attend le médecin ! Il — ou elle — a déjà assez à faire à tenter de soigner le symptôme, et serait ravi d'arriver au moins à le faire disparaître. Alors, imaginez le travail que cela représente de soigner l'individu comme un tout ! Et pire encore, de le faire en tenant compte de toute son histoire antérieure.

L'unité de la souffrance et du symptôme

La souffrance et ses symptômes ne font qu'un. C'est donc manifestement une erreur que d'isoler un symptôme de son contexte, en le traitant comme s'il s'agissait d'une entité autonome viable. Considérons le suicide des adolescents. On peut toujours tenter d'expliquer l'élévation du taux de suicide des jeunes par des enquêtes sur diverses évolutions sociologiques contemporaines, il n'empêche que certaines découvertes récentes ont montré qu'une naissance difficile, dans laquelle le bébé avait frôlé la mort, était un important facteur de prédisposition à de futures tentatives de suicide. Le journal scientifique *Lancet* indique qu'on a découvert « une forte corrélation entre le suicide des adolescents et un stress respiratoire subi pendant plus d'une heure au moment de la naissance, ainsi qu'une absence de soins anténatals satisfaisants ».

Ce genre de recherche aurait été impensable il y a quelques années, et c'est pourtant exactement ce qu'il faut pour mieux comprendre les maladies.

Je ne suis évidemment pas contre le traitement de la maladie. Je crois qu'on peut se faire aider à sortir de la drogue ou de l'alcoolisme dans des centres de postcure. Les conseillers psychologiques peuvent aussi aider les gens à mieux gérer leurs problèmes, au quotidien. De même qu'il faut surveiller son régime pour réduire l'hypertension, et prendre des médicaments pour réguler les fluctuations de la tension. Mais c'est sans fin. Car ce n'est pas la même chose de faire taire le passé que de le résoudre *.

On constate que les femmes qui ont un cancer du sein sont plus fréquemment que les autres des enfants de parents qui ont divorcé avant les seize ans de leur fille. Ce ne sont là que des statistiques, mais réfléchissez un peu à ce que cela implique : primo, c'est un événement extérieur à la personne qui l'a prédisposée à une maladie potentiellement mortelle. Secundo, cet événement-là s'est inscrit dans le système du sujet où il s'est installé en visiteur éminemment indésirable, même s'il ne faisait pas de bruit et ne semblait pas gêner. Tertio, son séjour pouvait s'avérer mortel pour son hôte. La question qu'il faut se poser est la suivante : quel est le processus qui a fait que le conflit des parents et leur séparation finale se sont traduits par une tumeur au sein chez leur fille, dix ou vingt ans plus tard ?

Première conclusion : un événement extérieur peut s'insinuer en nous et provoquer des modifications physiologiques suffisantes pour nous rendre malades par la suite. Et pas seulement malades, mais très gravement malades, au point d'en mourir. Bref, le divorce des parents peut tuer leur enfant. Deuxième conclusion : les événements psychologiques s'inscrivent dans les cellules (tout comme dans le cerveau) et c'est le souvenir qui va rendre ces cellules malignes par la suite.

Le besoin de stabilité, de confiance et de sécurité de la jeune fille a été frustré. Elle aura beau faire tout ce qu'elle pourra pour « surmonter » l'épreuve, son corps ne s'en remettra jamais, même si elle arrive à se convaincre qu'elle a dépassé le problème. Et puis un jour, elle va se découvrir une grosseur au sein. Allez donc lui faire croire que c'est le divorce de sa mère, il y a dix ans, qui en est responsable !

La pression qu'exerce l'empreinte

Le névrosé vit en état de siège, en butte aux attaques d'un souvenir douloureux qui lui est étranger mais qui essaie de s'insinuer dans sa conscience. Étrange paradoxe : la conscience, ce summum de l'accomplissement humain, devient un ennemi. Le névrosé passe tout son temps à essayer de rester inconscient, même s'il s'efforce par ailleurs d'étendre le champ de ses connaissances. C'est souvent parmi les gens les plus cultivés qu'on trouve les plus inconscients, car leurs vastes connaissances sont au service du refoulement. Toute la gamme des ressources du corps est mise en œuvre pour entretenir l'inconscience. Pas étonnant que nos patients fassent de la fièvre et de l'hypertension lorsqu'ils sont sur le point de devenir conscients. Ces réactions sont une tentative de lutte contre la « maladie » : l'aptitude à ressentir. En cas d'infection, la fièvre aide à mobiliser les globules blancs sur le site infectieux ; dans la névrose, le corps traite la conscience comme s'il s'agissait d'un virus. Il la traite en ennemie parce qu'elle l'a effectivement été, dans l'enfance.

C'est pourquoi la conscience est le remède spécifique qui convient à une large gamme de maladies, l'inconscience étant le facteur essentiel de ces troubles. Des troubles cardiaques à l'hypertension, des hémorroïdes au diabète, de la colite aux migraines, la maladie réagit positivement à la conscience et se soigne efficacement par ce moyen.

*Re*ssentir ses sentiments, c'est amener l'inconscience sur le devant de la scène, c'est ouvrir la porte au souvenir et élargir le champ de conscience. En enfourchant les sentiments pour remonter dans le passé, on débloque le présent et on accède à l'inconscient. Je suis convaincu qu'il y a un nombre significatif de maladies graves qui ne se déclareraient pas sans tout le substrat de sentiments refoulés que nous portons en nous. Rien ne peut remplacer la conscience.

Il est tentant de chercher une guérison instantanée, quand on souffre. Alors on essaie l'hypnose (l'antithèse de la conscience) pour s'arrêter de fumer ou de boire, ou pour guérir d'une maladie physique. Car on en est venu à considérer que le soulagement équivalait à une guérison, ce qui n'est évidemment pas le cas. On est à l'affût de recettes magiques pouvant offrir une transformation immédiate : une petite pilule par-ci, un petit cachet par-là, un petit remède instantané, une vitamine truc ou machin, un séminaire ou un week-end de retraite, une conférence ou un groupe de confrontation, un petit massage ou des vapeurs spéciales... On prend du lithium comme si c'était une panacée pour la dépression, sans même se demander pourquoi on est déprimé. La réponse est enfouie si loin en nous que, du reste, la plupart des gens préfèrent ne même pas se poser la question. C'est notre désespérance profonde et essentielle qui entretient la flamme d'un éternel espoir et nous force à croire en quelque chose, régime macrobiotique ou gourou.

Il faut reconnaître qu'il y a loin entre un père qui quitte le foyer quand son enfant a deux ans, et l'arthrite dont souffre ce même enfant devenu adulte, trente ans plus tard. Il y a tant d'années qui séparent le quadragénaire qui fume à la chaîne du gamin de quatre ans qu'on enfermait toujours dans sa chambre, que les gens vous riraient au nez si vous ne faisiez même que suggérer un rapport possible entre les deux.

Heureusement, les spécialistes n'ont pas besoin de faire le rapport, les patients le feront pour eux, le moment venu. Le rapport entre le passé d'un individu et ses symptômes actuels devient évident pour qui a vu un nombre significatif de patients atteints des mêmes maladies, ou de troubles similaires, guérir de leurs maux après avoir revécu certains traumatismes spécifiques.

La conspiration du silence autour de la souffrance

Il semble qu'il règne une véritable conspiration du silence autour de la névrose. A la télévision, la moitié des pubs vantent des substances destinées à supprimer la douleur. Pourtant, personne n'ose dire aux gens : « Vous avez mal. » C'est un présupposé de départ, une vérité implicite à laquelle on ne fait allusion qu'à mi-voix. Il y a des cachets pour éliminer toutes les sortes de douleurs : maux de tête, d'estomac ou de dos. Mais malgré ça, presque tout le monde a mal, même si on ne sait pas dire de quoi on souffre, car cette douleur-là n'a pas de nom. Comment voulez-vous appeler la souffrance infligée à un enfant par une mère perpétuellement déprimée et un père impatient et exigeant ?

La douleur est presque un présupposé, de nos jours. Les souffrances profondément enfouies en nous remontent à la surface et, bien qu'elles s'expriment à travers toutes sortes d'intermédiaires allant de l'anxiété aux phobies, des obsessions à la migraine et aux maux d'estomac, on les soigne toujours de la même façon : à coups de pilules pour supprimer la douleur. Et en dernière analyse, c'est aussi pour cela qu'on prend des tranquillisants — de l'alcool au Valium. Mais comme la douleur fait partie du corps, la supprimer c'est se supprimer — un suicide à petit feu. On soigne le « mal-aise » et pas la maladie.

Le rôle de la thérapie primale

Est-ce que tout le monde a besoin de thérapie ? N'y a-t-il que la thérapie primale qui puisse défaire tous ces nœuds ? Comme je l'ai amplement souligné, la souffrance est le fondement de la névrose, laquelle alimente à son tour quantité de maladies. Par conséquent, toute thérapie efficace doit traiter les causes de ce mal si répandu, et doit le faire de façon systématique, une souffrance après l'autre, en ordre inverse de la chronologie initiale de ces expériences, en commençant par les plus récentes et les plus faciles à expérimenter, pour remonter jusqu'aux plus anciennes et aux plus dramatiques.

Tout le monde ne peut pas faire une thérapie primale, d'abord parce que tout le monde n'en a pas nécessairement besoin ou envie. Il y a un grand nombre de gens qui réussissent à « se débrouiller » dans la vie, qui sont sains de corps et d'esprit, et capables de s'adapter à leur environnement. Cependant, il est important de pouvoir épancher ses larmes auprès d'un ami intime quand on en éprouve le besoin, comme il est essentiel de pouvoir s'appuyer sur une épaule secourable. Car, même sans se rouler par terre de douleur ou sans revivre un moment de son passé, nous avons tous besoin de pouvoir de temps en temps exprimer ce que nous ressentons. On a besoin de parler de ses sentiments et de ses ressentiments, de ses blessures et de ses humiliations. Et on s'en tirera beaucoup moins bien si on s'isole des autres au point de ne plus avoir d'amis. Mais, malheureusement, ceux qui ont le plus besoin de ce genre de soutien sont généralement aussi ceux qui sont le plus coupés des autres, affectivement, et qui ont peu d'amis.

Il est important de se laisser aller complètement de temps en temps. Même si on n'arrive pas à pleurer, le seul fait de crier peut faire ressurgir des larmes ravalées. Le névrosé n'a que deux solutions : soit il *re*ssent ses anciens sentiments et rétablit la connexion* avec ses empreintes passées, soit il se débarrasse de l'énergie que dégagent les sentiments qui n'ont pas été correctement reconnectés. La première voie va dans le sens d'une résolution de la névrose, la deuxième permettra une amélioration relative de son état. En tout cas, l'une et l'autre valent mieux que le refoulement permanent.

La thérapie primale est un moyen de recouvrer ses sentiments. Il existe également d'autres moyens naturels d'y parvenir, comme par exemple d'assumer les traumatismes qu'on subit, au moment même où ils se produisent. Mais lorsqu'il s'agit d'un traumatisme qui est trop fort, ou quand on vit dans une société qui jette le discrédit sur la sensibilité *, alors la thérapie peut fournir une aide utile.

Les gens sont capables de « ressentir » sans thérapie, et il est évident qu'ils le font depuis longtemps, bien avant que la thérapie n'existât. Si nous avons dû inventer des techniques pour remonter jusqu'à la racine des sentiments, c'est uniquement parce que les systèmes de défense de nos contemporains étaient devenus trop complexes. Sinon, n'importe lequel de vos amis pourrait vous aider à faire ce travail. En principe, on devrait pleurer quand on est triste, et se mettre en colère quand on voit rouge. Nous sommes équipés pour.

Le système de refoulement est un système auxiliaire qui prend les commandes lorsqu'on n'est plus capables de réagir de façon naturelle. Il est chargé de retenir nos sentiments naturels. Ainsi, il n'y a pas que dans nos réactions que nous ne sommes pas naturels ou authentiques ; c'est même au niveau le plus fondamental de notre être que nous ne sommes plus naturels. Et, à force de manquer de naturel dans sa manière d'être, et d'aller à l'encontre de sa nature biologique, on tombe malade. Il n'y a qu'en retrouvant les larmes que le système retrouvera sa capacité d'être lui-même.

J'aimerais bien pouvoir vous indiquer un raccourci ou un « truc » facile, mais il n'en existe pas. Je crois cependant que la contribution unique de la thérapie primale, c'est la possibilité qu'elle offre d'accéder aux couches les plus profondes de l'inconscient, jusque-là hors d'atteinte. Freud avait bien affirmé l'existence de forces inconscientes, mais il n'avait pas précisé ce qu'elles étaient, pas plus qu'il n'avait pu trouver de méthode permettant de pénétrer jusqu'à ces profondeurs. En partie parce qu'il croyait en un inconscient immuable et au-delà du temps, qui n'était pas le résultat d'expériences vécues mais qui émanait de quelque caverne génétique souterraine. Et qu'il valait donc mieux, estimait-il, laisser tranquille, en le réprimant ou en le contrôlant.

C'est ainsi que pour Freud et ses tenants, l'inconscient, pourtant force libératrice par excellence, devint un objet d'anathème, une chose à éviter sous peine de voir la personnalité se désintégrer ou perdre sa cohérence. Il est vrai qu'il y a encore un demi-siècle, on ne songeait pas à intégrer les forces écrasantes de l'inconscient, pour la bonne raison qu'on les considérait comme des sortes de démons psychiques destinés à rester à jamais incompréhensibles. On sait maintenant qu'en rendant l'inconscient conscient, on crée une dialectique favorable à la guérison. Cela dit, si la conscience est l'antidote des maladies graves, notre inconscient a lui aussi été un antidote tout au début de notre vie, à un moment où un excès de souffrance eût pu nous être fatal.

Le naturel et l'acquis : le rôle de l'hérédité dans la maladie

Ce sont nos propres mécanismes de survie qui nous tueront — tel est le lourd héritage du refoulement. Et c'est parce que ces mécanismes ont été conçus pour assurer la survie de l'*espèce* et non de l'individu.

Quelle est la part de la nature ou de la génétique en nous, et de l'acquis social ? C'est un débat vieux comme le monde et qui est généralement mené en termes philosophiques. Le fait d'avoir pu accéder à des événements intra-utérins permet cependant pour la première fois de clarifier un peu le débat dans une perspective biologique. Jusqu'à une période récente, on pensait que c'était à partir de la naissance que les événements modelaient la vie des individus, et on attribuait le reste à l'hérédité. On se rend compte à présent que les événements les plus critiques, les plus forts et les plus déterminants sont ceux qui se situent avant la naissance ; ainsi, quantité de choses que nous avions toujours crues imputables à l'hérédité pourraient en réalité être le résultat de ce vécu intra-utérin.

Quand un enfant est petit pour son âge (ce qu'on expliquait avant en le comparant à ses grands-parents ou à ses arrière-grands-parents), on sait maintenant que c'est peut-être parce que sa mère fumait. Un enfant qui ne tient pas en place rappelle peut-être le comportement de son père au même âge, et on s'empresse d'en déduire qu'il est « son portrait tout craché », alors qu'en réalité, il se peut que ce soit le traumatisme natal qui ait suractivé le système de l'enfant et causé cette tendance à bouger tout le temps.

Ce qui ne veut pas dire qu'il faille nier les effets de l'hérédité. Il suffit de voir la ressemblance qu'on peut avoir avec son père ou sa mère — même nez, mêmes yeux ou même couleur de cheveux — pour s'en rendre compte. Et il n'y a pas de raison que la nature se borne à ces ressemblances-là : on peut aussi hériter d'une tendance aux maladies cardiaques, à l'hyperthyroïdie, à la migraine ou à l'hypertension. Quant à savoir si ces tendances pathogènes se manifesteront ou non par la suite, ça dépendra souvent de l'empreinte. De plus, il est sûr que, même si on a hérité de certaines tendances, on ne tombera pas forcément malade si on n'a pas une vie trop difficile par la suite. En revanche, si le corps subit un stress, sa réaction affectera ce qu'il y a de plus vulnérable en lui. Ainsi, une personne qui a une tendance héréditaire aux maux d'estomac et qui est continuellement stressée fera des ulcères à l'estomac.

Pour avoir renversé le cours d'un certain nombre de maladies à travers le revécu* en thérapie, nous pouvons dire que certaines maladies réputées héréditaires ne le sont peut-être pas forcément ; elles pourraient découler d'événements qui, jusque-là, n'avaient jamais été pris en compte, tels que la vie intra-utérine. Cette constatation vaudrait aussi pour des maladies mentales comme la schizophrénie ou la psychose maniaco-dépressive.

Il y a un certain nombre d'études qui ont mis en évidence une forte corrélation entre le traumatisme natal et la psychose qui peut se déclarer à un stade ultérieur de la vie. Wilcox et Nasallah ont montré dans des travaux récents que les schizophrènes ayant un mauvais pronostic avaient tous des antécédents de traumatismes périnatals.

On constate régulièrement l'apparition de migraines chez nos patients quand de très anciennes souffrances sont en train de ressurgir au cours de la thérapie. Le symptôme s'intensifie à mesure que la souffrance se rapproche de la conscience, et il disparaît au moment où elle y rentre effectivement, pour y trouver sa résolution. Le patient migraineux devient tout bleu par manque d'oxygène, il halète pendant des minutes entières pour essayer de reprendre son souffle, on dirait qu'il va mourir par manque d'air. Il est impossible de simuler un tel incident, et cela se reproduit avec une telle régularité chez ceux de nos patients qui sont migraineux qu'on peut raisonnablement en déduire les hypothèses que nous avons avancées plus haut. En réalité, nous n'avons même plus besoin de faire des hypothèses puisque nous pouvons observer l'inconscient et voir ce qu'il contient. La migraine peut être déclenchée par n'importe quelle situation dans laquelle le sujet aura l'impression de ne pas pouvoir respirer : un travail qui le comprime et lui donne l'impression de « suffoquer », une relation à l'intérieur de laquelle il n'a « pas la place de respirer ». Chez les femmes, cela peut être juste avant les règles, à un moment où les changements hormonaux ressemblent à ceux qui sont intervenus juste avant la naissance. La cause du déclenchement de la migraine peut être pratiquement n'importe quel stress qui « rappelle » au corps son traumatisme initial.

Les migraines sont très différentes des maux de tête résultant d'une tension, ces derniers ayant en effet une origine plus tardive. Les migraines affectent le système vasculaire et ne concernent guère le système musculaire. Parfois, ces maux de tête qu'on attribue à la tension sont en réalité la résultante d'un traumatisme précoce, comme une brusque rotation du cou subie à la naissance. Ils ont généralement une forte composante de « deuxième ligne ». A la différence de la migraine qui donne l'impression d'avoir une barre de fer brûlante dans la tempe ou derrière les yeux, les maux de tête dus à la tension peuvent affecter tout l'ensemble du cou et de la tête ; on dirait qu'on a un bandeau serré autour de la tête, par exemple. La pression étant musculaire plus que vasculaire, on risque moins qu'avec la migraine de voir ces maux de tête déboucher à terme sur une congestion cérébrale.

Les aptitudes qui ont survécu chez les êtres humains sont celles qui ont permis à l'espèce de survivre. Et puisque notre présent est appelé à devenir le passé d'autres générations, il y a des chances pour que ce que nous serons devenus se transmette.

D'un point de vue global, si la névrose existe, c'est qu'elle est compatible avec l'objectif général de la vie : se perpétuer. Lorsque le cerveau et le corps sont stressés, ils fouillent dans le passé, celui de l'individu et celui de l'espèce, pour voir ce qui a marché avant. Le système pioche dans ses archives et en extrait le comportement approprié à la situation ; il a retrouvé le prototype. Et pour comprendre les symptômes, il faut comprendre le prototype.

Prêter l'oreille au cri silencieux

Faute de pouvoir accéder aux lointaines origines de notre développement, nous sommes bien obligés de nous contenter de ce qu'on appelle les « phénotypes » ou apparences. C'est pourquoi les thérapies phénotypiques — en psychothérapie comme en matière de médecine physique — expriment leurs résultats en termes d'apparences plutôt que d'états psychologiques profonds.

Moins on a d'accès aux couches profondes, et moins on a de chances de guérir. On peut espérer une rémission des symptômes, certes ; une amélioration passagère de son état, oui ; un soulagement, bien entendu. Mais pas une guérison. X mois sans se droguer, X semaines sans symptômes, ce n'est quand même pas la même chose qu'une guérison.

Ces quelques remarques pour rappeler que le traumatisme ne se grave pas seulement sous forme d'idée mais aussi sous forme d'*expérience*. Il ne faut donc pas se borner à en discuter ; c'est en tant qu'*expérience* qu'il convient de l'aborder.

Conclusion

La névrose n'est pas une perversion de l'homme, c'est un ingrédient nécessaire à son développement. La structure de l'homme d'aujourd'hui est le produit de la mémoire (engrammée) de l'humanité. L'évolution génétique que connaît un individu au cours de sa vie est le reflet du déroulement de l'histoire de l'homme. L'individu étant une récapitulation de l'histoire de l'espèce, on peut comprendre le passé phylogénétique de l'humanité en examinant le développement individuel. Quand on observe attentivement l'individu, c'est toute l'histoire de l'espèce qu'on contemple.

Quand on voit qu'un excès de souffrance peut pousser les humains à se réfugier dans leur tête et à se défendre avec des constructions intellectuelles, on comprend mieux comment et pourquoi le cortex s'est développé, à l'origine. Il suffit d'observer ceux qui ont pris beaucoup de LSD — qui fait sauter les verrous des niveaux inférieurs de la conscience — pour constater l'effet que l'adversité a sur nous. Exactement le même effet que celui qu'elle a eu tout au long de l'histoire de l'humanité : elle nous force à mobiliser les neurones de la partie supérieure du cortex pour fabriquer des idées mystiques afin de faire face à l'influx de souffrance.

Quand on pense qu'il est possible de remonter des dizaines d'années en arrière pour retrouver son histoire passée et en dénouer certains aspects, c'est incroyable, et pourtant c'est vrai. On peut effectivement libérer la composante douloureuse d'un traumatisme précoce pour la laisser émerger dans la conscience, accompagnée du souvenir qui s'y rattache, afin de se délester définitivement de l'énergie et de la pression que véhicule ce souvenir. Une fois qu'on y est parvenu, on assiste, comme nous l'avons vu, à des modifications permanentes et significatives de certains paramètres physiologiques importants tels que la croissance, le stress, les hormones sexuelles, les taux de cholestérol, et la fonction immunitaire. Ainsi, ce qui nous rend malades est aussi ce qui nous guérit : la *souffrance.* La différence tient à son intégration à la conscience : une souffrance qui ne s'est pas intégrée signifie la maladie, son intégration veut dire la guérison.

En fin de compte, il faut reconnaître que la névrose est une maladie biologique. Bien que ses causes ne soient pas des facteurs purement biologiques, elle se manifeste simultanément au plan biologique et psychologique. On peut mourir de désespoir, mourir par manque de raisons d'espérer. Tout comme on peut mourir d'avoir tenté de réprimer de tels sentiments.

L'abandon de l'espoir vous plonge dans le désespoir, or l'espoir est essentiel à la survie, même s'il est irréel. D'où les cultes et les myriades d'écoles de psychothérapie qui fleurissent partout. Il est impossible de vivre en état de désespérance permanente, comme de nombreux déprimés pourraient en témoigner. S'il y a tant de gens qui sont à la recherche de « la solution », c'est moins pour son contenu éventuel que parce que cette recherche même est porteuse d'espoir. C'est du reste aussi pour cela que certaines psychothérapies ont tendance à être interminables : le patient ne veut pas que cela s'arrête. Tant qu'il n'aura pas exploré les profondeurs du désespoir, il restera bien déterminé à conserver ses espérances.

Le secret entretient la maladie

Je suis convaincu qu'il est possible de soigner efficacement les maladies les plus catastrophiques. Mais pour cela, il faut affronter des forces puissantes, suffisamment fortes pour déranger l'évolution naturelle d'un être humain et faire de l'enfant sain et vivant qu'il a été un adulte amer, brisé et maladif. Alors, permettez-moi de conclure en énonçant quelques « lois janoviennes » :

1. On se rend malade en gardant des secrets vis-à-vis de soi-même. (L'ennui, c'est qu'il ne suffit pas de vouloir divulguer ces secrets cachés en soi pour le pouvoir.)

2. La souffrance est curative tant qu'elle demeure à un niveau où il est possible de l'intégrer.

3 Le salut est dans la souffrance (on a déjà entendu ça quelque part, non ?).

4. Celui qui extériorise sa souffrance dure, celui qui l'intériorise craque.

Ce ne sont pas le cancer ou les maladies de cœur qui tuent le plus de gens actuellement au monde, c'est le *refoulement*. Le vrai danger, c'est l'inconscience. Le vrai tueur, c'est la névrose. Il faut connaître la vérité pour mentir ; or, le corps dit toujours la vérité mais c'est le poids écrasant de ces vérités qui force l'esprit à mentir.

Je suis convaincu que la possibilité d'accéder aux premiers événements de la vie, liés à la naissance et à la petite enfance, est d'une importance capitale pour arriver à expliquer un jour l'intensité, la nature et l'évolution possible de nombreuses maladies catastrophiques. Au lieu de se contenter d'avancer des théories abstraites, nous pouvons cerner précisément les origines de la maladie et nous occuper des causes qui l'ont induite. Après tout, *pourquoi faudrait-il que les symptômes restent des mystères* ? Ils peuvent au contraire faire office de carte précise pour nous guider jusqu'à des causes précises.

La maladie est bien souvent un cri silencieux. Lui donner une voix, c'est la guérir.

13

Sexe, sensualité et sexualité

Un problème sexuel n'en est un que si c'est un problème de sexe. Paradoxe ou simple question de sémantique, direz-vous ; eh bien, pas du tout. Les problèmes sexuels reflètent la condition de l'être humain dans sa globalité, ainsi que ses névroses. Isoler un problème sexuel de son contexte, celui de la condition humaine, c'est considérer la personne comme un vulgaire amas de pièces détachées qu'il faut parfois rafistoler çà ou là — ce qui est une vision parfaitement mécaniste des choses.

Les problèmes sexuels ressemblent fort à nos rêves, en ce sens qu'ils cristallisent et condensent l'ensemble de notre vécu, tout en reflétant et en symbolisant des processus inconscients profondément enfouis en nous. Il est rare qu'un problème sexuel ne soit qu'un simple problème de sexe. Même s'il est très polarisé sur le sexe, le névrosé n'est pas capable d'une véritable sexualité, parce que la névrose désexualise les gens en refoulant leur capacité de « ressentir ». Alors que pour celui qui « ressent », l'acte sexuel en est vraiment un. Chez le névrosé, en revanche, l'acte sexuel est parasité par tous ses vieux besoins jamais assouvis, et revient à une décharge de tension érotisée.

Deux cas de frigidité

Je voudrais évoquer le cas de deux femmes que j'ai récemment traitées en thérapie primale. La première était incapable d'avoir un orgasme et passait pour une femme frigide. Elle était bien allée consulter des sexothérapeutes pour apprendre des techniques sexuelles, mais ça n'avait servi à rien. Les techniques n'avaient rien changé à ce qu'elle éprouvait, à savoir qu'elle commençait par se sentir excitée et puis elle déconnectait brusquement. Mais, à mesure que sa thérapie progressait, la situation se mit à évoluer. Au bout de huit mois, elle arrivait à ressentir un certain degré d'excitation pendant l'acte, mais elle était bientôt prise de quintes de toux et avait souvent l'impression de suffoquer. Après un an et deux mois de thérapie, elle réussit à mieux maintenir son excitation et c'est alors qu'elle constata une chose bizarre : dès qu'elle atteignait un certain seuil de stimulation, elle se trouvait projetée dans un primal de naissance. Elle se voûtait, s'arc-boutait, se tordait, rampait ; cela finissait par des convulsions, mais elle restait consciente.

Elle se rendit compte que sa frigidité était la conséquence d'un gros traumatisme natal qui avait engendré un refoulement massif et, par la suite, une incapacité à ressentir quoi que ce soit, y compris sur le plan sexuel. Le refoulement avait été si précoce, donc si profond, qu'il bloquait toute expérience où il s'agissait de ressentir pleinement quelque chose. Tout se passait comme si ce traumatisme natal chapeautait toutes les autres expériences impliquant la sensibilité * ; si bien que pendant l'acte sexuel, c'était toujours le traumatisme et son refoulement qui ressurgissaient, avant même qu'une autre sensation ait pu apparaître. Comment cette femme aurait-elle pu connaître un orgasme convulsif tant qu'elle s'efforçait de contenir un traumatisme convulsif qui remontait au début de sa vie ?

Arrivée au cap des deux ans de thérapie, elle se mit à avoir des primals de naissance. Et puis un jour, après deux ans et demi de thérapie, et alors qu'elle avait une cinquantaine de primals à son actif, elle constata une importante lubrification vaginale après un épisode de revécu qui n'avait pourtant pas eu de rapport direct avec le sexe. L'expérience s'avéra cependant libératrice pour elle, et son état continua à s'améliorer. Quand elle atteignit le cap des trois ans, sa frigidité s'était radicalement atténuée et elle arrivait à avoir des orgasmes ; ayant revécu un traumatisme convulsif jusque-là réprimé, elle pouvait maintenant connaître les convulsions du plaisir. C'était une réussite monumentale, atteinte sans que la patiente ne se soit directement attaquée au problème sexuel proprement dit.

Il faut avoir été témoin des centaines d'heures qu'elle passa à souffrir terriblement, pendant ses primals, pour mesurer toute l'importance de la souffrance et du refoulement qui peuvent bloquer l'expérience sexuelle. Et pour comprendre le peu d'impact que la sexothérapie peut avoir sur des cas de ce genre.

Notre deuxième cas est celui d'une femme à qui la thérapie fit découvrir tout l'abîme de tristesse qui était en elle. Dès qu'elle atteignait l'orgasme, elle se mettait à pleurer et, chaque fois qu'elle essayait d'éprouver des sensations sexuelles, c'étaient toutes sortes d'autres sentiments qui remontaient en même temps. Ses sentiments étaient *tout d'une pièce* : l'excitation sexuelle déclenchait la tristesse, et elle ressentait tout en même temps.

Les seuls vrais problèmes sexuels sont ceux qui résultent d'un manque d'éducation et d'expérience en matière de sexe. Dans ce cas-là, les difficultés sexuelles sont vraiment des problèmes de sexe, mais c'est rare. Cela dit, il est vrai que l'éducation et la technique sexuelles peuvent être d'un grand secours pour ceux qui ne « ressentent pas » et dont l'expérience est forcément limitée. Pourtant, ceux qui ont la faculté de ressentir savent parfaitement se débrouiller pour apprendre seuls ce qui est, après tout, un acte instinctif et naturel.

Cela contredit-il pour autant l'expérience de la plupart d'entre nous qui avons connu une ambiance familiale dans laquelle l'attitude vis-à-vis du sexe pouvait aller de l'indifférence à l'hostilité ? Non, pas du tout. Les parents capables de ressentir sont aussi les plus ouverts au sexe. Ils laissent à leur enfant toute latitude d'exprimer ses sentiments qu'ils ne répriment pas dès que le petit est en âge de ramper. En revanche, les parents coupés de leur sensibilité se montreront répressifs dans tous les domaines, comme on pourrait s'y attendre. L'attitude répressive d'un parent qui exige obéissance et respect, qui ne permet pas à son enfant de manifester sa colère ou sa jalousie, de se montrer exigeant, excité ou enthousiaste, s'étendra automatiquement à la sexualité, sans même qu'il ait eu à faire la moindre allusion au sexe.

Plus tard, à l'âge adulte, les gens découvrent le Dr Ruth[1], cette sympathique grand-mère qui parle de sexe ouvertement et qui vous donne la permission de vous y adonner. Elle contribue, à sa manière et de son mieux, à modifier l'ambiance qui règne autour du sexe. Malgré tout, elle ne peut pas changer grand-chose à ce qu'on nous a inculqué dans notre enfance, et toute la vie sexuelle d'un individu peut avoir été gâchée par le climat émotionnel qui régnait chez lui, par l'attitude de sa famille par rapport au sentiment. Si vos parents vous ont fait taire chaque fois que vous vous montriez un peu remuant et enthousiaste, vous serez incapable de vous laisser aller complètement plus tard, quand ce sera le moment de s'abandonner. Vous serez dérangé par les anciens souvenirs qui vous auront modelé.

J'ai connu une jeune fille qui était très attachée à son père, le seul de ses parents qui ait été relativement équilibré. Terriblement traumati-

1. Le Dr Ruth anime des émissions télévisées grand public sur les questions sexuelles, qui trouvent une large audience *(NdT)*.

sée à l'âge de six ans par la mort de ce père, elle avait « appris » dès ce moment-là à ne plus trop s'investir affectivement. Elle gardait ses distances, émotionnellement, et elle n'arrivait pas à s'investir pleinement dans l'acte sexuel. Dès qu'elle se sentait trop attachée à quelqu'un ou trop excitée, elle déconnectait complètement ; c'était sa vieille blessure qui ressurgissait. Lorsque son corps se sentait bien et attendait l'amour, il se souvenait de la perte de son père et des tourments endurés. Cela coupait net sa capacité de ressentir et elle ne pouvait rien faire pour surmonter cet obstacle. Lorsqu'elle avait du mal à maintenir son excitation sexuelle, bien sûr qu'elle ne repensait pas spécialement à la perte de son père, mais son corps, lui, s'en souvenait. Et cette mémoire du corps était la cause de ses difficultés sexuelles. Pour résoudre ce problème physique, il fallait donc qu'elle remonte le cours du temps et qu'elle suive la trace de son passé pour retrouver ce souvenir-là. Il n'y avait aucun autre moyen d'y parvenir, puisque cette mémoire du corps était à la fois la cause et la solution du problème.

La sexualité dégage une énergie particulière, comme d'ailleurs son absence. Et, dans les deux cas, cela se sent bien chez les gens. Celui qui jouit de sa pleine sensibilité* a une certaine aura qui n'a rien à voir avec un effort de sa part pour se donner l'air sexy ; on est comme ça ou on ne l'est pas.

Les problèmes sexuels sont des problèmes humains

Si un problème sexuel n'est pas vraiment un problème de sexe, alors de quoi s'agit-il ? D'un problème humain. Avant de discuter de soi-disant « problèmes sexuels », il faudrait d'abord parler de la « condition humaine ». Qu'est-ce que cela veut dire ? Cela signifie, entre autres, que les événements qui surviennent tout à fait au début de la vie humaine ont sur nous un effet déformant. Le moteur de ce processus de déformation, c'est ce que nous avons dû faire pour être aimés, les distorsions que nous avons dû imposer à notre moi naturel et spontané pour nous procurer ne serait-ce qu'un semblant d'amour. Je dis bien « un semblant », parce que l'amour véritable n'est pas le fruit d'un effort. Dès qu'il y a effort, conscient ou non, ce n'est plus de l'amour véritable qu'on trouve, mais un substitut qui n'est pas satisfaisant. Et, une fois qu'on est déformés, on l'est complètement, et pas seulement dans telle ou telle partie de son être.

Cela se reflète alors dans notre vie sexuelle qui, je vous le rappelle, ressemble à nos rêves, ces condensés de la totalité de notre vécu passé. La sexualité est donc au cœur de notre existence ; c'est le noyau central de notre être, qui peut nous renseigner sur la réalité de ce que nous sommes et sur les déformations que nous avons subies. Le sexe et le rêve se ressemblent décidément beaucoup : ils touchent tous deux à l'émotionnel, ils sont un condensé de notre vécu, et ils opèrent à un niveau où le sentiment se transforme en images.

Sentiments, symboles et perversion

Quand on est excité sexuellement, c'est tout le système qui s'excite. Qui dit excitation sexuelle dit stimulation de la sensibilité * dans son entier : d'anciens sentiments ressurgissent et suscitent la création de symboles. Dans certaines perversions, il y a bien un déclenchement des sentiments mais ceux-ci sont aussitôt transformés en rites sexuels. La souffrance primale est érotisée, afin qu'on ne puisse jamais la ressentir pour ce qu'elle est. Elle devient appétit de sexe pour certains, de nourriture pour d'autres, et la pulsion qui fait désirer le sexe ou la nourriture est de la même intensité que la souffrance qui l'inspire. Quand on ne peut pas se livrer à ce déjouement symbolique, on souffre ; non d'un manque de sexe ou de nourriture, mais à cause de la souffrance réelle que le rite sert à masquer. Certains exhibitionnistes racontent par exemple qu'ils ont l'impression d'être dans un autre monde, tant qu'ils sont sous l'emprise du rite sexuel auquel ils s'adonnent. L'exhibition sert de symbole à une vie dominée par un vieux sentiment issu de l'enfance. D'où l'impression d'être effectivement dans un autre monde — l'ancien monde de ses sentiments d'enfant.

Un exhibitionniste que j'ai soigné se sentait obligé d'aller s'exhiber dans des parkings, devant des femmes qui étaient là en train de charger leurs courses dans leurs voitures. Cherchait-il à prouver sa virilité, comme le soutiendrait la psychanalyse ? Non, il cherchait seulement à choquer ces femmes pour les forcer à manifester une émotion simple. C'était un homme qui, enfant, avait toujours dû exagérer ses gestes devant sa mère qui était si « inerte » que de simples émotions ne suffisaient pas à évoquer quoi que ce soit en elle. Cet homme-là avait donc besoin de susciter une réaction chez une femme émotive. Étant donné que les autres événements déformants de sa vie avaient également été liés au sexe, il y avait tout un ensemble de raisons qui faisaient que ses problèmes tournaient autour du sexe.

Un autre patient qui avait eu le même genre de mère était devenu un fana de revues pornographiques. Et, comme il était P.-D.G. d'une grande société, il était gêné d'avoir à fréquenter des boîtes porno, et pourtant il ne pouvait pas s'en empêcher, même s'il l'eût souhaité, intellectuellement. Que cherchait-il donc ? Il avait envie de voir du plaisir sur le visage d'une femme ; c'était aussi simple que ça. Les femmes des revues porno prenaient plaisir au sexe, elles avaient même des airs d'extase, ce qui pourrait du reste être une des raisons qui expliquent que ces publications soient souvent rendues illégales. Notre culture, tellement soucieuse du bien-être de nos contemporains, s'arrange pour exercer sa répression sur la presse du sexe partout où elle le peut, peut-être parce que les femmes qui s'y affichent simulent si bien une grande jouissance sexuelle. Cet interdit rejoint tout à fait une vieille norme de notre culture selon laquelle une femme « comme il faut » ne devrait être qu'une figurante passive de l'acte sexuel destiné à satisfaire son époux, et qu'elle ne devrait ni jouir du sexe ni en prendre elle-même l'initiative.

Mon patient achetait ce genre de publication et se masturbait continuellement en regardant les visages de ces femmes, et non leurs sexes ou leurs seins. C'était en réalité un acte non sexuel qu'il accomplissait par le truchement de son organe sexuel. Il y trouvait un soulagement — soulagement du besoin fondamental qui l'habitait.

Le sexe est l'un des meilleurs moyens dont dispose un adulte frustré pour se sentir bien dans sa peau, quand ceux qui étaient chargés de lui procurer un tel sentiment — ses parents — en ont été incapables. S'il y avait d'autres moyens aussi efficaces pour se libérer de sa tension, ce sont ces autres formes de comportement symbolique qui poseraient problème, et non le sexe.

D'après ce que nous venons de dire, on peut voir que le pervers est quelqu'un qui a été perverti, pas seulement sexuellement, mais dans tous les domaines, et en particulier dans sa quête d'amour. C'est très tôt dans son enfance qu'il a été déformé par son environnement familial, mais ce n'est qu'à l'âge de sa maturité sexuelle qu'il a connu la perversion sexuelle. Ce n'est pas possible d'être juste un peu bizarre sexuellement, et parfaitement normal par ailleurs. Le pervers sexuel peut avoir l'air normal mais, comme tous les névrosés, il a une vie intérieure secrète qui ne se devine pas de l'extérieur. Il faut déjà avoir des liens affectifs avec lui pour découvrir cette facette de sa personnalité, souvent aussi bien dissimulée que sa perversion sexuelle.

Le clivage du moi et la sexualité

Quelle est la clé de la névrose ? C'est le clivage du moi en un moi qui « ressent », isolé et coupé du moi qui comprend. Il arrive souvent qu'une personne commence à ressentir quelque chose et puis que, tout à coup, elle « se divise », et qu'au lieu de réagir, elle observe le moi. Le moi véritable est celui qui commence à ressentir, mais le moi névrotique crée un clivage et fait avorter le processus du ressentir *, entraînant le comportement dans la voie symbolique.

Ce clivage névrotique engendre toutes sortes de complications. Je repense à ce propos à l'un de mes patients qui était un spectaculaire exemple du clivage que produit la névrose. Reporter sportif de renom, c'était un homme d'une grande élégance qui cependant, la nuit, se retrouvait en train de rouler au pas dans les parcs en quête de jeunes garçons avec qui il désirait des rapports sexuels. Non seulement son homosexualité était bien dissimulée, mais la forme qu'elle prenait indiquait le niveau émotionnel d'un garçon de dix ans. (Le sexe est également révélateur du niveau émotionnel du sujet, relevons-le au passage.)

Quoique marié à une dame d'âge mûr, ce reporter sportif était dominé par ses besoins inassouvis qui le poussaient à se livrer à ses actes sexuels. Il avait eu pour père un homme froid et distant. Il était très lié à son frère aîné qui avait quitté la maison quand lui, le petit frère, n'avait que dix ans. Le gros traumatisme qu'il avait alors subi avait arrêté son développement émotionnel et créé un grand vide en lui, un besoin dont il ne s'était jamais remis. Il cherchait donc à le satisfaire de manière symbolique. Il continua à se livrer à ce déjouement symbolique jusqu'au jour où il put *re*ssentir son lancinant besoin dans son contexte initial.

C'étaient les circonstances qui les avaient pervertis, lui et son orientation sexuelle. Comme il était le meilleur athlète de toute son école, il avait une image de macho qui ne lui avait jamais permis d'extérioriser ses besoins par des actes. En outre, il n'avait personne chez lui à qui confier ses sentiments. La pression était montée jusqu'à ce qu'il ne puisse plus se contenir, et c'est là que sa double vie avait commencé. Mais, comme il se sentait obligé de préserver son image, le clivage était insupportable et il subissait une très forte tension. Il s'était du reste mis à boire et à fumer pour la soulager. Ces habitudes autodestructrices, auxquelles il recourait pour tenter d'alléger son fardeau, devaient d'ailleurs le pousser dans la tombe avant l'heure. C'est cela, mourir d'un manque d'amour.

Les homosexuels latents que j'ai connus, hommes et femmes, étaient souvent de gros buveurs et des drogués. C'était le fait d'avoir à nier constamment un besoin lancinant qui les forçait à chercher un soulagement. Devenus alcooliques, ils étaient soignés pour ça ; on considérait qu'ils avaient un problème d'alcoolisme, alors que la boisson était en réalité une tentative de *solution* de leur part. Le désir de supprimer la douleur quand on souffre est un réflexe normal et pas une aberration.

L'homosexuel est par certains côtés moins tordu que certains hétérosexuels ; déformé ou pas, il a certains besoins qu'il s'emploie à satisfaire. Au moins, l'homosexuel est à la recherche de l'amour, alors que l'hétérosexuel qui est un homosexuel latent (qui nie donc ses vrais besoins) est bien plus loin de la solution de son problème essentiel, dans la mesure où il n'essaie même plus de trouver l'amour et il lui arrive même de nier l'existence d'un tel besoin.

Un rugbyman alcoolique est venu me voir un jour parce qu'il craignait d'être homosexuel. Ce n'est qu'après un an de traitement assidu qu'il se rendit compte qu'il avait été frustré d'amour paternel. C'était moins l'homosexualité qui lui faisait peur que sa terrible envie d'extérioriser son besoin d'amour masculin dans son comportement. Il avait commencé à s'inquiéter du jour où il avait ressenti de « drôles » de choses quand il plaquait un joueur adverse ou qu'il le tenait à bras-le-corps. Il était maintenu sous pression par son besoin d'amour, qu'avec sa logique d'adulte il avait interprété comme la peur d'être homosexuel.

Lorsqu'il ressentit ce besoin pour ce qu'il était, criant les bras ouverts : « Papa, papa ! » des quantités de fois, ses craintes s'évanouirent d'elles-mêmes. Inutile de dire que sa consommation d'alcool amorça une chute radicale.

Les choses se compliquent singulièrement, avec le déjouement symbolique. J'ai soigné un homme qui avait l'habitude de se travestir. Son père était mort quand ce patient était encore tout jeune, et c'est son frère aîné qui était devenu le chef de famille. L'aîné avait à peu près le même âge que ses sœurs qu'il semblait préférer à son petit frère ; si bien que ce dernier s'était mis à croire, pas tout à fait consciemment, qu'être une fille, ça voulait dire être aimé. La mort de son père l'avait si fortement ébranlé et lui avait laissé le sentiment d'un besoin si intense que les maigres indices qu'il avait cru lire dans son contexte familial avaient suffi à modifier son attitude et son comportement.

J'avais un autre patient qui mettait des slips de femme pour se masturber. Il aurait aimé vivre avec une femme mais il n'osait pas, de peur qu'elle découvre sa compulsion occulte. Sa mère travaillait et elle l'avait laissé seul à la maison pendant la plus grande partie de son enfance. Il avait six ans quand il ramassa pour la première fois ce qui lui semblait être la seule trace de sa mère : son slip, abandonné sur le plancher. Plus tard, il s'était mis à renifler ces slips pour faire ressurgir l'émotion que lui procurait l'odeur de sa mère. C'est à l'adolescence qu'il se mit à enfiler les slips. Cette habitude devint ensuite une sorte de force autonome, bien qu'il ait depuis longtemps oublié pourquoi il s'y livrait ; elle avait un pouvoir propre contre lequel il ne pouvait rien. Les slips l'excitaient, parce que le besoin est excitant et pousse à l'assouvissement. Cependant, c'était toujours le besoin de sa mère qui motivait son comportement symbolique et qu'il n'avait jamais pu dépasser. Il y avait eu un trou dans sa vie d'enfant. Rien à voir avec une imagination maladive, c'était bel et bien réel. Et il fallait le *re*ssentir. On ne pouvait rien faire de plus.

Il y a des quantités de manières de se livrer à un déjouement symbolique du sexe. Il y a beaucoup d'hommes qui sont exclusivement polarisés sur les seins des femmes parce que, qu'ils le sachent ou non, ils n'ont pas pu être nourris au sein correctement pendant les premières semaines de leur vie. J'ai connu un homosexuel qui ne pouvait se sentir vraiment soulagé que lorsqu'il suçait le pénis de son partenaire en train d'éjaculer. Dans son imagination (pour ne pas être trop freudien), il tétait le lait de sa mère.

Une de mes patientes était devenue homosexuelle pour la plus évidente des raisons : sa mère était une femme froide et dure qui ne la touchait jamais. Elle avait donc besoin de l'amour d'une femme et, qui plus est, elle insistait pour faire l'amour dans la position des « cuillères » où elle tenait sa partenaire par-derrière. Ce n'est qu'après quelques mois de thérapie qu'elle revécut un traumatisme remontant à ses deux ans : un jour où elle tenait sa mère de cette façon-là, elle s'était fait jeter hors du lit, en s'entendant dire qu'elle était trop grande pour dormir avec maman. Le souvenir de ce traumatisme fut un choc pour elle car elle se rendit compte que son plus grand réconfort (son père était alcoolique et violent) avait été de tenir sa mère ainsi, et que jamais plus elle ne connaîtrait ça. Elle avait passé toute sa vie d'adulte à le rechercher.

Supposons qu'on qualifie son problème de perversion. A l'époque où je faisais de la psychanalyse, on m'a appris que tout penchant sexuel qui se pratiquait à l'exclusion des autres penchants était une perversion, et qu'il fallait essayer de réformer cette « mauvaise » habitude. Vous rendez-vous compte de la stupidité et de l'inutilité d'une telle démarche ? Qui ne servirait à rien dans presque tous les cas de comportement sexuel bien enraciné, y compris cette absence de comportement qu'est la frigidité.

Je me souviens d'une femme qui éprouvait une peur mortelle des hommes. Elle avait eu un père terriblement dominateur. Tant qu'elle chevauchait son partenaire — position dans laquelle elle le dominait —, ça ne se passait pas trop mal et elle arrivait à atteindre un orgasme partiel. Fallait-il recourir à la sexothérapie pour soigner une simple habitude qui reflétait en fait des milliers d'incidents vécus aux côtés de son père, jour après jour, et la terreur qu'il lui inspirait ?

La peur des hommes était une composante de sa personnalité. Elle avait épousé un faible pour ne pas en avoir peur — tout cela inconsciemment, bien entendu, car elle n'avait jamais pris conscience de cette peur, ou de la manière dont elle lui avait dicté ses choix matrimoniaux.

Les mêmes principes restent valables lorsqu'on cherche à comprendre pourquoi certaines femmes sont capables d'orgasme quand elles se masturbent, mais pas avec un partenaire. Il y a bon nombre de raisons à cela, dont la moindre n'est pas qu'elles se connaissent mieux que personne ne les connaît. Elles peuvent d'emblée se caresser le clitoris, ce que leur partenaire ne fait pas forcément toujours. Mais il y a plus important : avec un partenaire, il y a nécessairement un rapport, lequel reflète tout ce qui s'est passé antérieurement dans un autre rapport clé, celui qu'on a eu avec ses parents. La masturbation fait l'économie du rapport humain, avec toutes les complications que celui-ci engendre. La femme qui se masturbe n'a personne près d'elle pour la juger, pour voir si elle est portée sur le sexe, si elle jouit, si elle est formidable au lit, etc. Ce qui est très sécurisant et qui évite l'angoisse.

Dans la névrose, le partenaire amoureux n'est qu'un figurant qui remplace le véritable objet du désir, et c'est là une des plus grandes causes d'infidélité. Le figurant vous laisse toujours insatisfait parce qu'il (ou elle) n'est pas le véritable objet du désir ; alors on collectionne les amants, maîtresses ou partenaires sexuels, parce qu'on a un immense besoin de mère qu'un seul partenaire ne saurait combler à lui tout seul. Le névrosé enfermé dans cette logique est obligé de multiplier les partenaires à l'infini, en une futile tentative de combler le vide qui est en lui. On appelle ça l'infidélité, mais en réalité, il ne s'agit que d'un petit enfant en quête d'amour maternel.

Traiter les problèmes sexuels sans faire référence au sexe

Le névrosé confond le plaisir et la décharge de tension. Tout ce qui procure un soulagement, comme l'orgasme, est une décharge de tension. Et quand cette tension est sexualisée, elle passe pour de la sexualité.

Plus le refoulement est global, et plus la pulsion sexuelle est réduite. C'est pourquoi cette pulsion est pratiquement non existante dans les états de dépression profonde. En revanche, plus on est anxieux — quand le refoulement est défaillant — et plus la pulsion sexuelle est forte. Rien d'étonnant à ce qu'on ait constaté une intensification de la libido des retraités quand ils buvaient plusieurs tasses de café par jour. Non que le café influe directement sur la pulsion sexuelle, évidemment, mais, en stimulant le système, il le fait réagir contre le refoulement.

Il semble qu'en matière de sexe, il y ait une assez bonne correspondance entre le psychique et l'anatomique. En effet, les problèmes sexuels d'une femme sont internes et relèvent plus de la faute « par omission » ; ceux de l'homme, comme l'éjaculation prématurée, sont externes et découlent plutôt de fautes « par action ». Quand le corps du névrosé n'arrive pas à se laisser aller à l'orgasme parce qu'il tente de contenir de vieux sentiments, l'homme se plaint d'éjaculation douloureuse et la femme parle de frigidité. Elle souffre à l'intérieur, et lui, à l'extérieur.

J'ai eu un patient dont la mère était une véritable terreur. Elle avait un comportement imprévisible, elle était violente et lunatique. Résultat : cet homme avait peur des femmes. Cette peur s'était rapidement manifestée dans sa vie sexuelle (il éjaculait dès qu'il était en érection), mais elle se reflétait aussi dans le fait qu'il croulait sous le poids d'une souffrance très précoce qui l'avait frappé dans son système nerveux primitif. Lorsqu'il se laissait aller, tout remontait à la surface en même temps, pêle-mêle ; toutes ses pulsions ressurgissaient et débordaient tous azimuts. Enfant, il avait longtemps fait pipi au lit, ce qui est souvent le signe annonciateur de problèmes sexuels à l'âge adulte. Le pénis était devenu l'instrument de la décharge de tension.

Les problèmes liés au sexe sont en général les plus difficiles à traiter et les derniers à disparaître. Étant donné qu'ils touchent au cœur même de notre être et qu'ils ont un rapport direct avec l'amour et l'affection, on ne peut pas attendre d'amélioration avant d'avoir déjà résolu pas mal d'autres problèmes. Les problèmes sexuels ont effectivement tendance à se dissiper d'eux-mêmes quand on a réussi à assumer d'autres traumatismes non sexuels.

On ne peut pas espérer traiter les problèmes sexuels d'une personne tout en ignorant qu'elle a manqué d'amour toute sa vie, qu'elle s'est toujours sentie négligée et maltraitée. Pour résoudre ses difficultés sexuelles, il faut d'abord résoudre ses traumatismes passés.

En thérapie primale, nous encourageons nos patients à faire face à leurs fantasmes et nous les guidons sur le chemin de leurs sentiments. Cependant, jamais nous ne les incitons à modifier un fantasme : chacun a droit à ses propres fantasmes, d'autant qu'ils sont l'expression symbolique d'un besoin.

L'inceste

J'ai soigné un grand nombre de victimes d'inceste. La première chose à savoir sur l'inceste, c'est qu'il provoque en général une psychose. Ses effets dépassent largement les problèmes sexuels qu'il suscitera par la suite, bien qu'il y en ait, évidemment. L'inceste entraîne en réalité une énorme déformation de tout le psychisme, une distorsion pratiquement irréversible.

Plus l'inceste est précoce, et plus il y a un risque de séquelles mentales graves. En plus de vingt ans de pratique, j'ai pu observer que c'était l'événement le plus générateur de psychose chez les jeunes filles et les garçons. La seule chose qui s'en rapproche un peu est le fait d'être envoyé en orphelinat ou placé chez une gardienne avant l'âge de huit ans. Nous avons constaté dans nos mesures des signes vitaux et des ondes cérébrales que l'inceste était le seul événement qui poussait le stylet hors des limites du graphe — à égalité avec un traumatisme natal. Cette corrélation est l'un des éléments qui expliquent pourquoi les prépsychotiques qui entrent en thérapie se mettent immédiatement à revivre leur naissance.

La plupart des patientes psychotiques que j'ai soignées avaient été victimes d'un inceste, même si beaucoup ne s'en souvenaient qu'après un ou deux ans de thérapie primale. Elles se mettaient alors tout d'un coup à revivre d'étranges événements.

J'ai notamment traité une femme qui avait été prise d'hallucinations. Elle avait suffisamment d'instants de lucidité pour se rendre compte qu'elle devenait folle, mais elle ne savait pas pourquoi. En thérapie, elle eut toute une série de primals qui se déroulèrent ainsi : elle commença d'abord à sentir une ombre, une présence sinistre dans sa chambre de petite fille de six ans. Ce primal se répéta pendant deux semaines ; elle éprouvait une épouvante sans nom, une terreur inexplicable. Et puis l'ombre prit la forme d'une personne, debout à la porte. Elle revécut cela plusieurs semaines de suite, intriguée et terrifiée. Ensuite, elle se mit à entendre des pas dans le couloir et la porte qui grinçait en s'ouvrant. Plusieurs semaines s'écoulèrent encore jusqu'au jour où elle se mit à revivre la situation : agitée de convulsions, elle prit conscience de ce que cette présence, cette ombre, cette personne — c'était son père. Elle revécut le moment où il était entré dans son lit et l'avait caressée, tentant de la pénétrer malgré sa terreur muette. Il l'avait avertie qu'il ne fallait pas qu'elle crie ou qu'elle en parle à qui que ce soit, sinon le bon Dieu la punirait.

Pendant des semaines et des mois, elle revécut la scène : les pas de son père rentrant dans sa chambre le soir, tard, presque quotidiennement. Sa vie était devenue un cauchemar éveillé. Sa mère semblait fermer les yeux, comme cela se produit souvent en pareil cas — avec une consternante régularité, du reste. La petite fille n'avait personne à qui se confier. Le père finit par arrêter son manège (il était passé à la sœur). Ma patiente avait refoulé cette expérience pour la rayer de son existence. Cependant, les symptômes de psychose qu'elle présentait — des symptômes qui préfigurent toujours la résurgence de souffrances à très forte valence * — avaient été l'indice annonçant qu'elle était sur le point de revivre une telle expérience.

L'inceste entraîne presque toujours des difficultés sexuelles. Je n'ai encore jamais connu de victime dont la vie sexuelle n'ait pas été gâchée par l'inceste. Comme son respect de soi a été détruit, elle devient une femme facile et se considère comme une pute, quand elle n'en devient pas effectivement une; beaucoup de prostituées ont du reste subi l'inceste dans leur enfance. Autre éventualité pour une victime de l'inceste : une frigidité totale et entière. Il ne faut pas non plus exclure la possibilité d'une bifurcation vers l'homosexualité, ce qui est une manière de tourner définitivement le dos à tout rapport avec un membre du sexe opposé.

Il y a malgré tout quelques rares cas dans lesquels la sexualité de la victime n'a pas à souffrir de l'inceste. Lorsque celui-ci se produit au-delà de l'âge de douze ans, il se peut en effet que la jeune fille tire un certain plaisir de l'excitation que lui procure la situation, mais ce plaisir la culpabilisera énormément, ce qui occasionnera d'autres troubles mentaux chez elle. En tout cas, ses rapports avec les hommes seront généralement assez déséquilibrés.

L'exemple de l'inceste montre bien que la frigidité est un mécanisme de survie qui subsiste jusqu'à ce que la victime soit prête à revivre ses traumatismes complètement, tels qu'ils se sont produits. Vous n'imaginez pas à quel point c'est difficile d'encourager une femme frigide, victime d'un inceste, à émerger de sa frigidité ! Surtout quand personne ne sait même qu'il y a eu inceste — ni la victime ni le thérapeute.

Il est impossible de compenser les carences dont quelqu'un a souffert dans sa vie. Le thérapeute ne peut pas restituer à sa patiente un amour qu'elle n'a jamais reçu. Le besoin n'est pas malsain, c'est ce qu'il vous pousse à faire qui l'est. Encore que ce ne soit même pas tout à fait juste de dire cela, puisque c'est souvent le seul moyen d'exprimer un besoin qui aurait dû être satisfait naturellement.

L'amour, la naissance et le sexe : le prototype

Le schéma sexuel reproduit le prototype d'origine. Le déroulement de l'acte sexuel reflète en effet assez bien celui de la naissance. C'est le système parasympathique qui contrôle l'état d'excitation sexuelle, tandis que l'orgasme et l'éjaculation dépendent du système nerveux sympathique. Le vaguotonique connaît donc une période d'excitation très brève, coupée par une brusque fermeture, autrement dit un refoulement massif (ce qui correspond à l'empreinte initiale avec, par exemple, une énorme anesthésie subie peu après le déclenchement de l'accouchement). Cette fermeture est destinée à émousser la réactivité, car une pleine réactivité, avec élévation excessive de la tension artérielle et du rythme cardiaque, et une forte hausse de la température profonde du corps, sont des dangers pour l'organisme.

Les neuro-hormones du refoulement, telles que la sérotonine et les endorphines, interviennent très activement pour maintenir cette fermeture et nous empêcher de ressentir pleinement. En effet, après la fermeture, il y a une partie de soi qu'on ne peut plus sentir, à savoir les aspects du traumatisme qui n'ont pas pu être intégrés. Tant que le traumatisme restera engrammé — et ça peut être toute la vie —, le refoulement correspondant continuera à s'exercer. Ce que nous voyons pendant une séance de thérapie n'est souvent qu'une reproduction du traumatisme précoce : à mesure que le patient se rapproche de son empreinte, les valeurs de ses signes vitaux grimpent très fort, et puis c'est la fermeture et il ne ressent plus rien.

Il faudra des mois, voire des années, pour que le patient arrive à rentrer en contact avec le traumatisme, à s'y replonger et à le résoudre, ne serait-ce que partiellement. Après quoi la température profonde du corps et la tension artérielle, entre autres, s'abaisseront pour retrouver les valeurs typiques de la zone normale de sensibilité * — des valeurs qu'elles conserveront ensuite. Une séance de thérapie avec primal ressemble beaucoup au déroulement du schéma de la naissance et, plus le patient retrouve le contact avec ce traumatisme, et plus il recouvre sa sexualité.

Ressentir, c'est avoir une réactivité totale. C'est pouvoir rester à l'intérieur de la zone de sensibilité, telle qu'elle se définit par certains niveaux caractéristiques de la tension artérielle, des ondes cérébrales, de la température du corps, des sécrétions hormonales, du rythme cardiaque, de la production de sérotonine et d'endorphines, etc. Cette zone, comme nous l'avons découvert, se caractérise en effet par certains paramètres particuliers. Lorsque, par suite d'une élévation excessive de la tension et des autres signes vitaux, on dépasse la limite supérieure de cette zone de sensibilité, on n'est plus capable de ressentir ou de réagir pleinement. Pas plus qu'on ne peut réagir normalement si une trop forte baisse de la tension, du pouls et ainsi de suite, nous fait descendre en dessous de la limite inférieure de la zone de sensibilité. En schématisant un peu, on pourrait dire que le sympathicotonique fonctionne au-delà de la zone de sensibilité et le vaguotonique en deçà. Le revécu de la naissance ou d'autres traumatismes précoces entraînent une normalisation du niveau de tous les signes vitaux et des taux hormonaux — hormones sexuelles, hormones de la croissance et hormones du stress —, une normalisation telle que le sujet peut de nouveau sentir — *re*-ssentir. Retrouver la capacité de ressentir, c'est recouvrer sa réactivité dans tous les domaines du comportement humain ; et cela résout de nombreux problèmes sexuels puisque le sexe est avant tout affaire de sensibilité et de passion.

En gros, le sentiment fonctionne selon le principe du « tout ou rien ». Ressentir, c'est d'abord et essentiellement ressentir l'empreinte, une empreinte qui signifie souvent : « Sentir, c'est mourir. » Or, l'empreinte a la priorité sur tous les autres sentiments ; c'est toujours par rapport à elle qu'on réagit, quel que soit le contexte émotionnel du moment. Plus il y aura de passion dans une situation actuelle, et plus elle sera susceptible de réveiller le sentiment « passionnel » ou « excitant » ressenti précocement devant la mort imminente. Autrement dit, dans toute situation émotionnelle, c'est d'abord à soi-même qu'on réagit, et c'est cette réaction qui détermine notre comportement extérieur.

Le schéma de l'acte sexuel, avec la montée de la tension et de l'excitation qui l'accompagne, évoque le schéma de la naissance avec ses phases d'excitation et de fermeture. Si le traumatisme de la mort frôlée à la naissance, ou juste après (comme quand le bébé est mis en couveuse ou emmené loin de sa mère), avait été ressenti intégralement et qu'on y eût réagi pleinement, on en serait mort. Autrement dit, la pleine réactivité renvoie en permanence à l'empreinte d'un danger. C'est pourquoi la passion évoque toujours la mort et voilà qui explique la fermeture : c'est le même réflexe de fermeture qui a joué à l'origine pour émousser la sensibilité et empêcher la pleine réactivité.

Cette fermeture radicale qui se produit à la naissance va entraîner par la suite une déperdition de la sensibilité. Si le traumatisme a « fermé » la personne à quarante pour cent (sans même tenir compte de l'éventualité d'autres traumatismes futurs), celle-ci ne disposera plus que de soixante pour cent de sa capacité sensible pour aborder le sexe. Cela signifie aussi que la personne n'aura plus que soixante pour cent de sa sensibilité (normale) pour ressentir l'amour que les autres pourront lui donner, à commencer par ses parents. Souvenez-vous de la chute radicale du niveau des hormones du stress qu'on constate après le revécu et la résolution des traumatismes précoces, comme l'indiquent nos recherches sur les hormones. Et ce n'est là qu'un des nombreux signaux révélateurs du poids de la souffrance et du refoulement sur le système.

L'aptitude à éprouver de l'amour et à jouir du sexe va donc se trouver fortement diminuée à l'âge adulte, d'autant que le refoulement prototypique est généralement encore renforcé ensuite par un manque d'amour. C'est ce qui fait qu'on peut grandir en se sentant mal aimé, même si, en réalité, on est aimé ; alors, si en plus un enfant ne reçoit que très peu d'amour, il ne le percevra pratiquement pas du tout. Cependant, même si l'enfant a reçu une petite dose d'amour, son empreinte précoce lui dictera le sentiment d'être mal aimé. C'est ce qui donne aux gens l'impression de vivre dans une bulle, en étant incapables de sentir ce qui se passe autour d'eux.

L'enfant qui a été refoulé très tôt n'est pas capable de contacts intimes avec ses parents, même si ses frères et sœurs le sont. Il ne peut pas rester longtemps dans les bras de quelqu'un, il faut qu'il cherche à se soustraire très vite à cette étreinte. Il est toujours en retrait par rapport aux autres, incapable d'accepter un compliment ou une attention gentille, une attitude de douceur, ou le souci que quelqu'un peut avoir de lui. Il ne supporte pas qu'on lui chante des berceuses quand on le met au lit, pas plus qu'il ne peut accepter une tape amicale dans le dos de la part de ses petits camarades. Il ne veut pas qu'on lui passe un bras autour du cou, et encore moins qu'on lui fasse un bisou sur la joue. Sauf si on ne fait que l'effleurer et qu'il n'a pas l'impression qu'on risque d'empiéter sur son quant-à-soi. Mais si les baisers et les caresses se prolongent et sont intenses, suffisamment intenses pour faire ressurgir de vieux sentiments, alors cela devient inacceptable pour lui.

Le plus diabolique dans toute cette histoire, c'est que plus tard, quand l'enfant devenu grand rencontrera de l'amour et de la chaleur et qu'il voudra les ressentir, cela ressuscitera tout le vieux syndrome du « sentir, c'est mourir ». La personne vivra très mal la situation et elle aura tendance à vouloir saboter ses rapports amoureux en provoquant une dispute, en cherchant la petite bête, en critiquant — bref, en faisant de son mieux pour esquiver l'amour. Parce qu'en évitant de *se sentir* aimée, elle évite aussi de sentir la mort et l'angoisse. Elle va donc se chercher un partenaire froid et refoulé, afin de ne pas courir le risque de ressentir quoi que ce soit. Alors, enfin, elle se sentira en sécurité : en sécurité et sans amour.

On se demande souvent ce qui fait que deux enfants élevés dans la même famille puissent être si différents. D'abord, ils ne sont pas vraiment élevés dans la même famille, dans la mesure où leurs parents ont parfois tendance à préférer un de leurs enfants ; il arrive par exemple qu'on préfère la fille au garçon, surtout dans une famille au père tyrannique. Mais surtout, c'est le train traumatique précoce qui détermine le mode de réaction de l'enfant, donc son type de personnalité. Il va y avoir interaction entre cette personnalité et celle du parent qui, selon les cas, saura établir des rapports avec une personne « fermée » ou se sentira au contraire repoussé.

Le sympathicotonique connaît beaucoup plus souvent l'excitation sexuelle et l'orgasme que le vaguotonique qui commence souvent par être excité, et puis qui se ferme, ou se désintéresse de ce qui se passe, et/ou qui a du mal à accéder à l'orgasme.

Le sympathicotonique lui, éjacule sans difficulté, souvent trop rapidement, et il consacre moins de temps aux préliminaires. Surtout motivé par son but final, il cherche à conclure rapidement, comme il a dû le faire initialement pour repousser la mort. En effet, cela aurait pu lui coûter la vie que d'aller lentement et de ne pas foncer droit au but, à l'origine. Ce qui explique la nature pressante et urgente de l'acte sexuel chez lui. Au lieu de prendre son temps pour savourer à loisir les délices de l'expérience, il « tire son coup » ; c'est son mode de fonctionnement sexuel. Pour lui, toute expérience qui mobilise la sensibilité se traduit par un « expédions ça vite fait, et passons à autre chose ».

Si le sympathicotonique a une sexualité plus active, c'est parce que sa souffrance est moins bien refoulée que chez le vaguotonique, et qu'elle est sans cesse sur le point de ressurgir. Lorsqu'elle atteint l'hypothalamus, elle se transforme en pulsions sexuelles. La transformation se fait automatiquement et inconsciemment, et, au lieu de se sentir anxieux, on se sent des envies de sexe.

Le sympathicotonique est très excitable dans tous les domaines, qu'il s'agisse de sexe ou de colère. Le vaguotonique met beaucoup plus de temps que lui à s'exciter et à s'irriter, par exemple. L'ensemble du schéma sexuel est prototypique et il reproduit le déroulement du traumatisme natal. Dans le cas du vaguotonique : activation et excitation suivies d'une fermeture et d'un engourdissement (comme ce fut le cas initialement à la suite de l'anesthésie). Chez le sympathicotonique : activation et volonté de conclure et de sortir.

Un vaguotonique requiert des stimuli exceptionnellement forts pour briser la barrière de son refoulement et il est donc fréquent qu'il ait besoin d'être battu pour trouver l'excitation sexuelle ; ce sera d'ailleurs généralement un sympathicotonique qui le battra. Les perversions du vaguotonique sont plutôt passives (voyeurisme), celles du sympathicotonique plutôt actives (viol).

Le névrosé a souvent besoin de recourir à des fantasmes et à des accessoires particuliers pour trouver l'excitation sexuelle. Ces fantasmes sont généralement issus de frustrations profondes et le rituel donne au névrosé une certaine impression de maîtrise et d'assouvissement.

Le sympathicotonique et le vaguotonique sont tous deux totalement captifs d'une empreinte à laquelle nul ne peut échapper, malgré ceux qui prétendent le contraire et qui proposent toutes sortes de soi-disant « traitements » des problèmes sexuels. Il est évident qu'il y a des personnes qui ont besoin de conseils en matière de sexe, d'attitude par rapport à la sexualité, et de techniques sexuelles. Mais tous les conseils du monde ne pourront jamais rien pour résoudre un problème sexuel. C'est-à-dire pour permettre au sujet d'expérimenter l'acte sexuel avec une sensibilité pleine et entière, nourrie de toutes les nuances de la passion qu'il peut ressentir. Tant qu'il subsiste un certain degré de refoulement, la passion en est diminuée d'autant.

Récapitulons : lorsqu'on atteint un certain niveau de sentiment ou de passion dans l'acte sexuel — un niveau d'excitation rappelant celui du traumatisme originel — l'ancienne séquence d'événements se déclenche, et l'acte sexuel reproduit le traumatisme. Tant que le degré de passion reste contenu en dessous d'un certain seuil, on arrive à éviter le déclenchement de l'ancienne séquence. Comme nous l'avons souvent constaté, la frigidité n'est que le moyen par lequel le refoulement contient la souffrance, et donc la sensibilité. Ce n'est donc pas forcément un problème de sexe, mais de passion. C'est plutôt un problème de réponse physique dans lequel le sexe joue un rôle. On voit beaucoup de gens qui ne manifestent aucune émotion, qui sont impassibles et qui ne réagissent pas; c'est par ce moyen-là que la personnalité bride la sensibilité, qu'elle contient les sentiments susceptibles de menacer l'organisme. Car le corps sait bien qu'une réaction trop forte de sa part risquerait d'ouvrir la boîte de Pandore.

Les nouveaux patients de thérapie primale qui n'accèdent à leurs sentiments que de façon limitée connaissent un orgasme partiel pendant l'acte sexuel, après quoi ils ont la migraine. La migraine est souvent un élément d'une réaction spécifique à un traumatisme natal dans lequel les cellules cérébrales ont failli mourir d'un manque d'oxygène. Cette anoxie pendant la naissance signifie qu'il y a d'abord eu une très forte vasoconstriction afin de conserver l'oxygène, mais qu'à partir d'un certain seuil la réaction s'est inversée et il y a eu vasodilatation, avec des élancements dans la tête et la migraine. La migraine indique en effet que sous l'effet d'une excitation, le vaguotonique (neuf fois sur dix, il s'agit d'un vaguotonique) a ressuscité le souvenir d'une anoxie éventuellement due à une forte anesthésie subie à la naissance. La respiration lourde et profonde qu'on a pendant l'acte sexuel (ou même à l'occasion de toute autre forme d'exercice ordinaire) déclenche à nouveau la même suffocation que celle qu'on a connue pendant le traumatisme natal.

L'anoxie était un des facteurs qui faisaient qu'un de mes patients devenait comme « mort » en plein milieu de l'acte sexuel. Cette réaction reproduisait l'anesthésie qu'il avait subie pendant sa naissance et qui lui avait fait perdre la sensation; c'est ainsi qu'au beau milieu de l'acte sexuel, il perdait tout à coup toutes ses sensations. On retrouve bien là un analogue de la naissance.

J'ai soigné une femme qui ne pouvait accéder à l'orgasme qu'en s'imaginant qu'elle avait les jambes et le cou ligotés au mât d'un bateau. Après quoi il fallait qu'elle lutte sans relâche contre les pirates qui la retenaient prisonnière. Cette lutte était son seul moyen d'arriver à la jouissance. Son enfance avait contribué à cet état de choses dans le sens où elle y avait appris qu'on ne se livrait pas au sexe pour le plaisir, à moins, bien sûr, de ne rien pouvoir y faire. Mais ce qui donnait une énorme valence et une impulsion directrice à son rituel, c'était surtout la composante natale : ayant été étranglée par le cordon ombilical pendant la naissance, elle se sentait impuissante, incapable de conclure et de réussir.

Son rite consistait essentiellement à lutter tout en étant attachée, ce qui recréait son traumatisme natal. Une fois qu'elle parvenait à se dégager de ses liens, elle se sentait brusquement libérée et toute la force qui avait été jusqu'alors réprimée ressurgissait avec une grande violence. Ce fut du reste l'origine de sa maladie maniaco-dépressive. La première partie de l'événement correspondait à la phase de dépression et/ou de refoulement puissant, la seconde partie expliquant la phase maniaque. Dès qu'elle se dégageait de ce qui la retenait, tout ressortait tout d'un coup; la force qui avait été bridée se trouvait libérée. La dépression et l'état maniaque n'étaient donc pas deux troubles distincts, mais deux façons différentes de gérer la même empreinte.

Le sexe était pour elle une manière de gérer son traumatisme natal en trouvant une forme de décharge convulsive. Chaque rapport sexuel lui donnait une chance de se décharger d'une partie de sa sensibilité bridée. C'était une tentative de normalisation. Le traitement de sa psychose maniaco-dépressive et la résolution de ses problèmes sexuels se firent conjointement à travers le revécu de son traumatisme natal, un revécu qui se déroula sur deux ans. C'était un spectacle impressionnant que de voir la force qui se déchaînait et il faut l'avoir vue pour pouvoir en mesurer toute la violence. A mesure que la patiente progressait dans la résolution de ses problèmes, nous avons constaté des modifications définitives, et à la baisse de son pouls, de sa tension artérielle et de la température profonde du corps.

J'ai également soigné une autre patiente qui avait le même genre de problèmes; il fallait toujours qu'elle soit attachée pour pouvoir jouir. Une partie du problème provenait de son éducation : les jeunes filles « bien » ne se livrent au sexe que contraintes et forcées. L'autre partie tenait à l'impression d'être « coincée » qu'elle avait éprouvée pendant sa naissance. Lorsqu'elle eut revécu plusieurs fois cette empreinte de « coinçage », son rite s'estompa peu à peu, de lui-même. On n'eut même pas à en parler; simplement, au fur et à mesure que nous travaillions sur sa naissance, elle se rendit compte du changement qui se produisait dans ses rites sexuels.

J'ai eu une autre patiente qui éprouvait le besoin d'impliquer son partenaire dans sa lutte, pendant le rapport sexuel. Elle commençait par dire « oui », puis elle hésitait, puis elle disait « non », après quoi elle redisait « oui » et ainsi de suite. La séquence était la suivante : lutte, lutte, espoir, et capitulation — ce qui est une séquence de vaguotonique. Quant à la patiente, elle disait que le sexe la barbait si elle n'en faisait pas une lutte, mais elle ne se rendait pas compte des implications profondes de son attitude.

Son partenaire, qui était également un de mes patients, était devenu impuissant, du fait de sa propre empreinte. Comme il se trouvait obligé de lutter, il se disait que c'était sans espoir et il perdait son érection ; là-dessus, il éprouvait une impression d'échec et il renonçait. Lorsqu'il lui arrivait quand même de jouir, c'était généralement douloureux ; en effet, le sentiment — qui fonctionne le plus souvent selon le principe du « tout ou rien » — faisait ressurgir ce qu'il y avait de plus douloureux dans sa vie et ces souffrances étaient évacuées dans l'orgasme.

Il y a des hommes qui ont besoin de sentir qu'ils ont conquis leur partenaire pour pouvoir jouir, et si la conquête est trop facile ils s'en désintéressent. Si la femme a elle-même une attitude conquérante et si elle montre à son partenaire qu'elle a vraiment envie de lui, la cause est perdue car l'homme est floué de la possibilité de lutter. En plus de la composante éducative et culturelle qui fait de la virilité une affaire de domination, on retrouve là un facteur lié à la naissance : la lutte est plus que nécessaire, elle est synonyme de survie. Puisque c'est à la lutte initiale qu'on doit la vie sauve, la lutte devient une chose essentielle. C'est la lutte qui est « excitante », comme ce fut le cas à l'origine — « excitante » dans le sens de générateur d'une excitation qui mobilise tout le système. Le fait de ne pas se battre signifie trop souvent la mort, parce que c'est effectivement le sens qu'aurait eu l'absence de lutte à la naissance. Qui plus est, chaque lutte nouvelle apporte avec elle un renouveau de l'espoir.

J'ai eu un patient qui était incapable de faire le geste de rentrer en contact avec des femmes ; il n'arrivait pas à les aborder. Il mettait donc des petites annonces dans le journal et, bien entendu, les réponses qu'il recevait venaient toujours de femmes consentantes. Ce qui était parfait pour lui, vu sa passivité : les femmes venaient à lui. Pas besoin de lutter. Il subissait une empreinte natale de vaguotonique qui avait pour contenu : « pratiquement pas de lutte, suivie d'un énorme échec débouchant presque sur la mort ». Il ne pouvait pas supporter de lutter pour obtenir le sexe car, pour lui, la lutte signifiait la mort : à sa naissance, il avait été coincé dans une position qui avait nécessité un accouchement par le siège. Il n'avait donc eu aucune possibilité de se soustraire à cela, aucune occasion de se battre.

Un autre patient avait du mal à éjaculer, et il n'y arrivait souvent même pas du tout. Sa naissance avait été une lutte prolongée suivie d'un échec. Pas de réussite finale, pas de soulagement en fin de parcours : on l'avait traîné hors de la matrice, à moitié mort. Conclure était catastrophique pour lui, et il continuait à en subir les séquelles dans sa vie sexuelle.

Le corps tend en permanence vers l'homéostase et il cherche à recréer la naissance à travers de nombreux aspects de notre comportement dont le sexe n'est pas des moindres, dans la mesure où le sexe et l'orgasme sont des analogues de la naissance. Ces retours à la naissance sous des formes déguisées et constamment répétées correspondent à une tentative de répétition du traumatisme dans le but de s'en débarrasser. Mais puisqu'il ne s'agit que d'analogues, de symboles, il n'y a jamais de véritable résolution et le rituel se perpétue. J'ajouterai que le cycle manie-dépression est aussi une tentative de normalisation du système en recréant des événements précoces qui ont mis la vie en péril, et en visant à les maîtriser et à les résoudre.

D'une certaine façon, le corps sait que le revécu de l'événement de la naissance est la seule solution, la seule possibilité de trouver un soulagement définitif, et c'est pourquoi il la fait ressurgir de toutes les façons possibles et imaginables, sous des formes masquées. Or, il se trouve que le sexe est la seule forme de décharge convulsive qui puisse faire pendant aux convulsions douloureuses de la naissance. Un fait qu'on apprécie mieux quand on a vu mes patients en convulsions pendant une heure ou deux d'affilée, sans arrêt et de manière automatique.

La meilleure illustration de cette observation nous est fournie par les cas de psychotiques et de prépsychotiques que nous avons suivis. J'ai remarqué qu'ils revivent souvent leur naissance pendant les trois premières semaines de leur thérapie, alors qu'il faut généralement des années pour que les autres patients en arrivent là. Les psychotiques et prépsychotiques sont en effet moins refoulés que les autres, comme on pourrait s'y attendre, et ils ont souvent une plus grande réactivité au sexe. Mais plus ils sont perturbés, et plus leurs réactions risquent d'être « cinglées ».

Si les individus les plus perturbés pouvaient s'adonner suffisamment au sexe, il est possible qu'une partie de leur perturbation pourrait être évacuée par ce moyen, puisque le sexe représente une décharge analogue à celle de la naissance. La même remarque pourrait s'appliquer à l'épilepsie psychogène; j'ai toujours eu l'impression qu'une décharge sexuelle suffisante pourrait peut-être réduire l'énorme décharge d'impulsions électriques qui survient n'importe quand et qui constitue la crise d'épilepsie. Ce n'est bien sûr qu'une vue de l'esprit, j'en conviens, dans la mesure où un épileptique a par ailleurs des quantités d'autres problèmes qui l'empêchent de s'adonner au sexe, à commencer par celui de la frigidité. Il n'empêche que la décharge qui se produit dans l'acte sexuel présente une forte analogie avec celle de l'épilepsie, puisqu'il s'agit également d'une énorme décharge d'énergie électrique dans le cerveau.

Je me rappelle avoir soigné une patiente qui avait des primals très caractéristiques (un primal est le revécu systématique des traumatismes émotionnels précoces), pendant lesquels elle gardait toujours une main derrière le dos et les poings serrés. Après de nombreux mois passés à revivre des événements de son enfance, un jour, pendant une séance, son thérapeute lui attrapa le poignet et l'agrippa fermement ; elle se trouva aussitôt projetée dans un épouvantable revécu d'inceste — un événement qui avait déterminé une bonne part de sa vie et dont elle était restée inconsciente jusqu'à ce moment-là. Et qui expliquait ses phobies et sa frigidité, ainsi que de nombreux autres aspects de sa personnalité. Son père avait abusé d'elle quand elle était toute jeune, lui immobilisant une main derrière le dos. La patiente dut revivre ce moment-là plus d'une centaine de fois, avec toute la somme de souffrances que cela suppose, mais elle parvint finalement à résoudre l'essentiel de ses problèmes sexuels. En revanche, si on lui avait fait faire des exercices spécifiquement destinés à guérir sa frigidité, elle n'en aurait pas tiré le moindre profit.

Cela faisait quinze ans qu'une autre patiente n'avait plus eu de règles ; quand elle se mit à remonter la chaîne de la souffrance en pénétrant dans les profondeurs de son inconscient, ses règles reprirent. De toute évidence, nous avions déclenché des changements hormonaux chez elle et nous étions en train de normaliser son système. Je l'ai déjà dit et je le répète : la souffrance et la névrose sont des expériences qui s'inscrivent en nous, et pas des idées. Il ne suffit donc pas de les comprendre sous forme d'*insight,* il faut les revivre en tant qu'expériences.

Le névrosé n'aura jamais une sexualité authentique, quelle que soit l'impression qu'il puisse donner de l'extérieur. Il sera capable de se livrer à l'acte sexuel, ce qui n'est pas la même chose que de jouir pleinement de sa sexualité. La sexualité est une manière d'être, un état intérieur, à la différence du comportement sexuel, qui est extérieur et que n'importe qui peut reproduire. Lorsque la sensibilité est diminuée et limitée, il en va de même pour la sexualité.

Ce que j'ai constaté après des dizaines d'années de travail en thérapie, c'est que la plupart des problèmes sexuels pouvaient se soigner efficacement sans qu'on ait à faire la moindre allusion au sexe. C'est pourquoi j'insiste sur le fait que la prise en compte des difficultés sexuelles nous entraîne inévitablement au cœur de l'être humain.

N'oublions pas que le sexe est le moyen par lequel nous transmettons les codes qui renferment l'histoire de l'humanité et de ses mécanismes de survie. Il faut continuer à semer la graine, tout en s'assurant aussi qu'elle contient bien les mécanismes qui lui permettront de se perpétuer. Le sexe n'est pas un sous-produit de l'activité humaine ; il en est l'essence même. *Nous sommes sur Terre pour baiser.* De toutes les activités humaines, c'est celle qui a la priorité absolue ; elle est l'objectif central de notre existence. L'espèce a le même instinct de survie que les individus qui la composent.

Étrange dilemme : le sexe est devenu honteux alors que l'absence de sexe constitue une menace à notre survie. Ce qu'on appelle une conduite « morale » est en fait un comportement qui va à l'encontre de la survie. Le sexe est le principal mécanisme de la survie humaine et la névrose est dangereuse parce que, en déformant l'instinct sexuel, elle menace cette survie.

Même le placenta est bourré d'endorphines, ce qui indique une prédisposition génétique au refoulement, donc à la névrose et donc à une sexualité déformée, plus tard. Cela veut dire que nous venons au monde déjà équipés pour la névrose et prédisposés à de futurs problèmes sexuels, puisque la névrose n'est rien d'autre que le refoulement de souffrances importantes, tout au début de la vie. Autrement dit, *les problèmes sexuels commencent dans l'utérus.*

On en voit la démonstration dans le fait que les patients qui ont revécu leur traumatisme natal présentent des modifications de leurs taux d'hormones sexuelles et de leur comportement sexuel. Il a été démontré que le stress subi par une mère enceinte pouvait altérer les hormones du fœtus. Les travaux menés par Dorner en Allemagne ont montré que la manipulation des hormones sexuelles d'un fœtus animal pouvait altérer ses futures tendances sexuelles dans le sens de l'homosexualité.

Dorner a également constaté une tendance plus marquée à l'homosexualité chez les animaux qui avaient été privés très tôt du contact maternel. Comme nous l'avons déjà mentionné, nos propres recherches ont montré d'importantes modifications du taux d'hormones sexuelles chez les patients qui avaient revécu d'importants traumatismes précoces. Nous étions partis de l'hypothèse que la réduction de la souffrance qu'apporterait le revécu permettrait une normalisation du taux des hormones sexuelles, ce qui fut effectivement confirmé. Notre raisonnement avait été le suivant : si le traumatisme précoce pouvait altérer ces sécrétions hormonales, on devrait pouvoir les normaliser en s'occupant du traumatisme. Le fait même que les traumatismes très précoces s'accompagnent de modifications des hormones sexuelles montre pourquoi les problèmes sexuels sont si difficiles à traiter.

Soyons bien clairs : une modification du taux d'hormones sexuelles ne suffira peut-être pas à elle seule à infléchir un comportement sexuel, mais elle peut préparer un terrain, de sorte que les frustrations et les rejets que le sujet subira plus tard à cause de ses parents se concrétiseront sous forme de tendances. Ayant mesuré la variation du taux de testostérone d'un patient qui avait revécu plusieurs fois sa strangulation par le cordon ombilical pendant la naissance (provoquant un excès du mode parasympathique), nous avons constaté une élévation du taux de cette hormone sexuelle après le revécu. A la suite de quoi ce patient est devenu plus entreprenant et plus actif dans sa vie sexuelle.

Dans un sens, les problèmes sexuels nous ouvrent une fenêtre sur l'inconscient. Car on les retrouve à tous les niveaux, qu'il soit question de besoin, de souffrance, de refoulement, d'empreinte, ou de la naissance et de ses séquelles. Et c'est pourquoi les problèmes sexuels nous mènent droit au cœur de la condition humaine.

Il est clair que toute psychothérapie devrait avoir pour tâche principale d'aider au plein épanouissement de la sexualité, puisque celle-ci joue un rôle primordial dans le devenir de la condition humaine. Cela supposerait l'élimination de la majeure partie du refoulement. Si l'on y arrivait en travaillant de l'intérieur, et non par des exercices plaqués de l'extérieur, on pourrait estimer que tout le reste des problèmes émotionnels a été résolu du même coup. L'individu et l'espèce seraient alors hors de danger.

S'il faut essayer d'assurer une bonne naissance à nos enfants, ce n'est pas seulement parce que c'est ainsi qu'on contribue à produire des sujets sains, mais aussi parce que cela garantit la survie des meilleurs éléments. C'est ce qui peut donner les individus les plus sains, doués d'une bonne sexualité et capables de transmettre à leur progéniture la meilleure chance de jouir eux-mêmes d'une bonne santé et d'une vie sexuelle correcte.

On peut fort bien *savoir* tout cela de manière théorique, mais ça ne changera rien au problème tant qu'on n'aura pas *res*senti ses empreintes précoces, tant qu'on n'aura pas conscientisé l'inconscient. La *connaissance* et la compréhension, ces fleurons de l'activité cérébrale, sont utiles, certes, mais seule la *conscience* guérit.

Phillip

J'avais dix ans quand je suis tombé sur un lot de photos porno dans un terrain vague. Pour la première fois de ma vie, je me suis rendu compte que les femmes avaient des tétons. Quel choc ! Moi qui avais cru que les seins étaient juste de belles collines blanches qui se dressaient sur le corps d'une femme, délices enchanteresse mais toujours inaccessibles ! Les tétons dérangeaient le paysage mais je ne pus bientôt plus m'imaginer une femme sans me les représenter aussi. Je ne sais pas combien de fois je me suis masturbé devant les photos de ces femmes qui me regardaient. Ça m'excitait. Celles qui m'excitaient le plus, c'étaient les femmes avec les plus gros seins et qui me regardaient, elles aussi.

Ma maman aussi avait une grosse poitrine mais elle ne me regardait jamais d'un air compréhensif. Alors, ces photos me procuraient ce dont j'avais besoin : une mère qui se dénude (la mienne ne le faisait jamais) et qui fasse attention à moi (ce qu'elle ne faisait jamais non plus).

Quelque temps plus tard, je me suis mis à pratiquer l'exhibitionnisme ainsi que le voyeurisme. J'essayais aussi les sous-vêtements de ma mère. Toutes ces pratiques faisaient partie de ma routine quotidienne et j'ai bien dû les répéter des dizaines de milliers de fois en trente-cinq ans. Chaque jour, je passais plusieurs heures à me livrer à mes rites — que d'énergie gaspillée en pratiques destructrices ! Une énergie que j'aurais pu consacrer à construire ma vie.

Quand je m'exhibais, je le faisais de telle sorte qu'il était rare que les femmes qui passaient devant ma fenêtre (ma porte ou ma voiture) me voient. Et si jamais ça arrivait, je m'empressais de me cacher. L'excitation que je ressentais était trop intense pour que je supporte d'être vu pendant plus d'une seconde ou deux. Après tout, ma mère ne me voyait jamais, et c'était pourtant ce dont j'avais si profondément besoin. Et, dans la mesure où toutes les femmes me tenaient lieu de « maman », j'avais désespérément envie qu'elles me voient, tout en étant en même temps incapable de le supporter.

J'étais émotionnellement incapable de concevoir qu'une femme pût me voir, et c'est ce qui fait que je n'ai jamais été arrêté. J'étais un exhibitionniste timide. Même jusque dans cette réaction extrême de l'exhibition de soi-même, je n'arrivais pas à imaginer qu'une femme pût jamais m'accepter.

Il y eut un incident dans mon enfance qui contribua largement à me faire devenir exhibitionniste : mon frère aîné voulait me forcer à tenir mon crayon de la main droite plutôt que de la gauche — j'étais gaucher. J'avais beau hurler de peur, appeler à l'aide, me tordre de douleur, on faisait la sourde oreille à mes cris, on fermait les yeux sur ce qui se passait. La scène se renouvela des quantités de fois, pendant des semaines. Maman trouvait normal que mon frère s'asseye sur moi pour me clouer au sol, immobilisant mes bras avec ses genoux, tout en me forçant à prendre mon crayon de la main droite, pendant que le gamin de quatre ans que j'étais hurlait dans l'espoir de sauver sa vie. Et elle ne me voyait pas.

J'ai revécu cette scène tellement de fois maintenant que je commence à me défaire de mon besoin de m'exhiber. Du fait de ressentir *la souffrance liée à mes traumatismes d'enfant, je me sens plus conscient et moins compulsif. Je sais que je suis en train de me guérir de l'intérieur et que cela ne peut que se répercuter sur mon comportement extérieur.*

Ted

Le premier souvenir qui me revient (vers l'âge de sept ans), c'est que j'allais fouiller dans le tiroir où ma mère rangeait ses sous-vêtements, et que je me sentais attiré par ses bas. Je les enfilais et j'aimais bien l'effet que ça faisait sur ma peau. En même temps, j'éprouvais des sentiments mitigés, une sorte de dégoût, comme si ce n'était pas bien, ce que j'étais en train de faire. Ça ne m'empêchait pas de recommencer dès que je me trouvais seul à la maison. J'avais une dizaine d'années quand j'ai commencé à m'intéresser aux amies de ma mère qui étaient toujours très gentilles avec moi, surtout une. Quand nous allions la voir chez elle, je me glissais en catimini dans sa chambre et je fouillais dans ses sous-vêtements, reniflant ses slips et étirant ses bas contre ma peau. Plus tard, au début de l'adolescence, j'essayais de reluquer les employées de la boîte de mon père. Je me postais en douce derrière la fenêtre des toilettes, dans l'espoir de les voir nues ou en train de faire pipi. Ça m'excitait beaucoup, mon cœur battait comme un fou. Et pourtant, j'étais un gosse timide et renfermé, et je me sentais très gêné si, par hasard, une de ces mêmes femmes me témoignait la moindre attention. Je me livrais à cette activité chaque fois que c'était possible, et ça continua jusqu'à ce que je parte travailler dans des fermes, après mes vingt ans. La situation dans laquelle je me trouvai alors exacerba mon sentiment de solitude. Je logeais à part et j'avais très peu de contacts avec les autres gens. J'essayais régulièrement de reluquer les femmes de la ferme ; deux ou trois soirs par semaine, je me planquais sous leurs fenêtres pour essayer de les surprendre en train de se déshabiller. Ça m'excitait beaucoup et je me masturbais, et je ne pouvais repartir qu'après avoir joui. Ma compulsion était si forte que je ne pouvais absolument pas m'en empêcher, tout en sachant que je risquais de perdre mon boulot et la considération de mes amis. J'ai toujours eu du mal à exprimer un besoin à une femme. A tel point que j'ai passé toute mon adolescence et tout le début de la vingtaine seul, alors que j'avais désespérément envie d'intimité avec une femme.

Pour moi, le voyeurisme est un moyen de me rapprocher de l'intimité (même totalement symbolique) d'une femme, sans me dévoiler à elle — ni moi, ni mes besoins. Je peux aussi m'éclipser dès que j'ai joui, sans être tenu à donner quoi que ce soit en échange. Cette pulsion varie en fréquence et en intensité selon les moments, en fonction du sentiment de solitude que j'éprouve et des distractions que je peux éventuellement avoir par ailleurs. Je le précise parce que la pression que cette pulsion exerce sur moi est constante. Même lorsque je ne l'extériorise pas par des actes, je passe mon temps à regarder les femmes et, quand il n'y en a pas, j'ai l'impression qu'il manque quelque chose. Je sais bien *que, symboliquement, c'est ma mère que je cherche. Je ne l'ai jamais vue nue, et je ne peux pas me souvenir qu'elle m'ait jamais pris dans ses bras ou caressé. Encore maintenant, j'éprouve une sorte de dégoût quand je la prends dans mes bras pour l'embrasser. Je n'arrive pas à* sentir *que c'est d'elle que j'ai besoin. Je sais pertinemment que je n'ai eu aucun contact physique avec elle pendant les dix premiers jours de ma vie, que j'ai passés dans la pouponnière de l'hôpital, d'où on m'amenait à ma mère à heures régulières pour la tétée. Quand j'étais près d'elle, elle ne défaisait jamais la couverture dans laquelle j'étais enveloppé et je n'ai jamais senti son corps. Ce que je ressens fondamentalement, c'est que je n'ai aucun espoir de voir une femme satisfaire mes besoins, et mes actes compulsifs sont une manière d'éviter de ressentir cette absence d'espoir. Ça me donne au moins la possibilité de satisfaire mes besoins par moi-même, sans avoir à dépendre du bon plaisir d'une femme.*

Troisième Partie

Comment guérir

14

De la normalité

Est-on normal si on se croit normal ? Pas nécessairement. Est-on normal si les autres pensent qu'on l'est ? Pas forcément. Alors, comment savoir si on est normal ? Si vous l'êtes, il y a de fortes chances pour que la question ne vous ait même pas effleuré l'esprit. Elle risque en revanche de vous préoccuper si vous ne l'êtes pas. Voilà qui ressemble fort à un dilemme. Est-il vraiment possible de définir la normalité ?

Le comportement n'est qu'un aspect de la normalité

Il faut d'abord se débarrasser de l'idée selon laquelle « normal » et « névrotique » seraient des termes qui ne s'appliquent qu'au comportement. Le comportement n'est qu'un aspect de la chose. La psychologie ne devrait pas se borner à être une science du comportement ou une étude des apparences, pas plus que la navigation et l'océanographie ne sauraient se cantonner à examiner la partie émergée des icebergs — il y aurait beaucoup plus de naufrages si elles le faisaient ! Pourtant, si on s'entête à considérer la psychologie comme une science du comportement, on peut s'attendre à voir sérieusement augmenter le nombre des épaves humaines.

Définir la normalité

Est-il possible de trouver une preuve de la normalité d'un individu ? Peut-on faire des choses « normales » ? Existe-t-il un instrument de mesure indiquant qu'on a tenu des propos « normaux » ?

Nous sommes tous différents et, par conséquent, ce qui est normal pour l'un ne l'est pas nécessairement pour l'autre. Les normes sont individuelles. On ne peut agir normalement que par rapport à soi-même.

Ce qui se passe généralement, c'est qu'il s'établit une moyenne dans le groupe, et que c'est cela qu'on appelle « normal », les écarts par rapport à cette norme devenant l'anormal. Mais être dans la moyenne, ce n'est pas pareil qu'être normal. Ceux qui élaborent les tests psychologiques ne seraient sans doute pas d'accord avec cette remarque, puisque ce sont eux qui prennent les réponses d'un groupe à des questions données, qui font la moyenne des résultats obtenus, et qui érigent ensuite cette moyenne en norme. Normal signifie que tous les systèmes fonctionnent comme ils le devraient. Si l'on considère que la tension est normale entre 11/7, quelqu'un qui a 18/11 de tension n'est pas normal. C'est une chose qu'on sait de manière empirique puisque une hypertension chronique entraîne des troubles comme les congestions cérébrales, par exemple. Mais c'est là qu'on en arrive à notre premier paradoxe : la tension moyenne est-elle « normale » ? Il se pourrait que l'ensemble de la population à partir de laquelle les normes ont été établies ait en réalité une tension trop élevée.

De même, les études que nous avons menées sur la température du corps ont montré qu'elle baissait généralement d'environ cinq dixièmes de degré C après une certaine période de thérapie primale. Après la thérapie, il y avait de nombreux patients dont la température normale était tombée en dessous de la norme générale de 37 °C. Les vieilles moyennes n'étaient plus valables, elles ne reflétaient plus la normale.

Le contexte de la normalité

Ce qui était normal pour le groupe de patients en thérapie s'était modifié, et ce changement n'était intervenu qu'après que nous les avons aidés à purger leur système d'une certaine quantité de souffrance.

« Vous arrive-t-il souvent de pleurer ? » C'est une question qui est souvent posée dans les tests psychologiques destinés à évaluer la névrose. Or, comme la plupart des gens ne pleurent pas souvent, la norme est donc une réponse négative. Mais supposez qu'on découvre, comme nous l'avons fait, que les sujets normaux sont capables de pleurer facilement et que c'est notre culture qui a instauré un modèle de conduite qui nous fait retenir nos larmes — ce qui, à vrai dire, n'est pas normal. Alors ?

Pour la plupart, nous venons au monde déjà déformés par la souffrance, et cette déformation particulière est ce que nous considérons comme la normale. Nous sommes nés comme ça. Ensuite, notre comportement est modelé par la culture, qui a décidé ce que c'était qu'un comportement normal. Par exemple, on considère qu'être bien adapté et normal, c'est aller à l'école et passer des heures assis en classe, chaque jour. Ne pas aller en classe est une chose absolument anormale, et on estime qu'un enfant qui ne veut pas rester assis six heures par jour sans bouger a quelque chose qui ne tourne pas rond. Peut-être que ce qui cloche, justement, c'est qu'il est normal.

La névrose sert à donner l'impression qu'on va bien et qu'on est normal. Et on se sent effectivement normal quand elle fonctionne bien, et anormal quand elle ne marche pas. C'est pourquoi, quand on se rapproche de la normalité en renouant le contact avec soi (et sa souffrance), on commence à se sentir anormal ; c'est ce qui nous pousse parfois à venir en psychothérapie dans l'espoir de se sentir mieux, c'est-à-dire de retomber dans la névrose pour pouvoir se retrouver « normal » dans son vieux moi.

Ce qui vaut pour l'un ne vaut pas forcément pour l'autre

Sauf dans le cadre de la maladie mentale, personne ne peut prétendre juger de la normalité d'autrui ou définir ses propres critères de normalité. Aucun thérapeute ne peut savoir ce qui se passe dans le corps et dans le cerveau de quelqu'un d'autre. Il y a vingt ans, Abraham Maslow avait essayé d'établir des critères de normalité, au premier rang desquels il avait placé deux besoins : celui de se réaliser et celui de connaître des états paroxystiques. Deux critères douteux mais apparemment fort plausibles aux yeux d'un libre penseur comme Maslow. En réalité, nous sommes légion à élever au rang de principes ce qui n'est en fait que la somme de nos problèmes, de nos pulsions, de nos valeurs, et de nos carences, et que nous appelons « normalité ».

Les freudiens considèrent par exemple l'aptitude à différer le plaisir comme un signe de normalité. Or, il y a beaucoup de névrosés qui sont capables de différer leur plaisir. En réalité, ils en ont peur, craignant qu'il leur arrive du mal s'ils jouissent trop d'un plaisir quelconque. Certaines écoles de pensée holistiques estiment au contraire qu'il est normal de « s'éclater ». Mais cela peut être aussi bien un signe d'impulsivité névrotique que de spontanéité.

Ce qui complique encore la question de la normalité, c'est que chaque système thérapeutique définit la normale selon ses propres critères. Pour certains, c'est l'aptitude à analyser ses rêves, pour d'autres, c'est la capacité d'avoir des *insights* *. Pour d'autres encore, c'est être bien adapté à la vie en société — avoir un couple qui dure, conserver son emploi, habiter le même endroit. Il existe une dictature de la thérapie : ce sont les thérapeutes qui décident de ce qui est normal pour les autres, même s'il y a des chances pour que leur décision et leurs critères dépendent de leurs propres déformations psychologiques. Ce que j'ai remarqué, c'est que les idées et les convictions des gens reflètent toujours ce qu'ils sont. Il est sûr qu'une thérapeute névrotique, qui n'a pas l'habitude de tenir compte des sentiments qu'elle ressent, n'inclura pas la sensibilité * dans ses critères de normalité.

Ce que normal veut dire, c'est que tous les systèmes fonctionnent normalement. Ça ressemble peut-être à une tautologie de dire cela, mais il faut savoir que la souffrance engrammée tend à entraîner des dysfonctions à tous les niveaux de l'organisme humain. Le système doit alors compenser, physiquement et mentalement, pour essayer d'être normal ou de tendre vers un certain équilibre. Cette tentative de compensation peut du reste prendre la forme d'une théorie élaborée visant à définir ce qui est normal et ce qui dévie de la norme.

Un comportement névrotique est presque toujours une tentative de normalisation, de redressement du système. Il y a des gens qui peuvent boire cinq tasses de café par jour parce que, sous l'effet d'empreintes précoces, ils ont un système qui marche « au ralenti », qui a peu d'énergie et une tendance à la dépression. Le café donne un coup de pouce au système qui semble alors normal. On se sent mieux avec une bonne dose de café dans le ventre ; on se sent « soi-même ». Et on ne commencera à se rendre compte de l'anormalité de son habitude que lorsqu'on aura *re*ssenti son prototype précoce de vaguotonique. Boire cinq tasses de café par jour est anormal parce qu'un système normal ne pourrait pas supporter une telle quantité de stimulation artificielle. Ce n'est pas parce que quelqu'un a décidé que la stimulation artificielle et chronique sous toutes ses formes — café, whisky, cigarettes — était anormale qu'elle l'est. Si elle est anormale, c'est parce qu'un système sain ne tolérerait pas de tels excès.

Ce sont des buveurs de whisky qui décident que la marijuana est anormale et qui votent des lois pour l'interdire. Mais laquelle de ces habitudes est normale ? La leur ou celle qu'ils condamnent ? Ceux qui ont pris du LSD pensent qu'ils ont « trouvé la lumière » et que nous autres, nous ne sommes que de pauvres âmes qui errent dans les ténèbres. Ils se sentent tout à fait normaux et trouvent tout à fait normal de se sentir une conscience cosmique, ou de croire renouer avec leurs vies antérieures. Ceux qui ont *re*ssenti leur souffrance n'entretiennent jamais des idées de ce genre, qui sont le propre de ceux qui font de l'abréaction * et qui restent déconnectés * d'eux-mêmes.

Les origines de l'anormalité

L'anormalité commence dans l'utérus, lorsque la mère est stressée et qu'elle transmet ce stress au fœtus qui, lui, se prépare à faire face à cet input * en modifiant ses fonctions et en augmentant ses sécrétions d'hormones du stress. Il en résulte une altération de la fonction thyroïdienne, de l'efficacité du système immunitaire, et ainsi de suite. Les tréteaux sont dressés, l'anormalité peut entrer en scène. Le bébé est déjà anormal, avant même d'avoir vu la lumière du jour. Plus tard, quand bien des jours auront passé, il acquerra des idées anormales qui assureront sa bonne adaptation à la déformation initiale. En effet, pourquoi développerait-il des conceptions qui contrediraient son propre système biologique ? La manière douce n'a pas de sens pour celui qu'habite la rage. Ainsi, le partisan de la guerre froide, pétri de peur et de hargne, a-t-il besoin d'un ennemi pour justifier ce qui se passe en lui. Il trouvera des tas de bonnes raisons pour expliquer que l'ennemi est redoutable alors qu'en réalité, c'est en lui que se trouve le véritable danger.

Les changements physiologiques traduisent le « comportement » du fœtus. Mais, comme l'empreinte crée aussi des représentations dans le cortex —, c'est-à-dire au niveau supérieur de la conscience —, les perturbations qu'elle cause finiront par affecter la psychologie du sujet. Le psychisme se modèle sur les empreintes.

Statistiquement, l'enfant d'une mère qui fume sera plus petit qu'il n'aurait dû l'être en fonction de son programme génétique, ce qui est anormal. Malgré tout, cet enfant ne se sentira pas anormal pour autant, puisqu'il ne sait pas qu'il est plus petit que la génétique ne l'aurait voulu. L'enfant d'une mère qui boit, lui, aura une plus forte susceptibilité au cancer que les autres ; extérieurement, il peut sembler parfaitement adapté mais se retrouver brusquement fauché par la maladie à vingt-cinq ans. En fait, son système était anormal dès le départ, mais on n'avait pas eu le moyen de s'en rendre compte. Il se peut que ses plaquettes sanguines, ses lymphocytes et sa fonction rénale aient subi des modifications invisibles et non détectées, puisqu'il s'agissait d'anomalies subcliniques.

Il arrive souvent que les bébés élevés en orphelinat ne grandissent pas normalement, et qu'ils retrouvent tout à coup une croissance naturelle lorsqu'ils sont placés dans des familles où on les aime. Et c'est alors qu'on découvre leur taille normale.

C'est normal d'être aimé, puisque c'est ce qui permet au système d'être normal. L'anormal, c'est de ne pas être aimé, car le système ne peut pas être normal.

La normalité vue sous l'angle psychologique

On ne peut pas être malade et bien-portant (ou normal) à la fois. Ça paraît une lapalissade et, pourtant, de nombreux professionnels de la santé mentale sont d'un avis contraire. Ils ne tiennent pas compte du corps dans leur évaluation de la normalité et considèrent la névrose comme un phénomène purement mental. Or, il est impossible d'être normal quand on a une physiologie altérée, même si on a par ailleurs un comportement tout à fait normal.

Qu'on parle de normalité ou de névrose, cela recouvre dans les deux cas toute une gamme de comportements possibles. Un même comportement peut être névrotique chez un sujet qui souffre, comme il peut être normal après l'élimination de cette souffrance refoulée. Une forte pulsion sexuelle, qui peut être considérée comme névrotique chez ceux pour qui il s'agit d'une simple érotisation de la souffrance, peut être normale chez des sujets qui souffrent relativement peu.

Le névrosé entretient avec l'argent des rapports qui n'ont rien à voir avec ses moyens réels. L'argent est pour lui le moyen de gérer sa souffrance, et il revêt une grande signification symbolique. Si le névrosé peut parfois avoir la dépense trop facile, il est le plus souvent incapable de se séparer de son argent qui, pour lui, signifie la sécurité. L'argent n'est plus simplement ce qu'il est, il devient un symbole d'assouvissement de ses besoins. Un compte en banque bien garni, ça sécurise ; le névrosé se sent à l'aise et rassuré. Tant qu'il aura de l'argent, il ne peut rien lui arriver, pense-t-il. Cela apaise le sentiment d'insécurité qu'il a pu éprouver dans le passé, soit parce que sa famille a réellement manqué d'argent, soit parce qu'il a eu des parents névrotiques auprès desquels il a vécu dans un climat de peur et d'insécurité. L'argent comble un vide.

Est-il normal de vouloir épargner ? La réponse est oui pour une personne normale, non pour un névrosé.

Une de mes patientes avait un beau jour renoncé à essayer de communiquer avec les autres. On aurait dit qu'elle était stupide. En fait, son mutisme était un moyen de se protéger contre son sentiment de l'impossibilité de communiquer avec ses parents. Son absence de communication était donc névrotique. La grande découverte qu'elle fit en thérapie, et qui paraît très simple, c'est qu'elle avait renoncé à son besoin de communiquer presque aussitôt qu'elle avait su parler. En essayant de communiquer, elle se serait exposée à sentir que l'entreprise était désespérée. Or, c'est justement en *re*ssentant à fond l'impossibilité de la chose qu'elle fut capable de recommencer à communiquer. Le repli n'était pas une chose normale chez elle.

On pourrait dire que la serviabilité est une chose normale, et pourtant il y a des patients qui en font un usage névrotique. Ce sont des gens qui, enfants, ont appris à se taire, à se tenir à l'écart pour ne pas gêner, et à être parfaitement serviables pour ne pas risquer d'irriter leurs parents. Dans ce cas-là, leur serviabilité est un comportement névrotique — ce qu'elle ne serait pas chez une personne qui ne souffre pas.

La curiosité, pour prendre un autre exemple, est aussi une caractéristique normale de l'individu, ou elle devrait l'être. Mais il y a des névrosés qui s'en servent comme d'une méthode de survie, en cherchant à tout savoir sur les autres et leurs motivations. Cela peut tenir au fait d'avoir vécu avec des parents qu'on a perçus comme des personnes dangereuses, sur lesquelles on avait besoin d'en savoir un maximum pour éviter les risques. C'est dans ce sens-là qu'une intense curiosité et une grande acuité de perception pourraient être névrotiques.

Mais qu'est-ce que tout cela veut dire, après tout ? Normal, névrosé — ce ne sont jamais que des mots, direz-vous. Ce qui est important, néanmoins, c'est l'état qu'ils servent à décrire, car c'est cela qui peut éventuellement empêcher notre bonne adaptation à la vie. Le terme « névrosé » définit une personne qui ne se contrôle pas parce qu'elle est dominée par des forces invisibles — ce qui n'est guère un état idéal. Heureusement, ou malheureusement, la plupart des gens n'ont pas l'impression d'être ainsi dominés par des forces intérieures et ils se contentent de les « déjouer* » par un comportement symbolique. La névrose est la forme ultime de l'obsession compulsive, dans la mesure où elle condamne le sujet à répéter toujours les mêmes schémas, pour le restant de ses jours.

La névrose, source de corruption et d'insatisfaction

Un névrosé peut changer du tout au tout si on lui donne l'espoir illusoire d'une récompense, parce que c'est ce qu'il a connu dans son enfance. On peut le corrompre en lui faisant miroiter une promesse de sécurité, d'amour, de compréhension et de protection, car une telle promesse joue sur son besoin inassouvi, ce même besoin qui l'a rendu corruptible à l'origine. Une personne normale ne se laissera pas aussi facilement dévoyer et corrompre parce qu'elle ne traîne pas derrière elle toutes sortes de besoins inassouvis sur lesquels on pourrait jouer. Elle ne sera pas trop tentée parce que, si tentation il y a, celle-ci ne déclenchera pas pour autant toute une avalanche de besoins qu'elle s'attendrait à voir satisfaits.

Le névrosé mène une vie placée sous le signe de l'excès : c'est le besoin qui le force à trop fumer, à trop boire, à trop jouer d'argent, à risquer gros. Il a tendance à toujours en faire trop ou pas assez, car il n'est pas capable de réactions mesurées — il ne peut pas sentir ou évaluer ce que c'est. Quand on a perdu le contact avec soi-même, on ne peut pas réagir en harmonie avec ses sentiments. Alors on fait semblant

— semblant d'être intéressé, excité, amoureux. Mais ce n'est qu'une comédie.

On ne tire pas grand-chose de la vie quand on a jeté ses sentiments aux oubliettes. Les cadeaux n'ont pas de sens et les voyages sont décevants parce qu' « on » est toujours là, partout où l'on va. Rien n'est jamais comme il faudrait. Si le névrosé était capable de faire le bilan, il se rendrait compte qu'il ne se sent pas bien dans sa peau, qu'il est mal à l'aise, insatisfait. Mais tant que la névrose fonctionne, il ne fait jamais de bilan : il se contente de la fuite en avant — il travaille, il voyage à droite et à gauche, il est toujours occupé. Ce qui libère une partie de sa tension et le soulage. Mais s'il se casse une jambe et qu'il ne peut plus bouger, alors il va commencer à souffrir. Et pour la première fois, il va subodorer que, après tout, il ne serait peut-être pas si normal que ça.

Critères de normalité

J'ai suivi des milliers de patients qui avaient revécu leur souffrance. Ils présentent certains points communs que je qualifierais de normaux et que je vais décrire ici.

La marque de la normalité, c'est de pouvoir se sentir satisfait. Le névrosé est rarement satisfait de quoi que ce soit. Il lui manque quelque chose, quelque chose de capital, si bien qu'il n'a jamais assez de rien : jamais assez d'argent, de sécurité, d'amour, de sexe, de pouvoir, de prestige et de célébrité. C'est un remarquable accomplissement que de savoir simplement apprécier la vie qu'on mène et s'en satisfaire. Le névrosé aura beau recevoir les plus somptueux cadeaux, réussir brillamment dans ce qu'il entreprend, ce n'est pas cela qui donnera à ce mal-aimé l'impression d'être aimé. Ce qui vous rend capable de vous sentir satisfait, c'est d'avoir été aimé sans réserve quand vous étiez enfant. Il n'y a rien au monde qui puisse vous donner une attitude plus détendue par rapport à la vie.

L'ambition est une des normes culturelles de notre société. Et pourtant, une fois que mes patients se sont débarrassés de l'empreinte de la souffrance, ils deviennent moins ambitieux et moins « battants* » ; non pas parce qu'ils ont acquis la conviction qu'il fallait avoir moins d'ambition pour être normal, mais parce que leur système semble leur dicter de nouvelles valeurs et d'autres comportements. Ils ne travaillent plus douze heures par jour.

C'est toujours au patient de choisir ses valeurs, car son système sait mieux que personne ce qu'elles devraient être. Ce qu'on appelle de l'ambition n'est trop souvent que de la tension sous une autre forme. L'énergie importante que dégage la souffrance activée a été déviée vers cette forme de conduite ciblée qu'on appelle l'ambition. On veut « foncer ». Mais on pourrait voir dans ce désir de foncer une analogie avec le besoin de foncer pour sortir du canal utérin. Si la comparaison paraît tirée par les cheveux, elle est cependant souvent évoquée par les patients qui ont revécu leurs tentatives de sortie du canal au cours d'une naissance difficile. L'ennui, avec les névrosés qui carburent à cette énergie suractive, c'est qu'ils sentent généralement l'énergie, mais pas la souffrance qu'il y a derrière.

Je pense qu'il est possible de dégager certains critères simples pour définir et évaluer la normalité dans ses grandes lignes, à commencer par l'absence de lutte. Le névrosé a appris à lutter pour se faire aimer, puisque, initialement, l'amour ne lui a pas été prodigué sans effort de sa part. Il (ou elle) a aussi appris que certains comportements lui valaient l'approbation des autres, et que d'autres entraînaient leur désapprobation. Il va donc s'efforcer d'être toujours bien gentil et modeste, de se taire et de ne pas s'imposer, de ne pas être « vilain ». Ce genre de comportement n'est pas naturel mais acquis, appris en vue de pouvoir s'entendre avec ses parents.

Pour le névrosé, la lutte est le moyen symbolique de trouver l'assouvissement. Il est rare que le névrosé aille droit au but dans sa quête d'amour. Il aura au contraire tendance à suivre le schéma classique qui consiste à trouver un autre névrosé pour tenir le rôle de parent, et puis à *lutter* pour s'en faire aimer. On prend une femme froide qu'on va s'efforcer de rendre chaleureuse, un homme critique et insatisfait qu'on va essayer de rendre ouvert et tolérant. C'est la lutte pour l'amour et non sa découverte que le névrosé porte inscrit en lui. Il se sent d'ailleurs souvent plus mal quand il trouve l'amour — en apparence, au moins — puisqu'il est toujours habité par le sentiment d'être mal aimé.

Il arrive que deux névroses se rencontrent et se combinent, donnant toutes les apparences d'une relation normale. Chacun des partenaires y trouve son compte : la femme qui épouse un homme faible parce qu'elle a eu un père tyrannique, et qu'elle avait besoin d'un mari faible dont elle n'aurait pas à avoir peur. Et l'homme qui a besoin d'une maman à poigne. Un mariage béni des dieux de la névrose. Le choix de chacun des partenaires est symbolique : déjouement symbolique dans le présent pour essayer d'apprivoiser le passé.

Un autre facteur qui concourt à la normalité, c'est l'absence de tension névrotique, celle qui vous pousse à toujours aller de l'avant, à parler beaucoup, à tapoter avec les mains et les pieds, le regard constamment mobile, la tête aussi mais le corps figé dans une posture rigide, parcouru de légers tremblements, tout cela avec un air d'effervescence pétillante, ou au contraire un visage impassible et « de marbre ». Les gens normaux ont l'air détendu ; il est facile de leur adresser la parole parce que, n'étant pas bloqués à l'intérieur, ils sont visiblement chaleureux. Ils sont capables de véritables échanges et leurs propos laissent transparaître la dimension affective de leur personne.

Une personne normale s'intéresse aux autres parce qu'elle est elle-même capable de sentiments, et qu'elle sait vraiment se mettre à la place des autres et commisérer avec eux. Les gens normaux sont capables d'exprimer un vrai souci des autres. Ils savent aussi se réjouir de leurs succès, à la différence du névrosé à qui cela pose problème. Un individu normal n'a pas naturellement tendance à se glorifier, à être égoïste, agressif, pas coopératif, égocentrique et constamment sur la défensive. On n'est pas pleinement humain quand on est refoulé, même si on se prend pour un humaniste ou un altruiste : quand une partie de votre humanité est passée aux oubliettes, vous risquez de vous montrer insensible ou cruel sans même vous rendre compte de la portée de vos actes.

Le névrosé est par définition égocentrique. Dans la conversation, il se croit toujours obligé de tout ramener à lui ; il fait sans cesse référence à lui-même. Il est incapable de vraiment écouter les autres ; la souffrance et le besoin qu'il porte en lui l'empêchent de voir les autres et de s'intéresser vraiment à ce qui lui est extérieur. Chaque rencontre lui est prétexte à un agrandissement du moi.

C'est pourquoi le narcissisme est un des principaux éléments qui distinguent la personne normale de l'anormale. Existe-t-il un narcissisme sain ? Non, il y a même une antinomie absolue entre ces deux termes. Est-il normal de s'aimer soi-même ? En réalité, une personne normale ne se pose même pas la question ; elle se contente de vivre, sans se demander si elle s'aime ou non. Ça n'entre pas dans ses préoccupations quotidiennes. On ne pense pas à ça quand on a été aimé, modelé par l'amour de ses parents. C'est une évidence, comme la couleur de ses yeux, et pas un sujet à débattre.

L'individu normal sait accepter les critiques parce qu'il ne risque pas de voir tout son univers s'effondrer si on ne l'approuve pas. Il ne va pas se mettre dans tous ses états si quelqu'un n'aime pas ce qu'il fait. Le névrosé, lui, se défend des critiques parce qu'il s'est toujours senti dévalorisé à ses propres yeux. Il fonctionne à partir d'une équation inconsciente qui est la suivante : « Je dois être vraiment nul pour être si mal aimé. » Voilà pourquoi il n'est pas ouvert aux suggestions des autres, aux idées neuves ou à tout ce qui pourrait avoir vaguement l'air de remettre ses actes en question. Une personne normale sera au contraire ouverte aux appréciations des autres et saura les accepter. Ce n'est pas normal d'être toujours sur la défensive.

Est-ce une chose normale que d'embrasser une carrière politique ? Je n'ai jamais vu d' « anciens » de la thérapie primale brûler d'envie de faire de la politique. Au contraire, il ne leur viendrait pas à l'esprit de vouloir se mêler de diriger la vie des autres, la leur leur suffit bien. C'est déjà un boulot à plein temps. Mais les mal-aimés ont besoin de se sentir désirés et respectés par des millions de gens, et il leur en faudra toujours plus. Car leur réalité, c'est l'insatisfaction qu'ils ressentent et, souvenez-vous, on réagit toujours en priorité à sa réalité intérieure et fondamentale.

La normale, ce sont toutes les choses que font les gens normaux. Le truc, c'est de découvrir qui est normal et, donc, ce qui est normal. Il y a de fortes chances pour que celui qui a été accepté et aimé pour ce qu'il était soit normal. Et puis, la normalité dégage quelque chose de particulier, tout comme la névrose, du reste.

Comme il n'y a pas de dictature thérapeutique pour décider de ce qui est normal et de qui l'est, c'est à chacun de nous de le découvrir par soi-même. Et c'est une découverte qui sera porteuse de soulagement. Si un névrosé a un *insight* * lui laissant entrevoir son état, cela peut-il suffire à le rendre normal ? Sûrement pas : ce n'est pas cet exercice de giration mentale qu'on appelle « *insight* » qui pourra modifier un psychisme et une physiologie altérés.

Le sujet normal est intelligent sans nécessairement être intellectuel. Il sait ce qui est bien et bon pour lui. Il mène le genre de vie qu'il lui faut, sans se fixer des objectifs artificiels et lutter ensuite pour les atteindre. Il a des besoins modestes et raisonnables. Il ne vit pas dans sa tête : l'intellect névrotique a pour effet de couper le névrosé de lui-même. Il est rare que le fait d'avoir de grandes idées et de vastes connaissances aide à nouer une relation amoureuse et à la conserver, à s'arrêter de fumer ou de boire de manière compulsive. Si l'intellect était à l'origine destiné à guider nos instincts et nos sentiments de manière à satisfaire au mieux nos besoins, l'intellect névrotique, lui, contredit ces besoins.

Être normal, c'est avoir une histoire ; conscient de son passé, on peut accéder à des souvenirs lointains et on ressent la continuité de sa vie. Être normal, c'est être entier et savoir intégrer le passé et le présent. Le névrosé, lui, est coupé de son histoire ; c'est un être sans passé.

Les rêves d'un être normal sont aussi clairs et réalistes qu'il l'est lui-même. Les souvenirs issus des couches profondes de son être ne sont plus bloqués ou déviés sous forme de rêves symboliques bizarres. Le souvenir est ce qu'il est, et le sujet normal ne fait pas de cauchemars ; il sait ce que ses rêves veulent dire, tout comme il sait pourquoi il a tel ou tel symptôme. Son corps n'est plus un mystère pour lui.

Être normal, c'est être sans détour. L'individu normal n'a pas de façade ; il n'a rien à cacher et pas de raison d'entretenir de faux-semblants. Il est ce qu'il est, un point c'est tout. Si bien qu'en sa présence, les autres se sentent autorisés à en faire autant. Ce n'est pas quelqu'un de détaché au point de ne pouvoir s'entendre qu'avec des gens coincés, distants et sans émotions. Il n'est pas non plus du genre à dominer les autres et à ne pouvoir fréquenter autre chose que des faibles et des passifs. La femme normale n'est pas bourrée de peur au point de ne pas pouvoir sortir de chez elle ; la peur est normale quand elle est justifiée, mais elle est névrotique lorsqu'elle se manifeste sans raison apparente.

Le névrosé est dans un sens un être incomplet. Il est à la recherche du reste de lui-même, de l'autre moitié de son système nerveux. C'est ainsi que celui qui est très coincé se trouvera un partenaire très débridé, et que l'hystérique déchaîné trouvera un personnage à poigne, qui le contrôle.

Avoir été déformé très tôt dans la vie, c'est avoir eu des parents névrotiques dont l'amour était conditionnel : ils vous en donnaient à condition que vous soyez ce dont ils avaient besoin, et pas ce que vous étiez. C'est toujours comme ça, quand les parents ont des besoins inassouvis. Les névrosés ont tendance à éviter la compagnie de ceux qui sont normaux car ceux-ci ne font guère de bons compagnons de beuverie ou de casino. Ils ne flatteront pas votre ego, pas plus qu'ils ne conforteront la bonne opinion que vous avez de vous-mêmes. Vous ne pourrez pas vous servir d'eux pour vous construire une personnalité.

Le principe est le suivant : le vrai appelle l'authentique, tout comme le faux est attiré par le toc. Une personne normale n'a pas besoin de flatterie et ne l'apprécie pas, tandis que le névrosé ne vit que pour ça. Un individu normal sait accepter un compliment justifié, le névrosé passera son temps à en attendre un.

Le névrosé mystique n'apprécie pas ceux qui ne croient pas à ses idées. S'il aspire à trouver un gourou protecteur, il ne va pas rester avec des gens qui trouvent sa quête ridicule car, ce qu'il veut, c'est voir conforter ses idées irréalistes et non qu'on les remette en question. Son principe, c'est de ne pas trop fréquenter ceux qui collent au réel parce que cela risquerait d'entraîner des prises de conscience douloureuses.

C'est sa stabilité qui caractérise la personne normale. A propos, stabilité n'est pas synonyme d'ennui. De prime abord, un sujet normal peut sembler moins stimulant qu'un instable qui a toujours besoin de bouger, de voyager, de partir à l'aventure et de risquer sa vie. La vie d'une personne normale ne ferait peut-être pas un aussi bon roman que celle d'un névrosé en folie qui fait toutes sortes de choses bizarres et inhabituelles, mais cela ne veut pas dire qu'un être normal ne soit pas intéressant. Il a accès à tout un monde intérieur, et il sait exprimer ses sentiments. Avec lui, pas de grands effets spectaculaires, mais toute la richesse d'un vécu intérieur.

Qui peut dire ce qui est normal ?

Est-il normal de courir quinze kilomètres par jour ? Ça peut l'être pour une personne normale, mais on rencontre aussi des tas d'obsédés qui se croient obligés d'aller courir tous les jours. L'exercice les débarrasse de leur tension, et ils se sentent mieux après. Mais ce n'en est pas normal pour autant.

Est-il normal de parler beaucoup ? Il y a des gens qui ont beaucoup de choses à dire, et il y a ceux qui se croient obligés de parler beaucoup, parce que ça leur fait du bien.

Ces gens-là sont des « névrotico-normaux » : ils font des choses normales d'une manière névrotique. J'ai un de mes anciens confrères qui passait son temps à parcourir le pays dans tous les sens pour donner des conférences ; il avait élevé sa névrose à la hauteur d'un art. Ses conférences, c'était vraiment « son truc ».

Est-on énergique quand on est normal ? Oui, parce qu'on ne brûle pas toute son énergie dans la bataille du refoulement. En même temps, ce n'est pas normal d'être hyperénergique. Et à quoi voit-on la différence ? L'hyperénergique est très fatigant pour son entourage.

Pouvez-vous imaginer une personne normale prenant une cigarette dans un paquet sur lequel il est écrit en toutes lettres : « Le tabac est un danger pour la santé » ? Ce n'est pas normal d'être irrationnel. Et il faut être irrationnel pour fumer quand on sait qu'on s'expose à un gros risque de cancer. Mais c'est la souffrance qui pousse les gens à être irrationnels ; fumer et boire sont des comportements névrotiques à travers lesquels le névrosé tente de redevenir normal, c'est-à-dire de ramener sa souffrance à des proportions acceptables.

Quand on est normal, on essaie de se simplifier la vie, alors que le névrosé, lui, se la complique souvent. D'ordinaire, il n'est pas assez organisé pour être ponctuel, mais il peut aussi être en retard pour ne pas avoir à supporter d'attendre les autres. Alors, inconsciemment, il s'arrange pour que ce soit eux qui l'attendent. Comme il ne peut fonctionner que sous pression (recréant ainsi la pression qu'il ressent à l'intérieur), il attend toujours la dernière minute pour se préparer et, invariablement, il est en retard. Quand il dit : « Je serai là à huit heures », cela signifie au contraire qu'il ne sera pas là à huit heures. Aussi, il lui arrive d'être assez distrait et de carrément oublier qu'il avait rendez-vous.

La personne normale est capable d'aimer, de donner. Elle peut témoigner de l'affection à une autre personne, ce qui est très difficile pour un névrosé. Trop souvent, une mère névrosée ne fait qu'essayer de trouver auprès de ses enfants l'amour qu'elle n'a pas connu dans sa propre enfance. Alors qu'un parent normal saura laisser ses enfants s'épanouir sans avoir à assouvir ses propres besoins anciens.

Il y a toujours une sorte de barrière émotionnelle entre le névrosé et les autres. Plus on est proche de soi-même et de ce que l'on ressent, et plus on se rapproche des autres. Ceux qui sont coupés de tout contact affectif avec les autres sont avant tout coupés d'eux-mêmes.

L'individu normal jouit d'une santé physique peu ordinaire, car son système fonctionne sans être alourdi par tout le bagage de souffrance qui finit généralement par user le corps du névrosé. Il ne se précipite pas chez le médecin pour un oui ou pour un non, alors que presque tous les névrosés ont quelque chose qui ne va pas quelque part : des maux de tête, des troubles gastriques, de la tension musculaire, de la tendinite, mal au dos, et ainsi de suite. La personne normale, elle, ne perd pas son temps et son argent à courir après la santé.

Le névrosé se crée un cocon dans lequel il se sent en sécurité. Le journal qu'il lit, les gens qu'il fréquente, la musique qu'il écoute — tout cela sert à renforcer ses convictions et sa vision du monde. Il recrée son univers tous les jours, pour rester à l'abri de sa névrose, tandis que l'individu normal est constamment en train de redécouvrir son monde et d'en reculer les horizons. Ce que le névrosé aime le plus, c'est pouvoir donner à fond dans sa névrose et la laisser jouer à plein.

Il y a beaucoup de gens qui considèrent qu'il est normal de croire en Dieu. Et c'est là qu'on voit que la moyenne et la norme coïncident : quatre-vingt-dix pour cent des Américains croient en Dieu. Il est évident qu'à leurs yeux, c'est normal de croire cela. Si quelqu'un se trouve dans une église et qu'il croit que Dieu lui parle et lui confie un message, les autres croyants ne trouveront pas ça anormal. Mais si c'est dans la rue qu'on reçoit ce même message divin, son destinataire risque fort d'être pris pour un psychotique. Quoique cela dépende aussi du contenu du message ; si vous avez entendu Dieu vous dire : « Le démon va te châtier », vous passerez pour moins fou que s'il vous avait dit : « Le diable t'ordonne d'aller châtier ton voisin. »

Est-ce la même chose d'être normal que d'être heureux ? Je ne suis pas certain qu' « heureux » soit le terme qui convienne ; je crois que l'individu normal serait plutôt satisfait, content de ce qu'il a.

Les névrosés se donnent souvent un mal fou pour être heureux ; certains le sont quand ils ont du sexe à volonté, d'autres quand ils ont beaucoup d'argent. En fait, s'ils sont « heureux », c'est juste parce qu'ils ont réduit la tension qui les habite. Mais la réduction des tensions n'est malgré tout pas le bonheur. C'est pourquoi ce n'est pas forcément un synonyme de normalité que de se sentir bien — sauf pour quelqu'un qui aurait toujours été normal.

Peut-on se sentir normal ?

La normalité est-elle un sentiment, une sensation ? Peut-on « se sentir » normal ? Malheureusement non. Il n'y a nulle part de petit voyant qui affiche la mention : « Normal. » Si l'on est capable d'expérimenter tout l'ensemble de sa personne, on est normal ; sinon, on ne l'est pas. Si vous croyez vous sentir normal, vous êtes mal barré.

Si vous vous sentez satisfait, détendu, à l'aise et pas hyperactivé *, vous êtes normal. L'élément essentiel de la formule est « *si vous vous sentez* », c'est-à-dire si vous éprouvez réellement cette sensation-là. Si vous ne ressentez rien, ça peut très bien être le fait de votre imagination cherchant à vous faire croire que vous êtes normal. Ainsi, jamais un névrosé mystique ne se contentera de vous dire simplement qu'il se sent « bien » ; il dira toujours qu'il se sent « merveilleusement bien ». En effet, l'hyperactivité*, dont le moteur est la souffrance enfouie, sert à empêcher le sujet de se rendre compte de ce qui le mobilise car, lorsqu'elle marche bien, cette hyperactivité est justement ce qui lui donne l'impression d'être normal.

Finalement, n'y aurait-il vraiment aucun critère objectif de normalité ? Les taux d'hormones que nous avons relevés chez nos patients après l'élimination d'une partie de leur souffrance nous fournissent un élément de réponse à cette question. Tous nos patients présentaient en effet des modifications hormonales après que leur souffrance avait diminué, mais cela se traduisait chez certains par une augmentation de la testostérone et chez d'autres par une baisse. Comme quoi la normalité n'est pas affaire d'opinion ou de validation par consensus : elle prend des formes différentes chez différentes personnes.

Il y a beaucoup de professionnels de la santé mentale qui ne tiennent pas compte de l'aspect biologique de la névrose et qui se cantonnent à une définition mentale de la normalité. Vous avez un comportement normal, *donc* vous êtes normal. Ce qui est vraiment diabolique, avec la normalité, c'est que, plus on a des défenses efficaces, et plus on est susceptible de passer pour normal. On n'a pas l'air de souffrir, on fonctionne, on se débrouille.

Le terme même de « professionnels de la santé mentale » est révélateur des limites de la psychothérapie. Freud s'est montré plus lucide à ce sujet-là, puisqu'il a parlé des « névroses organiques », postulant le fait que les organes manifestaient la névrose. Évidemment, cette observation était occultée par toute une tartine de jargon freudien sur le *ça* et le surmoi, mais il n'en reste pas moins qu'il avait repéré l'aspect biologique de la névrose.

Une psychothérapie peut-elle permettre un retour à la normalité ? Non. Elle peut certes vous faire évoluer, mentalement, mais elle ne vous rendra pas normal. Seule peut y parvenir une thérapie basée sur l'expérience, et qui intéresse à la fois le corps et l'esprit. En réalité, aucune thérapie ne peut nous rendre « normaux » ; dans le meilleur des cas, elle peut faire de nous d'ex-névrosés.

Ce qu'une psychothérapie peut faire, c'est vous apprendre à avoir un comportement réputé « normal ». On peut apprendre à contrôler ses pulsions et à diminuer sa névrose obsessionnelle et compulsive, mais on n'en sera pas normal pour autant.

En tentant de modifier le comportement de l'individu, la psychothérapie contemporaine essaie de lui construire une façade de normalité. Ce qui repousse la souffrance encore plus profondément dans le corps et qui la rend encore plus inaccessible. On déclare que le patient va « mieux », alors qu'il n'y a pas de « mieux » vers lequel il faille tendre. La plus grande réussite possible, c'est de devenir soi-même. On ne peut jamais devenir mieux que soi.

Il y a pas mal de gens de la profession qui pensent qu'un certain niveau de tension nerveuse est une chose normale et nécessaire. Ils soutiennent qu'on a besoin de l'angoisse pour stimuler le système et croient que la volonté de réussir n'existerait pas sans la tension. Partant d'un état névrotique — la tension —, ils érigent en vertu la poursuite des valeurs névrotiques que favorise cette tension. Je reste convaincu qu'après la névrose, le second grand mal dont souffre l'humanité est le traitement de la névrose.

D'après mes observations, ceux qui ont une faible tension nerveuse sont parfaitement capables d'être motivés, d'être productifs et, souvent, de réussir, sans être pour autant des « battants » hyperactifs. Comme le cerveau de l'individu normal est moins affairé que celui des autres, il est capable de mieux se focaliser sur ce qu'il fait, d'avoir une meilleure concentration et de soutenir son attention plus longtemps.

La notion de normalité est importante dans la mesure où, qu'elles en soient conscientes ou non, la plupart des psychothérapies visent à un état qu'elles considèrent comme normal. La manière dont elles définissent cette normalité dépend des méthodes thérapeutiques qu'elles utilisent et des objectifs qu'elles fixent à leurs patients. Si un patient cherche à atteindre des buts irréels, il restera toujours irréel, même s'il y parvient.

Prenons un exemple : la thérapie du *biofeedback* décide qu'il faut que vous présentiez une onde cérébrale telle ou telle qui indique un état de relaxation. Elle va donc lier sa définition de la normalité à ces ondes, bien qu'être normal ne veuille pas dire contrôler les ondes cérébrales qu'on émet. Au contraire, être normal, c'est avoir les ondes cérébrales que produit spontanément notre cerveau, sans aucun effort ni contrôle de notre part.

Dans d'autres thérapies encore, les gens se contentent de voir disparaître les symptômes, persuadés que leur absence est une indication de normalité. Or, nous savons bien que le fait d'avoir chassé un symptôme n'est pas forcément un signe de normalité du sujet. Qu'un symptôme disparaisse à la suite de la résolution de la souffrance, c'est une chose, mais qu'on tente de le manipuler pour le faire disparaître, c'en est tout à fait une autre.

Il faut faire confiance au patient, se fier non seulement à ce qu'il dit, mais aussi à ce que son corps raconte. Il n'y a pas de meilleur juge de la situation que le corps. Aucun spécialiste n'en saura jamais plus long que lui.

Ce qui veut dire que c'est chacun de nous qui porte en lui les critères absolus de normalité et les moyens de promouvoir sa propre guérison. Les thérapeutes n'ont plus besoin de jouer aux « grands pontes » qui prononcent des jugements définitifs sur l'état de leurs patients qui, eux, n'ont plus besoin de chercher à prouver qu'ils sont intelligents et bien adaptés. Le patient peut se faire confiance, parce que c'est son corps qui est son médecin. Le corps peut faire lui-même son diagnostic. Miraculeux ? Non, tout simplement « normal ».

15

Le rôle des larmes en psychothérapie

> Larmes des profondeurs d'un désespoir divin
> Montent au cœur et sourdent aux yeux
> Dont le regard se porte sur les champs heureux de l'automne,
> Dans la pensée des jours qui ne sont plus.
>
> TENNYSON.

On a comparé la thérapie primale à une « crise de larmes » car nos patients ont en effet tendance à pleurer souvent. D'aucuns y ont vu une forme de complaisance vis-à-vis de soi, une manière de flatter l'ego, de la faiblesse, voire de l'hystérie. Or, je ne pense pas du tout que ce soit le cas, bien au contraire : les pleurs sont une nécessité biologique, une tentative de guérison, un effort visant à stabiliser l'organisme et à rétablir un mode de fonctionnement essentiellement naturel. A vrai dire, je ne crois pas qu'une psychothérapie puisse guérir le patient sans l'aide des pleurs. C'est plutôt en se laissant *trop peu* aller à cette soi-disant complaisance envers soi qu'on entretient la maladie, physique et psychologique.

Les pleurs et le besoin

Quand un bébé pleure, ses larmes ont pour but de lui procurer un réconfort, la satisfaction de ses besoins. En effet, bien avant d'acquérir le sens du tragique, le nouveau-né possède un sens aigu de ses besoins. Chez lui, le besoin prime même la faculté de pleurer, qui ne se manifeste que quelque temps après la naissance. Pour le tout-petit, pleurer, c'est signaler qu'il n'est pas bien, qu'il a besoin de réconfort et de protection. Étant donné qu'il n'est pas capable d'expliciter ses besoins de manière spécifique, il pleure pour exprimer une carence ou un mal de manière globale.

On crie avant de savoir pleurer, on pleure avant de savoir parler, et on parle avant d'être capable d'une pensée organisée pour préciser ce qu'on a ou ce qui nous manque. Chacune de ces étapes de l'expression contribue à développer notre aptitude à communiquer. *Les pleurs sont un langage,* primitif peut-être, mais bien spécifiquement humain. L'histoire de la névrose, c'est l'histoire du malheur et du besoin de pleurer sur ce malheur. Pleurer ne sert pas seulement à exprimer une peine globale; les pleurs sont aussi un véhicule qui nous fait remonter le temps jusqu'à des traumatismes bien précis, enfouis en nous par les mécanismes du refoulement. Ce sont les larmes qui brisent ces barrières et qui nous aident à accomplir ce voyage dans le temps pour retrouver une époque où l'on a souffert sans pouvoir pleurer. *Les larmes nous lavent de la souffrance et démasquent l'inconscient.* Et ce n'est pas là une métaphore, mais un fait biologique.

Les larmes primales et la souffrance refoulée

Les larmes qu'on verse sur sa peine ancienne sont l'élixir qui dissout les murs de l'inconscient et libère la souffrance qui y était enfermée. Les origines neurologiques des pleurs se trouvent dans l'hypothalamus, d'où partent des circuits neuraux qui relient les « noyaux lacrymaux » — les centres des larmes — au cortex.

Les pleurs à chaudes larmes que nous observons dans notre thérapie ne sont pas le fait de l'hystérie mais constituent un élément unique et nouveau, qui participe de la guérison; c'est le premier phénomène convulsif du processus de guérison. Le cerveau de l'adulte laisse place à celui de l'enfant pour remonter jusqu'à un sentiment bien précis, à un moment et à une scène bien précis où on aurait dû pleurer mais où on ne l'a pas pu ; c'est l'extrême souffrance engendrée par cette expérience qui a suspendu les larmes dans le temps. Cette régression — du cerveau adulte au cerveau émotionnel, puis au cerveau périnatal d'avant les larmes — suit exactement le parcours inverse de celui du développement du cerveau.

Les larmes sont le propre de l'homme

On peut dire que les larmes sont l'apanage du genre humain. C'est notre aptitude à pleurer et à verser des larmes qui nous distingue des animaux. *Pleurer est un processus curatif.* Je suis convaincu qu'il est impossible de guérir les troubles mentaux, et toute une kyrielle de graves maladies physiques sans cela. Mais il se trouve que, pour des raisons inexplicables, cette fonction naturelle a été mise à l'index. On fait taire ses enfants, on les traite de « pleurnichards », on considère que c'est être adulte que de *ne pas* pleurer et on prend les pleurs pour un signe de faiblesse. Alors, on bloque cette fonction biologique innée et on en paie le prix, car ce blocage entraîne une foule d'inhibitions et de perturbations de toutes sortes. En effet, ce ne sont pas juste quelques petites larmes qu'on a retenues, c'est *une fonction biologique essentielle* qu'on a bloquée. C'est pourquoi c'est tout l'ensemble du système (y compris les hormones et les ondes cérébrales) qui semble se normaliser quand on rétablit cette fonction.

Il est probable qu'on subirait des effets physiologiques analogues si on était privé du rire. Il s'avère que les gens inhibés se retiennent autant de rire que de pleurer. C'est en fin de compte toute la gamme de leurs émotions qui est étouffée par le refoulement.

Si des parents laissent leur bébé pleurer dans son berceau parce qu'ils estiment qu'il ne faut pas le gâter, le bébé cessera tôt ou tard de pleurer, puisque son appel au secours n'aura pas été entendu. Néanmoins, malgré les heures que le bébé aura passées à se retenir, son *besoin* de pleurer demeurera et ressurgira des dizaines d'années plus tard, lorsque le bébé devenu grand revivra ces moments-là.

Outre que le bébé a dû retenir ses larmes, le fait qu'on ait ignoré ses pleurs lui a instillé un sentiment de désespoir et d'impuissance. On peut dire en gros que la quantité de tranquillisants qu'un adulte a besoin d'avaler est proportionnelle à la quantité des pleurs qu'il *n'a pas pu verser.* Le bon côté de la chose, c'est que la quantité de larmes qu'il reste à verser est nécessairement *finie*; si bien qu'une fois que vous aurez bien pleuré tout votre soûl, vous vous sentirez mieux parce que vous aurez fait ce dont le corps avait besoin.

En scrutant son histoire et en se concentrant sur certaines scènes du passé pendant la thérapie, on fait sourdre des larmes qui n'avaient encore jamais trouvé l'occasion de s'exprimer. On est choqué par l'injustice et le caractère dramatique de la vie, et nos pleurs traduisent la somme de tous nos tourments, de toutes nos supplications, demandes instantes et exigences. Les torrents de larmes qu'on verse dévoilent la scène du traumatisme dans son intégralité, jusque dans des détails jusqu'alors oubliés. Les larmes sont les agents de la mémoire et les porte-parole les plus éloquents du passé. Rappelez-vous, on éprouve des sentiments bien avant de disposer de mots et de concepts pour les décrire. *Le souvenir* est ce passé revisité, ce retour aux larmes. Souvent, il n'y a rien d'autre à faire qu'à pleurer.

Le refoulement des larmes

Il arrive que le refoulement soit installé depuis si longtemps qu'on ne puisse plus recouvrer ses larmes. Ceux qui sont dans ce cas-là sont des candidats tout désignés à de graves maladies, parce qu'il a bien fallu que ces larmes aillent se loger quelque part. *Quelque part,* le corps est en train de pleurer. Je me souviens d'une patiente qui avait une affection oculaire au nom exotique et qui se traduisait par un larmoiement continuel. Mais, quand cette patiente s'est mise à pleurer toutes les larmes de son corps en thérapie, on n'a plus eu besoin de donner un nom à son mal.

Outre le fait d'interdire à leurs enfants de pleurer, il se peut aussi que les parents ne les « entourent » pas suffisamment. Quand un enfant ne trouve pas d'épaule pour pleurer, qu'il est privé d'empathie, de gentillesse et de douceur, cela suffit à tarir ses larmes. Il va très vite comprendre que ça ne sert à rien de pleurer et il va recourir à d'autres langages : la colère, les caprices, des troubles psychosomatiques et des problèmes d'apprentissage. Mais les moyens dont il se sert pour appeler au secours ne pourront pas l'aider à guérir. Il faudra qu'il réintègre le « lieu » où sa physiologie a été interrompue dans sa progression, sous peine de devenir un geignard ou un rouspéteur. Comme le disait un de mes patients : « Je râlais toujours pour tout dans la vie, parce que je ne savais pas ce qui n'allait pas. Maintenant que j'ai *re*ssenti ce dont j'aurais dû me plaindre, je n'ai plus besoin de le faire. » Un gosse qui a tout le temps le nez qui coule pleure par les narines. J'ai vu disparaître pas mal d'allergies du jour où les patients avaient retrouvé la faculté de pleurer. Pas besoin d'élaborer des théories sur le rapport entre les pleurs et la guérison : nous avons pu le constater empiriquement.

Pourquoi pleure-t-on au cinéma lorsque deux adversaires finissent par se tomber dans les bras l'un de l'autre ? Parce que cela évoque la réalisation d'une attente profondément ancrée en nous. On pleure de voir ses propres besoins assouvis à l'écran.

Les larmes et le sentiment d'une perte

Les larmes ne servent pas seulement à manifester le besoin ou le désir, mais aussi leur corollaire négatif : le sentiment d'une perte. Elles représentent alors une tentative de reprise de contact, de rétablissement de rapports avec les autres — des rapports qui signifient la survie. Les larmes sont, comme le disait Browning, « le langage silencieux du chagrin ». Mais lorsque le chagrin est trop profond, on est souvent incapable de pleurer ; on reste comme engourdi. Même chose quand on sombre dans la dépression : on est généralement déjà au-delà des larmes.

Il existe une thérapie pour ceux qui connaissent la peine d'un deuil : dans la « thérapie du deuil », on les encourage simplement à parler autant qu'ils le veulent de la perte qu'ils ont éprouvée, et à pleurer tout leur soûl. Les pleurs sont, semble-t-il, un antidote spécifique de la dépression, d'abord parce que l'état dépressif est la résultante d'un refoulement important qui laisse peu d'accès aux souvenirs anciens, et ensuite parce que le psychisme du dépressif est dans un état d'inhibition massive qui s'accompagne d'un refoulement global de tous les sentiments.

Selon la théorie freudienne, la dépression est une forme d'hostilité retournée contre soi-même. Les patients qui suivent une psychanalyse et qu'on encourage à extérioriser leur colère voient parfois leur état s'améliorer... pour un temps. Nous avons pour notre part constaté que les dépressifs allaient beaucoup mieux quand ils pouvaient pleurer, sans même qu'ils aient extériorisé leur colère. Il est d'ailleurs certain qu'à la différence des pleurs, la colère ne pourrait à elle seule provoquer l'évacuation de certains agents biochimiques du refoulement. Les larmes expriment le besoin, alors que la colère est l'expression d'une *frustration* venue s'ajouter au besoin. Cependant, comme nous l'avons déjà fait remarquer, tout ce qui peut libérer le sentiment contribue à alléger la dépression.

L'abréaction

Il est important de comprendre la différence entre de vrais pleurs et l'*abréaction* ou la *catharsis* qui représentent une décharge diffuse ou amorphe de l'énergie générée par la souffrance. L'attention se porte sur un niveau autre que celui où intervient le sentiment réel. Par exemple, si on pleure en voyant ce passage du film *E.T.* dans lequel E.T. quitte Elliot, on fait de l'abréaction ou de la catharsis. Alors que pleurer en repensant au jour où votre père vous a quitté, c'est pleurer dans un contexte réel. Nous avons fait une étude comparative sur des patients dont les pleurs relevaient de l'abréaction ou de la catharsis, et d'autres qui pleuraient par rapport à un contexte réel, et nous avons constaté d'importantes différences biologiques. Ceux qui avaient réellement pleuré présentaient des changements hormonaux et des modifications de la fonction cérébrale et de la personnalité — ce qui n'était pas le cas des autres.

Le fait de recouvrer la faculté de pleurer a des effets qui touchent l'ensemble de l'individu, comme le montre bien l'exemple des femmes qui découvrent leur véritable sexualité pour la première fois de leur vie, après avoir retrouvé les larmes. Il semblerait que ce changement soit attribuable à la libération des larmes, pas toujours et pas chez toutes les femmes, certes, mais suffisamment souvent pour que l'on puisse présumer d'un lien entre les deux. D'autant que de tels changements sont logiques, sachant que les pleurs à chaudes larmes déclenchent des modifications des hormones sexuelles et de celles du stress.

Les pleurs et le stress

Il n'y a guère de doute que les pleurs soulagent du stress, puisqu'on trouve des hormones du stress dans les larmes. Dans une étude sur les pleurs que nous avons menée conjointement avec le Dr William Frey du St. Paul-Ramsey Medical Center dans le Minnesota, nous avons constaté que les larmes contenaient de l'ACTH, une hormone du stress commandée par l'hypophyse, située dans le cerveau. Par ailleurs, les larmes libèrent également des endorphines. Voilà matière à réflexion : *les larmes contiennent des hormones qui combattent la douleur et le stress que subit le système nerveux central.* Qui plus est, ces hormones se retrouvent aussi dans presque toutes les autres sécrétions corporelles. Les larmes lavent le système à grande eau, littéralement, pour évacuer la douleur. Elles sont une nécessité biologique, dans la mesure où elles favorisent l'élimination de la composante biologique du stress.

Cette étude réalisée en collaboration avec le Dr Frey nous avait amenés à étudier à la fois des larmes déclenchées par les émotions, et d'autres provoquées par l'inhalation d'odeurs d'oignon. Les résultats montrèrent que les larmes représentaient dans les deux cas une tentative d'élimination des toxines — externes, dans le second cas, internes dans le premier.

Ce n'est pas un hasard si la glande lacrymale qui déclenche les larmes est commandée par la même structure cérébrale que celle qui organise la douleur et qui est bourrée de récepteurs d'endorphines.

Réalisée en 1978, notre étude avait porté sur trente patients entrés en thérapie primale à des moments différents. Nous les avions classés en trois groupes en fonction du degré d'avancement de leur thérapie : 1) pas de pleurs ; 2) une légère humidification des yeux ; 3) pouvant pleurer à chaudes larmes en prenant des postures de nourrisson. Nous mesurions également leur tension artérielle et leur rythme cardiaque.

Dix-huit patients atteignirent le niveau des pleurs à chaudes larmes en six mois de thérapie. On releva chez eux de sensibles modifications des taux des différents types d'hormones, notamment celles qui influent sur le sexe, la croissance et le stress. A partir de la vingt-sixième semaine, on releva dans le groupe de ceux qui pleuraient à chaudes larmes une forte élévation du taux d'hormones de croissance.

Le taux d'hormone mâle, la testostérone, fut aussi considérablement modifié par le fait d'avoir pleuré à chaudes larmes. Six patients avec des valeurs de départ supérieures à 600 enregistrèrent une baisse allant de quinze à trente-cinq pour cent au bout de six mois. Au contraire, ceux qui avaient eu de très faibles taux au départ les virent augmenter dans des proportions significatives (de vingt à trente pour cent) après qu'ils eurent retrouvé de vraies larmes. Il y avait donc eu un abaissement des taux qui étaient élevés au départ, et une élévation de ceux qui étaient initialement inférieurs à la normale — deux modifications indiquant un processus de normalisation. On constata aussi une réduction du taux des hormones du stress chez la plupart des membres du groupe de ceux qui pleuraient à chaudes larmes.

On ne retrouva pas ces modifications chez les patients qui arrivaient à « ressentir » un peu mais sans pouvoir pleurer à fond. Pas de changement non plus chez les membres des groupes témoins. Quant à ceux qui avaient un comportement pouvant faire croire qu'ils « ressentaient » — à savoir qu'ils battaient l'air de leurs membres, qu'ils tapaient et hurlaient —, on ne releva pas non plus de changements significatifs chez eux.

La nécessité des pleurs

Pour que les pleurs aient un effet curatif, il ne faut pas que ce soient des larmes « motivées » par une peine particulière. Pas des larmes d'adultes mais des pleurs de bébé, d'enfant apeuré, délaissé, qui se sent sans protection et mal aimé. Ce sont ces larmes-là qui sont réparatrices. Elles s'accompagnent toujours de gémissements de tout-petits. Les pleurs d'adulte ne guérissent pas, ils soulagent. Nous le voyons bien avec nos patients qui ont du mal à pleurer jusqu'à ce que, soudain, leurs bras se tendent spontanément dans un geste d'appel à leur mère. A peine ont-ils fait ce geste-là, que leurs larmes se mettent à couler à flots, comme cela ne leur était encore jamais arrivé ; comme si cris et pleurs étaient inscrits en code dans ce geste des bras qui se tendent pour quémander un réconfort. Certains patients seront incapables de vraiment pleurer tant qu'ils n'auront pas crié : « Maman ! »

Pourquoi est-il nécessaire de pleurer maintenant (à postériori) ? Parce que c'est ce qu'on aurait dû faire *jadis*. On a besoin de pleurer pour balayer toutes les toxines que sécrète un système qui a abusé de lui-même, toutes les pollutions chimiques qui sont le produit du stress. Comment assurer la propreté d'un système qui a condamné toute une partie de lui-même ? C'est impossible qu'il reste propre ; le corps devient un milieu toxique quand ses principaux sous-systèmes sont perturbés. Cela se voit au taux d'hormones du stress. Les patients qui ont revécu de gros traumatismes rapportent que jamais ils ne se sont sentis aussi purs, aussi lucides, propres et détendus qu'après ces *re*vécus*.

Il ne suffit pas de parler de sa tristesse pour aller mieux; ce n'est pas par la parole qu'on peut réaliser l'homéostase de tout un système. Cela ne changera rien de comprendre ce que ses parents ont fait, de pardonner, de trouver une explication rationnelle ou de décider de tourner la page.

Ce n'est pas un hasard si, au bout de plusieurs mois de revécu et de pleurs, il se produit d'importants changements dans le rapport entre les deux hémisphères cérébraux, ce rapport tendant à s'équilibrer, à se normaliser. La sensibilité* et ses blocages touchent tous les grands systèmes dont nous sommes faits. Rien n'y échappe.

Une des raisons pour lesquelles les parents répriment les pleurs de leurs enfants, c'est qu'ils ne veulent s'exposer à rien qui puisse leur rappeler leur propre souffrance cachée. On les entend dire : « Arrête donc de pleurer, ou bien je t'en donnerai de vraies raisons de pleurer, moi ! » Or, des bonnes raisons, il en a déjà, l'enfant. Ses larmes n'ont peut-être pas toujours un rapport direct avec la situation du moment, cependant, il est certain que l'enfant pleure toujours *pour quelque chose.* Personne ne pleure juste pour le plaisir. Un enfant pleure pour exprimer une sorte de détresse, de malheur ou de tristesse que les parents névrotiques veulent faire taire. Tant qu'il pleurnichera, le gosse sera claqué jusqu'à ce qu'il finisse par ravaler ses larmes. Alors, on dira qu'il a mûri. Aux yeux des parents, l'enfant est en train de devenir un « grand » — et un *névrosé, par-dessus le marché.*

Un des scientifiques qui collaborait à notre étude a recensé tout ce qui avait paru sur les pleurs depuis cent ans dans la littérature médicale. Il y avait à peu près 400 articles à examiner, en comptant ceux qui avaient été publiés dans *The American Journal of Insanity* (1844) et ceux du *British Journal of Psychiatry*, revue fondée en 1856. Or, sur plus d'un siècle de littérature médicale, on ne trouvait guère qu'une poignée d'articles ayant vaguement trait aux pleurs, et pratiquement aucun qui parlât de leurs effets curatifs. La médecine était passée complètement à côté de ce phénomène, pourtant si évident.

L'attitude d'une société envers les larmes est une bonne indication de son degré d'humanité. D'après les observations et les recherches que j'ai pu faire là-dessus depuis vingt ans, je crois aussi que les larmes favorisent la longévité. Ce serait passionnant de faire une étude comparant, dans le cadre de diverses tribus et sociétés, le taux de morbidité et la longévité d'une part, et l'attitude de ces groupes sociaux par rapport aux larmes, de l'autre.

Dans notre thérapie, nous avons pu constater que le fait de pleurer à chaudes larmes avait des répercussions positives sur la colite et les ulcères. Ce genre de modification illustre bien le rapport qu'il y a entre les larmes refoulées et les troubles physiques : la peau « pleure », les poumons « pleurent », chacun à sa manière.

Un autre bienfait des pleurs, c'est leur effet calmant. On le constate chez les patients souffrant d'hypertension : leur tension diminue en moyenne de 2,4 points quand ils ont bien pleuré, et leur rythme cardiaque ralentit d'une dizaine de battements par minute. On s'en rend également compte à travers les témoignages de nos patients ; ceux qui sont capables de pleurer arrivent à réduire progressivement leurs doses de tranquillisants. On mesurera mieux toute l'importance des pleurs si l'on sait qu'une commission d'étude créée par le Congrès a établi que plus de deux millions d'Américaines souffraient de narcodépendance aux tranquillisants — des drogues prescrites en toute légalité.

Un autre changement que nous observons chez nos patients concerne la respiration. Nous nous sommes en effet aperçus que la respiration était un des automatismes permettant de contenir les larmes. La respiration courte évite en effet de plonger profondément dans le corps, là où sont stockés les sentiments ; elle favorise donc le refoulement. Lorsqu'on pleure, on passe de la respiration courte à une respiration profonde. Le souffle est plus ample, il a plus de « corps », ce qui a également un effet sur le développement physique, celui de la cage thoracique en particulier. Il suffit d'inviter certains patients à respirer profondément pour qu'ils se mettent à pleurer ; il y a longtemps que nous nous en sommes rendu compte et c'est une technique que nous n'utilisons plus. A vrai dire, je trouve même potentiellement dangereux de suggérer la respiration profonde à des patients submergés par la souffrance. Les méthodes mécanistes et artificielles provoquent souvent une résurgence prématurée de la souffrance ou d'un traumatisme qui, revécus quand ce n'est pas le moment, accablent le sujet au lieu de l'aider à retrouver son intégrité. Il y a indubitablement un lien entre les pleurs et la respiration ; c'est par petites étapes successives que la respiration et les pleurs prennent simultanément de l'ampleur, à mesure que les patients deviennent capables d'intégrer une quantité plus importante de souffrance. Dès qu'ils arrivent à ressentir plus profondément, leur respiration s'approfondit d'elle-même.

La fonction curative des pleurs

Pourquoi ne guérit-on que si on est capable de pleurer et de ressentir ses sentiments ? La réponse est simple : parce que la *souffrance* active et la *guérison* sont des processus simultanés. Si nous n'avons pas guéri de la série de traumatismes que nous avions subis précocement, c'est parce que nous n'avons pas pu les ressentir intégralement. Si on avait pu le faire initialement, il n'y aurait aucune raison biologique de les revivre à postériori.

Lorsque le refoulement s'installe, il bloque du même coup le processus curatif. La blessure est occultée. On ne peut supporter qu'une quantité limitée de douleur à la fois ; au-delà, il existe un mécanisme de sécurité qui fixe une limite supérieure à notre réactivité à la souffrance. C'est ce mécanisme qui délimite les bornes de la sensibilité. Quand on est poussé au-delà de ces frontières, on dépasse la limite de la réactivité, ce qui veut dire qu'on cesse de pleurer et donc de guérir. La guérison s'arrête en même temps que la réactivité. L'individu qui est coupé de l'expérience de la souffrance se voit du même coup privé des conditions nécessaires à la guérison, et devient un terrain d'élection de la maladie. Il existe un rapport dialectique entre la souffrance active et la guérison, comme entre la souffrance et le refoulement.

D'ordinaire, l'information neurale qui indique la douleur est transmise au thalamus. Si la souffrance n'est pas trop accablante, l'information est alors envoyée à l'hypothalamus qui déclenche une série de réactions — dont les pleurs — qui constituent le processus de guérison.

Lorsqu'il y a refoulement, l'information et les larmes sont déviées sur un autre itinéraire et ne parviennent par jusqu'à l'hypothalamus. Sinon, il y aurait une suractivité de l'hypothalamus qui se répercuterait sur la tension artérielle, le pouls et la température, avec des effets mortels. Il est donc important que l'hypothalamus n'accepte pas l'intégralité des inputs* qui lui sont destinés. *L'excédent d'énergie neurale que dégage la souffrance est dévié de sa route et trouve sa destination névrotique dans le système limbique*, et c'est à cause de ce changement d'itinéraire que la faculté de guérir ne peut pas fonctionner pleinement.*

Dialectique de la souffrance et de la faculté de guérir

De même qu'il existe une limite supérieure à la réactivité du système à la souffrance, il y a simultanément un seuil au-delà duquel la faculté de guérir ne peut plus s'exercer. C'est dans ce sens-là que le traumatisme précoce est une blessure qui ne guérit jamais. Nous avons tous une fabrique d'antalgiques intégrée à l'organisme, sous forme des sécrétions d'endorphines, et il est clair que les névrosés ne guérissent pas aussi vite qu'ils le devraient.

Le meilleur exemple de ce que j'avance est le fait que mes patients font une poussée de fièvre juste avant d'entrer dans une séquence de revécu — la même sorte de fièvre qu'on observe en cas d'infection aiguë d'origine bactérienne. Or, c'est l'imminence du « ressentir » qui déclenche la fièvre, et donc le processus curatif, car cette fièvre est le signe de tout un ensemble de réactions curatives qui se sont mises en marche.

On trouve une bonne illustration de cette dialectique dans le cas d'un héroïnomane qui était en prison et qu'on avait mis sous méthadone (un antalgique) pendant plusieurs mois dans le but de diminuer sa dépendance. Pendant cette même période, il fut testé pour la tuberculose et il n'eut aucune espèce de réaction. Plusieurs mois plus tard, quand on lui fit arrêter la méthadone, on lui refit le même test antituberculeux. Cette fois, il avait une grosse tache rouge sur la peau et un gonflement indiquant une réaction allergique ; le détenu s'était peut-être trouvé exposé à la tuberculose. Il avait d'ailleurs des antécédents tuberculeux qui ne s'étaient cependant pas manifestés dans les tests, tant qu'il était sous l'influence d'un refoulement chimique de la souffrance. Ce refoulement supprimé, on avait constaté l'apparition d'une grosse tache rouge circulaire ; la peau était enflée à cet endroit-là par un afflux de lymphocytes porteurs d'anticorps, venus combattre les antigènes injectés au patient. Les réactions de l'organisme *et la faculté de guérir* avaient donc été suspendues par le refoulement aussi longtemps qu'il s'était exercé. Et, par conséquent, le corps n'avait plus été en mesure de réagir comme il l'aurait dû.

Pour guérir de cette blessure nommée névrose, il faut recouvrer la pleine réactivité supprimée par le refoulement. Chaque chose que l'on ressent en profondeur est un pas de plus vers la guérison. La réactivité joue en effet un rôle crucial : les enfants qui peuvent pleurer quand ils se sont fait mal guérissent plus vite. Un de mes patients avait un fils de six ans qui s'était fait prendre deux doigts accidentellement dans l'abattant du coffre de la voiture. Après l'accident, l'enfant — qui avait eu les doigts assez abîmés — avait pleuré pendant quelques minutes. Et puis il avait séché ses larmes et essayé de ne plus y penser.

Un matin, deux jours plus tard, il avait semblé agité et irritable. Il s'était installé à une table avec un crayon et du papier et, tenant le crayon dans sa main traumatisée, il s'était mis à dessiner des formes. Ça lui faisait mal à la main, mais il avait persévéré jusqu'au moment où il s'était senti si frustré qu'il s'était mis à crier : « Ma main, ma main ! » Il avait fini par se rouler par terre en hurlant de douleur. Cela avait duré environ une demi-heure. Ensuite, calmé et épuisé, il avait dit, tout étonné lui-même : « Maintenant ça va, ma main ne me fait plus mal. » Après quoi ses doigts avaient guéri avec une rapidité inhabituelle.

Pendant la thérapie primale, l'histoire de l'individu reprend ses droits. C'est pourquoi les patients revivent des souffrances affectives et physiques qui datent du passé. Il n'est pas rare de revivre une opération, par exemple, au cours de laquelle on était pourtant inconscient, puisque sous anesthésie. Plus les patients ont passé de temps en thérapie avec moi, et plus ils sont capables de descendre profondément en eux, jusqu'à des niveaux de conscience inférieurs ; et donc plus ils sont susceptibles de connaître ce genre d'expérience. Des scientifiques ont découvert que les malades moins profondément anesthésiés pendant une opération semblaient guérir plus vite ; les patients qui guérissaient le plus vite étaient ceux qui avaient été opérés sous anesthésie hypnotique plutôt que médicamenteuse. Il est clair que le niveau de refoulement et d'anesthésie intervient dans le processus de guérison, et que le degré d'inconscience procuré par l'anesthésie peut nous fournir une indication de la durée probable de la guérison. C'est d'ailleurs pour cela qu'il est impossible de guérir la névrose en intervenant au niveau inconscient, avec un traitement médicamenteux ou par l'hypnose, car la conscience joue un rôle capital dans le processus de guérison.

Pleurer, c'est guérir. Ressentir, c'est guérir. Le refoulement empêche de guérir. Chaque processus cérébral ou physique a sa raison d'être, liée à l'évolution. S'empêcher de pleurer, c'est ramer à contre-courant de l'évolution. C'est pourquoi ceux qui peuvent vraiment pleurer à fond semblent faire « redémarrer » la machine de l'évolution : on voit de la barbe qui pousse à des quadragénaires, des dents de sagesse qui percent chez des personnes de quarante-cinq ans, des seins qui se développent chez des femmes de trente-cinq ans. Le code génétique peut à nouveau progresser vers sa destination : objectif croissance, guérison et santé. Pas mal joué pour des petites gouttes de liquide ! Imaginez un peu ça : les larmes ont le pouvoir de transformer votre physiologie, de modifier votre personnalité et de remettre le moteur de l'évolution en marche. Ainsi, ce qui avait longtemps passé pour une faiblesse aux yeux de la plupart des gens s'avère être une des forces les plus puissantes qui soient.

16

Pourquoi faut-il revivre son enfance pour guérir ?

On peut se demander pourquoi il est nécessaire que nos patients revivent leur passé, plutôt que de simplement en parler. Pourquoi est-ce que j'accorde une telle importance au revécu ? Après tout, est-ce que ça ne suffit pas de parler de son passé, ou même de pleurer dessus ? Qu'est-ce qui fait la différence, et pourquoi est-elle si cruciale ?

Revivre d'anciennes émotions

Ce n'est pas nécessairement la scène du passé et son souvenir exact qu'il faut revivre, c'est son contenu émotionnel. J'ai soigné des patients qui avaient suivi une psychanalyse et qui avaient discuté dans le détail certains de leurs souvenirs. En thérapie primale, ils se sont trouvés mis en contact avec la composante émotionnelle de ces mêmes souvenirs, ce qui est une tout autre expérience. La composante douloureuse n'est pas mémorisée au même endroit que le souvenir cognitif. Le revécu ouvre la porte des zones de stockage du souvenir émotionnel : on éprouve enfin les terribles tourments jamais ressentis, les pleurs jamais versés coulent à flots, et toute la tristesse et/ou la rage contenues depuis si longtemps refont surface. Toute cette énergie bloquée a enfin trouvé son exutoire.

Quand on ne fait qu'évoquer son passé en paroles, en revanche, l'énergie que dégage le souvenir reste bloquée. Prenez la souffrance intense et précoce d'un enfant de quatre ans qu'on a renvoyé dans sa chambre : il y a un monde entre verser des larmes sur un tel événement et le revivre. Car dans le premier cas, c'est un adulte qui se souvient de son enfance à travers l'appareil cérébral qui est le sien actuellement ; alors que dans le second, il n'y a plus qu'un enfant, immergé corps et âme dans le souvenir.

Le souvenir d'un sentiment (l'évocation d'un souvenir et l'impression qu'il vous a laissée) n'est pas la même chose que l'expérience du sentiment. C'est cette expérience-là qui est nécessaire à la résolution * du vécu passé. Il ne peut pas y avoir de normalisation des fonctions de l'hypothalamus sans revécu. Prenez un enfant constamment relégué à sa chambre et à qui on a donné le sentiment qu'il était méchant ou stupide ; plus tard, cela ne lui sera d'aucun secours de tenir des raisonnements intellectuels là-dessus. Ce qu'il faut, c'est qu'il puisse exprimer sa rage dans le contexte où il l'a ressentie initialement. Il est sûr et certain que ça ne lui servirait à rien de comprendre ses parents et les raisons de leur conduite à son égard. Comprendre ne ferait que camoufler ce qu'il ressent car, en réalité, la rage et la détresse suscitées par tant d'humiliations répétées sont toujours là. Quand on aide le patient à remonter dans le temps et à se laisser submerger par son ancien vécu, cela réveille le souvenir dans son entier, avec le sentiment qui y était associé. A partir de là, les choses suivent une progression naturelle qui ne nécessite plus aucune intervention extérieure. Si le sentiment qu'on a éprouvé était la rage, comme c'est souvent le cas, et la peine — qui se cache presque toujours derrière la rage —, c'est ce qui ressurgira à ce moment-là. Et avec une violence indescriptible — la force que dégage le besoin inassouvi. Donner des coups de pied, hurler, taper sur les murs pendant des heures — autant d'éléments essentiels du processus. Personne ne force les patients à faire ces gestes-là ; simplement, ça leur sort des tripes lorsqu'ils revivent le contexte d'un événement de leur passé.

Niveaux de conscience et revécu

Comme nous avons déjà eu l'occasion de l'évoquer, le souvenir existe aux trois niveaux de la conscience : cognitif, émotionnel et végétatif (ou viscéral). Il suffit de voir fonctionner chacun de ces niveaux pour comprendre la nécessité du revécu. Chacune des structures du cerveau et chaque niveau de conscience ont leur fonction propre, et aucun ne peut se substituer à l'autre. Pour comprendre toute la différence qu'il y a entre parler d'une chose et la revivre, il faut voir nos patients tousser et cracher des quantités considérables de liquide pendant un primal de naissance, tout en étant agités de mouvements convulsifs qui traduisent une immense décharge d'énergie. Il n'y a jamais de larmes ou de paroles au cours de ces épisodes de revécu.

Les pleurs et les mots viennent plus tard, une fois que le patient a progressé dans le temps jusqu'aux premières années de l'enfance. En fait de pleurs et de paroles, ce ne sont souvent que des babillages de tout-petit et des sanglots d'enfant — des choses que les patients ne peuvent pas simuler et qu'ils sont d'ailleurs incapables de reproduire ensuite, si on le leur demande. Si quelqu'un prononce des paroles ou agite les bras pendant un épisode de naissance, nous voyons tout de suite que l'expérience n'est pas authentique car, normalement, ce sont tout au plus des grognements que nos patients émettent. Le revécu peut tout expliquer.

Chaque niveau de conscience est distinct des autres, chacun a sa viabilité et ses fonctions propres. Le traumatisme natal, par exemple, est mémorisé à un niveau inférieur et plus profond que celui où sont enregistrés les événements survenus à l'âge de dix ans. Par la suite, différentes couches d'expériences viendront se superposer à ce traumatisme précoce et le recouvriront; c'est ce qui explique qu'il faille généralement des mois de thérapie avant d'accéder à ces matériaux précoces.

On peut guérir de la migraine en revivant une suffocation à la naissance, ce qui serait impossible par tout autre moyen. Possible, cela le devient parce qu'on remonte à la source même du problème, au niveau auquel il se situe (la migraine est un symptôme de « première ligne »). Ça ne tient absolument pas debout de dire qu'il faudrait « parler » de ce qui s'est passé, étant donné que l'événement s'est déroulé sans paroles à l'époque, et que nos paroles actuelles resteraient forcément dénuées de sens. Dès qu'on se met à verbaliser, l'expérience est terminée et demeure non résolue. Les pleurs mêmes ne suffisent pas à rendre l'expérience authentique. Mais quand on entend des vagissements de nouveau-né, alors là, pas de méprise possible.

Reproduction artificielle des niveaux de conscience

Je me souviens d'avoir participé à des expériences d'hypnose dans lesquelles nous faisions régresser des sujets jusqu'à l'âge de cinq ans, et nous les faisions parler de leur vie. Ils tombaient souvent sur un événement clé, du genre : « Maman a donné mon chien à quelqu'un d'autre », et cela les faisait fondre en larmes. Mais, une fois sortis de l'hypnose, ils ne se rappelaient pas avoir évoqué ce souvenir précoce et avoir pleuré.

Cette régression dans le temps sous hypnose témoigne de façon spectaculaire de la permanence du souvenir et des larmes refoulées, puisqu'il avait suffi d'évoquer des souvenirs pour retrouver les larmes.

On a tendance à envisager le revécu comme une sorte de jeu de rôles. Mais il ne s'agit en réalité ni de rôle, ni de jeu, mais d'un événement neurologique. Les patients ne font pas « semblant » d'être des enfants, ils sont sous l'emprise d'un cerveau d'enfant, avec toute la gamme d'associations que cela suppose. Ce n'est qu'en pleurant et en criant pendant le revécu qu'on peut se délester complètement de toute l'énergie ravalée qui se répercutait partout dans le système.

Le tout-petit existe toujours

Il est tentant de considérer comme une « régression » le fait que des hommes et des femmes adultes puissent babiller comme des bébés ou sucer leur pouce comme un nouveau-né. La vérité, c'est que le tout-petit que nous avons été est toujours là ; il continue à exister dans notre cerveau et dans notre corps, et essaie constamment d'entrer dans le champ de conscience. Ce que nous faisons dans notre thérapie, c'est permettre un phénomène de « libération » du type de celui que nous avons évoqué en parlant des pleurs. C'est alors que le bébé ressurgit, permettant à l'adulte de voir ce qu'il a toujours porté en lui. Dans certaines lésions cérébrales affectant les centres de commande, on rencontre ce même genre de levée de l'inhibition exercée par le cortex. Et ce qu'on observe, là encore, c'est un comportement « subcortical [1] », comme celui du fœtus. Non pas parce que la lésion aurait infantilisé le sujet, mais parce qu'elle a levé l'inhibition et permis à ce qui était déjà là de s'exprimer.

Le processus du revécu

Le revécu est un processus qui prend du temps. Il doit être gradué de telle manière que la souffrance reste gérable et puisse être intégrée *. Le processus se déroule généralement selon un enchaînement qui suit un ordre déterminé, partant des événements les plus récents et les plus mineurs pour remonter jusqu'au passé le plus ancien. Ce qui se produit d'ordinaire, c'est que le patient passe des mois à *re*ssentir un sentiment éprouvé dans son enfance, comme par exemple : « Ils ne m'ont jamais aidé. » Il va se rappeler certaines scènes, et pleurer parce que ses parents ne se sont jamais occupés de lui quand il avait besoin d'eux. Et puis, à un certain moment, son corps va envoyer un signal indiquant

1. Comportement « subcortical » : comportement correspondant à un niveau de conscience inférieur à celui de la conscience « corticale », la fonction mentale ou cognitive *(NdT)*.

qu'il est prêt à affronter une couche plus profonde de ce même sentiment, et le patient plongera alors dans un sentiment lié à sa naissance : « Il n'y avait personne pour m'aider à sortir. » Il va revivre sa naissance douloureuse, les efforts qu'il a faits pour sortir, la lutte pour y arriver, et le sentiment qu'il n'y avait personne pour l'y aider. A ce sentiment précoce engrammé à la naissance est donc venu s'ajouter plus tard le sentiment datant de l'enfance — un sentiment de deuxième ligne — qui l'a rejoint pour former ce que j'appelle un « sentiment renforcé ».

Du fait que le revécu se déroule de manière ordonnée, c'est notre histoire qui nous guide, et c'est la souffrance qui détermine l'ordre dans lequel on doit revivre les différents événements du passé. C'est ce que j'appelle la « chaîne de la souffrance ». Un maillon de sentiment s'accroche à un autre, plus douloureux et plus ancien, et ainsi de suite jusqu'à ce qu'on ait revécu le sentiment dans son intégralité.

Un sentiment * intégral est un événement à trois dimensions puisqu'il se joue à tous les étages de la conscience. Souvenez-vous : la souffrance très profonde et très précoce forme des représentations dans les centres supérieurs du cerveau, mais chaque niveau apporte sa contribution à l'élaboration du sentiment, depuis le rythme cardiaque qui a accompagné l'événement juqu'à sa tonalité affective, en passant par les images qui y sont liées et le contexte. Et, bien que les différents réseaux nerveux soient en circuit fermé et ne communiquent pas entre eux, il semble qu'il existe un code permettant à un élément donné, à l'intérieur d'un circuit fermé, de « reconnaître » chimiquement son homologue dans un autre circuit, une fois que les connexions nécessaires ont été établies.

La signification de ce qui est revécu

Quand un patient revit un traumatisme dans les trois semaines qui suivent le début de sa thérapie, cela nous en dit long sur son état de névrose et sur son système de défense. Le fait de plonger immédiatement dans du vécu très précoce (et ce, sans aucune suggestion de la part du thérapeute) indique une destructuration des défenses. Cela veut dire que la conscience est constamment perturbée par l'intrusion de gros traumatismes précoces, ce qui fragilise tout le système. C'est pourquoi nous veillons soigneusement à bien contrôler les processus de revécu particulièrement accablants, afin que le patient ne risque pas d'être submergé.

Le revécu est véritablement une névrose à rebours. On part du cerveau le plus récemment acquis, et de ses souvenirs, et on remonte en arrière. Ce voyage commencé au néocortex nous ramène au cerveau primitif ou reptilien. Il se prolonge par une descente dans le système limbique où, dans certaines structures comme l'hippocampe, on peut carrément enchaîner les souvenirs comme des tranches de vie consécutives. Par exemple, un patient peut commencer par *re*ssentir la peine qu'il a eue quand sa compagne l'a quitté. Quelque temps après, ce sentiment le ramènera vers un passé où il a été rejeté ou abandonné par sa mère. Ensuite, des mois ou des années plus tard, peut-être, il parviendra à revivre un sentiment d'abandon total juste après sa naissance. Il faut généralement avoir revécu l'essentiel d'un sentiment * pour que les symptômes pathologiques commencent à s'estomper. Un seul revécu ne suffit pas à défaire une névrose. Il faut de nombreux épisodes de revécu pour réaliser la connexion * et l'intégration * complète d'un sentiment à la conscience.

Le facteur temps

On ne peut pas précipiter l'enchaînement du revécu. Je compare cela à un distributeur automatique d'assiettes comme il y en a dans certains restaurants : dès que vous prenez une assiette, il y en a une autre qui apparaît automatiquement. La mémoire a un peu la même configuration : dès qu'on en a revécu un aspect, il y a le suivant qui prend son tour. Le mécanisme n'est peut-être pas toujours aussi bien huilé que cela, mais c'est en gros ainsi qu'il fonctionne.

Dans notre thérapie, nous n'encourageons pas forcément toujours nos patients à revivre leur passé. Il y a des moments où le patient connaît déjà de tels bouleversements dans sa vie quotidienne que l'expérience risquerait de le destructurer, et puis il faut laisser la priorité au présent et à ses difficultés. Si on ne commence pas par régler ses problèmes actuels, revivre le passé risque de devenir une défense contre la réalité présente.

Quand j'observe mes patients en train de revivre leur naissance, il m'arrive souvent de me demander pourquoi il est nécessaire qu'ils refassent ainsi l'expérience de la souffrance. Pourquoi doivent-ils la revivre, parfois des centaines de fois sur une période de plusieurs années ? Pour subir encore une fois la même torture, la même suffocation qu'à la naissance ? Parce que la force de cette expérience a modelé nos vies pour toujours, et que c'est elle qui finira par nous tuer. Pour l'affronter, il faut avoir la maturité d'un adulte possédant ne serait-ce qu'un semblant de système de défense, et même là c'est épouvantable. Heureusement, c'est une souffrance qui « fait du bien ». Car c'est une sensation merveilleuse que de pouvoir l'évacuer et de se débarrasser à jamais de cette composante du sentiment. C'est pour cela que les gens se précipitent dans notre clinique pour venir « *re*ssentir », car ils savent ce qui les attend autrement : on vit un véritable enfer tant qu'on ne peut pas ressentir la souffrance. Pour paraphraser Santayana : « Celui qui n'a pas revécu son passé est voué à le reproduire. »

Revivre son passé, c'est se réapproprier son histoire. C'est tout de même une chose extraordinaire, quand on y pense, que de remonter des dizaines d'années en arrière en voyageant à travers les différentes structures du cerveau, et de retrouver la reproduction exacte de l'environnement d'alors, avec ses couleurs et ses odeurs particulières. Pour ensuite s'affranchir de tout ce passé ; non pas en essayant de le réécrire pour en changer le dénouement — ce qui ne tiendrait pas la route, face à la réalité. Mais en l'expérimentant complètement, pour en finir avec lui pour de bon. C'est vraiment sidérant, au sens fort du terme. Et pour le système humain, c'est tout simplement un miracle.

17

La thérapie primale aujourd'hui

Je m'aperçois que je n'ai pas encore évoqué en détail dans ce livre les techniques dont je me sers en thérapie primale pour induire des primals chez mes patients, et ce pour deux raisons. Primo, les moindres éléments de technique que j'ai présentés dans mes précédents ouvrages ont été récupérés par des charlatans qui les ont utilisés au détriment de leurs patients. Secundo, à la différence de ces thérapies holistiques qui carburent à l'inspiration et à l'altruisme, la thérapie primale utilise une méthodologie scientifique précise qui nécessite des années de formation pour une pratique correcte. Les techniques que nous mettons en œuvre sont complexes et il faudrait un livre entier pour les expliquer. Notre thérapie est, je crois, la première forme de psychothérapie systématique et scientifique qui existe.

Je voudrais malgré tout évoquer dans ce chapitre un certain nombre d'aspects importants de cette thérapie et relever quelques-unes des principales erreurs commises par des soi-disant praticiens sans formation adéquate.

La thérapie primale s'appuie sur une méthodologie scientifique rigoureuse

Si cette thérapie marche, ce n'est pas à cause des bonnes intentions et de l'esprit ouvert de ceux qui la pratiquent. Ça marche parce que, indépendamment des qualités de chaleur humaine et d'empathie nécessaires à sa bonne mise en œuvre, il s'agit d'une méthode rigoureuse et systématique, prévisible dans ses résultats, et vérifiable — ce qui est le plus important. Et qui est devenue de plus en plus précise au fil des ans.

Les patients ont généralement besoin qu'on les aide à rentrer dans leurs sentiments *, tout au moins au départ. C'est principalement dû au système de défense que nous trimbalons tous, mais il y a aussi une autre raison importante : l'exploration des sentiments n'est pas l'affaire d'un simple acte de volonté. Tout acte conscient, toute volonté délibérée de la part du patient l'empêchera au contraire de rentrer dans ses sentiments, puisque cela veut dire qu'il fonctionne avec son cortex logique et méthodique — qui est en quelque sorte un cerveau différent de celui qui ressent. Autrement dit, plus on s'acharne et moins ça marche. Encore une de ces dialectiques diaboliques qui abondent dans la thérapie primale !

La manière dont notre thérapie est conçue est différente de tout ce qui a pu se pratiquer depuis des centaines d'années. Notre démarche n'a pas changé : le patient commence toujours par trois semaines de thérapie individuelle, à raison de séances presque quotidiennes. Il s'agit d'arriver à ouvrir son système de défense, ce qui peut se faire de deux façons : soit en identifiant la défense et en la bloquant, soit en aidant le patient à rentrer en contact avec un sentiment qui la déverrouille, sans oublier que chaque sentiment « lourd » suscite en contrepartie une défense qui le repousse. Il n'en demeure pas moins que le revécu du sentiment concourt de lui-même à démanteler le système de défense. Cependant, même la posture qu'un patient adopte juste avant la résurgence d'un sentiment peut constituer une défense efficace, alors que chez d'autres, cette même position pourra favoriser le revécu. Quoi qu'il en soit, ce ne sont pas les défenses qui nous intéressent mais le sentiment qu'elles dissimulent.

Le style primal

C'est au cours de ses trois premières semaines de thérapie que le patient apprend un « style primal », c'est-à-dire sa façon à lui de rentrer dans le sentiment. Ce style est différent pour chacun, et nos patients ont vite fait d'apprendre d'eux-mêmes ce qu'ils peuvent faire pour s'aider à « *re*ssentir ».

Après ces trois semaines, le patient intègre un groupe dans lequel il « *re*ssent » en compagnie de trente à quarante autres patients, mais il peut le faire exactement comme s'il était seul. Certains patients ont besoin d'un traitement individuel plus prolongé et nous le leur donnons en plus de leur participation au groupe, à raison d'une fois par semaine environ, pendant six mois à un an. Après six mois de thérapie, le patient refait une semaine de traitement individuel qui permet de faire un bilan pour voir où il en est, quels sentiments il est en train d'explorer, et s'il les intègre bien. Arrivés à ce stade-là, certains patients ont l'impression de craquer et sont submergés par un raz de marée de sentiments. Dans certains cas, on recourt à des tranquillisants pour amortir le choc produit par les sentiments et faciliter leur intégration. Nous ne cherchons pas à faire prendre des médicaments au patient en permanence mais, au contraire, à lui en ôter le besoin.

Il y a deux scénarios possibles pour le déroulement d'une séance. Parfois, le patient aura eu des ennuis avant de venir — des rapports amoureux qui tournent à l'aigre, par exemple —, et il va se mettre à en parler jusqu'à ce qu'émerge le sentiment profond, sous-jacent à la situation. Il se peut alors qu'il se replonge dans ce sentiment ancien et qu'il le *re*ssente pendant une heure environ. D'autres fois, le patient arrive à la séance assez destructuré et très anxieux, sans raison particulière, et il est très vite balayé par un ancien sentiment. Il plonge aussitôt dans le revécu parce qu'il est constamment pris dans un déluge de sentiments.

C'est exactement comme cela que réagit le prépsychotique parce que, malgré toutes les années écoulées entre le traumatisme précoce et l'âge adulte, il n'a jamais développé de système de défense adéquat. Si bien qu'on a devant soi un patient perturbé qui se met illico à revivre des événements survenus quand il avait entre six mois et un an.

Plonger dans le sentiment

Je me rends compte que ça ne veut pas dire grand-chose « plonger dans un sentiment* » pour les gens qui n'ont pas fait de thérapie primale. Le patient passe généralement dix à vingt minutes à parler avant d'exprimer un « dire primal » du style : « Mon grand-père était la seule personne digne de ce nom que j'ai connue », « Mon chien a été mon seul ami », ou « Ma petite amie me rend fou quand elle refuse de m'aider ».

Les patients expriment des milliers de dires primals comme ceux-ci, qui sont souvent accompagnés par le début d'un sentiment. On peut éprouver une crispation de l'estomac, un tremblement dans la voix, une larme, une tension des mains — autant de signes annonciateurs d'une résurgence des sentiments.

A ce moment-là, le thérapeute aide le patient à ralentir le mouvement et à se concentrer sur le sentiment. Si nous détectons l'esquisse d'une défense, nous essayons de la faire cesser. Si le patient continue à parler du sentiment qu'il ressent, je lui dis quelque chose du genre : « Eh, vous êtes tout près du sentiment, il est juste là. De quoi s'agit-il ? » A quoi le patient répond invariablement : « Je ne sais pas. » Mais il finit par s'arrêter de parler et il laisse faire son corps. Le sentiment remonte et, à un certain moment, j'invite le patient à l'exprimer comme l'enfant l'eût fait, ou bien je lui demande de parler à son chien. Le patient s'écrie alors : « Médor, tu étais mon seul ami ! » puis il se met à pleurer toutes les larmes de son corps ; il pleure d'abord sur son chien, et puis sur toute la chaleur dont il a été si privé et frustré que c'est auprès de son chien qu'il a dû aller chercher un réconfort. Le sentiment qui finit par émerger peut être du style : « Prends-moi dans tes bras, maman, touche-moi ! » Et c'est là que le patient souffre le plus, parce que le besoin est toujours une souffrance. Il est évident que ce récit sommaire donne une idée par trop simpliste de ce que peut être une séance primale, d'autant qu'on se heurte souvent à des défenses excessivement subtiles.

Il faut bien pleurer tout son soûl

Un enfant qui n'a pas pleuré à l'enterrement de son père, soit parce qu'il s'efforçait d'être un « brave petit soldat », soit parce qu'on ne l'avait pas laissé y assister, restera plein de toutes ces larmes qui attendent d'être versées. Lorsque le patient se revoit au cimetière et qu'il regarde les lieux, le cercueil et tous les amis, il éclate en sanglots et ses larmes se mettent à couler à flots. Quand il en arrive au point de dire au revoir à son père, il se tord de douleur. Il dit enfin ce qu'il n'avait encore jamais exprimé et il le crie même, parfois : « Reviens, papa, j'ai besoin de toi ! » Les *insights* * qu'il va avoir ensuite, après la séance, lui montreront tous les subterfuges auxquels il a pu se livrer jusque-là dans le but de ressusciter son père, en cherchant une figure paternelle parmi les hommes qu'il fréquentait, auprès de son patron ou de son professeur.

Trop souvent, quand un enfant a perdu un être aimé, on ne lui parle plus jamais de cette mort. On lui a juste raconté une fable : papa est au ciel. Jamais l'enfant n'a pu exprimer son deuil par des pleurs ou des cris. Ses cris sont restés coincés là, dans son ventre tendu et dans son estomac noué. Et il faut une fameuse quantité de tension pour contenir des besoins de cet ordre.

Pour pouvoir *re*ssentir ce besoin, il faut prendre le risque de souffrir à nouveau de la frustration de ce besoin, car exprimer une demande d'amour, c'est s'exposer à sentir qu'elle ne sera pas satisfaite. Combien de patients m'ont dit, quand je leur demandais d'appeler leur mère : A quoi bon ? Elle est incapable d'affection. On vous encourage à le faire et puis, vlan, la souffrance vous tombe dessus; alors, autant oublier et faire comme si on n'avait pas besoin de ça. Oui, mais si seulement le corps pouvait oublier! Lui qui s'étourdit jusqu'à ne plus pouvoir, pour occulter le souvenir. Mais on ne peut pas effacer un besoin, pas plus qu'on ne peut exorciser le mal qui frappe un organe.

Réinsérer le sentiment dans la vie quotidienne

Une fois qu'un patient a *res*senti un sentiment, il s'assied pour en discuter, pour parler des *insights* qui lui sont venus, et évoquer la manière dont ce sentiment a conditionné son comportement. Il raconte aussi ce qui se passe actuellement dans sa vie, et on parle de la manière dont ce sentiment pourra s'y insérer. Cet entretien peut prendre autant de temps qu'il en a fallu pour *res*sentir le sentiment en question. C'est un moment qui permet au patient d'intégrer le sentiment qu'il a redécouvert et qui lui fournit l'occasion d'évoquer ses problèmes actuels. Il ne faut cependant pas perdre de vue que ce ne sont pas les problèmes actuels du patient qui sont la cause de sa névrose, mais l'inverse. Et notre tâche consiste à déblayer les vieux sentiments pour que le patient puisse s'occuper de ce qui lui arrive au quotidien. Pour que son présent ne soit plus un mystère complet pour lui ou elle. Une femme capable de ressentir ses besoins passés perd sa perception déformée des choses, elle cesse de faire des projections ou de donner une forme symbolique à tout ce qu'elle fait. Elle n'a plus lieu de se montrer trop exigeante envers son mari en voulant s'en faire un père qui la prenne en charge totalement. Ayant ressenti ce besoin-là en elle, elle sait quelle différence il y a entre cet ancien besoin et ses besoins actuels réels. Elle est capable de faire la part du passé et du présent, et cela, grâce au travail accompli pendant cet entretien qui constitue la phase « postrevécu » de la thérapie.

Le même principe vaut pour le travail de groupe. La moitié des séances de groupe sont des séances de postrevécu dans lesquelles les patients racontent ce qu'ils ont ressenti et les *insights* qu'ils ont eus, confrontent leur expérience à celle des autres patients et des thérapeutes, posent des questions et s'informent, grâce aux expériences des autres. Les patients apprennent au contact les uns des autres, ils tirent les leçons des déjouements* symboliques des autres, ils voient quels sentiments les ont aidés à surmonter tel ou tel problème. Ils s'enrichissent des *insights* des autres et tirent les leçons de leur propre évolution. Ils découvrent comment les autres traitent leur compagne ou compagnon, leurs parents, et comment ils se traitent eux-mêmes. Et on les entend déclarer : « Je n'ai jamais pu être gentil avec moi-même », « Je n'ai jamais su m'offrir un plaisir », « J'ai toujours vécu avec le sentiment que je ne méritais rien ». « Un sentiment que mes parents ont renforcé en me traitant comme si j'étais un gêneur, quelqu'un qui ne valait rien. » « On ne m'a jamais donné d'amour et, bien sûr, j'ai toujours cru que c'était ma faute. » Un autre patient peut alors reprendre ces déclarations à son compte, et partir de là pour décrire sa propre situation, et le mal que lui ont fait ses sentiments d'infériorité.

Personne ne fait la morale, personne ne juge les autres, et personne ne cherche à dérider quelqu'un qui se trouve aux prises avec un sentiment. Les choses sont ce qu'elles sont, un point c'est tout. Mais les patients d'un même groupe ont vécu de véritables enfers psychologiques ensemble, ce qui les rend extrêmement tolérants les uns envers les autres. Lorsque quelqu'un a du mal à s'exprimer et cherche ses mots, les autres attendent patiemment qu'il s'explique. Tout au long de la thérapie, nous faisons en sorte qu'elle n'ait rien de mystérieux pour nos patients : nous leur expliquons le pourquoi de telle ou telle technique particulière, et comment ils peuvent faire pour s'aider eux-mêmes à *re*ssentir. Ils reçoivent en quelque sorte la formation d'un thérapeute — le leur. Et comme chacun connaît les techniques permettant de rentrer dans les sentiments *, il arrive souvent que les membres du groupe s'aident mutuellement. Si un patient s'aperçoit qu'un autre a du mal à avancer, il ira s'asseoir auprès de lui et essaiera de l'aider. L'autorité est décentralisée dans le groupe. Les patients apprennent l'indépendance, non pas parce qu'on les y exhorte, mais à travers l'expérience qu'ils ont acquise. Ils ne sont pas assis en rang d'oignon devant un thérapeute omniscient, ils participent activement à leur traitement.

Au bout d'un an, nous avons un entretien de suivi avec chaque patient pour évaluer ses progrès et s'assurer que sa thérapie progresse effectivement. Dans certains cas, on constate qu'il serait indiqué que le patient fasse encore un peu de thérapie individuelle. Et c'est effectivement ce qui se passe, pourvu que nous ayons suffisamment de thérapeutes — ce qui n'est pas toujours le cas, et c'est un des problèmes qui se posent à nous de manière chronique.

La thérapie primale est systématique

Cette thérapie est avant tout systématique. Il semble qu'il existe un ordre inhérent à ce que les patients expérimentent, ce qui explique en partie la prévisibilité des résultats. Le rythme auquel se déroule ce processus ordonné varie d'un patient à l'autre. Certains arrivent en thérapie tout bardés de défenses d'acier, et ils mettent des mois à ressentir quelque chose ; d'autres le font dès le premier jour. L'important, c'est de traiter chacun individuellement, sans lui imposer d'échéances.

Il y a des patients qui se servent de leurs anciens sentiments pour éviter de voir le présent. Ils ont tendance à faire tout de suite des primals de naissance ; ils sont vite pris dans un véritable déluge de sentiments et finissent par être totalement submergés. Ils n'arrivent pas à établir la connexion entre le passé et le présent et ils restent fragmentés, ce qui est une situation très dangereuse. D'autres patients développent des tendances suicidaires ; ce n'est pas rare. Et pourquoi ? Parce que le désespoir est un sentiment ancien qui date d'avant les mots et les concepts. Si bien que, lorsque le patient se retrouve immergé dans ce sentiment-là, tout lui semble sans espoir car il n'est pas capable de distinguer le passé du présent.

Il est d'une importance cruciale que le thérapeute se rende compte que le patient est en train d'éprouver un désespoir ancien et bien précis, et qu'il sache aussi d'où provient ce sentiment. En effet, ce désespoir est le signal de la résurgence prochaine d'un sentiment bien réel, et il serait dangereux de laisser le patient se focaliser uniquement sur le présent.

Je repense à un de mes patients qui était terrorisé quand il marchait dans la rue, persuadé qu'il était sans cesse poursuivi par des « regards mauvais » qui se posaient sur lui. Il n'arrivait plus à regarder les gens en face. On avait antérieurement diagnostiqué des tendances paranoïdes chez lui. En séance primale, il suivit ce sentiment qui le fit remonter dans le passé jusqu'à un moment où, couché dans son berceau à l'âge d'un an et demi, il avait vu le regard courroucé de son père. Il s'était arrêté de pleurer, figé de terreur. Il ne savait pas ce qu'il avait fait de mal, mais il sentait bien la colère de ses parents ; ceux-ci voulaient qu'il cesse de pleurer. Cet enfant sans défenses avait désormais éprouvé un sentiment de terreur quand il s'agissait d'exprimer ses besoins. En conséquence de quoi, il n'avait pas tardé à les faire taire.

Nous avons tous oublié à quel point nous étions sans défenses et impuissants à cette époque-là, à quel point nous étions totalement dépendants de l'humeur de nos parents. Il n'a sûrement pas fallu beaucoup de « regards courroucés » pour faire cesser nos pleurs, ni beaucoup de coups de pied ou de fessées pour nous ôter l'envie de grimper sur les genoux de maman. C'est ce qu'on appelle un apprentissage « à un seul essai » et il se fait très tôt dans toutes les espèces animales ; il suffit que la punition soit suffisamment sévère et la dépendance absolue.

Il y a certains dérapages possibles en thérapie primale, et c'est ce qui la rend délicate. Il y a d'abord les patients qui restent accrochés au présent, à ce que j'appelle la « troisième ligne », pour éviter d'avoir à éprouver des sentiments douloureux. Il faut savoir reconnaître que cette attitude est une défense, afin de pouvoir aider la personne à faire le voyage de retour vers ses sentiments anciens. Il y a aussi ceux qui sont exclusivement polarisés sur des sentiments de leur enfance et qui en font une défense contre la réalité actuelle. Il est capital de savoir discerner selon les cas s'il s'agit ou non d'une défense. Quand j'ai formé des thérapeutes, j'ai dû passer des mois à les aider à faire la différence entre un sentiment et une abréaction *, entre une expérience « connectée * » et « déconnectée * ». Il y a du reste des critères spécifiques qui permettent de faire la distinction. Laisser le patient faire sans cesse de l'abréaction, c'est ouvrir la porte à une fragmentation et une destruction de sa personne — une des erreurs les plus fréquentes chez les pseudo-praticiens de la thérapie primale.

Les erreurs qu'on peut commettre en thérapie primale

Quand la thérapie primale n'est pas pratiquée comme il faut, le thérapeute risque de passer à côté d'une souffrance inconsciente profondément enfouie chez le patient. Il aura tendance à s'occuper de la vie et des problèmes actuels du patient, sans même toucher à l'énorme réservoir de douleur que celui-ci porte en lui. Mais l'excès inverse est tout aussi possible : le thérapeute ignore le présent et fait plonger le patient à qui mieux mieux dans le passé, même quand celui-ci a de sérieux problèmes actuels à résoudre. Or, on n'a guère le loisir de s'intéresser à son passé quand on est trop angoissé par le présent. C'est donc au thérapeute d'user de sa compétence pour trouver où il faut mettre l'accent, dans le travail qu'il fait avec le patient. Parfois, la source de la souffrance se situe en première ligne — comme le traumatisme natal ou un traumatisme subi au cours de la première année — mais, si le thérapeute est lui-même coupé de sa propre souffrance précoce, il évitera automatiquement de s'intéresser à cela et se focalisera sur des événements postérieurs.

L'une des grandes erreurs que peut commettre un novice de la thérapie primale, c'est de parler à son patient et de le faire trop parler, ce qui l'accroche au présent alors que le patient lui-même et ses sentiments se situent dans le passé. Si bien que le patient n'arrive jamais là où il devrait aller, et que la thérapie devient un exercice verbal, le vrai problème restant ailleurs. Le silence est vraiment d'or en thérapie primale ; il donne au patient le temps nécessaire pour glisser dans un sentiment et se laisser transporter dans le passé par son intermédiaire.

Il y a une flopée de thérapeutes qui ont lu *Le cri primal* et qui ont décidé de s'essayer à cette thérapie du jour au lendemain, sans aucune autre préparation que cette lecture. Ce qui est du même ordre, à mon sens, que de se mettre à opérer à cœur ouvert dans son garage. Ils isolent leurs patients — même les plus perturbés — et les laissent seuls et coupés de tout contexte social pendant des semaines. Résultat : il en ressort un bon nombre de psychotiques qui viennent échouer dans notre consultation. Ces « thérapeutes » se sont contentés d'adopter quelques techniques prises ici et là dans *Le cri primal* et *hors de contexte* — des techniques que pour la plupart, du reste, nous n'utilisons plus actuellement. Comme la respiration profonde, par exemple, que nous n'utilisons plus que rarement, et seulement dans des circonstances très particulières. Et pourtant, ces charlatans (que j'appelle des « pseudo-thérapeutes ») s'empressent tous de faire pratiquer la respiration profonde à leurs patients. Ils leur font faire toutes sortes d'exercices, du genre hurler ceci ou cela, appeler sa maman, taper sur des oreillers, et ainsi de suite. Bref, ces pseudo-thérapeutes font tout faire à leurs patients, sauf les inciter à « *re*ssentir », car ces gens-là seraient bien incapables de reconnaître un sentiment s'ils en voyaient un ; ils ne savent du reste pas du tout comment s'y prendre pour aider un patient à rentrer dans ses anciens sentiments. Ils se fient à des opérations mécaniques. Ils ne sont du reste pas avares d'instructions au patient, à qui l'on indique sur quoi il doit verser des larmes, ce qu'il faut dire quand il crie, et comment taper sur les murs avec les battes qu'on lui a fournies. Rien n'est jamais laissé à l'initiative du patient qui, dans presque tous les cas, ne fait que de l'abréaction, ce qui revient à tourner le dos à la guérison.

L'important, c'est de rétablir la connexion avec le souvenir. C'est cela qui a un effet curatif, et non le simple fait de hurler ou de gigoter, en soi. C'est une expérience dévitalisée que de se livrer à un simulacre de sentiment sans en avoir en même temps le souvenir.

Confondre abréaction et sentiment

Dans l'abréaction, le patient « déjoue » un souvenir ou une émotion Il fait virtuellement « semblant » d'expérimenter un élément de son passé, alors même qu'il n'éprouve pas réellement la résurgence d'un sentiment. Non que ce soit nécessairement intentionnel de sa part, mais ça ne correspond à rien de réel.

L'abréaction est si spectaculaire qu'elle peut abuser le thérapeute, en particulier si le patient se sent mieux après, du fait de la décharge de tension. Nous avons mesuré électroniquement la différence entre le sentiment et l'abréaction, et nous avons constaté que tous les signes vitaux (pouls, tension artérielle, température) variaient dans le même sens et en même temps dans le cas d'un sentiment, alors qu'ils le faisaient de façon désordonnée et asynchrone dans le cas d'une abréaction. C'est une chose de ressentir un sentiment, et c'en est tout à fait une autre d'en donner le simulacre ou de se livrer à des exercices indiqués par le thérapeute, ce qui est toujours dépourvu d'effet curatif.

L'abréaction correspond à une décharge de l'énergie que dégage le sentiment, mais sans qu'il y ait connexion avec un souvenir passé. Le patient se trouve précipité de manière abrupte et soudaine dans de soi-disant sentiments, au lieu d'y accéder graduellement, par une lente descente. Le passage d'un niveau de conscience à l'autre est également brusque et sonne un peu faux. C'est parce qu'il n'y a pas de réel contact avec le sentiment ; on dirait qu'on pleure pour pleurer, et qu'on crie sans raison apparente. C'est extraordinaire le nombre de pseudo-thérapeutes qui induisent des abréactions chez leurs patients, tout en étant persuadés que ce sont des sentiments. La marque infaillible de la pseudo-thérapie, c'est l'absence totale de contexte (le contexte du début de la vie de la personne) dans lequel inscrire tout ce qui se passe dans le cadre thérapeutique.

Chaque source de souffrance se reconnaît à certains indices particuliers ou signes pathognomoniques [1]. Si ces signes sont mal interprétés, la décharge de l'énergie du sentiment ne se fera pas au niveau qui convient. C'est ainsi qu'on peut voir des patients qui pleurent à cause d'un événement survenu quand ils avaient huit ans, alors qu'en même temps, ils toussent, s'étranglent ou s'arc-boutent sous l'effet de ce que j'appelle une « intrusion de première ligne ». Il s'agit de matériaux anciens qui font irruption dans un sentiment appartenant à un niveau supérieur. Il se produit une sorte de mélange, mais ce mélange indique cependant où en est le patient, et de quels sentiments il se rapproche. Il faut donc faire très attention à ces signes pathognomoniques. S'ils sont trop forts et qu'ils annoncent un risque de destruction, mieux vaut les éviter pour un temps.

Retraites et thérapie primale

Je me souviens qu'un patient m'a dit, il y a quelques années : « Pourquoi est-ce toujours nous qui venons vous voir ? (Cinquante pour cent de mes patients viennent en effet de différents pays d'Europe.) Pourquoi ne pas venir chez nous ? » A quoi j'ai répondu : « Trouvez-nous donc un endroit dans votre pays, et nous viendrons. » Ils en ont effectivement trouvé un et c'est ainsi qu'est née la tradition des retraites. Tous les six mois, des patients s'arrangeaient pour trouver un lieu propice dans un pays différent, et tout le monde partait ensemble pour une semaine de thérapie intensive de groupe et de suivi individuel. On louait par exemple un chalet en Suisse, un monastère en France ou un hôtel en Norvège. Notre équipe de thérapeutes était là au grand complet, et la thérapie prenait une intensité inimaginable. En plus des mariages et des amitiés à vie que ces retraites produisirent, elles nous donnèrent l'occasion de voir le monde et de rencontrer d'autres cultures. Elles ont toujours été le fruit d'une collaboration entre patients et thérapeutes. C'était les patients qui prenaient la responsabilité de leur propre thérapie et qui organisaient tout : le lieu, la nourriture, les visites et tout le reste. Ce n'est pas parce qu'on ne se sent pas bien dans sa peau qu'on est un incapable ; ils étaient dans l'ensemble plus que capables. Les rencontres que j'ai faites dans le cadre de ces retraites (avec des gens qui parlaient entre dix et quinze langues différentes, à eux tous) ont été parmi les meilleures de ma vie. Ce sont des expériences que je n'aurais voulu échanger contre rien au monde.

1. Signe pathognomonique : symptôme spécifique d'une maladie donnée et dont la présence suffit pour en établir le diagnostic *(NdT)*.

La formule de ces retraites a un peu évolué au fil du temps, mais elle est fondamentalement restée la même : travail de groupe quatre fois dans la semaine, plus thérapie individuelle quotidienne. Au départ, tout le monde participait à la cuisine et au ménage. Ensuite, la cuisine a été prise en charge par l'école, le couvent ou tout autre lieu où nous séjournions — la palme de la mauvaise cuisine est revenue au monastère. Les conditions de vie étaient toujours assez rudimentaires à tous les niveaux, mais les patients faisaient contre mauvaise fortune bon cœur et profitaient au maximum de leur séjour. C'était une expérience bien trop précieuse pour se plaindre de petits détails sans importance. Chacun de nous apprenait directement des tas de choses sur des cultures autres que la sienne, chacun avec ses habitudes propres, ses préférences, sa langue, ses traditions et ses costumes particuliers, et mille autres détails. C'était une éducation que nous n'aurions jamais eue autrement, ni les uns ni les autres.

Les patients organisaient des spectacles au cours de toutes ces retraites, comme ils le font d'ailleurs aussi à la clinique. Ils fabriquaient des costumes exprimant leur origine culturelle ou leurs sentiments. Nous avions des orchestres, des chanteurs de jazz, et des stars du rock. Quelle surprise à l'occasion de ces spectacles maison de voir notre pire cas de dépression faire le comique, d'entendre les superbes poèmes écrits par des gens issus de milieux laborieux et qui n'avaient jamais rien fait de tel de leur vie, ou de voir les œuvres d'art réalisées par ceux qui s'étaient découverts artistes en découvrant leur vrai moi. Qu'importe s'il arrivait que le chanteur craque et se mette à pleurer, ou que le comique ne puisse s'empêcher de verser une larme de temps en temps ; l'auditoire de patients faisait toujours preuve de beaucoup de gentillesse, de patience et de compréhension.

Rien à voir avec les soi-disant *encounter groups* (groupes de rencontre) auxquels j'ai participé à une époque (et que j'ai d'ailleurs même dirigés), avec les fausses étreintes et les baisers bidons qu'échangeaient des gens prétendument « remplis d'amour ». En revanche, ce que nos patients vivaient pendant ces retraites avait le goût ineffable de l'authentique. Et surtout, personne n'avait honte de ce qu'il ressentait. Nous étions tous dans la même galère, et c'était si vrai que les thérapeutes eux aussi expérimentaient leurs sentiments devant leurs patients.

Les thérapeutes

Une des raisons du manque de thérapeutes est le fait qu'ils s'usent vite à la tâche. Il n'est pas humainement possible d'affronter indéfiniment la souffrance, jour après jour. C'est pourquoi la formation joue un rôle si essentiel. Mais elle pose en même temps des problèmes très délicats, dans la mesure où tous les thérapeutes doivent commencer par être eux-mêmes des patients. Ils doivent suivre eux-mêmes la thérapie pour connaître leurs propres sentiments et pour apprendre la thérapie du point de vue du patient. Je ne conçois pas qu'on puisse pratiquer cette thérapie sans l'avoir d'abord suivie soi-même, puis avoir reçu ensuite deux ou trois années de formation au moins. Cela n'a rien à voir avec une formation psychanalytique, comme celle que j'ai moi-même reçue et qui s'adressait surtout à l'intellect. Dans le cas qui nous occupe, ce sont les sentiments qui comptent ; on ne peut pas les précipiter ou les présenter de manière superficielle. Un thérapeute ne pourrait jamais comprendre la différence entre la catharsis et le sentiment sans avoir fait lui-même une thérapie primale.

Certains aspects uniques de la thérapie primale

Ayant passé des heures de ma vie dans des salles d'attente de médecins, je me suis juré que mes patients ne poireauteraient pas chez moi, et c'est effectivement le cas. Chaque patient est pris à l'heure exacte fixée pour son rendez-vous. J'y veille attentivement parce que c'est l'une des nombreuses façons de témoigner son respect pour ses patients, une autre étant de ne pas limiter la durée des séances. Les patients restent jusqu'à ce qu'ils sentent que c'est le moment de partir ; ce sont leurs sentiments qui dictent la durée de la séance, et non un emploi du temps artificiel, établi en fonction des desiderata d'un praticien qui a besoin de voir tant de patients par jour. Je ne me vois pas mettre fin à une séance alors que le patient est en larmes...

Le cadre même de la thérapie primale est favorable à l'expérience du sentiment : la pièce est plongée dans une demi-pénombre, le sol et les murs sont capitonnés et insonorisés, donc pas à s'inquiéter des cris. Comparez cela avec le cabinet classique d'un médecin, avec lumières vives, bureau et meubles de style. On voit tout de suite dans lequel de ces deux cadres le patient sera le plus à même de ressentir quelque chose.

J'ai moi-même débuté la pratique de la thérapie primale dans un cabinet avec des meubles de style mais, au bout de six mois de thérapie, il ne restait guère que du petit bois. J'avais appris ma leçon, pas très vite, mais quand même. Ensuite, j'ai fait des économies de mobilier. Ce n'est pas facile pour un thérapeute classique de délaisser le costume trois-pièces pour aller se rouler par terre aux côtés de ses patients. De toute façon, ça fait un peu désordre, tout ça ; les sentiments ne sont pas des choses bien nettes et bien ordonnées, et ils ne s'arrêtent pas pile au bout de cinquante minutes de consultation. Ils débordent dans tous les sens, comme parfois la colère d'un patient qui se déchaîne.

Je me souviens de l'époque où mon centre de thérapie avait des murs normaux ; au bout d'un mois, il y avait des trous dans toutes les cloisons. Bien qu'ayant pratiqué la psychanalyse pendant dix-sept ans, je n'avais encore jamais vu un tel déchaînement de furies. Or, il est important de les comprendre, ces furies-là. Si elles sont bien comprises et bien gérées, le thérapeute ne court aucun danger ; sinon, il risque de se faire trucider. Il y a effectivement eu un pseudo-thérapeute qui a été battu à mort par un de ses patients. La thérapie primale n'est pas une simple thérapie holistique de plus. La névrose est une affaire grave.

Un des plus gros problèmes qui se posent en thérapie primale, c'est que le thérapeute ne peut pas emmener son patient là où il n'a pas été lui-même. C'est pourquoi les non-initiés à la thérapie primale ergotent sur l'importance de faire revivre la naissance au patient. Ces gens-là n'ont pas connu les affres du désespoir total, la perte de toute espérance et, s'ils peuvent aider un patient à ressentir une partie de la désespérance qu'il a éprouvée vers la fin de son enfance, ils sont incapables de le faire descendre jusqu'au plus profond de son inconscient. Alors, ils décrètent que ce n'est pas nécessaire, ou pire encore, ridicule.

D'autres se lancent à corps perdu dans le *rebirthing* * et font ce que ne ferait jamais une personne un peu sensée : ils font illico plonger les gens dans les profondeurs de l'inconscient, sans aucune préparation préalable, alors qu'il faut des mois ou des années pour s'y préparer.

Il y a actuellement une bande de psycho-évangélistes qui sévissent à la télévision, des gens qui ont littéralement pillé des chapitres entiers de mes livres (avec les graphiques et tout), et qui, devant les caméras, précipitent des salles entières de spectateurs dans des expériences de revécu *. Très dangereux, mais spectaculaire. J'ai vu des enregistrements vidéo de ces séances dans lesquelles ils dictent aux patients ce qu'il doivent dire et à qui. Les patients se livrent à tout un simulacre qui donne les apparences d'une amélioration de leur état, mais ils en paieront le prix par la suite : il semble qu'un nombre croissant de cliniques se voient obligées de récupérer les victimes des agissements de ces prétendus « thérapeutes », totalement dépourvus de toute éthique professionnelle. La thérapie primale n'est pas un divertissement de salon, c'est un système thérapeutique lent et méthodique, dont la validité a été prouvée sur le plan neuro-physiologique. Le passé doit être revécu selon un ordre donné qu'il ne faut pas bouleverser. Il n'existe pas de techniques particulières, comme la respiration profonde, pour provoquer cette descente ordonnée dans le passé. L'ennui, c'est que le patient ne s'apercevra de la différence que quand il sera déjà trop tard. Et après, il faudra beaucoup plus de temps pour essayer de recoller les morceaux.

Souffrance et thérapie

La souffrance engrammée est une réalité que nous avons observée chez tous les névrosés sans exception, depuis des dizaines d'années. Si on ne la reconnaît pas et qu'on n'en tient pas compte, on ne fera que maintenir le patient dans le présent et son passé restera occulté. Les patients traités dans le cadre d'une thérapie qui ne reconnaît pas la souffrance ne réussiront à aller mieux que dans leur tête, en s'imaginant guéris. Alors ils s'adapteront mieux à leur vie quotidienne et ils redoubleront d'efforts. La souffrance ne sera jamais au programme de ces thérapies-là, pour la bonne raison que leurs tenants supposent dès le départ qu'elle n'existe pas. Si vous ne croyez pas que la souffrance peut perdurer — que ce soit la souffrance occasionnée par une circoncision, une opération, la naissance ou le fait d'avoir très tôt manqué de soins et d'amour —, il est bien évident que vous n'en tiendrez pas compte.

Il faut plus de temps que nous ne l'avions supposé au départ pour qu'un patient aille relativement bien, mais notre estimation de la durée du traitement dans notre centre même s'est révélée correcte. Il faut généralement un an à un an et demi de traitement pour que les patients arrivent à se remettre sur pied et à se débrouiller seuls, avec juste un suivi épisodique. Nous leur donnons les outils nécessaires pour *re*ssentir. Au fur et à mesure du traitement, nous leur expliquons comment fonctionnent leurs défenses et comment accéder au sentiment. Ils sont donc capables de faire pas mal de choses par eux-mêmes, même s'il reste des domaines dans lesquels ils ont besoin d'être aidés. Ce qui nous ramène à notre problème numéro un : nous n'avons jamais assez de thérapeutes pour donner à chacun tout le temps qu'il lui faudrait. Le travail de groupe est utile, bien sûr, mais il y a des patients qui ont besoin de plus de thérapie individuelle. Et c'est cela qui revient très cher, parce qu'il faudrait pratiquement un thérapeute par patient, ce qui est une impossibilité patente.

Il arrive parfois qu'au bout de deux ans, le patient découvre des matériaux très profondément enfouis en lui, et qu'il ait besoin d'un suivi constant. Et comme il n'y a pas toujours un thérapeute disponible à ce moment-là, nous avons institué le système des « compagnons » : on enseigne aux patients les principes fondamentaux de la thérapie primale, de sorte qu'ils puissent s'aider mutuellement à rentrer dans leurs sentiments, et la clinique reste ouverte en permanence pour permettre ces accompagnements.

Cela dit, je reconnais — et je le répète — que, idéalement, les patients auraient besoin de beaucoup plus de thérapie individuelle que nous ne pouvons leur en offrir. Lorsqu'ils sont en pleine souffrance profonde, deux ou trois ans après le début de leur thérapie — ce qui peut arriver —, ils ont besoin d'être suivis deux ou trois fois par semaine. Or, nous n'avons jamais assez de thérapeutes pour cela et, de toute façon, ce ne serait pas viable économiquement. Ce qu'il faudrait, ce sont des crédits publics pour financer les traitements et la formation des thérapeutes. Ce serait sûrement une solution très économique pour les deniers publics, du reste, compte tenu de toutes les maladies futures qu'on pourrait ainsi éviter.

Nos patients changent énormément après leur première année de thérapie, mais ils continuent à connaître d'importantes transformations pendant cinq à huit ans. Ce qui ne veut pas dire qu'ils souffrent sans arrêt pendant tout ce temps-là. Au contraire, chaque sentiment porte sa propre récompense. Entre les séances, les patients se sentent souvent mieux qu'ils ne l'ont jamais été. J'estime qu'au bout de cinq ans, l'essentiel du travail est acquis. Ça peut paraître long mais, souvenez-vous, il s'agit de défaire une vie entière de nœuds et, quand on a une trentaine d'années, on a encore toute sa vie devant soi. Et puis, on n'a pas sans arrêt des primals * pendant cette période-là ; on en a un par mois, en moyenne. Au bout d'un moment, il faut beaucoup moins de temps pour revivre un sentiment (une trentaine de minutes) et on arrive à les intégrer plus rapidement.

La thérapie primale est-elle un luxe de riches ? La plupart de nos patients ne l'ont jamais été, mais ils ont fait des économies pour se la payer. La souffrance se moque bien des classes sociales et du niveau économique des gens. Nous avons soigné des têtes couronnées, des industriels, des professionnels de tous horizons et des travailleurs ; nous avons aussi pris en charge un certain nombre de cas sociaux. Ce qui se passe en réalité, c'est que les riches sont plus exposés aux diversions ; ils peuvent se louer un yacht et partir en croisière, s'acheter des petites amies, une nouvelle voiture ou des vêtements — autant de distractions qui repoussent le moment de regarder les choses en face. J'ai soigné des stars du rock, adulées par les foules chaque jour de leur vie d'adulte, applaudies et acclamées par des milliers de gens, sans que cela change rien à la souffrance qu'elles portaient en elles ; elles ne se sentaient pas aimées pour autant. Jamais les mal aimés n'arriveront à se sentir aimés. C'est mathématique.

La thérapie primale aujourd'hui

La thérapie primale est-elle réservée à un certain type de personne ? Je ne crois pas. J'ai vu défiler des dépressifs, des gens qui avaient fait des tentatives de suicide par centaines, littéralement, des assassins, des migraineux, des cancéreux, des violeurs, des gens dévorés par l'angoisse, des psychotiques qu'on avait fait sortir de l'hôpital psychiatrique, un cas social qui menaçait de tuer ses enfants si je ne l'acceptais pas comme patient, des cas d'inceste, des personnes souffrant de colite, des exhibitionnistes — bref, pratiquement tous les échantillons d'humanité possibles et imaginables. Les psychotiques et les stars du rock ont une chose en commun : ils croulent sous le plus incroyable fardeau de souffrance qu'on puisse imaginer. Il faut quand même être propulsé par une sacrée dose de souffrance pour éprouver le besoin de se faire aimer du monde entier ! Et pourtant, tout espoir n'est pas perdu : tous ces gens-là sont curables. Le fou furieux qui était sur le point de tuer ses gosses va bien, maintenant. Les candidats au suicide qui collectionnaient les cachets, qui s'achetaient de la dynamite ou des armes à feu, n'ont plus du tout la même mentalité à présent. Ils aiment la vie et ils n'arrivent même plus à se rappeler comment ils étaient avant ; tout ce dont ils se souviennent, c'est qu'ils étaient ravagés par le désespoir.

La thérapie a-t-elle un effet destructurant sur ceux la suivent ? Les patients ne sont-ils pas que des machines à *re*ssentir qui émergent de chaque séance en mille morceaux ? Je dirais que cela pourrait être vrai de la pseudo-thérapie primale. Quant à nous, notre tâche consiste à veiller à ce que, chaque jour, le patient arrive à ressentir un aspect particulier d'un sentiment donné, et à l'intégrer à sa vie quotidienne. Sinon, il serait submergé par un « débordement primal ». Il est bien évident qu'il faut des mois et même des années pour éprouver chaque sentiment dans sa totalité, et que ce n'est pas en une ou deux séances qu'on peut le *re*ssentir intégralement. C'est pourquoi le thérapeute doit rester très vigilant pour détecter la menace de débordement, et arrêter le flot avant que le patient ne soit submergé. Il faut se rappeler que, si le sentiment a été refoulé initialement, c'est parce qu'il était trop fort pour qu'on l'éprouve. Alors il ne faudrait pas rouvrir trop tôt les verrous neuraux.

Chaque fois qu'un patient émerge d'un primal, il doit comprendre la signification du sentiment revécu, et savoir le replacer dans le contexte de sa vie quotidienne. Autrement dit, il faut que tous les niveaux de conscience du patient participent au processus de guérison, sinon on se bornerait à ressentir des sentiments — condition nécessaire d'un rétablissement, certes, mais pas suffisante.

Si la thérapie primale a évoqué la suspicion, c'est parce que les émotions sont suspectes. On préfère la froideur de l'intellect. En réalité, les êtres proches de leurs émotions sont les plus rationnels ; ceux qui en sont coupés, au contraire, sont irrationnels, parce que dominés par des sentiments inconscients qui les poussent à agir de manière incontrôlée. C'est cela qui est irrationnel : avoir la raison et la logique déformées par des forces occultes. Mieux vaut être une personne douée d'émotions, ce qui ne signifie pas hystérique, mais capable de réagir et de ressentir les choses. Personnellement, je fais confiance à ce genre de personne-là ; on sait qu'on peut toujours compter sur une réaction raisonnable de leur part.

Le boulot de la névrose, c'est de nous empêcher d'être réels, authentiques. Le « réel » pour le névrosé, ça veut dire la souffrance. Alors, dans notre thérapie, on ne refoule pas la souffrance, on s'en libère ; on ne transforme pas tout en symboles, mais on remet les symboles à leur vraie place, parmi les sentiments ; on ne se construit pas de défenses, on les démantèle ; on ne continue pas à se fermer de plus en plus, on cherche à s'ouvrir de plus en plus. Et cela libère toute la chaleur innée que nous portons en nous. Nous avons tous la capacité d'être l'enfant que nous sommes : ouvert, chaleureux, plein de curiosité, séduisant, intrépide, téméraire, et plein de vie. Car ces qualités ne sont pas le privilège exclusif de l'enfance : elles sont le propre de cette *humanité* qui est la nôtre et qu'il faut s'efforcer de retrouver en soi.

Les défenses : étude d'un cas

En complément de ce chapitre, je vais présenter dans le chapitre suivant une étude de cas importante. Il s'agit du récit d'une patiente qui résume une longue période de thérapie et de développement personnel. Il est particulièrement intéressant de relever la manière — assez poignante — dont cette patiente en est venue à s'apercevoir qu'elle avait dû s'appuyer sur tout un système de défense élaboré pour survivre, mais qu'à cause de ces mêmes défenses, il lui était extrêmement difficile de donner et de recevoir de l'amour.

18

Marie-Hélène

Des tas de sentiments autour de la mort de mon père. Des scènes pénibles dans lesquelles attentes et espoirs étaient tellement forts et imbriqués, à l'époque, qu'ils avaient fait de moi une enfant violente, hystérique, possessive et renfermée, devenue une adulte incapable de se sentir à l'aise avec un homme parce que je ne pouvais pas me partager avec lui. J'avais interprété sa mort comme un abandon : il m'avait quittée parce que j'avais fait quelque chose de mal.

Quand mon thérapeute m'a fait parler de la mort de mon père, j'ai dû retenir une terrible envie d'aller aux toilettes qui, chez moi, indique un besoin de se laisser aller. J'ai commencé par décrire la maison de ma grand-mère que j'ai été étonnée de trouver chez elle : je la croyais à l'hôpital avec ma mère. Mes sœurs étaient là aussi, et l'une d'elles a dit que maman allait rentrer dans la matinée. « Et papa, ai-je demandé, il va venir aussi ? » Ma sœur m'a regardée d'une drôle de façon et a répondu : « Non, ton papa ne souffrira plus. » Mes autres sœurs ont posé d'autres questions que je n'ai pas entendues, et elles se sont mises à pleurer. Et puis j'ai entendu quelqu'un hurler comme une bête et je suis tombée dans les pommes.

Dans la scène suivante, mes sœurs et moi sommes dans un champ de blé plein de coquelicots et on entend sonner les cloches d'une église, dans le lointain : une messe va être dite pour mon père. Nous sommes trop jeunes pour y assister, a dit ma mère. Alors, c'est plus tard qu'elle nous a amenées au cimetière... Bizarre, mais aujourd'hui j'ai eu le sentiment de me retrouver en train de marcher vers ce cimetière. J'entendais le gravier crisser sous mes pieds, je sentais l'odeur des fleurs, et je voyais vraiment les gens qui se trouvaient là, tout autour, tandis que je me dirigeais vers la tombe. J'aperçois le cercueil, au fond, et je suis censée croire que mon père est là-dedans. « Oui, dit Rick, mon thérapeute. Votre père se trouve bien dans cette boîte. » Je hurle : c'est impossible. Je hurle pour faire revenir mon père. Depuis son décès, c'est la première fois que je le pleure et que je me rends compte qu'il est vraiment mort.

Un jour, pendant la thérapie, j'étais en train de pleurer comme une Madeleine dans une petite chambre, et j'ai senti que mon corps attendait quelque chose que ma tête ignorait encore. La porte s'est ouverte, mon corps s'est tendu ; puis, tandis que la porte se refermait, j'ai compris où je me trouvais. J'étais dans une couveuse en forme de bulle et j'attendais qu'une main vienne me toucher et me tirer de ma souffrance. La solitude totale. De temps en temps, une main venait me caresser le front ; elle soulageait ma douleur et restait là un petit moment. C'était une véritable torture quand la main repartait, mais même aussi quand elle était posée sur ma tête, parce qu'elle ne comprenait pas que je voulais qu'elle reste là. Tout à coup, j'ai eu le corps parcouru de spasmes ; je me suis mise à sucer mon pouce en hurlant pour appeler la main. L'*insight** que j'en ai retiré correspondait bien à ce que mon thérapeute m'avait prédit quelques mois plus tôt : « Vous ne voulez pas être aimée parce qu'un jour, vous avez ressenti quelque chose qui ressemblait à de l'amour, mais on vous l'a enlevé. »

D'autres scènes familières me reviennent. Par exemple, je suis assise à table en train de manger avec ma mère et mes sœurs (papa était souvent absent), et j'entends ma mère qui tente de découvrir la responsable des dernières bêtises : qui a cassé les crayons, etc. En général, je restais assise là, un petit sourire aux lèvres, parce que je savais bien que ça finirait par me retomber dessus, pour une raison ou pour une autre. Tout le temps que la scène durait, je parvenais à garder une sorte de sourire forcé ; je ne pleurais jamais. Je fixais ma mère droit dans les yeux, pour bien lui montrer qu'elle ne pouvait pas m'atteindre. C'était le seul moyen que je connaissais pour l'exaspérer, et j'y réussissais parfaitement ; elle sortait de ses gonds et elle me tombait dessus à bras raccourcis, le regard vide, jusqu'à ce que, épuisée, elle m'envoie dans ma chambre.

Ces sentiments qui ressurgissent en rapport avec ma mère m'aident à comprendre à quel point j'ai peur de l'intimité avec les autres, en particulier avec les femmes ; je me rends compte aussi que j'ai complètement rejeté ma féminité, et que je me sens toujours laide et pas à la hauteur en comparaison avec les autres femmes. La première fois où j'ai senti que j'avais envie de tenir une femme dans mes bras, j'allais l'étreindre quand je me suis retrouvée en train de me rouler par terre, tant le sentiment que j'éprouvais était lourd à porter. Maintenant, je me rends compte qu'il me rend folle, ce sentiment-là. Je me livre à toutes sortes de déjouements* sexuels, alors que ce que je voudrais, c'est que ma mère me prenne dans ses bras et me touche. C'est la première fois que j'arrive à parler devant le groupe de mon besoin d'être acceptée et aimée par mon thérapeute ; lui, il dit que je dois formuler ma demande — « S'il vous plaît » — mais je ne suis pas encore prête pour ça. Je sais que toute ma vie se joue sur ce « s'il vous plaît », ce besoin de dire : « Touche-moi, aime-moi. » Mais j'ai terriblement peur de le demander. Alors j'extériorise ce besoin par un déjouement sexuel et je couche avec pas mal d'hommes, juste une fois.

Vers la fin de ma première année de thérapie, j'ai cessé de faire l'amour pendant trois mois : je commençais à avoir l'impression de ne plus savoir comment gérer tout ça. J'ai vaguement le sentiment que l'amour devrait être aussi une affaire d'émotions et pas seulement de corps, et c'est nouveau pour moi. J'ai appris à faire plaisir aux autres pour obtenir ce que je voulais, mais je n'ai jamais su me laisser aller. J'ai terriblement peur que quelqu'un « me touche à l'intérieur » — je ne sais même pas très bien ce que ça veut dire —, mais ce dont je suis sûre, c'est que j'ai affreusement la frousse qu'on me fasse souffrir. Ma froideur apparente n'est plus qu'une façade, maintenant.

J'ai continuellement peur que mes amants me rejettent parce que je ne suis pas assez gentille, trop forte de caractère ou pas assez jolie. Mon vrai souci, c'est ce qu'ils pensent de moi. Jamais je n'ose m'imaginer ce que ça doit être de se sentir acceptée ou aimée. Quand un homme m'aime bien, je suis persuadée que c'est parce qu'il éprouve une attirance sexuelle pour moi, et parce que je suis gentille avec lui. En moi-même, j'ai l'impression que personne ne pourrait vraiment me comprendre ou m'accepter. Au bout de six mois de thérapie, je suis allée dans une grande pièce du nouvel Institut et, pendant près d'une semaine, j'ai hurlé : « Va te faire voir, Arthur Janov ! » Parce que, maintenant, quand je souffre, je le sens, et quand les gens disent qu'ils ne m'aiment pas, je les entends. Il semble que la thérapie ait finalement fait tomber les murs qui me permettaient de fonctionner sans vraiment sentir ce qui se passait.

Un matin, je sortais de l'Institut à pied après avoir revécu un sentiment profondément enfoui, en rapport avec la perte de mon père, et je me suis arrêtée net pour regarder le monde extérieur. Pour la première fois de ma vie, je me suis rendu compte que les couleurs n'étaient pas aussi vives qu'avant, que les choses qui m'entouraient ne me procuraient pas les sensations intenses dont j'avais eu besoin pour sentir que la vie valait la peine d'être vécue. Le monde était différent, en quelque sorte, moins vibrant, moins riche en sensations, mais il s'en dégageait une impression plus équilibrée. Même quand je faisais l'amour, c'était différent, à présent ; avant, j'avais tendance à m'évanouir quand j'avais un orgasme, tant mes sensations sexuelles étaient fortes. Je me perdais dans une passion irraisonnée avec mon amant du moment. Mais il suffisait qu'il ait l'air de tenir à moi pour que je me refroidisse et que, généralement, je devienne frigide. D'ordinaire, c'était à ce moment-là que je le quittais parce que je me sentais étouffée. Après environ sept mois de thérapie, je me suis mise à *re*ssentir beaucoup de sentiments en rapport avec ma religion ; j'ai été élevée dans le catholicisme, mais j'ai perdu la foi quelques mois après la mort de papa. Il m'en était quand même resté une certaine espérance. Un espoir lié à Dieu : si vraiment Il existait, un jour, je retrouverais mon père. J'étais également fermement convaincue que la mort n'existait pas, que c'était juste une transition. Alors, j'ai passé un nombre d'heures infini à hurler pour reprocher à Dieu tous les mensonges auxquels j'avais cru dans l'espoir de revoir un jour mon père.

J'étais en thérapie depuis près de six mois quand j'ai enfin senti et compris pourquoi, toute ma vie, je m'étais toujours rongé les ongles sans pouvoir m'en empêcher (y compris ceux des orteils, que je rongeais jusqu'au sang). L'*insight* que j'avais eu était très simple mais il m'avait révélé toute l'ampleur de ma névrose : j'avais besoin d'avoir mal, d'éprouver la douleur que causent des mains et des pieds sans ongles. J'avais besoin de souffrir le martyre à chaque pas que je faisais avec mes pieds aux ongles sanguinolents parce que je me sentais tellement morte, physiquement, que c'était le seul moyen de sentir (à travers la douleur) que j'existais encore.

J'étais en thérapie depuis à peu près neuf mois et je vivais avec un type, quand je me suis mise à avoir de drôles de fantasmes sur les femmes : j'étais absolument fascinée par leurs seins. J'avais envie de toucher une femme et d'être touchée par elle. J'en parlai à mon amant qui me dit que cela ne le gênait pas que j'aille dans des clubs de lesbiennes. Alors, pendant un certain temps, j'ai extériorisé mes fantasmes dans mon comportement, tout en n'étant pas capable de sauter le pas et d'avoir des rapports sexuels. Je dansais avec des femmes et je me laissais draguer, mais je ne pouvais pas me résoudre à rentrer à la maison avec l'une d'elles. Finalement, un soir, pendant une séance de groupe à l'Institut, j'ai raconté aux thérapeutes ce qui était en train de se passer : « Je suis vraiment convaincue que seule une femme est capable de satisfaire une autre femme, parce que chacune connaît le corps de l'autre bien mieux que les hommes. » A quoi Fred, l'un des thérapeutes, a rétorqué : « Vraiment, Marie-Hélène, vous êtes sûre que vous n'êtes pas plutôt en train de ressentir quelque chose en rapport à votre mère...

— Non, je n'ai encore rien ressenti par rapport à ma mère. Ça n'a concerné que mon père.

— Très bien. Si c'est une femme qu'il vous faut, eh bien, vous en aurez une... Est-ce que quelqu'un peut aller me chercher Alice, s'il vous plaît ? »

Quelqu'un est revenu en amenant la nouvelle thérapeute, une jeune femme à la silhouette très féminine, et Fred m'a dit : « Vous avez le choix entre deux possibilités, Marie-Hélène : soit vous traduisez tout de suite votre sentiment par un acte et vous le cernez bien, ou bien vous remettez à plus tard et vous n'arriverez plus à le cerner. »

Je me sentais froide et détachée devant tous ces regards qui me fixaient, mais je savais qu'il pouvait avoir raison, alors je me suis mise en face d'Alice qui attendait, adossée au mur.

« Vous êtes sûre que ça ne vous gêne pas ? Je veux dire, vous savez de quoi j'ai envie, non ? »

Elle m'assura que cela ne la gênait pas et j'entendis que Fred avait repris le travail de groupe pour que les gens cessent de s'intéresser à moi. Alors je commençai par toucher son visage — je ne sentais toujours rien —, puis je descendis le long du cou et, lorsque je posai la main sur un sein, je n'entendis plus rien autour de moi ; quelque chose d'incroyablement fort m'étreignait le corps. J'avais l'impression d'être entrée dans un autre espace-temps et, en moins d'une minute, j'étais par terre en train de hurler, appelant ma mère pour la première fois depuis le début de ma thérapie. C'était la peine, l'impression de ne pas avoir vraiment eu de mère qui avait déclenché ces sentiments liés à ma mère. A peu près à la même époque, je me mis à éprouver de nombreux sentiments de colère à l'égard de mon père parce qu'il n'avait pas su me protéger contre elle, parce qu'il n'avait jamais été là quand j'avais besoin de lui. Puis vint la compréhension et la compassion, et je n'eus plus d'autres sentiments relatifs à papa pendant très longtemps. Pendant des années.

C'est à peu près à ce moment-là que je me suis rendu compte que j'ai la tête qui se vide quand quelqu'un s'intéresse trop à moi, et que c'est même pire encore quand j'ai l'impression d'avoir besoin de quelqu'un. Depuis que j'ai commencé la thérapie, c'est pratiquement toujours avec le même genre d'homme que j'ai eu des rapports : des hommes pas sûrs d'eux, qui voudraient une femme mieux que moi, qui ne sont jamais contents, sauf au lit, qui ont peur d'exprimer leurs sentiments ou leurs besoins et qui me rendent responsable d'une bonne part de leurs émotions négatives. J'ai passé la moitié de mon temps à essayer de comprendre ce qui les faisait souffrir et, si je ne les ai pas laissés tomber malgré tout, c'est parce que j'avais l'impression de ne pas pouvoir faire autrement. Pendant très longtemps, des années et des années, je me suis dit que si j'étais mieux, que si je changeais suffisamment, peut-être que les hommes finiraient par m'accepter. Inconsciemment, j'étais convaincue que c'était ma faute si j'avais de tels problèmes dans mes rapports amoureux. Après tout, c'était bien ce que j'avais entendu dire toute ma vie, alors, ce que ces hommes disaient devait être vrai aussi. A ce niveau-là, rien n'avait changé en moi depuis des années parce que, au plus profond de moi, je n'avais aucune estime pour moi-même, et j'avais aussi peur d'être aimée que de craquer complètement.

Je me rends compte que je me sens toujours obligée de me mettre dans des situations douloureuses pour voir si les gens tiennent à moi et vont s'occuper de moi. Mais ils n'en font rien, car ce genre de manigance correspond tellement peu à mon caractère que personne ne comprend ce qui se passe. Toutes les relations que j'ai nouées sont en réalité liées à ma mère et aux manœuvres auxquelles je me livrais pour attirer son attention, pour qu'elle me touche, pour lui montrer que j'avais mal. Comme le jour où j'étais rentrée d'une randonnée dans les montagnes du Sud de la France, les deux jambes écorchées et qui saignaient à la suite d'une chute dans les rochers. Comme elle n'était jamais là, j'avais lavé les plaies avec de l'eau et je m'étais bandé les jambes avec tous les mouchoirs que j'avais pu trouver. J'avais une allure épouvantable, avec ce sang partout. Quand ma mère est rentrée, j'étais postée dans le hall et je l'attendais. Et, après les premiers cris d'effroi, une pluie de coups de poing s'est abattue sur ma tête, comme il fallait s'y attendre, sous prétexte que je n'avais pas fait attention, criait-elle. Ses reproches suffirent à me faire ravaler toute velléité de chercher un réconfort auprès d'elle. Finalement, j'ai renoncé à me faire du mal. De toute façon, la cause était désespérée et, en fin de compte, je ne savais même plus ce que je voulais.

Je n'exprime jamais mon besoin d'amour parce que j'ai le sentiment de ne pas avoir le droit d'attendre ou de demander quoi que ce soit. Alors je joue les petites garces : je fais connaître mes exigences et j'obtiens toujours ce que je veux. Je me montre compréhensive, je fais des compromis, et puis je deviens froide. Le comble de l'intimité, pour moi, c'est de faire l'amour. Je me reproche tout le temps ma froideur, ma colère, mon incapacité à assumer les besoins, mais j'ai tellement l'habitude de souffrir que je ne connais rien d'autre.

Au travail, les gens m'en veulent parce que je suis trop autoritaire ; il y en a qui n'aiment pas travailler avec moi. Je sais qu'on parle de moi dans mon dos et, dans un sens, j'en suis fière... mais pourquoi ? Il faut toujours que je me fasse valoir, que je baise les gens d'une manière ou d'une autre en me montrant meilleure qu'eux ; je cherche toujours à dominer les autres, et je ne donne que ce que j'ai envie de donner. Je ne tiens pas à être juste. C'est du reste le même sentiment que j'éprouve par rapport au vol : je pique des petits trucs à droite et à gauche — des magazines, des livres. J'ai envie de prendre ma revanche sur les gens, de leur reprendre quelque chose que je n'ai pas, comme s'ils me le devaient ; quelque chose que j'ai l'impression qu'ils ont, eux. Mes sœurs l'ont — de l'attention, de l'amour —, mais moi il faut que je le vole, que je le prenne à la dérobée.

Je ne suis juste avec personne, je ne donne pas leur dû aux gens, je veux le garder pour moi parce que ce que j'ai ne me suffit pas, et ne me suffira jamais, je le crains, parce que ce que je veux appartient au passé.

Et je fais ça de toute sorte de façons : je vole, je fraude, je ne fais pas la queue, je déforme les choses dans le sens qui m'arrange pour pouvoir me dire que j'ai une longueur d'avance sur les autres, que j'ai plus que le voisin, que je ne suis pas perdante. J'ai aussi l'impression que j'ai le droit de faire ça, simplement parce que je suis moi. Il y a très peu de gens qui m'aiment et il y en a beaucoup qui ont peur de moi et, à la vérité, je préfère ça : au moins, c'est un sentiment que je connais et que je sais assumer.

Une fois atteint l'âge adulte, je me suis mise à faire de la boulimie et à me faire vomir pratiquement tous les jours. Comme si je voulais combler un gouffre en moi. J'étais comme anesthésiée. Un jour où j'étais allée chercher mon fils chez sa baby-sitter, elle m'avait dit qu'il l'appelait « maman ». Ça a fait ressurgir en moi de lourds sentiments de rejet : mon propre fils qui ne voulait pas de moi ! Et je pouvais comprendre ça. J'ai toujours eu du mal à jouer avec lui, peut-être parce que je n'ai jamais joué, enfant, pour la bonne raison que je n'avais que mes sœurs comme compagnes de jeu, et que cela se soldait généralement par des disputes dont je sortais perdante.

Si bien que j'ai du mal à donner satisfaction à mon fils pendant plus d'un quart d'heure d'affilée. Je sens la rage bouillonner en moi, j'ai envie de crier, de le frapper ou de le jeter contre le mur, et de filer. Un jour, après une séance de thérapie, j'ai compris qu'il fallait que je joue avec lui, que je laisse sortir ces sentiments si profondément enfouis en moi au lieu de les éluder en fumant. Maintenant, je le laisse se montrer aussi agressif qu'il le veut, parce que j'ai compris que c'était le moment qu'il exprime ses sentiments, et aussi parce que je ne veux pas le tuer comme ma mère l'a fait pour moi. Alors il me crie qu'il n'a pas besoin de moi ou qu'il ne m'aime pas, qu'il ne veut pas que je le prenne dans mes bras ou que je le touche. Et je repense à toutes ces fois où il m'a suppliée de jouer avec lui, et où je l'ai laissé pour aller me plonger dans la lecture d'un livre. Aujourd'hui, nous avons quitté la plage en larmes, tous les deux ; lui, parce qu'il voulait rester là pour jouer, moi, à cause de ses cris de colère et de rejet. Mais je sais qu'il faut que j'encaisse et que je défasse le mal que je lui ai fait.

Je suis allée à une séance de groupe, ce soir, et j'ai pleuré en repensant qu'au fond, ma mère aurait souhaité que je meure. Et j'ai effectivement eu l'impression d'être morte, conformément à ses vœux ; j'ai compris que j'avais passé toutes ces années à me battre contre cette conviction enfouie en moi et qui avait représenté toute ma réalité. Ma mère m'instillait continuellement le sentiment qu'elle me portait, mais je prenais ma revanche en faisant comme si sa haine n'avait pas d'importance. Mais de l'importance, elle en prenait, maintenant que j'en étais arrivée à un point où je la suppliais de me pardonner d'être née, de lui avoir gâché sa vie et de m'être accrochée très fort en elle bien qu'elle ait essayé, en vain, de se débarrasser de moi.

« Tu étais attachée profond, là-dedans », me raconta-t-elle un jour où je l'avais fait parler, quand j'avais seize ans. J'avais besoin de savoir pourquoi elle m'avait traitée comme elle l'avait fait. Mais maintenant, je me sens tellement coupable d'être en vie, de l'avoir empêchée de devenir ce qu'elle voulait : infirmière, et libérée de sa famille et de son passé. Je t'ai vraiment tout gâché, maman, je suis désolée. Mais je ressens une telle confusion en moi. Elle a fait de moi une dingue, au point qu'il ne reste plus rien de vraiment valable en moi. Je ne sais absolument rien de moi ; je ne sais pas quelle couleur j'aime ou ce que j'aurais envie de faire. J'ai toujours eu peur du monde parce que, à part la souffrance, rien ni personne ne m'avait préparée à y vivre. Je vis perpétuellement sur la défensive, prête à l'attaque, prête à me défendre. Championne de la survie.

Cela va faire un certain temps que je suis en thérapie maintenant, et mes rapports avec mon fils se sont améliorés. Je ressens un véritable amour pour lui, ce qui me rend plus patiente envers lui. Je sais maintenant qu'en tentant de l'éviter, c'est moi au même âge que j'essayais de fuir, et je sais la peine qu'il ressent parce que, moi aussi, je l'ai ressentie. Mais dans un sens, c'est plus facile pour moi d'avoir eu un garçon qu'une fille... et je sais pourquoi. J'ai grandi avec l'idée que les garçons étaient plus aguerris et moins sensibles que les filles et, en plus, si j'avais eu une fille, je me serais toujours vue en elle — ce qui aurait été très dérangeant.

J'ai fait le rapprochement entre l'impression que j'ai d'être enfermée et épuisée, et la colère que j'éprouve envers ma mère qui ne voulait pas me laisser sortir de son ventre. Pas étonnant que je n'aie plus envie de travailler : je me suis épuisée à naître.

Lorsque je suis retournée en France, où je suis née, ma première impression en marchant dans les rues de Paris a été que je me sentais totalement étrangère à ces lieux. Je ne me sentais plus chez moi. Brusquement, j'ai compris que c'était à Los Angeles que je me sentais chez moi, là où j'avais appris à me connaître. Et ce sentiment d'appartenance a été le plus doux que j'aie jamais ressenti : j'avais enfin un « chez-moi », un lieu où j'avais envie de retourner.

Je me suis retrouvée face à face avec les ombres de mon passé et, pourtant, plus rien n'était pareil. Je suis allée voir ma mère qui ne savait même pas que j'étais en France et qui n'avait pas eu de nouvelles de moi depuis l'époque de mes dix-huit ans. Nous sommes allés chez elle en voiture et il m'a fallu des tonnes de courage pour sonner à sa porte et entendre sa voix :

« Qui est là ? » l'ai-je entendue demander, mais je n'ai rien répondu.

J'ai monté l'escalier, le cœur battant. Je voyais quelqu'un qui attendait au balcon. J'ai dissimulé mon visage sous mon chapeau et, parvenue à son étage, je l'ai regardée droit dans les yeux. Un étrange éclair est passé dans son regard : elle n'en croyait pas ses yeux. Moment de suspense. Puis la surprise s'est peinte sur son visage et c'est avec une certaine hésitation qu'elle a prononcé mon nom. La première pensée qui m'est venue à l'esprit, là, tout d'un coup, a été que si je la frappais, je pourrais la tuer. Elle avait l'air petite et fragile, une vieille femme. Disparue, la folle du passé, le gigantesque monstre de mes cauchemars. Remplacé par cette petite vieille de rien, qui bégayait. Elle était mal à l'aise devant moi, elle tremblait. Je ne ressentais rien. Je restais simplement plantée là à la fixer : ma mère, en train de faire des grâces à mon fils en bégayant fortement, la voix à peine reconnaissable. Ma sœur m'avait pourtant prévenue qu'elle avait pas mal changé depuis sa dernière opération, mais je ne m'attendais pas à ce que ce soit à ce point-là. On papota un peu de choses et d'autres — des sujets pas dangereux. Je n'arrivais pas à enregistrer tous ces changements que je voyais en elle. Je la quittai en lui disant que je reviendrais la voir, et, pour la première fois, je lus de la peur dans son regard. Souvenirs. Ensuite je suis retournée voir la maison où nous habitions du vivant de mon père et, là aussi, beaucoup de choses avaient changé. Le crépi était écaillé ; fini le beau jardin que mon père passait tant de temps à entretenir. Tout avait l'air négligé, à l'abandon, et le nouveau propriétaire n'a pas voulu nous laisser entrer.

Je tenais aussi à aller voir la vieille dame que j'appelais « tante » Berthe, chez qui j'avais passé les deux semaines qui avaient suivi la nouvelle de l'accident de papa. Elle était sourde comme un pot, mais on réussit malgré tout à discuter pas mal, toutes les deux ; j'avais plaisir à revoir les lieux où j'avais passé quelques jours avec cette vieille dame qui m'avait traitée comme une vraie petite fille et, dans un sens, j'ai dû la pousser un peu pour obtenir d'elle qu'elle me reconnaisse. Plus tard, ce même jour, j'éprouvai des sentiments très forts en repensant à ces semaines que j'avais passées auprès d'elle, seul indice pouvant faire croire à l'existence d'une petite fille sans souci. A laquelle je me raccrochais encore afin de ne pas devenir adulte, puisque je n'avais jamais eu d'enfance.

A mon retour aux États-Unis, je pris conscience que, pour Berthe, je n'avais été qu'un des nombreux enfants placés chez elle, et le dernier pilier de mon enfance s'écroula. Je n'avais jamais vraiment compté pour personne. Ce fut le sentiment le plus terrible que j'aie jamais éprouvé.

Ma réalité semble changer tous les jours et pourtant, il m'arrive toujours de me sentir submergée par mon ancienne souffrance. Souvent, je ne vois plus la différence entre un sentiment ancien et le présent. On dirait des tas de scènes de *déjà vu*[1], avec juste les personnages et les lieux qui changent. A la simple idée d'aimer ou d'être acceptée, dans ma tête je me précipite déjà vers la sortie de secours. J'ai pour habitude d'analyser les motivations des autres mais, maintenant, je fais plus attention avant de porter des jugements sur eux. Dans un sens, ma plus grande découverte a été de me rendre

1. En français dans le texte *(NdT)*.

compte que mon comportement et ma façon de penser n'étaient que des réactions provoquées par les défenses et la souffrance. Cette vérité me frappa comme une gifle et me fit perdre mon dernier refuge : la connaissance que je croyais avoir de moi. Je me rendis compte que je ne savais rien de moi, que je n'avais fabriqué tout cet édifice que pour me protéger contre d'autres souffrances, que la plupart de mes réactions saines ou normales étaient en réalité déformées, et qu'il n'y avait rien de spontané ou de naturel chez moi. Les mots me manquent pour dire l'effet que ça fait de se rendre compte que toute sa vie n'a été qu'un tissu de mensonges et de faux-semblants.

Je suis en train de changer de vitesse. Ça fait peur d'avoir à réapprendre à vivre avec les autres, et de se rendre compte à quel point on a pu se fourvoyer. C'était par rapport à mon père et à ma mère que le plus gros travail de connexion * restait à faire ; il fallait leur demander de reconnaître mon existence. Je suis remontée jusqu'au sentiment que je n'avais jamais existé à leurs yeux, que je les gênais, que j'étais une chose sans nom qui aurait dû mourir parce qu'elle créait trop de problèmes entre deux êtres qui n'avaient en réalité rien à faire ensemble. J'ai aussi eu un autre *insight* à ce moment-là : si mon père n'avait jamais reconnu ma présence, c'était parce qu'il n'avait jamais eu le sentiment que j'étais sa fille. Maintenant, je n'ai plus spécialement envie d'être la fille d'un autre; j'ai cessé d'espérer trouver un meilleur père ailleurs. Simplement, je comprends pourquoi mon père m'a toujours regardée d'un air interrogateur, pourquoi il m'évitait et pourquoi il a toujours traité mes sœurs si différemment de moi. Tout s'explique, et ça me suffit.

Cela fait neuf mois que j'ai une relation avec un Suédois, et c'est la première fois que je suis vraiment amoureuse. Grâce à lui, j'ai compris que la conduite que j'adoptais d'ordinaire vis-à-vis des hommes servait à extérioriser mon profond besoin d'être rassurée — sur ma réalité en tant que personne —, et c'est la première fois que j'ai envie de compter vraiment pour quelqu'un. Encore maintenant, j'éprouve toujours ce besoin de représenter quelque chose de spécial pour quelqu'un, quelque chose qu'il n'aurait jamais connu ailleurs. En retour, j'aimerais sentir qu'on a besoin de moi et qu'on veut de moi — mon souhait de toujours.

J'étais malheureusement devenue une sorte de femme de rêve, un substitut de mère qui donnait à ses amants un sentiment d'impuissance et de besoin. Je finissais par craquer sous l'effort et c'était moi qui mettais fin à la relation. Apparemment, je suis incapable de laisser un homme faire quelque chose pour moi ou s'occuper de moi, sans me sentir terriblement impuissante. Car, si l'autre est vraiment capable de se débrouiller seul, s'il est heureux et bien dans sa peau, alors il n'a pas besoin de moi, non ?

J'ai besoin qu'on ait besoin de moi et, d'une certaine manière, j'ai besoin de contrôler la situation pour me sentir sécurisée. Je me suis rendu compte que, quand je veux qu'un homme s'occupe de moi, je me sens d'abord obligée de m'occuper de lui afin de mériter ce qu'il pourra me donner ensuite. Mais l'échange est tellement inégal que, quand c'est mon tour de recevoir, rien de ce que l'autre fait pour moi ne me satisfait. J'ai une frousse terrible de me sentir impuissante et en état de besoin, parce que ce sont des sentiments que j'ai bien connus, enfant... A vrai dire, je ne me souviens même pas de les avoir éprouvés... Tout ce que je me rappelle, c'est la terrible impression de néant qui m'habitait. Un jour où j'avais rompu avec mon amant, j'ai fait de la fièvre et j'ai été malade toute la journée, jusqu'à ce qu'il revienne. Sur le moment, je n'ai absolument pas compris ce qui s'était passé.

C'est avec mon amant que j'ai découvert ma véritable sexualité. J'ai appris à accepter qu'il me caresse sur tout le corps, et à surmonter ma forte réticence à me laisser embrasser sur les parties génitales. Je ne l'avais encore jamais laissé faire à personne. A force de temps et de patience, un soir, je me suis sentie suffisamment détendue pour accepter cette caresse intime et, alors que je me laissais emporter par le plaisir, j'ai éclaté en sanglots. Mon sentiment était clair : je ne me sentais pas digne de recevoir quelque chose sans pouvoir offrir de contrepartie.

Si je regarde en arrière, je m'aperçois que la nourriture a toujours été une obsession chez moi. Toute ma journée s'organise autour de ce que je vais manger ou éviter de manger. Comme je culpabilise par rapport à la nourriture, je fais tout le temps des accès de boulimie, après quoi je me fais vomir, sans comprendre pourquoi je fais tout ça. Alors, un jour, j'ai décidé de faire le « régime Beverly Hills » : on mange de l'ananas, et d'autres fruits, toute la journée — un sacré régime. Les deux premiers jours, ça a marché ; c'était dur, mais je ne mangeais que de l'ananas. Le troisième jour, mon amant m'a donné une bouchée de son beignet tartiné de fromage frais, et je l'ai vomie aussi sec. J'ai alors éprouvé un drôle de sentiment de privation, si fort que j'ai fondu en larmes aussitôt, en pleine rue. Je sentais un grand vide en moi ; des scènes criantes de vérité se sont mises à vivre dans ma tête... C'était monstrueux. Je me revois nourrisson, en train de ramper vers une porte close, et hurlant parce que j'ai faim. Personne ne vient et je crie jusqu'à ce que je finisse par m'endormir. Scène suivante : on est en train de me nourrir et j'ai mal à l'estomac parce que je n'arrive pas à assimiler ce qu'on me donne ; j'ai mal d'avoir trop attendu. C'est le choc : je comprends que ma mère me laissait mourir de faim. Je me souviens de certaines choses qu'elle a dites un jour : « Comme tu étais une prématurée, les médecins ont dit qu'il fallait te donner de petites quantités à la fois, toutes les deux heures... » Je revois la colère sur son visage, son impatience. C'est effrayant d'être si petite et d'avoir tellement de besoins. Dans la scène suivante, je suis par terre, en train de pleurer devant la porte que j'essaie d'atteindre en rampant. J'entends des bruits quand, tout à coup, la porte s'ouvre au large et si brusquement que je suis projetée contre le mur. Ma mère entre dans la pièce — si furieuse et si grande —, elle m'attrape et me jette dans mon lit... Pour la première fois, je crains pour ma vie. C'était à moi de veiller à ma propre sécurité, quand j'étais bébé.

J'ai appris très tôt que l'attention et l'affection n'étaient pas des choses pour moi. Ce qui me rendait folle, c'était de savoir que, quoi que je fasse, rien ne changerait jamais l'attitude de ma mère. Que je sois gentille ou méchante, ça n'y changeait rien. Finalement, j'en étais arrivée à croire qu'il y avait vraiment quelque chose qui clochait chez moi. Pour résumer d'une phrase ce que je ressentais vraiment, au bout du compte : au fond de moi, je me sentais comme une vraie merde.

Les quatre ans qui suivirent contribuèrent largement à renforcer ce sentiment, et ce d'une façon bizarre. J'étais devenue courtier en art et je passais mon temps à prendre l'avion pour aller ici ou là rencontrer des hommes d'affaires très sérieux ; je frayais avec le gratin de la société et je jouais un personnage qui correspondait à la partie irréelle de moi-même — un rôle que je continuai à jouer jusqu'au jour où le personnage mourut de lui-même. Pendant ces quatre années, j'étais pratiquement « sur scène » tout le temps : dans les galeries, dans les expositions, dans les réunions de gens importants, mais ça m'a donné la confiance en moi qui m'avait toujours fait défaut. J'ai compris que je pouvais mettre à profit l'intelligence, la ruse et l'astuce dont j'étais douée. Tournant ainsi la plupart de mes défenses à mon avantage, j'ai fini par me rendre compte que j'étais capable de faire mes propres choix et de décider moi-même du cours de ma vie, ce que j'avais toujours cru impossible. Le travail que je faisais ne me plaisait pas, je n'y croyais pas. Le revécu fut si réel que, pour la première fois, je fus obligée de me regarder en face et de constater que j'étais aussi faux cul que ces gens-là. Je n'ai plus besoin de jouer un rôle, désormais.

19

Conclusions : la thérapie primale vingt ans après

La thérapie primale représente une révolution dans le domaine de la psychothérapie. Finis l'entretien de cinquante minutes, les thérapies interminables qui traînent pendant des années, à raison de deux ou trois séances hebdomadaires chez le thérapeute. C'est une nouvelle manière de concevoir la thérapie de groupe : la confrontation n'est qu'un élément secondaire du traitement, et chacun s'occupe de sa propre histoire, même si, physiquement, on se trouve avec d'autres gens. C'est une thérapie qui rend aux patients leur droit à l'autodétermination et à se découvrir eux-mêmes et par eux-mêmes. Elle remet le pouvoir là où il devrait être : entre les mains du patient. Par conséquent, c'est le revécu des sentiments qui détermine la durée des séances, et non l'arbitraire d'un carnet de rendez-vous.

La thérapie primale est révolutionnaire aussi en ce sens qu'elle s'intéresse à la genèse des phénomènes au lieu de se cantonner à leurs manifestations. Ce qui ferait presque figure d'hérésie, à une époque où la superficialité est reine et où les apparences sont tout. Pour pouvoir examiner la genèse des choses, il faut que trois conditions soient réunies :

1. Qu'on considère la souffrance précoce comme la source de la névrose ;

2. Qu'on reconnaisse l'existence du souvenir engrammé ;

3. Qu'on ait accès à des niveaux de conscience profondément enfouis en soi.

Ces propositions ont valeur de postulat pour la condition humaine et il existe des preuves éclatantes de leur validité. Si on ne les reconnaît pas, on sera forcément obligé de se cantonner à l'examen du présent.

Preuves empiriques

La démarche dont s'inspirent nos travaux est unique. C'est la première fois qu'on a étudié de manière systématique et empirique les processus biologiques affectés par la névrose. La résolution* de la souffrance modifie la personnalité. Elle entraîne également des modifications de la fonction cérébrale, du potentiel électrique musculaire (mesuré par électromyographie), de la circulation sanguine (nos études par photo aux infrarouges), des hormones (nos recherches sur les hormones du stress), le rythme cardiaque et la température du corps. Ces changements, constatés dans le cadre de nos recherches, indiquent que la névrose se loge partout dans le système.

Le fait qu'un alcoolique ait cessé de boire et un toxicomane de se droguer, ou qu'un pervers ait renoncé sous serment à son comportement sexuel déviant, n'indique pas forcément l'absence de névrose. J'insiste là-dessus parce que c'est l'une des erreurs les plus communes dans le traitement des problèmes psychologiques que de se baser sur de telles indications.

Résistance à la notion de souffrance cachée

La souffrance est mesurable, quelle que soit sa source, et nous pouvons en démontrer la force dans notre laboratoire. Le souvenir peut être déclenché par une électrode implantée en un point donné du cerveau, et on peut aussi y accéder sous hypnose. Alors, pourquoi la notion de souffrance cachée est-elle si difficile à accepter ? Pourquoi est-elle si souvent systématiquement ignorée ? Parce que la souffrance suscite en chacun de nous le refoulement et l'inconscience. Or, ce n'est pas être vraiment conscient que d'ignorer sa propre réalité.

Quel drôle de dilemme ! Nous sommes là à parler d'une chose que les gens qui ont de solides défenses ne voient même pas, ou qui ne signifie rien pour eux — autant leur parler de la planète Mars ! Et pourtant, si cette souffrance que nous évoquons existe bien, c'est directement qu'il faut l'aborder et pas de manière annexe, comme s'il s'agissait du vulgaire sous-produit de quelque soi-disant « thérapie de l'émotionnel » comme la *Gestalt* ou la psychanalyse. Hé oui, les gens qui suivent d'autres thérapies pleurent aussi, et ils parlent également de leur passé. Mais ce qu'ils ne font pas, c'est ce qui pourrait vraiment les guérir : remonter dans leur passé *en ordre systématique,* pour le revivre tel qu'il s'est engrammé dans leur système nerveux.

Il y a même des gens à qui il arrive de faire des primals * dans le cadre de ces thérapies de l'émotionnel, mais cela ne s'inscrit pas dans un processus systématique, méthodique et ordonné. Ça leur arrive au petit bonheur la chance et, par conséquent, c'est dangereux. Les patients n'ont pas l'occasion d'aller jusqu'au bout d'un sentiment ou d'y rester immergés suffisamment longtemps, et ils ne savent pas quand et comment en ressortir.

Ce que revendique la thérapie primale

Pourquoi est-ce que je m'acharne à soutenir qu'il n'existe qu'une seule thérapeutique efficace pour la névrose ? Au fait, en suis-je encore convaincu ? Après tout, j'ai vingt ans de plus, et — je l'espère — un peu de sagesse en plus aussi. Eh bien, je reste convaincu de ce que j'ai avancé, pour la bonne raison que, justement, je parle d'expérience : une expérience de vingt années et qui concerne des milliers dc patients. S'il y a bien souffrance, engrammée et durable, comment espérer traiter efficacement la névrose par d'autres moyens ? S'il est effectivement possible de la résoudre * par le revécu, il paraît parfaitement logique de vouloir le faire. Et surtout, il ne faut pas chercher à « améliorer » cette méthode en concoctant des mélanges avec de soi-disant psychothérapies holistiques. On ne peut pas améliorer la réalité.

La thérapie primale marche. Pas seulement parce qu'elle est logique, mais parce que, à quelque niveau qu'on se place, on peut voir les changements qu'elle entraîne.

Les patients postprimals

A quoi ressemblent les patients postprimals ? Il y a vingt ans, j'avais l'impression qu'ils formaient un groupe plus homogène que maintenant. Je crois en fait que la principale caractéristique qui les différencie des autres gens tient à leur système de valeurs. A présent — comme avant, du reste —, ce sont des gens qui apprécient le temps dont ils disposent, qui accordent du prix à la vie, à ce qui est beau et à leur environnement, et qui respectent le caractère sacré de tout ce qui vit. En général, ils savent ce qu'ils veulent et s'efforcent de l'obtenir, mais ils ne prolongent pas les situations ou les rapports susceptibles de nuire à leur bonne santé mentale. Ce sont des gens qui ont aussi l'air très vivants : ils ont perdu le masque figé qu'ils avaient sur le visage.

Quel soulagement de pouvoir aimer et être aimé, de savoir accepter les témoignages de chaleur et d'affection sans se sentir obligé de les écarter pour tenir à distance sa vieille impression d'être mal aimé ! Quelle sensation merveilleuse de pouvoir être gentil avec soi-même, de ne pas se croire obligé de s'activer comme un fou douze heures par jour, de savoir prendre des vacances sans se dire sans arrêt qu'on devrait être en train de travailler ! Quel soulagement de ne plus être hanté par des obsessions et des pensées répétitives empêchant toute autre forme de réflexion ! Formidable de voir enfin ses organes sexuels fonctionner comme il faut, et avec le plaisir en prime. Comme on se sent détendu quand on n'a plus à faire ses preuves aux yeux de qui que ce soit, et quand on n'éprouve plus de sentiment d'infériorité vis-à-vis de quiconque ! C'est cela, l'objectif de la thérapie primale.

La souffrance n'est pas le but ultime de la thérapie primale : nous ne sommes ni des sadiques ni des masochistes. Si on embrasse la souffrance, c'est pour continuer à vivre. La souffrance n'est jamais un but en soi, mais il se trouve qu'elle fait obstacle au plaisir. Plaisir qui, chez le névrosé, est un moyen efficace de calmer la douleur, et pour la personne normale, un état global de bien-être, pur et simple.

Lorsqu'on se détache de ses sentiments, on perd de vue le sens de son expérience. Or, c'est justement le sens qu'avaient nos expériences précoces qui les rendait insupportables, et c'est pourquoi le refoulement est intervenu pour les vider de tout sens. Un sens qu'on passera ensuite toute sa vie à tenter de retrouver. Non seulement le sentiment * guérit mais il donne du sens à la vie.

C'est dans l'expérience qu'on découvre l'ultime vérité à propos de la névrose. Ce n'est pas avec des résultats statistiques, aussi fournis soient-ils, qu'on aidera les gens à comprendre ce que c'est que le sentiment, car les sentiments ne sont jamais intelligibles en termes d'idées. Plus on essaie de leur donner une explication rationnelle et logique, et moins on les comprend. Ils forment un univers à part. Ceux qui sont coupés de leur sensibilité* réclament des preuves, bien qu'aucune preuve ne puisse les aider à ressentir ou à comprendre la nature du sentiment. La preuve est une invention de « civilisés » ; les sentiments avaient déjà des millions d'années d'existence quand elle est apparue.

A la différence des autres maladies, la névrose est un mal qui touche la personne entière et non un organe donné. C'est la maladie ultime de l'être humain, et c'est ce qui la rend si difficile à détecter. La névrose est partout et nulle part, et pourtant, elle est aussi résistante que l'acier et produit une pression explosive capable de déstabiliser notre psychisme et d'endommager nos organes. C'est une force invisible et intangible qui fait des ravages en nous à notre insu : on en nie l'existence, même quand on nous la montre, et c'est bien là le problème. La névrose s'insinue subrepticement dans chaque partie de notre être, si bien qu'elle est toujours parfaitement camouflée. Au point que, lorsqu'elle prend l'apparence d'un mal spécifique, c'est ce trouble-là qui passe pour la maladie dont on souffre.

A l'époque où je pratiquais la psychanalyse, j'ai vu des patients qui savaient merveilleusement discourir, qui vous troussaient de véritables petits chefs-d'œuvre d'*insights*, mais qui n'ont jamais réussi à guérir. Ah, « encore un *insight* », s'écriait-on ; on se réjouissait de les voir apparaître, à cent lieues de nous douter que ce n'était qu'une défense de plus. Il arrive d'ailleurs que le patient se sente mieux grâce à ses *insights*, parce que ceux-ci deviennent des barrières protectrices. Cela dit, ce n'est pas en comprenant une maladie qu'on la guérit, pas plus qu'on n'élimine l'hypertension en la diagnostiquant. Alors, pourquoi est-on allé s'imaginer que ce genre de procédé pouvait marcher dans le domaine psychique ? Ce n'est pas par manque d'*insights* qu'on fait de la névrose, et ce n'est donc pas en collectionnant les *insights* qu'on pourra l'éradiquer.

Une fois qu'on a intégré chacune des facettes d'un sentiment, c'est définitif : on n'a plus besoin de le *re*ssentir. C'est pour cela qu'on ne peut pas régresser et retomber dans la névrose ; il faudrait pouvoir remettre en place toutes ces souffrances déjà *re*ssenties — assimilées.

Sachons bien une chose, c'est qu'il n'y a pas d'itinéraire confortable ou de raccourci facile pour retrouver la santé mentale, surtout après des dizaines d'années passées à se sentir frustré ou négligé. Et comment pourrait-il en être autrement ? S'imagine-t-on vraiment qu'il puisse exister une recette magique pour effacer une souffrance vieille de plusieurs dizaines d'années, une solution réalisable en quelques week-ends ou quelques mois ? Comment espérer résoudre le problème grâce à un mantra, un exercice de concentration sur une force supérieure, une méditation régulière, des pilules ou tout autre expédient ? Ce n'est tout simplement pas possible. On n'efface pas une enfance difficile avec des vitamines, même si celles-ci peuvent contribuer à en atténuer les effets. A moins d'être assez ignorant et très sous-informé, aucun petit « guide pratique » au monde ne pourra vous aider à renverser le cours d'une vie entière sans affection, quoi que vous puissiez en penser. Les guides pratiques ne peuvent pas avoir le moindre impact sur la névrose grave.

On ne peut sortir de la névrose que comme on y est entré : par la souffrance — encore et toujours elle. Il n'existe pas de moyen indolore pour sortir de la souffrance, même si c'est ce que nous souhaiterions tous. Et ceux qui souffrent pressentent bien la vérité que recèle la souffrance cachée. Ils ont juste besoin de trouver un cadre sûr pour la *re*ssentir.

Nos patients considèrent leur thérapie comme un voyage extraordinaire. Et quelle fabuleuse exploration ! Tout ce que le patient doit apprendre est déjà là, en lui ; il n'a plus qu'à le découvrir. *Re*ssentir, c'est ouvrir le livre qui raconte notre propre histoire ; on s'apprend soi-même.

Est-ce que les effets de cette thérapie sont durables ? Oui, parce qu'en rendant ses larmes à un patient, nous rétablissons une fonction naturelle chez lui. Les pleurs semblent remettre tout le système d'aplomb ; on se sent tellement mieux quand on a pleuré un bon coup ! Alors, imaginez-vous ce que c'est quand les larmes vous purgent des malheurs de toute une vie ! Nous avons fait des études de suivi de nos patients sur cinq ans après la fin de leur thérapie, et tout indique que les effets en sont durables. Comme les patients continuent à *re*ssentir longtemps après avoir cessé de venir à la clinique, la thérapie continue, en quelque sorte. Cela devient moins un traitement qu'un style de vie. Néanmoins, je ne pense pas qu'il soit possible d'éradiquer totalement la souffrance du système et d'en faire disparaître toute trace.

Le besoin, source de tout le reste

Il est essentiel de prendre en compte les besoins des individus, et c'est toujours une démarche progressiste que de le faire, que ce soit dans le cadre d'une psychothérapie ou d'un système socio-économique. En voulant éluder les besoins, on débouche inévitablement sur des systèmes réactionnaires, tant en psychologie que dans les sociétés. Cela suscite en effet des mécanismes de compensation destinés à combler la frustration due à l'inassouvissement des besoins. Ce qui se traduit chez l'individu par un dérèglement des systèmes organiques et, à l'échelle de la société, par la nécessité d'accroître le nombre d'hôpitaux psychiatriques et de prisons qu'il y a dans le pays.

Une étude récente sur la population carcérale a montré que quatre-vingts pour cent des détenus emprisonnés pour des délits autres que la toxicomanie avaient des drogues médicamenteuses dans leur système. Voilà qui en dit long sur le rapport entre la souffrance et la délinquance, non ?

La thérapie primale possède le pouvoir de déverrouiller l'inconscient — chose impossible et de toute façon pas souhaitable aux yeux des tenants des autres formes de thérapie. La plupart ont en effet une attitude quasi religieuse par rapport à l'inconscient, et considèrent que nous sommes habités par des démons qu'il vaut mieux laisser tranquilles. Alors, ces messieurs-dames préfèrent ne pas trop secouer le cocotier, de peur d'entraîner une désintégration de la personnalité. J'ai pour ma part constaté que la désintégration ne se produisait que lorsqu'on avait provoqué la résurgence de sentiments trop forts. Ce qui n'arrive pas si l'on pratique la thérapie avec une vigilance extrême, et surtout si l'on veille bien — comme nous le faisons — à ce que chaque sentiment expérimenté soit ensuite discuté à fond et intégré par le patient à sa vie quotidienne.

Nous avons pu constater que l'inconscient n'était pas du tout un « lieu » antipathique. Ce n'est jamais qu'un amas de besoins et de souffrances comprimés qui datent de notre enfance et qui cherchent à devenir conscients. Dire qu'on peut passer une vie entière en état de tension pour n'avoir pas su laisser ces souvenirs rentrer dans la conscience !

La conscience est le remède à la névrose, et la faculté de ressentir est l'instrument de cette guérison. Notre but est donc d'être conscient de ce qu'on ressent, ni plus ni moins. La thérapie primale offre la possibilité de rentrer dans l'inconscient pour sortir de l'inconscience. Un esprit capable de ressentir est un esprit libre. Que peut-on attendre de plus d'une thérapie ?

Épilogue

La plupart des cliniques qui font actuellement leur publicité en se recommandant de mes méthodes n'ont en réalité aucun lien avec moi. Comme je me suis rendu compte qu'il existait d'énormes besoins en matière de thérapie, j'ai fondé un centre de formation de thérapeutes. J'ai l'espoir que ceux et celles qui sont en train de suivre cette formation, et qui sont originaires de nombreux pays du monde, seront bientôt capables d'exercer, et il est possible qu'à la parution de ce livre, je sois déjà en mesure de recommander des praticiens qui auront terminé leur formation. Dans le cadre de ce programme de formation continue, nous acceptons encore des candidatures, dans l'espoir d'étendre le réseau de la thérapie primale. Nous prenons également certains candidats — en nombre limité — en thérapie, dans le but de les former. La première année de cette formation sera une thérapie primale didactique. Nous sommes actuellement en train de mettre en place des structures d'accueil destinées à recevoir les personnes venues d'ailleurs pour suivre une formation.

Je tiens cependant à souligner que ce n'est pas moi qui ai inventé les sentiments : cela fait des milliers d'années qu'ils existent. Ce que j'ai découvert, c'est un moyen de les faire ressurgir, une fois qu'ils sont devenus souterrains. Il est sûr que, même sans suivre la thérapie primale, il y a pas mal de choses qu'on peut faire et qui vont dans le bon sens. C'est sans doute déjà un bon point de départ que de pouvoir se confier à un ami compréhensif et compatissant, auprès de qui on peut se permettre de se laisser aller, de pleurer voire de crier, même si l'ami en question ne comprend pas très bien ce qui se passe (à vrai dire, ça peut être utile de lui donner une petite explication préalable). Quoi qu'il en soit, un véritable ami ne vous jugera pas et ne vous critiquera pas ; il se contentera de vous soutenir par sa présence. De toute façon, même si vous ne faisiez que parler à votre ami de ce que vous ressentez, sans crier ni pleurer tout votre soûl, ce serait déjà un pas important dans la bonne direction. Tout ce qui contribue à favoriser l'expression du sentiment est une bonne chose.

Quant à ceux qui n'ont pas d'amis capables de les comprendre, ils peuvent toujours crier et pleurer tout seuls, ne serait-ce que pour évacuer la pression. Après tout, c'est de sensibilité * qu'il est question, et personne n'en détient le monopole. Cependant, il est sûr qu'un thérapeute compétent reste le meilleur choix possible mais, comme il n'y en a pas assez pour tout le monde, on est parfois obligé d'improviser un peu avec les moyens du bord.

Il y a quelques années, des étudiants avaient fondé des « clubs du cri » dans un certain nombre d'universités. Les gens se réunissaient et pleuraient. Bien sûr, ce n'était pas de la thérapie, mais cela avait quand même aidé pas mal de gens, en leur apprenant à extérioriser leurs sentiments, à les exprimer au lieu de les refouler. Il y en a aussi qui, quand ils se sentent mal dans leur peau, arrêtent leur voiture, ferment toutes les vitres et se mettent à hurler.

Ce n'est déjà pas mal de se rendre compte qu'on a des sentiments, et c'est encore mieux, bien sûr, de savoir lesquels. Il y a en effet pas mal de gens qui n'ont toujours pas compris que les sentiments sont le moteur de notre vie, que ce sont eux qui nous guident et qui sont cause de nos symptômes, de nos cauchemars et de nos maux physiques.

Certains s'inquiètent du peu d'importance que je semble accorder aux systèmes de valeurs, aux aspects cognitifs et spirituels de la question. J'estime quant à moi que les valeurs coulent de source, quand on jouit de toute sa sensibilité, sans qu'on ait besoin de les apprendre par ailleurs. Ainsi, celui qui a *re*ssenti ses besoins d'enfant saura sentir ce dont son propre enfant a besoin. Une mère n'a pas besoin d'une liste répertoriant la valeur de chacun des actes nécessaires pour élever son enfant ; elle saura prendre un enfant qui pleure dans ses bras, le cajoler et le consoler s'il est tombé, sans qu'on ait à le lui enseigner. Pas besoin non plus de lui apprendre qu'il est important d'être à l'écoute des sentiments d'un enfant : elle connaît trop bien elle-même la profondeur d'un tel besoin. De même, un conjoint n'a pas besoin d'apprendre la valeur de la tendresse dans un couple, c'est une chose tellement évidente.

Je ne cherche pas à nier l'importance des valeurs, d'une certaine qualité de conscience, ou de certaines idéologies. Ce que j'ai constaté, cependant, c'est que les valeurs correspondent à une évolution naturelle chez ceux qui jouissent de toute leur sensibilité. Loin de moi l'idée que les gens devraient être des espèces de zombis décérébrés, incapables de réfléchir ou de réagir. J'estime au contraire qu'il est terriblement nécessaire d'inculquer des valeurs à ceux qui sont incapables de ressentir, et qui ne sont pas naturellement capables de compatir avec les autres, de partager leurs sentiments et de les comprendre. Il y a trop de gens parmi nous dont la vie est un désespoir silencieux, peuplé de rêves brisés et de secrètes compromissions. Des compromissions qu'il a fallu faire pour arriver à vivre. Mais il est possible de recouvrer ce moi compromis.

Y a-t-il quelque chose de plus spirituel que d'apprécier la valeur de la vie humaine et de l'esprit humain ? Et pourtant, il semble que la valeur de la vie humaine ne compte guère aux yeux des grands refoulés. Quel homme normalement doué de sensibilité pourrait faire des milliers de kilomètres et endosser un uniforme spécial pour aller tuer un autre homme qu'il ne connaît ni d'Ève ni d'Adam, au nom de quelque idée aussi abstraite que « l'honneur » ? De même, quand on a profondément ressenti sa propre nature et qu'on en a découvert la grande beauté, on est incapable de détruire la nature qui est autour de soi, par simple amour du profit. Quand on respecte sa propre nature, on n'a pas besoin d'apprendre à respecter la nature : c'est automatique.

Fruits d'une évolution plus tardive du cortex cérébral, les valeurs sont donc postérieures aux sentiments que, trop souvent elles ont remplacés. Ce sont les sentiments qui ont existé en premier. Or, les valeurs sont inhérentes aux sentiments ; si nous accordons de la valeur à la vie et à tout ce qui concourt à la rendre belle et bonne, c'est parce que nous avons ressenti toute la merveilleuse beauté de la vie en nous.

La thérapie primale n'est pas une thérapie « du cri primal »

La thérapie primale, ce n'est pas juste faire crier les gens. Le « cri primal », c'était un titre de livre, mais je n'ai jamais parlé de « thérapie du cri primal ». Ceux qui ont lu ce livre savent que ce cri est celui qu'il arrive à certaines personnes de pousser lorsqu'elles souffrent. D'autres se contentent de sangloter ou de pleurer. Ce qui nous intéressait, c'était la souffrance que traduisait ce cri et pas de faire pratiquer aux gens des exercices mécaniques du genre taper sur les murs en hurlant « maman ! ». La thérapie primale a fait une science de ce qui était initialement un art.

On trouve des centaines de thérapeutes qui pratiquent ce qu'ils appellent la « thérapie primale », sans avoir reçu ne serait-ce qu'une seule journée de formation. Nombre de patients qui l'ignoraient sont sortis de leurs mains en piteux état, alors qu'ils croyaient être venus suivre une vraie thérapie primale. Je tiens à souligner que cette thérapie est dangereuse entre des mains inexpérimentées. Il est donc important d'en vérifier l'authenticité en prenant contact avec nous.

Sur les centaines de cliniques un peu partout dans le monde qui se servent de mon nom, et où les praticiens prétendent faussement avoir été formés chez moi, il n'y a personne qui pratique cette thérapie correctement. Nous passons près d'un tiers de notre temps à soigner des patients sortis des mains de ces pseudo-spécialistes de la thérapie primale.

Pendant des années, nous avons consacré une bonne part de notre budget à la recherche, et j'espérais que d'autres centres médicaux prolongeraient ces travaux sur la thérapie primale, mais tel n'a pas été le cas.

A l'heure actuelle, il m'est honnêtement impossible de recommander un centre pratiquant la thérapie primale où que ce soit, car il n'y en a aucun avec qui je travaille encore. Pour compliquer encore un peu le problème, il y a certains thérapeutes qui sont venus faire un brin de formation avec moi et qui se sont ensuite installés pour pratiquer la thérapie...

J'aimerais pouvoir offrir la thérapie primale au monde entier. Chaque fois que nous avons organisé une consultation quelque part, nous avons été inondés de demandes. Car ça marche, et les patients le savent. Et j'espère que ce livre le fera savoir à tous ceux qui souffrent.

Dr Arthur JANOV
Primal Training Center
2554 Lincoln Boulevard
Box 273
MARINA DEL REY, CA 90291
USA

Glossaire
(établi par Katia Holmes pour l'édition française)

Comme toutes les techniques spécifiques, la thérapie primale s'est forgé un vocabulaire particulier, un véritable « langage primal ». L'adaptation française de cette terminologie a été mise au point par Mme Janov pour la traduction du *Cri primal* en 1972 et reprise dans les autres livres du Dr Janov qui ont été traduits par la suite. C'est ce même vocabulaire primal de base que nous avons utilisé dans cette traduction, avec quelques ajouts que nécessitait le texte.

Les termes de ce glossaire sont essentiellement définis dans leur acception « primale », le plus souvent à travers des citations du Dr Janov.

Remarque préliminaire sur un terme clé du langage primal

Sentiment, ressentir, sensibilité sont les termes français qui ont servi à restituer les différentes facettes d'un même phénomène primal, que l'anglais a la chance de pouvoir exprimer à travers un seul mot : *feeling*, au sens verbal et nominal.

*

Abréaction

« L'abréaction correspond à une décharge de l'énergie que dégage le sentiment, mais sans qu'il y ait connexion avec un souvenir passé » (chapitre 17).
L'*abréaction* (ou catharsis) est une réaction dont les manifestations imitent le sentiment mais qui n'est qu'une « décharge diffuse ou amorphe de l'énergie générée par la souffrance » (ch. 15).

(NB — On remarquera l'originalité de cette définition « primale » de l'abréaction que les thérapies conventionnelles ont plutôt tendance à considérer comme une réaction d'extériorisation à travers laquelle le sujet se libère d'un refoulement affectif.)

Battant : voir *Hyperactif*.

Connexion, connecté, déconnecté

La *connexion* est le lien conscient que le sujet établit entre un traumatisme ancien et son comportement actuel, entre un souvenir du passé et un symptôme présent.
Elle s'effectue par l'intermédiaire de la conscience.
« La connexion dissout la souffrance, l'absence de connexion l'entretient » (ch. 2).
Sentiment *connecté :* un sentiment ressenti dans son contexte initial précis.
« Se sentir déprimé et désespéré, c'est souffrir ; ressentir l'absence de tout espoir parce qu'on n'a jamais été aimé par sa mère, c'est un sentiment connecté » (ch. 2).
Un sentiment *déconnecté* est un sentiment hors contexte et inconscient, qui pousse le sujet à agir dans le présent comme s'il était encore dans le passé (ch. 2).

Déjouement, déjouer *(acting-out, act-out)*

Déjouement
Le comportement du névrosé est une tentative de résolution symbolique de ses besoins et de ses traumatismes passés.
« Le " déjouement symbolique " signifie agir dans le présent tout en étant mû par la force d'un ancien besoin inconscient » (ch. 7).
« ... Rechercher une satisfaction de substitution pour compenser son manque C'est l'essence de ce que j'appelle le déjouement symbolique » (ch. 7).

Déjouer
Forme verbale utilisée dans le même sens que « déjouement » : agir sous l'effet d'un besoin inconscient qui s'extériorise à travers un comportement symbolique, à l'insu du sujet.
(NB — Ce « détournement » de termes ordinaires dans un sens primal est particulièrement intéressant et utile ici, dans la mesure où il permet d'exprimer la signification particulière que le Dr Janov donne à l'*act-out*, et qui est différente de celle de la thérapie classique. On évite ainsi les connotations de violence et de débordement de la traduction traditionnelle d'*act-out* par « passage à l'acte ».)

Déni

Refus de reconnaître une réalité dont la perception serait traumatisante pour le sujet.

Empreinte

« Les empreintes, au sens où je l'entends, sont des souvenirs refoulés qui s'insinuent dans le système biologique et provoquent des dysfonctionnements, aussi bien organiques que psychologiques. La formation des empreintes a lieu au premier stade du développement de l'enfant et elle diminue de façon radicale après l'âge de dix ans. » (Voir ch. 6.)

Engramme, engrammé

Engramme est l'équivalent d'empreinte.
Engrammé signifie gravé sous forme d'empreinte.

Gestalt (de l'allemand : forme)

Terme emprunté à la théorie du même nom et selon laquelle le champ perceptif, ainsi que celui de la mémoire, de l'intelligence et de l'affectivité s'organisent spontanément sous forme d'ensembles.
Nos perceptions ne sont pas des sensations isolées, mais la perception de formes, d'ensembles structurés.
« Une » *Gestalt,* dans le sens où l'emploie le Dr Janov, est un ensemble structuré, une forme ayant une cohérence interne.

Hyperactif, hyperactivité, hyperdynamisme

Hyperactif : un individu « mobilisé par des besoins anciens ». Synonyme de « battant », hyperénergique.
« Le besoin mobilise et l' " hyperactif " est un individu mobilisé par ses besoins » (ch. 7).
Hyperdynamisme : force que dégage la souffrance et qui pousse l'individu à agir (ch. 10).
« ... ceux qui sont " hyperdynamiques " sont souvent des gens qui souffrent beaucoup. »
Hyperactivé : agissant sous l'effet de l'hyperdynamisme (ch. 14).

Input (en anglais : entrée)

Toute donnée ou influx qui entre dans un système donné. Dans le cadre de la théorie de l'information, le cerveau est comme un ordinateur et les stimuli sensoriels sont des inputs qui seront transformés en perceptions.

Insight (en anglais : intuition instantanée, compréhension subite et intuitive)

En psychothérapie, ce terme sert généralement à désigner une brusque compréhension globale, une illumination soudaine permettant d'apprécier l'ensemble d'une situation donnée. En thérapie primale, l'*insight* est « le résultat mental de la souffrance ressentie » et en tant que tel, il a un effet curatif sur le système.
En thérapie « traditionnelle », on considère que le patient pourra abandonner son comportement névrotique s'il arrive à comprendre le pourquoi de ses actes. Ce qui est impossible selon le Dr Janov, car ces *insights*-là n'apportent qu'une compréhension intellectuelle ; ce ne sont que des exercices de « giration mentale » qui n'impliquent pas le revécu de la souffrance qui seul peut résoudre la névrose. « Ce n'est pas par manque d'*insights* qu'on fait de la névrose, et ce n'est donc pas en collectionnant les *insights* qu'on pourra l'éradiquer » (ch. 19).

Intégration, intégré

« Lorsqu'une ancienne expérience s'ajoute à une nouvelle et que le sentiment qui en résulte est trop fort, l'hypothalamus n'est pas capable d'intégrer cet input et il court-circuite une partie de l'expérience en la redirigeant vers d'autres structures... Tant que se poursuit ce court-circuitage, il est impossible de guérir complètement, tant physiquement que psychologiquement. Toute expérience qui a été ainsi déviée de sa trajectoire doit quand même finir par aboutir à l'hypothalamus, car c'est là que commence la guérison. C'est ce que signifie " l'intégration " » (ch. 6).

Plonger dans un sentiment *(fall into a feeling)*

Expression propre au vocabulaire primal et qui exprime le moment où un patient retrouve le contact avec un niveau de conscience inférieur et arrive à « redescendre » dans un sentiment ancien, un sentiment primal, et à l'éprouver exactement tel qu'il l'a ressenti à l'époque, dans son contexte initial (ch. 17).

Précoce

Qualificatif qui s'applique à tout ce qui a trait au tout début de la vie humaine : traumatismes, expériences, événements précoces.

Primal (de l'anglais : primitif, originel)

Terme clé du vocabulaire spécifique à la thérapie du Dr Janov et qui désigne tout ce qui remonte aux origines mêmes d'un individu et de ses expériences. Au double sens d'originel et essentiel.
Employé comme adjectif : souffrance primale, sentiment primal, cri primal.
Comme nom : un primal est l'expérience par laquelle on peut revivre un vécu précoce dans son contexte initial. C'est le « revécu de la souffrance refoulée », le « revécu des traumatismes précoces » (ch. 3).

Rebirthing (de l'anglais : faire revivre la naissance)

Néologisme anglais désignant un ensemble de techniques destinées à aider le patient à « revivre sa naissance ». Le *rebirthing* a connu un énorme essor dans les années 1970-1980, souvent au détriment de patients mal préparés ou abusés par des « praticiens » incompétents, avides d'exploiter un bon filon en profitant de l'intérêt suscité par les travaux du Dr Janov.

Refoulement

« Le refoulement est une réponse automatique à la souffrance occasionnée par la frustration du besoin affectif » (ch. 2).

Résolution, résoudre

Dans l'acception médicale du terme : disparition progressive, résorption du mal, de l'affection ou du trouble considérés.

Ressentir

Un des termes clés du langage primal.
Il traduit l'anglais *to feel* qui a une double signification dans le contexte primal :

Ressentir : dans le sens d'expérimenter le contenu sensoriel et émotionnel de son vécu. Être conscient de ses perceptions et de ses sentiments. Sentir ce qui se passe en soi et autour de soi.
Et :
Re*ssentir :* dans le sens de « retourner en arrière et sentir les besoins du tout-petit et de l'enfant qu'on a été » (ch. 1).
« Expérimenter tout ce qu'on est, ce qui veut dire *res*sentir la souffrance due à la frustration initiale » (ch. 1).
C'est re-vivre un sentiment ancien dans son contexte initial, comme dans l'expérience du revécu, dans un primal.
Un sujet *capable de ressentir* ou qui « *ressent* » est quelqu'un qui est conscient du contenu sensoriel et affectif de son vécu. (Et l'inverse pour celui qui n'en est pas capable ou qui ne « ressent » pas.)
(NB — Vu la fréquence du verbe « ressentir » dans le langage primal, nous avons été amenés à le traiter en intransitif afin de ne pas trop alourdir le texte par l'ajout constant d'un complément d'objet.)

Revécu

Néologisme choisi pour désigner l'expérience qui consiste à revivre un événement de son passé, un traumatisme précoce. Le revécu est ce qui se passe quand on fait un « primal ».
« On a tendance à envisager le revécu comme une sorte de jeu de rôles. Mais il ne s'agit en réalité ni de rôle, ni de jeu, mais d'un événement neurologique. Les patients ne font pas " semblant " d'être des enfants, ils sont sous l'emprise d'un cerveau d'enfant, avec toute la gamme d'associations que cela suppose. Ce n'est qu'en pleurant et en criant pendant le revécu qu'on peut se délester complètement de toute l'énergie ravalée qui se répercutait partout dans le système » (ch. 16).

Sensibilité, sensible

Terme clé du langage primal qui traduit un aspect du mot anglais *feeling.*
Capacité de ressentir pleinement son vécu, tant sur le plan sensoriel qu'émotionnel.
Jouir de toute sa sensibilité, être en pleine possession de sa faculté sensible, ou être sensible, c'est être capable de ressentir pleinement son vécu. On est coupé de sa sensibilité ou « insensible » quand on n'en est pas capable.

Sentiment

Terme clé du langage primal qui exprime un des aspects du mot anglais *feeling.*
Expérience de la dimension sensorielle et émotionnelle du vécu. Le « ressentir » du vécu.
Outre ce sens particulier au langage primal, le mot « sentiment » est aussi à entendre dans le sens usuel du mot en français : affect, émotion.
Il est aussi parfois à lui seul un raccourci du « revécu du sentiment »

Signes vitaux

Pouls, tension artérielle et température du corps.

Souffrance primale

« J'utilise justement le terme de " *souffrance primale* " pour désigner la souffrance affective qu'on ne ressent presque pas au moment où elle survient. La souffrance primale est une douleur qui ne fait pas mal, tout au moins pas consciemment... La souffrance primale, c'est comme si on s'était pincé si fort qu'on ne sentait même pas qu'on avait mal et, donc, que ça pouvait continuer indéfiniment » (ch. 2).
« C'est comme la force de gravité : une influence qui se fait sentir en permanence mais dont on est totalement inconscient. La souffrance primale reste constamment infraconsciente, ce qui ne veut pas dire qu'elle ne soit pas là, en train de nous ronger. Plutôt, elle est trop forte pour qu'on la sente » (ch. 2).

Système limbique

« Le système limbique est localisé sur la périphérie de la zone inférieure du néocortex. Il s'agit d'une unité fonctionnelle du cerveau qui se compose du thalamus, de l'hypothalamus, de l'hippocampe, de l'amygdale, du noyau caudé et du mésencéphale. Reliées entre elles par un réseau de fibres tout à fait unique, ces structures déterminent différents comportements dont l'expression des émotions, les crises et les attaques, la mémorisation et le rappel des souvenirs » (ch. 6).

Valence

Terme emprunté à la chimie et qui, en psychologie, exprime la mesure de la charge affective d'un événement.

Verrouillage, verrous, verrouillé (de l'anglais : gating, gates, gated)

« Le verrouillage est un mécanisme électrochimique qui ferme les portes du cerveau à l'expérience consciente de la souffrance. »

Table

Remerciements

INTRODUCTION : La thérapie primale, vingt ans après 11

PREMIÈRE PARTIE
Pourquoi tombe-t-on malade ?

CHAPITRE 1 : Les besoins fondamentaux de l'être humain 23

Nos besoins et comment les satisfaire, 24. – Le besoin d'amour est à la base de tous les besoins, 25. – Les besoins affectifs de l'enfant pendant son développement, 26. – L'importance de la liberté, 28. – L'amour qui coule à flots, 29. – Quand les besoins restent inassouvis, 30. – La réalité du besoin, 31. – L'apparition de besoins de substitution, 31. – Les besoins de substitution deviennent névrotiques, 32. – La résolution des besoins névrotiques , 34.

CHAPITRE 2 : La souffrance primale : le grand secret occulté 35

La nature de la souffrance affective, 35. – La souffrance primale, 37. – Souffrance, besoin et développement naturel, 38. – Le mystère de la souffrance primale, 39. – Le réservoir de souffrance primale, 41. – Mesurer la souffrance affective, 42. – La nature de la mémoire affective,

43. – Le nouveau-né peut être stressé, 45. – La mémoire affective n'est pas un souvenir conscient, 47.

CHAPITRE 3 : Le refoulement : les verrous du cerveau et la perte de la sensibilité 48

Le verrouillage : le mécanisme du refoulement, 48. – Les verrous du cerveau et le refoulement, 49. – Le souvenir de la souffrance verrouillée et la thérapie primale, 51. – Le verrouillage et le refoulement de la souffrance : un constat clinique, 51. – Le verrouillage et la rupture de la communication, 52. – Le verrouillage : fondement de la névrose, 53. – L'évolution du verrouillage, 55. – Mesurer la force des verrous, 55. – La souffrance et le cerveau supérieur, 57. – Les endorphines : des analgésiques naturels, 59. – Les endorphines : les clés et les serrures du système de verrouillage de la souffrance, 60. – Pourquoi les endorphines existent-elles ?, 62. – La clé de la survie se trouve dans le passé, 63. – La souffrance, le refoulement, les endorphines et la maladie, 64.

CHAPITRE 4 : Niveaux de conscience et nature de l'esprit 67

L'esprit dans le corps, 68. – L'esprit végétatif, l'esprit émotionnel et l'esprit pensant, 69. – La conscience et les trois principaux « esprits », 70. – La souffrance, principe d'organisation de l'esprit, 71. – L'esprit et les trois niveaux de conscience, 73. – La maladie et la conscience de première ligne, 73. – La souffrance et les niveaux de conscience, 74. – La conscience et le fonctionnement du cerveau, 76. – Corps ou esprit ?, 77. – La nature de l'esprit, 77. – L'hypnose et les niveaux de conscience, 79. – Les drogues hallucinogènes et l'esprit, 80. – L'esprit et les verrous défectueux, 80. – Conscience et « conscience de » quelque chose, 82. – Pénétrer l'esprit inconscient, 83. – Le sommeil paradoxal et les niveaux de l'esprit, 84. – Le sommeil, les rêves et les cauchemars : comment faire de la névrose en dormant, 85.

CHAPITRE 5 : Alietta.......................... 93

CHAPITRE 6 : Comment se forme l'empreinte des expériences précoces 119

Qu'est-ce que les empreintes ?, 119. – L'impact d'une empreinte sur le système immunitaire, 121. – Les empreintes, souvenirs des traumatismes, 122. – Les empreintes et les centres émotionnels de l'esprit, 123. – Empreintes, souffrance et sentiment, 125. – Un exemple d'empreinte, 126. – Comment l'empreinte produit une résonance dans le présent, 127. – Empreintes et frustration chronique des besoins, 135. – Les empreintes et notre destin génétique, 140. – L'apparition d'une empreinte pendant une période critique de la vie, 142. – Les placards de l'esprit, 144.

CHAPITRE 7 : Le comportement du névrosé : le déjouement symbolique 145

Le monde comme substitut parental, 146. – L'apparition du déjouement, 148. – La lutte comme moyen de recréer l'empreinte, 149. – La signification cachée d'un comportement, 152. – « Déjouer » sa naissance, 153. – Résolution du déjouement, 155.

CHAPITRE 8 : Le traumatisme de la naissance : marqués à vie par les séquelles de la naissance 158

La névrose commence dans l'utérus, 159. – Comment être névrosé in utero, 161. – Comment le traumatisme de la naissance modifie le cerveau, 162. – Les prototypes, 163 (*Le principe de l'origine du prototype,* 164. – *Le train traumatique : la souffrance devient une caractéristique permanente du système,* 165. – *Prototypes et survie,* 168).

CHAPITRE 9 : Le prototype natal et la personnalité à venir 179

Les modes sympathique et parasympathique, 180. – L'empreinte du train traumatique, 181. – Le désespoir, racine de la maladie, 185. – Voie sans issue pour le névrosé, 186. – Le déjouement du traumatisme natal, 191. – Le renforcement du prototype, 194. – Le sympathicotonique : un optimisme, 195. – La psychose maniaco-dépressive : les origines de la personnalité cyclothymique, 197. – La dépression, 202. – La névrose induit des comportements prévisibles, 211.

DEUXIÈME PARTIE
Les formes de la névrose

CHAPITRE 10 : Le stress, l'angoisse et la tension : symptômes de la maladie 221

Qu'est-ce que le stress ?, 222. – La réaction de lutte ou de fuite, 222. – Le syndrome du stress, 225. – La nature de l'angoisse, 226. – L'angoisse, le refoulement et le système de défense, 230. – Qu'est-ce qui déclenche l'angoisse ?, 232. – L'angoisse et la névrose obsessionnelle compulsive, 233. – Drogues et narcodépendance, 238. – La nature de la tension, 264. – La souffrance, antidote de l'angoisse, 265. – L'angoisse comme mécanisme de survie, 267. – Conclusion : l'ère du refoulement, 268.

CHAPITRE 11 : Le désespoir malin : le refoulement et le système immunitaire 269

La recherche primale : en quoi la psychothérapie modifie-t-elle le cerveau et le corps ?, 269. – La fièvre de la névrose, 270. – Mesurer la névrose : l'indice de refoulement, 274. – Le refoulement et le système immunitaire, 279. – Recherches sur le stress, la souffrance et le système immunitaire, 280. – La portée de ces recherches, 285. – Recherches récentes sur le système immunitaire, 286. – Le désespoir malin, 287. – L'empreinte du désespoir malin : absence d'espoir et cancer, 289. – L' « esprit » du système immunitaire, 291. – Le système immunitaire : une conscience, 295. – La solitude qui tue, 297. – Le refoulement : une maladie mortelle, 300. – Mesurer l'importance des effets des traumatismes précoces, 301.

CHAPITRE 12 : La maladie est un cri silencieux...... 303

Présentation, 303. – L'unité de la souffrance et du symptôme, 306. – La pression qu'exerce l'empreinte, 307. – La conspiration du silence autour de la souffrance, 308. – Le rôle de la thérapie primale, 309. – Le naturel et l'acquis : le rôle de l'hérédité dans la maladie, 310. – Prêter l'oreille au cri silencieux, 313. – Conclusion, 313. – Le secret entretien la maladie, 314.

CHAPITRE 13 : Sexe, sensualité et sexualité......... 316

Deux cas de frigidité, 317. – Les problèmes sexuels sont des problèmes humains, 319. – Sentiments, symboles et perversions, 320. – Le clivage du moi et la sexualité, 321. – Traiter les problèmes sexuels sans faire référence au sexe, 325. – L'inceste, 326. – L'amour, la naissance et le sexe : le prototype, 328.

TROISIÈME PARTIE
Comment guérir

CHAPITRE 14 : De la normalité 343

Le comportement n'est qu'un aspect de la normalité, 343. – Définir la normalité, 344. – Le contexte de la normalité, 344. – Ce qui vaut pour l'un ne vaut pas forcément pour l'autre, 345. – Les origines de l'anormalité, 347. – La normalité vue sous l'angle psychologique, 348. – La névrose, source de corruption et d'insatisfaction, 349. – Critères de normalité, 350. – Qui peut dire ce qui est normal ?, 354. – Peut-on se sentir normal ?, 356.

CHAPITRE 15 : Le rôle des larmes en psychothérapie 359

Les pleurs et le besoin, 360. – Les larmes primales et la souffrance refoulée, 360. – Les larmes sont le propre de l'homme, 361. – Le refoulement des larmes, 362. – Les larmes et le sentiment d'une perte, 362. – L'abréaction, 363. – Les pleurs et le stress, 364. – La nécessité des pleurs, 365. – La fonction curative des pleurs, 367. – Dialectique de la souffrance et de la faculté de guérir, 368.

CHAPITRE 16 : Pourquoi faut-il revivre son enfance pour guérir ? 371

Revivre d'anciennes émotions, 371. – Niveaux de conscience et revécu, 372. – Reproduction artificielle des niveaux de conscience, 373. – Le tout-petit existe toujours, 374. – Le processus du revécu, 374. – La signification de ce qui est revécu, 375. – Le facteur temps, 376.

CHAPITRE 17 : La thérapie primale aujourd'hui 378

La thérapie primale s'appuie sur une méthodologie scientifique rigoureuse, 379. – Le style primal, 379. – Plonger dans le sentiment, 380. – Il faut bien pleurer tout son soûl, 381. – Réinsérer le sentiment dans la vie quotidienne, 382. – La thérapie est systématique, 383. – Les erreurs qu'on peut commettre en thérapie primale, 385. – Confondre abréaction et sentiment, 386. – Retraites et thérapie primale, 387. – Les thérapeutes, 388. – Certains aspects uniques de la thérapie primale, 389. – La souffrance et la thérapie, 390. – La thérapie primale aujourd'hui, 392. – Les défenses : étude d'un cas, 394.

CHAPITRE 18 : Marie-Hélène 395

CHAPITRE 19 : Conclusions : la thérapie primale vingt ans après 407

Preuves empiriques, 408. – Résistance à la notion de souffrance cachée, 408. – Ce que revendique la thérapie primale, 409. – Les patients postprimals, 409. – Le besoin, source de tout le reste, 412.

ÉPILOGUE 414

La thérapie primale n'est pas une thérapie « du cri primal », 416.

GLOSSAIRE.................................. 418

Cet ouvrage a été composé
par l'Imprimerie BUSSIÈRE
et imprimé sur presse CAMERON
dans les ateliers de la S.E.P.C.
à Saint-Amand-Montrond (Cher)
en avril 1992

N° d'impression : 930-636.
Dépôt légal : avril 1992
Imprimé en France